V&R

Religion, Theologie und Naturwissenschaft/ Religion, Theology, and Natural Science

Herausgegeben von
Willem B. Drees, Antje Jackelén,
Gebhard Löhr und Ted Peters

Band 19

Vandenhoeck & Ruprecht

Evolution im Fadenkreuz des Kreationismus

Darwins religiöse Gegner und ihre Argumentation

Herausgegeben von
Martin Neukamm

Vandenhoeck & Ruprecht

Diese Schrift möchte ich dem Biologen und Wissenschaftsphilosophen
Dr. Martin Mahner (Leiter des Zentrums für Wissenschaft
und kritisches Denken der GWUP e.V.) sowie dem Biochemiker
Prof. Dr. Andreas Beyer widmen, von denen ich über Wissenschaftstheorie
und verschiedene Aspekte der Biologie viel gelernt habe.

Mit 66 Abbildungen und 2 Tabellen

Bibliografische Information der Deutschen Nationalbibliothek

Die Deutsche Nationalbibliothek verzeichnet diese Publikation in der Deutschen Nationalbibliografie; detaillierte bibliografische Daten sind im Internet über http://dnb.d-nb.de abrufbar.

ISBN 978-3-525-56941-2

Printed in Germany.

Satz: OLD-Media OHG, Neckarsteinach.
Druck und Bindung: ® Hubert & Co, Göttingen.

Gedruckt auf alterungsbeständigem Papier.

Vorwort

Die Evolutionstheorie durchdringt heute alle Teilgebiete der Biowissenschaften und vereint ihre Erkenntnisse in einem übergeordneten Theoriengebäude. Blendet man sie aus, zerfällt die Biologie in scheinbar zusammenhangslose Fragmente. Seit dem Erscheinen von Charles DARWINS Buch *Über die Entstehung der Arten durch natürliche Zuchtwahl* (1859) wächst das Wissen über die Vorgänge und Mechanismen der Evolution kontinuierlich, und die zahlreichen Forschungsprogramme, die durch evolutionäre Fragestellungen angestoßen wurden, liefern beredtes Zeugnis einer florierenden Wissenschaftsdisziplin, die zurecht als Königsdisziplin der Biologie angesehen wird.

Doch nicht nur in der Biologie, auch in anderen Naturwissenschaften – ja, selbst in der Philosophie – erwies sich der evolutionäre Denkansatz als frischer Windstoß. Längst haben sich hinsichtlich des Erklärens auch mentaler Prozesse (Bewusstsein, Emotion, Erkennen) evolutionäre Brückendisziplinen zwischen die traditionellen Fronten eines grob geschnitzten „Klotz-Materialismus“ (Ernst BLOCH) und des Spiritualismus geschoben. Einzeldisziplinen wie die Neurobiologie, Verhaltensgenetik und evolutionäre Erkenntnistheorie liefern viel versprechende Ansätze zum Verständnis der Entstehung mentaler Prozesse; auch der Ursprung emotionaler Neigungen erklärt sich heute vor dem Hintergrund stammesgeschichtlich gewachsener Engramme. Der Mensch wird mit all seinen Eigenschaften in die naturwissenschaftliche Kosmovision eines gesetzesartigen, sich selbst organisierenden Stufenbaus der Welt einbezogen, ohne dabei das Staunen über die Komplexität und Einzigartigkeit der menschlichen Natur zu eliminieren.

Ungeachtet seiner einzigartigen Erfolgsgeschichte brandet dem Konzept der Evolution bis heute aus religiös-weltanschaulichen Gründen ein erheblicher Widerstand entgegen. Kein Wunder, bestimmt doch die Frage nach der Herkunft des Menschen unser Weltbild wie kaum eine andere. Vor allem in den USA, aber auch in Europa verstärken sich die Angriffe der so genannten *Kreationisten* auf die Evolutionstheorie zusehends, oft mit akademischen Graden ausgezeichnet und seit einigen Jahren auch im Gewand der so genannten Theorie vom „Intelligenten Design“. Ihr gemeinsames Ziel ist es, die Unhaltbarkeit des Evolutionskonzepts nachzuweisen und dessen Denkvoraussetzungen als eine Art Dogma oder Ersatzreligion zu kennzeichnen. Dabei wird nichts unversucht gelassen, die Vorstellung, wonach eine planende Intelligenz die Entwicklung des Kosmos und des Lebens auf der Erde durch wiederholte Schöpfungsakte beeinflusste, als *wissenschaftliche* Alternative – als „Schluss auf die beste Erklärung" – darzustellen.

Lohnt sich die Auseinandersetzung mit Evolutionsgegnern überhaupt? Wurden doch ihre Alternativen im Laufe der Wissenschaftsgeschichte schon zurückgewiesen, da sie aus erkenntnistheoretisch-methodischer Sicht nie hielten, was ihre Anhänger versprachen. Erweist man ihnen nicht sogar einen Dienst, wenn man sie immer wieder in die Schlagzeilen bringt? Tatsächlich lehnen es die meisten Wissenschaftler ab, über kreationistische Standpunkte zu diskutieren. Wer würde sich in vergleichbarer Situation die Mühe machen, ernsthaft gegen jemanden zu Felde zu ziehen, der die Relativitätstheorie widerlegt zu haben glaubt, Astrologie lehrt oder das geozentrische Weltbild vertritt? Die Sache wäre zu offensichtlich, als dass sich eine Auseinandersetzung lohnte. Doch erscheint dies bei der Evolutionskritik angezeigt, da der Kreationismus in Europa an Einfluss gewinnt und viele Gegner der Evolutionstheorie versuchen, bildungspolitischen Einfluss zu gewinnen sowie die Evolutionsbiologie in breitenwirksamen Publikationen, Filmen und Internetseiten zu diskreditieren.

Die kritische Begutachtung der Evolutionstheorie sei, so wird in diesen Medien oft gesagt, ein wichtiges wissenschaftliches Thema. Diese Aussage ist zweifelsohne richtig, und auch Evolutions*gegner* haben mitunter berechtigte Anfragen an die Evolutionsbiologie. Doch sind ihre Argumentationsweisen in der Regel weit von der wissenschaftlichen Denkweise entfernt und liefern (wenn überhaupt) nur selten einen konstruktiven Beitrag zu wissenschaftlicher Forschung und zum Erkenntnisgewinn. Trotzdem fallen ihre Darstellungen bei einem nicht unerheblichen Teil der Bevölkerung auf fruchtbaren Boden. Selbst in akademischen Kreisen und politischen Gremien wird vereinzelt mit kreationistischen Positionen geliebäugelt und für deren Behandlung im Schulunterricht plädiert, was auch in den bildungsnahen Bevölkerungsschichten mitunter erheblich für Konfusion sorgt. Dass sich diese Situation über kurz oder lang negativ auf die europäische Bildungs- und Forschungslandschaft auswirken könnte, erscheint nahe liegend. Es ist zu befürchten, dass viele Schüler, Studenten und Nichtfachleute ein zentrales Stück Bildung verlieren werden: das Interesse an der innigen Verflechtung von Ursachen und Wirkungen in der Natur, wissenschaftsorientiertes Denken und nicht zuletzt das Verständnis für unsere kosmische Geschichte.

Aus all diesen Gründen ist eine verstärkte öffentliche Aufklärung notwendig. Die vorliegende Monographie soll dazu beitragen und Informationen zum Thema *Kreationismus* bereitstellen. Wissenschaftsorientiertes Denken soll gefördert und die Qualität evolutionskritischer Argumentation im Detail untersucht werden. Dazu werden zentrale Aussagen prominenter Evolutionsgegner (schwerpunktmäßig aus dem deutschen Sprachraum) analysiert, wobei kein Anspruch auf Vollständigkeit erhoben wird.

Die einzelnen Kapitel sind nach Themenkomplexen geordnet und lassen sich weitgehend unabhängig voneinander lesen. Einige davon stellen bei der Lektüre mitunter hohe Ansprüche an den Leser. Dieser Umstand ließ sich leider nicht umgehen, da einige evolutionskritische Medien selbst auf vergleichsweise hohem Niveau argumentieren, was es didaktisch erheblich erschwert, dort Fehler aufzudecken. Deshalb werden einfache Antworten der Komplexität des Themas oft nicht mehr gerecht. Damit aber auch der Nichtfachmann der Diskussion folgen kann, werden in einigen Kapiteln an erster Stelle elementare evolutionsbiologische Grundlagen vermittelt und die wichtigsten Fachbegriffe in einem ausgewiesenen Glossar (hoffentlich) allgemeinverständlich erklärt. Außerdem werden die Argumente für all diejenigen, die nicht jedem Detail der Auseinandersetzung folgen können oder wollen, am Ende jedes Kapitels noch einmal zusammengefasst.

Der erste Teil beinhaltet zunächst eine Einführung in die Geschichte des *Kreationismus*: Was bedeutet Kreationismus und wie hat er sich entwickelt? Im Anschluss daran wird der Anspruch der Evolutionsgegner auf Wissenschaftlichkeit ihrer Lehren untersucht. Sind Kreationismus und Intelligent Design wissenschaftliche Alternativen zur Evolutionstheorie? Der zweite Teil des Buchs widmet sich dann den *Inhalten* evolutionskritischer Argumentation. Da der Evolutionstheorie selbst über weite Bereiche die Plausibilität und Wissenschaftlichkeit abgesprochen wird, widmet sich auch das 3. Kapitel wissenschaftsdidaktischen Überlegungen: Besitzt die Evolutionstheorie unter methodisch-erkenntnistheoretischen Gesichtspunkten einen anderen Status als die „harten" Naturwissenschaften? Was versteht man unter einer Erklärung, und wie ist es um die Erklärungsmacht der Evolutionstheorie bestellt? In Kapitel 4 werden die legendären Berechnungen zur Unwahrscheinlichkeit evolutionärer Prozesse einer logischen wie inhaltlichen Kritik unterzogen. Kapitel 5 handelt vom Fossilienbefund und den Einwänden gegen die Existenz evolutionärer Zwischenformen. Das 6. Kapitel gewährt Einblicke in die Erklärungsleistungen der modernen evolutionären Entwicklungsbiologie und erörtert im Detail, warum viele Argumente gegen „den Neodarwinismus" heute hinfällig sind. In Kapitel 7 steht schließlich die chemische Evolution im Mittelpunkt, während Kapitel 8 und 9 das Argument der „nicht reduzierbaren Komplexität" aus verschiedenen Blickwinkeln untersuchen.

Der dritte Teil des Buchs befasst sich mit der Struktur antievolutionistischer Argumentation, die hinsichtlich ihrer logischen Mängel und auf den Einsatz rhetorischer Stilmittel hin untersucht wird. Auch das „evolutionskritische Lehrbuch" von Siegfried Scherer und Reinhard Junker (*der nicht mit dem Evolutionshistoriker Thomas Junker verwechselt werden darf*) wird unter diesem Aspekt begutachtet. Im vierten Teil wird abschließend das Verhältnis zwischen Religion und Wissenschaft thematisiert. Es wird betont, dass Naturalisten und Religiöse trotz unterschiedlicher philosophischer Positionen fruchtbar in den Naturwissenschaften kooperieren können, sofern keine religiösen Fundamentalismen ins Spiel kommen. Anschließend wird die Kritik am Kreationismus nochmals in allgemeiner Form zusammengefasst.

Dass diese Monographie im Jahr 2009 erscheint, ist kein Zufall, vielmehr handelt es sich in dreierlei Hinsicht um ein denkwürdiges Jahr: Wir feiern nicht nur das 150-jährige Jubiläum der Evolutionstheorie, sondern auch den 200. Geburtstag von Charles Darwin. Zudem legte im selben Jahr 1809 (50 Jahre vor dem Erscheinen der *Origin of Species*) der französische Botaniker und Zoologe Jean-Baptiste de Lamarck die erste echte Evolutionstheorie vor, die sich gegen den herrschenden Zeitgeist aber noch nicht behaupten konnte. Angesichts dieses dreifachen Jubiläums freue ich mich ganz besonders, gemeinsam mit meinem Mitstreitern und Co-Autoren diesen Band präsentieren zu dürfen. Möge das Buch für Schüler, Lehrer, Biowissenschaftler, aufgeklärte Christen, Journalisten und alle, die sich mit dem Kreationismus auseinandersetzen wollen oder müssen, hilfreich und von Interesse sein und sie dabei unterstützen, sich ihre eigene Meinung zu bilden.

Martin Neukamm, im Dezember 2008

Texte zum Buch im Internet: **www.evolution-im-fadenkreuz.info**

Die in der vorliegenden Monographie behandelten Themen können nur überblicksartig dargestellt werden. Deshalb wurden zu vielen Themen des Buchs ergänzende Texte, Erläuterungen sowie Erwiderungen auf kreationistische Reaktionen ins Internet gestellt, die unter der Adresse

www.evolution-im-fadenkreuz.info

verfügbar sind und sukzessive aktualisiert werden. Auch zahlreiche Abbildungen, die im Buch schwarz-weiß sind, können auf der Internetseite farbig und in hoher Qualität heruntergeladen werden. (Bei der Verwendung dieser Grafiken sind die entsprechenden Angaben zum Urheberrecht zu beachten.)

Dank

Mein Dank gilt allen Autoren, ohne die das Buch in dieser Form nicht zustande gekommen wäre. Ganz besonders möchte ich Prof. Dr. Andreas Beyer danken, der das gesamte Buch Korrektur las und mich mit vielen hilfreichen Anmerkungen unterstützte. Dies gilt auch für Dr. Hansjörg Hemminger, der mich zudem in Verlagsangelegenheiten tatkräftig unterstützte. Mein Dank für hilfreiche Anmerkungen und konstruktive Kritik zu einzelnen Kapiteln gilt ferner Prof. Dr. Wilhelm Barthlott, Dr. h.c. Josef Bogner, Prof. Dr. Hartmut Follmann, Dr. Martin Mahner, Dr. Nick Matzke, Dr. Kai Müller, Dr. Jörn Petersen, Dr. Sabine Schu, Christian Schröder, Dr. Johannes Sikorski, Prof. Dr. Wolfram Ullrich und Thomas Waschke. Ein intellektuelles Vergnügen der besonderen Art war es, mich mit Dr. Peter Kaiser auszutauschen und sein Kapitel über die chemische Evolution mitgestalten zu dürfen.

Für die Erlaubnis zur Verwendung einzelner Abbildungen ein herzliches Dankeschön an folgende Personen und Institutionen: Prof. Dr. Wilhelm Barthlott, Prof. Dr. David Blair, Prof. Dr. Sean Carroll, Dr. med. Uwe Gille, Prof. Dr. Arthur Hunt, Günther v. Kiedrowski, Matthias Kabel, Dr. Bruno Kremer, Dr. Nick Matzke, Prof. Dr. Kenneth Miller, Dr. Antónia Monteiro, Michael R. Müller, Barry Rice, Prof. Dr. Siegfried Scherer, Dr. Hilke Steinecke, Dr. John van Wyhe sowie die Naturkundemuseen Berlin und Stuttgart.

Für die finanzielle Zuwendung zur Förderung dieses Bandes danke ich meinen Mitautoren sowie dem evangelischen Oberkirchenrat Stuttgart. Besonders danke ich Frau Tina Grummel vom Verlag Vandenhoeck & Ruprecht für die großartige Hilfe bei der Vorbereitung und Umsetzung des Manuskripts.

Inhalt

Teil 3: Die Struktur evolutionskritischer Argumentation

Teil 4: Schlussbetrachtung

Teil 5: Anhang

Teil 1

Geschichtliche und wissenschaftstheoretische Einführung

I. Die Geschichte des neuzeitlichen Kreationismus

Von „creation science“ zur Intelligent-Design-Bewegung

Hansjörg Hemminger

Die Geschichte des neuzeitlichen Kreationismus beginnt in der zweiten Hälfte des 19. Jahrhunderts, die der Bewegung für ein „intelligentes Design“ erst hundert Jahre später. Von der einflussreichen Schriftenreihe „The Fundamentals – a Testimony to the Truth“ über „The Genesis Flood“ von J.C. Whitcomb und H.M. Morris, bis zu dem 2007 eröffneten Naturkundemuseum von Answers in Genesis in Kentucky, verfestigte und radikalisierte sich in den USA die Kritik an den naturwissenschaftlichen Evolutionstheorien. Vor allem in der Republikanischen Partei gewann sie an Einfluss. Seit etwa 1980 breitet sich diese Kritik auch in Europa sowie im europäischen Islam aus. Öffentlich diskutiert wird das Thema allerdings erst seit dem 11. September 2001, ein Datum, das die politische Dimension der Religion wieder in den Mittelpunkt der Aufmerksamkeit rückte.

1. Zur Geschichte des Kreationismus

1.1. Von den „Fundamentals“ zum Affenprozess und zum ICR

Der neuzeitliche Kreationismus hat seine Wurzeln in den USA, wo er sich als *creationism* oder „creation science“ ab Ende des 19. Jahrhunderts heraus bildete. Konservative protestantische Kreise reagierten damals auf Fortschrittsglauben und Liberalismus in den Kirchen und in der Politik mit einer restaurativen Gegenbewegung. Ihr literarischer Ausdruck wurde die zwischen 1910 und 1915 in 12 Heften erschienene, in Millionenauflage verbreitete Schriftenreihe: „The Fundamentals – a Testimony to the Truth“ (Torrey 1910–1915) – dadurch wurde der Begriff „Fundamentalismus“ geprägt. Die Artikel deckten damals ein breites, konservatives Meinungsspektrum ab. In Bd. I, Kap. 14 behandelt z.B. Dyson Hague die Schöpfungserzählungen:

> Das Buch Genesis hat keine Bedeutung für die christliche Lehre, wenn es keine Autorität hat. Das Buch Genesis hat keine Autorität, wenn es nicht wahr ist.

> Wenn es nicht historisch ist, ist es nicht zuverlässig; und wenn es nicht offenbart ist, hat es keine Autorität.[1]

Hingegen lehnt James Orr (Bd. I, Kap. 18) Darwins Selektionstheorie ab, akzeptiert aber die langen Zeiträume der Erdgeschichte und die allmähliche Entwicklung neuer Arten. Das biblische Menschenbild erfordere allerdings, dass die Menschwerdung direktes Werk Gottes sei. Der Autor warnt davor, die Bibel als Naturkundebuch zu verstehen. Während Orr damit zwischen Glaube und Naturwissenschaft vermitteln will, trägt der Artikel von Henry H. Beach (Bd. IV, Kap. V) den Titel „Der Abstieg des Darwinismus“:

> Er [der Darwinismus; H. H.] ist moralisch armselig. Eine Theorie der Natur muss idealistisch sein, um wahr zu sein. Durch natürliche Selektion überleben die Leidenschaftlichen und die Gewalttätigen, die Schwachen und Schutzlosen werden vernichtet [...] Es ist falsch, dass der Mensch von einem Tier abstammt, und das Tier von einem Gemüse [...] Natürliche Selektion ist in sich widersprüchlich und unmöglich [...][2]

Da sich solche radikal-kreationistischen Positionen gegen die vermittelnden oft durchsetzten, war der Streit mit den Naturwissenschaften vorprogrammiert. In Europa verlief die Entwicklung anders, vermutlich weil in den USA säkulare politische Ideologien kaum eine Rolle spielten. Dadurch geriet der protestantische Fundamentalismus selbst in die Rolle einer Ideologie und zum Sammelbecken sozialer und wirtschaftlicher Ängste, besonders für Verlustängste, die durch die Modernisierungsschübe des 20. Jahrhunderts ausgelöst wurden.

Die Idee von der Unfehlbarkeit der Bibel spielte dabei eine Schlüsselrolle. Angeblich sicherte sie den christlichen Glauben sowie die geordnete und gesicherte Lebensweise des weißen Kleinbürgertums und der ländlichen Bevölkerung, wenngleich diese „Old-Time-Religion“ eher fantasiert als real war. Somit wurde das Bekenntnis zur Bibel, das bei den „Fundamentals“ noch überwiegend theologisch war, immer mehr zum politischen Programm. Antworten auf politische, moralische, rechtliche oder wissenschaftliche Fragen wurden angeblich der Heiligen Schrift entnommen. Folglich musste man auch gegen Geologie, Biologie und später gegen die Astrophysik ins Feld ziehen. Der Kreationismus beanspruchte also, nicht nur eine *alternative*, sondern die *bessere* Wissenschaft zu sein. Allerdings war das biblische Wissen offenbar uneindeutig, denn verschiedene Formen des Kreationismus konkurrierten miteinander.

Für den *Langzeit-Kreationismus* (day-age-creationism) ist jeder der sieben Schöpfungstage der Genesis ein Äon der Erdgeschichte, auf diese Weise

---

[1] www.geocities.com/Athens/Parthenon/6528/fund14.htm.

[2] www.geocities.com/Athens/Parthenon/6528/fund68.htm.

sollen die Probleme mit den geologischen Zeitspannen umgangen werden. Die Ergebnisse der Astrophysik, Geologie und Paläontologie lassen sich mit Zusatzannahmen erklären; die fossil belegte Abfolge der Lebewesen sei eine Folge von göttlichen Schöpfungsakten. Diese Vorstellung ähnelt dem früheren Katastrophismus von George Cuvier. Sie wird vom gegenwärtigen Fundamentalismus als Kompromiss mit der Naturwissenschaft verstanden und spielt heute nur noch eine geringe Rolle. Allerdings ist der zu den Zeugen Jehovas gehörige Genetiker Wolf-Ekkehard Lönnig vom Kölner Max-Planck-Institut für Züchtungsforschung ein Langzeit-Kreationist, der vor allem über das Internet im deutschen Sprachraum eine erhebliche Breitenwirkung erzielt.

Der *Vorzeit-Kreationismus* (gap creationism) geht davon aus, dass zwischen die ersten beiden Sätze der Schöpfungsgeschichte (1. Mose 1) eine lange Epoche einzuschieben sei („Am Anfang schuf Gott Himmel und Erde"). Dann wurde die erste Erde durch den Fall Luzifers zerstört. Äonen der Verwirrung folgten. Aus ihnen stammen die geologischen Schichten und die Fossilien ausgestorbener Lebewesen, am Ende dieser Zeit war die Erde „wüst und leer". Erst dann folgte die zweite Schöpfung in sechs Tagen. Hiermit sollen die Zeiträume von Geologie und Paläontologie erklärt werden. Dass die heutigen Tiere und Pflanzen sich aus früheren Vorfahren entwickelten (Abstammungstheorie) muss er dagegen ablehnen, ebenso die Theorie der natürlichen Auslese.

Der *Kurzzeit-Kreationismus* (young earth creationism) beherrscht heute das Feld. Er fasst die sieben Tage von 1. Mose 1 als Kalendertage auf und akzeptiert keine andere Deutung und keine „Vorzeit". Abhängig von der Interpretation der biblischen Genealogien (v. a. 1. Mose 5 und 10) kommt man auf ein Weltalter von 6000 bis maximal 12000 Jahren, hierdurch sind seine Aussagen mit nahezu allen Feldern der Naturwissenschaft unvereinbar. Kosmologie, Geologie und Biologie stützen ihre Zeitmessungen auf physikalische Methoden, so dass der Kurzzeit-Kreationismus gezwungen ist, nicht nur die Evolutionstheorien abzulehnen, sondern Physik und Geologie neu zu konstruieren. Trotzdem setzte sich im politischen Konservativismus der USA diese radikalste Form der Evolutionskritik durch. Wie kam es dazu?

Im Jahr 1921 wurde in Kentucky zum ersten Mal eine Gesetzesvorlage eingebracht, die es verbot, die Abstammung des Menschen von Tieren an staatlichen Schulen zu unterrichten. Zwischen 1921 und 1929 gab es ähnliche Vorlagen in 31 Staaten. In Tennessee wurde sie 1925 zum Gesetz (Butler Act), in Mississippi 1926 und in Arkansas 1928. Zum Showdown kam es bereits 1925 beim so genannten „Affenprozess" von Dayton in Tennessee. Der Lehrer John T. Scopes (1900–1970) wurde von der „American Civil Liberties Union" (ACLU) aufgefordert, gegen das Verbot zu verstoßen. Die ACLU übernahm die Prozesskosten. In erster Instanz wurde er schuldig gesprochen und zu 100 Dollar Geldstrafe verurteilt, später jedoch vom obersten Gericht Tennessees wegen formaler Mängel des ersten Prozesses freigesprochen. Verteidigt wurde er in Dayton von dem landesweit bekannten Juristen Clarence DARROW (1857–1938). Die Anklage wurde von einem der prominentesten Politiker des Landes unterstützt, nämlich dem mehrfachen demokratischen Präsidentschaftskandidaten und zeitweiligen Außenminister William J. BRYAN (1860–1925). Die Auseinandersetzungen zwischen ihm und DARROW bestimmten das Geschehen im Gerichtssaal und das weltweite Echo in den Zeitungen. Für den Kreationismus stellte diese öffentliche Debatte eine Niederlage dar, was ihn jedoch keineswegs schwächte; er gehört seither zum Bestand konservativen Denkens in den USA. Umfragen unter bedeutenden Naturwissenschaftlern belegen (LARSON/WITHAM 1998), dass es parallel dazu nach dem ersten Weltkrieg zu einer Polarisierung zwischen öffentlicher Meinung und Wissenschaft kam. 1914 bekannten sich von 400 bedeutenden Naturwissenschaftlern, die der Soziologe James LEUBA befragte, 32 % zu einem persönlichen Gott. 37 % glaubten an die persönliche Unsterblichkeit. Als LEUBA die Befragung 1933 wiederholte, waren die Ergebnisse auf 13 % und 15 % gesunken, ein erheblicher Umschwung! Eine Umfrage 1998 fand nur noch 10 % Gläubige unter den Forschern, unter Biologen 5 %.

Auf kreationistischer Seite trat ab 1960 der Kurzzeit-Kreationismus seinen Siegeszug an. Ausgangspunkt war 1961 das Buch von J.C. WHITCOMB und H.M. MORRIS „The Genesis Flood“. Nach ihm wurden die geologischen Schichten und Fossilien fast alle innerhalb eines Jahres von einer weltweiten Flut vor rund 6 000 Jahren abgelagert. Das INSTITUTE FOR CREATION RESEARCH (ICR) in Dallas (Texas) wurde danach mit dem am 25. Februar 2006 verstorbenen Präsidenten und späteren Alterspräsidenten Henry M. MORRIS zum Zentrum des Kreationismus. Grund für den Erfolg war ein Wechsel der Strategie. Es wurde nicht mehr wie zu Zeiten des Affenprozesses versucht, die Evolutionstheorie als unamerikanisch verbieten zu lassen. Vielmehr wurden Naturwissenschaft und Kreationismus als gleichberechtigte Möglichkeiten dargestellt, die in den Schulen gleichrangig behandelt werden müssten. Dieses „equal time argument“ appellierte an den angelsächsischen Sinn für Fairness und verschob die Debatte auf Spezialfragen, welche die Öffentlichkeit nicht beurteilen kann. Es genügte deshalb, plausibel wirkendes und didaktisch gut gemachtes Unterrichtsmaterial vorzulegen, um dem Kreationismus im privaten Bildungssystem der USA zu einer großen Verbreitung zu verhelfen. Er ist inzwischen in den christlichen Privatschulen und -Universitäten und im Internet fest etabliert. Zum Beispiel gibt es zur Internet-Enzyklopädie WIKIPEDIA gleich zwei kreationistische Alternativen, die versuchen, die Deutungshoheit der Wissenschaft im Netz in Frage zu stellen: CONSERVAPEDIA und CREATIONWIKI (Stand: März 2008).

Im staatlichen Bildungswesen verhindert dagegen die von der amerikanischen Verfassung vorgegebene Trennung von Staat und Religion (Laizismus) religiöse Unterweisungen. 1968 und 1987 entschied das oberste Gericht der USA (Supreme Court), dass der Kreationismus als religiöse Lehre zu betrachten und deshalb in staatlichen Schulen unzulässig sei. Anders lautende Regelungen von Einzelstaaten wurden aufgehoben. Als Kansas 1999 noch einmal versuchte, die Evolutionstheorie aus Schulbüchern zu entfernen bzw. sie durch „Intelligent Design" zu ersetzen, musste dies auf eine Intervention des Obersten Gerichtshofs hin zurück genommen werden. Trotzdem wird auch in staatlichen Schulen häufig kreationistisch unterrichtet. Politikwissenschaftler der Pennsylvania State University (Berkman et al. 2008) führten eine Umfrage bei 2000 Biologielehrern an Highschools in allen Landesteilen durch und erhielten 939 Antworten. 12,5 % der Befragten unterrichteten kreationistische Ideen als – aus ihrer Sicht – berechtigte Alternative zur Evolutionstheorie, 16 % bekannten sich persönlich zum Kurzzeit-Kreationismus. Wenn die rechtlichen Vorgaben selbst im staatlichen Biologieunterricht so häufig unterlaufen werden, lässt sich ermessen, wie verbreitet der Kreationismus im Bildungssystem der USA inzwischen ist. Entsprechend ist sein politischer Einfluss: Umfrageergebnisse zeigen, dass die Ablehnung der Evolutionstheorie in den USA weit über der in jedem anderen Land mit christlicher Tradition liegt. Nach einer Meta-Studie der National Geographic Society (Owen 2006) betrachten jeweils knapp 40 % der US-Bürger die Evolutionstheorie als „wahr" oder als „falsch", 21 % sind sich unschlüssig. Unter allen erfassten Staaten liegt diese Rate nur in der Türkei mit gut 50 % Ablehnung und vielen Unschlüssigen höher.

In den europäischen Ländern und in Japan akzeptieren 60 % bis über 80 % der Menschen die Evolutionstheorie, wobei der Wert eher vom technischen Entwicklungsstand als von der religiösen Prägung abzuhängen scheint. Entschiedene und vermutlich religiös motivierte Ablehnung äußerten in Europa nur 7 % (Großbritannien) bis maximal 15 % (Niederlande). In den USA lag dieser Wert bei 32 %. In Europa sei, so die Studie, der politische Konservativismus nicht mit Evolutionskritik verbunden, wohl aber in den USA: Noch drastischer fielen die neuesten Umfrageergebnisse (Gallup) von USA Today 2007 aus. Die Frage, ob Gott den Menschen in den letzten zehntausend Jahren erschaffen habe, beantworteten 39 % mit „definitiv wahr" und 27 % mit „vermutlich wahr", nur 15 % mit „definitiv falsch". Hier findet sich also ein kreationistisches Übergewicht.

Allerdings belegen die weiteren Umfrageergebnisse, dass mehr als die Hälfte der Befragten ihre Stimme für einen Präsidentschaftskandidaten nicht davon abhängig machen würden, was er über Evolution denkt. Dennoch machen solche Zahlen verständlich, warum die Debatte um „creation science" und „intelligent design" in den USA einen Stellenwert hat, der sich in Europa nur schwer nachvollziehen lässt. Wortführer des Kreationismus ist dabei immer noch das Institute for Creation Research mit dem Direktor John Morris, dem Sohn des 2006 verstorbenen Gründers. Zu erwähnen ist weiterhin die Creation Science Fellowship (CSF) in Pittsburgh, Pennsylvania, die alle vier Jahre eine internationale Konferenz veranstaltet. Die sechste fand 2008 in San Diego zum Thema „Entwicklung und Systematisierung von Schöpfungsmodellen" statt. CSF und ICR bemühen sich, den wissenschaftlichen Anspruch des Kreationismus einzulösen. Einen Gegenpol dazu bildet die Vereinigung Answers in Genesis (AiG) des Australiers Ken Ham mit Hauptsitz in Kentucky, die in allen englischsprachigen Ländern und in Japan präsent ist. Für ihn bilden rechtskonservative Politik und Kreationismus eine Einheit. Er beschäftigte 2007 über 160 hauptamtliche Mitarbeiter und eröffnete ein Naturkundemuseum in Petersburg (Kentucky) für mehrere Millionen Dollar. Ähnlich agiert die Vereinigung The Creation Science Association for Mid-America (CSA) in Kansas. In der Selbstdarstellung von CSA im Internet vom 20. August 2006 heißt es:

> Die verbreitete Akzeptanz dieser falschen Ursprungsidee hat körperlichen Schaden für Millionen Menschen allein in diesem Jahrhundert und Gesetzlosigkeit in unserer Gesellschaft verursacht und unzähligen Menschen eine gute Beziehung zu ihrem Schöpfer genommen.[3]

AiG und CSA sind damit noch wesentlich fundamentalistischer und kompromissloser als das ICR.

1.2. Kurzzeit-Kreationismus aus der Nähe betrachtet

Der Kreationismus versteht sich als alternative Wissenschaft, da die Ergebnisse der modernen Naturwissenschaften angeblich einen unlösbaren Widerspruch zum Schöpfungsglauben bilden. Dieser habe nur dann eine vernünftige Grundlage, wenn man die mit der wörtlich verstandenen Genesis nicht konformen Erkenntnisse der Naturwissenschaft verwirft. Der Kreationismus verbreitet ein anderes Bild der Natur, das er aus der Bibel zu entnehmen beansprucht; man kann es wie folgt zusammenfassen:

- Die Erde ist weniger als 10000 Jahre alt. Sie wurde einschließlich aller Lebewesen und des Menschen in sechs Tagen erschaffen.
- Die Lebewesen wurden von Gott so geschaffen, wie sie heute sind, oder als so genannte *Grundtypen*, aus denen die heutigen Arten in wenigen tausend Jahren hervorgingen.

---

[3] Aus: www.csama.org/CSA-INFO.HTM, Stand: 20.8.2006.

- Die Sintflut fand so statt, wie in der Sintfluterzählung beschrieben. Nach Ansicht vieler (nicht aller) Kreationisten entstanden die geologischen Ablagerungen einschließlich der Fossilien durch die Sintflut oder kurz danach.
- In der ursprünglichen Schöpfung gab es keine Sünde und keinen Tod. Der Tod kam erst durch den Fall des Menschen in die Welt.

Die Kritik an der Evolutionstheorie richtet sich folglich nicht nur gegen den „Darwinismus". Große Teile der Naturwissenschaft werden durch alternative Thesen ersetzt, wie die Altersbestimmungen in der Geologie und Kosmologie, ihre Theorien über die Entwicklung des Weltalls und der Erde und so fort. Diese Thesen werden durch eine wechselnde Zahl willkürlicher Annahmen vor Widerlegung geschützt, die zum Teil im Kreationismus selbst umstritten sind:

- Die radioaktiven Zerfallsraten sollen früher sehr viel höher gewesen sein als heute. Radiometrische Altersmessungen führten daher nur scheinbar zu mehreren Millionen Jahren, während die Zerfallsprodukte tatsächlich nur wenige tausend Jahre alt seien. Dazu muss jedoch auch angenommen werden, dass die Zerfallsenergien früher extrem viel kleiner gewesen seien, andernfalls handelt man sich das Problem ein, dass die um mehrere Zehnerpotenzen höheren Zerfallsraten die Erde hätten verdampfen lassen. Mit den kernphysikalischen Grundlagen sind solche Annahmen jedoch unvereinbar.
- Die Datierung von Gesteinen und Fossilien beruhe auf willkürlichen Voraussetzungen. In Wirklichkeit wisse niemand, welche Menge eines Elements und seiner Zerfallsprodukte vor wenigen tausend Jahren bereits vorhanden waren.[4]
- Die Lichtgeschwindigkeit wäre früher viel höher gewesen. Daher sei die Berechnung der Laufzeit des Lichts zwischen der Erde und weit entfernten Sternen falsch. Sie betrage nicht Milliarden Jahre, sondern nur wenige tausend Jahre. Diese Annahme ist rein willkürlich und steht im krassen Widerspruch zur Relativitätsphysik.
- Alternativ zu den ersten Thesen: Das Universum sei von Gott mit radioaktiven Zerfallsprodukten, Licht zwischen den Sternen, Fossilien usw. erschaffen worden, so dass es den Eindruck großen Alters vermittelt.[5] In Wirklichkeit sei es wenige tausend Jahre alt. Diese bizarre These hätte

[4] Dagegen spricht jedoch die Tatsache, dass mithilfe der so genannten „Isochronenmethode" für eine sichere Datierung von Gesteinen gar keine Annahmen über die anfängliche Konzentration des Zerfallsprodukts getroffen werden müssen. Außerdem führen unterschiedliche Datierungsmethoden meist zu denselben Ergebnissen.

[5] Dieses Argument findet sich als Omphalos-Theorie seit dem 19. Jahrhundert in der wissenschaftskritischen Literatur. Es geht davon aus, dass auch Adam und Eva einen Nabel (grie-

zur Konsequenz, dass Gott ein Täuscher wäre, der das Betreiben wissenschaftlicher Rekonstruktionsversuche von vorn herein in die Irre führt.
- Die Sintflutgeschichte sei dadurch belegt, dass archäologische Expeditionen Reste der Arche gefunden hätten. Archäologische Tatsachen stützen diese Annahme in keiner Weise.
- Die Wahrscheinlichkeit, dass sich nützliche Merkmale von Lebewesen durch das zufällige Zusammentreffen von Mutationen bilden, sei viel zu gering, als dass die Evolutionstheorie funktionieren könnte. (Zur Wahrscheinlichkeitsdiskussion s. Kap. IV.)
- Es gäbe keine oder viel zu wenige fossile Übergänge zwischen den Arten und Großgruppen der Lebewesen. Die „missing links" fehlten immer noch. Diese Argumentation wird in Kap. V aufgegriffen.
- Luxusbildungen bei Tieren und Pflanzen, wie der Schwanz des Pfaus, ließen sich durch die Selektionstheorie nicht erklären. Sie hätten sich im Kampf ums Dasein nicht durchsetzen können.
- Die Erbsubstanz DNA enthält Information; natürliche Prozesse, die nach einfachen Regeln ablaufen, könnten aber keine Information erzeugen. Also sei eine planende Intelligenz notwendig.

Eine Reihe von häufig zu lesenden Annahmen ist so skurril, dass sie nicht systematisch aufgeführt werden müssen, wie etwa die Geschichte von den menschlichen Fußabdrücken, die neben Saurierspuren entdeckt worden seien oder die These, dass die Evolutionstheorie gegen den zweiten Hauptsatz der Thermodynamik verstoße. Auch das Argument, Information sei eine geistige Größe und könne deshalb durch materielle Prozesse nicht hervor gebracht werden, stellt eine bemerkenswerte Fehlleistung dar, wenn man bedenkt, dass es von einem EDV-Techniker kommt (Gitt 2002). Dass das Schnabeltier mit seinen „Mosaikmerkmalen" (Schnabel, Eier, Säugen der Jungtiere usw.) gegen Evolution spreche, ist ein weiteres Argument aus dem kreationistischen Kuriositätenkabinett. Insgesamt betrachtet ziehen die meisten der oben erwähnten Hilfsannahmen die Notwendigkeit weiterer Hilfs-Konstruktionen nach sich, bis in den Bereich zwar nicht logischer aber praktischer Absurdität (Hemminger 1988).

Zum Erscheinungsbild des Kreationismus gehören darüber hinaus bewusste Verfälschungen, Verzerrungen und Entstellungen von Daten und Zitaten. Ein Beispiel aus dem Internet: Auf der Seite evolution-schoepfung.de, die türkische Islamisten (Anhänger von Adnan Oktar) auf Deutsch betreiben, wird ein Poster angeboten, in dem es heißt:

> Bei Ausgrabungen in der Gran Dolina-Höhle in der Region Atapuerca fanden drei spanische Wissenschaftler und ihr Team ein Fossil, welches das Märchen von

---

chisch *Omphalos*) gehabt hätten, obwohl sie niemals im Mutterleib durch eine Nabelschnur ernährt wurden.

der Evolutionstheorie heftig erschütterte. Bei dem Fossil handelt es sich um ein menschliches Gesicht, das mit dem eines heutigen Menschen völlig identisch ist. Die Gesichtsknochen, welche die evolutionären Wissenschaftler so in Aufregung versetzten, gehören einem 11-jährigen Kind. Seit seinem Tode sind jedoch sage und schreibe 800 000 Jahre vergangen. Eigentlich hätten die Evolutionisten, nach diesem Fund, ihre erdichteten Stammbäume der sich angeblich über hunderttausende von Jahren erstreckenden ‚menschlichen Evolution', die sie mit den Schädeln ausgestorbener Menschen- und Affenarten, irgendwelchen Knochenteilen und phantastischen Rekonstruktionen aufgestellt haben, auf den Müll werfen und sich eine neue Beschäftigung suchen müssen [...] (Oktar 2008).

Das Fossil, auf das sich das Poster bezieht, wurde bereits 1997 gefunden und ist maximal 900 000, evtl. auch nur zwischen 780 000 und 650 000 Jahre alt. Es hat einen erstaunlich modernen Gesichtsschädel, ist allerdings keineswegs mit dem eines modernen Menschen „völlig identisch". Außerdem heißt es in der Originalpublikation (Arsuaga et al. 2000), dass der übrige Schädel mit seinem Kiefer und den Überaugenwülsten eher primitiv gebaut sei und sich mit späteren Funden von *Homo erectus* (bzw. *H. ergaster*) vergleichen lasse, z. B. Bilzingsleben (400 000 J. alt) und Mauer bei Heidelberg (500 000–600 000 J. alt). Außerdem fand man in den Höhlen von Atapuerca seither die Reste von vermutlich sechsunddreißig (!) Individuen, so dass die primitiven Merkmale der Funde gut belegt sind. Von einem Unterkiefer heißt es, er wirke erstaunlich modern *verglichen mit gleich alten Funden aus Afrika*. Solche Formulierungen werden im Kreationismus gerne verkürzt als Belege dafür zitiert, dass sich die Forscher ihrer Sache selbst nicht sicher seien. Davon kann keine Rede sein. Die Fossilien von Atapuerca werden heute als Übergangsformen zwischen *Homo erectus* und den späteren Neandertalern betrachtet, die von etwa 400 000 bis 30 000 v. Chr. Europa besiedelten. Dass die Entdecker dieser Fossilien die Besonderheiten ihrer Funde betonen, hat mit Zweifeln an der menschlichen Evolution nichts zu tun sondern lediglich mit systematisch-taxonomischen Fragen. Das kreationistische Poster unterschlägt wesentliche Informationen und verfälscht die Zitate der beteiligten Wissenschaftler. Das ist leider kein Einzelfall, sondern eher die Regel als die Ausnahme. Den ehrlich argumentierenden Kreationisten sollten diese Methoden allerdings nicht angelastet werden.

1.3. Kreationismus in Deutschland und Europa

Der Einfluss des US-Fundamentalismus auf Europa nahm in den letzten Jahrzehnten stetig zu. Der Kreationismus verdrängte dadurch teilweise die ältere, wenig politisierte Tradition der Auseinandersetzung mit der Naturwissenschaft. Wie kam es, dass die deutschen „Bibelchristen" (so wurden sie vor dem 2. Weltkrieg genannt) ihre eigene theologische Position zwischen 1980 und 2008 zugunsten des US-Fundamentalismus aufgaben?

Eine wichtige Rolle spielte dabei die einflussreiche evangelikale Nachrichtenagentur Idea, die den Kreationismus nach US-Vorbild propagiert (z.B. ideaSpektrum 2006). Der Antrieb dazu dürfte sein, den Konservatismus der „Moral Majority" in den USA als christliche Politik darzustellen. Neben der gezielten Politisierung der Debatte durch idea spielte die Veränderung der Kirchenlandschaft eine wichtige Rolle: Seit etwa 20 Jahren breiten sich unabhängige, protestantische Gemeinden, Aussiedler-Gemeinden und Immigranten-Gemeinden, die nahezu alle kreationistisch denken, auf Kosten der älteren Freikirchen und der großen Kirchen aus. Symptomatisch für die Amerikanisierung des deutschen Protestantismus ist die Entstehung der Studiengemeinschaft Wort und Wissen. Der Maschinenbauingenieur und Betriebswirt Professor Theodor Ellinger (1920 bis 2004) gründete 1978 mit dem Ingenieur und Pfarrer Dr. Horst W. Beck die Studiengemeinschaft Wort und Wissen e.V. Beck gehörte damals zum Kuratorium der Karl-Heim-Gesellschaft, stand also in der Tradition des kritischen aber sachlichen Dialogs von Naturwissenschaft und Schöpfungsglauben, den der Tübinger Theologe Karl Heim (1874–1958) im Gespräch mit der modernen Physik vorexerziert hatte. Er spricht selbst davon, dass er durch eine Begegnung mit Willem Ouweneel eine Bekehrung zum Kreationismus erlebte.

Die etablierten Kirchen reagierten lange Zeit nicht auf den Kreationismus. Vor 2006 gab es nur von den württembergischen und sächsischen Kirchenleitungen kritische Beurteilungen, beide Ende der 1980er. Von Ende 2006 bis Ende 2007 publizierte allerdings die Evangelische Zentralstelle für Weltanschauungsfragen (EZW) in ihrer Monatszeitschrift „Materialdienst" zwei Artikel zum Thema Kreationismus und einen EZW-Text, in dem die Argumente des Kreationismus und der Bewegung für ein „intelligentes Design" kritisch aufgegriffen werden (Hemminger 2007). Auch der Rat der EKD nahm sich in seinem Bericht für die Synode der EKD 2007 des Kreationismus an. Der Ratsvorsitzende Wolfgang Huber führte darin unter anderem aus:

> Der Glaube an den Schöpfer wird so zu einer pseudowissenschaftlichen Weltanschauung; dieser Glaube selbst soll nämlich das zutreffende Wissen über die Entstehung und Entwicklung der Welt vermitteln. Mit dieser Verkehrung des Glaubens an den Schöpfer in eine Form der Welterklärung hat die Christenheit immer wieder Schiffbruch erlitten […] Deshalb ist aus Gründen des Glaubens ein klarer Widerspruch notwendig […] (Huber 2007).

Dies bekräftigte die EKD mit dem EKD-Text 94 (1. April 2008, Evangelische Kirche in Deutschland). Darin wird nicht nur der Kreationismus kritisiert, sondern ebenso die angeblich wissenschaftliche Kritik am Glauben, der die Wissenschaft als einzigen Zugang zur Realität versteht. Auch der Verband Evangelischer Freikirchen in Deutschland (VEF) äußerte sich in einer Erklärung seines Beauftragten am Sitz der Bundesregierung Peter Jörgensen zu Kreationismus und intelligentem Design:

> Vertreter der Evolutionstheorie, aber auch des Intelligent Design und auch Anhänger des Kreationismus haben nebeneinander ihren Platz in den Freikirchen [...] So, wie wir die Religionsfreiheit und die Trennung von Staat und Kirche positiv werten, halten wir grundsätzlich auch die Trennung von Glaube und Wissen wissenschaftstheoretisch für überzeugend [...] (Jörgensen 2007).

Da einige Mitgliedskirchen mehrheitlich oder vollständig eine kreationistische Theologie vertreten, z. B. der Bund Freier evangelischer Gemeinden (BFeG) und der Bund Freikirchlicher Pfingstgemeinden (BFP), war eine Ablehnung des Kreationismus wie von den großen Kirchen vom VEF nicht zu erwarten. Radikale Formen des Kreationismus findet man dennoch (mit Ausnahme des BFP) nicht bei den organisierten Freikirchen, sondern bei den zahlreichen unabhängigen Gemeinden, sowie bei den tausenden von Aussiedler- und Immigrantengemeinden. Dort ist der Kreationismus Teil einer negativen Grundhaltung zur säkularen Gesellschaft. So wird von religiös motivierten Schulverweigerern die Evolutionstheorie regelmäßig als Grund angeführt. (Das zweite Argument bezieht sich auf den schulischen Sexualkunde-Unterricht, der angeblich die biblische Moral zerstört.)

Wichtigste kreationistische Organisation im deutschsprachigen Raum ist bis heute die Studiengemeinschaft Wort und Wissen mit Sitz in Baiersbronn (Nordschwarzwald). Theodor Ellinger war von 1980 bis 1997 Vorsitzender, auf ihn folgte der Mikrobiologie Siegfried Scherer (Universität München). Neuer Vorsitzender wurde Anfang 2006 der Arzt Henrik Ullrich aus Riesa (Sachsen), zweiter Vorsitzender der Universitätsprofessor für pharmazeutische Chemie Peter Imming aus Halle. Siegfried Scherer ist gemeinsam mit dem langjährigen Geschäftsführer Reinhard Junker Autor des Schulbuchs „Evolution – ein kritisches Lehrbuch", hat sich aber inzwischen vom Kurzzeit-Kreationismus distanziert. Nicht direkt von Wort und Wissen stammt die empfohlene Lehrbuchversion für jüngere Kinder: „Creatio – biblische Schöpfungslehre" (vom Stein 2005). Daneben gibt es eine Zeitschrift, Broschüren und Literatur für alle Zielgruppen, bis hin zu Kinderbüchern. Werner Gitt, ein inzwischen ausgeschiedenes Vorstandsmitglied und pensionierter EDV-Wissenschaftler aus Braunschweig, ist einer der publizistischen Hauptvertreter der Studiengemeinschaft. Wirksamer als seine Bücher waren allerdings die in vielen Ländern Europas gelesenen Bücher des verstorbenen englischen Chemikers A. E. Wilder-Smith, der lange in der Schweiz lebte. Als wichtige Autoren sind außerdem der häufig übersetzte US-Amerikaner Duane T. Gish (früher Vizepräsident des ICR in San Diego) und der Niederländer Willem J. Ouweneel zu nennen. Seit ihrer Gründung verzeichnete die Studiengemeinschaft ein erhebliches Wachstum. Sie verfügt über einen Unterstützerkreis von mehreren tausend Personen, der fünf hauptamtliche Stellen finanziert (Stand 2007). Wort und Wissen ist vermutlich die am besten ausgestattete kreationistische Organisation in Europa. Sogar The Biblical Creation Society in Großbritannien kann nur eine hauptamtliche Kraft bezahlen (Stand 2007). Der ähnlich orientierte Verein Pro Genesis in der Schweiz verfügt nach eigenen Angaben (2007) über einen Unterstützerkreis von rund 600 Personen.

Die deutsche Anhängerschaft des Kreationismus liegt niedriger als in den USA, auch niedriger als in anderen englischsprachigen Ländern (Coleman et al. 2004). Eine Umfrage unter Studienanfängern der Universität Dortmund 2006 ergab, dass 12,5 % Zweifel an der Evolutionstheorie hegen. Selbst unter künftigen Biologielehrern fanden sich 5,5 % Zweifler (Spiegel online 2007). Der Aussage, dass ein höheres Wesen den Menschen im Wesentlichen in seinem jetzigen Aussehen geschaffen habe, stimmten 18 % bzw. 10 % zu. Die bereits erwähnte Meta-Studie von National Geographic aus dem Jahr 2006 setzt den Anteil der Deutschen, die eine Evolution ablehnen, auf rund 20 % an. Die „entschiedene Ablehnung" liegt deutlich niedriger, beide Werte liegen nahe am europäischen Durchschnitt.

Aufsehen erregte eine von der kreationistischen Organisation Pro Genesis in Auftrag gegebene Umfrage in der Schweiz von 2007, nach der 75 % aller Schweizer dafür seien, Schöpfung und Evolution gleichberechtigt in der Schule zu lehren. Vom Wortlaut der Umfrage her ließ sich das Votum allerdings auch als Befürwortung eines christlichen Religionsunterrichts im Allgemeinen verstehen. Außerdem war sie mit einer Stichprobengröße von lediglich 57 Personen alles andere als repräsentativ. Zumindest in der Deutschschweiz scheint der Anteil der Kreationisten dennoch höher zu sein als sonst in Europa. Am 9. April 2008 lehnte der Grosse Rat des Kantons Bern einen Antrag der Eidgenössischen Demokratischen Union mit 99 zu 23 Stimmen ab, Evolutionstheorie und Schöpfungslehre gleichberechtigt im Biologieunterricht zu behandeln. Der Antrag fand also immerhin rund ein Viertel Befürworter im Grossen Rat (20 Minuten online 2008).

Wie steht es mit dem Kreationismus außerhalb des Protestantismus? Inhaltlich ähnlich ist die Evolutionskritik im orthodoxen Judentum, da dabei die wortwörtliche Geltung der Thora in Frage steht. Diese Debatte spielt vor allem in den USA und in Israel eine Rolle. Im Katholizismus gibt es weniger Grund, sich mit dem Kreationismus zu befassen, da er (trotz der Affinitäten zwischen rechtskonservativen Katholiken und Kreationisten, s.u.) im Kern ein protestantisches Phänomen ist. Papst Johannes Paul II. schrieb 1996 im „Quarterly Review of Biology", dass die katholische Theologie nur die Erschaffung der menschlichen Seele für Gott beansprucht. Die Entstehung der Arten, einschließlich *Homo sapiens*, durch Evolution sei kein Problem für den Glauben. Damit ging er weiter als später Kardinal Schönborn (Wien): In seinem im Juli 2005 veröffentlichten Artikel in der New York Times „Finding Design in Nature" sprach er sich für das „intelligente Design" aus und bezeichnete den Brief von Johannes Paul II. als „vage und unwichtig" (Schönborn 2005). Vielmehr habe Johannes Paul II. darauf Wert gelegt, dass man in der Natur die Vernunft des Schöpfers auch wissenschaftlich erkennen könne.

Der Chefastronom des Vatikans, der Jesuit George Coyne, publizierte in „The Tablet" eine scharfe Entgegnung und wies darauf hin, dass 2004 eine internationale theologische Kommission unter der Leitung Kardinals Ratzinger, des jetzigen Papstes Benedikt XVI., befunden habe, dass kein Konflikt zwischen Evolution und Glaube bestünde (Coyne 2005). Trotzdem gibt es manchmal Bündnisse zwischen Katholizismus und Kreationismus. Ein Beispiel ist der ehemalige polnische Bildungsminister und Vorsitzender der Partei „Liga der polnischen Familien" Roman Giertych. Sein Stellvertreter Miroslaw Orzechowski bezeichnete die Evolutionstheorie als „einen Irrtum, den wir als allgemeine Wahrheit legalisiert haben" (Kjaergaard 2008). Roman Giertychs Vater Maciej Giertych ist Biologe, sitzt im Europäischen Parlament und kämpft seit Jahren gegen die aus seiner Sicht zerstörerische Evolutionstheorie. Einer seiner Verbündeten ist der deutsche Ingenieur Hans-Joachim Zillmer. Allerdings ist Maciej Giertych eine Randfigur des Katholizismus. Mehr Bedeutung hat der Kreationismus in der russischen Orthodoxie (Vikulov 2008); es gibt seit 2000 ein einflussreiches kreationistisches Missionszentrum „Shestodnev" (Creatio), geleitet von Erzpriester Constantine Bufeev. Er denunziert die Evolutionstheorie als Werk Satans, Ketzerei und Heidentum. Das Zentrum übernahm die für den US-Fundamentalismus typische Forderung, dass in den Schulen die biblische Schöpfungslehre unterrichtet werden solle. Die Klage einer Schülerin namens Maria Schreiber aus St. Petersburg sollte wegen der angeblichen Lücken der Evolutionstheorie eine Gleichbehandlung der Schöpfungslehre erzwingen. Vor Gericht scheiterte diese Klage allerdings. Umgekehrt sprach ein Vertreter evolutionären Denkens, G.L. Muravnik, vom Kreationismus als von einem „schlimmen allergischen Anfall, den Darwins Modell der Evolution bei gewissen Protestanten im Westen ausgelöst habe". Die Haltung des Patriarchats von Moskau ist derzeit unklar. Die Ausgangslage in Russland ähnelt jedenfalls der in der ehemaligen DDR: Die antikirchliche Propaganda des Sowjetregimes bediente sich des Darwinismus als Beweis gegen den Glauben. Insofern liegt es nahe, nun umgekehrt die Evolutionstheorie als Überrest der kommunistischen Ideologie zu diffamieren.

Dass Jehovas Zeugen sehr viel kreationistisches Schrifttum verbreiten, ist eine wenig bekannte Tatsache. Sie scheinen mehrheitlich einen Langzeit-

Kreationismus zu vertreten. Interessanterweise schwenkt auch die neuzeitliche Esoterikbewegung immer mehr auf diesen Kurs der Evolutionskritik ein. Man versucht, die Idee einer planvollen kosmischen Höherentwicklung, die Idee eines durchgeistigten Kosmos, gegen die Idee einer zweck- und zielblinden Selektion durchzusetzen. Insofern sind viele Esoteriker Anhänger eines intelligenten Designs, allerdings ohne Gott bzw. personalen Designer, eine Quelle hierfür ist die Theosophie, z. B. der Paläontologe und Theosoph Edgar Dacqué (1878–1945). Dacqué entwarf eine Metaphysik der Evolution, nach der das, was sich in der grobstofflichen Welt entwickelt, auf höheren Seinsebenen bereits vorher existiert (Präexistenz). Auch der Entwicklungsbiologe Hans Driesch, ein Neo-Vitalist aus der ersten Hälfte des 20. Jahrhunderts, war Theosoph. *Esotera*, das deutsche Intelligenzblatt der Esoterik-Bewegung, widmete der Kritik an Darwin eine lange Artikelserie, in der wiederum die Argumente des amerikanischen Kreationismus auftauchten.

Auch unter Muslimen findet Evolutionskritik immer mehr Anklang. Die Türkei ist das erste und einzige hoch industrialisierte Land, in dem der Biologieunterricht unter der Regierung der AKP, der islamischen Partei für Gerechtigkeit und Aufschwung, immer mehr kreationistische Lehren vermittelt und die geltende Naturwissenschaft verschweigt. Der derzeitige Erziehungsminister Hüseyin Celik betrachtet die biologische Evolutionstheorie als Waffe der Materialisten und Gottlosen gegen den Islam. Einer seiner Mentoren ist der bereits erwähnte Fundamentalist Adnan Oktar (literarisches Pseudonym Harun Yahya). Er macht, ähnlich wie Answers in Genesis in den USA, die Evolutionstheorie und Charles Darwin für alle Übel der modernen Welt verantwortlich, für Rassismus, Faschismus und sogar für den islamistischen Terror. Seine Ideen werden von der Türkei aus unter Muslimen auch auf Deutsch verbreitet. Diesem Zweck dient vor allem der 800 Seiten starke, überaus aufwendig gemachte, „Atlas der Schöpfung“, zu dem es heißt:

> Fossilien offenbaren, dass die Lebensformen auf der Erde sich niemals auch nur im Geringsten verändert haben […] Das verweist auf eine unbestreitbare Tatsache: Lebewesen kamen nichts ins Dasein durch imaginäre Evolutionsprozesse (Oktar 2007).

Das sechs Kilo schwere Buch wurde von der Science Research Foundation Oktars (Istanbul) in zahlreichen Exemplaren kostenlos in die USA und in viele europäische Staaten verschickt. Das Werk ist mit sieben Bänden angekündigt, die Bände zwei und drei sind bereits gelegentlich aufgetaucht. Oktar ist ein Langzeit-Kreationist; seine Unkenntnis naturwissenschaftlicher Methoden und Theorien ist derart massiv, dass eine Diskussion mit ihm nicht möglich sein dürfte.

Die geschilderte Entwicklung bewirkte eine Reihe von Gegenreaktionen: Am 4. Oktober 2007 verabschiedete die Parlamentarische Versammlung des

Europarats in Straßburg ihre Resolution 1580 mit dem Titel: *Die Gefahren des Kreationismus im Erziehungswesen*. Berichterstatter waren GUY LENGAGE (Frankreich) und ANNE BRASSEUR (Luxemburg). In 20 Paragraphen wird vor dem Kreationismus gewarnt, und die Mitgliedsstaaten werden aufgefordert

- die Naturwissenschaft zu verteidigen und zu fördern
- dem Kreationismus im Unterricht energisch entgegenzutreten, wenn er als wissenschaftliche Richtung auf der gleichen Ebene wie die Evolutionstheorie auftritt und grundsätzlich allen kreationistischen Ideen in jedem Fach eine Absage zu erteilen, außer in der Religion (aus § 19).

Der Arbeitskreis „Kritische Theorie" an der Universität Trier veranstaltete vom 15. bis 17. Juni 2007 einen Kongress mit dem Titel: *Die erschöpfte Theorie? Evolution und Kreationismus in Wissenschaft*. Veranstalter waren die Gewerkschaft Erziehung und Wissenschaft (GEW), die Heinrich-BÖLL-Stiftung, die Giordano-BRUNO-Stiftung, der INTERNATIONALE BUND DER KONFESSIONSLOSEN UND ATHEISTEN, die Rosa-LUXEMBURG-Stiftung und andere politisch links orientierte Stiftungen. Unter den Unterstützern sind die BRIGHTS, ein aus den USA kommender naturalistischer Studentenbund, der BUND DEMOKRATISCHER WISSENSCHAFTLERINNEN usw. Die Besorgnis über den politischen Einfluss des Kreationismus wird jedoch nicht nur von atheistisch denkenden oder politisch links stehenden Menschen geteilt. Eine Polarisierung, nach der man als Christ für den Kreationismus sein müsse, weil Atheisten dagegen sind und umgekehrt, wird der komplexen Lage nicht gerecht.

1.4. Intelligentes Design

Nach 1980 tauchte ein neues Schlagwort in der amerikanischen Debatte auf: „Intelligent Design" (ID). Ein erster Erfolg der Bewegung war das in den USA weit verbreitete Buch von Phillip E. JOHNSON „Darwin on trial" (JOHNSON 1991). Fünf Jahre später folgte Michael BEHE mit dem Buch „Darwin's black box"; es löste auch in Europa ein gewisses Echo aus (BEHE 1996). Relativ unbekannt blieb in Europa dagegen William DEMBSKI, der 1998 das Buch „The design inference" (Der Schluss auf Design) publizierte (DEMBSKI 1998). Diese Autoren vertreten ein einziges, vielfach entfaltetes Argument: Die Entstehung komplexer organischer Strukturen sei nur durch eine intelligente Planung erklärbar. Die Argumente dafür seien wissenschaftlicher Art, der Rückgriff auf religiöse Ideen sei für sie nicht erforderlich. Michael BEHE behauptet, dass die Wahrscheinlichkeit für die Entstehung der komplizierten, sinnvoll konstruierten Organe und Verhaltensweisen der Lebewesen durch Mutations- und Selektionsvorgänge so gering sei, dass sie praktisch als unmöglich gelten müsse. Sein anschauliches Beispiel dafür ist die Mausefalle, die bei ihm aus fünf Teilen besteht. Das ist nicht viel, aber man könne kein Teil heraus nehmen, ohne die Falle funktionsuntüchtig zu machen. Die Mausefalle sei – trotz ihrer einfachen Konstruktion – *nicht reduzierbar komplex* (irreducibly complex). Und da die Selektion nur Strukturen fördert, die einen Selektionsvorteil bieten, könne es „unfertige" Strukturen auf dem Weg zum funktionierenden Organ oder Verhalten in der Evolution nicht geben.

Formal logisch hat dieses Argument die Form einer *reductio ad absurdum*. Das Wirken einer intelligenten Planung wird nicht demonstriert. Es wird auch nicht erläutert, wie und wann die angenommene Intelligenz auf die Entstehung von Lebewesen einwirkt. Vielmehr wird behauptet, dass der Versuch, die Komplexität der Lebewesen und ihrer Organe durch den Mechanismus von Mutation und Selektion zu erklären, zu logisch absurden Ergebnissen führe. Deshalb müsse man nach einer anderen Erklärung suchen, die ein Element der Planung und Steuerung enthalte. Welches dies sein soll, sagt das Argument nicht. Es handelt sich daher nicht um eine empirisch prüfbare Erklärung und damit auch nicht um eine naturwissenschaftliche Hypothese. Autoren wie Pearcey (2004) wenden ein, es sei methodische Willkür, transzendente Ursachen (Schöpfung, göttliches Eingreifen usw.) aus naturwissenschaftlichen Theorien auszuschließen. Allerdings würden transzendente Ursachen (aristotelisch: finale Ursachen) als Theoriebestandteile die Methode der Naturwissenschaft selbstwidersprüchlich machen.

Behe setzt solche transzendenten Ursachen voraus. Er ist Biochemiker und benutzt molekulare Beispiele wie die Flagelle von Bakterien. Die Bewegung dieses Organells wird von einer „molekularen Maschine" ausgeführt, die aus 20 bis 40 unterschiedlichen Proteinen besteht. Behe argumentiert, dass dieses Organ nur dann durch Mutation und Selektion hätte entstehen können, wenn eine Mindestzahl von Mutationen im Genbestand einer Bakterienpopulation zusammengetroffen wäre und damit die Einzelteile (die einzelnen Proteine) der Flagelle bereitgestellt hätten. Jede dieser Mutationen hätte für sich keinen Selektionsvorteil gehabt und hätte sich damit nicht unabhängig von den anderen im Genpool anhäufen können. Da bereits eine einzelne günstige Mutation unwahrscheinlich wäre, sei ein Zusammentreffen mehrerer dieser voneinander unabhängigen Ereignisse extrem unwahrscheinlich. Das Beispiel der Bakterienflagelle wurde allerdings von Kenneth Miller, Nick Matzke und vielen anderen untersucht (s. Neukamm 2007, 213 sowie Kap. IX). Es wurde gezeigt, dass die evolutive Entwicklung der Flagelle, u. a. über Funktionswechsel, sehr wohl nachvollziehbar ist. In einem solchen Fall voneinander abhängiger Veränderungen gilt Behes Wahrscheinlichkeitsrechnung nicht. Sie ist inzwischen – einschließlich der weiter gehenden Argumente von William Dembski – ausreichend diskutiert und widerlegt.

Sämtliche großen Fachverbände der USA bewerten ID als pseudowissenschaftlich. SMEDES (2008a; 2008b) stuft die Bewegung deshalb als politische Ideologie ein, die weder Naturwissenschaft noch Theologie sei. Allerdings ist das Argument an sich, ohne seine politische Verzweckung, nicht neu. Es hat Ähnlichkeit mit dem physikotheologischen Gottesbeweis der aufgeklärten Theologie des 18. Jahrhunderts (MAHNER 2007; MICHEL 2008) und Bezüge zu so genannten teleologischen Naturbildern in der Geschichte der Philosophie. Die Idee kann deshalb auch in einem anderen Umfeld als dem des Kreationismus stehen. Im politischen Kontext wird sie jedoch zu einem Angriff auf die Naturwissenschaft. Dabei spielt das 1990 gegründete DISCOVERY INSTITUTE in Seattle, das mit der Republikanischen Partei eng verbunden ist, die Hauptrolle. Sein wichtigster Zweig, das CENTER FOR SCIENCE AND CULTURE, befasst sich damit, die geltende Evolutionstheorie anzugreifen. Seit 2005 gibt es auch ein biologisches Institut, in dem auf der Grundlage des intelligenten Designs gearbeitet werden soll.

Dass sich die Bewegung Anfang der neunziger Jahre formierte, ist kein Zufall. 1987 verbot der Oberste Gerichtshof der USA dem Bundesstaat Louisiana, den Kreationismus als Ergänzung in den Lehrplan staatlicher Schulen aufzunehmen. Der bereits existierende Entwurf des Schulbuchs „Of Pandas and People" wurde deshalb geändert; an über hundert Stellen wurden die Worte Schöpfer, Schöpfung, Kreationismus und Schöpfungswissenschaft durch „intelligentes Design" ersetzt (s. dazu WIKIPEDIA 2007). Von daher wird die Bewegung politisch richtig, wenn auch inhaltlich vereinfachend, dem Kreationismus zugerechnet. Sie wird gelegentlich auch als *Neokreationismus* bezeichnet, zum Beispiel im EKD-Text 94. Phillip E. JOHNSON formulierte für das DISCOVERY INSTITUTE eine politische Keilstrategie (*wedge strategy*) mit dem Ziel, einen Keil in die naturalistische Basis der Wissenschaft zu treiben.

Zusätzlich zu wissenschaftlichen Argumenten sollte „die zerstörerische Wirkung der Evolutionstheorie" auf die Werte der Familie, der Moral etc. betont werden. Damit nahm das DISCOVERY INSTITUTE die alte Debatte um das Menschenbild wieder auf, die bereits Bischof Samuel WILBERFORCE und Thomas HUXLEY bei ihrer berühmten Diskussion 1860 in Oxford beschäftigte. In der Tat belegt die neuzeitliche Ideologiegeschichte, dass DARWINS Theorie immer wieder zur Entmenschlichung des Menschen missbraucht wurde (ALTNER 1981). Erinnert sei an die deutsche Gesellschaft für Rassenhygiene, der nach dem ersten Weltkrieg sowohl Ernst HAECKEL als auch der wissenschaftlich bedeutendere Zoologe August WEISMANN als Ehrenmitglieder angehörten. Allerdings ist ebenso richtig, dass ideologische Angriffe auf die Würde des Menschen nicht mit Charles DARWIN begannen und sich in seinem Werk nicht finden. Der so genannte *Darwinismus* kommt in der Ideologiegeschichte der Neuzeit eher spät, nach den mechanistischen Menschenbildern der Aufklärungszeit, nach der französischen Revolution und sogar nach der Geschichtsideologie von Karl MARX. Insofern gibt es Grund dazu, am humanen Motiv der *wedge strategy* zu zweifeln und dahinter politische Absichten zu vermuten.

Die gerichtlichen Auseinandersetzungen um Intelligent Design sind in den USA noch nicht ausgestanden. In Dover, Pennsylvania, fand der wichtigste dieser Prozesse statt. Dort verlangte die ehrenamtliche Schulleitung von den naturwissenschaftlichen Lehrkräften der High School, in Klasse 9 ein Papier vorzulesen, das die Evolutionstheorie angriff: Darin hieß es: „Die Theorie ist keine Tatsache. Es gibt Lücken in ihr, für die es keine Erklärung gibt." Die Schülerschaft wurde ermutigt, das Konzept des „intelligenten Designs" zu studieren, und das Buch „Of Pandas and People" wurde für den Schulgebrauch angeschafft. Die naturwissenschaftlichen Lehrer der Schule lehnten diese Anweisung mit Unterstützung vieler Eltern ab.

In dem darauf folgenden Verfahren wurde das antievolutionistische Papier des *School Boards* von Richter John E. JONES III. als unvereinbar mit der Verfassung der Vereinigten Staaten verworfen (JONES 2005). Weder Intelligent Design noch andere religiöse Alternativen zur Naturwissenschaft könnten an öffentlichen Schulen gelehrt werden. Da das US-Recht auf Präzedenzfällen beruht, gilt diese Entscheidung landesweit, bis sich ein höheres Gericht mit ihr befasst. Wie der politische Machtkampf in den USA ausgehen wird, ist also noch offen. Nichts spricht jedoch dafür, ihn nach Europa zu importieren.

2. Zeittafel zur Geschichte des Kreationismus

1791	Erster Zusatz zur US-Verfassung schreibt die Trennung von Kirche und Staat vor.
1802	William PALEY schließt in seinem Buch *Natural Theology* auf einen intelligenten Schöpfer.
1859	Charles DARWIN, der für sein Examen PALEY studieren musste, setzt in *On the Origin of Species* auf natürliche Mechanismen und löst damit eine wissenschaftliche und kulturelle Revolution aus.
1919	William B. RILEY gründet die *World's Christian Fundamental Association*.
1925	BUTLER Act und Affenprozess: Tennessee erlässt ein Gesetz, das es öffentlichen Schulen verbietet, die Abstammung des Menschen von den Tieren zu lehren (BUTLER Act). Im so genannten Affenprozess wird daraufhin der Lehrer John T. SCOPES in Dayton zu 100 Dollar Geldbuße verurteilt, weil er die Abstammung des Menschen aus dem Tierreich gelehrt habe.
1926–1929	Diverse Anti-Evolutionsgesetze treten in Kraft: In Mississippi, Arcansas und Texas wird verboten, die Abstammung des Menschen von den Tieren zu unterrichten.
1942	In praktisch allen öffentlichen Schulen in den USA ist die Evolutionstheorie aus den Lehrbüchern verschwunden.

1961	H. Morris und J. Whitcomb veröffentlichen ihr berühmtes Buch *The Genesis Flood*.
1963	Die kreationistische Vereinigung Creation Research Society wird gegründet.
1967/68	Butler Act und Entscheid des Supreme Court: 1967 wird der Butler Act mit Hinweis auf den ersten Zusatzartikel der US-Verfassung aufgehoben. 1968 entscheidet das oberste Gericht der USA, dass der Kreationismus eine religiöse Lehre und daher in staatlichen Schulen unzulässig sei.
1972	H. Morris gründet das Institute for Creation Research (ICR) mit dem Ziel, einen „wissenschaftlichen Kreationismus" zu etablieren.
1987	Der oberste US-amerikanische Gerichtshof untersagt im so genannten Edwards-Prozess, an öffentlichen Schulen Kreationismus neben der Evolutionstheorie zu unterrichten. „Creation science" verstoße gegen den ersten Zusatzartikel der US-Verfassung.
1990/91	Phillip Johnson und das Discovery Institute: Nach der höchstrichterlichen Entscheidung, „creation science" aus den öffentlichen Schulen zu verbannen, attackiert der Jurist P. Johnson in seinem Buch *Darwin on Trial* die Evolutionstheorie sowie den „methodischen Naturalismus" und propagiert „Intelligent Design" als neue wissenschaftliche Stoßrichtung. Die Intelligent-Design-Bewegung entstand 1990 nach Gründung der christlich-konservativen Denkfabrik, dem Discovery Institute.
1999	„Wedge-Dokument" sickert aus dem Discovery Institute: Das Dokument richtet sich an potenzielle, religiöse Geldgeber und beschreibt in generalstabsmäßiger Manier einen Plan zur „Umgestaltung des religiösen, kulturellen und sozialen Lebens." Ziel ist es, den „Materialismus und sein schädliches Erbe zu Fall zu bringen" und auf lange Sicht wieder die Lehre, wonach der Mensch von Gott erschaffen wurde, zur vorherrschenden Lehrmeinung zu machen.
2004	Dover-Erklärung: Die Intelligent-Design-Politik des *Dover Area School Districts* veranlasst Lehrer, im Biologieunterricht eine Erklärung vorzulesen, die auf Intelligent Design als Alternative zu Evolution hinweist.
2005	Kardinal Schönborn: Mit dem Artikel *Finding Design in Nature* kritisiert Kardinal Christoph Schönborn in der New York Times den Neodarwinismus. Die Nähe zur ID-Bewegung löst eine monatelange Kontroverse aus.
2005	ID-Schlappe in Dover: Richter John E. Jones III. fällt ein klares Urteil: Intelligent Design im Unterricht ist verfassungswidrig und die ID-Politik der Schulbehörde eine „atemberaubende Hirnverbranntheit". ID habe keine wissenschaftliche Dimension.

Einige der Angaben wurden der Internetseite www.forum-grenzfragen.de entnommen, teilweise in leicht veränderter Form. Mit freundlicher Genehmigung von H.-H. Peitz.

3. Literatur

Altner, G. (1981, Hg.) Der Darwinismus. Darmstadt.

Arsuaga, J. L./Lorenzo, C./Martínez, I./Gracia, A./Carretero, J. M./ García, N./López-Polín, L. (2000) The Atapuerca human fossils. Human Evolution 15, 75–82.

Behe, M. (1996) Darwin's black box. The biochemical challenge to evolution. New York.

Berkman, M. B./Pacheco, J. S./Plutzer, E. (2008) Evolution and creationism in America's classrooms: a national portrait. PLoS Biol 6, e124. biology.plosjournals.org/perlserv/?request=get-document&doi=10.1371/journal.pbio.0060124&ct=1. Zugr. a. 14.7.2008.

Coleman, S./Carlin, L. (2004, Hg.) The cultures of creationism: anti-evolutionism in english-speaking countries. Aldershot.

Coyne, G. (2005) God's chance creation. The Tablet, 6. August 2005. www.thetablet.co.uk/articles/1027. Zugr. a. 19.7.2008.

Dembski, W. A. (1998) The design inference: eliminating chance through small probabilities. Cambridge, Mass.

Evangelische Kirche in Deutschland (2008, Hg.) Weltentstehung, Evolutionstheorie und Schöpfungsglaube in der Schule. Eine Orientierungshilfe des Rats der Evangelischen Kirche in Deutschland. EKD-Text Nr. 94, Hannover.

Gitt, W. ([3]2002) Am Anfang war die Information. Holzgerlingen.

Hemminger, H. (1988) Kreationismus zwischen Schöpfungsglaube und Naturwissenschaft. EZW Orientierungen und Berichte Nr. 16. Stuttgart.

Hemminger, H. (2007) Mit der Bibel gegen die Evolution. EZW-Text 195, Berlin.

Huber, W. (2007) Der Schöpfungsglaube als Thema neuer weltanschaulicher Konflikte. In: epd-Dokumentation 47/2007: „Unverzagt und ohne Grauen" – Die evangelische Stimme in Konflikten und Herausforderungen unserer Zeit. Dresden.

ideaSpektrum 51/52 (2006), 26–27: eine Auswahl an Leserbriefen zum Thema „Evolution und Schöpfung" aus dem Jahr 2006, die dem Muster des „Equal Time Arguments" in den USA folgt.

Johnson, P. E. (1991) Darwin on trial. Washington, DC.

Jones, J. E. 3rd (2005) Kitzmiller v. Dover: memorandum opinion. www.pamd.uscourts.gov/kitzmiller/kitzmiller_342.pdf. Zugr. a. 15.4.2008.

Jörgensen, P. (2007) Kreationismus und Intelligent Design in den Kirchen der Vereinigung Evangelischer Freikirchen (VEF) in Deutschland. www.emk.de/071126_erklaerung_vef.html. Zugr. a. 18.4.2008.

Kjaergaard, P. C. (2008) Western front. New Humanist online. www.eurozine.com/articles/2008-05-20-kjaergaard-en.html. Zugr. a. 1.6.2008.

Larson, E. J./Witham, L. (1998) Leading scientists still reject god. Nature 394, 313.

Mahner, M. (2007) Intelligent Design und der teleologische Gottesbeweis. In: Kutschera, U. (Hg.) Kreationismus in Deutschland. Fakten und Analysen. Münster, 340–351.

MICHEL, P. (2008) Physikotheologie: Ursprünge, Leistung und Niedergang einer Denkform. Zürich.

NEUKAMM, M. (2007) Wissenschaft und ontologischer Naturalismus. Eine Kritik antievolutionistischer Argumentation. In: KUTSCHERA, U. (Hg.) Kreationismus in Deutschland. Fakten und Analysen. Münster, 163–231.

OKTAR, A. (2007) Begleittext zum Atlas der Schöpfung. www.harunyahya.net/V2/Lang/de/Pg/WorkDetail/Number/8932. Zugr. a. 19.7.2008.

OKTAR, A. (2008) Das Atapuerco-Fossil – Ein Fund, der das Märchen von der Evolution des Menschen widerlegt. www.evolution-schoepfung.de/bilder/15atapue.jpg. Zugr. a. 19.7.2008.

OWEN, J. (2006) Evolution less accepted in U.S. than other western countries, study finds. National Geographic News: news.nationalgeographic.com/news/2006/08/060810-evolution.html. Zugr. a. 25.8.2008.

PEARCEY, N.R. (2004) Total truth: liberating christianity from its cultural captivity. Wheaton, IL.

SCHÖNBORN, C. (2005) Finding design in nature. New York Times, 7. Juli. Übersetzung: diepresse.com vom 11.7.2005.

SMEDES, T.A. (2008a) Intelligent Design: Theologie, Naturwissenschaft oder Ideologie? Schönberger Hefte 1, 5–6.

SMEDES, T.A. (2008b) Intelligent Design – wie viel Quatsch kann ein Theologe ertragen?, a.a.O., 6–7.

SPIEGEL ONLINE (2007) Studenten-Umfrage: Künftige Lehrer zweifeln an Evolution. www.spiegel.de/unispiegel/studium/0,1518,479460,00.html. Zugr. a. 19.7.2008.

TORREY, R.A. (1910–1915, Hg.) The fundamentals: a testimony to the truth. Web version: www.geocities.com/Athens/Parthenon/6528/fundcont.htm. Zugr. a. 19.7.2008.

VIKULOV, I. (2008) Theological interpretation of scientific hypothesis – evolution-creation discussion in russian orthodox church. Vortrag bei der XII. European conference on science and theology. Schweden. www.esssat.org. Zugr. a. 5.5.2008.

VOM STEIN, A. (2005) Creatio. Biblische Schöpfungslehre. Retzow.

WIKIPEDIA (2007) zu „Of pandas and people“: en.wikipedia.org/wiki/Intelligent_design: „In drafts of the book over one hundred uses of the root word ‚creation‘, such as ‚creationism‘ and ‚creation science‘, were changed, almost without exception, to intelligent design ...“. Zugr. a. 25.8.2008.

20 MINUTEN ONLINE (2008) Kontroverse um Schöpfungslehre an Berner Schulen. Sendung am 9.4.2008. www.20min.ch/news/bern/story/20727703 (Stand: 12.4.2008) sowie Parteiinformationen der EDU und EVP im Internet.

Weiterführende, nicht im Text erwähnte Literatur

JESSBERGER, R. (1990) Kreationismus – Kritik des modernen Antievolutionismus. Berlin.

KOTTHAUS, J. (2003) Propheten des Aberglaubens. Der deutsche Kreationismus zwischen Mystizismus und Pseudowissenschaft. Münster.

Numbers, R. L. (2006) The creationists: from scientific creationism to Intelligent Design. Cambridge, Mass.
Pennock, R. (1999) Tower of Babel: the evidence against the new creationism. Cambridge, Mass.
Schrader, C. (2007) Darwins Werk und Gottes Beitrag. Stuttgart.
Scott, E. (2004) Evolution vs. creationism: an introduction. Westport, CT.
Strahler, A. N. (1987) Science and earth history. Buffalo, NY.

II. Kreationismus und Intelligent Design

Wissenschaft oder Pseudowissenschaft?

Martin Neukamm/Andreas Beyer

Wie im letzten Kapitel festgestellt wurde, gibt es im deutschsprachigen Raum diverse evolutionskritische Gruppierungen, wie z. B. die christlich-fundamentalistische Vereinigung PRO GENESIS und die Sekte der ZEUGEN JEHOVAS, wo eine kleine Schar von Akademikern die Unwissenschaftlichkeit der Evolutionstheorie nachzuweisen versucht. Doch sind die in ihrem Schriftgut verbreiteten Argumente schwach, die religiösen Implikationen zu offensichtlich, so dass sie kaum über den Schattenbereich von Gleichgesinnten hinaus Beachtung finden. Etwas anders liegen die Dinge bei der evangelikalen Studiengemeinschaft WORT UND WISSEN. Diese Vereinigung legt viel Wert auf Wissenschaftlichkeit – nahezu jeder Autor trägt einen Doktortitel. Sie hält Vorträge an Schulen und Universitäten, verfasst Broschüren, Bücher und Internettexte zu evolutionsbiologischen Streitfragen und vertreibt grafisch oft sehr aufwändig gestaltete Materialien, die speziell auf den Biologieunterricht zugeschnitten sind. Weiterhin gibt die Vereinigung halbjährlich die Zeitschrift STUDIUM INTEGRALE JOURNAL heraus, die Einblicke in die aktuellen Forschungsergebnisse vermitteln soll, die dann evolutionskritisch gedeutet werden. Im Grunde dient der enorme publizistische Aufwand hauptsächlich einem Zweck: dem Publikum den Eindruck zu vermitteln, die Evolutionstheorie könne durch fundierte wissenschaftliche Einwände in Frage gestellt werden. Zugleich wird nichts unversucht gelassen, das eigens vertretene Schöpfungsparadigma als wissenschaftlich darzustellen:

> Soweit man mit der naturwissenschaftlichen Methode Daten über die Natur in Erfahrung bringen kann, soll diese Methode auch im Rahmen des Schöpfungsparadigmas nach allen Regeln der Kunst ausgeschöpft werden. Dabei wird auch vieles in Erfahrung gebracht, was zur Beantwortung der Ursprungsfrage relevant ist. Das gilt uneingeschränkt auch für wissenschaftliches Arbeiten unter der Vorgabe des Schöpfungsparadigmas […] (JUNKER 2005, 30 f).

Nun ist das In-Erfahrung-Bringen von *Daten* unter Anwendung der wissenschaftlichen Methode *eine* Sache; die Frage, ob Schöpfungstheorien oder Lehren wie Intelligent Design *wissenschaftlich* sein können und dabei helfen, neue *Erklärungen* und zuverlässige Erkenntnisse zutage zu fördern, freilich eine andere. Was die Wissenschaftlichkeit von *Intelligent Design* anbelangt, lässt der Genetiker W.-E. LÖNNIG nicht den geringsten Zweifel gelten. Im Brustton der Überzeugung wird verkündet:

> Zur Frage, ob die Intelligent-Design-Theorie eine wissenschaftlich gesicherte Erklärung für den Ursprung der synorganisierten Strukturen der [...] Orchideen bietet, lautet daher meine Antwort klar und eindeutig JA! Die Entstehung solcher Formen wurde entweder im Genom von Vertretern von ‚Urorchideen'-Gattungen vorprogrammiert oder die raffiniert-komplexen Systeme sind direkt erschaffen worden. Wenn der Neodarwinismus (= Synthetische Evolutionstheorie) innerhalb der Naturwissenschaften seinen (bzw. ihren) berechtigten Platz hat – wieviel mehr dann die Intelligent-Design-Theorie! (LÖNNIG 2002).

Es erscheint also notwendig, die Frage zu untersuchen, was *Wissenschaftlichkeit* eigentlich bedeutet. Anders gefragt: Welche Merkmale müssen Disziplinen notwendigerweise besitzen, damit sie in der Lage sind, *zuverlässiges Faktenwissen* zutage zu fördern? Und wie ist es im Hinblick dessen um den Kreationismus und um Intelligent Design bestellt? Kann es eine vernünftige Wissenschaft „unter Vorgabe des Schöpfungsparadigmas" nach den Maßstäben Reinhard JUNKERS geben?

1. Was ist Wissenschaft?

1.1. Zur Klassifikation der Erkenntnisbereiche

In unserer Kultur haben sich verschiedene kognitive Felder (Erkenntnisbereiche) etabliert, deren Ziel die Einsicht in neue Sachverhalte und die Anhäufung zuverlässigen Wissens ist (BUNGE 1984). Hierzu zählen zum einen die Realwissenschaften (auch *empirische Wissenschaften* genannt), wie z. B. die Physik, Kosmologie, Chemie, Biologie, Ökonomie und Archäologie. Dazu gesellt sich ferner der technologische Bereich (inklusive der Medizin), die Mathematik als Formalwissenschaft sowie die Geisteswissenschaften, wie etwa die Philosophie, Linguistik und Philologie.

Nach einer engeren Definition werden zu den Wissenschaften nur die Realwissenschaften (engl.: *sciences*) gerechnet, die sich mit dem Gegenständlichen, dem Konkreten, den Mechanismen und Gesetzen in der Natur (*Naturwissenschaften*) und in sozialen Systemen (*Sozialwissenschaften*) beschäftigen. In diesem Sinne ist die Bezeichnung einer Disziplin als *Nichtwissenschaft* oder *nichtwissenschaftlich* (non-scientific) nicht abwertend, sondern rein beschreibend zu verstehen. Auch Technologen, Mathematiker und Geisteswissenschaftler liefern zuverlässige Erkenntnisse und sind mit den empirischen Wissenschaften eng verbunden, doch unterscheiden sich ihre Erkenntnisbereiche in einigen Merkmalen von denen der Realwissenschaften (MAHNER 2007a, 537–543). Anders verhält es sich mit dem Ausdruck *unwissenschaftlich*. Dieser Begriff ist wertend; er bezeichnet Disziplinen, die ihren Erkenntnisansprüchen nicht gerecht werden und kein fundiertes, sondern *illusionäres Wissen* produzieren (Abb. 1). In der Regel handelt es sich dabei um Disziplinen wie politische Ideologien, religiöse Mythen, spiritistische oder esoterische Lehren. Man bezeichnet solche Disziplinen im weitesten Sinne als *Parawissenschaften* oder, falls sie Wissenschaftlichkeit für sich beanspruchen, als *Pseudowissenschaften*.

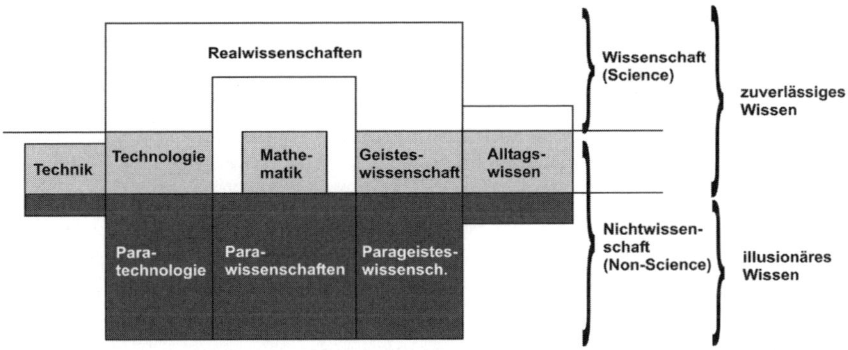

Abb. 1: Klassifikation der verschiedenen Erkenntnisbereiche. Nach diesem Schema sind nur die Realwissenschaften (engl.: *sciences*) streng wissenschaftlich, während die Technologie, Mathematik sowie die Geisteswissenschaften als Nicht-Wissenschaften klassifiziert werden, obwohl sie eng mit den Realwissenschaften verbunden sind und ebenso zuverlässiges Wissen produzieren. Im Gegensatz dazu ist das „Wissen" der Pseudo- bzw. Parawissenschaften illusionär. Abbildung nach MAHNER (2007a, 549), verändert.

Wer über wissenschaftliche Disziplinen spricht und lehrt, wie Wissenschaft betrieben wird, der sollte in der Lage sein, wenigstens grob darzulegen, wodurch sich Wissenschaften auszeichnen und woran man Parawissenschaften erkennt. Dies hat nicht nur theoretische, sondern auch praktische Gründe – etwa, wenn es zu entscheiden gilt, ob eine sich wissenschaftlich gebende Lehre durch Steuergelder gefördert und in den Schulen unterrichtet oder ob ihren Anhängern Entscheidungskompetenzen mit politischer und kultureller Tragweite übertragen werden sollte. Eine Argumentation *pro und contra* kann vernünftigerweise nur auf der Grundlage einer wissenschaftlichen Analyse geschehen. Selbiges trifft auch auf die Bewertung evolutionskritischer Lehren (Kreationismus, Intelligent Design) und der gesellschaftspolitischen Ziele ihrer Anhänger zu.

1.2. Kriterien zur Charakterisierung von Wissenschaft

In der wissenschaftsphilosophischen Literatur werden zahlreiche Kriterien zur Abgrenzung von Wissenschaft gegenüber Nichtwissenschaft diskutiert (z. B. LAKATOS 1974; POPPER 1984; THAGARD 1993; VOLLMER 1995a), doch erscheint es schwierig, Wissenschaft anhand einzelner Merkmale *hinreichend* zu charakterisieren. Zudem hat sich das Verständnis wissenschaftlichen Arbeitens in einem historischen Prozess bis zum heutigen Stand entwickelt und wird sich sicher auch in Zukunft stellenweise noch verändern (CHALMERS 2001). Ungeachtet dessen hat sich im Laufe der letzten Jahrhunderte ein recht einheitlicher begrifflicher Rahmen herauskristallisiert, dessen konsequenter Anwendung die heutigen Wissenschaften ihren Erfolg verdanken. Es ist keineswegs so, wie oft behauptet wird, dass bloß der *soziale Konsens* darüber entscheidet, welche Disziplin als wissenschaftlich gilt – ein Konsens, der sich abhängig vom politischen Tagesgeschäft beliebig ändern könnte. Welche Disziplinen als Wissenschaft anerkannt werden, ist vielmehr das Resultat eines *rationalen Abwägeprozesses*, wobei zwangsläufig derjenige die Wissenschaftsgemeinschaft überzeugt, der eine erfolgreiche *Erkenntnisstrategie* vorweisen kann. Wissenschaftliches Arbeiten orientiert sich eben an bestimmten argumentativen Erfordernissen und Zielsetzungen, wie z. B. der Suche nach kausalen Erklärungen und der objektiven Bewertung und Überprüfung des Wissens.

Unter Berücksichtigung dieser Aspekte hat BUNGE (1983) ein umfangreiches Schema zur Charakterisierung der Realwissenschaften vorgeschlagen, das von MAHNER (2007a) überarbeitet und konkretisiert wurde. Da in der wissenschaftstheoretischen Literatur keine annähernd so präzise wie systematische Beschreibung dessen aufzufinden war, was Wissenschaft bedeutet, soll im Folgenden auf die wichtigsten Punkte dieses Schemas zurückgegriffen werden, um im Anschluss daran den Wissenschaftlichkeitsanspruch des Kreationismus und Intelligent Designs zu untersuchen.[1]

Nach BUNGE ist eine Disziplin wissenschaftlich, wenn sich ihr Erkenntnisbereich (E) unter anderem durch die folgenden Hauptmerkmale auszeichnet:

1. der *Gegenstandsbereich* (Forschungsgegenstand) von E. Dieser bezieht sich ausschließlich auf nachgewiesene oder potenziell nachweisbare Gegenstände und Prozesse, also auf konkrete Objekte, die sich *gesetzmäßig* verhalten sowie durch Wechselwirkung mit anderen Dingen entstehen und sich verändern (Felder, Elementarteilchen und deren Systeme).

[1] In Anlehnung an MAHNER (1986, 27–38), der den Wissenschaftlichkeitsanspruch des „scientific creationism" amerikanischer Prägung anhand des Schemas analysiert hat.

2. der *philosophische Hintergrund* von E. Dieser beinhaltet u. a.:

- einen ontologischen und erkenntnistheoretischen Realismus. Dieser geht davon aus, dass es eine subjektunabhängige Wirklichkeit gibt, die zumindest in Teilen erkannt und durch Theorienbildung rekonstruiert werden kann.
- die *ontologische* Hypothese, dass „[…] das Universum in seinem empirisch, aber auch theoretisch fassbaren Bereich ohne Rekurs auf autonome spirituelle Entitäten, besondere Lebenskraft oder teleologische und transzendente Wirk-Faktoren erkannt werden kann" (Kanitscheider 2003). Dieser *schwache* ontologische Naturalismus schließt einen transzendenten Seinsbereich nicht aus, sondern geht aus methodologischen Gründen nur davon aus, dass für das Verständnis der Vorgänge in diesem Kosmos, auch auf den komplexesten Ebenen (Leben, Bewusstsein, Erkennen), übernatürliche, teleologische Faktoren nicht gebraucht werden (ontologische Sparsamkeit).
- methodologische Werte: Alle innerwissenschaftlichen Theorien sollen *überprüfbar* sein sowie *Erklärungskraft* besitzen. Darüber hinaus müssen alle Wirklichkeitsaussagen, ebenso auch alle ontologischen, methodologischen und erkenntnistheoretischen Thesen grundsätzlich revidierbar sein („Fallibilismus", „methodischer Skeptizismus").
- logische Werte, wie Konsistenz und Zirkelfreiheit der Argumentation.
- semantische Werte: das Streben nach maximaler Klarheit und Exaktheit der verwendeten Begriffe.
- moralische Werte, wie kritisches Denken, Ergebnisoffenheit und die freie Suche nach Wahrheit, die nicht durch Anerkennung von Dogmen oder Autoritäten beeinträchtigt wird.

3. das *Hintergrundwissen* von E. Es umfasst alle aktuellen Erkenntnisse (empirische Daten, Hypothesen, Theorien und Modelle) aus *benachbarten* Disziplinen, die beim Studium des Gegenstandsbereichs hilfreich sind, die aber auch selbst von E profitieren.

4. die *Problemstellung*. Sie umfasst alle Erkenntnisfragen bezüglich der Natur und Gesetzlichkeit des Erkenntnisgegenstandes.

5. den *Wissensfundus*. Er umfasst sämtliche Daten, Hypothesen, Theorien und Modelle, die von der Forschungsgemeinschaft bei der Erforschung des Gegenstandsbereichs gewonnen wurden.

6. die *Zielsetzungen*, welche die Wissenschaftsgemeinschaft mit der Erforschung des Gegenstandsbereichs verbindet, insbesondere die Einsicht in neue Mechanismen und Gesetze sowie deren Beschreibung und Erklärung.

7. die *Methodik* des Erkenntnisbereichs, also sämtliche Verfahrensanweisungen, die bei der Erforschung des Gegenstandsbereichs genutzt werden (sie wird daher auch als *wissenschaftliche Methode* bezeichnet). In Anlehnung an MAHNER/BUNGE (2000, 91 ff) ist die wissenschaftliche („*hypothetisch-deduktive*") Methode eine Art allgemeines Problemlösungsverfahren, das vereinfacht wie folgt beschrieben werden kann:

- Prüfe ständig, ob die empirischen Daten mit den bisherigen Theorien befriedigend erklärbar sind. Wenn nicht, formuliere ein Problem.
- Erstelle zur Lösung des Problems ein System aus *prüfbaren* Hypothesen, Mechanismen- und Gesetzesaussagen (= Theorie). Durchforste dazu den Wissensfundus sowie das Wissen aus angrenzenden Disziplinen nach brauchbaren Lösungshilfen.
- Spezifiziere die Theorie ggf. unter Einbeziehung weiterer Hypothesen (Zusatzannahmen, Hilfshypothesen), die *unabhängig* von der Theorie prüfbar, *wohlbegründet* sowie mit dem Hintergrundwissen kompatibel sind.
- Deduziere aus dem so gewonnenen *Modell* testbare Folgerungen und überprüfe, ob diese mit dem Hintergrundwissen und dem Wissensfundus vereinbar sind.
- Ist eine Vereinbarkeit nicht gegeben, kann das Modell das Problem nicht lösen. Wiederhole in diesem Fall die Schritte 3 und 4, gegebenenfalls die Schritte 2–4.

8. die Vereinbarkeit der Theorie sowie aller Zusatzannahmen mit dem *Hintergrundwissen*. Die Forderung nach Kompatibilität und wechselseitiger Durchdringung der Wissensbereiche benachbarter Disziplinen ist eine wichtige Forderung, weil der Erfolg der Wissenschaft ohne die interdisziplinäre Verzahnung der Forschungsbereiche, der Verschmelzung der verschiedenen Theorien zu einem widerspruchsfreien Theoriengebäude, nicht denkbar wäre. Je nach Autor wird diese Eigenschaft als „Prinzip der ‚Kohärenz' (HEMMINGER 1988) oder als „externe Konsistenz" bezeichnet (VOLLMER 1995a; BUNGE/MAHNER 2004).

9. die *Veränderlichkeit* des Erkenntnisbereichs, meist verbunden mit einer kontinuierlichen Zunahme des Wissensfundus. Wissenschaft beherbergt also ein *offenes System* von Theorien; sie ist

> [...] etwas Dynamisches und keine statische Ansammlung von Dogmen. Sie verdankt ihren Erfolg der konsequenten Anwendung und Beherzigung ihrer ontologisch-erkenntnistheoretischen Annahmen, ihres ‚wissenschaftlichen Ethos' und ihrer hypothetisch-deduktiven Methode (MAHNER 1986, 33).

Nun ist entgegen BUNGE (1983), der eine scharfe Grenze ausmacht, aber nur eine *mehrschichtige* Abgrenzung von Wissenschaft gegenüber Parawissenschaft möglich. Der Grund ist, dass Parawissenschaften durchaus einige der genannten Merkmale aufweisen und (insbesondere jungen) Realwissenschaften einige dieser Merkmale (noch) fehlen können. Wissenschaft definiert sich also mehr

> [...] durch einen variablen ‚Cluster' von Eigenschaften als durch einen starren Satz notwendiger und zugleich hinreichender Bedingungen. Kommen z.B. 10 gleichwertige Wissenschaftskriterien zur Sprache, könnten wir verlangen, dass der Erkenntnisbereich einer Disziplin mindestens 7 der 10 Bedingungen erfüllen muss, um als Wissenschaft zu gelten, wobei es nicht von Bedeutung wäre, welche der 10 Merkmale im Einzelnen erfüllt werden (Mahner 2007a, 522; Übersetzung M. N.).

Dabei ist zu beachten, dass die Merkmale durchaus *verschieden* in ihrer Bedeutung sind. Ein Verstoß gegen die logischen oder methodologischen Prinzipien hat weitaus dramatischere Konsequenzen als etwa der Verstoß gegen das Streben nach begrifflicher Klarheit. Letzteres Manko kann eine Wissenschaft kompensieren und im Laufe der Zeit überwinden, während die Nicht-Beachtung methodologischer Werte in der Regel die Nicht-Erfüllung einer Vielzahl weiterer Merkmale nach sich zieht.

Ohne dies hier näher ausführen zu können, kann man erwarten, dass fruchtbaren wissenschaftlichen Disziplinen mindestens etwa 10 der oben angeführten 14 Haupt- und Untermerkmale zukommen dürften, während Pseudowissenschaften (wenn überhaupt) nur sehr wenige dieser Merkmale aufweisen.

2. Kreationismus und Intelligent Design: Wissenschaft oder Pseudowissenschaft?

Wie ist es nun um die Wissenschaftlichkeit des Kreationismus und der Intelligent-Design-Theorie (kurz: ID) bestellt? Sowohl die Protagonisten des Kreationismus als auch die ID-Anhänger beanspruchen meist Wissenschaftlichkeit für ihre Disziplin, und so wollen wir untersuchen, wie viele der oben genannten Kriterien die beiden Disziplinen tatsächlich erfüllen:

Zu 1: Der Gegenstandsbereich beider Disziplinen ist weder gesetzmäßig beschreibbar, noch kausal erklärbar. Bei den postulierten Designern und ihren Schöpfungsakten handelt es sich um völlig unbekannte und unerforschliche Faktoren. Unabhängige Belege, die für ein „intelligentes Design" sprechen, existieren deshalb nicht.

Zu 2: Der *philosophische Hintergrund* beider Disziplinen enthält:

- eine Erkenntnistheorie und Ontologie, die nicht durchweg auf intersubjektiv nachvollziehbare, sondern teilweise auf teleologische, immaterielle oder supranaturalistische Wirkfaktoren verweist und somit das Sparsamkeitsprinzip („Ockhams Rasiermesser") partiell außer Kraft setzt.

- eine Methodologie, die sich der Forderung nach durchgehender Prüfbarkeit und Erklärungskraft von Theorien entzieht. So wird anstelle einer (kausalen) Erklärung der unerklärte Wille eines nicht näher spezifizierbaren Designers gerückt, dessen Ratschlüsse ebenso unerforschlich sind wie dessen Wirkungsweisen und Zwänge. Das heißt: Die für eine Konkretisierung des allgemeinen Schöpfungsverständnisses erforderlichen Zusatzannahmen sind aufgrund ihres transzendenten Charakters immer *willkürlich* wählbar, so dass auch die vermeintlichen Schöpfungsindizien (z.B. die „Schönheit", „Verspieltheit", Komplexität und Funktionalität der Schöpfung oder die Existenz „spezifisch komplexer" Merkmale) nicht objektiv begründet, sondern (je nach religiösem Standpunkt) beliebig austauschbar sind.[2]
- Ein Denksystem, in dem Konsistenz und Zirkelfreiheit der Argumentation oft keine Rolle spielen. So führen zahlreiche Hypothesen und Begründungsketten der Kreationisten und ID-Vertreter ins logische Abseits, wenn man sie weiter verfolgt.[3]
- Eine Semantik, welche die Forderung nach Exaktheit und Klarheit der Begriffe unterminiert. So sind alle wesentlichen Schlüsselbegriffe wie „Designer", „Schöpfung", „gelenkte Evolution" etc. semantisch unbestimmt oder negativ charakterisiert („der Schöpfer ist *nicht* räumlich, *nicht* zeitlich, *nicht* an weltimmanente Zwänge gebunden" usw.). Weder wird uns gesagt, wer der Designer sei, noch, wann und auf welche Weise er welche Merkmale erschaffen habe.
- Kein Ethos der unvoreingenommenen Suche nach Wahrheit, weil der Erkenntnisspielraum des Kreationismus durch Dogmen stark eingeschränkt (um nicht zu sagen: vorgegeben) wird. Zwar enthalten auch die Naturwis-

---

[2] Auch die Annahme, die Existenz begrenzt wandelbarer „Grundtypen" deute auf eine Schöpfung hin, ist beliebig. Immerhin nehmen ja nicht wenige Christen an, die Fähigkeit der Arten, *eine natürliche Evolution* zu durchlaufen, sei mithin ein Schöpfungsindiz, kommen also zu einem den Kreationisten genau *entgegen gesetzten* Schluss. Da sich also für das Wirken eines Schöpfers *keine objektive Grenze* angeben lässt, ist kein Befund denkbar, der eine Schöpfung ausschließt und somit auch keiner, der sie wissenschaftlich *plausibel* macht.

[3] Eines der vielen logischen Probleme, die ID aufwirft, ist der so genannte *unendliche Regress*: Wenn gesagt wird, eine vernetzte Komplexität bedürfe eines intelligenten Planers, dann muss auch *der Planer selbst* – und sei es nur in seinem Geiste – eine Komplexität aufweisen, zu deren Erklärung es wiederum eines höheren Planers bedarf usw. Alle Versuche, das Problem zu umgehen, machen ID entweder irrelevant, weil sie das Problem, die Herkunft von Komplexität erklären zu müssen, nur auf eine andere Ebene verlagern, oder sie enden in metaphysischer Beliebigkeit, wodurch sich ID immer weiter von der Wissenschaft entfernt (vgl. Mahner 2007b). Zudem endet der Schluss von der Existenz „irreduzibel komplexer" Merkmale auf eine Planung in einem Begründungszirkel, da (irreduzible) Komplexität gar nicht das relevante Erkennungskriterium zu sein scheint (s. Kap. XI; Neukamm 2008, 2–4).

senschaften Vorgaben philosophischer Natur, wie z. B. einen konsequenten Naturalismus. Aber diese Entscheidungen, die in den naturwissenschaftlichen Beschreibungen und Erklärungen stecken, sind einerseits aus methodologischen Gründen unverzichtbar, andererseits aber im Grundsatz revidierbar. Sie werden am Erfolg der Naturwissenschaften immer wieder geprüft, gegebenenfalls in Frage gestellt und nötigenfalls revidiert (vgl. VOLLMER 1995b; NEUKAMM 2007; 2009).

Selbiges gilt natürlich auch für die Hypothesen und Theorien der verschiedenen *Einzelwissenschaften*. Zum Beispiel war in der Physik des 19. Jahrhunderts noch die Theorie des „Äthers" vorherrschend, der den gesamten Kosmos durchdringen und die Ausbreitung des Lichts im Vakuum erklären sollte. Die Äthervorstellung hatte sich in dieser Zeit durchaus bewährt. Erst um 1900 wurden Experimente durchgeführt, deren Resultate mit der Äthertheorie unvereinbar waren. Im Lauf der Zeit wurde die Ätherhypothese unplausibel und verschwand angesichts der weit größeren Erklärungserfolge der Relativitätstheorie völlig aus der Physik. Obwohl es prinzipiell möglich wäre, die Äthertheorie mittels willkürlich eingeführter Zusatzannahmen an die Experimente anzupassen, lebt sie nur noch in der Gedankenwelt einiger Gegner der Relativitätstheorie fort. Die Physik ging diesen Weg nicht, weil er das Abrücken von der bewährten Relativitätsphysik bedeutet hätte, so dass es einfacher erschien, die Ätherhypothese ersatzlos zu streichen. Wäre es nun aber

> [...] eine biblische Aussage, dass der Weltäther den Kosmos erfüllt, dann wäre dieser Schritt aus kreationistischer Sicht so unmöglich gewesen wie der Schritt vom geozentrischen Weltbild des Mittelalters zum heliozentrischen der Neuzeit. Man hätte daran arbeiten müssen, die Idee des Weltäthers an die empirischen Ergebnisse anzupassen (HEMMINGER 1988, 6).

Es führt also kein Weg an der Einsicht vorbei, dass der Kreationismus die methodische Grundlage der Naturwissenschaft ganz wesentlich verändert. In den Naturwissenschaften muss jede Theorie, jede Hypothese, jedes erkenntnistheoretische, methodologische und ontologische Prinzip im Grundsatz revidierbar sein, damit eine unvoreingenommene Suche nach Wahrheit möglich ist. Dieses Vorgehen ist im Kreationismus undenkbar; hier gilt das Prinzip der „Offenbarung".

Wie verhält es sich diesbezüglich nun mit *Intelligent Design*? Immerhin distanzieren sich viele ID-Vertreter von der kreationistischen Weltanschauung. Doch leider ist auch ihre Suche nach Wahrheit nicht unbeeinträchtigt von religiösen Dogmen. Dies äußert sich allenthalben in einem Mangel an Motivation, mit Erklärungsmodellen und Mechanismen zu jonglieren, solange bis die Modelle „passen" oder zumindest mehr erklären als vorher. Der voreilige Schluss auf eine Schöpfung, welcher sich zu einem nicht unwesentlichen Teil auf die noch offenen Detailfragen der Evolutionsbiologie stützt, ist symptomatisch für den theologisch-weltanschaulichen Unterbau des Intelligent Design, auch wenn dessen Vertreter vorgeben, „ergebnisoffen“ Wissenschaft zu betreiben. Das Gegenteil ist der Fall: Die vielfältigen Erklärungswege der Evolutionsbiologie werden nicht selten als „spekulative Geschichten“ beiseite geschoben, um einer weitaus spekulativeren These den Vorzug zu geben, die hinsichtlich Konkretheit, Prüfbarkeit, Erklärungskraft und heuristischem Wert noch weit schlechter dasteht als die Evolutionstheorie.

Zu 3: Der Einfluss anderer kognitiver Felder auf ID ist äußerst gering. Nachbarbereiche, die von den „Erkenntnissen“ des Intelligent Design profitieren, gibt es nicht. Für den *Kreationismus* wird das Hintergrundwissen gar zum unüberwindbaren Hindernis: Die meisten Thesen des Kreationismus stehen im krassen Widerspruch zu den Erkenntnissen der Geologie, Astrophysik, Kosmologie, Evolutionsbiologie und Biogeographie.

Zu 4: Mangels faktischen Bezugs gibt es keine Erkenntnisfragen, zu deren Erhellung ID etwas beisteuern könnte. Noch schwerer wiegt der Sachverhalt beim Kreationismus – dieser wirft bei weitem mehr Fragen auf, als er zu lösen imstande ist. Jeder Versuch, eine Erkenntnisfrage im Sinne des Kreationismus zu beantworten, wirft neue Probleme auf, die durch unbegründete Hilfsmodelle wegerklärt werden müssen usw., bis in den Bereich zwar nicht logischer aber praktischer Absurdität (s. dazu Hemminger 1988).

Zu 5: Ein Wissensfundus von ID existiert nicht, da die Disziplin weder über Hypothesen, noch über Gesetzesaussagen, noch über Mechanismen zur Beschreibung und Erklärung ihres Gegenstandsbereichs verfügt. Der *Kreationismus* verfügt zwar über einen Ideenfundus, doch speist er sich überwiegend aus „Offenbarungen“, an denen unbeirrt festgehalten wird, wie zahlreich die Befunde auch sein mögen, die dagegen sprechen.

Zu 6: Zielsetzungen, den Gegenstandsbereich der vermeintlichen Schöpfung betreffend, existieren mangels „positiver“ Forschungsprogramme ebenfalls nicht. Die evangelikale Studiengemeinschaft Wort und Wissen behauptet zwar *von sich*, „Forschungsarbeit“ im Rahmen ihrer „Fachgruppen“ zu leisten (www.wort-und-wissen.de/mitarbeit.html). Deren Tätigkeit kann aber mitnichten als Forschung (geschweige denn als „Schöpfungsforschung“) bezeichnet werden, denn sie erstreckt sich im Wesentlichen auf die populärwissenschaftliche Aufbereitung biologischer Erkenntnisse Dritter, die dann schöpfungstheoretisch umgedeutet werden. Das Hauptanliegen von ID ist also die *Schwächung* der Evolutionstheorie, wobei der Fehlschluss begangen wird, unzureichende evolutionäre Erklärungen als

Argument zugunsten einer Schöpfung zu werten (s. Kap. XI). Auch der Kreationismus ist nicht an unvoreingenommener Erforschung und Erkenntnis neuer Mechanismen und Gesetzmäßigkeiten interessiert, sondern primär an der Absicherung „geoffenbarter Wahrheiten". In erfrischend dogmatischer Eindeutigkeit lesen wir bei B. KAISER (2008), Mitglied des Leitungskreises von WORT UND WISSEN:

> Es ist [...] ein Skandal, dass die neuerlichen kirchlichen Publikationen [die klare Distanzierung der Evangelischen Kirche vom Kreationismus betreffend; M. N.] die jahrzehntelange Tradition fortsetzen, anstelle der biblischen Botschaft widerbiblische und dem jeweiligen Zeitgeist angepasste Positionen vorzutragen. Die Kirche sollte doch, um in rechter Weise Kirche zu sein, dem Wort Gottes mehr glauben als einer mit dem Schein der gesicherten Erkenntnis sich schmückenden naturalistisch überhöhten Wissenschaft.

Es gilt offensichtlich das Prinzip: „Nutze die Ergebnisse der Wissenschaft immer dann, wenn du sie brauchen kannst, entwerte sie aber als ‚widerbiblisch' und ‚naturalistisch überhöht', wenn sie mit deiner rigoristischen Bibelauslegung unvereinbar sind". Und die Amtskirchen sollen dabei helfen, das Selbstverständnis und den Anspruch der Naturwissenschaft nach objektiver Erkenntnis zu beschränken und sich damit abfinden, dass „echte" Erkenntnis die Kompatibilität mit dem Biblizismus voraussetzt.

Zu 7: Mangels eigener Forschungsprogramme wird die wissenschaftliche Methode nicht angewendet. Zwar soll mithilfe des so genannten *Grundtyp-Modells* in gewissem Rahmen versucht werden, die evolutionäre Plastizität der Arten zu ergründen und sie durch Kreuzungsversuche als bestimmten Formenkreisen zugehörig zu klassifizieren, die dann als diskret erschaffene „Schöpfungsarten" (*Grundtypen*) gedeutet werden (NEUKAMM 2005). Die so gewonnenen „Erkenntnisse" einer entsprechend definierten Grundtypen-Biologie gehen jedoch nicht über Einsichten hinaus, die längst Bestandteil der Evolutionstheorie sind. Das heißt, die wissenschaftliche Methode wird nicht auf den Gegenstandsbereich des Kreationismus, sondern auf den der *Evolutionstheorie* angewendet![4]

Zu 8 und 9: Der Kreationismus verfehlt das Kriterium der *externen Konsistenz*. Die meisten der wohl etablierten naturwissenschaftlichen Theorien und Erkenntnisse wären falsch; sie müssten aufgegeben oder völlig neu ge-

---

[4] Erst die *schöpfungstheoretische Deutung*, also die Einbeziehung *schöpfungstheoretischer* Hilfshypothesen in das Grundtyp-Schema (z.B. in Gestalt der Hypothese, dass *der Schöpfer* es war, der „genetisch polyvalente", in Grundtypen einordenbare Arten hervorbrachte), macht das Grundtyp-Modell für die Evolutionskritiker relevant. Da diese Hilfshypothese aber nicht *unabhängig* vom Schöpfungsparadigma überprüfbar bzw. zu begründen ist, ist der Versuch, Schöpfung mittels empirischer Methoden plausibel zu machen, zirkelschlüssig.

schrieben werden. Sein Paradigma besteht im Wesentlichen aus einer statischen Ansammlung von Dogmen; das kreationistische Thesensystem erfuhr in seiner Geschichte so gut wie keine Veränderung. Dies gilt auch für den „Erkenntnisbereich" des Intelligent Designs.

Fazit: Weder dem Kreationismus noch ID kommt auch nur *eines* der genannten 14 Merkmale von Realwissenschaften zu. Es handelt sich demnach um lupenreine *Pseudo*wissenschaften, die menschliche Erkenntnis kontaminieren statt bereichern.

3. Intelligent Design – eine Signalerkennungstheorie?

Spätestens an dieser Stelle würden einige ID-Vertreter einwenden, sie verträten gar nicht den Anspruch, im Besitz einer Real- bzw. Naturwissenschaft zu sein. Vielmehr handele es sich bei ID um eine reine „Signalerkennungstheorie", an die ganz andere Maßstäbe anzulegen sei. So sei ID letztlich

> [...] in dem gleichen Sinne ‚Wissenschaft' wie das SETI-Programm [die Suche nach extraterrestrischer Intelligenz; M. N.] oder andere Wissenschaftszweige, die zwischen Planung und intelligenzlosen Prozessen unterscheiden müssen (RAMMERSTORFER 2006, 111).

Zu den „anderen Wissenschaftszweigen", mit denen die ID-Anhänger ihre Disziplin gerne vergleichen, gehören die Archäologie, die sich mit der Rekonstruktion historischer Artefakte beschäftigt und die Forensik, die alle Arbeitsgebiete umfasst, die sich mit der Identifikation bzw. dem Ausschluss krimineller Handlungen („unnatürlicher Todesursachen") beschäftigen. All die Beispiele, die ID-Anhänger aufzählen, sind natürlich trivial. Seien es die Artefakte, mit denen sich die Archäologie befasst, die Indizien, die für einen Mord sprechen oder SETI – sie alle entsprechen *menschlichem* oder menschen*ähnlichem* Design. Und im Gegensatz zu ID dürften sowohl der Archäologie als auch den Einzeldisziplinen der Forensik (etwa der Rechtsmedizin und Ballistik) alle Kennzeichen einer Wissenschaft zukommen; selbst das SETI-Programm besitzt nach obiger Charakterisierung etwa 10 der insgesamt 14 Merkmale. Wie kann das sein?

Der wesentliche Unterschied zu ID besteht darin, dass diese Disziplinen bei der Rekonstruktion menschlicher Kulturen, Artefakte und Handlungen (einschließlich Verbrechen) weder unbekannte noch unerforschliche Wirkfaktoren in ihre Modelle einbeziehen, sondern auf *Erfahrungswissen* zurückgreifen und auf diese Weise zu belastbaren Erkenntnissen über die Urheber und ihre Handlungen gelangen. Der Rechtsmediziner, der anhand einer tödlichen Schussverletzung oder einer Zyankalivergiftung einen Mord rekonstruiert, tut dies nicht etwa aufgrund der „irreduziblen" Topologie des Einschusskanals oder des „spezifisch komplexen“ Wirkmechanismus des Zyankali, sondern aufgrund seines *Hintergrundwissens*, dass normalerweise weder Bleikugeln noch Zyankali in den Körper gelangen, während mit beiden Agenzien schon überdurchschnittlich häufig gemordet wurde. Auch der SETI-Forscher, der den Nachthimmel nach „Nachrichten“ außerirdischer Zivilisationen durchforstet, eignet sich nicht etwa Dembskis „Erklärungsfilter“ an. Vielmehr prüft er, ob einem extraterrestrischen Radio- oder Lichtsignal eine *semantisch verwertbare Information* mit „Wiedererkennungswert“ aufmoduliert wurde (z.B. ein Radiosignal, das die Kreiszahl Pi auf 1000 Stellen genau übermittelt). Organismen tragen aber keine semantisch verwertbaren Nachrichten, die auf einen Urheber schließen lassen.

Wir sehen also, dass sich selbst die Methoden jener „Wissenschaftszweige, die zwischen Planung und intelligenzlosen Prozessen unterscheiden müssen“, grundlegend von dem Schema des Intelligent Designs unterscheiden. Spezifizierte oder irreduzible Komplexität ist, wie es scheint, gar nicht die relevante Eigenschaft bei der Identifikation artifizieller Handlungen, sondern *Erfahrungswissen*. Dieses für den Schluss auf (menschliches) Design erforderliche Hintergrundwissen ist in der Biologie nirgendwo vorhanden, im Gegenteil: Die Eigenschaften von Organismen prädestinieren sie gerade dazu, eine Evolution zu durchlaufen. Damit ist dem „Schluss auf Planung“ der Boden entzogen; er kann nur *gegen* das empirische Wissen vollzogen werden, wonach sowohl die individuelle als auch die genealogische Entwicklung der Lebewesen auf natürliche Weise und ohne erkennbaren planerischen Eingriff vonstatten geht.

Es hilft also nichts: Will ID als kognitive Disziplin ernst genommen werden, kommt es nicht daran vorbei, sich an den Merkmalen wissenschaftlicher Forschungsbereiche messen zu lassen. Gerade weil die ID-Anhänger nicht etwa nur über Letzturschen weitab von der diesseitigen Wirklichkeit philosophieren, sondern *faktische* Aussagen über *weltimmanente* Vorgänge (Schöpfung contra Evolution) erheben und empirische Momente anführen, um ihre Thesen plausibel erscheinen zu lassen, muss sich ID wie die Archäologie als *Realwissenschaft* ausweisen – oder zumindest als Technologie wie die Forensik. Solange dies nicht gelingt, ist ID nicht mehr als ein Gedankenspiel ohne kognitive Relevanz.

4. Zusammenfassung

In dem vorliegenden Kapitel wurde gezeigt, dass dem Kreationismus und Intelligent Design (entgegen der Beteuerungen ihrer Vertreter) *keines* der Kennzeichen von Realwissenschaften zukommt. Ihr Status ist der eine *Parawissenschaft*, ihr Wissensfundus beruht auf nicht intersubjektiv nachvollziehbaren

Schlüssen. Weder sind die postulierten Wesenheiten noch ihre vermeintlichen Handlungen objektiv nachprüfbar. Darüber hinaus verhindert der postulierte Bruch zwischen Natur und Übernatur sowie das Fehlen einer methodologischen Handhabe zur Beschreibung und Erklärung der hypothetischen Schöpfungsakte eine furchtbare Anbindung an benachbarte Erkenntnisbereiche. Es kann daher nicht überraschen, dass die Evolutionsgegner auch keine florierenden Forschungsprogramme zur Untermauerung ihrer Hypothesen, geschweige denn fruchtbare Konzepte zur Erklärung jener Naturphänomene, die es zu erklären gilt, vorzuweisen haben. Eine empirisch-wissenschaftliche „Schöpfungsforschung" kann es offensichtlich nicht geben, so dass der Versuch, Kreationismus und Intelligent Design als fruchtbare Bestandteile rationaler Betätigungsfelder darzustellen, als gescheitert anzusehen ist.

5. Literatur

Bunge, M. (1983) Treatise on basic philosophy, vol. 5: epistemology & methodology I, exploring the world. Dordrecht.

Bunge, M. (1984) What is pseudoscience? The Skeptical Inquirer 9, 36–46.

Bunge, M./Mahner, M. (2004) Über die Natur der Dinge. Materialismus und Wissenschaft. Stuttgart.

Chalmers, A.F. ([5]2001) Wege der Wissenschaft. Einführung in die Wissenschaftstheorie. Berlin.

Hemminger, H. (1988) Kreationismus zwischen Schöpfungsglaube und Naturwissenschaft. EZW Orientierungen und Berichte Nr. 16. Stuttgart. www.evolutionsbiologen.de/ezw16.pdf

Junker, R. (2005) Wissenschaft im Rahmen des Schöpfungsparadigmas. www.wort-und-wissen.de/artikel/a02/a02.pdf. Zugr. a. 25.6.2008.

Kaiser, B. (2008) Die EKD und die Abschaffung der Schöpfung. Eine Stellungnahme zur aktuellen Kreationismusdebatte aus theologischer Sicht. www.wort-und-wissen.de/disk/d08/3/d08-3.pdf. Zugr. a. 30.6.2008.

Kanitscheider, B. (2003) Naturalismus, metaphysische Illusionen und der Ort der Seele. Grundzüge einer naturalistischen Philosophie und Ethik. In: Zur Debatte. Themen der Katholischen Akademie in Bayern 1, 33–34.

Lakatos, I. (1974) Falsifikation und die Methodologie wissenschaftlicher Forschungsprogramme. In: Lakatos, I./Musgrave, A. (Hg.) Kritik und Erkenntnisfortschritt. Braunschweig, 89–189.

Lönnig, W.-E. (2002) Die Synthetische Evolutionstheorie und die Intelligent-Design-Theorie: Ein Vergleich. www.weloennig.de/IntelligentDesign.html. Zugr. a. 25.6.2008.

Mahner, M. (1986) Kreationismus. Inhalt und Struktur antievolutionistischer Argumentation. Berlin.

Mahner, M. (2007a) Demarcating science from non-science. In: Kuipers, T.A.F. (Hg.) Handbook of the philosophy of science, vol. 1: General philosophy of science – focal issues. Amsterdam, 515–575.

MAHNER, M. (2007b) Intelligent Design und der teleologische Gottesbeweis. In: KUTSCHERA, U. (Hg.): Kreationismus in Deutschland, Münster, 340–351.
MAHNER, M./BUNGE, M. (2000) Philosophische Grundlagen der Biologie. Berlin.
NEUKAMM, M. (2005) Die kreationistische Grundtypenbiologie in der Kritik. Warum es keine empirisch-wissenschaftliche Schöpfungsforschung geben kann. Skeptiker 18, 144–150.
NEUKAMM, M. (2007) Wissenschaft und ontologischer Naturalismus. Eine Kritik antievolutionistischer Argumentation. In: KUTSCHERA, U. (Hg.) Kreationismus in Deutschland. Münster, 163–231.
NEUKAMM, M. (2008) Entsteht unser Wetter zufällig, oder kommt es von Gott? Warum Intelligent Design einer „göttlichen Wetterlehre" analog ist. www.evolutionsbiologen.de/atheistische_wetterlehre2.pdf. 14. 4. 2008.
NEUKAMM, M. (2009) Der ontologische Naturalismus ist keine Ideologie, sondern die *Nullhypothese* der Naturwissenschaften. Aufklärung & Kritik 1, 94–109.
POPPER, K. R. ([8]1984) Logik der Forschung. Tübingen.
RAMMERSTORFER, M. (2006) Nur eine Illusion? Biologie und Design. Marburg.
THAGARD, P. R. (1993) Computational philosophy of science. Cambridge, MA.
VOLLMER, G. (1995a) Der wissenschaftstheoretische Status der Evolutionstheorie. In: ders. Biophilosophie. Stuttgart, 92–106.
VOLLMER, G. (1995b) Was ist Naturalismus? Eine Begriffsverschärfung in zwölf Thesen. In: ders. Auf der Suche nach der Ordnung. Beiträge zu einem naturalistischen Welt- und Menschenbild. Stuttgart, 21–42.

Teil 2

Der Inhalt evolutionskritischer Argumentation

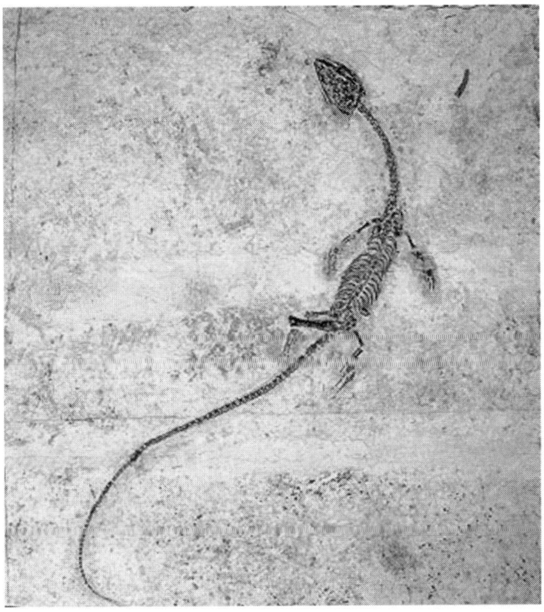

III. Die Evolutionstheorie als Ziel wissenschaftstheoretischer Kritik

Martin Neukamm

Evolutionsgegner vertreten in der Regel den Standpunkt, Theorien verdienten nur dann das Prädikat *naturwissenschaftlich*, wenn ihr Forschungsgegenstand *unmittelbar* beobachtet bzw. jederzeit *experimentell* erschlossen werden könne. Die Folge wäre, dass die Evolutionstheorie, die sich zu einem guten Teil mit der Rekonstruktion *historischer*, nicht (mehr) *direkt* beobachtbarer Sachverhalte befasst, teilweise oder ganz aus dem Rahmen der Naturwissenschaften heraus fiele. Auf diese Weise wird versucht, die Evolutionstheorie wissenschaftlich zu diskreditieren und den Eindruck zu erwecken, als könne sie ohne Erkenntnisverlust ebenso gut durch eine Schöpfungslehre ersetzt werden. Hand in Hand mit solchen Auffassungen gehen Behauptungen, wie dass den Biowissenschaftlern „Beweise" für eine artübergreifende Evolution fehlten, dass „Makroevolution"[1] weitgehend auf Spekulation beruhe und dass ihr Verlauf nicht kausal erklärt werden könne. Wie sieht die wissenschaftstheoretische Argumentation im Detail aus?

1. Evolutionstheorie contra Naturwissenschaft

1.1. Die Unbeobachtbarkeit artübergreifender Evolution

> Die *Geschichte des Lebens* kann nur bedingt mit Methoden der empirischen Wissenschaften rekonstruiert werden. Denn die Entstehung sowie die Geschichte der Lebewesen auf unserem Planeten ist insgesamt *einmalig*, *nicht reproduzierbar* und *nicht direkt beobachtbar* (JUNKER/SCHERER 2006, 16).

Dieses Bekenntnis kann als programmatisch für die meisten evolutionskritischen Strömungen angesehen werden. Es impliziert, dass nur die *Gegenwart* mittels exakter naturwissenschaftlicher Forschung erschlossen werden könne, während sich die Rekonstruktion *historischer* Prozesse auf mehr oder weniger spekulative Erzählungen („Narrationen") stütze. Zwar wird von den Autoren zugestanden, dass die „Gegenwartsdaten [...] auch

[1] Da in diesem Buch mehrfach auf die umstrittene Unterscheidung zwischen Mikro- und Makroevolution Bezug genommen wird, wird die Bedeutung in Kap. XIII ausführlich erörtert.

die Anhaltspunkte für die Rekonstruktion der Geschichte der Lebewesen" liefern (S. 17). Gleichwohl erfordere die Rekonstruktion phylogenetischer Hypothesen mangels *experimenteller* Überprüfbarkeit auch „theoriegeleitete Interpretationen", „weltanschauliche Vorentscheidungen" – und damit „Grenzüberschreitungen" außerwissenschaftlicher Art (S. 5, 19).

Ähnlich äußert sich der Kreationist W.-E. Lönnig. Wo immer der Biologe anhand von Experimenten und Freilandbeobachtungen schlussfolgert, dass über die Artgrenzen hinweg eine Evolution stattgefunden habe, wird behauptet, es handele sich um eine Deutung, die schlicht unbewiesen sei:

> Fast die gesamte phylogenetische Systematik aber *steht und fällt* mit der *unbewiesenen* Voraussetzung der Gesamtevolution (Lönnig 2001a). Statt Evolution lässt sich hingegen weltweit die Degeneration von Arten biologisch-genetisch *beweisen* (Lönnig 2001b). Es sei an dieser Stelle nur hervorgehoben, dass weder für das Exon-shuffling noch für Ohnos Oligomerhypothese in der hypothetischen Ursuppe experimentelle *Beweise* vorliegen (Lönnig 2003).

Die ständige Rede von „theoriegeleiteten Interpretationen" und vom Fehlen experimenteller „Beweise" suggeriert, dass Naturwissenschaft nicht theoretisch-schlussfolgernd, sondern experimentell-beschreibend zu sein habe.[2] Dabei wird hartnäckig übergangen, dass selbst in das von Evolutionsgegnern so hochgeschätzte *Experiment* eine ganze Reihe fehlbarer (unbeweisbarer) philosophischer Voraussetzungen und theoriegeleiteter Interpretationen involviert sind, wie z. B. Hypothesen über das, was die Versuchsapparatur messen soll, welcher Zusammenhang zwischen den Experimentaldaten und den von der Theorie postulierten Objekten und Prozessen mutmaßlich besteht und welche Randbedingungen bei der Interpretation der Befunde berücksichtigt werden müssen (s. Mahner/Bunge 2000, 88 ff).

So ist es, um ein Beispiel aus der Chemie zu wählen, völlig unmöglich, die Existenz von Atomen schlüssig *durch die Beobachtung* zu beweisen, geschweige denn herauszufinden, auf welche Weise Atome und Moleküle miteinander reagieren. Vielmehr muss der Chemiker aus den experimentell gewonnenen Datensätzen die Information aktiv „herausfiltern". Dies kann er nur, indem er das, was er wahrnimmt, mit einer Reihe zusätzlicher Vorstellungen (*Zusatzhypothesen*) verknüpft. Er muss z. B. das Mess-Signal oder Elementspektrum mit bestimmten Vorstellungen über den Aufbau des Atoms und über die Vorgänge darin sowie über die Interaktion von Mole-

---

[2] Diese Ansicht wurzelt in einer veralteten wissenschaftsphilosophischen Denkrichtung, die man als *Empirismus* oder *Positivismus* bezeichnet. Der Positivismus geht auf den französischen Philosophen Auguste Comte (1798–1857) zurück, dessen Hauptforderung u. a. in der Beschränkung der Wissenschaft auf das bloße *Beschreiben* von Beobachtungen besteht, wohingegen das Bestreben, Beobachtungen ursächlich durch dahinter verborgene (unbeobachtbare) Dinge und Prozesse zu *erklären*, abgelehnt wird (Mahner 2003, 221–222).

külen verknüpfen, bevor er in ihm einen Beleg zugunsten der Atomtheorie oder die Bestätigung eines bestimmten Reaktionsmodells „sehen“ kann.[3]

In den Naturwissenschaften gibt es also keine theoriefreie, von sich aus beweiskräftige (selbstevidente) empirische Basis, da die von der Theorie behandelten Sachverhalte nur selten direkt beobachtbar sind. Die Aufgabe der modernen Naturwissenschaften besteht ja gerade darin, Beobachtungen, die uns nur ein Neben- und Nacheinander von Erscheinungen zeigen, *ursächlich* auf einer „tieferen, unsichtbaren Ebene mit andersartigen Elementen und Verbindungsmechanismen“, das heißt unter Rückgriff auf grundsätzlich unbeobachtbare Dinge und Prozesse (z.B. Elementarteilchen, Schwarze Löcher, Dunkle Materie, gemeinsame Abstammung etc.) verstehbar zu machen (KANITSCHEIDER 1981, 33). Oft bedarf es dazu eines genialen Einfalls, der sich nicht ohne weiteres erschließt. Man wird dabei an Galileo GALILEI erinnert, der in Anbetracht der Bahnen der Planeten und Jupitermonde vor seinem geistigen Auge nicht die Erde, sondern die Sonne im Zentrum des Planetensystems „stehen sah“ – eine Tatsache, die über die Erfahrung hinaus geht und seinen Zeitgenossen noch höchst kontraintuitiv erschien. Wenn man aber einen Grund für den überwältigenden Erfolg der Naturwissenschaft angeben soll, so ist es gerade die wachsende Abstraktion von der grobsinnigen Erfahrung bei der Wahl der Bausteine von Theorien.

Wer nun meint, dieser Umstand öffne wilden Spekulationen Tür und Tor, der hat die Methodologie der Naturwissenschaften allerdings missverstanden. Wie in der Fußnote betont, gelten bei der Auswahl wissenschaftlicher Hypothesen bestimmte Beschränkungen. Und natürlich müssen sich auch *Belege* zugunsten von Theorien finden lassen. Ein Beleg liegt genau dann vor, wenn sich Beobachtbares aus der Theorie folgern (deduzieren) und empirisch bestätigen lässt. Ein weiteres Indiz für die Richtigkeit einer Theorie ist die erfolgreiche Verzahnung mit anderen Forschungsbereichen, die zur Erhellung ihrer Erkenntnisfragen unter anderem auch auf die entsprechende Theorie zurückgreifen. Besitzt die Theorie außerdem die Eigenschaft, genau das zu erklären, was sie erklären soll und bedient sie sich dazu Mechanismen und Gesetzesaussagen, die empirisch wohlbegründet und mit unserem Hintergrundwissen kompatibel sind, verdichten sich die Indizien gunstigenfalls so sehr, dass die Theorie als *wohl bestätigt* angesehen werden muss. Aber *Beweise* im streng logischen, mathematischen Sinn kann es in den empirischen Wissenschaften nicht geben.

---

[3] Die Zusatzhypothesen dürfen natürlich nicht *willkürlich* gewählt werden, sondern müssen *unabhängig* von der Theorie prüfbar sein. Ferner müssen sie empirisch *wohlbegründet* sowie mit unserem Hintergrundwissen vereinbar sein (KITCHER 1982; MAHNER/BUNGE 2000). Sämtliche in den Atommodellen enthaltene Hypothesen erfüllen diese Bedingungen. Selbiges gilt auch für die Evolutionstheorie und ihre Modelle.

Damit ist dem Positivismus und der Kritik an der Unbeobachtbarkeit artübergreifender Evolution, die gerne als Spekulation beiseite geschoben wird, der Boden entzogen. Ziel der Naturwissenschaft ist *nicht* das Protokollieren experimentell induzierbarer Erscheinungen zur Gewinnung niederrangiger Beobachtungssätze, sondern das Erschließen verborgener Bereiche der Wirklichkeit durch hypothetisches Schlussfolgern. Wer sich dabei nicht ständig sagt, „diese Phänomene ergeben nur dann einen Sinn, wenn ich mir dieses Ding oder jenen Prozess *zur Beobachtung hinzudenke*, andernfalls reimt sich das nicht mit allem, was ich von dem oder jenem weiß" – für den muss es sich schon bei der Aussage, dass es Atome gibt oder dass es sich bei der Sonne um einen Stern handelt, in dem eine Kernfusion abläuft, um eine außerwissenschaftliche Grenzüberschreitung handeln. Schließlich hat noch nie ein Mensch Atome gesehen, geschweige denn die Sonne betreten, um die Kernfusion anhand von Stoffproben zu „beweisen". Zwischen der Rekonstruktion historischer Prozesse und der Rekonstruktion der atomaren Wirklichkeit besteht demnach kein grundlegender methodologischer Unterschied (Kitcher 1982, 35ff; Mahner 1986, 41; Beyer 2006, 24–33), und Disziplinen wie die Kosmologie beweisen, dass auch das historisch Einmalige naturwissenschaftlich erforscht werden kann (Vollmer 1986, 53–65).

1.2. Der Begriff „Ursprungslehre". Was heißt „erklären"?

Vereinzelt hat die im letzten Abschnitt dargelegt Sichtweise auch Kritik erfahren. So heißt es z.B. bei Wort und Wissen, die Einordnung von Geschichtswissenschaften in den Bereich der Naturwissenschaft sei schon deshalb unzulässig, weil deren Fragestellungen grundverschieden seien: „Bei Atomen, Elementarteilchen geht es um *Modelle*, die helfen, Phänomene zu beschreiben und zu verstehen; bei der Geschichte dagegen geht es darum, *ob etwas wirklich passiert ist*" (Junker 2005, 65). Diesbezüglich hat sich der Begriff „Ursprungslehre" in der kreationistischen Literatur etabliert. Im einen Fall gehe es um die *Frage*: *„woher kommt* das System?", im anderen frage man: *„wie funktioniert* ein System?".

Bei Artefakten ist eine solche Unterscheidung durchaus sinnvoll – so lässt sich z.B. die *Herkunft* eines Automobils nicht kausal aus der Funktion seiner Teile herleiten. Anders in den Naturwissenschaften: Die meisten naturwissenschaftlichen Theorien beschreiben und erklären *Prozesse der Selbstorganisation*, des *Andersartig-Werdens* von Stoffsystemen und des Auftretens qualitativ neuer Eigenschaften (Emergenz), woran sich immer die Frage knüpfen lässt: „woher kommt dieses oder jenes?" So erzeugt z.B. der Prozess des Erwärmens großer Luftmassen über dem Pazifik und des Ausgleichs von Luftdruckunterschieden ebenso etwas Neues wie die stellare Kernfusion

– im einen Fall entstehen Wirbelstürme, im anderen chemische Elemente, die wiederum den „Ursprung“ neuer Planetensysteme (einschließlich der Entstehung von Leben) begründen. Die Theorien, die erklären, *wie* diese Prozesse ablaufen, sind also zugleich „Ursprungstheorien“.

Fazit: Der Zweck naturwissenschaftlicher Modelle besteht darin, Naturphänomene *zu erklären*, das heißt die Frage, *warum* ein bestimmter Sachverhalt so und nicht anders in Erscheinung tritt, unter Nennung der dafür verantwortlichen (meist verborgenen) Ursachen zu beantworten. Dabei geht es zwangsläufig auch um die Frage, ob der dafür verantwortliche Vorgang „wirklich passiert“ (ist), *wie* er abläuft und „woher“ dieses oder jenes Ding stammt. Der Versuch, „Ursprungslehren“ wie die Evolutionstheorie gegen naturwissenschaftliche Theorien abzugrenzen, ist daher irreführend.

1.3. Der methodologische Sonderstatus historischer Wissenschaft – Tatsache oder Mythos?

Will man den Evolutionsgegnern Glauben schenken, schwächt eine ganze Reihe erkenntnistheoretischer Gründe die Zuverlässigkeit *historischer* Theorien. So seien zur Ermittlung von Phylogenien „Experimente […] grundsätzlich nicht möglich“ (JUNKER/SCHERER 2006, 16), und es gäbe „keine Möglichkeit zur Reproduktion der Abläufe“ (S. 17). Ferner sei in den Geschichtswissenschaften die Datenbasis „oft sehr schmal“, sie könne „meistens auch nur geringfügig erweitert werden“, so dass sich „unter Umständen *mehrere verschiedene Möglichkeiten* [bieten], *die vorliegenden Daten in ein stimmiges Ablauf-Szenario einzubauen*“ (S. 17). Schließlich seien

> Hypothesen über vergangene Abläufe […] nur sehr eingeschränkt testbar. Beispielsweise kann man leicht testen, ob der so genannte Urvogel *Archaeopteryx* […] eine Merkmalsmischung aus Dinosaurier- und vogeltypischen Merkmalen besitzt. Dies ist durch direkte Beobachtung möglich. Dagegen ist die Frage, ob der Urvogel von Dinosauriern abstammt, nur vage […] testbar. Beide Fragen sind offenbar methodisch nicht gleichartig zu beantworten (a. a. O.).

Die Ansicht, es gäbe grundlegende methodologische Unterschiede zwischen *historischen* und *experimentell* forschenden Wissenschaften, findet sich allerdings nicht nur in kreationistischem Schriftgut. CLELAND (2002) und BRESTOWSKY (2009) sind zwei Beispiele, die zeigen, wie schnell solche Thesen auch in seriöse Fachzeitschriften Eingang finden, die nicht im Verdacht stehen, Evolutionskritik zu unterstützen. Sind also Theorien über Historisches tatsächlich unzuverlässiger als andere? Hängen die Evolutionsbiologen gar nur einer „Geisteswissenschaft“ an, wie BRESTOWSKY fabuliert?

Beginnen wir mit dem Vorwurf der eingeschränkten Testbarkeit historischer Theorien: Natürlich ist die bloße *Beschreibung* einer Beobachtung (etwa das Aussehen des Urvogels *Archaeopteryx* betreffend) einfacher zu bewerkstelligen als deren ursächliche *Erklärung*. Erklärungen gehen im Gegensatz zu Beschreibungen meist über die grobsinnige Erfahrung hinaus und verweisen an zentraler Stelle auf Nichtbeobachtbares (hier: die Abstammung des Urvogels *Archaeopteryx* von bestimmten Dinosauriern), und wir hatten bereits dargelegt, dass selbiges für *alle* Naturwissenschaften gilt. Ein Physiker beispielsweise, der auf dem Gebiet der Relativitätstheorie arbeitet, führt den unbeobachtbaren Sachverhalt der „Verzerrung" der Raumzeit ein, weil er dieses theoretische Element zur Erklärung der Gravitation benötigt. Er kann den postulierten Sachverhalt also *argumentativ stützen*, schlussendlich aber nie in einer Weise beweisen, wie kognitiv niederrangige Aussagen des Typs „Körper ziehen sich gegenseitig an" oder „Vögel besitzen Reptilien-Merkmale". Die Feststellung, das Abstammungspostulat sei nur „vage testbar", ist daher irreführend: Das Postulat ist nicht weniger gut prüfbar als eine physikalische Theorie, die sich auf verborgene Dinge beruft.

Wie ist es nun um den Einwand bestellt, die Unmöglichkeit zur *Reproduktion* historischer Prozesse unterscheide sich von der naturwissenschaftlich-experimentellen Methode? Einmalige Prozesse lassen sich in der Tat oft nur anhand einer geringen Menge von *Beobachtungsdaten* rekonstruieren, wohingegen viele der „exakten" Naturwissenschaften auf ein prinzipiell unerschöpfliches Reservoir an *experimentellen* Daten zurückgreifen können. Was aber besagen diese Unterschiede? Im Grunde gar nichts, denn zwischen einer Beobachtung und einem Experiment besteht kein grundlegender erkenntnistheoretischer Unterschied. *Experimente* sind nichts anderes als *kontrollierte Beobachtungen*, in denen der Experimentator die Randbedingungen zu einem gewissen Grade variieren kann. Die daran anknüpfende Interpretation folgt gleichermaßen der hypothetisch-deduktiven Methode (s. Kap. II).

Die Datenbasis zur Rekonstruktion historischer Sachverhalte ist auch nicht *notwendigerweise* „schmaler" als in vielen „Gegenwartswissenschaften". Auf der einen Seite lassen sich in der historischen Forschung durchaus Simulationsexperimente unter variablen Randbedingungen durchführen, z.B. um die Entstehung des Sonnensystems oder prähistorische Meteoriteneinschläge zu simulieren. Auch in der Individualentwicklung lassen sich experimentell bestimmte Faktoren variieren, woraus sich in bestimmtem Rahmen Evolutionsgesetze (oder zumindest Regeln) formulieren lassen (s. Kap. VI). Andererseits lassen sich auch in der gegenwärtigen Forschung oft nur wenige Systemkonstellationen *direkt* experimentell untersuchen – etwa weil der dahinter stehende Prozess Bedingungen erfordert, die sich im Labor nicht realisieren lassen, oder weil die Randbedingungen in jedem Fall einzigartig und aufgrund des Zufalls nicht genau vorhersagbar sind.

Die Entstehung eines Wirbelsturms und die Entwicklung des Klimas beispielsweise lassen sich nur am Computer simulieren, wobei nicht alle

Randbedingungen, die in der Natur auftreten oder auftreten können, vorhersehbar sind bzw. im Modell berücksichtigt werden können. Ferner gibt es in der Physik Energiebereiche, die uns für immer verschlossen bleiben (Beyer 2006, 26 f) und kosmische Ereignisse, die (wenn überhaupt) nur selten zu beobachten sind. Dies hätte aus positivistischer Sicht zur Folge, dass Theorien, die sich mit solchen Sachverhalten beschäftigen, der naturwissenschaftliche Status aberkannt werden müsste. Wissenschaftlich aber wäre diese Forderung so unhaltbar wie die evolutionskritische Argumentation.

Recht beliebt ist auch der Einwand, die historische Forschung bediene sich der Extrapolation aktuell feststellbarer Gesetze und Mechanismen auf die Vergangenheit (Prinzip des *Aktualismus* im weiteren Sinne); nichts garantiere uns aber, dass die Naturgesetze zeitlich uneingeschränkt gelten. Sicher: In einer frühen Epoche des Universums etwa, in der noch keine Sterne existierten, gab es auch noch keine Kohlenstoff-Chemie. Und die Zusammensetzung der irdischen Atmosphäre unterschied sich vor 4 Mrd. Jahren deutlich von den aktuellen Verhältnissen. Aber die Veränderlichkeit von Randbedingungen ist eben nicht nur im *historischen* Kontext zu beachten, sondern in *allen* Bereichen der Natur, wobei die jeweils geltenden Bedingungen mithilfe des gesamten naturwissenschaftlichen Hintergrundwissens *rekonstruiert* werden können. Zudem sagt der Aktualismus etwas über die stetige Gültigkeit der *Naturgesetze*, nicht etwa der *Randbedingungen* aus. Obwohl die Erdatmosphäre vor 4 Mrd. Jahren anders beschaffen war als heute, gibt es keinen vernünftigen Grund anzunehmen, dass Moleküle damals andere Eigenschaften besaßen als heute, oder dass die Halbwertszeiten der Radionuklide früher andere Werte hatten. Ein so verstandener Aktualismus ist nicht einfach eine „Ad-hoc-Annahme" (Brestowsky 2009, 19), sondern ein Spezialfall des *Sparsamkeitsprinzips* – und damit ehernes Prinzip *aller* Naturwissenschaften. Andernfalls müssten nicht nur alle Naturkonstanten und -Gesetze, die bis heute beschrieben wurden, an jedem Tag erneut in Zweifel gezogen werden, auch die Extrapolation der „Laborphysik" auf den Kosmos wäre unzulässig. Im Übrigen ist der Aktualismus an vielen Einzelbeispielen überprüfbar (vgl. Kehse 2006; Kutschera 2009, 190 f).

Und wie verhält es sich nun mit der Aussage, *Historizität* sei der Grund dafür, dass „unter Umständen mehrere verschiedene Möglichkeiten [existieren], die vorliegenden Daten in ein stimmiges Ablaufs-Szenario einzubauen"? Auch diese Einschätzung ist falsch. Die *Mehrdeutigkeit* von Beobachtungen hat damit zu tun, dass der Schluss von der Beobachtung auf die Richtigkeit oder Falschheit der Theorie *nie eindeutig* ist. Die Bahnen etwa, die die Planeten am Nachthimmel vollführen, können sowohl in das heliozentrische Weltmodell als auch durch Einführung entsprechender „Epizykel" in das Ptolemäische Weltbild integriert werden. Und wer es darauf anlegt, der kann ein Gewitter ebenso gut durch einen *Donnergott* erklären, so wie die Kreationisten die Entstehung der Arten durch ihren Schöpfergott erklären. Hemminger (2007, 68–70) hat im Rahmen einer so lehrreichen wie amüsanten Parodie gezeigt, dass sich auch in der *Meteorologie* problemlos eine dem Kreationismus analoge Argumentation aufbauen ließe. Danach wären in bestimmter Weise „spezifizierte" Wetterereignisse eben *nicht* (nur) durch die Bewegung großer Luftmassen, Temperaturunterschiede etc., sondern durch den Einfluss eines segnenden und strafenden Gottes zu erklären.

Wir sehen: Der angebliche Sonderstatus historischer Wissenschaft ist ein Mythos. Es lassen sich genügend Gegenbeispiele anführen, die belegen, dass in historischen und experimentellen Forschungsbereichen im Wesentlichen nach der gleichen Methodologie verfahren wird. Historisch oder nicht – *Realwissenschaft* zu betreiben gleicht dem Versuch eines Kriminologen, anhand von Indizien einen plausiblen Tathergang zu rekonstruieren, ohne dabei den „großen Unbekannten" als Erklärung zu bemühen.

2. Der wissenschaftliche Status evolutionärer Erklärungen. Was erklärt die Evolutionstheorie?

2.1. Das Überbetonen von noch nicht Erklärtem

Das Überbetonen von noch nicht Erklärtem hat eine lange Tradition in der Evolutionskritik, es ist wohl das häufigste Stilmittel antievolutionistischer Argumentation. Die Strategie dabei ist immer dieselbe: An wechselnden Beispielen werden offene Fragen aus der Evolutionsforschung angesprochen, um zu demonstrieren, dass man noch nicht genau weiß, *wie* dieser oder jener Prozess abgelaufen ist. Dabei wird der Schluss nahe gelegt, es sei fraglich, *ob* der Prozess überhaupt stattfand:

> Weithin unbekannte Deutungsprobleme und offene Fragen von Evolutionstheorien werden systematisch thematisiert. Sie haben nach unserer Auffassung ein so großes Gewicht, dass Makroevolution als nicht mehr hinterfragbare Leitvorstellung […] ernsthaft geprüft und nicht als Tatsache vorausgesetzt werden sollte (Junker/Scherer 2006, 5).

So versuchen Junker/Scherer (2006, 91 f) etwa anhand der bislang noch offenen Frage, über welche Zwischenstufen das an der Entstehung der Auges beteiligte Gen-Netzwerk aufgebaut worden sein könnte und woher die dafür erforderlichen Gene kommen, die heutigen Modelle zur Evolution des Wirbeltierauges schon im Grundsatz in Frage zu stellen. Lönnig (2007) wiederum erläutert die Funktion und Struktur der raffiniert gebauten Falle der fleischfressenden Pflanze *Utricularia vulgaris* und stellt fest, es sei gegenwärtig völlig unklar, wie sich diese Falle bei voller Gewährleistung der Funktion aus einem Blatt entwickelt haben soll (s. Kap. IX.1). Dieser Versuch geht einher mit der Behauptung, das evolutionäre Erklärungsschema sei *grundsätzlich* unzureichend zur Erklärung der erforderlichen Anpassungsschritte, gefolgt von mehr oder minder unverhohlenen Forderungen zur Aufgabe der Evolutionstheorie. Wer so argumentiert, übersieht jedoch erstens

> [...] dass das Erklären von Noch-nicht-Erklärtem gerade die Hauptaufgabe der Wissenschaft ist. Wenn es nichts mehr zu erklären gibt, gibt es auch keine Wissenschaft mehr (MAHNER 1986, 83).

Zweitens wird übersehen, dass Theorien niemals ohne weiteres *spezielle Sachverhalte* (Details) erklären, denn Theorien beschreiben bzw. erklären ihren Gegenstandsbereich nur ganz *allgemein* (MAHNER/BUNGE 2000). Auch die Evolutionstheorie ist sehr allgemein und kann nicht ohne weiteres Aussagen über die Entstehung *bestimmter* Arten oder Artmerkmale treffen.

Will man im Rahmen einer Theorie auch *Details* erklären, muss man die Theorie erst mit *Zusatzwissen* anreichern, welches die Eigenschaften der von der Theorie behandelten Objekte *konkretisiert*. So muss im Falle der Evolutionstheorie das Mutations-Selektions-Erklärungsschema mit *Wissen* über die strukturellen, funktionellen und entwicklungsbiologischen *Details* des betreffenden Artmerkmals oder der betreffenden Spezies versehen werden, deren Evolution es zu erklären gilt. Meist ist das so gewonnene Modell auch mit selektionstheoretischem Zusatzwissen zu ergänzen. Dass uns häufig noch keine Modelle über die Entstehung konkreter Merkmale oder Arten zur Verfügung stehen, liegt nun am fehlenden *Zusatzwissen* und nicht etwa am Fehlen geeigneter *Mechanismen* zur Erklärung der „Makroevolution", wie die Evolutionsgegner mit ihrer Kritik unterstellen.

Drittens liegt der Argumentation eine schwerwiegende Verwechslung von Ursache und Prozess zugrunde: Die Frage, *wie* ein Prozess abläuft (Ursachenfrage), ist logisch unabhängig von der Frage, *ob* der Prozess stattfindet oder stattgefunden hat (Frage nach dem Prozess *an sich*). So kann der *Geologe* das Faktum der *Kontinentaldrift* (z.B. durch Vergleich der Umrisse der Kontinentalplatten oder durch biogeographische Untersuchungen) belegen, ohne die Ursachen, den Verlauf der Konvektionsströme im Erdmantel oder die Richtung der Drift der einzelnen Platten zu kennen. Analog dazu lässt sich der Sachverhalt der *Gebirgsauffaltung* belegen, da man Fossilien von einst im Meer beheimateten Lebewesen im Hochgebirge finden kann. Auch hierzu ist es zunächst völlig unnötig, die verantwortlichen Kräfte zu kennen oder zu wissen, wie sich z.B. die Alpen entwickelt haben. In derselben Weise kann der Evolutionsbiologe argumentieren. Auch er kann Tatsachenreihen beschreiben und daraus den Schluss ziehen, dass alle Arten durch eine Evolution miteinander verbunden sind, selbst wenn er die genauen Begleitumstände einer evolutionären Transformation noch nicht kennt.

So gibt es, um ein Beispiel zu nennen, eine Reihe von Belegen, die für die so genannte *Endosymbionten-Theorie* sprechen. Unter *Endosymbiose* versteht man die Einverleibung einer Zelle durch eine andere, was zu beiderseitigem Nutzen ist und im Laufe der Zeit zur gegenseitigen Abhängigkeit führen kann. Dieser Vorgang hat bei der Entstehung der Eukaryoten eine sehr wichtige Rolle gespielt (Aufnahme eubakterieller Symbionten in eine den Archaebakterien nahe stehende Zelle, die dann zu Organellen wurden). Diese Theorie der Entstehung der Eukaryoten ist die *Endosymbionten-Theorie*. Danach fand zwischen den Symbionten später dann ein reger Austausch von Genen statt (Kutschera 2008, Kap. 6). Entgegen Junker/Scherer (2006, 185) sind die Belege zu Gunsten der Endosymbionten-Theorie derart erdrückend, dass keine vernünftigen Zweifel daran bestehen, und zwar *unabhängig* von der Frage, *wie* im Detail „[n]ach einem Transfer vom Endosymbionten in das Kerngenom" die „aufwändige Co-Evolution dieser [...] Komponenten" ausgesehen haben mag. Es ist ein glatter Fehlschluss der Autoren, wenn sie aus den offenen Fragen folgern, die „Frage nach dem Ursprung der Eukaryoten" sei derzeit „unbeantwortet".

2.2. Deduktiv-nomologische contra historisch-narrative Erklärung

Wie oben betont wurde, bedeutet wissenschaftliches *Erklären*, die Frage, *warum* und *wie* eine bestimmte Erscheinung zustande gekommen ist, unter Nennung der dafür verantwortlichen Mechanismen zu beantworten. Nun steht die Evolutionsbiologie vor einer besonderen Schwierigkeit bei der Erklärung, und zwar insofern, als die zur Erklärung *spezieller Evolutionsschritte* erforderlichen Zusatzannahmen (Randbedingungen) nicht nur nicht ohne weiteres bekannt, sondern aufgrund der Bedeutung des Zufalls in der Evolution sowie aufgrund der individuellen Verschiedenheit der Organismen auch von Art zu Art *verschieden* bzw. einmalig sind. Es müsste

> [...] für jedes Merkmal eines Lebewesens [*separat*; M. N.] gezeigt werden, unter welchen Randbedingungen die Merkmalsevolution durch das Zusammenspiel der bekannten Evolutionsfaktoren in jedem Einzelschritt verlaufen ist und wie der ‚Umbau' von Strukturen bei voller Gewährleistung ihrer Funktionalität und Adaptivität in jedem Zwischenstadium stattgefunden hat (Mahner 1986, 42).

Dies ist freilich erst anhand einiger weniger Beispiele geleistet worden. Die Physik hat es diesbezüglich leichter: Sie kann das Verhalten vieler verschiedener Systeme mit *ein und demselben* Algorithmus erklären. Daher hat die Lückenhaftigkeit des Wissens für die Physik „nicht die fatale Konsequenz, dass Kritiker beliebiger Vorbildung und eben auch physikalische Laien laufend Gegenbeispiele [...] aus dem Ärmel schütteln können und damit auch schon die Grundlagen der einschlägigen Theorie in Frage stellen können" (Vollmer 1986, 30).

Dieser Gegensatz zwischen der Evolutionsbiologie und den „exakten" Naturwissenschaften, wo die Erklärungen scheinbar einfacher vorzunehmen sind, entspricht dem Schema einer „deduktiv-nomologischen" und einer „historisch-narrativen" Sicht der Erklärung,[4] die früher eine große Rolle spielte und heute z. B. von WAHLERT (2006) wieder aufgegriffen wird. Kein Wunder, dass es auch von Evolutionsgegnern dankbar angenommen wird:

> *Nomologisch-deduktive* Erklärung [...] heißt: Es werden hypothetisch[e] Gesetzmäßigkeiten [...] postuliert, aus welchen konkrete testbare Schlussfolgerungen abgeleitet (*deduziert*) werden. Diese werden dann durch Freilandbeobachtungen oder Laborexperimente überprüft. *Historisch-narrative* Erklärungen dagegen versuchen das vorhandene Belegmaterial durch ein mutmaßliches *historisches* Ablaufsszenario [...] zusammenzufügen (JUNKER/SCHERER 2006, 17).

Diese Aussagen implizieren, die Evolutionsbiologie verfüge, wo immer sie die großen Transformationen im Tier- und Pflanzenreich zu rekonstruieren habe, schlechterdings über *keine* (echte) Erklärung. JUNKER (2005, 14) meint:

> *Hier macht sich der Unterschied zwischen Gegenwartsanalyse und Geschichtsrekonstruktion deutlich bemerkbar.* Solange es keine kausalen Gesetzesaussagen über das Auftreten von Mutationen gibt, sind evolutionstheoretisch keine Vorhersagen, sondern nur Deutungen im Nachhinein möglich. Aber auch die hypothetische evolutionäre Vergangenheit lässt sich nicht von Gesetzmäßigkeiten ableiten.
>
> Aus alledem kann gefolgert werden: *Wenn es für den Evolutionsablauf keine allgemeingültige N-D E* [DN-Erklärung] *gibt, dann ist das Evolutionsparadigma wissenschaftstheoretisch gesehen in keiner anderen Situation als das Schöpfungsparadigma.*

Leider ist an diesen Aussagen so einiges falsch. Erstens liegt die wissenschaftliche Bedeutung der Vorhersage nicht etwa darin, dass sie sich auf die *Zukunft* bezieht, sondern darin, dass Sachverhalte gefolgert werden, die vor der Konstruktion der Theorie *noch nicht bekannt* waren. Dies leisten aber auch so genannte *Retrodiktionen*, die Vorhersagen über Ereignisse in der *Vergangenheit* liefern. Retrodiktionen sind „[...] gerade die Stärke der Evolutionstheorie: Existenz von Urformen, Zwischenformen, Brückenarten, Fossilien. So kann die wissenschaftslogische Rolle von Prognosen auch von Retrodiktionen übernommen werden" (VOLLMER 1985, 277). Solche Retrodiktionen sind etwas ganz anderes als bloße „Deutungen im Nachhinein". Zweitens wäre es nach VOLLMER (1986, 30)

[4] Unter einer deduktiv-nomologischen Erklärung (DN-Erklärung) versteht man ein gültiges Argument, wonach aus einer Menge von Gesetzesaussagen und Randbedingungen der zu erklärende Sachverhalt logisch abgeleitet (deduziert) werden kann.

> [...] recht oberflächlich, diese Asymmetrie [hinsichtlich der Erklärung physikalischer und evolutionärer Sachverhalte; M. N.] mit dem Hinweis erklären zu wollen, die [...] Evolutionstheorie sei eben eine *historische* Disziplin und könne als solche keine allgemeinen Gesetze formulieren und deshalb auch keine deduktiv-nomologischen Erklärungen geben. Zwar ist es tatsächlich zweifelhaft und vielleicht sogar ausgeschlossen, dass sich für geschichtliche Abläufe, in die bewusste Wesen eingreifen, allgemeine Gesetzmäßigkeiten auffinden lassen. Diese Schwierigkeit überträgt sich jedoch nicht automatisch auf die *Naturgeschichte*. Die Entstehung und Entwicklung unseres Kosmos, die Evolution von Quasaren, von Galaxien, von Sternen, von Planetensystemen [...] sind Gegenstand ernsthafter und erfolgreicher Forschung.

Erfolgreich ist die Forschung deshalb, weil nicht alle „historischen Erzählungen" bloße *Deutungen* sind, sondern häufig (wenn nicht überwiegend) auf Mechanismen und Gesetzesaussagen verweisen. Die kosmische bzw. biologische Evolution verläuft ja nicht völlig zufällig, sondern wird durch kernphysikalische, physikalisch-chemische, biochemische oder entwicklungsbiologische Gesetze bestimmt. Auch evolutionäre „Geschichten", denen man es nicht ansieht, nehmen häufig auf Mechanismen Bezug. So postulieren

> [...] narrative Erklärungen oft ein adaptives Szenario für das evolutive Geschehen. Der Anpassungsbegriff impliziert jedoch die Verwendung der Selektionstheorie [...], die ja einen ganz allgemeinen Evolutionsmechanismus – die Selektion – zum Gegenstand hat. Darüber hinaus setzt der Bezug auf Mechanismen und Ursachen die Existenz von Gesetzmäßigkeiten voraus, auch wenn diese nicht ausdrücklich in der narrativen Erklärung genannt sind (Mahner/Bunge 2000, 106).

Im Rahmen differenzierter morphogenetischer Modelle lassen sich so durchaus bestimmte Evolutionsschritte oder das Ausbleiben bestimmter Muster kausal erklären und zum Teil sogar *vorhersagen* (vgl. z.B. Lyons/Harrison 1992; Maini 1997; Sears 2008). So lässt sich z.B. prognostizieren, dass die Evolution gestreifter Säugetiere mit gepunktetem Schwanz aus entwicklungsbiologischen Gründen unmöglich sein sollte (Murray 1981).

Ein anderes Beispiel: Punktmutationen und bestimmte Arten der Chromosomenmutation (z.B. Genduplikation, Exon-shuffling) bewirken die Veränderung, die Vermehrung und das Neuarrangement genetischen Materials. Geht man davon aus, dass auf diese Weise sukzessive neue Gene entstanden sind und verknüpft man das Wissen über diese Mechanismen mit der Darwinschen Abstammungstheorie, lässt sich u.a. das Phänomen der *Paralogie* (Sequenzähnlichkeit von Genen mit unterschiedlicher Funktion in einem Organismus) vorhersagen (Abb. 2). Leugnet man dagegen den kausalen Zusammenhang zwischen den Mechanismen und der Existenz paraloger Gene und verweist auf ein „intelligentes Design", wird eine Erklärung unmöglich. Die Evolutionsgegner heben die kausale Erklärung aus den Angeln, selbst wenn sie die Abstammungstheorie anerkennen sollten (Abb. 3).

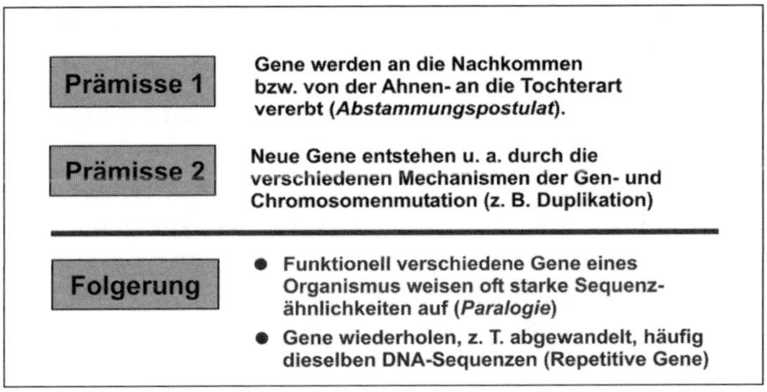

Abb. 2: Schema einer evolutionär-kausalen (DN-)Erklärung. Die Darwinsche Abstammungstheorie, verknüpft mit dem zusätzlichen Wissen über die Mechanismen der Vererbung, der Genduplikation und Genmutation sowie (implizit) der Selektion, bilden den erklärenden „Rahmen".

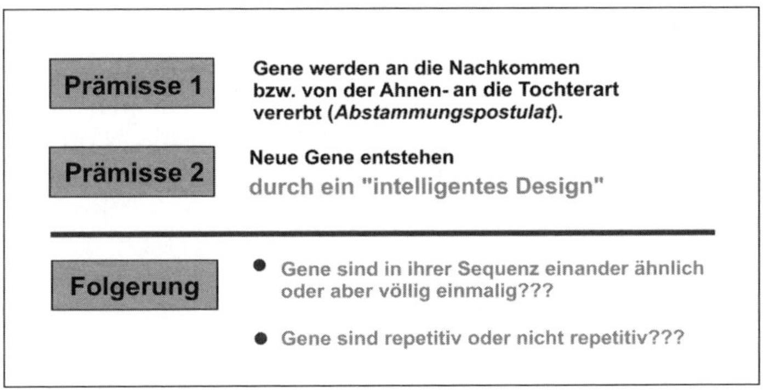

Abb. 3: Da es sich bei dem „Designer" und seiner Vorgehensweise um völlig unbekannte und unerforschliche Faktoren handelt, lässt sich für das Wirken des Designers keine objektive Grenze angeben. Folglich ist eine spezifische, kausale Erklärung nicht mehr möglich.

Die Folgerichtigkeit der evolutionären Argumentation ist vergleichbar mit der Stichhaltigkeit eines *Vaterschaftstests*: Allein aufgrund der hohen genetischen Übereinstimmung von Mann und Kind schließen wir auf ein Vater-Kind-Verhältnis. Mit demselben Grad an Sicherheit lassen sich paraloge Gene auf ein in der Vergangenheit stattgefundenes Duplikationsereignis zurückführen. Es handelt sich eben um *konkrete Erwartungen* der Evolutionstheorie, sofern man das Wissen über die Mechanismen der Variation, Vererbung und Selektion mit berücksichtigt. Auch das Auftreten alter Organisationsmuster in der Embryonalentwicklung kann auf diese Weise prognostiziert werden, wenn man bestimmtes Wissen über die Entwicklungsgenetik mit einbezieht.

Abschließend sei noch darauf hingewiesen, dass die Schwierigkeiten bei der DN-Erklärung keineswegs für *historische* Theorien charakteristisch sind. In *allen* Fällen, in denen Individualität, Selbstorganisation und nichtlineares Verhalten eine Rolle spielen, sind DN-Erklärungen schwierig. Worauf es ankommt, sind ohnehin nicht DN-Erklärungen, da diese nicht notwendigerweise etwas über Kausalbeziehungen aussagen (HUMPHREYS 1989; MAHNER/BUNGE 2000; STREVENS 2006), sondern *mechanismische* Erklärungen. Und wie in allen Naturwissenschaften, so ist auch zur Erklärung evolutionärer Prozesse genügend Platz für Mechanismen (MAHNER/BUNGE 2000, 344).

2.3. Nicht-Beobachtbarkeit und Unvollständigkeit als Scheitern evolutionärer Erklärungen?

Gegen die Existenz evolutionärer Erklärungen wenden Evolutionsgegner häufig ein, die betreffenden Modelle seien *unvollständig*, zu *allgemein*, und es sei auch *nicht empirisch erwiesen*, inwieweit die bekannten Mechanismen hinreichen, um „Makroevolution" zu erklären. So gäbe es oft nur „wenige direkte Beobachtungen", auf die sich die postulierten Mechanismen stützen, so dass eine „Einschätzung der evolutiven Möglichkeiten" gegenwärtig kaum möglich sei (JUNKER/SCHERER 2006, 91). Die Evolutionsforschung liefere somit „keine experimentellen Belege für die Mechanismen der Makroevolution" (JUNKER 2006a, 9). JUNKER (2006b, 8) zieht das Fazit:

> Die Mechanismen für Makroevolution können nicht als geklärt gelten. Es wäre ein Euphemismus, wenn man nur von noch bestehenden ‚Erklärungslücken' sprechen würde. Denn damit würde suggeriert werden, dass die wesentlichen Fragen geklärt seien. Tatsächlich aber fehlt eine Erklärung für *Makro*evolution trotz intensivster Bemühungen *vollständig*.

Solche Behauptungen sind völlig unverständlich, zumal hier zwei logisch voneinander unabhängige Aspekte miteinander vermengt werden: Die Frage, ob ein postulierter Vorgang *beobachtbar* ist, sagt nichts darüber aus, inwieweit der Vorgang *erklärt* werden kann. Wie betont liegt eine *mechanismische* Erklärung vor, wenn im Rahmen einer *gültigen Argumentation* der zu erklärende Sachverhalt aus einer Menge von Gesetzesaussagen, Zusatzannahmen und Mechanismen folgt. Dazu ist es nicht notwendig, den in der Erklärung postulierten Sachverhalt direkt zu beobachten.

Grundsätzlich ist zu beachten, dass Erklärungen in der Naturwissenschaft stets den Status von *Denkmodellen* haben. Niemand erhebt den Anspruch, im Sinne der Mathematik *bewiesen* zu haben, dass das einschlägige

Modell die Realität in allen Punkten korrekt erklärt und alle *Detailfragen* zufrieden stellend beantwortet – schließlich sind kausale Erklärungen von Haus aus unvollständig (Humphreys 1989, 285). Naturwissenschaft beschränkt sich auf die Präsentation von *Modellen*, die im Einklang mit den empirischen Daten, der Rahmentheorie und mit dem *Hintergrundwissen* stehen und ein kausales Verständnis des betreffenden Vorgangs ermöglichen. Wie wir in Kap. VIII sehen, lässt sich z. B. ein kausales Modell formulieren, das erklärt, über welche Zwischenschritte das Blutgerinnungssystem entstehen konnte, welches als „nicht reduzierbar komplex" eingestuft wird (vgl. Miller 1999).

In Verkennung der Prinzipien wissenschaftlicher Modellbildung sind Einwände wie die Folgenden freilich schnell zur Hand:

> Ohne experimentelle Belege sind vorgeschlagene Entstehungswege mehr oder weniger phantasievolle Geschichten. Sie mögen den Effekt haben, Forschung anzuregen, sie können selber aber nicht als Erklärungen gelten (Junker 2008, 19).

Der Ausdruck „ohne experimentelle Belege" trifft es nicht, denn die im Modell enthaltenen Evolutionsmechanismen *sind experimentell belegt* (natürlich nicht *am konkreten Beispiel*, sonst wäre die wissenschaftliche Modellbildung ja überflüssig.) Despektierliche Ausdrücke wie „phantasievolle Geschichten", sind lediglich Polemik und belegen nur einmal mehr, dass die Evolutionsgegner die Prinzipien wissenschaftlicher Modellbildung nicht verstanden haben. Hinterfragen kann man natürlich immer die *Vollständigkeit* von Erklärungen. Die Unvollständigkeit einer Erklärung rechtfertigt aber nicht die Behauptung, es fehle eine „Erklärung für Makroevolution trotz intensivster Bemühungen *vollständig*". Auch Erklärungs*ansätze* sind Erklärungen, und am Ende stellt sich immer die Frage, was denn überzeugender ist: eine unzureichende, aber im Grundsatz inhaltlich-kausale Erklärung, oder eine immer zureichende jedoch völlig unspezifische, die eine numinose Intelligenz als Joker im Kartenspiel der kausalen Erklärungen einsetzt.

3. Zusammenfassung

Die Evolutionstheorie versucht, den Verlauf der biologischen Evolution zu rekonstruieren, gesetzmäßig zu erfassen und kausal zu erklären. Dies kann, wie in anderen empirischen Wissenschaften auch, nur *indirekt* (das heißt durch Modellbildung) geschehen, da die eigentlich interessanten Vorgänge nicht direkt beobachtbar sind. Um im Rahmen evolutionärer Modelle die Entstehung von Details zu erklären, müssen aber nicht nur die Gesetzmäßigkeiten, sondern auch die Anfangs- und Randbedingungen erforscht werden, die bei der Evolution des betreffenden Merkmals oder der betreffenden Art eine Rolle spielten. Dies alles ist bis heute noch nicht in ausreichendem Maße gelungen; die Erklärungen der Evolutionstheorie sind und bleiben aufgrund des enormen Detailreichtums, den es zu erklären gilt, unvollständig.

Aus der Unbeobachtbarkeit artübergreifender Evolution und der grundsätzlichen Unvollständigkeit der Evolutionstheorie lässt sich jedoch weder ein Argument gegen ihren Status als Naturwissenschaft noch gegen die Tatsache ableiten, dass die Evolutionstheorie heute als wohl bestätigt angesehen werden muss. Denn die Unbeobachtbarkeit hypothetischer Sachverhalte, die Nichtreproduzierbarkeit komplexer Prozesse und die Tatsache, dass sich die einschlägigen Vorgänge niemals mit logischer Sicherheit beweisen lassen, haben erkenntnistheoretische Gründe, die nicht auf historische Theorien beschränkt sind. Naturwissenschaft ist theoretisch-schlussfolgernd, niemals rein experimentell; eine sichere empirische Basis, die frei ist von theoriegeleiteten Interpretationen, kann es nicht geben.

4. Literatur

Beyer, A. (2006) Wissenschaft im Rahmen eines Schöpfungsparadigmas? www.evolutionsbiologen.de/creation&science.pdf.

Brestowsky, M. (2009) Evolution – ein Forschungsfeld im Grenzbereich. Naturwissenschaftliche Rundschau 62, 16–19.

Cleland, C. E. (2002) Methodological and epistemic differences between historical science and experimental science. Philosophy of Science 69, 474–496.

Hemminger, H. (2007) Mit der Bibel gegen die Evolution. Kreationismus und „intelligentes Design" – kritisch betrachtet. EZW-Text Nr. 195, Berlin.

Humphreys, P. W. (1989) The causes, some of the causes, and nothing but the causes. Minnesota Studies in the Philosophy of Science, vol. 13: Scientific explanation. Minneapolis, 283–306.

Junker, R. (2005) Wissenschaft im Rahmen des Schöpfungsparadigmas. www.wort-und-wissen.de/artikel/a02/a02.pdf. Zugr. a. 15. 5. 2008.

Junker, R. (2006a) Zur Abgrenzung von Mikroevolution und Makroevolution. www.genesisnet.info/pdfs/Mikroevolution_Makroevolution.pdf. Zugr. a. 15. 5. 2008.

Junker, R. (2006b) Was erklärt die Evolutionstheorie? Anfragen eines Kritikers. www.wort-und-wissen.de/artikel/a03/a03.pdf. Zugr. a. 15. 5. 2008.

Junker, R. (2008) Nichtreduzierbare Komplexität. www.genesisnet.info/pdfs/Irreduzible_Komplexitaet.pdf. Zugr. a. 15. 5. 2008.

Junker, R./Scherer, S. ([6]2006) Evolution. Ein kritisches Lehrbuch. Gießen.

Kanitscheider, B. (1981) Wissenschaftstheorie der Naturwissenschaft. Berlin.

Kehse, U. (2006) Der Strichcode der Quasare. Maßstäbe 7, 48–50. www.ptb.de/massstaebe/heft_7/massstaebe_07_14.pdf. Zugr. a. 6. 2. 2009.

Kitcher, P. (1982) Abusing science: the case against creationism. Cambridge, MA.

Kutschera, U. ([3]2008) Evolutionsbiologie. Stuttgart.
Kutschera, U. (2009) Tatsache Evolution. München.
Lönnig, W.-E. (2001a) Gregor Mendel, Archaeopteryx und die Giraffe. www.weloennig.de/Giraffe.html. Zugr. a. 15.5.2008.
Lönnig, W.-E. (2001b) Johann Gregor Mendel. Warum seine Entdeckungen 35 (72) Jahre ignoriert wurden. www.weloennig.de/mendel.htm. Zugr. a. 15.5.2008.
Lönnig, W.-E. (2003) Evolution durch Genduplikationen? www.weloennig.de/Genduplikationen.html. Zugr. a. 15.5.2008.
Lönnig, W.-E. (2007/2000) Gregor Mendel, der Wasserschlauch (*Utricularia*) und die Evolution. www.weloennig.de/Utricularia.html. Zugr. a. 13.6.2008.
Lyons, M.J./Harrison, L.G. (1992) Stripe selection: an intrinsic property of some pattern-forming models with nonlinear dynamics. Developmental Dynamics 195, 201–215.
Mahner, M. (1986) Kreationismus. Inhalt und Struktur antievolutionistischer Argumentation. Berlin.
Mahner, M. (2003) Positivismus. In: Lexikon der Biologie, Bd. 11. Heidelberg, 221–222.
Mahner, M./Bunge, M. (2000) Philosophische Grundlagen der Biologie. Berlin.
Maini, P.K. (1997) Bones, feathers, teeth and coat markings: a unified model. Science Progress 80, 217–229.
Miller, K. (1999) The evolution of vertebrate blood clotting. www.millerandlevine.com/km/evol/DI/clot/Clotting.html. Zugr. a. 15.05.2008.
Murray, J.D. (1981) A pre-pattern formation mechanism for animal coat markings. Journal of Theoretical Biology 88, 161–199.
Sears, K.E. (2008) Molecular determinants of bat wing development. Cells Tissues Organs 187, 6–12.
Strevens, M. ([2]2006) Scientific explanation. In: Borchert, D.M. (Hg.) Encyclopedia of philosophy. Detroit.
Vollmer, G. (1985) Was können wir wissen? Bd. 1: Die Natur der Erkenntnis. Stuttgart.
Vollmer, G. (1986) Was können wir wissen? Bd. 2: Die Erkenntnis der Natur. Stuttgart.
von Wahlert, G. (2006) Darwins Erbe. In: Sudhaus, W. (Hg.) Sitzungsberichte der Gesellschaft Naturforschender Freunde zu Berlin 45, 5–27.

IV. Evolution – kein Zufall!

Die Argumentation mit der Wahrscheinlichkeit

Martin Neukamm

Eine beliebte Strategie der Evolutionsgegner ist es, die Entstehung und Evolution des Lebens durch Wahrscheinlichkeitsberechnungen in Frage zu stellen. Die Kritiker fassen dazu konkrete Merkmale wie Biomoleküle oder Organe ins Auge, verleihen ihnen eine mathematische Präzision und geben vor, ihre zufällige Entstehung sei astronomisch unwahrscheinlich. Inwieweit aber unterliegt die Evolution dem Regime des Zufalls? Sind überhaupt die Voraussetzungen gültig, die den Berechnungen zur Unwahrscheinlichkeit der Evolution zugrunde liegen?

1. Das Argument vom „tornado in a junkyard"

Zur Entstehung von Funktionsgenen

Lönnig (2001) stellt die Behauptung auf, die zufällige Entstehung des Proteins Cytochrom c, das bei allen Lebewesen, die es besitzen, in 34 Aminosäure-Positionen konstant ist, sei astronomisch unwahrscheinlich. Dem Leser wird dazu folgendes Argument präsentiert:

> Wie groß ist [...] die Wahrscheinlichkeit der zufälligen Entstehung eines Polypeptids mit 34 konstanten Positionen? Die Antwort lautet: $1:20^{34}$ [in der Natur gibt es 20 verschiedene Aminosäuren, die beliebig miteinander kombiniert werden können; M. N.] [...] Mit einem Wort: nach allen vorliegenden Daten zu glauben, dass ein solch spezifisches Molekül durch Zufall entstanden ist, ist eine Glaubensinvestition mit geringer Aussicht auf Kongruenz mit der Realität. Der gezielt-intelligente Ursprung solcher Sequenzen ist wahrscheinlicher [...]

Berechnungen wie diese erinnern an das durch den Kosmologen Fred Hoyle berühmt gewordene Argument vom „tornado in a junkyard": Die Entstehung des Lebens sei, so Hoyle, ungefähr so wahrscheinlich wie ein Tornado, der über einen Schrottplatz fegt und aus den dort herum liegenden Bolzen, Blechen usw. zufällig eine Boeing 747 zusammen baut. Egal, ob mit einer Wahrscheinlichkeit von 1 zu 20^{34} oder mit Zahlenwerten kleiner 1 zu 10^{100} jongliert wird – in die Alltagssprache übersetzt bedeutet dies in jedem Fall: es ist unmöglich.

Solche Berechnungen lassen jedoch den Umstand unberücksichtigt, dass die Evolution zu keiner Zeit ein bestimmtes Ziel „anvisieren“ *musste*. So brauchte das Cytochrom-c-Molekül, das bei der Zellatmung eine wichtige Rolle als Elektronenüberträger spielt, nicht *von Beginn an* seine spezielle und optimale Funktion zu besitzen, die es heute hat. Es genügte ja schon, wenn das Molekül *irgendeine* Funktion als Elektronenüberträger (oder eine beliebige andere Funktion) besaß, die den Organismen einen Überlebensvorteil bot (Mahner 1986, 49). Des Weiteren ist die Evolution auch nicht darauf angewiesen, alle möglichen Kombinationen „durchzuspielen“, um ein Biomolekül mit einer bestimmten Funktion zu „finden“. Am Beispiel von RNA-Molekülen lässt sich zeigen, dass sich von jeder Zufallssequenz aus die *verbreitetsten Funktionsstrukturen* durch ganz wenige Mutationen erzeugen lassen (Schuster 1994, 62–64). Bestimmte Funktionen können im Organismus auch von ganz unterschiedlichen Substanzen erfüllt werden. Zur Erzeugung einfacher, funktioneller Proteinstrukturen, wie etwa die der Interleukine, Cytochrome und einiger Regulationsfaktoren, ist auch nur wenig strukturelle „Information“ nötig (Wei/Hecht 2004; Beyer 2007). Und schließlich müssen kompliziert gebaute Proteine auch nicht *in einem Schritt* entstehen; sie können sich durch *Kopplung* kleinerer Module bilden (Dorit/Gilbert 1991). So können durch vergleichsweise einfache Mutationen ganze Proteindomänen auf vielfältige Weise neu kombiniert werden. Unter Berücksichtigung all dieser Tatsachen ist die Entstehung adaptiver Funktionsmoleküle alles andere als unwahrscheinlich.

Eine etwas raffiniertere Argumentation als Lönnig bemüht der amerikanische Biochemiker Michael Behe. Dieser möchte am Beispiel des Gewebefaktors, der an der Blutgerinnung beteiligt ist, zeigen, dass durch zufällige Kombination unterschiedlicher Genfragmente (*Exon-shuffling*) niemals ein solches Protein entstehen könne (Behe 1996, 93 f):

> Stellen wir uns vor, Tiere, die über das Blutgerinnungssystem verfügen, besäßen etwa 10 000 Gene und jedes davon sei in etwa drei Teile untergliedert. In diesem Fall stünden 30 000 Gen-Bruchstücke zur Verfügung, die beliebig miteinander kombiniert werden können. Der Gewebefaktor besteht aus vier unterschiedlichen Domänen. Die Wahrscheinlichkeit, mit der durch zufälliges Exon-‚shuffling‘ genau diese 4 Domänen zu einem Protein wie dem Gewebefaktor zusammengefügt wurden, beträgt in diesem Fall $1:30\,000^4$, also ungefähr 10^{-18}. Bestünde beim Kunden einer Lotteriegesellschaft die Chance von $1:10^{18}$ auf den Hauptgewinn und würden jedes Jahr eine Million Menschen Lotto spielen, dann würde es mehr als 1 000 Milliarden Jahre lang dauern, bis *irgendein* Spieler (nicht etwa eine *bestimmte* Person) den Hauptgewinn abschöpft (Übersetzung M. N.).

Doch niemand außer Behe behauptet, dass einzig vier ganz *bestimmte*, wahllos über das Genom verteilte DNA-Sequenzen dafür geeignet seien, zu einem vorteilhaften Gen zu verschmelzen. Wie bereits besprochen wurde, kann sich die Evolution im Prinzip unermesslich vieler *Alternativen* bedienen. Wie viele Möglichkeiten es *tatsächlich* gibt, das angesprochene Problem zu lösen, weiß im konkreten Fall zwar niemand, auch BEHE nicht. Aber aus eben diesem Grund lassen sich die Wahrscheinlichkeiten – je nach Voraussetzung – beliebig variieren und manipulieren. Nehmen wir nur einmal an

> [...] im Genom gäbe es *tausend* akzeptable Kandidaten, also Gen-Bruchstücke, die für die Funktion jedes der vier Domänen des Gewebefaktors infrage kämen. Die Wahrscheinlichkeit, durch ‚Exon-shuffling' ein Protein mit der Funktion des Gewebefaktors zu erhalten, betrüge demnach etwa 1 zu 2,5 Millionen. 10000 Versuche pro Jahr vorausgesetzt würde es durchschnittlich nur etwa 200–300 Jahre dauern, bis eine passende Kombination auftritt – ein Wimpernschlag in der Evolution. Natürlich sind meine Annahmen nicht besser und nicht schlechter gewählt als Behes Annahmen; keiner von uns weiß, aus welcher Perspektive das Problem anzupacken ist. Doch wir sollten nicht auf der Basis unserer Unwissenheit wilde Spekulationen anstellen, um den Eindruck zu erwecken, die Wahrscheinlichkeiten seien zu gering (KITCHER 2007, 94f; Übersetzung M. N.).

Mit einem Wort: Die Evolutionsgegner multiplizieren und potenzieren in einer Art und Weise, dass darüber die Voraussetzungen vergessen werden, unter denen ihre Berechnungen aussagekräftig wären. Die Wahrscheinlichkeit eines evolutionären Ereignisses lässt sich nicht nach der „Kopf-Adler-Statistik" eines Münzwurfspiels errechnen, wonach als Wahrscheinlichkeit einfach der *Kehrwert* der Zahl aller möglichen *alternativen* Ereignisse angesetzt wird. Vielmehr müsste die Zahl aller *überhaupt denkbaren* positiv zu bewertenden Mutationen ins Verhältnis zur Zahl der möglichen Fälle gesetzt werden. Eine solche Berechnung durchzuführen, ist praktisch unmöglich, denn man müsste nicht nur *sämtliche* Bedingungen kennen, unter denen sich ein bestimmter Organismus vorteilhaft weiter entwickeln kann. Man müsste auch belegen, dass gerade diese unter all den möglichen Bedingungen nicht realisierbar waren!

Wenn man nun nicht weiß, wie viele Wege es gibt oder gab, ein evolutionäres Problem zu lösen, wie lässt sich dann aber beurteilen, dass es auf evolutionärem Wege möglich ist oder war? Glücklicherweise liegen nicht nur theoretische Argumente wie die oben genannten, sondern auch experimentelle Daten vor, die belegen, dass die von den Evolutionsgegnern angeführten Wahrscheinlichkeitsberechnungen an der Realität vorbei gehen. So haben beispielsweise KEEFE/SZOSTAK (2001) *in vitro* eine Menge von 6×10^{12} Zufallspeptiden (bestehend aus jeweils 88 Aminosäuren) erzeugt. Mittels spezieller Labortechniken wurden aus diesem Gemisch bevorzugt jene Peptide selektiert, welche die Eigenschaft besaßen, ATP-Moleküle (die „Energieträger der Zellen") zu binden. Obwohl nur ein verschwindend geringer Bruchteil aller theoretisch möglichen Sequenzen tatsächlich „durchsucht" wurde, konnten die Forscher aus der Molekülpopulation schon nach acht Zyklen der Selektion und Vermehrung *vier* derartige

Peptid-Familien isolieren. Nach Lönnigs Berechnungen hingegen sollte die Entstehung auch nur eines solchen Funktionspeptids noch *Hundertbillionen Mal* (!) unwahrscheinlicher sein als die Entstehung des erwähnten Cytochrom-c-Moleküls! Denn die für die Bindung an das Molekül ATP erforderliche, funktionelle Kerndomäne eines der Peptide enthielt nicht nur 34, sondern gleich 45 konstante Aminosäurepositionen (die Domäne enthielt zudem ein koordinativ gebundenes Zinkatom, ähnlich wie die so genannten „Zinkfinger").

Hinsichtlich der Wahrscheinlichkeit einer funktionalen Sequenz von 1 in 10^{11} und der Entdeckung eines Zink bindenden Motivs handelt es sich um ein besonders eindrucksvolles Beispiel: Zum einen wird in dieser Selektion bestätigt, dass das Auffinden von funktionalen Proteinen nicht jenseits aller Wahrscheinlichkeit liegt, sondern realisierbar ist. Andererseits zeigt die Evolution einer Zink bindenden Domäne, dass auch Motive, die in der Natur häufig verwendet werden, evolutionär aus teilweise oder vollständig randomisierten (zufällig angeordneten) Genbanken erzeugt werden können.

2. Fallstrick Selektion: Ohne Auslese geht es nicht

Überlegungen zur Evolution des Wirbeltierauges

Der schweizerische Psychiater E. Bleuler (1857–1939) bemerkte einst zur Evolution des Wirbeltierauges:

> [Wenn jeweils] zufällige Variation die Ursache war, so mussten entstehen 1. eine nervöse Retina, 2. das Pigment, das irgendwie die Übertragung des Lichtreizes auf die Nervenenden ermöglicht oder sonst eine notwendige Rolle spielt, 3. eine durchsichtige und optisch glatte Haut, 4. eine Konvexlinse, 5. ein durchsichtiger Körper, der die notwendige Distanz zwischen Linse und Retina ausfüllt [...] Nun müssen die Organe aber in bestimmter Reihenfolge hintereinander liegen [...] Die Cornea darf natürlich nur an der vorderen Oberfläche liegen, und auch daselbst sind nur eine oder ganz wenige Stellen geeignet [...] Die drei optischen Organe, Cornea, Linse und Glaskörper, müssen außerdem sehr gut zentriert sein [...] Die Zentrierung muss aber auch winkelrecht sein [...] Es ist leicht abzusehen, dass solche Umstände die Wahrscheinlichkeit eines Zufalls auf unendlich nahe an Null herabsetzen (Bleuler, zit. nach Lönnig 2002, 6–8).

Lönnig hält dieses Argument offenbar für so überzeugend, dass er das aus dem Jahre 1925 (!) stammende Textfragment aus der Feder des Psychiaters in sein Buch „Auge widerlegt Zufallsevolution" übernahm. Der aufmerksame Leser wird es hingegen schon bemerkt haben: In dieser Betrachtung wird die *Selektion*, die bei evolutionären Betrachtungen immer berücksichtigt werden muss, vollkommen unter den Teppich gekehrt. Aussagen wie die von Bleuler suggerieren, dass all die Merkmale, welche die Evolution über Hunderte von Jahrmillionen in vielen kleinen Einzelschritten umkonstruiert und umfunktioniert hat, dass all diese Transformationen *in einem einzigen Schritt vollzogen* worden sein mussten, was in der Tat völlig unwahrscheinlich wäre. Niemand aber behauptet, dass ein so komplexes Organ wie das Wirbeltierauge zufällig, in einem Schritt und noch dazu im optimalen Zustand entstehen müsse.

Will man eine Betrachtung anstellen, die mit Evolution noch irgendetwas zu tun hat, so muss die Art und Weise, wie Funktionalität entsteht, ganz anders besprochen werden: Zunächst ist ein Mechanismus anzugeben, der Variationen einer bereits vorangepassten Struktur erzeugt. Dann muss *irgendeine* Selektionsbedingung formuliert werden, die jede noch so kleine positive Veränderung der Struktur begünstigt und fixiert. Beide Schritte sind solange *von Generation zu Generation* zu wiederholen, bis eine hinreichend komplexe und angepasste Struktur mit neuer Funktion entstanden ist. Dabei steht im Vorfeld keineswegs fest, *was* entstehen soll – nur unter der Voraussetzung, dass ein *konkret* vorgegebenes Ziel anvisiert werden müsse, ließe sich über Wahrscheinlichkeiten sinnvoll diskutieren.

Gerade am Beispiel des Wirbeltierauges wurde vielfach illustriert, auf welche Weise die Selektion – ausgehend von einem einfachen Lichtrezeptor – komplexere Innovationen begünstigen kann, wie unter Berücksichtigung von *Doppelfunktionen* ein Pigmentfleck (a) in kleinen selektionspositiven Umwandlungsschritten sukzessive zum Linsenauge (d) umkonstruiert werden konnte (Vollmer 1986, 21–24; Abb. 4).

Natürlich ist dieses Modell eine *lineare Vereinfachung* des Evolutionsgeschehens, das ist den Evolutionsbiologen durchaus bewusst. Eine intellektuell zureichende Erklärung kann keine rein selektionstheoretische, sondern nur eine *systemtheoretische* Erklärung sein (vgl. Riedl 2002; Kirschner/Gerhart 2007; Kap. VI). Solche idealisierten Modellwege sind deswegen aber nicht *falsch*, sondern lediglich *unvollständig* und aus didaktischen Gründen sowie aufgrund der schwierigen Handhabbarkeit systemtheoretischer Modelle in den Naturwissenschaften gang und gäbe. Uns geht es hier nur darum, die *Selektionsbedingungen* zu benennen, die eine *graduelle* (schrittweise) Entstehung des Wirbeltierauges aus einfachen Vorläufern *ermöglicht* haben.

Genügend Hartnäckigkeit vorausgesetzt, könnte man bezüglich der Evolution des Auges nun so lange nachbohren, bis die Grenze des derzeit Gewussten erreicht ist. Erwartungsgemäß haken Ullrich et al. (2006) sofort nach und fragen, wie denn nun die ersten Lichtrezeptoren und der Umbau „beim Übergang vom Lochkameraauge zum Linsenauge" genau erfolgte, „wie der Apparat entstehen konnte, der eine Scharfstellung durch Verformung der Linse ermöglicht" usw. Und richtig: Die meisten der gestellten Fragen sind derzeit noch Gegenstand aktiver Forschung. Doch was sagt dieses Herumstochern in den Wissenslücken über die *Wahrscheinlich-*

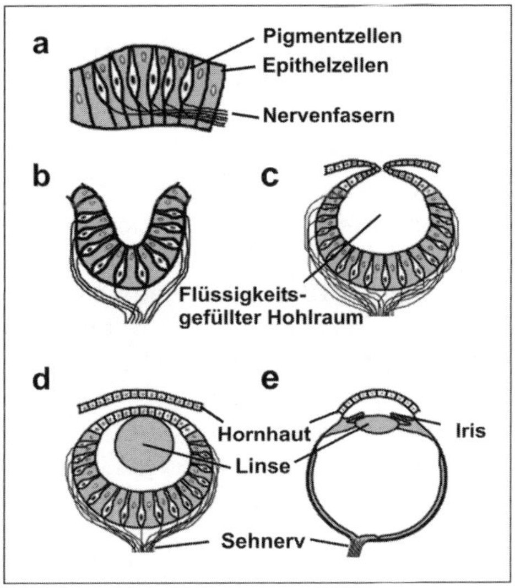

Abb. 4: Bei primitiven Mehrzellern ermöglichen spezialisierte Pigmentzellen eine einfache Hell-Dunkel-Wahrnehmung (a), die bei einigen Wirbellosen zudem in einer schützenden Vertiefung untergebracht werden. Diese Schutzfunktion kann in jedem Einzelschritt positiv bewertet werden. Ab einer gewissen Grubentiefe ergibt sich ganz von selbst ein weiterer Vorteil (*Doppelfunktion*), nämlich einfaches „Richtungs- und Bewegungssehen": das „Napfauge" (b) ist entstanden. Je enger die Öffnung für den Lichteinfall ist, desto schärfer ist natürlich das Richtungssehen, so dass sich schrittweise und unter laufender selektiver Kontrolle ein „Lochkamera-Auge" (c) ausbilden kann. Und wieder war es eine *Doppelfunktion,* die den Umstand fügte, dass sich so nebenbei ein Organ bildete, das auch ein scharfes Abbild der Umwelt liefert. Der Verschluss des Auges durch ein lichtdurchlässiges Häutchen und die Entstehung einer ausfüllenden gallertartigen Substanz wurde abermals aus Schutzgründen begünstigt. Da das Abbild nun zwar scharf aber lichtschwach ist, ergibt sich die Möglichkeit zur Verbesserung der optischen Eigenschaften des Auges, insbesondere zur Bildung einer Sammellinse, die Bildschärfe und Lichtstärke in sich vereint (d: „Blasenauge", Linse ohne Akkommodation; e: Wirbeltierauge). Abbildung nach WIKIPEDIA (commons.wikimedia.org/wiki/File:Auge_evolution_eyewish.gif), verändert.

keit des evolutionären Prozesses aus? Nichts. Die Tatsache, dass unser Wissen unvollständig und unsere Erklärungen unzureichend sind (und es aus erkenntnistheoretischen Gründen auch immer sein werden), ist weder ein Argument für die Unwahrscheinlichkeit evolutionärer Vorgänge, noch für einen Schöpfungsakt. Der Evolutionsgegner M. BEHE hält das oben diskutierte Szenario immerhin für so plausibel, dass er nur den *allerersten Schritt* in der Augenevolution problematisiert: die Entstehung der Lichtrezeptoren bzw. des lichtempfindlichen Proteinkomplexes sowie der Prozesse der Signalverarbeitung (*visuelle Signaltransduktion*) (BEHE 1996, 18–22).[1]

Aus morphologischer Sicht lässt sich also erklären, in welchen durch die Selektion begünstigten Einzelschritten das Wirbeltierauge entstehen konnte. Wie aber verhält es sich mit dem komplexen genetischen *Regelnetzwerk*, bestehend aus mehr als 2000 Genen, die unter der Kontrolle des Pax6-Mastergens ausgeprägt werden und an der Entwicklung des Auges beteiligt sind? Wie sollen durch Selektion nur all die genetischen Abhängigkeiten, die für die Entwicklung eines funktionsfähigen Auges erforderlich sind, *gleichzeitig* berücksichtigt worden sein („Synorganisationsproblem")? Auch diese Frage lässt sich heute viel besser beantworten als noch vor 30 Jahren, da der Wissensfundus der Evolutionsbiologie inzwischen enorm angewachsen ist. Es ist vor allem das Verdienst der Forschungsgruppe um den Schweizer Entwicklungsbiologen Walter J. GEHRING, einen plausiblen Mechanismus beschrieben und durch empirische Befunde untermauert zu haben (GEHRING 2005).

In GEHRINGS Modell wird die Entstehung der verschiedenen Augentypen durch *sukzessives* Verschalten von Strukturgenen unter einen „Hauptschalter" (Regulatorgen) erklärt. Eine Genkopplung wird selektiv „festgehalten", wenn die durch sie ausgeprägten Merkmale einen sinnvollen Funktionszusammenhang herstellen. Wenn also die Evolution mit einem bereits vorhandenen Hauptschalter (z.B. Pax-6) und einem neuartigen Funktionsprotein (z.B. einem lichtsensitiven Pigment) startet, lassen sich weitere Gene schrittweise unter die Kontrolle des Hauptschalters bringen und unter laufender selektiver Kontrolle testen, ob sich die Augen-Funktion dadurch verbessert. Tatsächlich lässt sich nachweisen, dass die Entstehung sämtlicher Augentypen – angefangen vom Komplexauge der Fliege bis zum Wirbeltierauge – durch das hochkonservierte „Mastergen" Pax-6 gesteuert wird.

---

[1] Auch ULLRICH et al. (2006) vertreten die Ansicht, dass all die biochemischen Abhängigkeiten beim Sehvorgang unmöglich *graduell* entstanden sein konnten. Ihre Argumentation ist jedoch nicht weniger fragwürdig als diejenige BLEULERS, da nach heutigem Kenntnisstand eine Reihe weiterer Voraussetzungen die Evolution des Auges erheblich vereinfachte: Einerseits ist fast jede Zelle lichtempfindlich! Das Protein *Melanopsin* etwa, das in retinalen Ganglienzellen der Lichtwahrnehmung dient, kommt auch in der Haut und im Gehirn vor. Andererseits können Nervenzellen auch *ohne die komplizierte visuelle Signaltransduktion* als Lichtrezeptoren fungieren, was sich durch entsprechende Knock-out-Experimente zeigen lässt (BI et al. 2006). Folglich mussten auch die komplexen biochemischen Prozesse in den Lichtsinneszellen keineswegs simultan entstehen, um zumindest eine einfache Lichtwahrnehmung zu ermöglichen. Alle wesentlichen Strukturen, wie lichtsensitive Pigmente, lichtempfindliche (Nerven-) Zellen, Ionenkanäle usw. waren im Prinzip bereits vorhanden. Die visuelle Signaltransduktion kann nachträglich ohne größere Modifikation aus der *hormonellen* für den Sehvorgang rekrutiert worden sein, da sie chemisch nahezu identisch sind. Wer sich für die interessanten Details interessiert, sei auf MUSGRAVE (2006) und NEUKAMM (2009) verwiesen.

Dieses so genannte *Gen-Tinkering* ist inzwischen ein empirisch bestätigter Mechanismus (Jordan 2006). Die so entstandenen Gen-Netzwerke haben den Vorteil, dass die Chance vorteilhafter evolutionärer Veränderungen im Vergleich zu den ungekoppelten Genen erheblich größer ist. Denn wenn die einzelnen Strukturen, die beim Aufbau des Auges beteiligt sind, genetisch aneinander gekoppelt sind, verändert eine Mutation am Regulator das Zusammenspiel aller untergeordneten Gene *gleichzeitig*. Folglich müssen die einzelnen Strukturen nicht mehr „warten", bis die anderen „richtig" mutieren. Man könnte vereinfacht sagen, die „Loszahl" der möglichen Mutationen wird durch Kopplung verringert, so wie die Zahl möglicher Würfelwurfkombinationen durch Verkleben mehrerer Würfel verringert wird. Die Evolution wird dadurch dem Regime des Zufalls mehr und mehr entzogen und in *vorgegebenen* Bahnen gelenkt (Riedl 2002, 202–206).[2]

Dasselbe gilt freilich auch für die Synorganisation der entsprechenden Strukturen von Auge und Gehirn. Dem systemtheoretischen Grundverständnis aber tragen Ullrich et al. (2006) in keiner Weise Rechnung, wenn sie behaupten, dass für den kooperativen Umbau von Gehirn und Auge eine Serie simultaner „aufeinander abgestimmte[r], komplexe[r] Mutationen" nötig seien. Um mit Umstätter (1990) zu antworten:

> Es ist [...] eine Verkennung rückgekoppelter Systeme, wenn immer und immer wieder [...] darauf hingewiesen wird, dass einzelne Mutationen unmöglich all diese Abhängigkeiten gleichzeitig berücksichtigen könnten. Das Umgekehrte ist der Fall. Fast jede Mutation beeinflusst mehr oder minder das gesamte System [...] Es sei nur an die Schwierigkeiten erinnert, Polygenie oder Pleiotropie vollständig zu erfassen.

Fazit: Die Morphologie des Auges ist ein denkbar schlechtes Beispiel, um die Evolution unwahrscheinlich zu rechnen. In Anlehnung an den Klassiker von R. Dawkins „Climbing mount improbable" bezwingt die Evolution den „Gipfel des Unwahrscheinlichen" Schritt für Schritt:

> Die evolutionäre Optimierung gleicht dem Besteigen eines Berges. Es gelingt nicht, von einem Felsvorsprung aus auf einmal bis zum Gipfel zu springen. Große Veränderungen können schlagartig durch Ingenieurskunst herbeigeführt werden, aber in der Natur kann der Gipfel des Unwahrscheinlichen nur erklommen werden, wenn ein gradueller Weg vom Startpunkt aus bis zum Gipfel führt (Dawkins 2005, 547f; Übersetzung M. N.).

---

[2] Denken wir uns zur Veranschaulichung dessen eine Struktur, die durch zehn Gene kodiert wird. Nehmen wir an, die Chance, dass in jedem der zehn Gene *unabhängig* voneinander eine passende Mutation auftritt, läge jeweils bei 10^{-6}. Dann würde die Wahrscheinlichkeit einer positiven Veränderung der Gesamtstruktur $(10^{-6})^{10} = 10^{-60}$ betragen. Kommt es aber zu einer *Verschaltung* der zehn Gene unter einen gemeinsamen Regulator, müssen die Gene nicht mehr unabhängig voneinander mutieren – die Chance, durch Änderung des Regulatorgens das System *als Ganzes* selektionspositiv zu verändern, bleibt im Prinzip bei 10^{-6}.

3. Irreduzibel komplexe Systeme – Gipfel des Unwahrscheinlichen?

Nun soll es nach Meinung der Evolutionsgegner eine Klasse von Merkmalen geben, bei denen DAWKINS' gradueller Weg nicht zum erhofften Ziel führt – Systeme, die der Biochemiker M. BEHE (1996) als *irreduzibel komplex* bezeichnet. Ohne den Ausführungen zu diesem Thema vorgreifen zu wollen, müssen wir kurz darlegen, was damit gemeint ist: *Irreduzibel komplex* sind nach BEHE Merkmale, die aus *mehreren Komponenten* bestehen, die gemeinsam eine Funktion herstellen, so dass die Wegnahme von nur einer einzigen Komponente schon zum kompletten Ausfall der Funktion führt. Im Umkehrschluss wird nun nahe gelegt, dass der *Aufbau* eines solchen Systems nicht über funktionierende Zwischenstufen führen könne; es bedürfe einer mehr oder weniger großen Menge *simultaner* Mutationen, um dort hin zu gelangen. Sehen wir uns zwei Beispiele hierzu etwas genauer an.

3.1. Die Chloroquin-Resistenz. „T-urf13" contra Behe

Die Resistenz des Malariaerregers *Plasmodium falciparum* gegen das Medikament Chloroquin wird durch den Austausch zweier Aminosäuren in einem an dem Aufnahmemechanismus beteiligten Protein verursacht. BEHE (2007) führt aus, dass beide Mutationen *gleichzeitig* auftreten müssen und bezeichnet evolutionäre Ereignisse, die eine solche *Doppelmutation* erfordern, als Chloroquin-Komplexitäts-Cluster (kurz: „CCC"). Für solche Ereignisse wird nun eine Eintrittswahrscheinlichkeit von 10^{-20} veranschlagt. Eine Doppelmutation mit einer Wahrscheinlichkeit von 10^{-20} bedeutet, dass sie nur bei etwa einem von 10^{20} (100 Trillionen) Zellen auftritt. Ein solches Ereignis sei, so BEHE, bei den Plasmodien gerade noch möglich, weil dort eine riesige Anzahl von Individuen zur Verfügung steht. Was geschieht aber, so BEHES rhetorische Frage, wenn die Bildung einer komplexeren Struktur die *doppelte* Anzahl simultan auftretender Mutationen erfordert?

> [...] die Wahrscheinlichkeit, dass sich zwei Bindungsstellen in einem Proteinkomplex ausbilden, entspricht dem Quadrat der Wahrscheinlichkeit für die Entstehung einer einzigen Bindungsstelle: $10^{-20} \times 10^{-20} = 10^{-40}$. Es gab vermutlich weit weniger als 10^{40} Zellen in den letzten 4 Milliarden Jahren auf der Erde, so dass die Wahrscheinlichkeit gegen das Eintreten eines solches Ereignisses spricht. Es ist biologisch unbegründbar (BEHE 2007, 146; Übersetzung M. N.).

Wieder liegt BEHES Argumentation jener Denkfehler zugrunde, auf den eingangs im Zusammenhang mit der Blutgerinnung hingewiesen wurde:

Die Eintrittswahrscheinlichkeit eines *bestimmten* Ereignisses besagt rein gar nichts, da sich fast *jedes* Ereignis im Nachhinein beliebig unwahrscheinlich rechnen lässt: Man stelle sich vor, ein paar Freunde sitzen am Tisch und spielen Karten. Einer der Spieler notiert, in welcher Reihenfolge die Karten ausgeteilt werden. Anschließend wird die Wahrscheinlichkeit berechnet, mit der die Karten exakt in der gehabten Reihenfolge erscheinen. Richtig: Sie ist in jedem Fall derart klein, dass man seit der Entstehung des Universums hätte Karten spielen können, ohne dasselbe Blatt jemals wieder auf die Hand zu bekommen (KITCHER 2007, 93). Trotzdem sind aber die Karten *beim ersten Mal* genau so ausgeteilt worden!

Gegen das Kartenbeispiel ließe sich natürlich einwenden, dass jede nur denkbare Kartenabfolge realisierbar ist, während in der Biologie nicht jedes Variationsereignis, das auftreten kann, tatsächlich auch „erlaubt" (bzw. funktional) ist: Nur ein kleiner Teil der Mutationen wird durch die Selektion positiv bewertet. Doch auch in der Evolution gibt es unzählige realisierbare Ereignisabfolgen, die uns gänzlich *unbekannt* sind. Wenn beispielsweise jede Tausendste oder auch nur jede Millionste Doppelmutation unter bestimmten Bedingungen einen positiven Effekt hat, ist die Feststellung, dass eine *bestimmte* Doppelmutation nur mit einer Wahrscheinlichkeit von 10^{-20} auftritt, ohne jede Bedeutung. Das Ereignis wäre eben nur eine von unausdenkbar vielen Möglichkeiten, einen Organismus vorteilhaft zu verändern.

Eines der eindrucksvollsten Beispiele, die BEHES Irrtum belegen, ist die Evolution des Proteins T-urf13: T-urf13 ist ein offenes Leseraster, welches für ein Protein bestehend aus 115 Aminosäuren kodiert.[3] Dieses Protein wurde in den 1970er Jahren in den Mitochondrien (mtGenom) bestimmter Maispflanzen entdeckt, die auf eine Sterilität der männlichen Blüten hin gezüchtet wurden. Das Gen ist ausschließlich in einer bestimmten Züchtungslinie, dem so genannten CMS-T-Mais, vorhanden (*CMS* steht für cytoplasmatisch-männliche Sterilität). Als Ursprungssequenz lassen sich zwei Gen-Fragmente identifizieren, die keine erkennbare Funktion ausüben. Daraus ist zu schließen, dass das Gen im Laufe der Maiszüchtung *de novo* entstanden ist: Mehrere Rekombinationsereignisse bewirkten eine Neuanordnung des mtGenoms. Das neue Gen entstand zufällig durch eine Serie von Genduplikationen, Rekombinationen und anderen Mutationen (HUNT 2007; Abb. 5).

[3] Der Begriff „offenes Leseraster" wird in der Fachsprache meist mit „orf" (engl. Abkürzung für: *open reading frame*) oder „urf" (*unidentified reading frame*) abgekürzt. Damit ist ein Bereich auf der DNA gemeint, der zwischen einem Start- und einem Stopp-Codon liegt und für ein Protein oder Peptid kodiert. *T-urf13* ist in der Literatur auch als *T-orf13* geläufig.

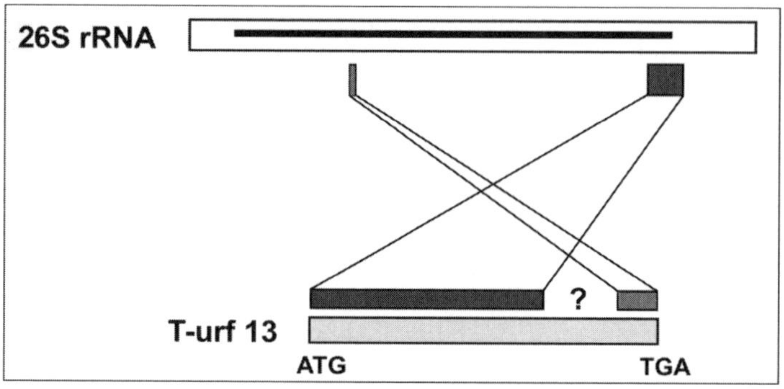

Abb. 5: Entstehung der T-urf13-Region im Genom des Kulturmaises der Sorte CMS-T. Im Bild oben ist das mitochondriale 26S rRNA-Gen beim Mais dargestellt, ganz unten T-urf13 (mit Start- und Stop-Codons ATG, TGA). Über dem T-urf13-Gen sind die beiden Gen-Fragmente abgebildet, die zum T-urf13-Gen verschmolzen; beide Fragmente lassen sich vom selben Strang der 26S rRNA ableiten und werden „von links nach rechts" gelesen. Das Fragezeichen symbolisiert denjenigen Teil des T-urf13-Gens, dessen Herkunft noch unklar ist und vermutlich durch Insertion eines oder mehrerer weiterer Gen-Fragmente entstanden ist. Abbildung aus Hunt (2007). Abdruck mit freundlicher Genehmigung des Autors.

Bei T-urf13 handelt es sich nun um ein so genanntes *Membranprotein* mit einer erstaunlichen Funktion: Es bildet in der Membran Strukturen, die als *gesteuerte Ionenkanäle* fungieren. Das bedeutet, der Komplex ist imstande, abwechselnd zwei unterschiedliche Strukturen (Konformationen) anzunehmen, auf bestimmte Signalmoleküle anzusprechen und daraufhin gezielt bestimmten Elektrolyten („Ionen") das Durchqueren der Biomembran zu ermöglichen. Damit besitzt T-urf13 alle Grundeigenschaften gesteuerter Ionenkanäle, die im Zusammenspiel mit anderen Transportproteinen z. B. die Aufnahme und Ausscheidung von Stoffen in den Zellen steuern. So fand man heraus, dass die Sensibilität der CMS-T-Maispflanze gegenüber dem Gift des Schadpilzes *Bipolaris maydis* auf genau dieser Eigenschaft beruht: Das Gift bindet an T-urf13 und öffnet dadurch die Ionenkanäle, was zum massiven Verlust lebenswichtiger Ionen wie Ca^{2+} und NAD^+ führt (Braun et al. 1989). Es spricht einiges dafür, dass ein analoger Mechanismus auch die männliche Sterilität bedingt (Levings 1990, 947), denn das Protein setzt gezielt in den Tapetumzellen der Antheren (Staubbeutel) die Aktivität in den Mitochondrien herab. Der dadurch bedingte Energiemangel führt zur Degeneration der Tapetumzellen, was während der Pollenbildung die herbei gezüchtete Sterilität verursacht. Dies legt nahe, dass ein Signalmolekül, welches nur in den Tapetumzellen vorkommt, ebenfalls an das T-urf13-Protein bindet und den Ionenkanal öffnet, was zum Verlust an Energieträgern wie NAD^+ führt.

Was haben nun diese beiden Mechanismen mit BEHEs Argumentation zu tun? Erinnern wir uns: BEHE meint, dass schon die Entstehung *einer einzigen* spezifischen Protein-Bindungsstelle relativ unwahrscheinlich, die Evolution von *zwei unterschiedlichen* Bindungsstellen „biologisch unbegründbar" sei. Tatsächlich aber verfügt das T-urf13-Protein über (mindestens) *drei verschiedene* Bindungsstellen, die genau aufeinander abgestimmt sein müssen:

- T-urf13 bildet so genannte *heteromere Komplexe* in der Zellmembran. Das heißt, unterschiedliche Protein-Untereinheiten binden in einer bestimmten Art und Weise aneinander.
- Der Komplex ist nicht einfach ein beliebiger Polypeptid-Cluster, sondern formt einen spezifischen, funktionellen Ionenkanal: der Komplex kann von einer Konformation zur anderen wechseln und dadurch den Ionenkanal öffnen oder schließen.
- Der Ionenkanal kann *gezielt chemisch gesteuert* werden – durch Signalmoleküle, die an eine Domäne des T-urf13 binden und die Konformation verändern. Damit liegt eine *dritte* Bindungsstelle vor.

Mit einem Wort: Der Mechanismus ist *irreduzibel komple*x und darüber hinaus hinsichtlich seiner Struktur dem Mechanismus (SRP)-abhängiger Transportsysteme von Proteinen analog, deren Evolution BEHE in seinem Buch „Darwins black box" problematisiert (BEHE 1996, 108–100). Hätte BEHE mit seiner Einschätzung Recht, wäre die Evolution des Mechanismus von T-urf13 noch 10^{40} Mal (!) unwahrscheinlicher als die schon als schwierig erachtete Evolution der Chloroquin-Resistenz. Gleichwohl vollzog sich die Evolution innerhalb kurzer Zeit – eben weil die Voraussetzungen nicht stimmen, unter denen BEHE die Unwahrscheinlichkeit evolutionärer Ereignisse bespricht.

3.2. Das Flagellensystem des Bakteriums Escherichia coli

Das wohl prominenteste Beispiel zur Demonstration der Unwahrscheinlichkeit „makroevolutionärer" Prozesse ist das Flagellensystem von *Escherichia coli*, das eine Art „Rotationsmotor" enthält und dem Bakterium die Fortbewegung im Wasser ermöglicht (s. Abb. 6 sowie das Kapitel von J. SIKORSKI im vorliegenden Band). Erstmals durch BEHE (1996, 51–73) propagiert, um die Unplausibilität der Evolution zu untermauern, wurde es rasch zur Leitikone des Antievolutionismus und fehlt seitdem in fast keinem evolutionskritischen Buch. Die Argumentation erscheint auf den ersten Blick so einfach wie folgerichtig: Der Flagellenkomplex setzt sich nach JUNKER/SCHERER (2006) aus 7 Grundelementen zusammen: einer rotierenden Geißel, einem Winkelstück, einer Art Chemosensor, einem Lager, dem eigentlichen „Bakterienmotor“, einer Achse und einem Steuerprotein. Da nun alle Grundelemente für die Funktion notwendig sind, ist das Flagellensystem *irreduzibel komplex*: entfernt man nur eine Komponente, funktioniert der Rotationsantrieb nicht mehr. Folglich müsse das System *in einem Schritt* aufgebaut worden sein, um erstmals durch Selektion begünstigt zu werden.

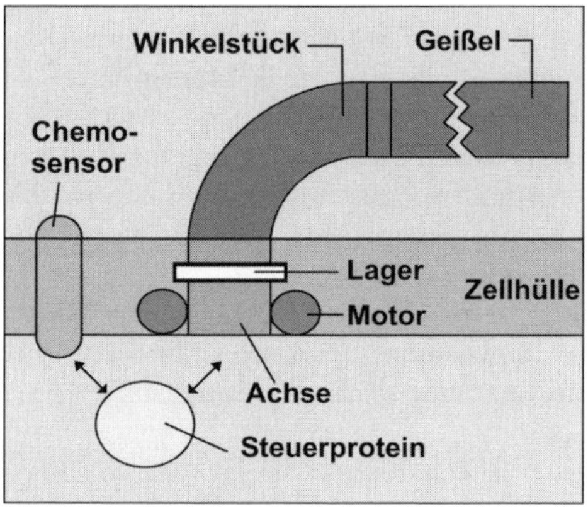

Abb. 6: Struktur des Flagellensystems bei *Escherichia coli*. Aus Junker/Scherer (2006, 157), verändert.

Nach Ansicht von Junker/Scherer sei dazu der *simultane* Umbau von mindestens 16 Proteinen erforderlich, wobei 10 Mutationen je Protein veranschlagt werden, um ein entsprechendes Vorläufersystem in einen funktionsfähigen Flagellenapparat umzukonstruieren. Denn:

> Die Entstehung eines einzigen Motorproteins führt […] nicht zu einer Motorfunktion, die von der Selektion begünstigt wird. Eine Bakterienzelle mit nur einem solchen Protein würde im Gegenteil von der Selektion ausgemerzt werden […] Für einen Selektionsvorteil benötigen wir, wie oben ausgeführt, 16 Proteine. Für den Umbau von 16 entsprechend ‚präadaptierten‘ Proteinen benötigen wir insgesamt also 160 Mutationen. Dieser Sachverhalt zeigt, dass der Umbau von präadaptierten Motorproteinen durch die *zufällige Entstehung aller notwendigen Mutationen zu einem Zeitpunkt in einer Zelle* mit derart niedriger Wahrscheinlichkeit abläuft, dass dieses Ereignis selbst in erdgeschichtlichen Zeiträumen nicht zu erwarten ist (Junker/Scherer 2006, 162).

Versagt hier also Dawkins’ gradueller Weg? Da die Evolution des Flagellenkomplexes in dem Kapitel von J. Sikorski sehr ausführlich besprochen wird, können wir das Thema hier vergleichsweise kurz abhandeln: Könnten organische Strukturen nicht mehrere Funktionen gleichzeitig ausüben und wäre die Evolution *gezwungen*, aus einem *beliebigen* „Satz“ von Proteinen just *diese Sorte von Flagellenkomplex* entstehen zu lassen, wäre der Fall klar. Die Evolution hätte nicht die geringste Chance, ein System dieses Komplexitätsgrads hervorzubringen. Die Evolution muss aber keineswegs auf diese Weise verlaufen sein. Im Gegenteil, das Szenario, das JUNKER/SCHERER bemühen, ist hochgradig unrealistisch – vor allem die Annahme, dass die für eine „Minimalfunktion" erforderlichen Proteine *gleichzeitig* entstanden oder gleichzeitig umgebaut worden sein müssen, entbehrt jeder Grundlage.

Bereits unter Zugrundelegung dessen, was wir *heute* über die bakterielle Flagelle wissen, kann die Forderung nach 160 simultanen Mutationen nicht nachvollzogen werden. Zum einen ist bekannt, dass nicht 10, sondern mitunter schon 1–2 Mutationen den Funktionswechsel von Proteinen bewirken (vgl. J. SIKORSKI, Kap. IX.3). Zum anderen weiß man inzwischen, dass die Motorproteine des Flagellenkomplexes einen gemeinsamen Vorfahren haben: sie sind den TolQR- und ExbBD- Proteinen im so genannten Tol-Pal-System homolog. Dieses System ist bei *E. coli* für den Import von Nährstoffen zuständig und nutzt als Energiequelle den Protonengradienten entlang der Zellmembran. Die strukturelle Veränderung, die diese Proteine durch die Energiezufuhr erfahren, kann im Prinzip auch bakterielle Zellanhänge (so genannte „Pili") in Rotation versetzen (KOJIMA/BLAIR 2001).

Des Weiteren gehören etliche Proteine des Flagellensystems zu einer Familie hochinteressanter Proteinkomplexe, den so genannten F_1F_0-ATPasen als Bestandteile der Typ-3-Sekretions-Systeme (T3SS), mit deren Hilfe bestimmte pathogene Bakterien „krank machende" Proteine in ihre Wirtszellen einschleusen („exportieren"). Im Prinzip stellt der Flagellenkomplex aufgrund seiner Struktur noch immer ein T3SS dar: Die Proteine der Flagelle werden beim Zusammenbau in prinzipiell derselben Weise aus der Zelle herausgeschleust wie die Nadelproteine und Effektor-Proteine („Giftproteine") in den T3SS-Virulenzsystemen. Damit gilt es als ziemlich gesichert, dass die Selektion nicht *primär* die *Fortbewegung* eines Bakteriums mittels Flagelle, sondern zunächst einen generellen T3SS-Sekretionsapparat begünstigte. JUNKER/SCHERER räumen nun zwar die Möglichkeit ein, dass sich der Bakterienmotor z. B. aus einem T3SS entwickelt haben könnte. Doch an keiner Stelle wird auch nur die Möglichkeit (ja *Wahrscheinlichkeit*!) einer *schrittweisen* (kumulativen) Umwandlung in ein Flagellensystem bei voller Gewährleistung der Funktionalität ins Auge gefasst, obwohl die hierzu erforderlichen Fakten im Wesentlichen schon auf der Hand liegen.

Auf Grundlage der hier erwähnten Sachverhalte ist die Erarbeitung eines plausiblen Evolutionsweges nicht allzu schwierig; es zeichnet sich ab, dass hierfür lediglich die Belange „Proteinexport", die Entstehung von Pili durch Anlagerung von Proteinen an den äußeren Ring des Sekretionssystems sowie das Element der Kraftübertragung (Motilität) Berücksichtigung finden müssen (Abb. 7; G. HEILMANN und J. SIKORSKI, pers. comm.):

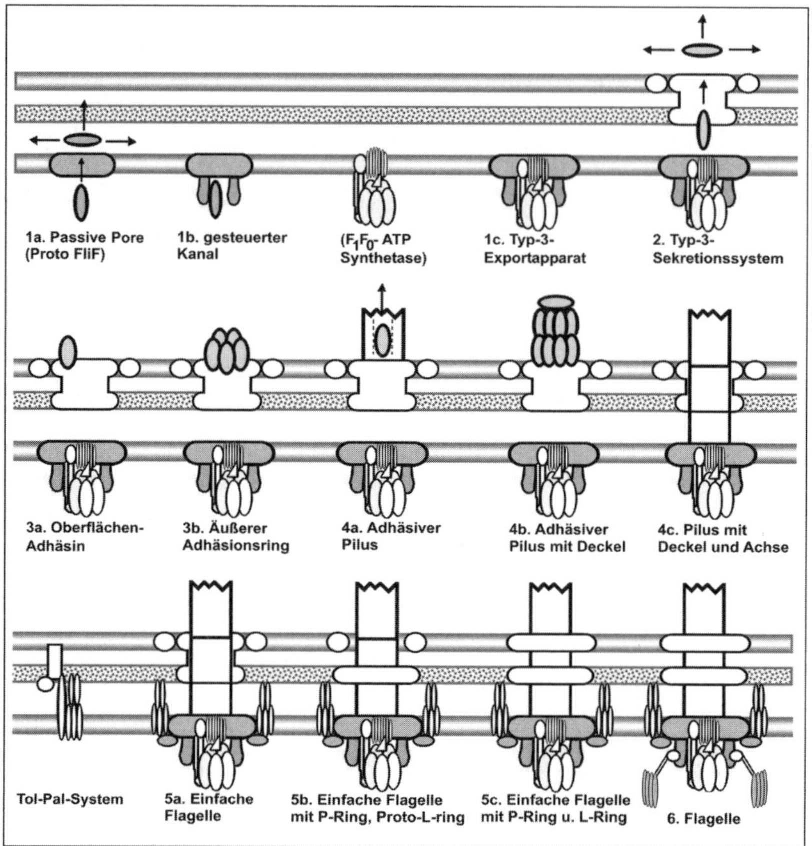

Abb. 7: Etappen in der Evolution des Flagellensystems. Verändert nach MATZKE (2003).

- Eine passive Pore in der inneren Zellmembran kann als Ausgangspunkt dienen, die durch späteres Hinzufügen einer ATPase zu einem aktiven Transporter, einem primitiven Typ-3-Exportapparat wurde.
- Durch Hinzufügen eines so genannten Sekretins (dies ist ein in der Zellmembran verankertes Protein, das einen ringförmigen Komplex ausbildet), wird im weiteren Verlauf auch eine Pore in der äußeren Zellmembran gebildet, so dass Stoffe in die Zellumgebung transportiert werden können, etwa um vorhandene Nährstoffe in eine für den Organismus transportable Form zu überführen (selektiver Vorteil u. a. durch bessere Ernährungsbedingungen).
- Im weiteren Verlauf eröffnet sich nun die Option, durch so genannte „Adhäsions-Proteine", die sich an dem äußeren Ring des Sekretions-

systems anlagern, das Potential zur Anheftung an für den Organismus günstige Substrate zu nutzen („Ankerfunktion"). Differenzierungen in Form von Pili sind nun *stufenlos* möglich (selektiver Vorteil u.a. durch Biofilm-Bildung: Schutz vor widrigen Umweltbedingungen, wie z.B. Fressfeinden, Antibiotika etc.).

– Wenn die Ankerfunktion der Pili nicht genutzt wird, so können diese auch zur Kraftübertragung des Drehmoments der Motorproteine auf das umgebende Medium dienen. Hierzu genügt aller Wahrscheinlichkeit nach schon die Rekrutierung der TolQR- und ExbBD-Proteine, die unter Ausnutzung eines Protonengradienten den Pilus in Rotation versetzen. Eine Abknickung optimiert hierbei den Vortrieb (Selektionsvorteil: Mobilität).
– Um die Rotation effizienter zu gestalten, verloren im weiteren Verlauf die Sekretine ihre feste Bindung zu dem axialen Filament des Pilus und bildeten sich zu den P- und L-Ringen um. Zuletzt verband sich dieses System mit dem Signaltransduktionsweg der Chemotaxis (Selektionsvorteil: fokussierte Bewegungs-Richtung der Mobilität).

Da die F_1F_0-ATPase sowie das Tol-Pal-System bereits an „richtiger" Stelle in der Membran liegen und die überwiegende Anzahl der für den Bakterienmotor benötigten Proteine schon im Organismus vorhanden ist, ist im Wesentlichen nur die schrittweise Zusammenführung der Komponenten erforderlich.[4] Damit sind sowohl die Kritik von BEHE (1996) als auch die in JUNKER/SCHERER angedachten Wahrscheinlichkeitsüberlegungen hinfällig: Es erscheint nach aktuellen Kenntnisstand nicht erforderlich, mehrere Proteine *simultan* umzustrukturieren.

4. Zusammenfassung

Wir haben in diesem Kapitel gezeigt, dass die Evolutionsgegner in einer Weise mit Wahrscheinlichkeiten argumentieren, dass darüber völlig die Voraussetzungen vergessen werden, unter denen ihre Berechnungen aussagekräftig wären. Sie rücken ein konkretes Szenario ins Blickfeld ihrer Betrachtungen, setzen voraus, dass genau *dieses* von vielen möglichen Alternativen realisiert werden musste und übergehen dabei völlig, dass die Evolution weder ein *bestimmtes* Ereignis anvisieren musste, noch sich der

[4] Dies geschieht hauptsächlich mithilfe der Mechanismen Genduplikation, horizontaler Gentransfer und „Gen-Tinkering", womit der Vorgang im Wesentlichen auch kausal erklärt wäre (siehe hierzu das Kapitel von J. SIKORSKI). So können Bakterien z.B. mittels horizontalen Gentransfers nahezu all ihre Merkmale untereinander austauschen, einschließlich so komplexer Systeme wie das der Chemotaxis (FAGUY/JARRELL 1999).

Statistik eines „Münzwurfspiels" bediente: Die Evolution wird, wie alle Naturprozesse, über weite Strecken „kanalisiert", d.h. die Gesetzlichkeiten des Systems greifen enorm in die Zufallsverteilung ein und drängen die Evolution in bestimmte Richtungen. So wie z.B. in der Sahara ein Hitzehoch weitaus häufiger entsteht als ein Schneesturm, so sind auch nicht alle evolutionären Ereignisse gleich wahrscheinlich. Die Evolution bedient sich immer der bereits vorhandenen Ressourcen, nutzt dabei alle möglichen Optionen und verläuft so in vielen durch die Selektion begünstigten *Einzelschritten* ab. Da nun im Voraus so gut wie nie feststeht, *was* als nächstes entsteht und wir auch nie wissen werden, welcher Organismus unter welchen Voraussetzungen welche evolutionären Veränderungen durchmachen kann, sind die Wahrscheinlichkeitsberechnungen der Evolutionsgegner hinfällig. Um es in den Worten des Biophysikers und Nobelpreisträgers M. Eigen auszudrücken:

> Wer heute behauptet, das Problem des Ursprungs des Lebens auf unserem Planeten sei gelöst, sagt mehr, als er wissen kann. Doch um wieviel mehr müsste der wissen, der die Gegenbehauptung aufstellt und uns einreden will, dass Leben auf natürliche Weise [...] nicht entstehen konnte. Er müsste nicht nur sämtliche Bedingungen kennen, unter denen Leben möglicherweise entsteht, er muss auch beweisen, dass gerade diese unter all den möglichen Bedingungen der frühen Erde nicht realisierbar waren [...] Ein einziges Gegenbeispiel – und davon gibt es heute bereits viele in Form von Laboratoriumsexperimenten – kann seine Behauptung zu Fall bringen (Eigen 1983, 69).

5. Literatur

Behe, M.J. (1996) Darwin's black box: The biochemical challenge to evolution. New York.

Behe, M.J. (2007) The edge of evolution. New York.

Beyer, A. (2007) Gene mit überlappenden Leserastern – ein Design-Signal? In: Kutschera, U. (Hg.) Kreationismus in Deutschland. Münster, 109–117.

Bi, A./Cui, J./Ma, Y.P. et al. (2006) Ectopic expression of a microbial-type rhodopsin restores visual responses in mice with photoreceptor degeneration. Neuron 50, 23–33.

Braun, C.J./Siedow, J.N./Williams, M.E. et al. (1989) Mutations in the maize mitochondrial T-urf13 gene eliminate sensitivity to a fungal pathotoxin. PNAS 86, 4435–4439.

Dawkins, R. (2005) The ancestor's tale. A pilgrimage to the dawn of evolution. Boston.

Dorit, R.L./Gilbert, W. (1991) The limited universe of exons. Current Opinion in Genetics & Development 1, 464–469.

Eigen, M. (1983) Entstehung des Lebens. Ein Ereignis zwischen naturgesetzlichem Zwang und historischer Einzigartigkeit. Natur 2, 68–77.

FAGUY, D. M./JARRELL, K. F. (1999) A twisted tale: the origin and evolution of motility and chemotaxis in prokaryotes. Microbiology 145, 279–281.

GEHRING, W. J. (2005) New perspectives on eye development and the evolution of eyes and photoreceptors. Journal of Heredity 96, 171–184.

HUNT, A. (2007) On the evolution of Irreducible Complexity. www.pandasthumb.org/archives/2007/05/on_the_evolutio_1.html. Zugr. a. 25. 5. 2008.

JORDAN, I. K. (2006) Evolutionary tinkering with transposable elements. PNAS 103, 7941–7942.

JUNKER, R./SCHERER, S. ([6]2006) Evolution. Ein kritisches Lehrbuch. Gießen.

KEEFE, A. D./SZOSTAK, J. W. (2001) Functional proteins from a random-sequence library. Nature 410, 715–718.

KIRSCHNER, M. W./GERHART, J. C. (2007) Die Lösung von Darwins Dilemma. Wie die Evolution komplexes Leben schafft. Hamburg.

KITCHER, P. (2007) Living with Darwin. Evolution, design, and the future of faith. Oxford.

KOJIMA, S./BLAIR, D. F. (2001) Conformational change in the stator of the bacterial flagellar motor. Biochemistry 40, 13041–13050.

LEVINGS, C. S. 3rd (1990) The Texas cytoplasm of maize: cytoplasmic male sterility and disease susceptibility. Science 250, 942–947.

LÖNNIG, W.-E. ([3]2001/1993) Artbegriff, Evolution und Schöpfung. Köln. Internetversion: www.weloennig.de/AesV1.1.Cyto.html. Zugr. a. 29. 5. 2008.

LÖNNIG, W.-E. ([2]2002/1989) Auge widerlegt Zufallsevolution. Köln. Internetversion: www.weloennig.de/AuIZu.html. Zugr. a. 3. 6. 2008.

MAHNER, M. (1986) Kreationismus. Inhalt und Struktur antievolutionistischer Argumentation. Berlin.

MATZKE, N. J. (2003) Evolution in (Brownian) space: a model for the origin of the bacterial flagellum. www.talkdesign.org/faqs/flagellum.html. Zugr. a. 25. 5. 2008.

MUSGRAVE, I. (2006) Blind mice vs. Behe; the Evolution of vision. www.pandasthumb.org/archives/2006/11/blind-mice-vs-b.html. Zugr. a. 25. 5. 2008.

NEUKAMM, M. (2009) Irreduzible Komplexität: Ein Paradebeispiel für Intelligent Design? Mechanismische Aspekte zur Entstehung des Auges. www.evolutionsbiologen.de/auge.pdf.

RIEDL, R. (2002) Riedls Kulturgeschichte der Evolutionstheorie. Die Helden, ihre Irrungen und Einsichten. Berlin.

SCHUSTER, P. (1994) Molekulare Evolution an der Schwelle zwischen Chemie und Biologie. In: WIESER, W. (Hg.) Die Evolution der Evolutionstheorie. Von Darwin zur DNA. Heidelberg, 49–76.

ULLRICH, H./WINKLER, N./JUNKER, R. (2006) Zankapfel Auge. Ein Paradebeispiel für „Intelligent Design“ in der Kritik. Studium Integrale Journal 13, 3–14.

UMSTÄTTER, W. (1990) Die Wissenschaftlichkeit im Darwinismus. www.ib.hu-berlin.de/~wumsta/pub54.html. Zugr. a. 25. 5. 2008.

VOLLMER, G. (1986) Was können wir wissen? Bd. 2: Die Erkenntnis der Natur. Stuttgart.

WEI, Y./HECHT, M. H. (2004) Enzyme-like proteins from an unselected library of designed amino acid sequences. Protein Engineering Design & Selection 17, 67–75.

V. Die Rekonstruktion der Stammesgeschichte

Phylogenetische Systematik, Fossilien, Zwischenformen

Martin Neukamm

In der Evolutionsbiologie spielt die *phylogenetische Systematik* (Kladistik) eine wichtige Rolle. Sie beschäftigt sich mit der Rekonstruktion evolutionärer Verwandtschaftsverhältnisse, die sich als Verzweigungsdiagramme darstellen und in Stammbäume überführen lassen. Daher nimmt es nicht wunder, dass sich die evolutionskritische Argumentation zu einem großen Teil auf die Ergebnisse und Methoden der Kladistik bezieht. Die Kritik an der Stammbaumforschung ist Teil einer Argumentation, welche die gemeinsame Abstammung der Lebewesen infrage stellt. Naturgemäß wird dabei der Status von Fossilien und Übergangsformen anders beurteilt als in den modernen Biowissenschaften. Nach einer Einführung in die Grundlagen der phylogenetischen Systematik wird dieses Argumentationsgebäude näher untersucht.

1. Die phylogenetische Systematik

1.1. Grundlagen der phylogenetischen Systematik

Die Erkenntnis, dass Tier- und Pflanzenarten einander ähneln und Übergänge zwischen den Grundformen des Lebens existieren, ist wahrscheinlich so alt wie die Menschheit selbst, sie fand schon in die Gedankenwelt der alten Griechen Eingang. Diese Feststellung fand später im *Kontinuitätsprinzip*, das auf Gottfried W. Leibniz (1646–1716) zurückgeht, seinen Niederschlag, welches eine strenge Kontinuität der Formen postuliert („natura non facit saltum"). Ein regelrechtes Formenkontinuum, das mit einer fließenden, stufenlosen Veränderung der Merkmale von Organismen einhergeht, ist in der Natur aber nicht verwirklicht, vielmehr existieren mehr oder weniger *diskrete* Arten mit charakteristischen Artmerkmalen, die einen mehr oder weniger *disharmonischen* Wandel der Formen bezeugen: manche Merkmale ändern sich im Laufe der Evolution schneller, manche langsamer, und einige bleiben über sehr lange Zeiträume konstant („Mosaikevolution").

Betrachten wir die Flora und Fauna, so zeigt sich, dass die Merkmale auch nicht in beliebiger Kombination, sondern in gruppenspezifischen Mustern abgestufter Ähnlichkeiten auftreten: Einige Merkmale sind *gesetzmäßig* miteinander verbunden, andere wiederum gehen anderen Merkmalen gesetzmäßig voraus (MAHNER/BUNGE 2000, Kapitel 7.2). So besitzen z. B. alle Tiere, die eine Embryonalhülle ausbilden (bezeichnen wir diese als Merkmal R), auch vier Beine (im Folgenden als Merkmal Q bezeichnet), aber nicht umgekehrt. Die Vierbeiner sind wiederum Besitzer einer *Wirbelsäule* (Merkmal P), was umgekehrt aber nicht notwendigerweise zutrifft usw. Mit anderen Worten: Merkmal P geht dem Merkmal Q in dem Sinne voraus, dass es *weiter verbreitet* ist. Merkmal Q wiederum ist weiter verbreitet als Merkmal R usw. Diese Merkmalshierarchie ermöglicht es, die Lebewesen taxonomisch in ineinander geschachtelte Mengen oder Gruppen einzuordnen und als System von Verzweigungen darzustellen (Abb. 8).

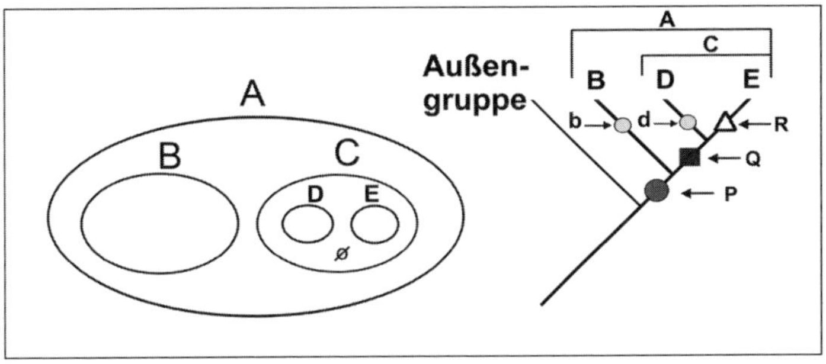

Abb. 8: Links im Bild: Diagramm ineinander geschachtelter Mengen bzw. Organismengruppen. Rechts im Bild: das logisch gleichwertige Verzweigungsschema (Hasse-Diagramm). Im vorliegenden Beispiel sind die Organismengruppen wie folgt definiert: Gruppe A: Organismen, die gegenüber einer Vergleichsgruppe (Außengruppe) mindestens das Merkmal P (*Wirbelsäule*) besitzen. Gruppe B: Organismen, die mindestens das abgeleitete Merkmal P sowie ein für sie charakteristisches Merkmal b, nicht aber die Merkmale Q (*vier Beine*) und R (*Embryonalhülle*) besitzen. Gruppe C: Organismen, die mindestens die Merkmale P und Q besitzen. Gruppe D: Organismen, die sowohl die Merkmale P und Q als auch ein charakteristisches Merkmal d, nicht aber das Merkmal R besitzen. Gruppe E: Organismen, die mindestens die Merkmale P, Q und R besitzen.

Nun ist das Vorliegen hierarchisch abgestufter Ähnlichkeitsmuster allein noch kein Beweis für Abstammung und ein Hasse-Diagramm nicht gleichbedeutend mit einem Stammbaum, da sich Merkmalsanalysen auch ohne evolutionäre Voranahmen durchführen lassen. Das Vorliegen abgestufter Ähnlichkeit in der Biologie lässt sich allerdings im Lichte der Theorie gemeinsamer Abstammung (Deszendenztheorie) ***kausal erklären***, wenn das Wissen über die Mechanismen der Vererbung, Variation und Selektion zugrunde gelegt wird. Um beim oben erwähnten Beispiel zu bleiben: Die größere Verbreitung des Merkmals „Wirbelsäule“ gegenüber dem Merkmal „vier Beine“ ergibt nur dann einen Sinn, wenn man davon ausgeht, dass die Vierbeiner von Organismen abstammen, die schon eine Wirbelsäule, aber noch keine Beine besaßen: Bei der Wirbelsäule handelt es sich demnach um ein *ursprüngliches* Merkmal (Plesiomorphie), das schon in der Ahnenart der Vierbeiner enthalten war, während es sich bei den vier Beinen um *ein abgeleitetes* Merkmal (eine *evolutionäre Neuerwerbung oder Apomorphie*) handelt, über die sich die Gruppe C der Vierbeiner (*Tetrapoden*) definiert. Das Merkmal d wiederum ist eine evolutive Neuheit, über die sich die Gruppe D definiert und so fort.

Mit NELSON/PLATNICK (1981) wird ein Verzweigungsschema in der biologischen Systematik meist *Kladogramm* (von griech. *clados*: Zweig) genannt. Kladogramme, deren Äste die Organismengruppen (*Taxa*; Einzahl: *Taxon*) repräsentieren, spiegeln die Verwandtschaftsverhältnisse zwischen den Organismen wieder. Wird ein Kladogramm in eine *zeitliche* Reihenfolge der Entstehung von Arten übersetzt, spricht man schließlich von einem *Stammbaum*. Dabei symbolisieren gabelartige Verzweigungen die Aufspaltung einer Elternart (Stammart) in zwei Tochterarten oder Kladen. Sehen wir uns dazu das folgende Kladogramm etwas näher an (Abb. 9).

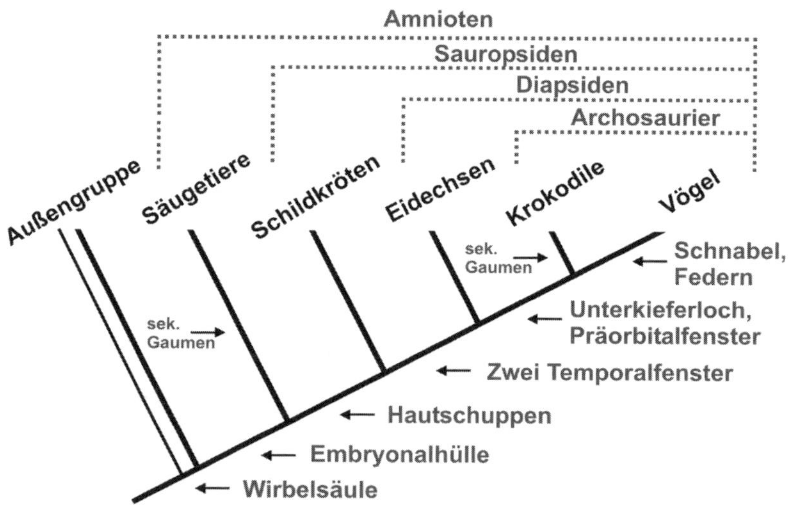

Abb. 9: Kladogramm der Amnioten (Besitzer einer Embryonalhülle).

Laut Kladogramm gehen die Vögel und Krokodile auf eine gemeinsame Stammart (Elternart) zurück. Solche Gruppen, die aus einer gabelartigen Verzweigung hervorgehen, nennt man auch *Schwestergruppen*. Das Taxon der *Archosaurier* fasst die Vögel und Krokodile in einer neuen Gruppe zusammen. Diese Gruppe ist wiederum die Schwestergruppe der Eidechsen, das heißt, ihre Vertreter und die Eidechsen gehen auf eine gemeinsame Stammform zurück. Die Gruppe der *Archosaurier* und die Eidechsen werden wiederum im Taxon der *Diapsiden* zusammengefasst, das wiederum die Schwestergruppe der Schildkröten ist usw.

Ein Taxon (oder die Zusammenfassung mehrere Taxa) ist im Fachjargon nun immer *monophyletisch*, d. h. es umfasst *alle* Nachfahren einer einzigen, gemeinsamen Stammform. So sind z. B. die Vögel, die Krokodile sowie die übergeordneten Kronengruppen der Archosaurier, Diapsiden, Sauropsiden und Säugetiere *monophyletische* Gruppen. Dies gilt jedoch nicht für die Gruppe „Reptilien", in die man nach der *herkömmlichen* Taxonomie die Schildkröten, Brückenechsen (Gruppe der Sphenodontia), Schuppenkriechtiere (Eidechsen, Schlangen), Krokodile, Flugsaurier und Dinosaurier vereint. Zwar stammen alle „Reptilien" von einer gemeinsamen Urform ab, so dass die erste Bedingung für Monophylie erfüllt ist. Aber die „Reptilien" umfassen nicht *alle* Nachfahren der Stammform, da die Vögel ausgenommen sind, obwohl sie mit den Krokodilen ein Schwestergruppenverhältnis eingehen. Eine solche Gruppe bezeichnet man im Fachjargon als *paraphyletisch*.

Die traditionellen „hierarchischen Kategorien" wie Gattungen, Familien, Ordnungen, Klassen usw. sind häufig paraphyletisch, da sie in einer Epoche begründet wurden, in der von Evolution noch nichts bekannt war. Sie sind zur Rekonstruktion von Verwandtschaftsbeziehungen kaum brauchbar, da sie allzu oft ordentlich begründete Schwestergruppenverhältnisse auseinander reißen.[1] Die *phylogenetische* Systematik ersetzt diese *paraphyletischen* (mehr oder weniger willkürlichen) Schubladen der herkömmlichen Systematik durch *natürliche* Organismengruppen, die ausschließlich auf phylogenetischer Verwandtschaft basieren. Wie erwähnt wird dieser Bedingung dadurch Rechnung getragen, dass bei der Stammbaumkonstruktion konsequent *abgeleitete* Merkmale ausgewertet werden, was ein logisches und objektiveres Vorgehen ermöglicht. Wie aber findet man abgeleitete Merkmale und wie konstruiert man anschließend das Kladogramm?

Der Weg, Verwandtschaftsverhältnisse zu rekonstruieren, beginnt zunächst mit dem Anlegen einer so genannten *Merkmalsmatrix*, in der die Merkmale der miteinander zu vergleichenden Tiere vermerkt werden (Tab. 1). Um herauszufinden, welche der Merkmale als *ursprünglich* und

[1] Ein weiteres Beispiel für eine paraphyletische Gruppe sind die „Fische". Obwohl die Lungenfische mit den Amphibien ein Schwestergruppenverhältnis eingehen und damit enger mit Amphibien verwandt sind als beispielsweise mit den Knorpelfischen, werden Lungen- und Knorpelfische in einer Großgruppe vereint, die Amphibien dagegen zu einer vollkommen anderen Wirbeltierklasse gezählt.

welche als *abgeleitet* zu betrachten sind (Ermittlung der *Lesrichtung*), wird entweder ein Vergleich mit einer stammesgeschichtlich weiter entfernten *Außengruppe* durchgeführt oder man zieht embryologische Vergleichsdaten heran (WÄGELE 2001, Kapitel 5.3; NEUKAMM 2007). Ist das Merkmal (oder Homologe davon) nicht nur bei den zu vergleichenden Innengruppen, sondern auch bei der *Außengruppe* vorhanden, kann man in der Regel davon ausgehen, dass das Merkmal ein *ursprüngliches* Merkmal darstellt. Merkmale, die bei der Außengruppe *nicht* auftreten, wohl aber bei den Tieren der betreffenden Innengruppen, sind dagegen als *abgeleitet* anzunehmen.

Merkmal	Außengruppe	Säugetiere	Schildkröten	Eidechsen	Krokodile	Vögel
Wirbelsäule	+/–	+	+	+	+	+
Embryonalhülle	–	+	+	+	+	+
Hautschuppen	–	+/–	+	+	+	+
2 Temporalfenster	–	–	–	+	+	+
Unterkieferloch	–	–	–	–	+	+
Präorbitalfenster	–	–	–	–	+	+
Hornschnabel	–	–	–	–	–	+
Federn	–	–	–	–	–	+

Tab. 1: Merkmalsmatrix zum obenstehenden Kladogramm (Abb. 9). Ein + bedeutet, dass das Merkmal in der betreffenden Gruppe vorhanden ist. Ein – kennzeichnet das Fehlen des betreffenden Merkmals.

Nun wird anhand der abgeleiteten Merkmale das Kladogramm erstellt. Dies kann entweder von Hand oder mit dem Computer durchgeführt werden (z. B. NIXON 2002). Bei der klassischen Vorgehensweise sucht man zunächst nach Merkmalen, die *einzig zwei* der miteinander zu vergleichenden Arten besitzen. So findet man in Tab. 1 Merkmale, die es nur bei den Vögeln und Krokodilen gibt, wie das Unterkieferloch und Präorbitalfenster (in schwarz markiert). Diese Merkmale haben sie mutmaßlich von der gemeinsamen Stammart geerbt – man bezeichnet sie als *homolog*. Da sie für beide Schwestergruppen charakteristisch sind, werden diese homologen Merkmale auch als *Synapomorphien* bezeichnet (von griech. *syn*: zusammen). Vögel und Krokodile lassen sich daher zu einem übergeordneten Taxon zusammenfassen, den *Archosauriern*. Die Merkmalsanalyse zeigt des Weiteren, dass die *Archosaurier* wiederum abgeleitete Merkmale nur mit den Eidechsen (und Schlangen) gemeinsam haben, nämlich zwei charakteristische Schädelöffnungen in der Wangenregion (Temporalfenster) – in Tab. 1 dunkelgrau markiert. Daher bilden die *Archosaurier* und die Eidechsen/Schlangen wiederum Schwestergruppen, die in das Taxon der *Diapsiden* eingeschachtelt sind usw.

Um dieses Kladogramm zu erstellen, müssen uns die Vorfahren nicht unbedingt bekannt sein. Wir schließen *allein anhand der Verteilung der Merkmale* auf ihre Existenz und rekonstruieren so („von der Krone abwärts“) ein Schema hierarchisch ineinander geschachtelter Schwestergruppen. Gleichwohl ist die phylogenetische Systematik auch zur Einteilung *fossiler* Formen geeignet. Der Grundgedanke dabei ist, dass die abgeleiteten Merkmale zweier Tierarten bei der gemeinsamen Urform vorhanden gewesen sein müssen, was sich als hilfreich bei der Bildung testbarer Hypothesen erweist. So folgt unter Anwendung des so genannten „Parsimonie-Prinzips“ aus der phylogenetischen Systematik beispielsweise, dass die Schlangen zur Gruppe der *Vierbeiner* gehören müssen. Da Schlangen aber keine Beine besitzen, lässt sich daraus der Schluss ziehen, dass die Vorfahren der Schlangen noch Beine oder Beinrudimente besessen haben müssen, was sich anhand fossiler und einiger heutiger Formen auch belegen lässt.

1.2. Stammbäume und Merkmalskonflikte: Kritik an der phylogenetischen Systematik

Nun könnte man meinen, dass es im Rahmen der kladistischen Analyse gelingt, alle untersuchten Merkmale in dieselbe Ordnung einzufügen und ein widerspruchsfreies (*kongruentes*) Kladogramm zu rekonstruieren, das *eindeutige* Aussagen über die verwandtschaftlichen Beziehung zwischen den Arten macht, so wie es „mustergültig“ in Tab. 1 der Fall ist. Meist aber treten dabei Schwierigkeiten auf, die von Evolutionsgegnern zur Kritik an der Evolutionstheorie genutzt werden. So führt der Merkmalsvergleich in der Regel nicht zu *eindeutigen* Ergebnissen, sondern oft zu widersprüchlichen Merkmalshierarchien, so genannten *Inkongruenzen* (Mahner/Bunge 2000, 230). Ein Grund liegt darin, dass viele ähnliche Merkmale evolutionär *unabhängig* voneinander entstanden sein können (Konvergenz, Parallelentwicklung), so dass nicht ohne weiteres klar ist, welche abgeleiteten Merkmale *tatsächlich* von einer gemeinsamen Stammart vererbt wurden bzw. *Homologien* sind (Wiesemüller et al. 2003, 117ff). So ist nach Abb. 9 der *sekundäre Gaumen* bei den Säugetieren und Krokodilen *konvergent* entstanden. Auch die Rückentwicklung (Reversion) von Merkmalen erschwert die phylogenetische Analyse. Ein augenfälliges Beispiel für eine *Reversion* wurde bereits genannt, nämlich die Schlangen, die zur Gruppe der Tetrapoden (Vierbeiner) gehören, obwohl sie ihre Beine wieder rückentwickelt haben.

In Abhängigkeit davon, welche Merkmale als homolog angenommen werden, lassen sich also *verschiedene* Kladogramme entwickeln, die man dann gegeneinander abwägen muss. Das am häufigsten benutzte Kriterium, um das wahrscheinlichste Kladogramm zu finden, ist das so genannte *Parsimonie-Prinzip*, welches Ockhams Regel der *sparsamsten Erklärung* entspricht (lat. *parsimonia*: Sparsamkeit). Danach ist diejenige Verwandtschaftshypothese die wahrscheinlichste, die die geringste Anzahl an Evolutionsschritten und Konvergenzen und damit ein Maximum an Homologien aufweist (Wiesemüller et al. 2003, 124 f, 147–150; Abb. 10).

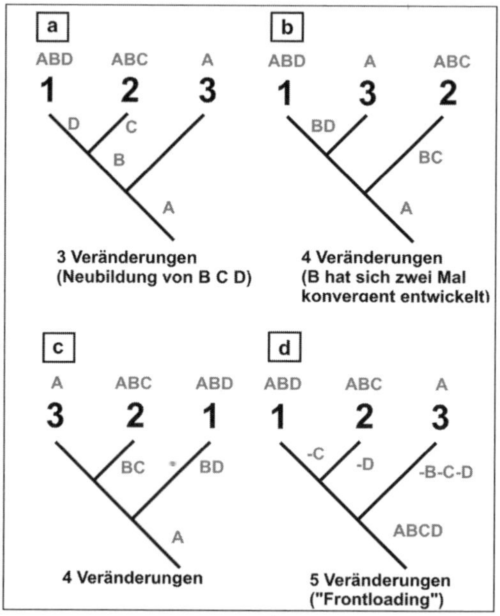

Abb. 10: Die Arten 1, 2 und 3 können zueinander in vier verschiedenen Verwandtschaftsverhältnissen stehen (im gezeigten Beispiel werden die vier abgeleiteten Merkmale A, B, C und D betrachtet). Nach dem Parsimonie-Prinzip ist das plausibelste Kladogramm dasjenige mit der geringsten Anzahl evolutionärer Veränderungen und einem Minimum an Konvergenzen bzw. Reversionen, in diesem Fall Kladogramm [a]. „Frontloading" (Kladogramm [d]) ist mit 5 postulierten Veränderungen die unwahrscheinlichste Variante. Illustration mit freundlicher Genehmigung von S. Schu (evilunderthesun.blogspot.com).

Bei der Beurteilung der Plausibilität eines Kladogramms spielt jedoch auch die „Güte" der abgeleiteten Merkmale eine Rolle, die je nach Komplexität gewichtet werden müssen (Wägele 2001, Kapitel 5.1). Zu diesem sich daraus ergebenden Interpretationsspielraum äußert sich der Evolutionsgegner Nilsson (1953, zitiert nach Lönnig 2001a) folgendermaßen:

> Während der ersten Jahrzehnte evolutionärer Forschung war es eine sehr beliebte Methode, eine morphologische oder histologische Untersuchung mit einem

> Stammbaum abzuschließen, durch den man ganz übersichtlich überzeugt werden sollte, wie die betreffende Organismenserie sich paläohistorisch entwickelt hatte. Heute sind solche Darstellungen nicht mehr so beliebt [...] Der Grund hierfür ist gewiss der, dass es mehr und mehr klar wurde, dass der Stammbaumzeichner gewöhnlich nur sich selbst überzeugte. Denn man fand, dass der nächste Spezialist, der dieselbe Frage behandelte, einen ganz neuen Stammbaum vorbrachte. Und zuletzt erhielt man ebenso viele Abstammungswege, wie es spezialisierte Forscher innerhalb einer Serie gab.

„Je mehr Daten, desto mehr Widersprüche" ist auch die Botschaft der Studiengemeinschaft Wort und Wissen. Mit Blick auf die mosaikartige, inkongruente Merkmalsverteilung könne man nach deren Ansicht ebenso gut auch ein „Baukastensystem" mit einer nahezu freien Kombinierbarkeit der Merkmale voraussetzen, das wiederum „einer Schöpfungsvorstellung entgegen" komme (Junker 2002, 31). Illies (1983, 90–121) spricht gar ironisch von einer „Wunderwelt der Stammbäume – Baumkunde einer Illusion", wodurch suggeriert wird, hinter der Rekonstruktion verwandtschaftlicher Beziehungen verberge sich ein wüster Subjektivismus, der weder ein wissenschaftliches Vorgehen noch eine Übereinstimmung mit der Realität für sich beanspruchen könne.

Wären diese Einwände berechtigt, wären die Stammbäume und die ihnen zugrunde liegende Abstammungstheorie *tatsächlich* nur eine Illusion oder willkürliche Deutung, dann müsste man in Abhängigkeit davon, welche Merkmale man betrachtet, jeweils zu *völlig* verschiedenen Stammbäumen gelangen. So sind beispielsweise bei 10 Taxa theoretisch 34 Millionen verschiedene Stammbäume denkbar, bei 14 Taxa bereits mehr als 1 Billion (Theobald 2004). Die Praxis aber sieht völlig anders aus! Rekonstruiert man die Verwandtschaftsverhältnisse von 10 Taxa anhand verschiedener Merkmale, gelangt man im ungünstigen Fall vielleicht zu einigen Dutzend Stammbäumen, die in einigen Details verschieden sind, im Großen und Ganzen aber übereinstimmen. Gäbe es kein übergeordnetes evolutionäres Prinzip, wäre es angesichts der enormen Anzahl möglicher Alternativ-Stammbäume statistisch aber so gut wie unmöglich, durch Auswertung verschiedener Merkmale zufällig zu zwei auch nur halbwegs ähnlichen oder gar identischen Stammbaumhypothesen zu gelangen.

Mit anderen Worten: Obwohl die Rekonstruktion von Verwandtschaftsverhältnissen einige Schwierigkeiten bereitet, sind Stammbäume nicht fiktiv, wir sind uns nur oft nicht im Klaren darüber, *welcher* Stammbaum der Richtige ist. Häufig lässt sich das Problem der Stammbaumvielfalt minimieren, indem man so viele Merkmale wie möglich zur Erstellung von Stammbäumen heranzieht (Mahner, pers. comm.) Werden Stammbäume nur anhand weniger Merkmale erstellt, sind die Resultate in der Tat oft widersprüchlich – zudem ist bei einer geringen Anzahl herangezogener Merkmale die Gefahr groß, dass konvergent entstandene Merkmale gewichtet werden (Mishler et al. 1994). Tattersall (1997, 216), der das Konzept der Kladistik gemeinsam mit N. Eldredge im Jahre 1975 in die Hominidenforschung einführte, bemerkt dazu:

> Arbeitet man [...] mit einer ausreichenden Anzahl von Merkmalen, erweist sich die Parallelentwicklung für gewöhnlich als überwindbares Hindernis [...] Doch kann man, besonders bei einer eng zusammenhängenden Gruppe wie den Hominiden, Parallelentwicklungen niemals unbeachtet lassen; denn je mehr Arten sich genetisch ähnlich sind, um so wahrscheinlicher ist es, dass bei ihnen gleiche detaillierte Morphologien parallel entstehen. Trotz aller Schwierigkeiten ermöglicht die Kladistik bei der Entwicklung und Prüfung phylogenetischer Hypothesen ein logisches Vorgehen, und wer für das Erkennen phylogenetischer Verwandtschaftsbeziehungen nach einem befriedigenderen Hilfsmittel als der Intuition suchte, empfand sie als frischen Windstoß.

Obgleich logisch, gerät gerade die Objektivität dieses Vorgehens immer wieder unter Beschuss. Dies gilt vor allem für das *Sparsamkeitsprinzip*, da es nur eine heuristische Annahme sein kann, mit der man die Untersuchung *beginnt*. Nichts garantiert uns, dass die Evolution im konkreten Fall *tatsächlich* den sparsamsten Weg wählte (Kluge 2001, 208). Brady (1994, 19) weist zu Recht darauf hin, dass „jedes Schema, das mit den Daten gut übereinstimmt, in Betracht zu ziehen" sei (Übersetzung M. N.). Daher muss zur Verfeinerung der Klassifikation mit Mahner/Bunge (2000, 239) gefordert werden, „zusätzlich von allem in der Biologie verfügbaren Wissen Gebrauch [zu] machen". Wenn z. B. entwicklungsbiologisches Zusatzwissen die konvergente Entstehung oder Homologie bestimmter Merkmale erklärt oder wahrscheinlich macht, muss dies in der Kladistik berücksichtigt werden. Das Sparsamkeitsprinzip ist also nicht der Weisheit letzter Schluss, aber ein pragmatischer Anfang, und „jedes Abweichen von diesen Regeln muss durch zusätzliche Kenntnisse gerechtfertigt werden" (Mahner/Bunge 2000, 240).

Dass die phylogenetische Systematik nicht einfach an der Realität vorbei klassifiziert, wie Kritiker (so auch die wenigen Anhänger der von W. F. Gutmann propagierten „kritischen Evolutionstheorie") behaupten, sondern Verwandtschaftsverhältnisse weitgehend *objektiv* rekonstruiert, erkennt man auch daran, dass sich ihre Ergebnisse mit den Erkenntnissen aus ganz unterschiedlichen Biologiedisziplinen weitgehend decken. So zeigt sich beispielsweise beim Vergleich von morphologischen Stammbäumen mit Stammbäumen der Molekularbiologie meist ein hoher Grad an Übereinstimmung. Maier (1994) stellt fest, dass „die Daten der Molekularbiologie die vergleichende Morphologie in praktisch allen gut abgesicherten Fällen bestätigen" (S. 118). Es wäre nun nicht einzusehen, warum zwei durch unabhängige Methoden analysierte Merkmale mehr oder weniger zur selben Erkenntnis führen sollten, wenn die ihnen zugrunde liegenden Prämissen falsch wären. Die Tatsache, dass sich die Ergebnisse der Morphologie und Molekularbiologie gegenseitig stützen, kann nur als Bestätigung der Evolutionstheorie sowie als Erfolg der phylogenetischen Systematik angesehen werden.

Die Stammbäume korrelieren im Großen und Ganzen auch recht gut mit dem *Fossilienbefund.* BENTON (1998) hat 206 Kladogramme, die aus morphologischen und molekularen Daten von Säugetieren erstellt wurden, mit den stratigraphischen Daten verglichen. Im Ergebnis zeigt sich, dass die *morphologischen* Daten etwas besser mit dem Fossilbericht korrespondieren als die *molekularen* Stammbäume. Insgesamt stellt BENTON aber eine gute Übereinstimmung zwischen Systematik und Stratigraphie fest, und zwar sowohl bezüglich der morphologischen als auch hinsichtlich der molekularen Daten. Ebenso gelangten PAGE/COTTON (2002) im Rahmen ihrer Analyse von 118 Genfamilien zu dem Schluss, dass die rekonstruierte Stammesgeschichte der Vertebraten mit anderen Daten weitgehend konform geht.

Ein besonders beeindruckendes Beispiel liefert die Arbeit von ORGAN et al. (2008), wonach die Analyse fossiler Proteine (Kollagen) interessante Einblicke in die Abstammung der Mastodonten sowie von *Tyrannosaurus rex* erlaubt. Dazu wurden Kollagen-Fragmente aus den fossilen Knochen des kreidezeitlichen Raubsauriers *Tyrannosaurus rex* und des Mastodons extrahiert und analysiert. Obwohl natürlich große Bereiche der Sequenz fehlen, entsprechen die daraus rekonstruierten Verwandtschaftsbeziehungen zwischen Mammuts und Elefanten sowie zwischen *T. rex* und den Vögeln exakt den Vorhersagen, die früher schon aus genetischen und morphologischen Daten abgeleitet wurden. Hier führen also gleich *drei verschiedene*, voneinander *völlig unabhängige* Methoden zum selben Ergebnis! Ein derartiger Bestätigungsgrad ist in der Naturwissenschaft kaum noch zu überbietenden.

Fazit: Die Tatsache, dass unterschiedliche phylogenetische Methoden trotz diverser Widersprüche immer wieder zu vergleichbaren Ergebnissen führen, die mit der Gesamtheit des Hintergrundwissens übereinstimmen, belegt, dass die Evolutionstheorie sowie die phylogenetische Systematik die Wirklichkeit adäquat beschreiben:

> Würden wir nämlich kein realhistorisches Ereignis rekonstruieren, hätten sich sicher viele Inkonsistenzen und Anomalien ergeben, die die Rekonstruktionsversuche schon im Ansatz hätten scheitern lassen [...] Die Theorie der Historizität eines Evolutionsgeschehens ist also so wohl bestätigt, dass wir es als Faktum bezeichnen können (MAHNER 1986, 40).

1.3. Die Verflechtung von Kladistik und Evolutionstheorie – ein Zirkelschluss?

Wie bereits angedeutet, lassen sich Verwandtschaftsbeziehungen schwerlich allein durch die formale Anwendung von Homologiekriterien ermitteln. Vielmehr müssen Ähnlichkeiten unter Hinzuziehung evolutionsbiologischen *Zusatzwissens* interpretiert werden. Nicht nur bei der Merkmalsgewichtung, auch bei der Wahl geeigneter Außengruppen spielen phylogenetische Annahmen eine Rolle. Das heißt: *Evolutionstheorie und Kladistik stehen in einem Verhältnis wechselseitiger Erhellung*. Dies führt häufig zu der Behauptung, die Entscheidung, welche Ähnlichkeit auf Abstammung (*Homologie*) beruhe, könne erst dann exakt getroffen werden, wenn der Evolutionsverlauf bekannt sei, wodurch aber schon das vorausgesetzt wird, was es durch den Merkmalsvergleich erst zu ermitteln gilt: Das evolutionstheoretische Homologieargument ende, wie die ganze Phylogeneseforschung, in einem fatalen Zirkel wechselseitiger Selbstbestätigung. So erklärt uns JUNKER (2002, 27):

> Aufgrund der geschilderten Sachverhalte wird immer wieder auf die *Zirkularität* der Homologie-Interpretation hingewiesen [...] Danach werden Homologien einerseits verwendet, um die Phylogenese zu begründen, andererseits werden unter der Vorgabe eines hypothetischen Abstammungsverlaufs Homologien festgestellt. Der Zirkel lässt sich dadurch nicht umgehen, dass man – wie oben durchgeführt – Definition und Erkennungskriterien trennt [...] Denn die Ergebnisse des Vergleichs von Organismen bzw. Strukturen lassen sich nicht ohne theoretische Vorgaben in einen Stammbaum übersetzen.

Um dem Zirkelschlussvorwurf zu entgehen, fordern die so genannten *Musterkladisten* (*pattern cladists*), evolutionäre Voranahmen ganz aus der Systematik herauszuhalten, zumal sie hierfür ohnehin nicht benötigt würden (z. B. BROWER 2000). So sei „die Verarbeitung von faktischen Daten mit klar definierten Methoden (z. B. Computerprogramme mit neu definierten Algorithmen) objektiv, das Zugrundelegen einer Theorie dagegen subjektiv" (WIESEMÜLLER et al. 2003, 13).

Auch mit Blick auf die „Biogenetische Grundregel", wonach die strukturelle Ähnlichkeit zwischen bestimmten embryonalen Anlagen und den „im Reifezustand" ausgebildeten Endorganen anderer Tierarten Aufschluss über den gemeinsamen Ursprung dieser Strukturen gibt, wird das Homologieargument erstaunlich oft mit dem Vorwurf des Zirkelschlusses konfrontiert: Phylogenesen seien, so die Kritiker, nur unter Voraussetzung eines konkreten Evolutionsszenarios aus der *Ontogenese* (Keimesentwicklung) ablesbar, womit aber schon das vorausgesetzt werde, was die Biogenetische Grundregel erst zu rekonstruieren beabsichtige (vgl. NEUKAMM 2007, 23 ff).

Solche Argumente beruhen jedoch auf falschen Voraussetzungen, denn homologie*verdächtige* Strukturen können (wie schon ein Blick in die Entstehungsgeschichte des Homologiekonzepts zeigt) zunächst *auch ohne* evolutionäre Voranahmen bestimmt werden – die abstammungsbedingte Homologie muss zunächst nicht zweifelsfrei als solche *erwiesen* sein. So untersucht man *in einem ersten Schritt* nur Merkmale, die komplex genug sind (genügend spezifische Qualität haben), um sie mit Strukturen anderer Arten homologisieren und in ein plausibles Kladogramm übersetzen zu können.[2] Erst in einem *zweiten* Schritt stellt man unter Hinzuziehung bestimmter Zusatzannahmen fest, welche Merkmale *tatsächlich* als abstammungsbedingt („a-posteriori-Homologien") anzusehen sind (LAUDER 1994, 153; KLEISNER 2007, 326f). Diese sukzessive Annäherung an die Fakten durch Rückkopplung von Beobachten und Theoretisieren ist kein fataler Zirkel wechselseitiger Selbstbestätigung, da die Zusatzannahmen *unabhängig* von der jeweiligen Verwandtschaftshypothese auf Plausibilität getestet werden können.

Es liegt in der Natur dieses erkenntnistheoretischen Rückkopplungsprozesses, dass immer wieder *Fehldiagnosen* möglich sind, dass also ein bisher als homolog angenommenes Merkmal unter Hinzuziehung von biologischem Zusatzwissen als Parallelbildung gewertet werden muss und umgekehrt (s.u.). Dies ist ein klares Indiz dafür, dass prüfbare Verwandtschaftshypothesen erstellt werden können, die sich unter Einbeziehung des gesamten biologischen Hintergrundwissens – von funktioneller Morphologie, Entwicklungsbiologie, Paläozoologie, Ökologie usw. – bewähren müssen. VOLLMER (1985, 177f) spricht diesbezüglich von einem „virtuosen Zirkel", der für die Naturwissenschaften insgesamt charakteristisch ist und mit dem so genannten („vitiösen") Zirkelschluss im oben beschriebenen Sinne nichts zu tun hat (s. dazu auch Kap. X). WIESEMÜLLER et al. (2003, 14) bemängeln am Ansatz der Musterkladisten geradezu, „dass er nicht theoriegeleitet ist. Die Vorgehensweise genügt dann aus wissenschaftstheoretischer Sicht nicht mehr den Ansprüchen einer modernen Naturwissenschaft". Ähnlich MAHNER/BUNGE (2000, 246):

> Was das Testen evolutionärer Hypothesen durch systematische Muster angeht, so können wir die Bedenken der Musterkladisten zerstreuen [...] Heute müssen wir vielmehr fordern, dass Klassifizieren und Theoretisieren Hand in Hand gehen, weil die Wissenschaft ein Rückkopplungsprozess der schrittweisen Näherung an die Fakten ist. Dieser Rückkopplungsprozess ist kein Fall von Zirkularität, sondern ein Erkennungszeichen von Wissenschaft.

Wie eine solche fruchtbare Rückkopplung aussieht, soll im Folgenden anhand eines Beispiels diskutiert werden, das Evolutionsgegner vereinzelt als Argument gegen die Abstammungstheorie vorbringen.

---

[2] Je komplexer ein bei verschiedenen Arten auftretendes Merkmal ist und je größer die Zahl der Arten, die es besitzen, desto höher ist tendenziell die Wahrscheinlichkeit, dass es durch Abstammung von einem gemeinsamen Vorfahren ererbt wurde (Homologie). Umgekehrt wird damit eine *konvergente* Entstehung immer unwahrscheinlicher. Wie bereits andeutet, handelt es sich dabei allerdings um eine pragmatische Regel, für die es keine Garantie gibt (näheres dazu in Kapitel V.1.5).

1.4. Die fehlenden Gehörknöchelchen des Kloakentiers Teinolophos trusleri. *Ist das Homologieargument „am Ende"?*

Bei den drei Gehörknöchelchen Hammer, Amboss und Steigbügel handelt es sich um typische Merkmale der Säugetiere. Sie befinden sich im Mittelohr und leiten die Schwingungen des Trommelfells an das ovale Fenster des Innenohrs weiter. Stammesgeschichtlich betrachtet können die Gehörknöchelchen von Bestandteilen ursprünglicher Kiemen- bzw. Kieferbögen abgeleitet werden: der Steigbügel vom Hyomandibulare, welches bei den Fischen das Kiefergelenk mit dem Schädeldach verbindet und bei anderen Landwirbeltieren als Columella ausgebildet ist, Amboss und Hammer vom Quadratum sowie von einem Teil des Meckelschen Knorpels, dem Articulare. Bei den anderen Wirbeltieren bilden Quadratum und Articulare das *primäre* Kiefergelenk, das bei den Säugetieren in deren Individualentwicklung durch ein an anderer Stelle entstehendes, *sekundäres* Kiefergelenk ersetzt wird. Dieses wird von den Deckknochen Dentale und Squamosum (Schädelknochen) gebildet (Abb. 11).

Wie Abb. 11 zeigt, spricht nun alles dafür, dass das *primäre* Kiefergelenk eines reptilienartigen Vorfahrens der Säugetiere im Laufe der Evolution ins Mittelohr wanderte, während sich ein neues, *sekundäres* Kiefergelenk zwischen dem Squamosum (Schädelknochen) und dem *Dentale* (Unterkieferknochen) entwickelte. Der Fossilienbefund zeigt alle nur erdenklichen Zwischenformen, inklusive solcher, die *beide* Kiefergelenke zugleich besaßen (z. B. *Diarthrognathus*). Danach wurde das Angulare zunächst kleiner, löste sich allmählich vom Unterkiefer und wurde zum tympanischen Knochen (Ty), der das Trommelfell hält. Zugleich erfolgte die Ablösung des Articulare vom Unterkiefer sowie des Quadratums vom Schädel und deren Verlagerung ins Mittelohr – unter Bildung von Hammer und Amboss. Diese Umwandlung wird nicht nur durch den Fossilienbefund gestützt, sondern zeigt sich auch in der Embryonalentwicklung, so dass sie – entgegen JUNKER/SCHERER (2006) – nicht mehr ernsthaft in Frage gestellt werden kann.[3]

[3] JUNKER/SCHERER (2006, 206) zweifeln diese nach REICHERT und GAUPP benannte Theorie anhand einer Arbeit von OTTO (1984) an. Dieser postuliert aktuell nicht nachweisbare Verschiebungen des zweiten Kiemenbogens, aus dem alle drei Gehörknöchelchen hervorgehen sollen, schließt also entgegen der evolutionären Interpretation die Ableitung von Hammer und Amboss aus dem *ersten* Kiemenbogen aus. Obgleich OTTOS Hypothese zurzeit nicht mehr als eine ausgesprochene *Vermutung* darstellt (O'RAHILLY/MÜLLER 1999, 455), stellen JUNKER/SCHERER dieses Szenario wie eine *empirische Tatsache* dar – ein Phänomen, das Fragen aufwirft. Effektiv haben die Autoren nicht mehr vorzuweisen als den schwachen Einwand, das evolutionäre Szenario beruhe auf „spekulative[n] Deutungen" (S. 246). Aber was ist eigentlich so spekulativ an einer Interpretation, die durch alle nur erdenklichen Fossilien gestützt wird und sich auch *funktionell* schlüssig erklären lässt (vgl. VOLLMER 1986, 26 f)?

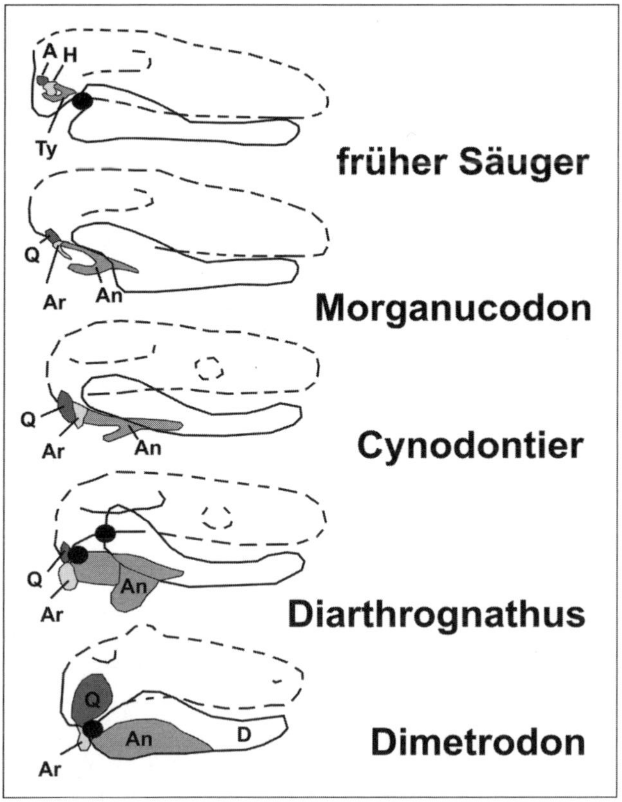

Abb. 11: Beim „Reptil" (z.B. *Dimetrodon*) bilden Quadratum (Q) und Articulare (Ar) das *primäre* Kiefergelenk, Angulare (An) und Dentale (D) sind Teil des Unterkiefers. Bei den Säugern ist der Unterkiefer (D) dagegen direkt über ein *sekundäres* Kiefergelenk mit dem Schläfenbein verbunden. Es gibt die drei Gehörknöchelchen Hammer (H), Amboss (A) und Steigbügel (letzteres nicht im Bild), während die Reptilien nur ein Gehörknöchelchen aufweisen: die Columella (ebenfalls nicht im Bild). Umgezeichnet nach Theobald (2004) und Kardong (2002).

In diesem Zusammenhang sorgte vor nicht allzu langer Zeit der Fossilfund des Kloakentiers *Teinolophos trusleri* (Monotremat, Untergruppe der Säugetiere) für Aufsehen in der Fachwelt. Rich et al. (2005) interpretierten den Fossilienfund, der aus einigen Unterkieferfragmenten mit einzelnen Backenzähnen (Molaren) besteht, als Beleg dafür, dass die säugertypischen Gehörknöchelchen bei diesem Säuger *nicht* ausgebildet waren. So soll der Unterkiefer wie bei den „Reptilien" aus mehreren postdentalen Knochen (Particulare, Angulare und Articulare) bestanden haben, während im Mittelohr nur *ein* Gehörknöchelchen vermutet wurde. Da die heutigen Kloakentiere aus ähnlichen Formen wie *Teinolophos* hervorgegangen sind, müsste die komplexe Anordnung der Mittelohrknochen mindestens *zweimal unabhängig* voneinander bei den Säugetieren entstanden sein (s. Abb. 12).

Diese Meldung wurde im kreationistischen Journal *Studium Integrale* mit folgenden Worten kommentiert (JUNKER 2005):

> Teinolophos lässt nun keine andere Wahl mehr zu: Die an sich schon unwahrscheinliche Umbildung von Kiefergelenkknochen muss mindestens zweimal [...] unabhängig erfolgt sein. Martin & Luo weisen darauf hin, dass auch viele andere komplexe Merkmale des Schädels der Säugetiere konvergent aufgetreten sind. Ist eine solche Situation evolutionstheoretisch noch plausibel deutbar?

Außerdem demonstriere die „Konvergenz der Gehörknöchelchen [...] beispielhaft die Problematik des evolutionären Homologie-Arguments [...] Wenn selbst einzigartige Schlüsselmerkmale mehrfach unabhängig entstehen können, ist das Homologie-Argument am Ende. Denn offenbar kann aufgrund von Bauplanähnlichkeiten nicht direkt auf gemeinsame Abstammung geschlossen werden." Was lässt sich aus biowissenschaftlicher Sicht auf eine solche Argumentation entgegnen?

Natürlich sind Homologien im *Einzelfall* nie besonders aussagekräftig, die Vielzahl ist hier entscheidend. Da die Flora und Fauna im Ganzen betrachtet eine hierarchische Ordnung aufweist, die von Konvergenzen zwar gestört, aber nicht aufgehoben wird, gibt es auch genügend „phylogenetische Signale" (vgl. dazu die Argumentation in Anlehnung an THEOBALD 2004 in Abschnitt V.1.2), auch wenn im Einzelfall nicht immer klar ist, welche Merkmale *tatsächlich* als Homologien anzusehen sind. Die abgestufte Ähnlichkeit ist eben eine *Folgerung* der Evolutionstheorie, wenn man sie mit dem Zusatzwissen über die Faktoren der Vererbung, Variation und Selektion anreichert. Und was haben denn RICH et al. (2005) anderes benutzt als eben das *Homologieargument*, um ihr Modell zu stützen?

Entgegen JUNKER ist es auch alles andere als einfach, das auf 115 Millionen Jahre datierte Fossil *Teinolophos* evolutionär einzuschätzen. Aussagen wie diejenige, dass *Teinolophos* „keine andere Wahl" mehr lasse, als die Gehörknöchelchen als *Konvergenz* zu werten, erweisen sich als voreilig und viel zu apodiktisch. Tatsächlich hätte *Teinolophos* zu seinen Lebzeiten auch ein „lebendes Fossil" sein können, womit sich die Annahme eines konvergenten Ursprungs der Gehörknöchelchen erübrigen würde. So präsentiert der Frankfurter Diplombiologe G. HEILMANN (2005, pers. comm.) zur Erklärung des Befunds folgende Alternativhypothese:

> An basaler Position des Säuger-Stammbaums finden sich eierlegende Monotrematen mit noch nicht säugertypisch differenzierten Gehörknöchelchen. Die allmähliche Entwicklung der Mahlzähne ermöglichte einem Teil der frühen

Säugerlinie eine explosionsartige Entwicklung [...] Mit der Modifikation des Unterkiefers einher geht ein Funktionswechsel in Richtung Gehörknöchelchen (entsprechende Kieferstrukturen sind ja *per se* resonanzempfindlich). Demnach wäre die Ausdifferenzierung der Gehörknöchelchen innerhalb der Monotremata [Kloakentiere; M. N.] erfolgt, kurz vor diesem Ereignis wäre also eine Linie hin zu *Teinolophos* in Betracht zu ziehen.

Junker hätte mit seinen Einschätzungen auch insofern vorsichtig sein müssen, als das Modell von Rich et al. von Anfang an umstritten war. Nach Ansicht vieler Wissenschaftler gaben die spärlichen Knochenfunde bei weitem nicht das her, was Rich und Kollegen in sie hineininterpretieren. Auch nach deren Ansicht lässt sich der Fund ebenso gut durch eine Reihe anderer Hypothesen erklären (vgl. Bever et al. 2005; Rougier et al. 2005). Erstaunlicherweise glänzt in den Schriften von Wort und Wissen gerade solche Literatur durch Abwesenheit, wodurch der falsche Eindruck vermittelt wird, die Hypothese der unabhängigen Entstehung der Säuger-Mittelohrkonstruktion stehe auf festem Fundament.

Doch wie so oft, so wurden auch in diesem Fall gerade die allzu apodiktisch vertretenen Hypothesen von der Evolutionsforschung über den Haufen geworfen: Vor kurzem wurde nämlich eine weitere Studie durchgeführt, um den taxonomischen Status von *Teinolophos* zu klären. Rowe et al. (2008) untersuchten das Fossil mittels hoch auflösender 3D-Röntgen-Computertomographie (HRXCT) und rekonstruierten die Struktur des Unterkiefers. Das Ergebnis ist in der Tat aufschlussreich – sehen wir uns das wesentliche Zitat (S. 1241) hierzu näher an:

Die visuellen Befunde [Rich et al. 2005] sind als Beleg für die Existenz postdentaler Knochen bei *Teinolophos* interpretiert worden. Die HRXCT-Daten erbrachten jedoch keinen Hinweis auf die Existenz postdentaler Knochen, was dafür spricht, dass *Teinolophos* ein ‚Standard-Säugetier-Mittelohr' besaß [...] Dieser Befund fügt sich nahtlos in die Reihe von Belegen ein [...] wonach die ‚Australosphenida' eine polyphyletische Gruppe bilden, wobei einige ihrer Mitglieder (*Teinolophos*, *Steropodon*) zum Zweig der Monotremen gehören, während andere (*Ausktribosphenos*, *Bishops*, *Ambondro*) den Theriern zuzurechnen sind (Übersetzung M. N.).

Kurzum: Die postulierte Gruppe der Australosphenida muss aufgrund der neuen Ergebnisse als Taxon verworfen werden, während *Teinolophos* ein normales Säugetier-Mittelohr besaß. Dadurch verschiebt sich die Abspaltung von *Teinolophos* im Stammbaum, womit die von Wort und Wissen eifrig propagierte These von der konvergenten Entwicklung der Gehörknöchelchen hinfällig wäre (Abb. 12). Auch darüber liest man bei Wort und Wissen nichts; die Vereinigung präsentiert die wissenschaftliche Diskussion *selektiv* und begeht damit Unterlassungen, die sie selber oft ihren Gegnern vorwirft.

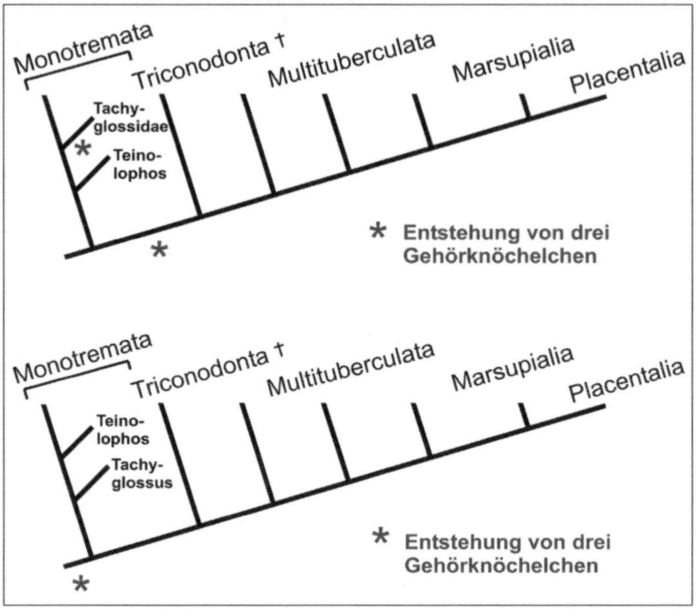

Abb. 12: Oben: Verwandtschaftshypothese nach Rich et al. (2005). Danach müsste die Bildung der drei Gehörknöchelchen * mindestens 2 Mal konvergent erfolgt sein. Umgezeichnet nach Junker (2005). Unten: das revidierte Schema in Anlehnung an Rowe et al. (2008). Die Sternchen, die für die Entstehung der drei Gehörknöchelchen stehen, fallen nun in einem Punkt zusammen.

1.5. Homoplasie und „Makroevolution" – ein unplausibles Szenario?

Ungeachtet der Ergebnisse von Rowe und Kollegen ist das Auftreten von Homoplasien bzw. Konvergenzen sicher ein verbreitetes Phänomen, und auch im Falle der Gehörknöchelchen könnte das letzte Wort noch nicht gesprochen sein. Tatsächlich wurde vor einigen Jahren schon einmal eine konvergente Diversifikation bei den Säugern diskutiert, nämlich die Entstehung von *tribosphenischen* Backenzähnen. Diese Zähne dienen dem Zerschneiden, aber auch dem Zermahlen der Nahrung und treten bei den Beuteltieren (Marsupialia) und Plazentatieren (Placentalia) gleichermaßen auf, nicht aber bei den Kloakentieren – so dachte man jedenfalls, bis *Steropodon galmani*, eines der ältesten bekannten Kloakentiere aus der Kreidezeit, aufgefunden wurde: Dieses verfügte über Zähne, die tribosphenisch aussehen (Luo et al. 2001). Auch mit *Ambondro* findet man noch tribosphenische Zähne eines Kloakentiers im mittleren Jura in Madagaskar (Stokstad 2001).

Junker/Scherer (2006, 246) meinen, das verbreitete Auftreten derartiger Konvergenzen sei „ein evolutionstheoretisch sehr unplausibles Szenario". Doch woher wissen das die Autoren eigentlich so genau? Selbst bei säugerspezifischen Schlüsselmerkmalen wie den Gehörknöchelchen lässt sich ohne entwicklungsbiologisches Zusatzwissen gar nicht genau angeben, wie unplausibel deren konvergente Entstehung wäre. In diesem Zusammenhang muss immer wieder darauf hingewiesen werden, dass Konvergenzen weder evolutionstheoretische Problemfälle, noch willkürliche Annahmen sind, die sich die Evolutionsbiologen aus den Fingern saugen, um ihre Theorie an die „gestörten Merkmalshierarchien" anzupassen. Entgegen Junker/Scherer (2006, 171) ist das „zahlreiche Auftreten von Konvergenzen" auch keineswegs „evolutionstheoretisch unverstanden", sondern eine Konsequenz der *Entwicklungsgenetik*!

Heute weiß man, dass die Genaktivierung in der Keimesentwicklung durch so genannte „Mastergene" koordiniert wird, sie fungieren gewissermaßen als „Hauptschalter". Durch Mutation eines solchen Schalters verändert sich das Zusammenspiel aller untergeordneten Gene *gleichzeitig*. Dies hat zur Konsequenz, dass Mutationen in vielen Fällen *mehrere Merkmale*, die zu funktionellen Einheiten organisiert sind, *gleichzeitig* umstrukturieren, während andererseits die Zahl möglicher Variationen eingeschränkt wird (Riedl 2002, 202–206). Wird diese Erkenntnis in die Darwinsche Abstammungstheorie implementiert, ergibt sich die *Prognose*, dass solche Systeme „ein limitiertes, wiederholt auftretendes Variationsrepertoire" zeigen, woraus vor allem bei nahe verwandten Arten „Parallelentwicklungen" resultieren können, „die in rekapitulierender Weise die ursprünglichen Grundzüge des Entwicklungsprogramms enthüllen" (Futuyma 1990, 497f). Und dies entspricht weitgehend dem, was man beobachtet: eine *mosaikartig abgestufte* Ähnlichkeit der Arten, die durch „Inkongruenzen" gestört wird!

Luo et al. (2007) verdeutlichen dieses Erklärungsprinzip am Beispiel der Konvergenz bestimmter Skelettstrukturen bei den Säugetieren. Nach Ansicht der Autoren scheinen z. B. die Lendenrippen, möglicherweise auch das sekundäre Kiefergelenk, in der Entwicklung der Säugetiere konvergent entstanden zu sein. Den ursächlichen Mechanismus dieser erstaunlichen Diversifikation rekonstruieren sie mithilfe eines Säugers aus der Gruppe der *Eutriconodonta*, der in der Kreidezeit ausstarb und den Übergang vom primären zum sekundären Kiefergelenk belegt. Dessen Kieferstrukturen ähneln den embryonalen Anlagen *moderner* Säugetiere, doch im Gegensatz zu den *heutigen* Säugern wurde das frühe Entwicklungsstadium, das noch kein sekundäres Kiefergelenk zeigt, bei dem Eutriconodonten beibehalten (Pädomorphose).

Dieses Phänomen lässt sich im Prinzip mit der Variation der Entwicklungsgeschwindigkeit einiger Zell-Linien relativ zu anderen erklären: Wird eine Mutation an Genen ausgelöst, die das Ausschütten von Wachstumshormonen regulieren oder als „Hauptschalter" die Regulation funktionell zusammenhängender Gene steuern (z.B. die homöotischen Gene des Hom/Hox-Komplexes), kommt es nicht selten zu einer zeitlichen Verschiebung von Entwicklungsereignissen in der Keimesentwicklung – man spricht in diesem Zusammenhang von *Heterochronie* (s. Kap. VI). Durch Mutationen bedingte Heterochronien könnten auch in der Entwicklungslinie der Säugetiere aufgetreten zu sein. So scheinen bestimmte Mutationen an HOX-10 und HOX-11 eine konvergente Evolution von Lendenrippen und Thoracolumbar-Wirbel zu bewirken (Luo et al. 2007, 292). Erfolgt zu einem späteren Zeitpunkt eine „Rückmutation", die die Entwicklung wieder in die *ursprüngliche* „Bahn" lenkt, bilden sich diese wieder zurück (Reversion).

Nun handelt es sich bei der konvergenten Evolution der Lendenwirbel freilich um einen vergleichsweise *einfachen* evolutionären Schritt. Diese Merkmale scheiden als Schlüsselmerkmale der Säugetiere aus, denn der gemeinsame Vorfahr besaß ja schon eine Wirbelsäule und Brustrippen. Ist es nun auch denkbar, dass komplexe Merkmale wie die Gehörknöchelchen konvergent entstanden sind? Diese Möglichkeit lässt sich nicht generell ausschließen. So weist etwa Lorenzen (1988, 931f) darauf hin, dass Hormongaben während der Entwicklung des Schlammspringers die *Genregulation* beeinflussen und im Ergebnis komplexe Änderungen des Phänotyps hervorrufen können (s. Kap. VI). Falls die Individuen *verschiedener* Arten latent einige solcher „Entwicklungspfade" (*Chreoden*) teilen, die durch vergleichsweise einfache Mutationen beschritten werden können und auf denen die Phänotypen vielschichtige Veränderungen erfahren, dann wäre mitunter auch bei *komplexeren* Merkmalen eine konvergente Entstehung möglich.

1.6. Zusammenfassung

Wie wir gesehen haben, liefert die phylogenetische Systematik (Kladistik) Ergebnisse, die ungeachtet der Einzelprobleme, die bei der Stammbaumkonstruktion auftreten, mit dem in der Biologie und Geologie verfügbaren Hintergrundwissen übereinstimmen. Dies ist ein wichtiges Indiz dafür, dass Darwins Abstammungstheorie korrekt ist und dass die Kladistik die Verwandtschaftsverhältnisse zwischen den Arten gut rekonstruiert. Aus der Tatsache, dass wir oft nicht wissen, welcher Stammbaum nun genau der richtige ist, folgt nicht, dass Stammbäume eine Fiktion sind.

Ferner erweist sich der Vorwurf, die Evolutionstheorie sei ebenso wie das Homologieargument *zirkelschlüssig* begründet, als nicht haltbar. Die Verflechtung von Kladistik und Evolutionstheorie ist kein Zirkel wechselseitiger Selbstbestätigung, sondern ein für die Naturwissenschaften übliches Verfahren zur schrittweisen Annäherung an die Fakten. So zeigt z. B. der Fossilfund *Teinolophos*, dass sich Verwandtschaftsverhältnisse rekonstruieren lassen, die sich unter Einbeziehung des gesamten biologischen Hintergrundwissens bewähren müssen.

Auch das vielfältige Auftreten von *Konvergenzen* liefert kein Argument gegen die Evolutionstheorie. Zum einen weist die Flora und Fauna im Ganzen betrachtet eine hierarchische Ordnung auf, die von Konvergenzen zwar gestört, aber nicht aufgehoben wird. Es gibt genügend „phylogenetische Signale", auch wenn im Einzelfall nicht immer klar ist, welche Merkmale *tatsächlich* als Homologien anzusehen sind. Daher muss die Aussage, das Homologieargument werde mit zunehmender Kenntnis der Formenvielfalt in Frage gestellt, als unhaltbar zurückgewiesen werden. Andererseits handelt es sich bei Konvergenzen auch nicht um evolutionstheoretische Anomalien oder willkürliche Annahmen der Evolutionsbiologen, um ihre Theorie zu retten, sondern um eine *Konsequenz* der Entwicklungsgenetik bzw. der daraus resultierenden konstruktiven Zwänge (constraints). Wird die Evolutionstheorie mit zusätzlichem Wissen aus dieser Disziplin versehen, lässt sich genau das prognostizieren, was man beobachtet: Ein Muster abgestufter Ähnlichkeit, das durch Inkongruenzen gestört wird.

Je mehr die evolutionäre Entwicklungsbiologie über die ontogenetischen Regulationsmechanismen in Erfahrung bringt, desto besser lassen sich Konvergenzen auch *im Detail* erklären. Wegweisend sind diesbezüglich vor allem die Methoden und Ergebnisse der vergleichenden Embryologie und Entwicklungsgenetik sowie das Konzept der Heterochronie.

2. Paläontologie: Fossilien und Übergangsformen

2.1. Lücken in der fossilen Überlieferung – ein Argument gegen Evolution?

Neben der phylogenetischen Systematik sind auch die historischen Evolutionsbelege ein beliebtes Ziel antievolutionistischer Kritik. Häufig wird die *Lückenhaftigkeit* des Fossilbefunds als Argument gegen die Evolutionstheorie ins Feld geführt, wobei oft behauptet wird, das regelmäßige Fehlen von Übergangsformen stelle den Artenwandel bzw. die DARWINsche Abstammungstheorie in Frage:

> Aus paläontologischer Sicht kann zwar vielfach ein erdgeschichtlich *nacheinander* erfolgtes Auftreten neuer und ‚höherer' Baupläne bewiesen werden, jedoch […] keine realgenetische Stammesentwicklung, da echte Übergangsformen regelmäßig fehlen. Es scheint an der Zeit, die neodarwinistische Theorie zu korrigieren oder ganz aufzugeben.

> Als Fazit [...] betont auch Oskar Kuhn [...] ‚Mit der Feststellung, dass die Typen und Subtypen unvermittelt auftreten, ist die klassische Abstammungslehre, deren Sinngebung ja gerade darin lag, dass sie kleinste Schritte [...] zu großen Wirkungen addierte, *widerlegt*' (KAHLE 1999, 141 und 137).

Nun ist der Feststellung, dass zwischen den Fossilien große Lücken klaffen, zwar zuzustimmen (Abb. 13), KAHLES Urteil über die Stammesentwicklung muss aber aus mehreren Gründen verworfen werden.

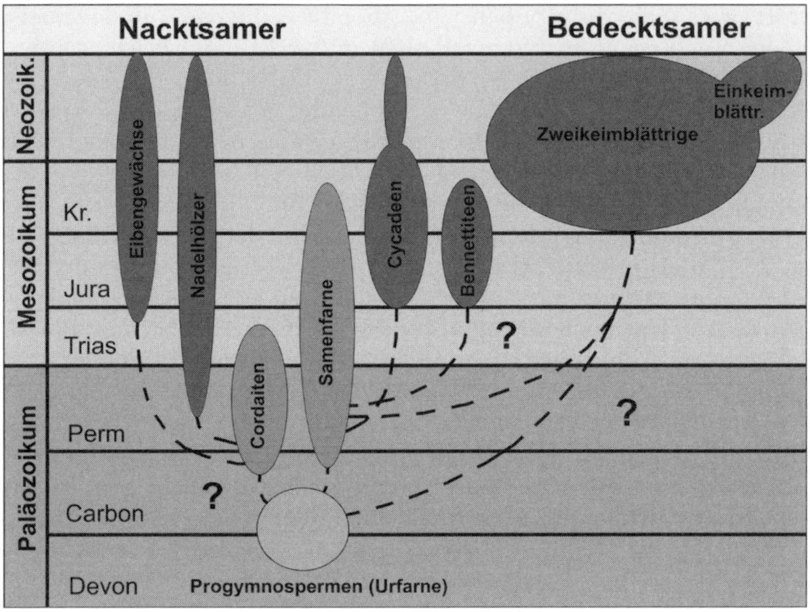

Abb. 13: Evolution der Samenpflanzen. Die durch Fossilfunde nicht dokumentierte Verbindungen („Fossilienlücken") sind gestrichelt eingezeichnet. Ist das Fehlen der entsprechenden Zwischenformen tatsächlich so unerklärlich? Umgezeichnet nach JUNKER/SCHERER (2006), die evolutionären Zeiträume stimmen nur ungefähr.

Grundsätzlich rührt ein Großteil der Lücken von der *Unvollständigkeit fossiler Zeugnisse* her. Im Regelfall verwesen tote Tierkörper und Pflanzenreste vergleichsweise rasch. Hartteile haben – insbesondere in marinen Habitaten – größere Chancen, überliefert zu werden, und dennoch bleibt nur ein winziger Bruchteil fossil erhalten. Organismen, die überhaupt keine Hartteile aufweisen, sind fossil sogar überwiegend unbekannt und nur in Einzelfällen paläobiologisch beschrieben worden. Daraus erklärt sich, dass von den nichtsklerotisierten Frühformen des Lebens aus dem Präkambrium in aller Regel Zeugnisse fehlen und die „Kambrische Explosion" schlagartig einzusetzen scheint (HASZPRUNAR 1994, 145).

Ein hinsichtlich der Überlieferung von Fossilien limitierender Faktor ist auch die *Lebensweise* von Individuen. Organismen, die sich in tropischen Gebieten oder in turbulenten Meereszonen aufhalten, werden nach ihrem Tod überdurchschnittlich rasch zersetzt. Auch Gesteinserosion führt häufig zur Zerstörung von Fossilien, sofern der Prozess nicht (etwa durch eine schützende Basaltdecke) unterbunden wird. Fossilien dürfen im Laufe der Erdgeschichte auch nicht durch zu hohe Drücke oder durch Kontakt mit Magma zerstört werden, was oft der Fall ist. Entsprechend werden aus geologisch älteren Schichten in der Regel weniger Details überliefert als aus jüngeren (Foote/Raup 1996). Und schließlich müssen Fossilien erst einmal *gefunden* werden, bevor man sie paläobiologisch einordnen kann![4] Der Umstand, dass jeder Fund eines fossilen Organismus einen ausgesprochenen Glücksfall darstellt, lässt sich am eindrücklichsten an den spärlichen Funden des Urvogels *Archaeopteryx* ermessen (Abb. 14). Bis heute fand man nur zehn mehr oder minder gut erhaltene Exemplare der Gattung *Archaeopteryx*, und zwar ausschließlich in den Steinbrüchen bei Eichstätt, Solnhofen, Langenaltheim und Jachenhausen bei Riedenburg.

Insgesamt befinden sich in den Museen der Erde bis heute kaum mehr als etwa 250 000 fossile Exponate, die man als *verschiedene* (einen erdgeschichtlichen Zeitraum von über 500 Millionen Jahre repräsentierende) Morphen bzw. Arten werten kann (Zahlen in Anlehnung an Junker/Scherer 2006, 225). Wenn man bedenkt, dass selbst nach konservativster Schätzung heute mindestens 2 Millionen Arten existieren und die Zahl der bis heute wieder *verschwundenen* Arten diesen Wert noch um einen beträchtlichen Faktor übersteigt (in der deutschen Ausgabe des Wissenschaftsmagazins National Geographic 3/2006 wird die Zahl der bis heute ausgestorbenen Spezies auf rund *500 Millionen* taxiert), dann begründen schon diese einfachen Zahlenverhältnisse die Existenz gewaltiger Überlieferungslücken.

Ungeachtet solcher Überlegungen hat es nicht an Versuchen gefehlt, die Rolle der fragmentarischen Überlieferung als Ursache für die Lücken im Fossilienbefund klein zu rechnen. So verweisen Junker/Scherer (2006) zwar auf die *absolute Zahl* von 250 000 „verschiedene[n] fossile[n] Arten", was für sich betrachtet sicher beeindruckend klingt, woraus der Schluss gezogen wird, das „Argument der Lückenhaftigkeit der Fossilüberlieferung zur Erklärung fehlender Zwischenformen" sei „angesichts dieser Zahl kaum noch stichhaltig, wobei allerdings in verschiedenen Organismengruppen je

---

[4] Bemerkenswerterweise beurteilt Kurt Wise, ein kreationistisch orientierter Paläontologe, die Sachlage ähnlich. Er hält die kreationistische Argumentation hinsichtlich des Fossilienbefunds für sehr problematisch und appellierte an seine Gleichgesinnten, die „Übergangsformen" besser nicht zu thematisieren, da der Kreationist auf diesem Gebiet nur verlieren könne (Wise 1995, 217 ff) – eine bemerkenswerte Einsicht, von der auch deutsche Kreationisten wie Junker/Scherer noch viel lernen könnten. (Weshalb die Argumentation gegen die Existenz von „Übergangsformen" so aussichtslos ist, wird noch ausführlich zu besprechen sein.)

nach Fossilisierungsmöglichkeiten die Situation unterschiedlich ist“ (S. 225). Von den vielen Millionen rezenten und ausgestorbenen Spezies indes, zu denen die Zahl *ins Verhältnis* zu setzen wäre, ist freilich nicht die Rede.

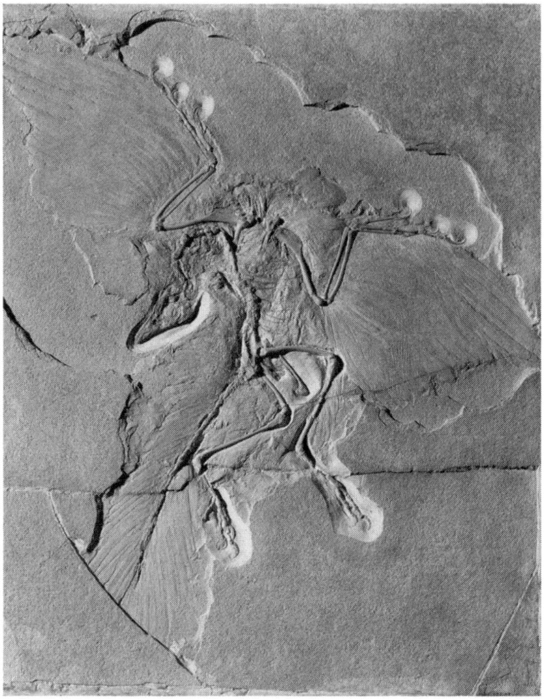

Abb. 14: Der Urvogel *Archaeopteryx lithographica*. Exemplar des Museums für Naturkunde Berlin ©. Mit freundlicher Genehmigung von Reinhold LEINFELDER.

LÖNNIG (2002) führt sogar eigene Erhebungen an, die belegen sollen, dass *nahezu jede Säugetierfamilie* und praktisch jede *dritte Säugerspezies* auch als Fossil bekannt sei, wodurch suggeriert wird, dass die heutige Fundsituation für die einmal vorhandene Artenvielfalt repräsentativ wäre:

> Von den 771 in Grzimeks Tierleben aufgeführten Gattungen heutiger Säugetiere [...] sind *376* Gattungen auch fossil nachgewiesen [...], das sind *48,77* % (Von den *123* rezenten Familien der Säugetiere sind *108* fossil überliefert, d.h. fast *88* %.) Da wir pro Säugetiergattung im Durchschnitt etwa 4 Arten zählen [...], ist das Verhältnis der *fossil nachgewiesenen Arten zu den übrigen* [...] annähernd *1:7*. Rechnet man mit durchschnittlich 2 fossilen Spezies pro fossiler Gattung [...], so ist das Verhältnis schon *1:3*.

Dabei ist das Anstellen solcher Berechnungen eigentlich müßig. Selbst wenn man die Lücken (oder einen Teil davon) nicht als Ausdruck einer

Überlieferungslücke, sondern als „primär vorhanden“ ansähe, wäre damit allenfalls die Vorstellung von einer *kontinuierlich* verlaufenden Evolution in Frage gestellt, woran heute ohnehin fast niemand mehr glaubt, nicht aber die Tatsache der Stammesgeschichte selbst. Wir stellen im Laufe der geologischen Zeit eben keinen *chaotischen* Wandel der fossil überlieferten Formen fest. Vielmehr erscheinen in *stufenweiser Abfolge* immer komplexer strukturierte Lebewesen auf der Bühne des Lebens, die sich sukzessive den heutigen Formen annähern (Mahner 1986, 61). Genau dieses Bild wird unter Voraussetzung der Abstammungstheorie (inklusive dessen, was wir über die Mechanismen der Variation, Vererbung und Selektion wissen) erwartet; sie muss daher als empirisch wohl bestätigt gelten.

Im Übrigen kann die Lückenhaftigkeit des Fossilienbefunds auch mit dem *Modus der Artbildung* zusammen hängen. Wie oben bereits angeschnitten wurde, können Mutationen, die relativ große Veränderungen der Gestalt hervorrufen, *eine* Ursache für das sprunghafte Auftreten vielschichtiger Veränderungen bei Lebewesen sein (s. dazu auch Kap. VI). So verweist Mosbrugger (1989) auf entwicklungsbiologische Indizien, die nahe legen, dass bestimmte Pflanzenmerkmale, wie z.B. die Blütenstrukturen der im Erdmittelalter weit verbreiteten *Bennettiteen*, nicht langsam und schrittweise, sondern plötzlich durch *Heterochronie* entstanden sind (S. 6). Entsprechendes gilt auch für die *Angiospermen* (Bedecktsamer), die in der Unterkreide explosionsartig aufzutauchen scheinen (Abb. 13). Für sie scheint oft zu gelten, dass „qualitative Merkmale, wie [...] das Vorhandensein oder Fehlen eines Sporns, oberständige oder unterständige Fruchtknoten, trockene oder fleischige Früchte, nur durch ein Gen kontrolliert werden“, so dass es sehr plausibel erscheint, dass entsprechende Mutationen mit großen morphogenetischen Effekten in der Evolution der Pflanzen eine wichtige Rolle spielten (Mosbrugger 1989, 5; s. hierzu auch Kull/Herbig 1995). Eine ganze Reihe der in Abb. 13 dargestellten und z.B. von Kutzelnigg (2000) sowie von Junker/Scherer (2006, 259f) problematisierten Lücken erscheint also gar nicht so unerklärlich, wie es die Kreationisten gerne darstellen.

2.2. Punktualismus: Einwände und Gegenargumente

Einen weiteren Grund für das Auftreten von „Lücken“ zwischen den Fossilien, der auf evolutionären Ursachen beruht, benennen Eldredge/Gould (1972) im Rahmen ihrer Theorie des Punktualismus (*punctuated equilibria*, unterbrochene Gleichgewichte). Danach sind gut angepasste, große Populationen in ihrer Entwicklung „träge“, sie befinden sich gewissermaßen im Gleichgewicht und verändern sich nur langsam oder gar nicht. Die Selektion wirkt insofern *stabilisierend*, als sie „die Erzeugung zu vieler unharmonischer, unverträglicher Genkombinationen" verhindert (Mayr 1991). Bildet sich jedoch eine von der Stammpopulation isolierte *Teilpopulation* aus, so unterscheiden sich dort die „genetischen Startbedingungen" etwas vom Durchschnitt. Vorteilhafte Genausprägungen (Allele) können dort innerhalb kurzer Zeit schnell homozygot (auf beiden Chromosomen eines homologen Paares) auftreten und sich damit auch im Erscheinungsbild (Phänotyp) bemerkbar machen. Dies wiederum kann zu einem „schnellen" evolutiven Wandel führen, wenn sich unter dem Regime neuer Entwicklungszwänge sowie unter dem Druck veränderter Umweltbedingungen neue Gleichgewichte einstellen müssen (es kommen auch noch andere Gründe infrage). Daraus folgt, dass lange Zeiten der Entwicklungsgeschichte durch Stagnation gekennzeichnet sind, die punktuell durch rapide Phasen der Entwicklung unterbrochen werden.

Die fossilen Säugetiere aus der Grube Messel bei Darmstadt können als gut untersuchtes Beispiel für den Punktualismus angesehen werden: In relativ kurzer Zeit waren die verschiedenen Säugetiergruppen entstanden (*adaptive Radiation*), die sich zum Teil bis heute, über einen Zeitraum von fast 50 Millionen Jahren, kaum verändert haben. Da die *Gründerpopulationen*, die einen solch raschen Wandel erfuhren, von der ursprünglichen Fortpflanzungsgemeinschaft geographisch isoliert waren, entstand im Mannigfaltigkeitszentrum eine „fossile Lücke". Auch im Gründerareal ist der Wandel aufgrund der Individuenarmut und geographischen Kleinheit des Isolats sowie wegen der Geschwindigkeit des Prozesses kaum fossil dokumentiert (Eldredge/Gould 1972, 96). Um es mit Stanley (1983, 15) auf den Punkt zu bringen:

> Die Evolution vollzog sich jeweils nur während kurzer Abschnitte des Gesamtgeschehens. Meist erfolgte der Wandel so schnell in geographisch so eng umgrenzten Gebieten, dass er durch unsere lückenhaften Fossilfunde nicht belegt ist. Die daraus abgeleitete Abstammungstheorie [...] lässt sich mit unseren heutigen Erkenntnissen über die neuzeitlichen Lebensformen durchaus in Einklang bringen.

Die Diskussion darüber, ob neue Arten infolge der langsamen Veränderung großer Populationen entstehen (Anagenese) oder ob sie sich eher in kleinen Isolaten, weit weg vom Mannigfaltigkeitszentrum großer Populationen und damit „rasch" infolge von Artspaltung bilden (Kladogenese), ist noch voll im Gange. Es scheint sich heute aber abzuzeichnen, dass *beide* Positionen jeweils eine Seite der Medaille im Evolutionsgeschehen beleuchten und sich gegenseitig nicht ausschließen.

Natürlich ist auch der Punktualismus auf kreationistischer Seite kritisiert worden. So lesen wir bei Junker/Scherer (2006, 86f):

> Über Vorgänge, von denen man keine direkte Kenntnis hat, lässt sich [...] nur spekulieren. Die punktualistische Argumentation beruht damit weit mehr auf

Vermutungen als auf empirischen Befunden [...] Dieser Erklärungsansatz ist also kaum prüfbar.

Es bedarf nicht viel, um zu erkennen, dass an diesen Aussagen so einiges falsch ist. Zunächst setzt (entgegen der überholten Wissenschaftsauffassung der Autoren), die Prüfbarkeit eines Modells niemals die *direkte Kenntnis* des in ihm postulieren Vorgangs voraus (s. Kap. III). Es muss lediglich gefordert werden, dass die *Folgerungen*, die sich aus dem Modell ergeben sowie die *Zusatzannahmen*, die in das Modell einbezogen werden, prüfbar sein müssen. Was die Zusatzannahmen betrifft, so lässt sich unter populationsdynamischen Gesichtspunkten durchaus zeigen, dass sich kleine Isolate (z. B. auf Inseln verschlagene Gründerpopulationen) schneller verändern als große Populationen. Außerdem scheint sich die Evolutionsdynamik unterbrochener Gleichgewichte auch im Rahmen ökologischer Simulationen *in silico* zu bestätigen (RIKVOLD/ZIA 2003; Abb. 15).

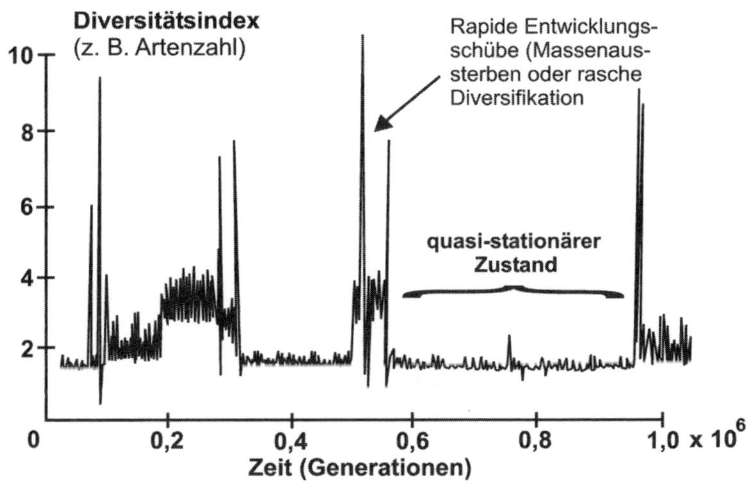

Abb. 15: Monte-Carlo-Simulation der evolutionären Dynamik. In dem numerischen Verfahren wurden bekannte Größen, wie das Wachstum von Populationen, die Interaktion zwischen Arten (z. B. Räuber-Beute-Beziehungen), Mutation, Selektion, Artbildung und Auslöschung berücksichtigt und durch mathematische Funktionen beschrieben. Unter Berücksichtigung des Gesetzes „der großen Zahl" bestätigt sich im Ergebnis das evolutionstheoretisch postulierte Bild: Lange Phasen der Stasis werden durch Perioden hoher Fluktuation hinsichtlich der Diversität der Arten unterbrochen. Da evolutionäre Vorannahmen (mit Ausnahme dessen, was schon bekannt ist) nicht in die Simulation einfließen, kann das Ergebnis als *unabhängige* Bestätigung des punktualistischen Evolutionsmodells angesehen werden. Umgezeichnet nach RIKVOLD/ZIA (2003).

Interessanterweise räumen JUNKER/SCHERER selbst ein, dass *kleine* Gründerpopulationen eine „vergleichsweise sehr rasche Veränderung" erfahren können. Sie erkennen darin jedoch keinen Beleg zugunsten der Evolutionstheorie *sensu stricto*, sondern nur für die so genannten „Mikro-Evolutionsvorgänge", da nur letztere zu beobachten seien (S. 86). Diese Sichtweise ist wie betont ihrer eigentümlichen Wissenschaftsauffassung geschuldet, wonach nur das als empirisch belegt gelten kann, was *direkt* vor ihrer Nase liegt. Da aber die empirischen (geologischen) Befunde mit den Vorhersagen des *gesamtevolutionären* Modells über Millionen von Generationen hinweg in Einklang stehen, hat der Einwand von JUNKER/SCHERER kein wissenschaftliches Gewicht.

2.3. Phantom der Evolutionskritik: Fossilienlücken, die es nie gab

Nun scheint aus dem Blickwinkel der *traditionellen* Systematik vielfach der Eindruck zu entstehen, die Divergenz zweier Schwesterarten müsse zunächst zu „Gattungs-, Familien-Unterschieden usw." führen, bevor ein „neuer Bauplan von dem systematischen Range etwa einer Klasse oder Ordnung" auf der Bühne des Lebens erscheine (SCHINDEWOLF 1960, 656). Wie SCHINDEWOLF weiter feststellt, erscheinen die meisten Baupläne von „hohem systematischen Rang [...] völlig unvermittelt auf der Bildfläche, ohne lange Reihen von Bindegliedern". Ein solches Bild könne nun in den Augen der Evolutionsgegner auch der Punktualismus nicht mehr erklären:

> Nun kann mit der punktualistischen Theorie zwar verständlich gemacht werden, warum zwischen einzelnen Arten und Gattungen keine Übergänge gefunden werden [...] Doch erklärt diese Theorie *nicht*, wie es zur Entstehung der großen Typen im Organismenreich (Säuger, Vögel, Vierbeiner, aber auch Ordnungen und Familien bzw. Grundtypen) kam (JUNKER/SCHERER 2006, 261).
>
> [...] es muss in diesem Falle ja zur Überbrückung der Unterschiede und Klüfte auch entsprechend viele Gründerpopulationen [...] gegeben haben, um so schrittweise von einer Ordnung und Klasse zur nächsten zu gelangen. Vor dem Auftreten einer neuen Klasse müsste sich dieser Prozess Hunderte und Tausende von Malen wiederholen und entsprechend müssten [...] genauso viele [Fossilien-] Funde gemacht werden wie innerhalb der bekannten Familien, Ordnungen und Klassen. Das trifft jedoch nicht zu (LÖNNIG 1993).

Diese Argumentation ist insofern kurios, als die hierarchischen Kategorien wie Gattungen, Familien, Ordnungen, Klassen etc. ein Relikt der *herkömmlichen* (traditionellen) Systematik sind, mit der die moderne *phylogenetische* Systematik gar nichts anzufangen weiß, weil sich in ihnen die Verwandtschaftsverhältnisse der Arten nicht widerspiegeln. Wie bereits angeführt wurde, lassen sich diese ja nur dann vernünftig rekonstruieren, wenn sich die Systematik von den starren Schubladen der hierarchischen

Kategorien verabschiedet und diese durch ordentlich begründete *Schwestergruppen* ersetzt.

Ein solches Schwestergruppenverhältnis bekleiden beispielsweise die Vögel und Krokodile. Das heißt, es gibt keine *wesensmäßig* voneinander verschiedenen Kategorien der „Reptilien" und Vögel, sondern nur fein verästelte Verzweigungen (ineinander geschachtelte Schwestergruppen) innerhalb der Gruppe der *Sauropsiden* (s. Abb. 9). Streng genommen müsste man also die Vögel zu den *gefiederten Reptilien* rechnen. Indem nun JUNKER/SCHERER (2006, 237) *scheinbar* im Sinne der Evolutionstheorie einen „evolutionären Übergang von Reptilien zu Vögeln" voraussetzen, reißen sie solche ordentlich begründeten Schwestergruppenverhältnisse auseinander und erwecken den Eindruck, die Vögel bildeten eine von den übrigen Sauropsiden (bzw. Wirbeltieren) fundamental verschiedene Großgruppe. Diese Gruppen müssten folglich durch *Übergangsformen* überbrückt werden, die man nun aber nicht findet, da es diese wesensmäßig voneinander verschiedenen Großgruppen in der phylogenetischen Systematik eben nicht gibt (MAHNER/BUNGE 2000, 247 f).

Selbstverständlich kennen wir genügend fossile Arten (aus der Gruppe der Theropoden), die zeigen, in welcher Reihenfolge die Merkmale der modernen Vögel entstanden sind. Aber die scheinbar systematisch fehlenden Übergangsformen zwischen einer Gruppe „Reptilien" und der Großgruppe der „Vögel" sind nichts anderes als *Trugbilder*, die ihre Wurzel in den fiktiven Schubladen der herkömmlichen Systematik haben. Lässt man diese beiseite und wendet man konsequent die phylogenetische Systematik an, erscheinen die großen Unterschiede zwischen beiden Gruppen nur noch in Form abgestufter Ähnlichkeiten, zwischen denen die heute bekannten Fossilien intermittieren (GASSNER, pers. comm.)[5]

Damit erübrigt sich der Einwand, das Auftreten einer neuen Großgruppe, wie etwa der Säugetiere, musse sich im Fossilienbefund durch eine „lange Reihe von Bindegliedern" ankündigen. Tatsächlich kann nur das Umgekehrte zutreffen: Das stammesgeschichtlich älteste *„säugetierähnliche Reptil"*, welches das *erste* charakteristisches Merkmal der Säugetiere überhaupt aufwies, ist der *unmittelbare* Begründer des (Pan-)Taxons der Säugetiere, obwohl es noch nicht über die übrigen Merkmale der *modernen* Säugetiere verfügte. Der Erwerb dieses ersten Säugermerkmals, z. B. des heterodonten Gebisses, fand in einer *Population* der Elternart statt, so dass es auch keine Übergangsserien *oberhalb* des Artniveaus zu dieser frühesten Säugetiergruppe hin geben kann. Erst nach und nach entstanden die übrigen Säugermerkmale, wie die Homoiothermie, der vom Gaumen getrennte Nasengang, später die Milchdrüsen, zwei Reihen von Zitzen usw.

---

[5] Das Argument wird zum besseren Verständnis in Abb. 16 veranschaulicht.

2.4. *Die Kritik an den Übergangsformen* (connecting links)

Dass die meisten Evolutionsgegner die phylogenetische Systematik nicht hinreichend verstanden haben, legt auch die Art und Weise nahe, wie sie den Status evolutionärer Zwischenformen (Übergangsformen) einschätzen. Während in den Augen der modernen Evolutionsbiologie jede Zwischenform ein *Mosaik* aus ursprünglichen und abgeleiteten Merkmalen darstellt, das durch unterschiedliche Evolutionsgeschwindigkeit der einzelnen Merkmale (*Heterobathmie*) zustande kommt (MAHNER 1986, 62f), begegnen die Evolutionsgegner Mosaikformen wie *Archaeopteryx* mit geradezu anachronistischen Vorstellungen:

> [D]ie Mosaiktypen [stehen] *fast nie* im Sinne einer Übergangsform zwischen zwei Gruppen. Von einer echten Übergangsform erwartet man, dass sie *eine langsame Veränderung der einzelnen* Merkmale bezeugt [...] Der berühmte Evolutionsbiologe GAVIN DE BEER hat das schon vor 40 Jahren bezüglich des Urvogels formuliert [...] ‚*Archaeopteryx* hatte typische Reptil- und typische Vogelmerkmale, aber keine, von denen man sagen könnte, sie stünden genau zwischen denen von Vogel und Reptil' (JUNKER/SCHERER 2006, 261).

Dass eine solche Erwartung völlig unrealistisch ist, hat zum einen entwicklungsbiologische Gründe: Da in jedem Entwicklungsstadium die Funktionalität des Individuums aufrecht erhalten werden muss, stehen Merkmale, auf die viele weitere Merkmale aufbauen, unter besonders hohem Selektionsdruck: Solche hoch „bebürdeten" Merkmale können sich nicht oder kaum mehr verändern, ohne dass dies negative Auswirkungen auf die funktionell von ihnen abhängigen Merkmale hätte. Sie bleiben somit in ihrer evolutionären Entwicklung zurück, während niedrig bebürdete (meist stammesgeschichtlich jüngere) Merkmale noch variabler sind und daher auch schneller evolvieren. Im Ergebnis verläuft die Evolution eben *nicht* über eine stete Abfolge von Arten, die eine *langsame Veränderung der einzelnen Merkmale* bezeugen, sondern über Formen, deren Merkmale sich in unterschiedlichem Tempo (*disharmonisch*) und sprunghaft verändern. Auch Artaufspaltung (Kladogenese) bedingt die unterschiedliche Evolutionsgeschwindigkeit der verschiedenen Merkmale mit. So betonte bereits MAYR (1967, 465–467):

> Beim Wechsel in eine neue adaptive Zone steht eine Struktur oder ein Strukturkomplex unter besonders strengem Selektionsdruck [...] Daraufhin evoluiert diese Struktur oder dieser Komplex besonders schnell, während andere zurückbleiben. Das Resultat ist nicht ein stetiger und harmonischer Wandel aller Teile des ‚Typus', wie die idealistische Biologie sich das einbildet, sondern weit mehr eine Mosaikevolution. Jeder evolutive Typus ist ein Mosaik primitiver und fortschrittlicher Merkmale, von allgemeinen und spezialisierten Zügen.

Die ständige Forderung nach „Übergängen" und „kontinuierlichen fossilen Übergangsserien" (z.B. LÖNNIG 2001b) beweist also, dass die Evolutionsvorstellungen der Evolutionsgegner nicht mehr zeitgemäß sind. Es ist gerade die Ambiguität des Begriffs „Übergangsform" (Zwischenform), sein vielschichtiger Bedeutungswandel im Laufe der Biologiegeschichte, die dem Kreationisten hier zum Verhängnis wird (WISE 1995, 218). Das, was z. B. in der *traditionellen* Systematik als *Übergangsform* bezeichnet wurde, stellt aus Sicht der modernen Kladistik immer eine *Mosaikform* dar, die modellhaft zeigt, in welcher Reihenfolge sich die für eine heutige Art oder Gruppe charakteristischen Merkmale entwickelt haben (Abb. 16).

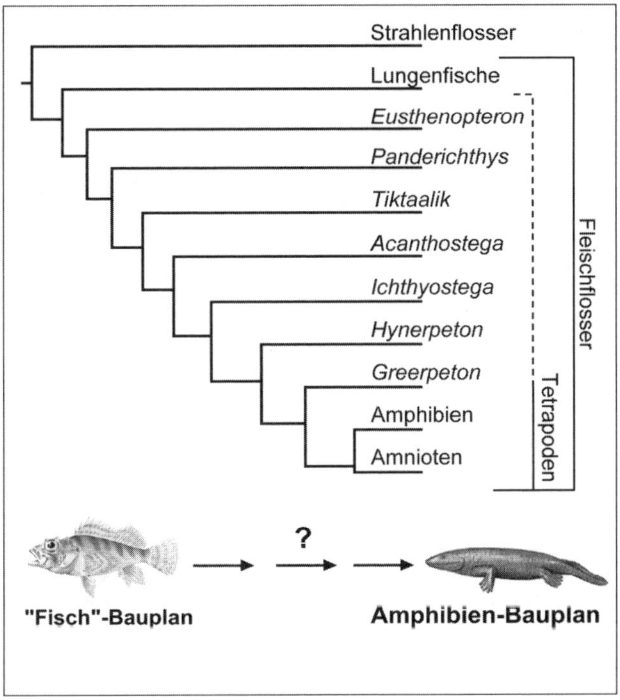

Abb. 16: Unten: Wie sich Evolutionsgegner Evolution vorstellen. Die Baupläne der Wirbeltierklasse „Fische" und der Großgruppe der Amphibien (Tetrapoden) sollen durch Formen überbrückt werden, die im Sinne einer steten Umwandlung ihrer Merkmale genau *zwischen* beiden Bauplänen stehen. Oben: Wie sich die moderne Biologie Evolution vorstellt. Danach gibt es weder eine einheitliche Abstammungsgemeinschaft der „Fische", noch eine von den Fischen wesensmäßig verschiedene Großgruppe der Tetrapoden, sondern nur konsequent ineinander verschachtelte Schwestergruppen, wobei die Tetrapoden selbst der Gruppe der Fleischflosser angehören. Aufgrund der fortschreitenden Artaufspaltung gibt es auch keine harmonisch gebauten Zwischenformen, sondern nur Mosaikformen. Fossile Formen wie *Eusthenopteron*, *Panderichthys* usw. siedeln sich auf dem *erweiterten* Ast der Tetrapoden-Gruppe an (gestrichelte Linie), und die ehemals großen „Bauplanunterschiede" zwischen „den Fischen" und den Tetrapoden erscheinen nur noch in Form abgestufter Ähnlichkeiten.

Der Kreationist muss also, um die Evolutionstheorie zu kritisieren, eine veraltete (bzw. unrealistische) Erwartungshaltung einnehmen und behaupten, nur ein Fossil, welches der anachronistischen Bedeutung des Begriffs „Übergangsform“ gerecht werde, sei als Beleg für „Makroevolution“ zu werten. Auf diese Weise erklärt man das betreffende Fossil zum Problemfall und zieht daraus, welch Wunder, den messerscharfen Schluss, fossile Zwischenformen seien als Evolutionsbelege nicht oder allenfalls bedingt geeignet. Das besagt aber gar nichts, weil der Evolutionsgegner hier nur das schlussfolgert, was er zuvor schon in die Prämissen seiner Argumentation hineingesteckt hat.

Stammart oder Seitenast?

Gleichermaßen müßig sind die verschiedentlich unternommenen Versuche, die Bedeutung der Fossilien als „Zeugen der Evolution“ wegzudiskutieren, indem darauf hingewiesen wird, sie würden als *direkte* Vorfahren der heute lebenden Arten nicht in Betracht kommen, sondern nachkommenlose *Seitenäste* verkörpern:

> Die gefundenen ‚Brückenorganismen‘ zeigen [...] regelmäßig *Merkmale* (Autapomorphien), *die sie als Vorfahren einer heute lebenden Gruppe ausschließen*. Um überhaupt die Stammbaumidee aufrecht erhalten zu können, hat man nun alle Bindeglieder (wie Archaeopteryx) auf letztlich nachkommenlose Seitenäste angeordnet [...] Gemessen an den ursprünglichen Erwartungen jedoch *ist die Stammbaum-Hypothese nicht bestätigt worden*, und sie ist unter Beibehaltung der nicht erwiesenen Gesamtevolution regelmäßig durch die *Hilfshypothese des Seitenastes* ersetzt worden (wenn schon nicht die erwartete Stammform, dann aber doch Seitenast) (Lönnig 2001b).

Betrachten wir Abb. 19, wird deutlich, wo des Rätsels Lösung liegt: Die im Laufe von Jahrmillionen stattfindenden Artaufspaltungen erweisen sich als so zahlreich, dass das filigrane Netz evolutionärer Verzweigungen kaum noch grafisch darstellbar ist. Und da jede Entwicklungslinie von einer anderen aus betrachtet einen „Seitenast“ repräsentiert, findet man (je nach Bezugspunkt), eben fast nur Fossilien auf „Seitenästen“. Nur wer fälschlicherweise Evolution mit *Anagenese* gleichsetzt, also die fortwährende Aufspaltung der Arten ignoriert, kann einen Einwand erheben, wie es Lönnig tut.

Davon ganz abgesehen ist die exakte Stellung der Fossilien im Kladogramm oder Stammbaum (*Stammart oder Seitenast?*) für die Richtigkeit oder Falschheit der Evolutionstheorie gänzlich ohne Belang. Das *stufenweise Erscheinen neuer Merkmale*, über die sich die Organismengruppen definieren, belegt ja schon die Darwinsche Abstammungstheorie! So haben z.B. die heute ausgestorbenen *„säugetierähnlichen Reptilien“* mit der Warmblütigkeit, dem heterodonten Gebiss, dem sekundären Kiefergelenk usw. ein Merkmal der rezenten Säugetiere nach dem anderen entwickelt, so wie dies aus evolutionärer Sicht heute zu erwarten ist. Die Frage, ob diese Fossilien neben typischen Säugetiermerkmalen auch sehr *spezielle* Merkmale aufweisen, oder ob ihnen solche Merkmale fehlen, ist eine *Detailfrage* zum *Evolutionsverlauf*, die an den Belegen zugunsten der Abstammungstheorie nichts ändert.

Archaeopteryx – noch „Reptil" oder schon ein „richtiger Vogel"?
Eine weitere Strategie der Evolutionsgegner besteht darin, sich die Praxis der Klassifikation zunutze zu machen, fossile Formen entweder anhand ihrer *ursprünglichen* Merkmale zu einer stammesgeschichtlich älteren Organismengruppe zu rechnen oder anhand ihrer *fortschrittlicheren* Merkmale zu einem jüngeren Taxon. So kann z. B. der Urvogel *Archaeopteryx* – je nachdem, welche Merkmale man betrachtet – entweder als „Reptil" oder als Vogel eingestuft werden, da er Merkmale *beider* Gruppen in sich vereinigt. Da also jede Art einer konkreten Gruppe zuzuordnen ist, lässt sich auch die evolutionäre Übergangsstellung scheinbar bequem demontieren, wie dies z. B. GIEFFERS (2004, 8) bei Archaeopteryx versucht:

> *Archaeopteryx* [ist] [...] kein ‚Kronzeuge' für die Existenz eines Zwischenglieds, sondern ein richtiger Vogel (echte Federn u. a. m.) mit einigen Mosaikmerkmalen, die sein Vogelsein aber nicht tangieren.

Demgegenüber lesen wir bei SPAEMANN et al. (1986, 20), *Archaeopteryx* sei „in Wirklichkeit ein echtes Reptil", womit deutlich wird, dass weder die eine noch die andere Feststellung *Archaeopteryx* hinreichend charakterisiert. Tatsächlich bemisst sich der Wert von *Archaeopteryx* als evolutionäre Zwischenform nicht daran, ob er schon „echte Federn" oder noch ursprüngliche „Reptilienmerkmale" besaß, sondern wie sein Merkmalsmosaik beschaffen ist: Der Urvogel besaß zwar „echte" Vogelmerkmale, wie etwa ein Federkleid, ein zum Gabelbein verwachsenes Schlüsselbein und ein nach hinten gerichtetes Schambein. Gleichzeitig besaß er aber *noch nicht alle* Merkmale der modernen Vögel. So fehlten dem Urvogel der Hornschnabel, das Pygostyl, die verwachsenen Finger, der einknöchrige Mittelfinger sowie entgegen ursprünglicher Auffassung das für Vögel typische knöcherne Brustbein (vgl. WELLNHOFER/TISCHLINGER 2004).[6] Darüber hinaus kamen ihm typische „Reptilienmerkmale" zu – auch solche, die wiederum den modernen Vögeln fehlen, wie z. B. Bauchrippen, ein bezahnter Kiefer, ein langer, knöcherner Schwanz sowie drei Fingerklauen an den Flügeln (Abb. 17).

[6] Anhänger des türkischen Fundamentalisten A. OKTAR stellen aufgrund der vermeintlichen Existenz des Brustbeins sogar die gesamte „Reptil-Vogel-Evolution" in Frage (www.darwinismus.com/wirkliche_naturgeschichte_2_06.php, Zugr. a. 28. 1. 2009). „Jüngste Studien an Archäopteryx Fossilien" hätten angeblich gezeigt, dass diese „ein teilweise erhaltenes winkliges Brustbein" besessen haben. Tatsächlich aber stammt der Bericht über das „kürzlich gefundene siebente [sic!]" Exemplar aus dem Jahr 1996! Dass das „Brustbein" längst als Teil des Rabenbeins identifiziert wurde, findet keine Erwähnung.

Abb. 17: Die Skelette des Coelurosauriers *Compsognathus*, des *Archaeopteryx* und eines modernen Vogels (einer Taube) im Vergleich. P: Pygostyl, G: Gabelbein, B: Brustbein. *Compsognathus* nach einer Vorlage von Matthias Kabel (de.wikipedia.org/wiki/Compsognathus). *Archaeopteryx* modifiziert nach Bruno Kremer (1986): Der Urvogel *Archaeopteryx.* Naturwiss. Rundsch. 39. Tauben-Skelett nach einer Fotografie von Uwe Gille (de.wikipedia.org/wiki/Vogelskelett).

Archaeopteryx intermittiert also im Stammbaum zwischen zweibeinigen Sauriern aus der Gruppe der Theropoden (genauer: der Coelurosaurier) und den modernen Vögeln – er ist und bleibt somit eine wertvolle Bestätigung der Deszendenztheorie. Solchen Aussagen wird allenfalls noch mit überholten Vorstellungen begegnet (Gieffers 2004, 7):

> Alle die bisher als sog. Zwischenglieder gedeuteten Funde gehörten immer der einen oder anderen Artengruppe an oder sie bilden ganz eigene Gruppen ohne Brückenfunktion. Es sind Mosaikformen.

Dass es *Mosaikformen* sind, die zeigen, dass die Evolution „[…] nicht über ein Kontinuum intermediärer Formen verläuft, sondern dass einzelne Merkmale unabhängig voneinander evolvieren" (Mahner 1986, 67f), war den Evolutionsbiologen schon mindestens 50 Jahre klar, bevor Gieffers sich beeilte, uns dies mitzuteilen. Fossilien wie *Archaeopteryx*, *Sinornis*, *Caudipteryx* etc. sind im Stammbaum auf der Stammlinie der Vögel angeordnet und dokumentieren so die Reihenfolge der Entstehung der Vogelmerkmale.

Unpassende Stratigraphie und widersprüchliche Merkmale

Gerne wird behauptet, die Kenntnis von Coelurosauriern, die genau so alt oder jünger wären als *Archaeopteryx*, würden diese als Vorfahren der Vögel ausschließen. Zudem würden spezielle Merkmale ihre Stellung als Ahnenart von *Archaeopteryx* vernichten:

> So hat beispielsweise die oberjurassische Gattung *Compsognathus* […] mit ihrem Zeitgenossen *Archaeopteryx* zwar viele Merkmale gemeinsam, besitzt aber eine

stark spezialisierte und reduzierte Hand mit nur zwei Fingern und kommt – auch abgesehen von der Gleichaltrigkeit – als Vorläufer nicht in Frage (JUNKER/SCHERER 2006, 238).

Diese Behauptung erweist sich jedoch als verfrüht. *Compsognathus* lässt sich im Prinzip ohne Schwierigkeiten als Vorläufer von *Archaeopteryx* in das Kladogramm einfügen. Es gibt im Wesentlichen drei Möglichkeiten der Einordnung:

- *Compsognathus* ist älter als *Archaeopteryx*, wird aber in einer geologisch gleich alten oder jüngeren Schicht gefunden, wodurch der Eindruck entsteht, *Archaeopteryx* sei gleich alt oder älter.
- *Compsognathus* ist ein Vorläufer von *Archaeopteryx*. Die speziellen Merkmale, die *Compsognathus* besitzt, sind in der Linie zu *Archaeopteryx* zurückgebildet worden.
- *Compsognathus* trat in mehreren geographisch isolierten Populationen auf. In einer Population kam es zur Reduktion der Hand, während aus einer anderen Population *Archaeopteryx* hervorging.

Wie nahe *Archaeopteryx* den Coelurosauriern steht[7], lässt sich schon daran ermessen, dass die Exemplare mit den Fund-Nummern 6 und 7 zunächst als *Compsognathus* geführt wurden. Erst Jahre später wurden sie als *Archaeopteryx* beschrieben. Besäße der Urvogel keine Federn, würde man ihn anhand der Skelettstruktur ohne jeden Zweifel den Theropoden zuordnen (vgl. SAUTER 2004). Inzwischen sind auch Theropoden mit Federn und *Protofedern* bekannt (vgl. XU 2006), deren Existenz aus evolutionärer Perspektive vorherzusehen war. Entsprechend bizarr sind die Verrenkungen, die angestellt werden müssen, um diesen Befund wegzuinterpretieren: Die daunenartigen Federn seien, so lesen wir bei JUNKER/SCHERER (2006, 239), schlicht „haarartige Strukturen auf der Körperoberfläche", deren Homologisierung mit Federn „unsicher" sei. Allerdings wären die Vögel auch ohne solche Fossilien (vergleichend morphologisch) von bestimmten „Reptilien" ableitbar, und man kennt heute auch Zwischenstadien in der Evolution der Federn (PERRICHOT et al. 2008). Dies aber ist nur das letzte Glied in einer für den Evolutionsgegner aussichtslosen Argumentation (Eine ausgezeichnete Kritik kreationistischer Argumentation zu *Archaeopteryx* findet sich bei SAUTER 2001).

[7] Genau genommen gehören auch die modernen Vögel zu den Coelurosauriern; ihre Zugehörigkeit zu dieser Gruppe wird heute nur noch von wenigen Forschern angezweifelt.

2.5. Exkurs: Die Zwischenform *Tiktaalik roseae*

Die Entstehung der Tetrapoden (Vierbeiner) kennzeichnet den Übergang der Wirbeltiere von der aquatischen Lebensweise zu einem Leben an Land und markiert somit ein Schlüsselereignis in der Evolution. Anhand fossil erhaltener Raubfische (z.B. *Eusthenopteron* und *Panderichthys*) lässt sich die Entstehung der Tetrapoden zwar rekonstruieren; die Vierbeiner lassen sich demnach aus urtümlichen Fleischflossern (*Sarcopterygiern*) ableiten (Abb. 18). Die evolutionäre Transformation war bislang allerdings nur spärlich durch den Fossilienbefund dokumentiert. Vor kurzem jedoch berichtete die renommierte Wissenschafts-Zeitschrift *Nature* über eine spektakuläre Neuentdeckung: den Fleischflosser *Tiktaalik roseae*.

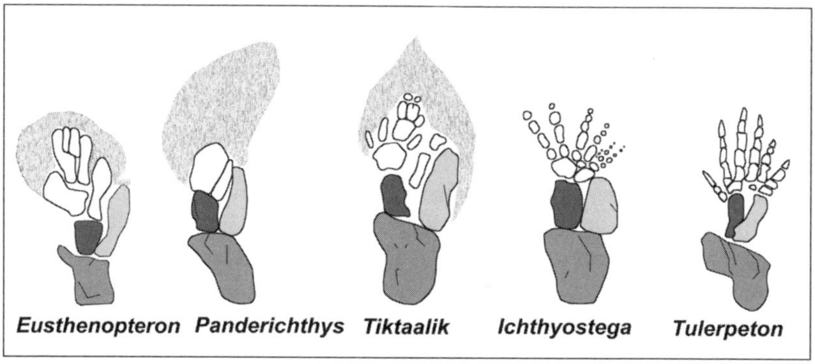

Abb. 18: Die Eroberung des Festlands durch Urtetrapoden im Devon vor etwa 380 bis 350 Mio. Jahren. Der Übergang von der aquatischen Lebensweise zu einem Leben an Land lässt sich anhand der Gliederung der Brustflossen-Knochen der devonischen Fleischflosser *Eusthenopteron* und *Panderichthys* sowie der viergliedrigen Extremitäten der Tetrapoden *Ichthyostega* und *Tulerpeton* veranschaulichen. Die Gliederung der Brustflosse von *Tiktaalik* intermittiert in vielen Einzelmerkmalen (Oberarmknochen, Elle, Speiche und Handwurzelknochen). Umgezeichnet nach Shubin et al. (2006).

Tiktaalik verkörpert ein Fossil, das sich aufgrund seines Merkmalsmosaiks im Stammbaum zwischen den Raubfischen *Panderichthys* und den ältesten Tetrapoden *Acanthostega* und *Ichthyostega* ansiedelt (Ahlberg/Clack 2006, 748). Das Tier lebte vor ungefähr 380 Millionen Jahren und verfügte über Flossen, die den Beginn der Entstehung der Gliedmaßen dokumentieren. So besitzt die Extremität Oberarmknochen, Elle, Speiche und Handwurzelknochen, weist aber noch keine eindeutigen Finger auf (Daeschler et al. 2006; Shubin et al. 2006). Zudem zeigen das verkürzte Schädeldach, die fehlenden Kiemendeckel und viele weitere Merkmale Anklänge an die Tetrapoden, während andere Merkmale „fischartig" geblieben sind.

Tiktaalik passt nicht nur aufgrund seines *Körperbaus* sehr gut in das zu erwartende Übergangsfeld zwischen den Devonischen Raubfischen und primitiven Vierbeinern. Auch *stratigraphisch* fällt *Tiktaalik* exakt in die evolutionstheoretisch *vorhergesagte* Formation des Ober-Devons, was einmal mehr die prognostische Kraft der Evolutionstheorie in Bezug auf die Existenz konkreter Zwischenformen unter Beweis stellt (Ahlberg/Clack 2006, 748).

Nun erschien vor einiger Zeit eine Stellungnahme von Junker (2006, 89), in der zunächst anerkannt wird, dass „*Tiktaalik* […] ein Merkmalsmosaik [besitzt], das gut in einen Übergangsbereich zwischen Fischen und Vierbeinern passt – hier geht ein Punkt an die Evolutionstheorie". Ein bemerkenswertes Zugeständnis, wenn man bedenkt, mit welchem Ausmaß an Arroganz und Unwissen einige Gegner behaupten, die Einstufung von *Tiktaalik* basiere auf „Vorurteilen", ja sogar „Lügen".[8] Gleichwohl werden natürlich auch Einwände erhoben, die wissenschaftlich zu hinterfragen sind:

> Dass Merkmale von *Tiktaalik* besonders hervorgehoben werden, die als ‚Übergangsmerkmale' gedeutet werden können, ist legitim. Dennoch zeigt die Brustflosse insgesamt doch eher einen fischartigen Charakter […] (Junker 2006, a. a. O.)

Fraglich bleibt hier, worauf sich das „Dennoch" beziehen soll. Von *Tiktaalik* erwartete man doch gerade, dass die Transformation der Brustflossen im Vergleich mit denen devonischer Raubfische schon weiter fortgeschritten ist, aber noch nicht in einem Ausmaß, wie bei *Ichthyostega*, so dass die Brustflossen insgesamt doch „eher fischartig" geblieben sind. Ahlberg/Clack (2006, 748) bemerken hierzu:

> *Panderichthys* zeigt uns eine Morphologie, die als intermediäres Stadium zwischen den Knochenfischen und Tetrapoden interpretiert werden kann. Doch erst die ‚fortgeschrittene' Morphologie von Tiktaalik belegt, dass diese Interpretation auch korrekt ist: Genau so sahen unsere Vorfahren aus, als sie das Wasser verließen (Übersetzung M. N.).

Interessanterweise wurde in der 5. Auflage von Junker/Scherer (1998, 217) zur Evolution der Tetrapoden noch angemerkt, die „Homologisierung zwischen der viergliedrigen Tetrapodenextremität und Flossenknochen von Fischen" sei aufgrund des Fehlens geeigneter Übergangsformen „ungeklärt", womit die Ableitung der Tetrapoden von „fischähnlichen" Vorfahren infrage gestellt werden soll. Spätestens in Kenntnis von *Tiktaalik*, dessen Brustflossen deutliche Anklänge an der Tetrapodenextremitäten zeigen, zugleich aber noch „fischähnliche" Züge tragen, kann die Aussage von Junker/Scherer nicht mehr aufrecht erhalten werden. Da sie jedoch in der 6. Auflage erneut erhoben wird (Junker/Scherer 2006,

[8] us2.fmanager.net/api_v1/productDetail.php?dev t=EDCRFV&objectId=4455

235, Abb. 14.19), sollte sich der Leser Abb. 18 in Erinnerung rufen. Wie die Autoren zu ihrer Einschätzung gelangten, ist demnach ein absolutes Rätsel. Möglicherweise hat sie mit der Tatsache zu tun, dass *Panderichthys*, *Tiktaalik*, *Acanthostega* und alle anderen Zwischenformen neben einigen ursprünglichen („fischartigen") Merkmalen auch einige ganz *spezielle* Merkmale (Eigenanpassungen) aufweisen, die nicht über eine Abstammungsreihe der kontinuierlichen Veränderung zu den landlebenden Tetrapoden geführt haben konnte. Shubin et al. (2006, 768) weisen zudem darauf hin, dass die Ähnlichkeit bestimmter Strukturen devonischer Fische (wie z. B. *Sauripterus*) und *Tiktaalik* ihre Ursache möglicherweise nicht in *gemeinsamer* Abstammung haben, sondern *konvergent* entstanden sind. Dies liest sich bei Junker (2006, 89) folgendermaßen:

> *Tiktaalik* hatte deutlich andere ‚Übergangsmerkmale' auf dem Weg zum Landleben als *Acanthostega*. Der Weg aufs Land konnte nicht über beide Formen zugleich führen, es sei denn, er wurde mindestens zweimal unabhängig durchlaufen, womit dann aber die Vierbeinigkeit nicht mehr als Schlüsselmerkmal (d. h. als Hinweis auf gemeinsame Vorfahren) gelten könnte, sondern konvergent entstanden wäre.

Doch auch hier wiederholt Junker nur eine Erkenntnis, die von den Evolutionsbiologen schon seit langem vertreten wird: Ausgehend vom kladogenetischen Aspekt der Evolution (Artaufspaltung) wird heutzutage kein Evolutionsbiologe mehr von einer *völlig* kongruenten Merkmalshierarchie ausgehen. Vielmehr ist *immer* mit Konvergenz und Reversion zu rechnen (insbesondere bei stammesgeschichtlich nahe miteinander verwandten Arten). Allerdings folgt daraus nun *nicht*, dass die Vierbeinigkeit nicht mehr als ein von einem *gemeinsamen* Vorfahren der Tetrapoden erworbenes Schlüsselmerkmal gelten könne. Die von Shubin und Kollegen diskutierten Konvergenzen bedeuten nur, dass sich die Extremitäten *in einigen* Entwicklungslinien *unabhängig voneinander* ähnlich *spezialisiert* haben.

Dass die von Junker (2006, a. a. O.) kritisierte Sicht der Evolution keine zeitgemäße ist, belegt auch der folgende Einwand:

> Schon länger ist klar, dass auch das berühmte Ichthyostega, vor noch nicht langer Zeit die Ikone für den Übergang vom Wasser- zum Landleben, deutlich von einer vermittelnden Position entfernt ist […] Nicht nur der Bau der Flossen, sondern auch der Schädelbau passt insgesamt nicht in eine Reihe von tetrapodenähnlichen Fischen hin zu frühen Tetrapoden. Auch in dieser Hinsicht würde sich Acanthostega auf einer anderen ‚Schiene' bewegen, wenn man die relevanten fossilen Gattungen in evolutionäre Abfolgen einfügen wollte.

Kein Evolutionsbiologe, der auf dem Boden der phylogenetischen Systematik steht, hat aber je gefordert, dass *Panderichthys*, *Tiktaalik*, *Acanthostega* und *Ichthyostega* auf *einer Schiene von* „tetrapodenähnlichen Fischen hin zu frühen Tetrapoden" *vermitteln* müssten – dies wäre im Hinblick auf die Grundlagen der Entwicklungsbiologie und Kladistik geradezu widersinnig. Wo will man in dem evolutionären Dickicht von Verzweigungen, an denen entlang sich die Stammesgeschichte ihre gewundenen Wege bahnt (Abb. 19), überhaupt *eine* „Schiene" der Entwicklung ausmachen?

Die Evolution lässt sich jeweils nur über gewundene Wege bis zu einem letzten gemeinsamen Vorfahren zurückverfolgen, „aber kein Weg verläuft gerade, und alle führen über seitliche Schritte von einem Artbildungsereignis zum nächsten in die Vergangenheit, nicht über eine Abstammungsleiter der kontinuierlichen Veränderung" (GOULD 2002, 92). Wenn JUNKER daraus folgert, dass die Gattung *Acanthostega* „nicht als vermittelnde Form zwischen Tiktaalik und landlebenden Tetrapoden" infrage käme, zieht er einen falschen Schluss, denn er macht die Evolution einfacher, als sie aufgrund unseres biologischen Wissens angenommen werden muss.

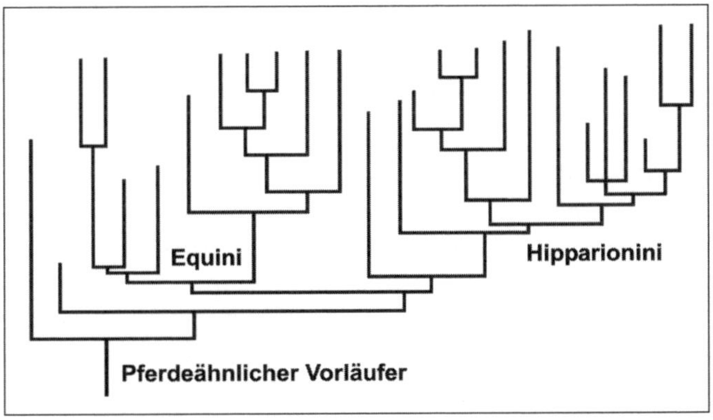

Abb. 19: Ausschnitt aus der Pferdeevolution des Miozäns. In dieser Periode waren die Artaufspaltungen derart zahlreich, dass hier nur ein kleiner Teil grafisch berücksichtigt werden kann. Dieses Bild dürfte auch für den evolutionären Übergang vom Wasser an Land repräsentativ sein. Inwieweit ist es da noch zeitgemäß, von einer „evolutiven Reihe", einer „Schiene" der Entwicklung oder einer „vermittelnden Position" (vermittelnd zwischen was eigentlich?) zu sprechen? Grafik in Anlehnung an GOULD (2002).

Tragischerweise zieht sich dieses Missverständnis durch das ganze Kapitel VI in JUNKER/SCHERER (2006). Ob es um den *Ursprung der Vögel* (S. 237 ff), die *Entstehung der frühen Säugetiere* (S. 244 ff), die *Evolution der Pferde* (S. 249) oder um das Thema „vom Fisch zum Vierbeiner" geht; in nahezu allen Abschnitten liest man fragwürdige Aussagen wie die folgende:

> Sie [die Mosaikformen] können i. d. R. nicht als evolutionäre Übergangsformen gedeutet werden, da ihr Merkmalsspektrum nicht in eine Übergangsposition im vermuteten Evolutionsverlauf passt oder weil sie stratigraphisch an unpassenden Stellen gefunden wurden (S. 262).

Leider nehmen die Evolutionsgegner bis heute nicht zur Kenntnis, dass das, was sie unablässig als Schwächung der „Abstammungs-Argumentation“ deuten (das Auftreten von Konvergenzen, Reversionen und Heterobathmie), längst zum Grundverständnis der modernen evolutionären Entwicklungsbiologie und der Kladistik gehört.

2.6. Evolution oder Schöpfung: Wie viele Unterschiede dürfen es sein?

Grundsätzlich fragt man sich, weshalb die Evolutionsgegner überhaupt so viel Zeit darauf verwenden, die Einordnung der Fossilien in das Gebäude der Evolutionstheorie infrage zu stellen. Da sie ja schon das *Ähnlichkeitsargument* nicht anerkennen, könnte man ihnen wohl *jede beliebige* Zwischenform präsentieren, ohne dass sie ihre evolutionskritische Grundhaltung revidieren müssten. Und präsentiert man ihnen eine Zwischenform, „[...] so wollen sie zwischen dieser und der Ahnenform eine weitere Zwischenform und so fort“ (Mahner 1986, 62). So stellt z. B. Junker (2006, 90) trotz Kenntnis von *Tiktaalik* fest, dem Übergangsbereich Wasser – Land sei einfach nur eine „neue Mosaikform hinzugefügt“ worden, die Lücke zwischen *Panderichthys* und *Acanthostega* habe sich hingegen nicht verkleinert. Diese Aussage ist vielleicht dazu geeignet, jemanden zu überzeugen, der sich Evolution als *Morphenkontinuum* vorstellt. Für die Evolutionsbiologie hingegen bleibt diese Aussage unverständlich. Bemerkenswert ist auch, dass Junker/Scherer (2006, 250) trotz Kenntnis zahlreicher Zwischenformen an der stammesgeschichtlichen Verwandtschaft des Urpferds *Hyracotherium* und den Pferdeartigen Zweifel säen. Begründung:

> Zwischen diesen Formen [Hyracotheriinae] und der stratigraphisch nächstfolgenden laubfressenden pferdeartigen Gattung *Mesohippus* und anderen Pferdeartigen klafft dann aber eine deutliche morphologische Lücke [...] Erst mit *Mesohippus* [...] kann von Pferdeartigen gesprochen werden.

Diese Festlegung ist freilich willkürlich. Nach subjektivem Ermessen lässt sich zwischen *allen nur denkbaren Morphen* eine „deutliche Lücke“ konstatieren, da jeder fossile Fund immer nur ein Beleg für die Existenz einer weiteren *diskreten* Art sein kann. Wie viele Unterschiede dürfen es also sein, damit nicht mehr von einer „deutlichen Lücke“ die Rede ist? Im Prinzip kann man jedes einzelne Fossil als Stammart eines eigens erschaffenen „Grundtyps“ deuten, ohne Gefahr zu laufen, widerlegt zu werden. Mit dem Fossiliendokument ist dem Evolutionsgegner also nicht beizukommen, da die *Unveränderlichkeit* der Grundformen trotz abgestufter Ähnlichkeit der Arten zum Dogma gehört, von dem er ausgeht. Wer sich von *Tiktaalik* nicht überzeugen lässt oder von Zwischenformen wie *Indohyus*, *Pakicetus*, *Ambulocetus*, *Rodhocetus*, *Dorudon* und *Basilosaurus*, welche die Evolution der Wale in einer Qualität belegen wie kaum eine andere evolutionäre Umwandlung (vgl. Thewissen et al. 2007), der lässt sich durch Argumente grundsätzlich nicht überzeugen.

2.7. *Zusammenfassung*

Seit Darwin die Theorie der gemeinsamen Abstammung formulierte, werden die Lücken im Fossilienbefund als Argument gegen Evolution ins Feld geführt. Das Argument ist aber nicht stichhaltig, da ein Großteil der Lücken von der Unvollständigkeit der fossilen Überlieferung herrührt, wie schon Darwin richtig erkannt hatte. Nach der Theorie des *Punktualismus* liegt dies auch am Modus der Evolution selbst: Lange Zeiten der Entwicklungsgeschichte sind durch Stagnation gekennzeichnet, die punktuell durch rapide Phasen der Entwicklung unterbrochen werden. Diese Hypothese wurde im Rahmen moderner populationsgenetischer Simulationen bestätigt, was als unabhängiger Beleg für das punktualistische Modell gewertet werden kann.

Ein dritter Grund für das (scheinbare) Fehlen fossiler Zwischenformen ist sozusagen „hausgemacht“: Ordnet man die Lebewesen nach den Regeln der *traditionellen* Systematik, in der evolutionäre Aspekte keine Rolle spiel(t) en, in die bekannten *hierarchische Kategorien* ein, werden allzu oft Schwestergruppen auseinander gerissen und durch scheinbar wesensmäßig voneinander getrennte *Großgruppen* oder Typen ersetzt. Diese Typen müssten jetzt durch *Übergangsformen* überbrückt werden, die man nicht findet, weil es eben keine wesensmäßig voneinander getrennten Gruppen gibt, sondern nur ein System fein verästelter Verzweigungen. Wendet man konsequent die Kladistik an, erscheinen die ursprünglich großen Unterschiede zwischen den Großgruppen nur noch in Form abgestufter Ähnlichkeiten.

In Verkennung der phylogenetischen Systematik wird auch der Status evolutionärer Zwischenformen falsch beurteilt: Die Evolution kann weder über ein *Kontinuum* verlaufen, das eine *langsame Veränderung der einzelnen Merkmale* bezeugt, noch eine völlig kongruente Merkmalshierarchie bezeugen. Aus entwicklungsbiologischen Gründen sowie aufgrund von Artaufspaltungen kann es immer nur *Mosaikformen* geben, die ursprüngliche und abgeleitete Merkmale gleichermaßen in sich vereinen und die Strukturen aufweisen, die als *Konvergenzen* zu interpretieren sind. Ungeachtet dessen dokumentiert die Fülle fossiler und rezenter Mosaikformen, in welcher Reihenfolge sich die gruppenspezifischen Merkmale entwickelt haben: Von den ältesten Fossilschichten aus betrachtet nähern sich die Lebewesen in stufenweiser Abänderung den heutigen Formen. Um es in den Worten des bemerkenswerten *Kreationisten* und Paläontologen Kurt Wise zu sagen:

Es gibt Evidenzen im Fossilienbefund, die so interpretierten Übergangsformen, die als starke Stütze zugunsten von Makroevolution angesehen werden können [...] Nach meiner Einschätzung können die Kreationisten weder die Funde zerstreuen noch die Argumente hinsichtlich der „Übergangsformen" gefährden (Wise 1995, 216; Übersetzung M. N.).

3. Literatur

Ahlberg, P. E./Clack, J. A. (2006) A firm step from water to land. Nature 440, 747–749.

Benton, M. J. (1998) Molecular and morphological phylogenies of mammals: congruence with stratigraphic data. Molecular Phylogenetics and Evolution 9, 398–407.

Bever, G. S./Rowe, T./Ekdale, E. G./Macrini, T. E./Colbert, M. W./Balanoff, A. M. (2005) Comment on „Independent origins of middle ear bones in monotremes and therians". Science 309, 1492.

Brady, R. H. (1994) Explanation, description, and the meaning of „transformation" in taxonomic evidence. In: Scotland, R. W./Siebert, D. J./Williams, D. M. (Hg.) Models in phylogeny reconstruction. Systematics Association Special, Vol. 52. Oxford, 11–29.

Brower, A. V. Z. (2000) Evolution is not a necessary assumption of cladistics. Cladistics 16, 143–154.

Daeschler, E. B./Shubin, N. H./Jenkins, F. A. (2006) A Devonian tetrapod-like fish and the evolution of the tetrapod body plan. Nature 440, 757–763.

Eldredge, N./Gould, S. J. (1972) Punctuated equilibria: an alternative to phyletic gradualism. In: Schopf, T. J. M. (Hg.) Models in Paleobiology. San Francisco, 82–115.

Foote, M./Raup, D. M. (1996) Fossil preservation and the stratigraphic ranges of taxa. Paleobiology 22, 121–140.

Futuyma, D. J. (1990) Entwicklungsintegration und Makroevolution. In: ders. Evolutionsbiologie. Basel, 497–498.

Gieffers, W.-J. (2004) Buchrezension zu: Ulrich Kutschera; Streitpunkt Evolution. www.dreilindenfilm.de/reaktionen/rez_gieffers.pdf. Zugr. a. 29. 3. 2008.

Gould, S. J. (2002) Illusion Fortschritt. Frankfurt a. M.

Haszprunar, G. (1994) Ursprung und Stabilität tierischer Baupläne. In: Wieser, W. (Hg.) Die Evolution der Evolutionstheorie. Von Darwin zur DNA. Heidelberg, 129–154.

Illies, J. (1983) Der Jahrhundert-Irrtum. Frankfurt a. M.

Junker, R. (2002) Ähnlichkeiten, Rudimente, Atavismen. Holzgerlingen.

Junker, R. (2005) Unerhört: Konvergenz eines Schlüsselmerkmals. Mehrfache Entstehung der Gehörknöchelchen der Säugetiere? Studium Integrale Journal 12, 74–76. www.wort-und-wissen.de/index2.php?artikel=sij/sij122/sij122-6.html. Zugr. a. 30. 3. 2008.

Junker, R. (2006) Tiktaalik – ein erstklassiges Bindeglied? Studium Integrale Journal 13, 88–91.

Junker, R./Scherer, S. ([6]2006) Evolution. Ein kritisches Lehrbuch. Gießen.
Kahle, H. ([4]1999) Evolution – Irrweg moderner Naturwissenschaft? Bielefeld.
Kardong, K. V. ([3]2002) Vertebrates: comparative anatomy, function, evolution. New York.
Kleisner, K. (2007) The formation of the theory of homology in biological sciences. Acta Biotheoretica 55, 317–340.
Kluge, A. G. (2001) Parsimony with and without scientific justification. Cladistics 17, 199–210.
Kull, U./Herbig, A. (1995) Das Blattadersystem der Angiospermen: Form und Evolution. Naturwissenschaften 82, 441–451.
Kutzelnigg, H. (2000) Das „abscheuliche Geheimnis". Woher kommen die Angiospermen? 1. Teil. Studium Integrale Journal 7, 51–58.
Lauder, G. V. (1994) Homology, form, and function. In: Hall, B. K. (Hg.) Homology: the hierarchical basis of comparative biology. San Diego, 151–196.
Lönnig, W.-E. (1993) Artbegriff, Evolution und Schöpfung. Korrigierte Auflage. Köln. www.weloennig.de/AesV3.Konti.html. Zugr. a. 29.3.2008.
Lönnig, W.-E. (2001a) Johann Gregor Mendel – Warum seine Entdeckungen 35 (72) Jahre ignoriert wurden. Abschnitt c: Vergleichende Morphologie. www.weloennig.de/mendel13.htm. Zugr. a. 29.2.2008.
Lönnig, W.-E. (2001b) Johann Gregor Mendel – Warum seine Entdeckungen 35 (72) Jahre ignoriert wurden. Abschnitt 4: Gregor Mendel, Archaeopteryx und die Giraffe. www.weloennig.de/Giraffe.html. Zugr. a. 29.3.2008.
Lönnig, W.-E. (2002) Kann der Neodarwinismus durch biologische Tatsachen widerlegt werden? Abschnitt 4: Fossilisations- und Findechance von 10^{-4} für eine Art. www.weloennig.de/NeoB.Ana4.html. Zugr. a. 29.3.2008.
Lorenzen, S. (1988) Die Bedeutung synergetischer Modelle für das Verständnis der Makroevolution. Eclogae Geoligicae Helveticae 81, 927–933.
Luo, Z.-X./Cifelli, R. L./Kielan-Jaworowska, Z. (2001) Dual origin of tribosphenic mammals. Nature 409, 53–57.
Luo, Z.-X./Chen, P./Li, G./Chen, M. (2007) A new eutriconodont mammal and evolutionary development in early mammals. Nature 446, 288–293.
Mahner, M. (1986) Kreationismus. Inhalt und Struktur antievolutionistischer Argumentation. Berlin.
Mahner, M./Bunge, M. (2000) Philosophische Grundlagen der Biologie. Berlin.
Maier, U. G. (1994) Die molekulare Dimension der biologischen Evolutionstheorie. In: Wieser, W. (Hg.) Die Evolution der Evolutionstheorie. Von Darwin zur DNA. Heidelberg, 109–128.
Mayr, E. (1967) Artbegriff und Evolution. Berlin.
Mayr, E. (1991) Spezies – warum und wie? In: ders. Eine neue Philosophie der Biologie. München, 255–268.
Mishler, B. D./Lewis, L. A./Buchheim, M. A. et al. (1994) Phylogenetic relationships of the „green algae" and „bryophytes". Annals of the Missouri Botanical Garden 81, 451–483.
Mosbrugger, V. (1989) Gibt es sprunghafte Evolution? Formen und Mechanismen der transspezifischen Evolution bei Pflanzen. Biologie in unserer Zeit 19, 1–8.

Müller, W. A./Hassel, M. ([4]2005) Entwicklungsbiologie und Reproduktionsbiologie von Mensch und Tieren. Berlin.

Nelson, G. J./Platnick, N. I. (1981) Systematics and biogeography: cladistics and vicariance. New York.

Neukamm, M. (2007) Ernst Haeckels Biogenetisches Grundgesetz und das Konzept der ontogenetischen Rekapitulation. www.evolutionsbiologen.de/biogenetgrundgesetz.pdf

Nilsson, H. (1953) Synthetische Artbildung. Lund.

Nixon, K. C. (2002) WinClada. Version 10.00.08. Ithaca, NY. www.cladistics.com. Zugr. a. 30. 3. 2008.

O'Rahilly, R./Müller, F. (1999) Embryologie und Teratologie des Menschen. Bern.

Organ, C. L./Schweitzer, M. H./Zheng, W./Freimark, L. M./Cantley, L. C./Asara, J. M. (2008) Molecular phylogenetics of mastodon and *Tyrannosaurus rex*. Science 320, 499.

Otto, H.-D. (1984) Der Irrtum der Reichert-Gauppschen Theorie. Ein Beitrag zur Onto- und Phylogenese des Kiefergelenks und der Gehörknöchelchen der Säugetiere. Anatomischer Anzeiger 155, 223–238.

Page, R. D. M./Cotton, J. A. (2002) Vertebrate phylogenomics: reconciled trees and gene duplications. Pacific Symposium on Biocomputing 7, 536–547.

Perrichot, V. et al. (2008) The early evolution of feathers: fossil evidence from Cretaceous amber of France. PNAS 275, 1197–1202.

Rich, T. H./Hopson, J. A./Musser, A. M./Flannery, T. F./Vickers-Rich, P. (2005) Independent origins of middle ear bones in monotremes and therians. Science 307, 910–914.

Riedl, R. (2002) Riedls Kulturgeschichte der Evolutionstheorie. Die Helden, ihre Irrungen und Einsichten. Berlin.

Rikvold, P. A./Zia, R. K. P. (2003) Punctuated equilibria and 1/f noise in a biological coevolution model with individual-based dynamics. Physical Review E 68, 031913.

Rougier, G. W./Forasiepi, A. M./Martinelli, A. G. (2005) Comment on „Independent origins of middle ear bones in monotremes and therians" (II). Science 309, 1492.

Rowe, T./Rich, T. H./Vickers-Rich, P./Springer, M./Woodburne, M. O. (2008) The oldest platypus and its bearing on divergence timing of the platypus and echidna clades. PNAS 105, 1238–1242.

Sauter, M. (2001) Gegendarstellung zur kreationistischen Beschreibung des *Archaeopteryx lithographica* (MEYER) und *Archaeopteryx bavarica* (WELLNHOFER). www.sauti.de/arch/arch.htm. Zugr. a. 30. 1. 2009.

Sauter, M. (2004) Der Urvogel *Archaeopteryx*. München.

Schindewolf, O. H. (1960) Darwins Abstammungslehre in der Sicht eines Paläontologen. Universitas 15, 649–661.

Shubin, N. H./Daeschler, E. B., Jenkins, F. A. (2006) The pectoral fin of *Tiktaalik roseae* and the origin of the tetrapod limb. Nature 440, 764–771.

Spaemann, R./Löw, R./Koslowski, P. (1986) Evolutionismus und Christentum. Civitas Resultate, Bd. 9. Weinheim.

Stanley, S. M. (1983) Der neue Fahrplan der Evolution. Fossilien, Gene und der Ursprung der Arten. München.

Stokstad, E. (2001) Evolution: tooth theory revises history of mammals. Science 291, 26.

Tattersall, I. (1997) Puzzle Menschwerdung. Auf der Spur der menschlichen Evolution. Heidelberg.

Theobald, D. (2004) 29+ evidences for macroevolution. www.talkorigins.org/faqs/comdesc/section1.html#independent_consilience. Zugr. a. 14. 4. 2008.

Thewissen, J./Noelle Cooper, L./ Clementz, M. (2007) Whales originated from aquatic artiodactyls in the Eocene epoch of India. Nature 450, 1190–1194.

Vollmer, G. (1985) Was können wir wissen? Bd. 1: Die Natur der Erkenntnis. Stuttgart.

Vollmer, G. (1986) Was können wir wissen? Bd. 2: Die Erkenntnis der Natur. Stuttgart.

Wägele, J.-W. ([2]2001) Grundlagen der Phylogenetischen Systematik. München.

Wellnhofer, P./Tischlinger, H. (2004) Das „Brustbein“ von *Archaeopteryx bavarica* Wellnhofer 1993 – eine Revision. Archaeopteryx 22, 3–15.

Wiesemüller, B./Rothe, H./Henke, W. (2003) Phylogenetische Systematik. Eine Einführung. Berlin.

Wise, K. (1995) Towards a creationist understanding of „transitional forms“. CEN Technical Journal 9, 216–222.

Xu, X. (2006) Feathered dinosaurs from China and the evolution of major avian characters. Integrative Zoology 1, 4–11.

VI. Evolutionäre Entwicklungsbiologie

Schlüssel zum kausalen Verständnis der Evolution

Hansjörg Hemminger/Andreas Beyer

Die evolutionäre Entwicklungsbiologie, kurz Evo-Devo[1] genannt, untersucht den Einfluss, den Veränderungen in der Steuerung der Ontogenese (der individuellen Entwicklung eines Lebewesens) auf den fertigen Organismus haben und welche Rolle solche Veränderungen in der Evolution spielen. Damit gehört Evo-Devo in das Feld der *kausalen* Evolutionsforschung, also der Erforschung von Ursache-Wirkungsbeziehungen bei der evolutionären Veränderung von Populationen und Arten und hat sich dort zum derzeit wichtigsten Forschungsgebiet entwickelt. Der Weg zu neuen Bauplänen, neuen Stoffwechselwegen und Verhaltensmustern von Organismen verläuft offenbar in aller Regel so, dass vorhandene (konservierte) Bauelemente durch Mutationen im Entwicklungsgang anders kombiniert und währenddessen Zug um Zug, oder sogar erst anschließend, genetisch an ihre neuen Funktionen angepasst werden. Im Folgenden wollen wir das Konzept von Evo-Devo vorstellen und evolutionskritische Einwände aus dem Weg räumen.

1. Einführung

Die Entwicklung der Arten in der Stammesgeschichte folgt, was immer sonst noch dabei mitspielen mag, prinzipiell der Logik der Selektion[2]: Variationen der Genotypen in einer Population von Lebewesen bewirken Variationen der Phänotypen, die wiederum unterschiedliche Fortpflanzungserfolge haben, so dass sich die Verteilung der Genotypen in der nächsten Generation verändert. Dieser Regelkreis wirkt, wo Lebewesen genetische Information von einer Generation zur nächsten vererben, und wo diese Information veränderlich ist – also bei allen Lebewesen. Die Selektionstheorie ist daher ein universal gültiges Rahmengesetz, das die Grundbe-

[1] „Evo-Devo" ist das Kurzwort für „*evo*lutionary *deve*lopmental biology" (engl.).

[2] Hinzu kommt als bestimmender Faktor die Alleldrift, die Grundlage der neutralen Evolution. Im hier geschilderten Zusammenhang kann sie vernachlässigt werden.

dingungen für die kausale Erklärung der Evolution vorgibt. Gesetze dieser Art gibt es auch sonst in der Naturwissenschaft, so die Konstanzsätze der Physik wie der Energieerhaltungssatz, die Hauptsätze der Thermodynamik usw. Sie erklären konkrete Prozesse nicht allein, eben weil sie universal (also für unterschiedliche Abläufe) gültig sind. Dafür sind *speziellere* Theorien nötig, ebenso die (mehr oder weniger exakte) Kenntnis der Anfangs- und Randbedingungen eines Prozesses. Es ist zum Beispiel trivial, dass der Energieerhaltungssatz für den Flug einer Kanonenkugel gilt. Aber der Konstanzsatz allein kann die Flugbahn nicht erklären. Dazu muss man das Gravitationsgesetz heranziehen, den Luftwiderstand berücksichtigen usw. Einen Treffer vorhersagen kann man nur, falls Geschwindigkeit und Bahn bekannt sind.

Nun sind Evolutionsprozesse freilich wesentlich komplexer als solche mechanischen Vorgänge. Um sie zu erklären, müssen deshalb zum Variations-Selektions-Schema weitere Theorien und Teiltheorien hinzukommen, zum Beispiel Statistik, Spieltheorie, Ökologie, Genetik, an zentraler Stelle Entwicklungsbiologie usw. Auch hier fragt sich, welche Abläufe es der natürlichen Selektion im Einzelfall ermöglichen, komplexe Innovationen zu begünstigen. Welche Regelmechanismen steuern jenseits der genetischen Variation den Gestaltwandel, der zur heutigen Artenvielfalt führte? Diese Fragen können nur spezielle, entwicklungsgenetische Modelle beantworten. Daher wurde in neueren evolutionstheoretischen Arbeiten wiederholt auf die Unvollständigkeit der Selektionstheorie hingewiesen. Meist wurde kritisiert, dass die Organismen lediglich als „Spielbälle äußerer Kräfte" begriffen und ihre eigenen Voraussetzungen und Möglichkeiten der Veränderung vernachlässigt werden.

Unvollständigkeit der Selektionstheorie bedeutet, dass das Anpassungs-Paradigma (*Adaptationismus*) ebenfalls unvollständig sein muss. Jeder Organismus ist zwar an seine Umwelt angepasst; ein Fisch muss etwa einen stromlinienförmigen Körper besitzen, um die Fortbewegung im Wasser ökonomisch zu gestalten. Derartige Strukturen besitzen eine „Funktion" im Sinne von „funktionaler Anpassung" und damit einen entsprechenden positiven (externen) Selektionswert; die Evolution wird insofern „von Außenfaktoren" gesteuert. Andererseits werden Lebewesen nicht einseitig von externen Milieubedingungen beeinflusst. Die Ausprägung der Merkmale im Rahmen der Embryonalentwicklung wird durch „innere Prinzipien" gelenkt, die vorgeben, welche genetischen Veränderungen „machbar" sind und welche hingegen schwerste Schädigungen des fein abgestimmten Merkmalsgefüges zur Folge haben. Mit anderen Worten: Die Entstehung neuer Merkmale orientiert sich an den im Organismus herrschenden Bedingungen und Entwicklungszwängen („developmental constraints"), die der Evolution einerseits *Beschränkungen* auferlegen, andererseits aber auch *Chancen* eröffnen, die von äußeren Umwelteinflüssen unabhängig sind. Im

Hinblick auf die äußere (Umwelt-) Selektion bedeutet dies, dass Anpassungsfähigkeit und die Fähigkeit zur Selbsterhaltung schon gegeben sein müssen, bevor überhaupt eine natürliche Auslese stattfinden kann (Wuketits 1988).[3]

Die *evolutionäre Entwicklungsbiologie* beschäftigt sich vorrangig mit diesem Thema. Sie fragt nach der inneren Variabilität, die der Selektion den „Stoff" für die großen Veränderungen liefert. John Maynard Smith unterschied schon 1972 Evolutionssprünge von den überall ablaufenden, allmählichen Veränderungen der Lebewesen (Smith 1972). Auch Schluter (2000) unterschied Innovationen und Diversifikationen in der Stammesgeschichte. Wie werden ungerichtete, häufig molekular geringfügige Veränderungen der DNA in ein neues „Design" übersetzt, zum Beispiel dazu, dass aus dem Vorderbein eines Insektenfressers, der einer Spitzmaus ähnlich war, der Flügel einer Fledermaus wurde?

An diesem Punkt setzen die Zweifel vieler Kritiker an. Sie können sich nicht vorstellen, dass ein Naturprozess „designfähig" ist, auch nicht über lange Zeiträume. Man sollte diese Zweifel ernst nehmen, aber sich auch vor Augen führen, welche Fragen offen und welche Fragen eben *nicht* mehr offen sind. Übergänge von einem „Design" zum anderen sind in der Stammesgeschichte sehr gut belegt. Zum Beispiel ist das Design einer Gruppe räuberischer, landlebender Paarhufer des frühen Eozäns mit dem Design der heutigen Wale durch zahlreiche Zwischenformen verbunden. Anhand dieser Fossilien kann man die Wandlung vom Landleben zum amphibischen Leben und zum überwiegenden Wasserleben bis zum stromlinienförmigen „Fischdesign" mit Vorder- und Schwanzflossen nachvollziehen. Ob also neue „Designs" in der Stammesgeschichte über viele Stufen (die alle auf ihre Art ökologisch erfolgreich waren) entstanden sind, ist keine offene Frage.

Zum Teil offen ist die Frage nach dem „Wie", also die kausale Theorie dieses Vorgangs. Weiterhin benötigt selbst eine stammesgeschichtlich schnelle „Designbildung" hunderttausende, wenn nicht Millionen von Generationen. Zwischen dem Landtier *Pakicetus* und dem rein aquatischen Walvorfahren *Basilosaurus* liegen rund 12 Millionen Jahre. Durch künstliche Zuchtwahl – also unter Laborbedingungen – ist solch ein Vorgang nicht zu imitieren, außer (in sehr engen Grenzen) bei Mikroorganismen mit ihrer sehr schnellen Generationenfolge. Die Zeitskalen werden häufig nicht hinreichend beachtet. Zum Beispiel dauerte die kambrische „Explosion", in der fast alle heute noch vorherrschenden, komplexen tierischen Baupläne

---

[3] Um diese theoretischen Betrachtungen plakativ zu erläutern: Aus einem Eichhörnchen könnte in 1 000 Generationen vielleicht ein Flugtier werden, wenn sich zwischen den Extremitäten Flughäute entwickeln und sich die Beine nebst Muskulatur etwas umgestalten. Der Pottwal hingegen wird auch in 100 000 Generationen nicht die Chance haben, zu fliegen.

entstanden, nach dem bisherigen Fossilbefund 50 bis 80 Millionen Jahre! Es handelte sich um eine Phase vieler und schneller Innovationen, aber der Begriff „Explosion“ kann einen falschen Eindruck erwecken. Diese Phase dauerte rund zehnmal so lange wie die komplette fossile Geschichte der Hominina (Menschen und Vormenschen). Auch die Neubildung vieler Säugetierformen – nicht nur der Wale – nach Ende der Kreidezeit dauerte Jahrmillionen. Dagegen ist es höchstens 12 000 Jahre (ein Promille dieser Zeit) her, dass der Wolf zum Haustier wurde. Durch künstliche Zuchtwahl entstanden seither die dänischen Dogge und der Pekinese, die sehr unterschiedlich aussehen. Das prinzipielle „Design“ des Wolfs ist aber bei beiden erhalten. Auch die menschlichen Rassen sind nach heutigem Wissen jung, nämlich weniger als 100 000 Jahre alt. Sie unterscheiden sich genetisch nur in wenigen Positionen, die sich auf das äußere Erscheinungsbild auswirken, auf Größe, Hautfarbe usw. Bezüglich Anatomie, Physiologie und Verhalten existiert zwischen einem Inuit und einem Zulu allerdings kaum ein Unterschied.

Des Weiteren ist es inzwischen gesichertes Wissen, dass ein neues „Design“ von Körperbau und Verhalten bei komplexen Organismen in der Stammesgeschichte vor allem dadurch entsteht, dass sich die Steuerung (bzw. Regelung) von Entwicklungsprozessen ändert. Es gibt ein erhebliches Reservoir von genetischen Variationen und nicht vollständig genutzten Elementen (Wachstumsprozesse, regulative Gene etc.), die neu kombiniert und umstrukturiert werden können. Allerdings gilt dies vor allem für Organismen, deren Ontogenese als ein komplexer, mehrstufiger Prozess abläuft. Bei einer Fortpflanzung durch einfache Zellteilung, wie bei den Protisten, muss ein neues Design anders zustande kommen: Die Eukaryotenzelle, eine der größten Novitäten der Evolution, entstand nach heutigen Wissen u. a. durch (endo-) symbiotische Prozesse. Von daher stammen Mitochondrien und die pflanzlichen Chloroplasten ab. Die evolutionäre Entwicklungsbiologie im engeren Sinn befasst sich dem gegenüber mit vielzelligen Lebewesen. Zwar erfordert der Weg zum neuen Design auch bei ihnen Mutationen und damit die punktuelle Änderung genetischer Elemente; aber der eigentlich wichtige Aspekt ist ein anderer: Die Kombination, der Zusammenbau der bereits vorhandenen Elemente wird modifiziert und erweitert.

Die evolutionäre Strategie lautet also, dass Neukombination und Diversifizierung vor Neuerfindung rangieren. Wenn man sich z. B. die evolutionären Schritte vom Vorderbein eines kreidezeitlichen Kleinsäugers zum Flügel der Fledermaus so vorstellt, dass Mutationen nacheinander (oder gar gleichzeitig) Flügelbausteine bereitstellten, stößt man auf unlösbare Schwierigkeiten. Wenn dagegen die Haut-, Knochen- und Muskelelemente, die schon im Bein vorhanden sind, eine anders gesteuerte Entwicklung nehmen, wird der Vorgang erklärbar. Selbst die komplexesten Organismen bestehen auf der molekularen und zellulären Ebene aus relativ wenigen, aber variablen und vielseitigen Komponenten. Darin liegt ein Unterschied zur menschlichen Technik. Eine Wasseruhr benutzt zur Zeitmessung den Transport von Wasser durch Schwerkraft, eine altmodische Taschenuhr die elastische Energie einer Spiralfeder, eine moderne Quarzuhr Schwingungsfrequenzen eines Kristalls usw. Jeder Uhrtyp besteht aus Einzelteilen, die *nur in diesem* Design funktionieren. Biologische Uhren (die nahezu alle Lebewesen besitzen) sind dagegen auf molekularer Ebene allesamt sehr ähnlich. Wahrscheinlich ist in der Stammesgeschichte der Wirbeltiere überhaupt nur *eine* solche Uhr entstanden, die immer wieder variiert und für die unterschiedlichsten Funktionen benutzt wurde, vom menschlichen Tagesrhythmus bis zum Magnetkompass eines Zugvogels. Kurzum: Proteine, Zellen, Stoffwechselprozesse wie diejenigen, die den Zeitablauf messen usw. sind nicht auf ein einziges und spezielles Design zugeschnitten, sie sind *vielseitig* verwendbar und durch *kleine* Änderungen an andere „Designs“ anpassbar. Deshalb haben die Mechanismen, die ihren Zusammenbau in der Ontogenese steuern, eine zentrale Funktion auch in der Phylogenese. Ihr Verständnis hat die kausale Evolutionstheorie erheblich weiter gebracht. (Die folgende Darstellung konzentriert sich auf tierische Modelle, die zum Teil beträchtlichen Unterschiede zu Pflanzen und Pilzen müssen der Kürze wegen entfallen.)

2. Ein neues Forschungsfeld: Evo-Devo

Ausgangspunkt der Entstehung der evolutionären Entwicklungsbiologie oder Evo-Devo (von engl.: *Evolutionary Developmental Biology*) waren Einsichten in die komplexen Mechanismen der Embryonalentwicklung. Man verstand zunehmend das System wechselseitiger Genaktivierung und Beeinflussung des Embryonalzustands, das Conrad Waddington mit dem Begriff der „epigenetischen Landschaft“ umschrieb. Das führte seit Anfang der 1970er Jahre zum Zusammenschluss einer Vielzahl von Forschungsrichtungen, insbesondere der experimentellen Embryologie, Molekularbiologie und Entwicklungsgenetik (Love/Raff 2003; Laubichler/Maienschein 2007). Das Ziel ist, die inzwischen bekannten Mechanismen der Embryonalentwicklung in die kausale Evolutionstheorie einzubeziehen, um die großen evolutionären Veränderungen im Tier- und Pflanzenreich zu erklären.

2.1. Modularität, Entwicklungszwänge und Regulatorgene

Ein erster theoretischer Baustein der evolutionären Entwicklungsbiologie ist die Erkenntnis, dass die Organismen *modular* aufgebaut sind. Ein Modul besteht aus mehreren phänotypischen Merkmalen, die zusammen eine *funktionell integrierte*, intern hochgradig vernetzte, mehr oder weniger autonome *Einheit* bilden (Wagner et al. 2007). Der für die Ausprägung des Merkmalskomplexes verantwortliche Genkomplex ist ebenfalls weitgehend autonom und hierarchisch organisiert. Jeder Organismus besteht aus zahlreichen Modulen, die in der Evolution oft stark konserviert geblieben sind. Module sind außerordentlich vielschichtig; sie finden sich auf anatomisch-morphologischer wie auch auf molekularer Ebene. Typische Module sind etwa die Tetrapoden-Extremität, Ablauf und Chemismus der Zellatmung, hormonelle Signalübertragungswege, die Genexpressionsmuster, die bei den Wirbeltieren sowie bei den Insekten zur Ausprägung einer gemeinsamen Basisorganisation („phylotypisches Stadium") führen etc.

Weshalb sind Organismen überhaupt modular gebaut? Dies ist nicht selbstverständlich, denn man könnte (vor allem aus technologischer Sicht) ebenso gut erwarten, dass verschiedene Arten von der morphologischen bis zur molekularen Ebene völlig verschieden gebaut sind – so verschieden wie Quarz- und Atomuhren. Tatsächlich vertrat der Evolutionsbiologe Ernst Mayr noch in den 1960er Jahren die Auffassung, es sei sehr unwahrscheinlich, zwischen weit entfernten Arten noch nennenswerte Gemeinsamkeiten zu finden. Heute weiß man nicht nur, dass Mayr sich irrte, sondern auch, dass der modulare Bau der Organismen eine *Grundvoraussetzung* für ihre Evolution ist! Modularität erleichtert die Evolution komplexer Baupläne, weil funktionell integrierte Merkmalseinheiten einerseits autonom veränderbar sowie auf vielfältige Weise miteinander kombinierbar sind, und andererseits schon durch einfache Mutationen *in komplexer Weise* intern umstrukturiert werden können (Gilbert 2003, Kap. 23.5). Deshalb konnten komplexe Umbauten oft sogar mehrmals *unabhängig* voneinander in ähnlicher Art und Weise vonstatten geschehen (Parallelentwicklungen, sog. Homoplasien).

Die Entstehung von Modulen kann man sich durch fortwährendes Verschalten von Genen (und somit logische bzw. logistische Kopplung von Entwicklungswegen) unter so genannte *Regulatorgene* erklären. Letztere koordinieren als „Hauptschalter" in der Keimesentwicklung die räumlichen und zeitlichen Aktivitäten der beteiligten Gene. Eine solche Genkopplung wird immer dann selektiv „festgehalten", wenn sie eine funktionell sinnvolle, *phänotypische* Kopplung von Merkmalen zur Folge hat. Dadurch erhöht sich die „Trefferchance" für eine günstige Mutation erheblich, da die funktionell integrierten Komponenten einer Struktur nicht mehr „warten" müssen, bis die anderen „richtig" mutieren. So kann z. B. die Mutation eines Schalters den Merkmalskomplex *als Ganzes* verändern und die Entwicklung in einen anderen, harmonischen „Kanal" leiten. Auf diese Weise können die bereits vorhandenen Module wie bei einem Lego-Baukasten zu neuen Bauplänen umarrangiert werden. Bildlich gesprochen stand die Evolution also nie vor der Aufgabe, durch blindes Würfeln aus einem

„Buchstabensalat" einen sinnvollen Roman entstehen zu lassen. Vielmehr operiert sie mit ganzen Wörtern, Satzteilen, Sätzen und Text-Abschnitten, die – sind sie einmal entstanden – entlang einer Entwicklungslinie nahezu beliebig oft kopiert, umstrukturiert und zu immer neuen Texten arrangiert werden können. Dieses konstruktive „Recycling" kann erstaunlich vielfältig sein. Gleichwohl sind in der Gesamtschau alle Modifikationen *konservativ* (Minelli/Fusco 2005; Müller/Hassel 2005).

Doch weshalb werden selbst „ausrangierte" Merkmalskomplexe in der Keimesentwicklung in Ansätzen hartnäckig rekapituliert? Diese Frage lässt sich aus Sicht einer rein adaptationistischen Theorie, die das Auftreten nützlicher Variationen als Randbedingung voraussetzt, nur schwer erklären. Evo-Devo hingegen bietet auch dafür eine Erklärung an. Wie jede Medaille so hat auch die Modularität zwei Seiten: Einerseits erleichtert das fortwährende Recycling elementarer Module die Variation, schränkt aber andererseits aufgrund der funktionellen Abhängigkeiten im Modul den evolutionären Gestaltungsspielraum ein (*Entwicklungszwänge*). Die ursprünglichen Entwicklungswege müssen erhalten bleiben, weil eine grundlegende und abrupte Änderung die Embryonalentwicklung massiv stören würde. Es ist weit weniger problematisch, diese Wege zu modifizieren oder ihnen etwas „aufzupfropfen". Dadurch werden *Parallelentwicklungen* wahrscheinlich, und es enthüllen sich immer wieder in rekapitulierender Weise die ursprünglichen Grundzüge der Entwicklungsprogramme (Futuyma 1990, 497f).

Auch die Beschränkung auf ein begrenztes Reservoir von Modulen schränkt die Anzahl *möglicher* Variationen ein. Eine evolutionäre Strategie ist z.B. die Vervielfachung von Modulen. Module liegen häufig *mehrfach* vor, wie etwa die Segmente von Gliedertieren (bei manchen mit einem Paar Extremitäten pro Segment) oder die Glieder an einem menschlichen Finger. Das modulare Design macht eine parallele, aber auch teilweise unabhängige Entwicklung pro Modul möglich, sobald sich etwa die Steuergene *ebenfalls* verdoppeln. Ein weiteres Beispiel ist die Organisation der *homöotischen Gene*, die u.a. bei den Insekten und Wirbeltieren die ontogenetische Formbildung steuern. Die homöotischen Gene sind übergeordnete Gene, deren Proteine als Transkriptionsfaktoren die Aktivität zahlreicher nachgeordneter Gene regulieren (*„Mastergene"*) und dadurch die Entwicklung der einzelnen Körpersegmente steuern. Obwohl sich die Baupläne beider Tiergruppen erheblich voneinander unterscheiden, sind sich die homöotischen Gengruppen im Genom von Wirbeltieren und Insekten derart ähnlich, dass man annehmen muss, dass die Gene der homöotischen Gen-Cluster aus einem gemeinsamen Vorläufergen entstanden sind, das dann mehrfach dupliziert und abgewandelt wurde (vgl. Abb. 20).

Interessanterweise steuern gleiche Regulatorgene (oder deren Homologa) oftmals die Entwicklung *völlig verschiedener* Strukturen, wie z.B. von Gliedmaßen, Flügelmustern bei Insekten, die Kopfentwicklung usw. So können Regulatorgene in neue Regelstrecken übernommen werden, indem sie zusätzliche „Schalter" erhalten (MONTEIRO/PODLAHA 2009). Offenbar können mithilfe dieses einfachen Prinzips sehr unterschiedliche Baupläne entstehen.

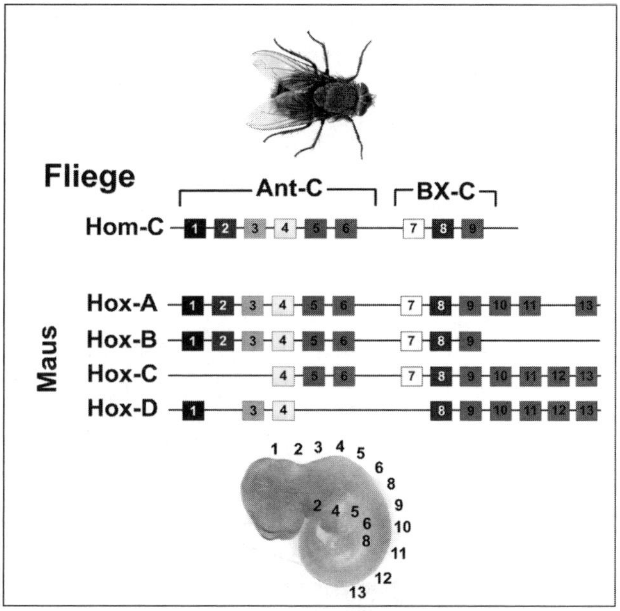

Abb. 20: Organisation der homöotischen Gene der Hom/Hox-Klasse und deren Konservierung in der Evolution. Die homöotischen Gene sind in zwei großen Genkomplexen lokalisiert, die als *Antennapedia-* und *Bithorax*-Komplex bezeichnet werden (Ant-C und BX-C). Die nummerierten Mitglieder eines Komplexes zeigen eine hohe Übereinstimmung in ihrer Sequenz, was sich durch wiederholte *Duplikation* der Homöobox-Gene im Laufe der Evolution erklären lässt. In der Maus liegen die beiden Genkomplexe vier Mal vor, so dass wahrscheinlich zwei Verdoppelungen seit der Auftrennung der gemeinsamen Vorfahren von Insekten und Säugetieren stattgefunden haben. Gleiche Nummern symbolisieren Homöo-Gene mit besonders hohen Sequenzübereinstimmungen. Die Nummerierung am Mäuse Embryo (unten) deutet an, in welchen Körperregionen die jeweiligen Hox-Gene die Organausformung steuern. (Gezeichnet nach MÜLLER/HASSEL 2005).

2.2. *Der entwicklungsgenetische „Werkzeugkasten"*

Ein zweiter Baustein von Evo-Devo gründet in der Einsicht, dass DNA nicht nur die Proteine für Körperstrukturen und Stoffwechselwege kodiert, sondern wie erwähnt über regulative Sequenzbereiche (sog. Promotoren,

Enhancer etc.) sowie über Regulator-Proteine und regulative RNA auch viele steuernde und regelnde Aufgaben wahrnimmt. Das gilt auch für die Ontogenese. Die Mechanismen dafür sind schon lange in der Stammesgeschichte „konserviert", so dass man von einem genetischen „Werkzeugkasten" (*developmental-genetic tool-kit*) für die Ontogenese spricht (Carroll 2008; Abb. 21). Zum Beispiel kommen die erheblichen Unterschiede zwischen den verschiedenen Körpersegmenten *einer* Art, wie auch zwischen den homologen Segmenten *verschiedener* Arten durch die unterschiedliche Aktivierung und Reprimierung spezifischer Zielgene durch die Hom/Hox-Gene zustande. Im Laufe der Evolution können auch *unterschiedliche* Zielgene (Realisator-Gene) unter die Mastergene verschaltet werden, wodurch die verschiedenen Segmente mit unterschiedlichen Merkmalen ausgestattet wurden.

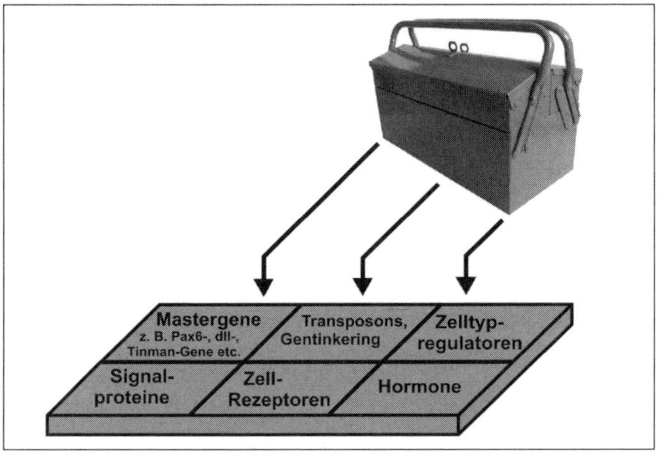

Abb. 21: Schema des entwicklungsgenetischen „Werkzeugkastens". Mutationen in der Keimbahn können die Genregulation in der Embryonalentwicklung beeinflussen. Sind von den Mutationen z.B. „Master-Gene" (etwa Pax-6, Tinman usw.) betroffen oder Gene, die das Ausschütten von Hormonen regulieren, werden die Zielgene räumlich und zeitlich anders aktiviert oder deaktiviert oder bestimmte Zellen funktionell verändert. Die veränderte Genexpression kann in der Embryonalentwicklung vielschichtige Veränderungen im Erscheinungsbild (Phänotyp) hervorrufen. Auf diese Weise können im Laufe der Zeit sehr komplexe Regelkaskaden bzw. Merkmalskomplexe entstehen. Nach Carroll (2008, 77).

Ein Beispiel: Das Regulationsgen dll (*distal-less*) oder das homologe Gen dlx löst bei den verschiedensten Tieren die Entstehung aller möglichen Körperfortsätze aus – angefangen mit den Ausstülpungen von Meereswürmern, über die Füßchen der Seeigel, die Siphons der Seescheiden, die Gliedmaßen der Insekten, bis hin zu den Extremitäten der Säugetiere! Es kodiert für ein Steuerprotein, das sich mit einem Bereich (Homöodomäne) an andere DNA, nämlich an ein Realisator-Gen, anlagert. Dessen Aktivität wiederum steuert in der Embryonalentwicklung die Bildung der Fortsätze. Eine genetische Veränderung verändert die Expression der nachgeordneten Gene und damit das Erscheinungsbild des Organismus. Die ontogenetischen Entwicklungswege, die zu den verschiedenen Gliedmaßen, Augentypen usw. führen, wurden in der Evolution also nicht jedes Mal neu erfunden; vielmehr ist an der Steuerung der Bildung der verschiedenen Strukturen immer ein gemeinsames genetisches Element (bzw. *Entwicklungsmodul*) beteiligt, unter deren Kontrolle die verschiedensten Strukturgene ausgeprägt werden können.

Wie können in den verschiedenen Tierstämmen den homologen Steuergenen unterschiedliche Strukturgene nachgeschaltet werden? Eine Antwort liefern „mobile Gene" (Transposons), die auf den Chromosomen hin- und herspringen. Gelegentlich können diese Gene dabei andere Genabschnitte „mitnehmen", die dann irgendwo im Genom zufällig eingebaut werden. Auf diese Weise können neue Gene in einen bereits bestehenden Signalweg eingefügt werden („Gen-Tinkering"). Zum Beispiel scheinen alle Augentypen ein gemeinsames genetisches Element zu besitzen: die Entwicklungssteuerung mithilfe des Mastergens Pax-6 (Gehring 2001). Auf morphologischer Ebene sind Linsensysteme der Facettenaugen von Insekten sowie der Kameraaugen von Wirbeltieren und Cephalopoden dagegen *völlig verschieden*, da verschiedene Strukturgene unabhängig voneinander (mittels Gen-Tinkering) sukzessive unter die Kontrolle des Pax-6 gerieten. Dabei kann unter ständiger, selektiver Kontrolle ein Strukturgen nach dem anderen unter die Kontrolle eines Regulationsgens gebracht und dabei „ausprobiert" werden, ob sich die Funktion des betreffenden Strukturkomplexes dadurch verbessert (s. Abb. 22).

Übrigens stellt sich dadurch die Unterscheidung von Homoplasien und Homologien schwieriger dar als bisher.[4] So sind auf *morphologischer* Ebene Linsensysteme der Facettenaugen von Insekten sowie der Kameraaugen von Wirbeltieren und Cephalopoden nicht homolog, die Regulatorgene, unter deren Kontrolle diese Strukturen ausgeprägt werden, sind es dagegen schon. Die Begriffe Homologie und Homoplasie müssen daher im Blick auf die Entwicklung niveaubezogen und quantitativ benutzt werden (Hertel 2003).

[4] Homologe Strukturen sind solche, deren Ähnlichkeit auf gemeinsame Abstammung zurückgeht, auch wenn ihre Funktionen nicht mehr gleich sein müssen (Flügel der Vögel und Vorderextremitäten der Säugetiere). Homoplastische Merkmale sind dagegen solche, die von mehreren Arten geteilt werden, obwohl der Grund nicht in einer gemeinsamen Abstammung liegt, zum Beispiel der Rüttelflug von Schwärmern und Kolibris (Vögel) beim Nektarsammeln.

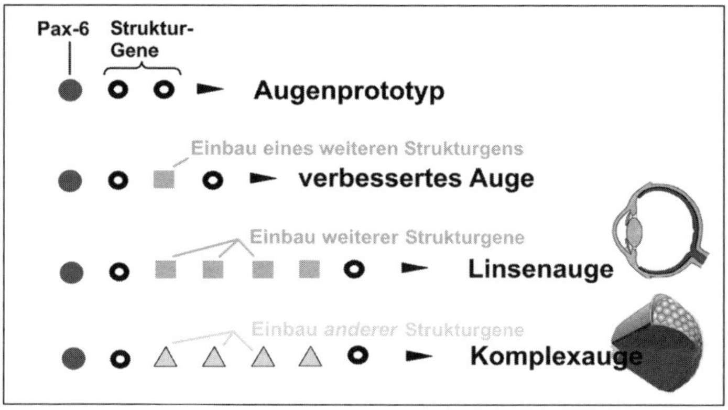

Abb. 22: Schematische Darstellung des Gen-Tinkering. Beginnt die Evolution mit einem Hauptschalter (z.B. Pax-6) sowie mit einigen nachgeordneten Strukturgenen, können unter laufender selektiver Kontrolle sukzessive weitere Gene unter die Kontrolle dieses Mastergens gebracht werden, wodurch die Funktion der Struktur optimiert und die Entwicklungskaskade fortlaufend komplexer wird. Auf diese Weise kann z.B. aus einem lichtempfindlichen Fleck („Augenprototyp") schrittweise das Linsenauge und das Komplexauge entstanden sein. Schema nach JUNKER UND SCHERER (2006), in Anlehnung an GEHRING (2001).

2.3. Exploratives Verhalten und ontogenetische Plastizität

Entwicklungsprozesse, wie zum Beispiel das Nervenwachstum oder die Entstehung der Struktur des Gehirns, sind nicht *direkt* genetisch codiert, da die dafür erforderliche „Information" den auf der DNA verfügbaren „Speicherplatz" um mehrere Größenordnungen übersteigen würde. Folglich müssen sich die Strukturen nach internen Regeln, durch wechselseitige Beeinflussung von Embryonalzustand und Genaktivierung, *selbst konstruieren* und an die jeweils im System herrschenden Bedingungen anpassen. Dies geschieht auch nach *biomechanischen* Gesetzen, wobei sich die verschiedenen Zellverbände beim Wachstum durch äußeren oder inneren Druck in spezifischer Weise verformen, verdichten, auflockern, einfalten, Hohlräume bilden usw. Daraus folgt, dass mitunter schon kleine Veränderungen im System oder in der Umwelt, die *nicht* genetisch bedingt sind, als Signale wirken und die Individualentwicklung in bestimmte Richtungen drängen können. GERHART/KIRSCHNER (2005) sprechen diesbezüglich von „explorativem" (selbst entdeckenden) Verhalten und von *ontogenetischer Plastizität.*

Als sich z.B. die Knochen der Vordergliedmaßen bei den Vorfahren der Fledermäuse durch eine genetische Veränderung verlängerten, war vermutlich keine weitere Mutation nötig, um auch die Nervenbahnen zu den angehefteten Muskeln zu verlängern. Vielmehr folgten diese der Veränderung *automatisch*, so dass eine synorganisierte Evolution ablaufen kann (siehe unten). Ähnlich kann man sich die Entstehung neuer Hirnareale in der menschlichen Evolution vorstellen: Die Unterschiede bezüglich der kognitiven Fähigkeiten von Mensch und Schimpanse sind wahrscheinlich weniger die Folge *genetischer* Neuerungen als vielmehr die Konsequenz einer entsprechender *Verlängerung* der Wachstumsphase, wonach sich die Struktur des Gehirns, biomechanischen Prinzipien folgend, modifiziert. Gerade im Gehirn ist der Unterschied zwischen Mensch und Schimpanse frappierend gering, was den Aufbau und die Aktivität der Gene betrifft (vgl. KHAITOVICH et al. 2005). Folglich muss der Grund für die strukturellen Unterschiede der Gehirne weitgehend im „selbst entdeckenden Verhalten" der Ontogenese zu suchen sein. Geringe Veränderungen in der Entwicklungsregulation, die dafür sorgen, dass die Hirn-Entwicklung beim Menschen länger anhält, könnten so die Emergenz neuer Hirnareale und mentaler Prozesse begründen.

Ebenso plastisch reagiert die Ontogenese auf *äußere* Signale, also auf Umweltfaktoren. Entwicklungspotenzen sind im System bereits „latent" vorhanden und oft über eine große Bandbreite möglich. Dadurch können sich Populationen oder Teilpopulationen an veränderte Lebensbedingungen anpassen, bevor die adaptive Selektion einsetzt. Umweltbedingte Modifikationen können deshalb Präadaptationen (Voranpassungen) für genetische Veränderungen bilden. Das Stichwort hierzu lautet „BALDWIN-Effekt" (BALDWIN 1896). Zum Beispiel konnte NIJHOUT (1985) zeigen, dass sich durch Hitzeeinwirkung auf den Flügeln von Schmetterlingen Augenflecken induzieren lassen (vgl. Abb. 23), die an dieser Stelle sonst nicht vorkommen. Auch andere Änderungen der Muster sind durch Temperaturstress erzeugbar. Auf diesem Wege könnte die so genannte BATES'sche Mimikry in der Evolution entstanden sein. Gemeint ist damit, dass viele Schmetterlinge giftige bzw. bittere Arten nachahmen, die von Fressfeinden gemieden werden. Vorbild und Nachahmer müssen dabei nicht einmal nahe verwandt sein. Wenn nun, und dies ist der entscheidende Punkt, durch Temperaturstress (z. B. bei einer Teilpopulation in kälterem Klima) eine Flügelzeichnung auftritt, die einen *Selektionsvorteil* hat (etwa weil die Population einer giftigen Art ähnlicher wird), dann profitieren auch die nachfolgenden Generationen davon, wenn dieses Merkmal zufällig aufgrund *genetischer* Veränderungen *erblich* wird, und somit *unter allen Temperaturbedingungen* auftritt.

Die dafür nötigen Änderungen bei der Entwicklungssteuerung sind gering (CARROLL 2008, 200 ff); beteiligt ist wieder das Regulationsgen dll. Es wird in eine neue Regelstrecke übernommen, indem es einen zusätzlichen Schalter erhält, so dass es nicht mehr nur die Bildung von Extremitäten oder Flügeln steuert, sondern auch die Entstehung von Flügelmustern (Abb. 23).

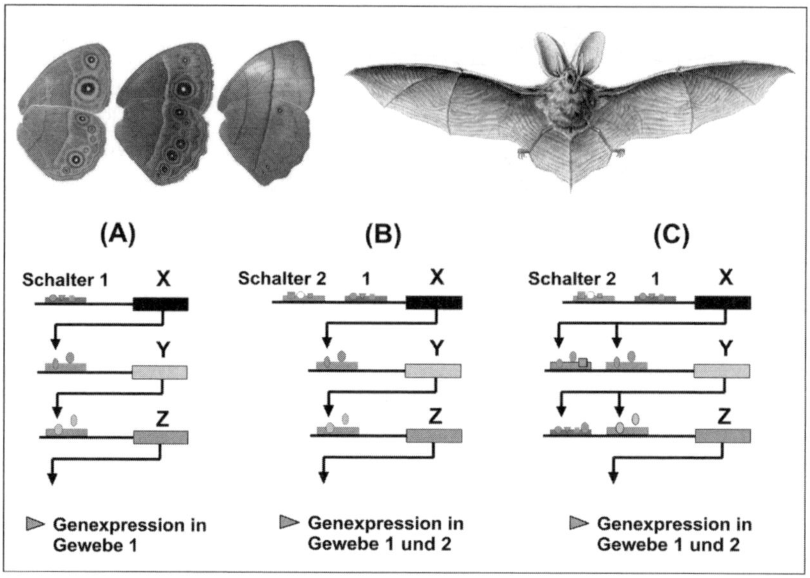

Abb. 23: Oben: Das Regulatorgen dll (dlx) ist an der Ausprägung so unterschiedlicher Strukturen wie der Flügelmuster bei Schmetterlingen und der Extremitäten von Säugetieren, wie etwa der Fledermaus, beteiligt. Unten: (A) Schema eines einfachen modularen Gennetzwerks (X, Y, Z). Gen X steuert die Expression von Y, welches auf analoge Weise die Expression von Z reguliert. Die regulative Sequenz (Schalter 1) vor Gen X sorgt dafür, dass diese Kaskade in Gewebe 1 aktiviert wird. (B) Wenn nun ein weiterer Schalter, der in Gewebe 2 aktiviert werden kann, vor Gen X platziert wird (Schalter 2), dann wird diese Kaskade auch in diesem Gewebe aktiv: Eine duale Funktion ist entstanden. (C) Spätere Modifikationen eines oder mehrerer Schalter ermöglichen eine schrittweise funktionale Differenzierung, so dass diese Kaskade in *verschiedenen* Geweben jeweils spezifische Funktionen erfüllen kann. Nach Monteiro/Podlaha (2009), verändert. Links oben: Augenflecken bei Faltern der Gattung *Bicyclus*. © Antónia Monteiro, University at Buffalo. Abdruck mit freundlicher Genehmigung.

Des Weiteren wird die Bedeutung epigenetischer Veränderungen für Innovationen diskutiert. Gemeint sind Veränderungen bei der Expression (der Ausführung) genetischer Information, die über mehrere Zellgenerationen oder sogar über mehrere Generationen des Phänotyps Bestand haben, obwohl sich die Information selbst nicht ändert. Das bekannteste Beispiel ist die Ausdifferenzierung der Körperzellen während der Entwicklung. Totipotente Eizellen werden zu pluripotenten Zellen des Embryos und schließlich zu Spezialisten wie Nerven- oder Epithelzellen. Die genetische Information der Eizelle bleibt erhalten, wird aber zum Teil dauerhaft und irreversibel stillgelegt. Heute wird der Begriff „epigenetisch“ für zahlreiche molekulare Prozesse benutzt. Sie können ebenfalls als „Präadaptation“ wirken. Zum Beispiel können zwei verschiedene Phänotypen entstehen, je nachdem ob ein bestimmtes Gen dauerhaft blockiert wird oder nicht. Insofern erhöht sich die Variabilität von Phänotypen, an denen die Selektion ansetzen kann.

2.4. Evolutionäre Bürde und schrittweise Merkmalsfixierung

Auch das Verhältnis zwischen innerer und äußerer Anpassung ist ein wichtiges Thema bei Evo-Devo. Grundsätzlich muss eine Änderung, um vorteilhaft oder auch nur möglich zu sein, nicht nur zur Umwelt eines Lebewesens passen, sondern auch zu dem bestehenden „Design“. Was im Bauplan nicht mehr (wenigstens latent) vorhanden ist, kann in der Evolution nicht so einfach wiederkommen (DOLLOsche Regel). So sind die Wale 40 Millionen Jahre lang auch im Meer Luftatmer geblieben. Eine Möglichkeit, Sauerstoff dem Wasser zu entnehmen, gibt ihr Bauplan nicht mehr her.

RIEDL (1990, 218 ff) gebraucht dafür den Begriff der „evolutionären Bürde“, auf dem er das Modell der *schrittweisen Merkmalsfixierung* begründet.[5] Diesem Modell zufolge tragen stammesgeschichtlich junge Merkmale noch eine geringe *Bürde*, das heißt es gibt noch wenige Strukturen, die in funktioneller Hinsicht von diesen Merkmalen abhängig sind. Die aus der Merkmalsbebürdung resultierenden negativen „Folgelasten“ mutativer Änderungen sind dem entsprechend noch gering, und entsprechend hoch ist noch das Variationspotential. Die Evolution befindet sich, salopp gesprochen, noch in einem experimentierfreudigen Stadium. Dies kann eine vergleichsweise schnelle adaptive Radiation (*„Formenexplosion“*) zur Folge haben, wie z. B. die „Kambrische Explosion“, die sich mit diesem Modell gut erklären lässt. Im Laufe der Zeit bauen immer neue Merkmale auf den älteren auf, und entsprechend steigt deren Bürde. Viele Merkmale sind heute zum Ausgangspunkt so vieler anderer, wichtiger Entwicklungsschritte geworden, dass sie (in dem betreffenden Taxon) überhaupt nicht mehr veränderbar sind.

Dass einmal getroffene „Entscheidungen“ im Laufe der Zeit immer schwerer rückgängig gemacht werden können, selbst wenn hohe Selek-

[5] Die schrittweise Fixierung von Merkmalen lässt sich z. B. anhand der Vogelevolution erläutern: Zuerst entstanden die zweibeinige Fortbewegungsweise, dann die Federn als Isolierung, dann die Gleit- und Flugfähigkeit usw. Als letztes gingen die Zähne verloren. Einige Merkmale ändern sich synchron, andere in zeitlicher Abfolge.

tionsdrücke dies zu fordern scheinen, belegt nicht nur die Lungenatmung der Wale. Auch die Zahl der Halswirbel ist bei Säugetieren (mit wenigen Ausnahmen) auf 7 festgelegt. So wäre der Giraffe sicher eine größere, dem Pinguin eine geringere Anzahl an Halswirbeln nützlich. Es war aber lediglich möglich, die sieben Wirbel zu verlängern oder zu verkürzen. Bei den Reptilien ist die Zahl der Halswirbel hingegen noch variabler. Ähnlich liegen die Dinge bei den Zahnanlagen der Bartenwale, die in der Keimesentwicklung eisern „rekapituliert" werden, obwohl sie doch nur wieder verschwinden – die Bartenwale besitzen keine Zähne mehr! Doch anscheinend verhindert die evolutionäre Bürde die Eliminierung dieses Merkmalskomplexes, da er für die formgerechte Entwicklung des Kiefers benötigt wird.

Das Konzept der evolutionären Bürde erklärt somit auf elegante Weise eine ganze Reihe von Phänomenen, wie etwa die *Rekapitulation* alter, „ausrangierter" Muster und die Tatsache, dass sich die *ursprünglichen* Merkmale in einer Organismengruppe oft nur noch langsam oder überhaupt nicht mehr verändern, während jüngere Merkmale oft mit größerem Tempo evolvieren („Mosaikevolution"). Und es erklärt, warum Evolution eine Serie von Kompromissen ist, bei denen allzu oft nur irreparabel verbaute Anpassungen zustande kommen. So erfolgt z. B. die Geburt justament durch den einzigen nicht zu erweiternden Knochenring unseres Körpers, Luft- und Speiseröhre kreuzen sich, und bei den Wirbeltieren sind die Sehzellen stets dem Licht *abgewandt* (invers), während die Nervenzellen, die zum Gehirn führen, nach außen gerichtet sind. Die Folge ist ein „blinder Fleck" auf der Netzhaut, der erhebliche Kompensationsleistungen von Auge und Gehirn verlangt. Eine evolutionäre Korrektur ist deshalb nicht mehr möglich, weil die stammesgeschichtlich getroffenen „Vorentscheidungen" bezüglich der Ausformung des Gehirns keine Alternativen mehr zulassen, ohne den Funktionszusammenhang zu zerstören. Im Extremfall kann eine sehr hohe Bebürdung bis zur totalen Stetigkeit eines Bauplans führen.

3. Evo-Devo und die Geschichte der DNA

Wie sieht nach heutigem Wissen eigentlich die Geschichte der DNA aus? Da gibt es zum einen die alten (konservierten) Gene, die homologe Gruppen („Genfamilien") bilden (entstanden durch Duplikationen und horizontalen Gentransfer); zum anderen aber auch Gene mit neuen Funktionen, die durch Mutationen („Exon shuffling", Punktmutationen usw.) entstanden sind. Auch Genverluste gehören zur Evolution. Putnam et al. (2007) verglichen das Genom einer Seeanemone (Cnidaria) mit dem der Bilateria, die zwei symmetrische Seiten aufweisen (Hauptmenge aller Tiere). Sie fanden 7766 Genfamilien, die sich sowohl bei der Seeanemone als auch bei Fruchtfliege, Fadenwurm, Frosch, Kugelfisch und Mensch finden (Abb. 24 u. 25).

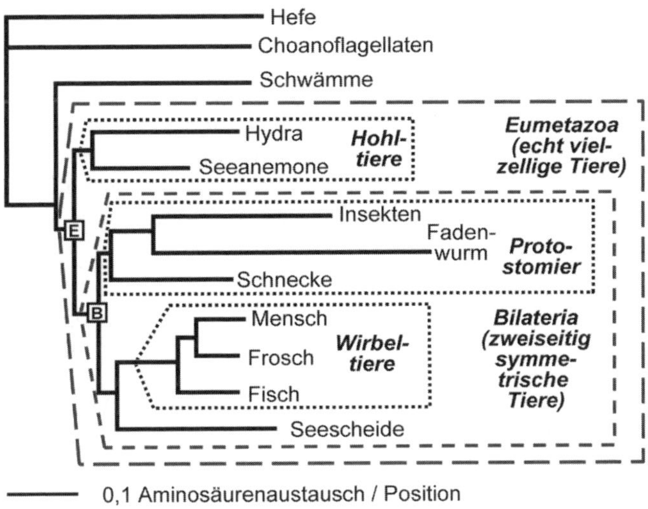

Abb. 24: Stammbaum der Tiere, berechnet aus dem Sequenzvergleich von 337 Single-Copy-Genen aus Seescheide (*Ciona intestinalis*), Fisch (*Takifugu rubripes*), Frosch (*Xenopus tropicalis*), Mensch, Schnecke (*Lottia gigantea*), Fliege (*Drosophila melanogaster*), Fadenwurm (*Caenorhabditis elegans*), Süßwasserpolyp (*Hydra magnipapillata*), Seeanemone (*Nematostella*), Schwamm (*Amphimedon queenslandica*), Choanoflagellat (*Monosiga brevicollis*) und Hefe (*Saccharomyces cerevisiae*). Alle Verzweigungspunkte konnten mit 100 %iger Zuverlässigkeit aufgelöst (d. h. aufgetrennt, unterschieden) werden. Maßstab: 10 % Austauschwahrscheinlichkeit. E: der gemeinsame Vorfahr aller Eumetazoen. Bis zu ihm entstanden 1 148 neue Gene und 1 470 Gene durch Genduplikationen. Die Anzahl seiner Gene, die rekonstruiert werden konnte, beträgt 7 766. B: der gemeinsame Vorfahr aller Bilaterier. Bis zu ihm (d. h. seit „E“) entstanden 662 neue Gene und 320 Gene durch Genduplikationen. Die Anzahl seiner Gene, die rekonstruiert werden konnte, beträgt 8 748.

Jede dieser Genfamilien steht für ein (hypothetisches) Gen eines ursprünglichen Eumetazoen. Er hatte vermutlich weitere Gene, die in den Nachfahren nicht mehr oder nur sehr verändert vorhanden sind, so dass die Zahl 7 766 eine Untergrenze bildet. Der letzte gemeinsame Vorfahr der beiden Großgruppen Hohltiere (Cnidaria) und zweiseitig-symmetrische Tiere (Bilateralia) besaß also ca. 8 000 Gene, deren Abkömmlinge in den jetzt lebenden Organismen zu finden sind. Die Autoren schätzen, dass sich 13 830 (also grob die Hälfte) der menschlichen Gene durch eine Vergrößerung der Genfamilien von ihnen ableiten. 72 % dieser Ursprungsgene (5 626) sind sowohl bei den Cnidariern als auch bei Protostomiern (bei Fruchtfliege und Fadenwurm) und Deuterostomiern (bei Kugelfisch, Krallenfrosch und Mensch in zwei von drei Fällen) immer noch vorhanden. 1292 sind nur noch bei den Deuterostomiern (in Abb. 24 Wirbeltiere und Seescheide) vorhanden und bei den Protostomiern verschwunden. Dem gegenüber haben die bilateralen Stämme nur 673 Genfamilien gemeinsam, die es bei den Cnidariern nicht gibt. Dabei könnte es sich um Neuerungen handeln, obwohl ein Teil vermutlich bei den Cnidariern separat verloren ging oder sich stark veränderte. Solche Zahlen geben einen Überblick über das Verhältnis konservierter, verlorener und neuer Gene, was sich allerdings durch die Sequenzierung der Genbestände weiterer Organismen wahrscheinlich noch leicht verschieben wird.

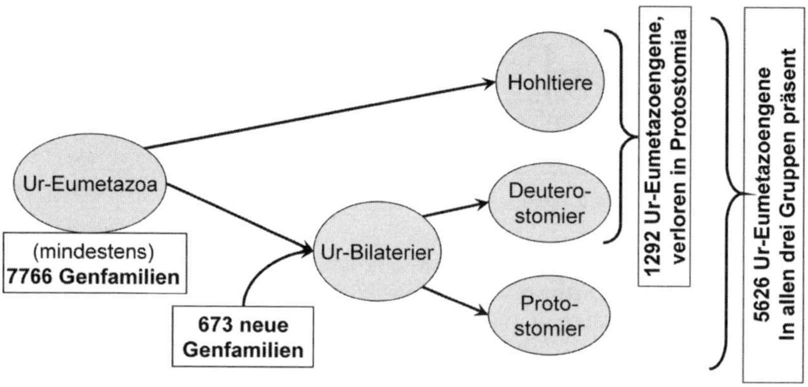

Abb. 25: Übersicht über die Herkunft des Genbestands bei Tieren. Links: Genrepertoire beim Ur-Eumetazoen sowie rechts: bei den Hohltieren, Proto- und Deuterostomiern. Für jede Verzweigung ließen sich Zahlen betreffs Verlust und Entstehung von Genen angeben; der Übersichtlichkeit halber sind nur wenige aufgeführt. Hinzu kommen Neubildungen durch Genduplikationen (hier weggelassen). Nach den Berechnungen der Autoren leiten sich z. B. 13 830 der menschlichen Gene durch diesen Mechanismus von dem Ur-Genbestand der Eumetazoen ab.

Wo kamen die 7766 Gene am Ursprung der Eumetazoen her? 6182, also fast 80 % von ihnen, haben Ähnlichkeit mit Genen bei Protisten, Pilzen und grünen Pflanzen. D. h. ihr Ursprung liegt noch viel weiter zurück, nämlich bei den ersten Eukaryoten vor mehr als 1 Milliarde Jahren. Nur 20 % sind neu und müssen sich vor der Aufspaltung zwischen Cnidaria (Nesseltiere) und Bilateralia entwickelt haben, die ca. 700 Millionen Jahre zurück liegt. Einige haben eine noch erkennbare „alte“ Herkunft, enthalten aber eine neue Domäne oder Andockstelle. Dabei handelt es sich zum großen Teil um Gene, die mit der Kohäsion und der Kommunikation zwischen Zellen, sowie mit der Ontogenese zu tun haben:

Befriedigenderweise, aber vielleicht nicht einmal überraschend, haben wir gefunden, dass neue Gene signifikant gehäuft auftraten in den Funktionsbereichen Signaltransduktion, Zellkommunikation und Adhäsion sowie Entwicklungssteuerung. Der Ur-Eumetazoe war der Vorfahr aller heutigen Tiere mit Nervensystem, und Gene mit neuronaler Funktion waren häufig unter den Neuerungen (Putnam et al. 2007).

Die Zahlen sind erst einmal überraschend. Die Insekten und Wirbeltiere kommen mit relativ wenigen neuen Genen aus, verglichen mit Quallen und Seeanemonen. Sogar mit Einzellern haben sie genetisch viel gemeinsam. Die Komplexität ihrer Baupläne spiegelt sich im Genom also zunächst einmal nicht quantitativ wider – dieses Faktum ist schon länger als das „C-Wert-Paradoxon“ bekannt. Die Unterschiede zwischen ihnen bilden sich ebenso wenig ab, wenn man zum Beispiel Fruchtfliege und Kugelfisch vergleicht. Selbst der Mensch benutzt nur ungefähr ein Drittel mehr Gene als *Drosophila*. Ähnliches gilt für die vergleichsweise geringe Variabilität verwandter Gruppen. Auch die Vielfalt im Bau der Gliedmaßen von Salamandern, ebenso wie die Differenz bei der Zahl der Segmente von Hundertfüßlern, geht jeweils nur mit einer geringen genetischen Variabilität einher.

Dass Innovationen im Körperbau überwiegend Zellkommunikation und Entwicklungsregulation betreffen, macht diesen Befund aber wieder verständlich. Entwicklungsvorgänge werden, wie wir mittlerweile wissen, genetisch anders gesteuert als noch vor 30 Jahren angenommen. Fast ebenso überraschend wie der Befund, dass die höheren Organismen so wenige aktive Gene haben, war der Befund, dass sie so viele inaktive besitzen. Soweit heute bekannt ist, kodieren zum Beispiel nur 2 % der über drei Milliarden Nukleotide des menschlichen Erbguts direkt für an die 30 000 Proteinsequenzen (die genaue Zahl ist noch immer unbekannt!). Von diesen funktionalen Genen wird der größte Teil nach dem Ablesen der DNA auf der Ebene der RNA entfernt. Einige dieser Introne bewirken, dass von einem einzigen Gen mehrere Proteinvarianten aufgebaut werden können („differenzielles Spleißen“). Die meisten sind allerdings funktionslos.

Es gibt also ein Reservoir von genetischen Variationen und nicht vollständig genutzten Elementen (Information für Stoffwechselprozesse, Bauplanelemente und Wachstumsprozesse, für regulative Gene etc.), die im Genom „hin und herspringen“, neu kombiniert und umstrukturiert werden können, dabei die Expression von Genen verändern usw. Zu diesem Reservoir kommt die genetische Variation in der Population, also die Unterschiede zwischen Individuen. Dieses Potential lässt sich durch sexuelle Reproduktion im Lauf weniger Generationen ausschöpfen, da die Varianten (Allele) immer wieder in neuer Kombination zusammen kommen. Die Vorteile der sexuellen Reproduktion werden dadurch ebenfalls erklärbar. Der so genannte Heterosis-Effekt ist aus der Tier- und Pflanzenzüchtung schon lange bekannt, nämlich dass Organismen oft (aber nicht immer) leistungsfähiger sind, wenn sie an vielen Genorten verschiedene Allele aufweisen.

Aber warum leisten sich Organismen einen großen Bestand nicht genutzter Information? Man könnte vermuten, dass Organismen einen Selektionsvorteil hätten, die Duplikate und defekte Kopien eliminieren. Genetische Information wird aber nicht sparsam reproduziert, sondern luxuriert. Ein Grund scheint zu sein, dass der Ressourcenaufwand für das Mitschleppen genetischer Information bei Pflanzen und Tieren sehr gering ist[6]. Kostspielig ist das Ausführen von Bauplänen, nicht die zelluläre Reproduktion von DNA. Zum anderen haben Populationen, die ihre genetischen Daten nicht „verschlanken", auf lange Sicht vermutlich einen enormen Vorteil, nämlich Anpassungsfähigkeit. Adaptive Selektion ist schneller möglich, wenn es einen reichhaltigen Pool von genetischen Variationen gibt. Daher scheinen vor allem unter komplexen Lebewesen diejenigen Populationen überlebt zu haben, die sich einen „luxurierenden" genetischen Datenbestand leisten.

4. Kreationismus und „intelligentes Design"

Für den Kreationismus und die Bewegung für ein „intelligentes Design" stellt der Fortschritt der kausalen Evolutionstheorie durch Evo-Devo eine Bedrohung dar. Der deutsche Kreationismus lebt auf der naturwissenschaftlichen (nicht auf der theologischen) Seite von der Behauptung, dass „der Mechanismus" der „Makroevolution" im Unterschied zu dem der „Mikroevolution" nicht bekannt sei. Das war auch schon 1990 so nicht richtig, heute gilt es bestenfalls noch für Details. Dabei sei dahingestellt, ob die Unterscheidung von Mikro- und Makroevolution überhaupt sinnvoll ist. Die in Deutschland tonangebende Studiengemeinschaft Wort und Wissen versucht den Eindruck zu erwecken, dass viele Biologen immer noch unsicher seien, ob überhaupt eine Evolution stattgefunden habe. In einer Erwiderung auf einen Text des Autors Hemminger (2007) heißt es:

> Die beobachteten mikroevolutiven Vorgänge und die Indizien aus Biologie und Paläontologie reichen u. E. in keiner Weise aus, eine Entwicklung neuer Baupläne als bewiesen und gut begründet zu betrachten. Neben den von zahlreichen Evolutionsbiologen (Gould, Kirschner & Gerhart, zahlreiche ‚Evo-Devo'-Vertreter) immer wieder betonten Begründungsdefiziten von Evolutionstheorien kann Evolution formal auch aus wissenschaftstheoretischen Gründen nicht als Tatsache deklariert werden. Deshalb hat die Evolutionstheorie für den Wissenschaftsphiloso-

[6] Bei Bakterien ist dies anders; sie sind darauf angewiesen, sich im Falle günstiger Bedingungen sehr schnell vermehren zu können, außerdem macht ihre DNA einen prozentual viel größeren Anteil der Zellen aus. Aus diesem Grund ist ihr Genom stark „kontrahiert", d. h. es enthält, verglichen mit Säugern, so gut wie keine nutzlosen Anteile.

phen K. Hübner [...] „nicht den Rang einer echten wissenschaftlichen Theorie, weil sie [...] nur in sehr begrenztem Maße Erklärungen liefert [...]" (EZW 2008).

Das Argument beruht auf einer Irreführung. Denn ob die Entstehung neuer Baupläne in der Evolution *kausal erklärt* werden kann oder nicht, hat mit der Frage, *ob* es eine Evolution (Stammesgeschichte) und in deren Zuge die Entwicklung besagter, neuer Baupläne gegeben hat, erst einmal nichts zu tun (s. Kap. III). Der Historikerstreit um die Ursachen des Ersten Weltkriegs ändert auch nichts an dessen Realität. Und die eiszeitliche Vergletscherung in Norddeutschland ist nicht dadurch in Frage zu stellen, dass man die Erklärung der Klimaforschung für den Wechsel von Glazialen und Interglazialen bemängelt. Die Eiszeiten waren durch geologische und biologische „Dokumente" belegt, bevor die Klimaforschung eine Erklärung für sie hatte (soweit es diese jetzt gibt). Die unzulässige Vermengung der phänomenalen und kausalen Fragestellung wurde den kreationistischen Autoren schon vielfach vorgehalten, ohne dass sie aus ihren Schriften verschwinden würde. Darüber hinaus werden von Wort und Wissen die „zahlreichen Evo-Devo-Vertreter" missbräuchlich zitiert. Nirgends bei Kirschner/Gerhart (2005) gibt es einen Zweifel, dass die Evolution des Lebens stattgefunden hat, und dass sie Jahrmilliarden dauerte; die Einwände des Kreationismus und des „Intelligent Designs" verwerfen sie ausdrücklich. Sie als Evolutionskritiker darzustellen, verfälscht (ebenso wie im Fall von Stephen Jay Gould) ihre Position. Allenfalls könnte man dafür die Entschuldigung anführen, die der Nobelpreisträger Peter Medawar für Teilhard de Chardin gelten lassen wollte: Er entgehe, so Medawar, dem Vorwurf der Unredlichkeit nur deswegen, weil er sich die größte Mühe gab, sich selbst zu täuschen, bevor er andere täuschte. Nach einer alten lateinischen Weisheit vermeidet die wahrhaftige Rede zweierlei: *suppressio veri* und *suggestio falsi*, also das Verschweigen der Wahrheit ebenso wie die irreführende Suggestion. Damit ist genug gesagt.

In dem 45 Seiten langen, kritischen Text von Reinhard Junker (2008) zu Evo-Devo bleibt seine kreationistische Position wie in seinem Lehrbuch (2006) zunächst einmal unerkennbar. Sie findet man in anderen Publikationen, zum Beispiel „Passten alle Tiere in die Arche Noah?" (Junker 2005). Gegenüber Evo-Devo bewegt er sich auf den ersten Blick in einer nicht-kreationistischen Gedankenwelt. Seine wenigstens teilweise sachliche Darstellung wird jedoch von einer schier endlosen Folge von Zitaten umrahmt, die aus den Irrungen und Wirrungen der Biologiegeschichte stammen und suggerieren, dass die Evolutionstheoretiker ihrer Sache nicht sicher seien.

Ausführliche Beispiele sollen demonstrieren, dass Biologen so von der Evolution sprechen, als hätte diese Absichten und Ziele (40 ff). Belegt das, wie Junker meint, eine unterschwellige Tendenz zum „intelligenten Design"? Sicher nicht, denn die Umgangssprache ist voller „intentionaler" Metaphorik. Wenn ein Botaniker sagt, dass eine Blüte den Bienen Nektar anbietet, meint er nicht, dass die Pflanze eine Absicht oder einen Plan hat. Er kann umgangssprachlich nicht anders reden. Und auch für den Astronomen geht morgens die Sonne auf, um dann über den Himmel zu wandern. Nur die Formeln der Mathematik, der Chemie und ähnlich formalisierter Systeme kommen ohne intentionale Begriffe aus. Abgesehen davon ist JUNKERS Argumentation so angelegt wie im „Lehrbuch" (JUNKER/SCHERER 2006): Die Forschung wird zum Teil korrekt, aber auch verzerrt und mit einem durchgehenden Grundton des Bezweifelns referiert. Alternative, eigene Erklärungen für die Daten werden nicht angeboten. Das durch die evolutionäre Entwicklungsbiologie erweiterte *Gesamtmodell* der Evolution kommt gar nicht in den Blick. Stattdessen werden Teilaspekte betrachtet (S. 13):

> Populationsgenetik und Entwicklungsgenetik beschreiben also zwei zu unterscheidende, wenn auch *keine alternativen* Evolutionsmechanismen.

Warum? Es handelt sich nicht um zwei „Mechanismen", sondern um zwei Systemebenen, die das Evo-Devo-Modell miteinander verbindet. Wie schon in der Einleitung ausgeführt, wirken äußere Selektionsbedingungen und die inneren Bedingungen des Organismus bei der Evolution zusammen. Ihre Kombination macht gerade die Grundidee von Evo-Devo aus. Eine weitere, unverständliche Trennlinie zieht JUNKER zwischen Entwicklungsplastizität und „Neuprogrammierung" (S. 15):

> In Kurzform können zwei verschiedene Mechanismen von Evo-Devo wie folgt zusammengefasst werden [...]: 1. Evolution geschieht durch Neuprogrammierung bzw. Neuverwendung von Genen, die regulatorische Aufgaben haben. 2. In der Evolution neuer Strukturen sind phänotypische Veränderungen die Vorreiter, bevor es zu Änderungen des Erbguts kam. Dies ist möglich durch die große Formbarkeit (Plastizität) auf den ontogenetischen Entwicklungswegen.

Das sind ebenfalls keine verschiedenen „Mechanismen", sondern Sequenzen (Schritte oder Abfolgen) im Evolutionsprozess, wie ihn das Modell annimmt. Nimmt man die Teilprozesse der Evolution derart künstlich auseinander, erklären sie *einzeln* betrachtet tatsächlich nicht viel mehr als vorher. Aber dabei wird die evolutionäre Entwicklungsbiologie bis zur Unkenntlichkeit entstellt, denn ihr Wesen liegt eben in der *Synthese* dieser beiden Aspekte.

Auch die vermeintlichen Gegensätze zwischen der „Synthetischen Evolutionstheorie" und Evo-Devo, die JUNKER auf S. 3, Abb. 2 anführt, wurden von ihm mehr oder weniger gewaltsam konstruiert. So heißt es z.B., die Synthetische Evolutionstheorie postuliere eine „gradualistische Sicht der Evolution", Evo-Devo dagegen eine „saltatorische", sprunghafte Evolution. In Wahrheit gibt es aus der systemtheoretischen Perspektive von Evo-Devo mitunter zwar kleinere bis mittelgroße Sprünge (z. B. eine *Heterochronie*), aber keine Saltationen (vgl. CARROLL 2008, 52f). Im Widerspruch zur „gradualistischen Sicht der Evolution" steht der Ansatz von Evo-Devo ebenfalls nicht. Ganz im Gegenteil heißt es bei WUKETITS (1988, 151):

> Aus der Perspektive der Systemtheorie der Evolution besteht kein grundsätzlicher Bruch zwischen mikro- und makroevolutiven Vorgängen [...] Man kann sich vorstellen, dass genetische Wechselwirkungen, spezifisch für jeden Organismus [...] so weit abwandelbar sind, dass ein breites Spektrum von Möglichkeiten entsteht.

Aus systemtheoretischer Sicht der evolutionären Entwicklungsbiologie gibt es also sowohl Perioden *gradueller* Evolution (nicht zu verwechseln mit einem *Formkontinuum*) als auch kleinere bis mittelgroße Sprünge.

Auch die meisten der übrigen Gegensätze, die JUNKER anführt, lassen sich auflösen. So werden praktisch alle Postulate von Evo-Devo auch im Rahmen der Synthetischen Theorie diskutiert und in dieser Form vertreten. Wer behauptet heute beispielsweise noch, es bestehe „eine einfache Beziehung zwischen Genotyp und Phänotyp"? Diese Position ordnet JUNKER fälschlicherweise der Synthetischen Evolutionstheorie zu. Fälschlicherweise deshalb, weil den Architekten der Synthetischen Theorie das Phänomen der *Pleiotropie*, welches von einer *komplexen* Beziehung zwischen Genotyp und Phänotyp zeugt, wohlbekannt war und in ihren Ansätzen berücksichtigt wurde (so z. B. von E. MAYR). Zudem behauptet allenfalls noch eine kleine Minderheit der Biologen, „Zufallsmutation und Auslese" seien *allein* schon ausreichend zum Verständnis des Formenwandels, und alle wesentlichen Fragen seien damit beantwortet. Eine derart naive Position ist nicht mit der Synthetischen Evolutionstheorie identisch, sondern ein Pappkamerad, der den Eindruck erwecken soll, Evo-Devo ginge nicht mit der klassischen Evolutionstheorie konform. Das Gegenteil ist der Fall: Evo-Devo füllt gerade jene Lücke aus, die in der klassischen Theorie als „black box" behandelt wird. Das allgemeine Mutations-Selektions-Erklärungsschema wird nicht verdrängt, sondern *mit Inhalt* gefüllt. Lediglich mit einem *strikten* Gen-Reduktionismus und Adaptationismus scheint Evo-Devo tatsächlich unvereinbar zu sein. Aber dabei handelt es sich nicht um „die" Synthetische Evolutionstheorie.

Die Position JUNKERS, die er mit seiner Dekonstruktion von Evo-Devo untermauern will, wird auf Seite 16 deutlich:

> Mit einzelnen Mutationen von ‚toolkit-Genen' ist es in der Regel nicht getan, wenn eine Neuprogrammierung in der Entwicklung (*developmental reprogramming*) erfolgen soll. Vielmehr benötigt eine nennenswerte Neuprogrammierung eine Abstimmung *mehrerer* Programmteile, und zwar gleichzeitig; das stellt

> aber für ungerichtete Mechanismen eine gewaltige Herausforderung dar [...] Schon der Begriff ‚reprogramming' ist hier verräterisch, denn er impliziert einen Programmierer [...]

Das Zitat verwundert sehr, denn genau dieses von dem Langzeit-Kreationisten Lönnig (1989) so genannte *Synorganisations-Problem* wird von Evo-Devo einer Lösung näher gebracht. Da viele Genexpressionen in der Ontogenese über Master-Gene und nachgeschaltete Hierarchien *gemeinsam* reguliert werden, kann die Expression *aller* untergeordneten Gene durch eine Mutation am Regulator auch *gleichzeitig* verändert werden. Das homöotische Gen Pax-6 beispielsweise steuert bei *Drosophila melanogaster* mehr als 2000 einzelne Genloci an. Eine Veränderung der Funktion eines solchen „Mastergens" verändert möglicherweise ein ganzes „Programm" synchron und kooperativ, was die Entstehung adaptiver Innovationen wesentlich erleichtert. Das demonstrieren die homöotischen Mutationen der Antennapedia-Genfamilie bei *D. melanogaster*: Durch eine einzige Mutation wird aus einer Antenne ein Bein, das funktional ist und für das Tier keinen schweren Nachteil bewirkt. Dass diese Konstruktion wahrscheinlich *ökologisch* sinnlos ist, ändert an der Demonstration der Möglichkeiten einer einzigen Mutation nichts. Ein weiteres Beispiel ist das Löwenmäulchen *Antirrhinum*, bei dem ein einziges Allel dafür verantwortlich ist, ob die Blüte asymmetrisch (zygomorph) oder radiär-symmetrisch ist. Beide Blüten sind funktional! Eine nützliche Variation wird durch eine solche Mutation natürlich nicht *sichergestellt*. Aber ihr Auftreten ist sehr viel wahrscheinlicher als sie ohne die hierarchische Verkopplung der Genexpression wäre.

Ein besonders eindrucksvolles Beispiel ist die Vorderhand der Fledermaus, welche die außerordentliche Wandlungsfähigkeit der Tetrapoden-Extremität beweist (Abb. 26). Nach Auffassung der Evolutionsgegner erfordere deren Entstehung simultan zahlreiche zueinander passende Veränderungen im Merkmalsgefüge; es handele sich demnach um ein Beispiel für *Makroevolution*. Doch inzwischen ist der morphogenetische Mechanismus, der zu den verlängerten Fingerknochen führte, aufgrund von Experimenten an der zu den in Amerika beheimateten Kurzschwanz-Blattnasen gehörenden Art *Carollia perspicillata* bekannt: Es handelt sich um eine Modifikation des morphogenetisch wirksamen Peptids *Bone morphogenetic protein* 2 (BMP2). Je mehr BMP2 in den Fingerknochen vorhanden ist, desto länger werden die Knochen. Für die Fledermäuse konnte die Ursache für die Voraussetzung des aktiven Fluges, nämlich die verlängerten Phalangen, auf eine einfache Mutation zurückgeführt werden, die dafür verantwortlich ist, dass die Finger in der Embryogenese schneller wachsen als die übrigen Knochen (Sears et al. 2006).

Abb. 26: Ausgewachsene Mausohrfledermaus (*Myotis myotis*). Vorgeburtliche Stadien zeigen, dass das Längenwachstum und die Ausbildung der Flughaut erst spät einsetzen. Die Fledermaus variiert den Bauplan der Vierfüßer. Zeichnung von August Specht, aus: Brehms Tierleben (Ausgabe von 1927).

Was die Evolution der Flughäute anbelangt, so bedarf auch dieser Schritt keiner komplexen Innovationen. Sears (2008) konnte zeigen, dass hierzu lediglich *die Hemmung* bestimmter Signalproteine erforderlich ist, die bei den Säugetieren zum „programmierten Zelltod" (Apoptose) des sich in der Embryonalentwicklung zwischen den Fingern ausbildenden Hautgewebes führen. Dazu ist abermals nur eine *quantitative* Modifikation notwendig, nämlich die Erhöhung der Konzentration des Wachstumsfaktors FGF sowie die Verminderung der Konzentration eines anderen Signalproteins (Sears 2008; Weatherbee et al. 2006). In diesem Fall bleibt das Hautgewebe zwischen den Fingern erhalten und kann zum primitiven Gleiten[7] oder, nach Entwicklung des entsprechenden neuromuskulären Apparats, aktiv als Flughaut genutzt werden. Um schließlich die Verlängerung der Blutgefäße, Muskelelemente sowie der Nervenbahnen zu den an den Fingerknochen angehefteten Muskeln zu bewerkstelligen, war wahrscheinlich *gar keine* gesonderte, auf viele Einzelmutationen zurückgehende Feinjustage erforderlich. Vielmehr scheinen Veränderungen des Knochenbaus *automatisch* auch Veränderungen der Muskeln, Nerven und Blutgefäße in der Embryonalentwicklung nach sich zu ziehen, angetrieben durch *„selbstentdeckende" ontogenetische Entwicklungsprozesse* (Kirschner/Gerhart 2005).[8]

[7] Dieses Szenario ist auch deswegen plausibel, weil zahlreiche kleine, baumbewohnende Wirbeltiere den Gleitflug mit Hilfe vergrößerter Hautflächen immer wieder unabhängig voneinander entwickelten, darunter Eidechsen, Geckos, Frösche und Nagetiere.

[8] Die damit gefundene Erklärung für das vergleichsweise rasche Auftreten der Flugfähigkeit der Fledermäuse erklärt nun auch das Fehlen von fossilen Übergangsformen, was von

Die relative Leichtigkeit koordinierter Umbauten komplexer Strukturen macht das „Synorganisationsproblem" also lösbar. Doch JUNKER ignoriert den vorgestellten Erklärungsansatz ebenso wie die anderen, durch Evo-Devo erreichten, theoretischen Fortschritte; zumindest hält er sie für untauglich, die „Makroevolution" zu erklären. Man gewinnt dabei den Eindruck, er habe sehr viel über Evo-Devo gelesen und gleichzeitig nur wenig verstanden, da er vor den entscheidenden Aussagen konsequent die Augen verschließt.

Auf S. 32/33 versucht JUNKER wiederum, eine künstliche Trennlinie zwischen „neuartigen Strukturen" („Makroevolution") und dem Recycling „alter" Strukturen durch Ausschöpfung eines vorhandenen Entwicklungspotenzials („Mikroevolution") zu etablieren, indem er behauptet, „[...] Veränderungen, die auf vorhandenen funktionellen Strukturen aufbauen" (wie z. B. Heterochronien) würden keine neuen Strukturen hervorbringen:

> Entscheidend ist hier die Frage, ob auf diesen Wegen nachweislich neuartige Strukturen entstehen oder ob nur ein vorhandenes Potential ausgeschöpft wird (S. 33).

Gerade aus Sicht von Evo-Devo ist dieser Satz unverstehbar, ja irreführend. Denn auch die größten Neuerungen in der Evolution können immer nur auf das „Ausschöpfen" des in den Genen schlummernden Entwicklungspotenzials zurückführt werden. Die Evolution der Fledermausflügel belegt dies in besonderer Weise: Für diese evolutive Neuerung waren offensichtlich keine komplexen Innovationen erforderlich; eine bereits vorhandene Struktur, die Vorderextremität konventionell gebauter Vierfüßer, wurde lediglich modifiziert. Letzten Endes muss *alles* Neue als *Möglichkeit* im Alten bereits angelegt sein, sonst wäre seine Entstehung ja *unmöglich*. Durch das „Recycling" alter Strukturen infolge veränderter Genregulation werden Neuheiten erzeugt – das ist die Botschaft. Es sei nur daran erinnert, dass der größte Teil der Gene hoch entwickelter Wirbeltiere schon bei den *Cnidaria*, ja z. T. schon bei Einzellern vorhanden war oder sich aus diesen ableiten lässt.

JUNKERS Frage, wie das Variationspotenzial „aufgebaut" wurde (S. 37), wer z. B. die Möglichkeit zur Entwicklung der Tetrapoden-Extremität in das „Ur-Amphibium" hineingesteckt habe, wird also durch Evo-Devo beantwortet. Die Entwicklungspotenzen lassen sich genealogisch von den

---

Vertretern des Intelligent Designs oft als Argument für eine spontane Schöpfung dieser Ordnung gewertet wird. Inzwischen konnte auch geklärt werden, dass das Echolot-System der Fledermäuse, mit dem sie Fluginsekten im Dunkeln orten, erst *nach* der Flugfähigkeit evolvierte (SIMMONS 2008). Die Entstehung dieses Systems bereitet dem Biologen ebenfalls keine grundsätzlichen Verständnisschwierigkeiten, da alle beteiligten Strukturen, wie Stimmbänder, Ohren, Gehirn, Bewegungskoordination etc. bei den Vorfahren bereits vorhanden waren. Die notwendige Veränderung beschränkt sich hauptsächlich auf die *Funktion* der Strukturen.

komplexesten hin zu den einfachsten Organismen zurückverfolgen; ihre Ursachen sind in der Geschichte des Gen-Systems selbst zu suchen. Dazu gesellen sich eine Unzahl an glücklichen Zufällen und verpassten Chancen. Hätte z. B. der Einschlag des Chicxulub-Asteroiden nicht vor 65 Mio. Jahren die Vorherrschaft der Saurier gewaltsam beendet, wären sicher eine Reihe von Entwicklungsmöglichkeiten in der Linie der Säugetiere ungenutzt geblieben. Folglich hätte es auch spätere Entwicklungspotenzen, welche die Entstehung höherer Primaten (einschließlich des Menschen) ermöglicht haben, nie gegeben.

Da Junker diese Aspekte offensichtlich nicht verinnerlicht hat, bleibt er dabei, dass Innovationen in der Stammesgeschichte einen „intelligenten Designer" brauchen. Damit leidet der Artikel allerdings mit am Grundproblem des „intelligenten Designs", nämlich dass diese Idee nicht als naturwissenschaftliche Hypothese formulierbar ist. Denn wie transzendent oder immanent man sich die einwirkende Intelligenz auch vorstellen mag: Irgendwann, irgendwo und irgendwie muss dieser Wirkfaktor „dingfest" gemacht werden. Was für ein Faktor ist das, wie lässt er sich empirisch untersuchen und wissenschaftlich beschreiben? Dazu wird nichts gesagt, weil nichts dazu gesagt werden kann. Die bloße Behauptung, dass der entwicklungsgenetische „Werkzeugkasten" unreduzierbar komplex sei und auf einem Planungsakt beruhe, führt erkenntnistheoretisch und biologisch nirgendwo hin. Nebenbei gesagt: Aus der Sicht des jüdischen und christlichen Glaubens handelt es sich auch um schlechte Theologie, weil das Schöpfungshandeln Gottes zu einer weltimmanenten Ursache unter anderen gemacht wird, anstatt zum Ursprung und Urgrund alles Seienden und Werdenden (s. Kap. XII). Wer den Schöpfungsglauben teilt, kann deshalb für die Fortschritte der Evolutionsbiologie nur dankbar sein, die diesen Fehlgriff wenigstens erschweren.

Zurück zur Biologie: Die Lösung des „Synorganisations-Problems" erfordert, dass altes und neues Design auf der Ebene der Phänotypen durch funktionale Zwischenstufen verbunden sind. Alle Schritte müssen mindestens selektionsneutral sein. Diese Neutralität (oder ein Selektionsvorteil) kann durch ontogenetische bzw. epigenetische Modifikation vorbereitet und durch phylogenetische Adaptation erreicht und ausgebaut werden. Aber selektiv nachteilige „Warteschleifen" gibt es in der Evolution nicht. Auf der Ebene der genetischen Information müssen Zwischenstufen durch mögliche, am besten durch plausible, Mutationen im „tool-kit" oder anderswo verbunden sein. Junker bestreitet, dass solche Mutationen wahrscheinlich sind. Er nennt aber selbst eine Reihe von Mechanismen, wie die Kooption bzw. die Rekrutierung von Regelschritten oder Regelkaskaden, die eine Expression bestehender Gene an einer Stelle oder in einem Schritt bewirken, an dem sie vorher nicht beteiligt waren. (Siehe das Beispiel der Flügelflecken bei Schmetterlingen.) Als *Gen-Tinkering* bezeichnet man die

Möglichkeit, dass nachgeordnete Steuergene in eine andere Kaskade übernommen werden.

Warum diese gut belegten Mechanismen für JUNKER die Möglichkeit von Innovationen in der Stammesgeschichte nicht wahrscheinlicher machen, bleibt unklar. Dass sie *konkrete* Innovationen nicht in dem Sinn erklären, dass *jeder einzelne Schritt* kausal analysiert werden kann, ist zwar richtig, aber auch banal. Eine Erklärung im Sinn eines überzeugenden Modells liefern sie allemal. In diesem Modell müssen weder kleinere noch größere Zwischenschritte gefordert werden, als sie durch plausible genetische Veränderungen möglich sind. Damit sind zwei gegensätzliche kreationistische Argumente hinfällig. Zum einen ist ein endloser Regress von immer ähnlicheren „missing links" unrealistisch. Die Übergangsformen auf dem Weg von *Pakicetus* zu *Basilosaurus*, die alle erst seit 1983 gefunden wurden, liegen zu weit auseinander für einzelne genetische Veränderungen, aber nahe genug beisammen für relativ wenige solcher Veränderungen. (Es sei an die Beispiele der Evolution der Fledermausflügel und die Variationen bei den Gliedmaßen mancher heutiger Salamanderarten erinnert.). Man kann also auf weitere (aber nicht sehr viele) zusätzliche fossile Übergänge hoffen.

Das entgegengesetzte kreationistische Argument fordert keine immer feineren Zwischenstufen, sondern einen vergleichsweise großen, „saltatorischen" Schritt, der entsprechend unwahrscheinlich wäre. JUNKER (20ff u. 37f) benutzt das Beispiel des Schildkrötenpanzers. Auch in diesem Fall sind seine Ausführungen zumindest missverständlich (S. 21, Abb. 12):

> Es wird diskutiert, ob die Evolution des Schildkrötenbauplans als makroevolutiver Schritt durch Veränderungen in der frühen Embryonalentwicklung ausgelöst wurde. Eine schrittweise Entstehung wird von vielen Biologen in diesem Fall ausgeschlossen.

Das klingt so, als ob nach Ansicht „vieler Biologen" ein ungepanzertes, diapsides Reptil in der Zeit der Trias ein Ei gelegt habe, aus dem ein gepanzertes Exemplar geschlüpft sei. Natürlich stellt sich die Paläontologie nichts dergleichen vor. Im Gegenteil, gerade auf der embryonalen Ebene geht die Panzerentwicklung von einer relativ *geringfügigen* Veränderung aus: Das Gewebe, aus dem der Schultergürtel wird, verlagert sich relativ zu dem Gewebe, aus dem der Rippenkorb wird, nach innen, so dass aus dem oberen (dorsalen) Rippenbereich der Rückenpanzer (Carapax) der Schildkröte werden kann. Dabei handelt es sich um eine *Heterotopie*, ein in der Ontogenese nicht ungewöhnlicher Vorgang. Im weiteren Verlauf verbreitern sich die Rippen und verschmelzen allmählich mit den verlängerten Dornfortsätzen der Rückenwirbel zum Carapax. Warum es sich um einen „makroevolutiven Schritt" handeln soll, *der im Gegensatz zur schrittweisen Entstehung des Panzers steht*, ist unerfindlich. Im Gegenteil spricht die Embryologie dafür, dass die Evolution des Schildkrötenpanzers von Evo-Devo gut erklärt wird.

Zum Zeitpunkt der Publikation Junkers war aus der späten Trias allerdings nur eine bereits voll entwickelte Panzerform aus Carapax und Plastron (Bauchpanzer) bei der in Deutschland gefundenen Art *Proganochelys quenstedti* bekannt (Abb. 27). Die auf ein Alter von 204 bis 206 Millionen Jahre datierte Schildkröte *Proganochelys* konnte Kopf und Hals nicht unter den Panzer zurückziehen. Sie war auch noch mit einer „Schwanzkeule" bewaffnet, die eine andere Verhaltenweise zur Abwehr von Fressfeinden nahe legt, als sie heutige Schildkröten zeigen. D. h. es handelte sich um eine Zwischenform, wenngleich nicht in Bezug auf die Anatomie des Panzers.

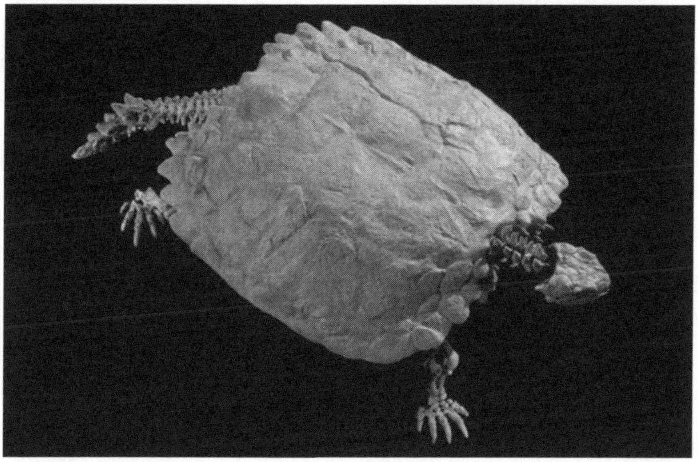

Abb. 27: Ein Exemplar von *Proganochelys* aus dem Keuper von Trossingen im Naturkundemuseum Stuttgart. Die urtümlichen Merkmale sind auch für Laien erkennbar.

Inzwischen wurde in China eine rund 220 Millionen Jahre alte, weitere Zwischenform entdeckt, *Odontochelys semitestaceae*, eine aquatische „Halbschildkröte" mit voll bezahntem Kiefer, wie schon der Name sagt (vgl. Li et al. 2008). Dieses Fossil weist ein voll entwickeltes Plastron auf, aber noch keinen Carapax! Die dorsalen Rippenbögen sind stark verbreitert und insofern in ihrer Struktur schon nahe am Panzer, bilden aber noch keinen vollständigen Schutz. Orientiert man sich an diesem Fossil, sieht es so aus, als habe sich in der Evolution erst der Bauchpanzer gebildet und in einem späteren Schritt durch relativ einfache Umsteuerungen der Entwicklung (Lage von Schultergürtel und Rippen, Verbreiterung und Verschmelzung der Rippen) der Rückenpanzer.[9] Die Embryologie und

[9] Reisz/Head (2008) halten diese Interpretation ebenfalls für plausibel. Sie bevorzugen aber die Sichtweise, dass *Odontochelys* zwar unstreitig die primitivste bekannte Schildkröte sei, dass

Paläontologie bestätigen damit erneut das Bild, das Evo-Devo von der Evolution rekonstruiert.

Kurz vor Abschluss der redaktionellen Überarbeitung dieses Buchs wurde prompt die Entdeckung einer weiteren Zwischenform in New Mexico bekannt: *Chinlechelys tenertesta* aus der oberen Trias ist vom Bauplan her eine der Ursprünglichsten der heute bekannten Schildkrötenarten, aber mit ca. 205 bis 215 Millionen Jahren zeitlich zwischen *Odontochelys* und *Proganochelys* anzusiedeln. Das Fossil besitzt dem Anschein nach ein Hypoplastron (mittlere Knochenplatten des Bauchpanzers), weist aber noch keinen dicken Carapax auf, sondern wahrscheinlich lediglich 1–2 mm dünne Hautplatten (Osteodermen), wie sie z.B. bei devonischen Panzerfischen auftreten, welche mit den dorsalen Rippen nur lose verbunden sind (Joyce et al. 2009). Damit wird ein etwas indirekterer Ablauf der Evolution des Panzers wahrscheinlich, nämlich die bereits 1917 geäußerte Hypothese, „dass der Schildkrötenpanzer eine komplexe Struktur darstellt, die nicht *de novo* entstanden ist, sondern das Verschmelzungsprodukt der in einer Ahnenlinie vorhandenen Hautknochen, Rippenbögen und Wirbelknochen darstellt" (Joyce et al. 2009, 507; die Autoren). Nach Ansicht von Joyce et al. reichen geringfügige, sukzessive auftretende Veränderungen in der späteren Keimesentwicklung dafür völlig aus.[10]Dieser Vorgang ist bezeichnend: Kaum haben Kreationisten eine Lücke im Fossilbestand entdeckt, die angeblich einen großen Entwicklungssprung erfordert habe, wird diese Lücke durch neue Funde geschlossen – so war es schon bei der Evolution der Wale. Doch auch künftig werden die Kreationisten daraus nichts lernen, sondern einfach auf andere, scheinbar besser geeignete Beispiele ausweichen.

Abgesehen von solchen Missverständnissen und Dauer-Irrtümern lässt sich die sachliche Kritik Junkers in vier Punkten zusammenfassen:

1. Die von der Evolutionstheorie angenommenen Veränderungsschritte seien nicht zielgerichtet und könnten daher nicht zu Innovationen führen.

---

sie aber von noch früheren, unbekannten Formen abstamme, die bereits einen Carapax besessen hätten. *Odontochelys* hätte durch Anpassung an ihre aquatische Lebensweise die Verknöcherung des Carapax reduziert. Diese alternative Deutung ist derzeit nicht auszuschließen, aber vermutlich die aufwändigere (und damit weit unplausiblere) Hypothese.

[10] Dass ein gepanzertes Reptil freilich auch noch andere morphologische und physiologische Anpassungen vornehmen musste, ist selbstverständlich. So kann etwa die Atmung nicht mehr durch Bewegung des starren Rippenkorbs erfolgen, vielmehr pressen Schildkröten die Luft über eine Art Zwerchfell aus den Lungen, wofür sie u.a. die Bauchmuskulatur (*Musculus transversus*) aquirieren, der mit der Panzerinnenseite verwachsen ist. Da aber Landwirbeltiere überwiegend über das Zwerchfell atmen, ist, entgegen Junker, auch hierfür keine „radikale", *saltatorische* Neuorganisation des Bauplans erforderlich, sondern allenfalls heterochrone Verlagerungen von Bindegewebe und Muskelansätzen. Und wenn der starre Rippenkorb sukzessive entstand, können sich diese und andere Optimierungsschritte (Veränderungen des Halses und des Schädels, Ossifikation der Hautplatten etc.) ebenfalls *schrittweise* vollziehen.

2. Die meisten Mutationen des „tool-kits“ wären schädlich, wie das auch sonst der Fall sei (z.B. S. 29, 33, 35).
3. Es fehlten experimentelle Belege für Übergänge von einer Form der Entwicklungsregulation zu einer anderen Stufe der Regulation.
4. Es gäbe noch viele offene Fragen.

Einwand Nummer eins ist identisch mit der Argumentation für ein intelligentes Design (s.o. sowie Kap. VIII) und braucht an dieser Stelle nicht weiter kommentiert zu werden. Nummer zwei ist irrelevant, solange es genügend in der Selektion neutrale und nützliche Mutationen bzw. „Entwicklungsrouten“ gibt. Beyer (2007, 141 f) hat vorgerechnet, dass das Hominiden-Genom auf dem Weg zur Menschwerdung, bezogen auf den letzten gemeinsamen Vorfahren von Mensch und Schimpanse, allermindestens 36 Milliarden Mutationen erfuhr. Wahrscheinlich waren es eher hunderte von Milliarden, mehr als genug für die (gemessen an der Größe des gesamten Genoms) nicht allzu umfangreichen genetischen Veränderungen von knapp 2 %.

Nummer drei ist dagegen irreführend: Experimente, die man nicht gemacht hat oder nicht machen kann, sprechen weder für noch gegen eine Hypothese. Die Frage lautet immer, ob eine Hypothese, eine Theorie oder ein Modell mit den Daten vereinbar ist oder nicht. Wird sie durch Fakten gestützt? Passt sie zu unserem anderweitigen Hintergrundwissen? Liefert sie kausale und stimmige Erklärungen? Das ist derzeit bei der kausalen Evolutionstheorie der Fall. Die Evolutionswissenschaft arbeitet, so wie jede Naturwissenschaft, eben *theoretisch-schlussfolgernd* und nicht rein experimentell-beschreibend (s. Kap. III). Und wenn man schon Experimente fordert, um eine Hypothese zu stützen oder zu widerlegen, sollte man auch sagen, welche *alternative* Hypothese experimentell geprüft werden soll. Junker müsste seine ID-Hypothese so formulieren, dass man Experimente (oder andere Datenquellen) finden könnte, durch die zwischen ihr und Evo-Devo zu entscheiden wäre. Bisher fehlen für seine Position nicht nur die experimentellen Belege, sondern sogar die prüfbare, empirisch wohlbegründete, mit unserem Hintergrundwissen vereinbare Hypothese.

Einwand Nummer vier ist dagegen richtig: Offene Fragen sind ein Dauerzustand der Forschung, deswegen beweisen sie nichts. Insgesamt sind Junkers Argumente ungeeignet, seine Ansicht zu begründen, dass es kaum Fortschritte in der kausalen Evolutionstheorie zur Erklärung von „Makroevolution“ gäbe. Es gibt sie. Er verdrängt – so hat man den Eindruck – ihre immer größere Plausibilität, ihre immer bessere Stützung durch Daten, durch negative Rhetorik, nicht mehr und nicht weniger.

5. Evo-Devo – einige Mechanismen näher erläutert

Genetische Änderungen werden im Genpool fixiert, wenn sie den Fortpflanzungserfolg ihrer Träger im Vergleich zu anderen Varianten erhöhen. Dazu müssen sie entweder die innere Ökonomie des Organismus verbessern oder seine Anpassung an die Umwelt, oder beides. Die evolutionäre Entwicklungsbiologie widmet sich der Frage, wie Innovationen, Änderungen in Bauplänen usw. in diesem Sinn adaptiv sein können. Sie können es sein – so die bisherige Antwort – weil die Ontogenese auf der einen Seite etablierten und in der Evolution konservierten Prozessen folgt und diese Prozesse auf der anderen Seite Eigenschaften haben, die Innovationen ohne allzu hohe innere Kosten ermöglichen. Diese Antwort erklärt sowohl die Zwänge (constraints), die zur Beibehaltung von Merkmalen führen, die für den Phänotypus eher hinderlich sind, als auch die riesige Vielfalt der Formen und die ständige Steigerung der Komplexität, und zwar auf der Basis ähnlicher Entwicklungswege und einer geringen Zunahme genetischer Information. Zwänge entstehen, weil einige Entwicklungen – so nützlich sie ökologisch wären – die „innere Ökonomie" zu stark belasten würden und im Extremfall letal sind.

Wie erwähnt bezeichnete Riedl (1990) diese Zwänge als „evolutionäre Bürde". Die Tatsache, dass den Vertretern eines Taxons ein einheitlicher Bauplan zugrunde liegt, ist, ebenso wie die modulare Struktur der Baupläne, eine der Folgen der evolutionären Bürde. Ebenso lassen sich die Konvergenzen und Parallelentwicklungen bei sehr verschiedenen Lebewesen als Ausdruck der verborgenen „Kanalisierung" der evolutionären Veränderungen verstehen. Viele Mutationen führen bei recht unterschiedlichen Lebewesen möglicherweise auch deswegen zu ähnlichen Änderungen des Phänotyps. Weiterhin wird dadurch erklärt, warum einige Entwicklungsstadien der Ontogenese Stadien der Phylogenese rekapitulieren („biogenetische Grundregel", „Rekapitulationsregel"). Diese festen Wege der Ontogenese entsprechen Entwicklungsprozessen, die nicht ohne weiteres aufgegeben werden können.

Wie fest sie liegen, belegte die Entdeckung des entwicklungsgenetischen „Werkzeugkastens" (tool-kit). Die meisten seiner Gene gehören zu Signalwegen der Ontogenese und kodieren für Transkriptionsfaktoren, für Proteine, die der Aneinanderlagerung von Zellen dienen sowie für Rezeptorproteine an der Zelloberfläche und für Morphogene. Zu den wichtigsten zählen diejenigen des Hox-Komplexes, die auch die (noch weiter verbreitete) Homöobox-Sequenz mit umfassen. Diese Sequenz aus 183 Nukleotiden kodiert eine Proteindomäne eines Transkriptionsfaktors, die „Homöodomain". Es ist hochgradig konserviert; zum Beispiel funktioniert die Ontogenese von Drosophila auch mit der Homöodomain eines Huhns (Lutz et al. 1996). Die Hox-Gene legen die unterschiedliche Identität der

Körpermodule durch ihre unterschiedlichen Aktivitäten fest, mit denen sie Realisations-Gene kontrollieren. Dadurch steuern sie u.a. die Ausbildung von Gliedmaßen und Segmenten beim Embryo oder bei der Larve.

Ihre Aktivitäten hängen wiederum von Gradienten der Konzentration einiger Proteine ab, die ein „morphogenetisches Feld" aufbauen. Je nach den Konzentrationen vor Ort werden unterschiedliche Zielgene aktiviert oder deaktiviert (reprimiert). Das System stellt eine mehrstufige Transkriptions-Kaskade dar (die hier vereinfacht dargestellt ist), die nahezu alle Tiere gemeinsam haben. Die Zellen gewinnen aus den ortsabhängigen Konzentrationen dieser so genannten *Morphogene*, die sich mit unterschiedlicher Reichweite wellenartig in bestimmten Körperregionen ausbreiten und miteinander wechselwirken, gewissermaßen „Lageinformation", wodurch bestimmte Gene aktiviert oder aber an ihrer Ausprägung gehindert werden. Der ganze Vorgang vielfältiger Wechselwirkungen kann sich wiederholen, wodurch in Abhängigkeit von der Geometrie dieser Konzentrationsmuster beispielsweise in Bezug auf die Körperpigmentierung Streifenmuster (etwa bei den Zebras), Punkte (z.B. Geparden) oder Ringe (etwa auf Schmetterlingsflügeln) entstehen können (HAKEN/HAKEN-KRELL 1989; MAINI 1997).

Einen Hinweis auf die großflächige Wirkung von Lageinformation liefern die Studien des schottischen Biologen D'Arcy THOMPSON. Dieser untersuchte unter anderem den Igelfisch und den Sonnenfisch. Als er den Igelfisch auf ein Koordinatensystem übertrug und die Koordinaten verzerrte, ging der Igel- in den Sonnenfisch über, wobei die Struktur erhalten blieb (Abb. 28).

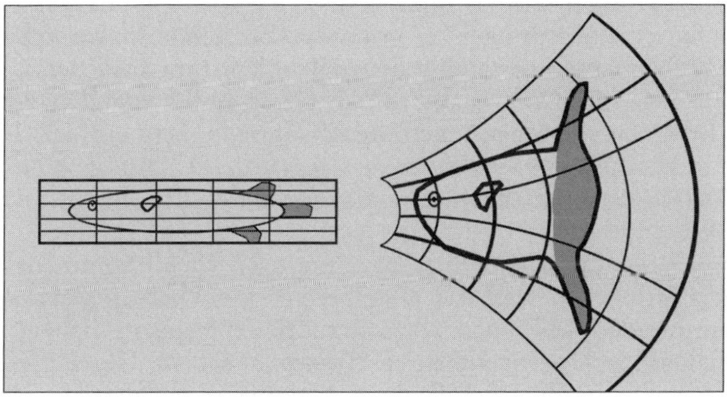

Abb. 28: Igelfisch (links) und Sonnenfisch (rechts). Umgezeichnet nach HAKEN/HAKEN-KRELL (1989).

Nach HAKEN/HAKEN-KRELL (1989) erhärtet dies die Vorstellung der Lageinformation, „[...] weil hier gewissermaßen homogen in der Längsachse des Fisches ein Wachstumsfaktor wirkt, der dann das Breitenwachstum des Fisches steuert, und zwar vom Kopf zum Schwanz hin“ (S. 105f). Durch Mutationen, welche die Konzentrationen z.B. von Wachstumsfaktoren verändern, können derartige Transformationen ermöglicht werden.

D’Arcy Thompson hat noch andere derartige Beziehungen entdeckt, beispielsweise den Weg der „Deformation“ des Affen- in einen Menschenschädel. Wie sind solche Transformationen vorstellbar? Nun, die Regelkaskaden der Ontogenese sind nicht so starr und definiert, wie man meinen könnte. Die Verbindungen zwischen den einzelnen Elementen (regulatorischen Proteinen) sind meist eher schwach und tendenziell instabil. Deshalb spricht man von „schwachen Verbindungen“ (*weak linkages*). Unter „schwachen Verbindungen“ versteht man sowohl die auf schwachen chemischen Bindungskräften beruhende Wechselwirkung zwischen Transkriptionsfaktoren und Genen als auch unscharfe Signalübertragungen: Viele „Schalter“ reagieren zum Beispiel bereits auf geringe Konzentrationsunterschiede einer Hemmsubstanz. Sie haben keine „starke“ Wirkung wie ein Lichtschalter.

Experimente an Schlammspringern haben gezeigt, dass einfachste Veränderungen eine vielschichtige Wirkung auf das Merkmalsgefüge haben können: Nach mehrmonatiger Behandlung mit dem Hormon Thyroxin wurden die (sowieso kräftigen) Brustflossen zu beinchenartigen Extremitäten, die Haut wurde dicker, die Kiemen wurden verkleinert, die Luftatmung nahm zu usw. Im Ergebnis konnten es die so behandelten Fische länger außerhalb des Wassers aushalten als vorher (Lorenzen 1988). Mit anderen Worten, im Genom schlummern vielfältige *Entwicklungspotenzen*, die erst durch adäquate Umweltreize realisiert werden. Diese am „Modellorganismus Schlammspringer“ gewonnenen Einsichten lassen sich vermutlich in Modellen zur Entstehung neuer Baupläne (etwa auf den Übergang von einem Leben im Wasser an das Leben an Land) anwenden. Zwar sind die von Lorenzen beschriebenen Modifikationen nicht erblich, da der erhöhte Hormonspiegel *künstlich* induziert wurde. Allerdings können auch einfache und ganz unterschiedliche *Mutationen* zu Erhöhungen des Thyroxinspiegels führen.

Warum haben die Schlammspringer diese Entwicklungspotenzen nicht realisiert? Vermutlich weil das Ufer bereits von Wirbeltieren wimmelte, die einige hundert Millionen Jahre Evolutionsvorsprung haben, und die einen kleinen Fisch gerne auf ihren Speiseplan setzen. Unter diesen Umständen beruht die Fluchttaktik der Schlammspringer darauf, schnell das Wasser zu erreichen, und sie müssen bei ihrem amphibischen Fischbauplan bleiben.

Wie eindrucksvoll die Erklärungskraft der evolutionären Entwicklungsbiologie sein kann, zeigt zu guter Letzt eine Studie über die Entwicklung der Giftzähne im Oberkiefer von Schlangen. Diese stellen eine der wirksamsten Jagd- und Verteidigungswaffen unter Wirbeltieren dar und haben den Giftschlangen zu großem ökologischen Erfolg verholfen. Sie bestehen immer aus einer Giftdrüse und einem Zahn, durch den das Gift injiziert wird. Aber in den Einzelheiten gibt es eine verwirrende Vielfalt. Einige Giftzähne sind gefurcht, und das Gift wird durch die Furchen in die Wunde geleitet. Andere sind hohl wie eine Injektionsspritze, lang und einklappbar wie ein Taschenmesser. Bei manchen Verwandtschaftsgruppen stehen die Giftzähne hinten im Kiefer, bei anderen (Kobras, Klapperschlangen) ganz vorne. Deshalb wurde kontrovers darüber diskutiert, ob alle diese Zähne als homolog anzusehen seien. Jetzt wissen wir, dass sie es sind. Eine embryologische Studie (Vonk et al. 2008) zeigt, dass die Giftzähne aller untersuchter Arten hinten im Oberkiefer angelegt werden, indem sich das Gewebe, das künftig die Zähne bilden wird, aufteilt. Ein Teil bildet später das normale Gebiss aus, ein anderer Teil lagert sich mit dem Gewebe zusammen, aus dem die Giftdrüse entstehen wird. Bei den Schlangen mit hinten liegenden Giftzähnen bleibt dieser Verbund am Ort. Bei den Gruppen mit vorne liegenden Giftzähnen wandert der Verbund nach vorne, indem das Wachstum von Teilen des Oberkiefers im Vergleich zu der vorigen Gruppe verstärkt wird.

Ein solcher Vorgang ist als *Heterochronie* bekannt: Wenn Mutationen auftreten – etwa an Genen, die das Ausschütten von Wachstumshormonen regulieren oder auf andere Weise die zeitliche Entwicklung der Merkmale in der Keimesentwicklung beeinflussen – können in Abhängigkeit von den jeweils vorherrschenden Systembedingungen andere „Entwicklungswege" befahren werden. So kann die Wachstumsphase eines Körpermoduls (oder des ganzen Organismus) gegenüber der Ahnenart beschleunigt („Acceleration") oder gebremst („Neotenie"), verkürzt („Progenese"), verlängert („Hypermorphose") oder in einem früheren Stadium angehalten werden („Pädomorphose"), mit zum Teil großen Effekten auf den Phänotypus. Der entscheidende evolutionäre Vorgang bei den Giftschlangen war wohl die Aufteilung der Zahnanlage, denn dadurch wurde ein Teil von dem Zwang der gemeinsamen Entwicklungssteuerung unabhängig. Weder dieser Schritt noch die Heterochronie erfordern allzu große Veränderungen der Entwicklungsregulation. So lässt sich die Frage, wie die Giftschlangen in der Evolution zu ihren Zähnen kamen, mit Hilfe von Evo-Devo elegant beantworten.

Auch die Veränderungen des Schädels in der *menschlichen* Evolution werden u. a. auf Pädomorphose und Hypermorphose zurückgeführt. Es lässt sich zeigen, dass sich durch Kombination beider Effekte viele Entwicklungskurven beim Schimpansen quantitativ in die des Menschen überführen lassen (vgl. Rice 2002). McNamara/McKinney (2005, 23) fassen die Bedeutung der Heterochronie für das Verständnis der Evolution wie folgt zusammen:

> Veränderungen in der zeitlichen Entwicklung verschiedener ontogenetischer Stadien können in signifikanter Weise die Evolution beeinflussen und kommen somit als ein Faktor der Makroevolution in Betracht. Heterochronien können in jedem Stadium eine Divergenz der ontogenetischen Entwicklung verursachen, nicht nur am Ende der Entwicklung (Übersetzung der Autoren).

Im Verbund mit weiteren Mechanismen der Heterogenese, wie z.B. Heterotopie (Verlagerung organischer Strukturen an andere Orte), Heterometrie (mengenmäßige Störung der Gewebsentwicklung) und Heterotypie (homöotischer Austausch von Körperteilen), stellt die Heterochronie ein mächtiger Werkzeugkasten zur Erklärung der so titulierten „makroevolutionären" Veränderungen dar (Arthur 2004). Die großen Bauplanänderungen in der Evolution sind dadurch insgesamt erklärbar geworden. Daran ändert auch eine grundsätzliche Verweigerungshaltung nichts.

6. Zusammenfassung

Hätte man 1980 gefragt, was sich seit Theodosius Dobzhansky, Edward O. Wilson und Stephen Jay Gould in der kausalen Evolutionstheorie Neues ergeben habe, so hätten wir geantwortet: nicht viel. Heute lautet die Antwort anders. Die bessere Kenntnis der Genome vieler verschiedener Organismen, das bessere Verständnis ihrer Entwicklung, und vor allem die Kombination dieser Fortschritte, haben neue und bessere Einsichten in den gewaltigen Prozess der Entfaltung des Lebens auf der Erde ermöglicht:

> Tatsächlich räumen die neuen Fakten und Erkenntnisse aus der Entwicklungsbiologie und der Evo Devo mit den kläglichen Überresten einer abgedroschenen, die Evolution leugnenden Rhetorik über die Bedeutung von Zwischenformen oder die Wahrscheinlichkeit, dass sich komplexe Strukturen entwickeln, auf. Wir haben inzwischen eine Vorstellung davon, wie sich von einer einzelnen Zelle aus die Komplexität eines ausgewachsenen Tieres entwickelt. Außerdem können wir mithilfe einer Reihe vollkommen neuer effizienter Methoden beobachten, wie sich durch Veränderungen in der Embryogenese die Komplexität und Vielfalt erhöht. Die Entdeckung des uralten genetischen Werkzeugkastens ist ein eindeutiger Beleg dafür, dass Tiere wie Menschen von einem einfachen gemeinsamen Vorfahren abstammen, der dann modifiziert wurde (Carroll 2008, 18f).

Dass neue Antworten freilich auch immer neue Fragen aufwerfen, gehört zur Naturwissenschaft dazu und entwertet die Fortschritte nicht. Denn allzu gerne übergehen die Kritiker, dass diese neuen Fragen *Detailfragen* sind, also Fragen auf der nächsten Ebene der Erkenntnis. Dass die naturwissenschaftlichen Totalverweigerer aus dem Kreationismus und der Bewegung für ein intelligentes Design mit diesen Fortschritten nichts anfangen können, liegt in der Logik ihrer Position, aber nicht in der Logik einer religiösen Überzeugung als solcher. Im Gegenteil, es gibt gute Gründe, diese

Fortschritte als gläubiger Mensch zu begrüßen. Und es gibt gute Gründe, von jeder weltanschaulichen Position aus die Einsichten in die Entfaltung des Lebendigen, die uns die moderne Evolutionsbiologie gibt, als menschliche und kulturelle Bereicherung einzustufen.

7. Literatur

ARTHUR, W. (2004) Biased embryos and evolution. Cambridge, MA.

BALDWIN, J.M. (1896) A new factor in evolution. The American Naturalist 30, 441–451, 536–553.

BEYER, A. (2007) Was ist Wahrheit? Oder wie Kreationisten Fakten wahrnehmen und wiedergeben. In: KUTSCHERA, U. (Hg.) Kreationismus in Deutschland. Münster, 98–162.

CARROLL, S.B. (2008) Evo Devo: Das neue Bild der Evolution. Berlin.

EZW (2008) Studiengemeinschaft Wort und Wissen – Mit der Evolution gegen den Bibelfundamentalismus. Materialdienst der EZW 8/08.

FUTUYMA, D.J. (1990) Evolutionsbiologie. Basel.

GEHRING, W.J. (2001) Genetic control of eye development. Zoology 104, 171–193.

GILBERT, S.F. (72003) Developmental Biology. Sunderland, Mass.

HAKEN, H./HAKEN-KRELL, M. (1989) Entstehung von biologischer Information und Ordnung. Darmstadt.

HEMMINGER, H. (2007) Mit der Bibel gegen die Evolution. EZW-Text 195, Berlin.

HERTEL, R. (2003) Complexification: some examples of biological evolution. In: XXIX Seminario sulla evoluzione biologica e i grandi problemi della biologia. Accad Naz Lincei, Rom, 31–49.

JOYCE, W.G. et al. (2009) A thin-shelled reptile from the Late Triassic of North America and the origin of the turtle shell. PNAS 276, 507–513.

JUNKER, R. (2005) Passten alle Tiere in die Arche Noah? www.genesisnet.info/fragen/antworten (Stand: August 2008).

JUNKER, R. (2008) Evo-Devo als Schlüssel für Makroevolution? www.genesisnet.info/pdfs/Evo-Devo.pdf (Stand: August 2008).

JUNKER, R./SCHERER, S. (62006) Evolution. Ein kritisches Lehrbuch. Gießen.

KHAITOVICH, P. et al. (2005) Parallel patterns of evolution in the genomes and transcriptomes of humans and chimpanzees. Science 309, 1850–1854.

KIRSCHNER, M.W./GERHART, J.C. (2005) The plausibility of life: resolving Darwin's dilemma. New Haven, CT.

LAUBICHLER, M.D./MAIENSCHEIN, J. (Hg.) (2007) From embryology to evo-devo – a history of developmental evolution. Cambridge, Mass.

LI, C. et al. (2008) An ancestral turtle from the late triassic of southwestern china. Nature 456, 497–501.

LORENZEN, S. (1988) Die Bedeutung synergetischer Modelle für das Verständnis der Makroevolution. Eclogae Geoligicae Helvetiae 81, 927–933.

LÖNNIG, W.E. (1989) Auge widerlegt Zufalls-Evolution. Zusammenfassung. www.weloennig.de/AuISam.html. (Stand: September 2008).

Love, A. C./Raff, R. A. (2003) Knowing your ancestors: themes in the history of evo-devo. Evolution & Development 5, 327–330.

Lutz, B. et al. (1996) Rescue of *Drosophila labial* null mutant by the chicken ortholog *Hoxb-1* demonstrates that the function of *Hox* genes is phylogenetically conserved. Genes & Development 10, 176–184.

Maini, P. K. (1997) Bones, feathers, teeth and coat markings: a unified model. Science Progress 80, 217–229.

McNamara, K. J./McKinney, M. L. (2005) Heterochrony, disparity, and macroevolution. Paleobiology 31, 17–26.

Minelli, A./Fusco, G. (2005) Conserved versus innovative features in animal body organization. Journal of Experimental Zoology, Part B: Molecular and Developmental Evolution 304B, 520–525.

Monteiro, A./Podlaha, O. (2009) Wings, horns, and butterfly eyespots: how do complex traits evolve? PLoS Biology 7, e1000037.

Müller, W. A./Hassel, M. ([4]2005) Entwicklungsbiologie und Reproduktionsbiologie von Mensch und Tieren. Berlin.

Nijhout, H. F. (1985) Cautery-induced colour patterns in *Precis coenia* (Lepidoptera: Nymphalidae). Journal of Embryology and Experimental Morphology 86, 191–203.

Putnam, N. H. et al. (2007) Sea anemone genome reveals ancestral eumetazoan gene repertoire and genomic organization. Science 317, 86–94.

Reisz, R. R./Head, J. J. (2008) Palaeontology: turtle origins out to sea. Nature 456, 450–451.

Rice, S. H. (2002) The role of heterochrony in primate brain evolution. In: Minugh-Purvis, N./McNamara, K. J. (Hg.) Human evolution through developmental change. Baltimore, 154–170.

Riedl, R. (1990) Die Ordnung des Lebendigen: Systembedingungen der Evolution. München.

Sears, K. E. et al. (2006) Development of bat flight: morphologic and molecular evolution of bat wing digits. PNAS 103, 6581–6586.

Sears, K. E. (2008) Molecular determinants of bat wing development. Cells Tissues Organs 187, 6–12.

Schluter, D. (2000) The ecology of adaptive radiation. New York.

Simmons, N. B. et al. (2008) Primitive Early Eocene bat from Wyoming and the evolution of flight and echolocation. Nature 451, 818–821.

Smith, J. M. (1972) On evolution. Edinburgh.

Vonk, F. J. et al. (2008) Evolutionary origin and development of snake fangs. Nature 454, 630–633.

Wagner, G. P./Pavlicev, M./ Ceverud, J. M. (2007) The road to modularity. Nature Review Genetics 8, 921–931.

Weatherbee, S. D./Behringer, R. R./Rasweiler, J. J./Niswander, L. (2006) Interdigital webbing retention in bat wings illustrates genetic changes underlying amniote limb diversification. PNAS 103, 15103–15107.

Wuketits, F. M. (1988) Evolutionstheorien. Historische Voraussetzungen, Positionen, Kritik. Darmstadt.

VII. Die chemische Evolution

Hat es sie gegeben und wenn ja, wie sah sie aus?

Peter M. Kaiser

Kein Thema berührt das Selbstverständnis des Menschen so sehr wie das der Entstehung des Lebens auf der Erde. Obwohl wir noch immer nicht in der Lage sind (und es vermutlich nie sein werden), den Verlauf in allen Details zu rekonstruieren, die komplexen chemischen Vorgänge, die sich in grauer Vorzeit auf der Erde abspielten, vollständig zu entflechten, sind wir in der Lage, die *Notwendigkeiten* (das heißt die physikalisch-chemischen Mechanismen) im Labor zu erforschen. Anhand der experimentellen Ergebnisse lassen sich dann Rückschlüsse ziehen, unter welchen Bedingungen irdisches Lebens möglicherweise entstanden ist, so dass wir die chemische Evolution naturwissenschaftlich erforschen und wenigstens im Prinzipiellen erklären können. Kein Wunder also, dass die Abiogeneseforschung seitens derer Kritik erfährt, die die Entstehung des Lebens auf den übernatürlichen Eingriff eines Schöpfers zurückführen wollen. In diesem Kapitel soll das Argumentationsgebäude der Evolutionskritiker auf dem Gebiet der chemischen Evolution näher untersucht werden. Die einzelnen Unterkapitel sind z.T. nach logischen Gesichtspunkten angeordnet, z.T. folgen sie der Argumentation von Junker/Scherer (2006) im entsprechenden Kapitel VI.7. Dabei diskutieren wir die Ergebnisse und Modelle, die in den vergangenen zehn Jahren konzipiert worden sind.

1. Chemische Evolution: Entstehung von Biomolekülen

1.1. Methodische Überlegungen zur Abiogeneseforschung

Wenn es eine Evolution gegeben hat, was unter Naturwissenschaftlern unstrittig ist, dann lassen sich drei große Phasen der Entwicklung unterscheiden:

- eine *physikalische* Evolution (Entstehung der uns bekannten Materie im Kosmos, also auch der Erde),
- eine *chemische* Evolution (Entstehung einfacher organischer Moleküle, wo auch immer dies war),

– eine *biologische* Evolution (Entstehung von lebenden Organismen, die sich aus dem Zusammenschluss und der Abschnürung „protozellulärer" Urformen von ihrer Umgebung gebildet haben und die zur Reproduktion fähig waren).

Das Problem aller empirisch arbeitenden Einzelwissenschaften, die sich mit Evolutionsprozessen beschäftigen, ist, dass die Vorgänge irreversibel abliefen. Der Grund dafür ist die enorme Fülle unterschiedlicher Randbedingungen auf der Erde und die konstitutive Rolle des Zufalls in der Evolution. So hat auf dem langen Weg von etwa 4,6 Milliarden Jahren seit der Entstehung der Erde eine exorbitante Zahl nicht vorhersehbarer Ereignisse dazu geführt, dass dieser Weg nicht reproduzierbar ist. Zudem sind uns die „präbiotischen Bedingungen" nicht genau bekannt. Die physikalischen Parameter wie Druck, Temperatur und Zusammensetzung der Uratmosphäre, Umfang und Auswirkung der Asteroideneinschläge, Zustand des Urozeans usw. ließen sich trotz vielfältiger Bemühungen noch nicht exakt ermitteln. Daraus folgt, dass sich die (chemische) Evolution niemals in einer Weise rekonstruieren lässt, wonach man sagen könnte: „genau so und nicht anders hat es sich einst zugetragen". Naturwissenschaftliche Rekonstruktionen haben stets den Charakter mehr oder weniger gut untermauerter *Denkmodelle*.

Dass bei Prozessen der Zufall eine Rolle spielt, bedeutet nun keineswegs, dass alles möglich ist, so dass man prinzipiell keine Entwicklungen rekonstruieren oder in Teilen vorhersagen kann. Dies aber ist die Kernbotschaft der Evolutionsgegner. So heißt es bei JUNKER/SCHERER:

> Exakte Angaben über die Zusammensetzung der Uratmosphäre sind prinzipiell nicht möglich. Alle Angaben darüber beruhen auf unüberprüfbaren Vermutungen (JUNKER/SCHERER 2006, 100).

Dass *exakte* Angaben nicht möglich sind, bedeutet aber nicht, dass keine *plausiblen*, insbesondere keine *prüfbaren* Aussagen über die Bedingungen auf der Urerde getroffen werden können. Vielmehr helfen die Forschungsergebnisse aus der Geologie, Astrophysik und Atmosphärenchemie, die Bedingungen, die auf der Urerde herrschten, zum Teil zu entschlüsseln und das Möglichkeitsfeld chemischer Reaktionen einzugrenzen. Das Spektrum möglicher chemischer Reaktionen wird im Labor erkundet, wobei (in Annäherung an die nach gegenwärtigem Kenntnisstand plausibelsten Szenarien auf der Urerde) der Rahmen für mögliche Synthesewege abgesteckt wird. Auf diese Weise lassen sich heute schon recht belastbare Modelle hinsichtlich einzelner Etappen der chemischen Evolution erstellen, die den Schluss erlauben, dass die Evolution mit hoher Wahrscheinlichkeit auf einem sehr ähnlichen Weg abgelaufen ist, wie wir uns dies heute vorstellen. Die Rekonstruktion erfolgt natürlich immer *indirekt*, das heißt durch theoretisches Schlussfolgern:

> Der tatsächliche Vorgang der Lebensentstehung auf unserer Erde kann empirisch nicht direkt untersucht werden. Alle Antwortversuche beruhen auf Methoden, die denen der Geschichtswissenschaft gleichen (JUNKER/SCHERER 2006, 99).

Hier deutet sich einmal mehr an, dass JUNKER/SCHERER ein völlig veraltetes Verständnis von den Prinzipien wissenschaftlicher Theoriebildung kolportieren. Was kann denn in den Naturwissenschaften überhaupt *direkt untersucht* werden? Kann die Existenz von Elektronen, Neutrinos, Schwarzen Löchern oder Dunkler Materie direkt untersucht werden? Selbstverständlich nicht. Man muss immer Modelle auf der Basis von Hypothesen und Mechanismen erstellen, empirisch abgeleitete Gesetze finden und muss dann den *umgekehrten* Weg beschreiten, von einer sich bewahrheiteten Vorhersage des Modells auf die Aussagekraft des Modells zu schließen. So kommt man dann allmählich zu einer wohl etablierten Theorie, die in mehr oder weniger adäquater Weise die Realität beschreibt. Auch die Vorgehensweise in der Abiogeneseforschung ist nicht grundsätzlich verschieden von der Vorgehensweise in anderen Naturwissenschaften. Was wissen nun die Geologen über die Zusammensetzung und Entwicklung der (Ur-) Atmosphäre?

1.2. Die Entwicklung der Erdatmosphäre

Die Erde *als Protoplanet* entstand vor etwa 5 Milliarden Jahren; ihre eigentliche Existenz begann vor 4,55 Mrd. Jahren mit dem Einschlag des letzten großen Planetesimalen, bei dem sich auch der Mond bildete – zu diesem Zeitpunkt schmolz zum letzten Mal die gesamte Erdkruste auf. Isotopenbestimmungen bei den ältesten Mineralien zeigen, dass sich vor 4,4 Mrd. Jahren die Erde soweit abgekühlt hatte, dass sich flüssiges Wasser auf ihr halten konnte. Nach der Abkühlung der Erdoberfläche setzte zudem eine Differenzierung ein, die zu dem typischen Aufbau des Erdinneren führte. Zeitgleich bildeten sich das Weltmeer und die Atmosphäre aus. Diese so genannte *erste Atmosphäre* ging aus einem gewaltigen Hochofenprozess hervor, der zu einer Reduktion von Eisen- und Nickeloxiden führte. Die reduzierten Metalle sanken in die Tiefe ab und bildeten den Erdkern. Dabei verminderte sich der reduzierende Charakter der Atmosphäre: Methan und Ammoniak wurden oxidiert. Daraus kann man schließen, dass die erste Atmosphäre nicht, wie zunächst vermutet, aus *Methan* und *Ammoniak*, sondern im Wesentlichen aus Stickstoff (N_2), Wasser (H_2O), Kohlendioxid (CO_2) und Kohlenmonoxid (CO) bestand.

Von größtem Einfluss auf die Entwicklung des Klimas war sicher die Konzentration des Treibhausgases CO_2. Aufgrund seiner ursprünglich recht hohen Konzentration sollte man annehmen, dass während der ersten 2 Milliarden Jahre ein extremes Treibhausklima herrschte. Wir wissen aber aus der Astrophysik, dass die Strahlungsintensität der Sonne in der ersten

Milliarde Jahre ihrer Existenz noch gering war („faint young sun"). Modellrechnungen legen nahe, dass Ozeane und Festländer vor 3,8 bis 4,0 Mrd. Jahren (Hadaikum) teilweise schon vereist waren, was bei CO_2-Drücken von unter 1 bar möglich wäre (ZAHNLE et al. 2007). Wie wir noch sehen werden, ist dies eine im Rahmen neuerer Abiogenesemodelle sehr wichtige Erkenntnis. Aufgrund der zahlreichen Meteoriteneinschläge in dieser Zeit ist es wahrscheinlich, dass sich Perioden der Kälte, Warmperioden und Zeiten großer Hitze abwechselten (ZAHNLE et al. 2007, 71). Neuere Erkenntnisse legen sogar nahe, dass gerade im Hadaikum zahlreiche größere Asteroide auf der Erde einschlugen und dabei enorme Mengen an Wasserstoff und Methan freisetzten, so dass wieder eine weitaus stärker reduzierende Atmosphäre in Betracht gezogen werden muss; vermutlich ideale Bedingungen für die Entstehung des Lebens (HASHIMOTO et al. 2007; ZAHNLE et al. 2007).

Im weiteren Verlauf wurde CO_2 als Karbonat-Gestein gefällt. Karbonatgesteine sind z.B. Calcite, Dolomite sowie der metamorphe Marmor. Die stetige Abnahme des CO_2-Gehalts in der Atmosphäre wurde nach dem Hadaikum abermals mehrfach durch längere Vereisungsphasen begleitet: die frühproterozoische und die jung(neo)proterozoische Vereisung („Schneeball Erde"). In der weiteren Entwicklung kam Sauerstoff durch die Photosynthese von Blaualgen (entstanden vor ca. 3–3,5 Mrd. Jahren) hinzu. Die Konzentration von reaktionsträgem Stickstoff (N_2) nahm durch stetes Ausgasen aus dem Erdinneren allmählich zu. Die Geschichte des Sauerstoffs verlief während der letzten 3,5 Mrd. Jahre in mehreren großen Schüben.

Phase I: Der Sauerstoffgehalt der Atmosphäre war im Archaikum (bis etwa 3 Mrd. Jahre v.u.Z.) noch gering und lag sicher deutlich unter 1 % des heutigen Werts. Mit dem Einsetzen der Photosynthese vor ca. 3 Mrd. Jahren stieg er vermutlich minimal an, blieb jedoch noch bis in das Proterozoikum hinein in Form eines „steady-state" auf einem fast genau so geringen Niveau. Dies lässt sich daraus ersehen, dass bestimmte Mineralien, wie z.B. Uraninit, auf den Festländern nicht oxidativ verwitterten; auch das mineralisch gebundene Eisen lag vorwiegend in der zweiwertigen Form (Fe^{2+}) vor, was höhere Konzentrationen an Sauerstoff ausschließt. Im flachmarinen Bereich hingegen bewirkte der von den Cyanobakterien produzierte Sauerstoff die Bildung von Bändererzen (BIFs) durch Oxidation von Eisen (Fe^{2+} zu Fe^{3+}). Infolge der Ausfällung von Eisenmineralen wurde über einen langen Zeitraum hinweg der Sauerstoff im Flachmeer gebunden.

Phase II: Nachdem im frühen Proterozoikum vor ca. 2–2,4 Mrd. Jahren der größte Teil des Eisens aus dem Meer ausgefällt war, stieg der Sauerstoffgehalt in der Atmosphäre rapide an („Great Oxidation Event"). Auf den Kontinenten finden sich erste Rotsedimente, d.h. zweiwertiges Eisen (Fe^{2+}) wurde bereits hier zu dreiwertigem Eisen (Fe^{3+}) oxidiert. Dadurch gelangte viel weniger Eisen in die Küstenmeere, die Bildung von Bändererzen kam allmählich zum Erliegen.

Phase III: Der Sauerstoffgehalt erreichte bald darauf eine weitere steady-state-Phase, die bis kurz vor dem Ende des Proterozoikums andauerte. Er war damals noch deutlich niedriger als heute. Erst kurz vor dem Kambrium (550 Mio. Jahre v. u. Z.) näherte sich die Sauerstoffkonzentration in etwa dem heutigen Wert und überstieg diesen im Devon, vor etwa 400 Mio. Jahren, sogar deutlich.

Zusammenfassend lässt sich also sagen, dass kurz nach der Entstehung der Erde grundlegend andere Verhältnisse auf der Erde herrschten als heute: Sauerstoff fehlte in der Atmosphäre nahezu vollständig, was eine wichtige Vorbedingung für die Entstehung des Lebens war, weil ansonsten keine organischen Verbindungen in nennenswerten Mengen entstanden wären. Wie aber muss man sich deren Entstehung auf der Erde vorstellen?

1.3. Die abiotische Entstehung von Biomolekülen

In den 1920er Jahren formulierten der russische Biochemiker A. I. Oparin und der britische Genetiker J. B. S. Haldane ihre „Theorie der Ursuppe". Danach sollen organische Verbindungen durch chemische Prozesse in der Atmosphäre entstanden sein, sich in den Weltmeeren angereichert und daraus im Laufe der Zeit die ersten Biosysteme gebildet haben. Ein Problem war, dass diese Hypothese lange Zeit empirisch nicht gestützt werden konnte. Wie heute so zogen auch damals schon die Evolutionsgegner gegen diese Vorstellung zu Felde und behaupteten, die zufällige Entstehung von Biomolekülen sei aus physikalisch-chemischer Sicht völlig unwahrscheinlich.

Rund 30 Jahre später führte der Chemiker S. L. Miller ein berühmt gewordenes Experiment durch, welches das ganze Koordinatensystem verschob (Miller 1953; 1955). Miller simulierte im Mikromaßstab die hypothetischen atmosphärischen Bedingungen, die auf der Urerde vor rund 4 Milliarden Jahren geherrscht haben könnten: In einem Kölbchen brachte er Wasser zum Sieden. Der Wasserdampf gelangte in einen Rundkolben seiner Apparatur, der zuvor mit einem Gemisch aus Methan (CH_4), Ammoniak (NH_3) und Wasserstoff (H_2) befüllt worden war. Über zwei Wolframelektroden wurde eine Funkenstrecke erzeugt, welche die elektrischen Entladungen simulierte, die in der Frühzeit der Erde ständig aufgetreten sein müssen. Im Laufe mehrerer Tage sammelten sich in der Vorlage, nebst einem teerartigen Kondensat, bedeutsame Mengen organischer Substanzen. Man entdeckte u. a. die vier häufigsten bei Lebewesen bekannten, proteinogenen Aminosäuren[1], Carbonsäuren, aber auch Verbindungen

[1] Wie die Wissenschaftszeitschrift *Science* vor kurzem vermeldete, wurden in alten Proben, die Miller von seinen Experimenten übrig behielt, mithilfe moderner Analyseverfahren sogar 7 proteinogene Aminosäuren nachgewiesen, zudem 15 weitere Aminosäuren, die zum Teil

wie Harnstoff, Formaldehyd und Blausäure (HCN) – Komponenten, die wiederum Ausgangsstoffe zur Synthese von Zuckern wie Ribose und von Nukleinbasen darstellen.

Dass die Evolutionsgegner versuchen, die Bedeutung der Versuche nicht nur herunterzuspielen, sondern auch schöpfungstheoretisch umzudeuten, trotz des Rückschritts, zu dem sie durch MILLERS Experimente genötigt wurden, ist freilich nicht anders zu erwarten:

> Die Erfahrungen bei den bis heute in vielen Varianten durchgeführten Ursuppen-Simulation[s]experimenten zeigen: unter Anwendung von chemischem Know how kann man aus Gasmischungen einige für heute bekannte Lebewesen notwendige Stoffe herstellen. Damit ist eine Entsprechung zu einer hypothetischen frühen Erde [...] gerade nicht gegeben, denn das chemische Know how fehlt dort (JUNKER/SCHERER 2006, 101).

Das ominöse „chemische Know-how" ist aber letztlich nichts anderes als die durch die physikalisch-chemischen Gesetze vorgezeichneten Reaktionswege; je nach Randbedingung laufen diese Prozesse *von selbst* ab.

MILLERS Versuche wurden in der ganzen Welt – und unter vielfach abgewandelten Reaktionsbedingungen – wiederholt. Dabei wurden nicht etwa exotische oder besonders kompliziert gebaute Ausgangsstoffe eingesetzt oder mehrstufige Synthesen mit dazwischen geschalteten Reinigungsschritten durchgeführt. Vielmehr wurden die Randbedingungen meist nach *spezifisch irdischen* Bedingungen ausgewählt: Als Ausgangsstoffe wurden meist einfache Atmosphärengase (N_2, CO_2, H_2O) verwendet, Gase, die aus Vulkanen oder hydrothermalen Schloten austreten (wie CO, NH_3, CH_4, H_2S) oder einfache Produkte, die aus der Reaktion dieser Gase hervorgehen, wie Formaldehyd, Harnstoff, Blausäure, Formamid oder Cyanoacetylen. Typisch irdischen Randbedingungen entsprechen ferner Beimengungen von Schwermetallen, Phosphorverbindungen, Ton, Sand und anderen Mineralien, die im Meer vorkommen, sowie UV-Strahlung, Radioaktivität, Hitze, elektrische Entladungen oder Hochtemperaturplasma, mit dem sich vulkanische Bedingungen simulieren lassen.

Interessanterweise meldeten fast alle Experimentatoren Erfolge, kaum einer zog eine Niete. Manche bedienten sich des Kohlenmonoxids anstelle des Methans, andere setzten Kohlendioxid und elementaren Stickstoff ein. Wieder andere verwendeten Methanol und Isooctan (FRANCK 1959) oder ließen radioaktive Strahlung auf verdünnte Blausäurelösungen einwirken (SWEENEY et al. 1976). In etlichen Fällen ließen sich Zwischenprodukte nachweisen, aus denen im Laufe mehrerer Tage in den Apparaturen Aminosäuren und/oder niedere Carbon- und Fettsäuren entstanden sind. Die

---

Naturstoffe mit biologisch wichtiger Funktion darstellen, wie z. B. Ornithin und 3-Hydroxyasparagin (JOHNSON et al. 2008).

Ausbeute an Aminosäuren war zwar unter Verwendung „neutraler" Gase wie Kohlendioxid und Stickstoff wesentlich geringer als unter Verwendung von Methan und Ammoniak (Schlesinger/Miller 1983). Durch Zugabe von reduzierenden Reagenzien wie zweiwertigem Eisen (Fe^{2+}) jedoch, das nach heutigem Kenntnisstand in den nahezu sauerstofffreien Ozeanen der Urerde reichlich vorhanden war, lässt sich die Ausbeute um ein Viel-Hundertfaches steigern (Cleaves et al. 2008).

Inzwischen füllt die Zahl der in einfachen Simulationsversuchen nachgewiesenen Biomoleküle ganze Bücher. Entgegen Junker/Scherer (2006, 106) wurden auch die Nukleinbasen unter einfachen Bedingungen erzeugt – und zwar nicht nur durch die von ihnen in Frage gestellte Oligomerisation von HCN. Manche Experimentatoren gewannen Guanin durch thermale Polymerisation von Aminosäuren (Ponnamperuma et al. 1963), andere Adenin aus Methan, Ammoniak und Wasserdampf (Calvin et al. 1963), wieder andere Guanin, Uracil und Cytosin aus Kohlenmonoxid, Stickstoff und Wasserdampf im Hochtemperaturplasma (Miyakawa et al. 2000). Durch UV-Bestrahlung von Formaldehydlösungen wurden auch Ribose und andere Zucker nachgewiesen (Ponnamperuma/Mariner 1963). Fast alle biologisch wichtigen Aminosäuren, Lipide, Nukleinbasen und Zucker konnten bis heute in den Ursuppenexperimenten der Folgegenerationen nachgewiesen werden, ja selbst die Bildung hoch komplexer, biologisch wichtiger Verbindungen wie Porphyrine wurde vermeldet (Hodgson et al. 1968). Es scheint vollkommen gleich zu sein, auf welche Ausgangsstoffe man zurückgreift – Hauptsache ist, dass das Gemisch Kohlenstoff, Wasserstoff und Stickstoff enthält und eine Energiequelle vorhanden ist, die die chemischen Bindungen neu „ordnet". Die Aussage, es bedürfe dazu eines speziellen „Know-hows", muss als widerlegt gelten.

Dass ein weiter Bereich von Randbedingungen nach den Gesetzen der Physik und Chemie zur Entstehung der Grundbausteine des Lebens führt, ist ein wichtiger Mosaikstein im Rahmen der evolutionären Argumentation. Daher ist es eigentlich müßig, wenn heute immer noch betont wird, dass diese Nukleinbase nur mit „sehr geringer Ausbeute", jene Aminosäure „zu viel" und die „proteinogenen Aminosäuren mit basischen Eigenschaften [...] bisher in präbiotischen Simulationsexperimenten nicht nachgewiesen" wurden (Junker/Scherer 2006, 102 ff). Verständlich: bis heute ist auch nur ein winziger Bruchteil der möglichen Reaktionswege erforscht worden!

1.3.1. Präbiotische Synthesen der Nukleinbasen und Zucker

> Ein präbiotischer Syntheseweg für die RNS- und DNS-Basen unter unspezifischen Ursuppen-Bedingungen ist unbekannt. Zudem ist die chemische Stabilität der Verbindungen gering, was die Plausibilität einer präbiotischen Nukleotidsynthese weiter herabsetzt (Junker/Scherer 2006, 106).

Tatsächlich verliefen die Synthesen von Nukleinbasen und Zuckern bislang eher enttäuschend. Entweder war die erforderliche Konzentration der Ausgangsstoffe unrealistisch hoch oder die Ausbeuten zu gering. Auch die Stabilität von Adenin und Ribosezucker ist niedrig und konnte daher nach Meinung einiger Forscher auf der Urerde kaum in nennenswerten Mengen zur Verfügung gestanden haben. Gleichwohl steht auch der präbiotischen Entstehung von Kohlenhydraten und Nukleinsäuren kein physikalisch-chemisches Prinzip im Weg. Nach einer kritischen Bewertung von NELSON et al. (2001) deutet sich an, dass die Annahmen über die Zersetzung des Adenins durch Hydrolyse auf einer Fehlinterpretation von Daten beruhen. Außerdem hängt die Stabilität stark von den Randbedingungen ab: Während für Adenin in freier Lösung bei 20 °C eine Halbwertszeit von nur 80 Jahren angenommen wird, sind es bei 0 °C schon 4 000 Jahre. Die Adsorption an Mineralien stabilisiert die Verbindungen ebenfalls: Ribose-Zucker wird z. B. durch Borat-Mineralien stabilisiert (RICARDO et al. 2004).

Im Jahre 2001 ging die spektakuläre Nachricht durch die Presse, dass in Meteoriten Zucker bzw. Zuckerderivate nachgewiesen wurden (SEPHTON 2001). Die Reihe reicht vom Zuckeralkohol Glycerin bis zu 6 C-Atome enthaltenden Zuckersäuren. Vor kurzem konnte auch die Bildung *aller fünf Nukleinbasen* nachgewiesen werden (SENANAYAKE/IDRISS 2006).

Im Mai 2009 wurde schließlich ein präbiotischer Syntheseweg für *Ribonukleotide* entdeckt, der das Problem der geringen Stabilität und Ausbeute der RNA-Bausteine löst. So wurden RNA-Basen und Ribose-Zucker nicht etwa *separat* erzeugt und anschließend miteinander verknüpft; sie entstanden stattdessen *simultan* durch Reaktion präbiotisch plausibler Vorstufen unter Bildung des Nukleotids (POWNER et al. 2009). Der Weg zur RNA führt also nicht notwendigerweise über die freien, instabilen RNA-Bausteine.

1.4. Neuere Hypothesen und Befunde über die Entstehung des Lebens – Ist das Leben möglicherweise im Meereis entstanden?

> Ein schwerwiegendes Problem beim Aufbau von Aminosäureketten besteht darin, dass Ursuppen größtenteils aus Wasser bestehen. Ohne spezielle Maßnahmen können daher kaum Oligo- und sicher keine Polypeptide (längere Ketten) gebildet werden. In einem solchen Milieu liegt das Gleichgewicht wegen des großen Wasserüberschusses ganz auf der Seite der monomeren Aminosäuren. Die Anwesenheit von Wasser verhindert folglich die Kettenbildung. Dies bedeutet, dass in Ursuppen-Simulationsexperimenten nicht einmal Vorstufen von Proteinen entstehen (JUNKER/SCHERER 2006, 103).

Nun ist bekannt, dass Biopolymere nicht direkt in der Ursuppe entstanden sein mussten, sondern auch auf Kristalloberflächen entstehen können. Während die Gesetze der Thermodynamik in freier Lösung die Spaltungsreaktion begünstigen, fördern sie auf Oberflächen die Kettenbildung. So erhielt man aus verdünnten Aminosäurelösungen, die mit Ton gekocht wurden, Polypeptide, die bereits aus bis zu einem Dutzend Aminosäuren aufgebaut waren. Zugabe von Lava oder Sand fördert den Prozess ebenfalls (KÄMPFE 1992). Auch die Stabilität oberflächengebundener Substanzen (Zucker, Nukleinbasen etc.) ist weitaus größer als in freier Lösung, und eine Reihe von Mineralien hat katalytische Wirkung, das heißt sie können *selektiv* ganz bestimmte Reaktionen beschleunigen oder überhaupt erst ermöglichen.

Etliche Modelle berücksichtigen diese Erkenntnisse und umgehen damit das Problem der Theorie der Ursuppe. Einen solchen Ansatz vertritt der Chemiker und Münchner Patentanwalt G. WÄCHTERSHÄUSER. Seine Theorie des *Oberflächenmetabolismus* geht davon aus, dass Biopolymere, einfache Reaktionssysteme und primitive Einzeller auf der Oberfläche katalytisch aktiver, vor allem in der Tiefsee vorkommender Mineralien (insbesondere Pyrit, FeS_2) entstanden sind (WÄCHTERSHÄUSER 1988a; 1988b; 1990; 1992; 1994; 2000). Als Grundlage der Erzeugung wichtiger chemischer Verbindungen dient Schwefelwasserstoff (H_2S), der neben Kohlenmonoxid, Methan, Stickstoff und Kohlendioxid beständig aus heißen Schloten der Tiefsee ausgast. Dieser reagiert mit Eisenmonosulfid (Mackinawit, FeS) zu Pyrit (FeS_2). Bei dieser Reaktion wird Wasserstoff (H_2) gebildet und Energie frei, die zur Erzeugung von so wichtigen Grundstoffen wie Blausäure oder Ammoniak genutzt werden kann (DÖRR et al. 2003). Auf der Pyritoberfläche gebunden könnten daraus wiederum Aminosäuren und diverse Zucker entstanden sein, die in der Lage sind, lange Polymere (sog. „polyhalbacetalische" Strukturen) zu erzeugen, aus denen sich stufenweise Isoprenoide, Hüllmembranen und einfache Stoffwechselprozesse gebildet haben könnten.

Nun wird WÄCHTERSHÄUSERS Modell auch von JUNKER/SCHERER andiskutiert, die Ergebnisse aber als wenig befriedigend dargestellt. Immerhin bietet es eine chemisch gut begründete und experimentell prüfbare Alternative zur klassischen Theorie. Es wird auch gestützt durch die Tatsache, dass noch heute viele Enzyme Übergangsmetall-Schwefel-Komplexe enthalten, insbesondere zur Katalyse anaerober (und damit stammesgeschichtlich meist sehr alter) Reaktionen, wie der *Ribo*nukleotidreduktion zu *Desoxyribo*nukleotiden (FOLLMANN 2004). Hier liegt auch der Schlüssel zum Übergang von der RNA-Welt zur Entstehung früher DNA-Moleküle.

Ein Modell, das zurzeit besonders intensiv untersucht wird und WÄCHTERSHÄUSERS Modell ergänzen könnte, geht davon aus, dass vor allem *niedrige* Temperaturen die Stabilität von evolutionär gebildeten Molekülen erhöhen und die Bildung komplexer Biomoleküle befördert haben können, und dies könnte zum Beispiel im arktischen Eis gewesen sein. Jedenfalls hat man dort reges Leben in Form von Mikroorganismen gefunden, wie Prof.

Hauke Trinks, Physiker an der Technischen Universität Hamburg-Harburg (TUHH), in seinem ersten Buch nach einer einjährigen Expedition nach Spitzbergen berichten konnte (Trinks 2001). Trinks stellt die Hypothese auf, dass das erste Leben vor 4 Mrd. Jahren im Meereis der Urerde entstanden sein könnte. Bei der Diskussion um die notwendigen Eigenschaften von präbiotischen Szenarien im Meereis spielen die folgenden Fragestellungen eine wesentliche Rolle:

- Sind die räumlichen und oberflächlichen Strukturen von Meereis geeignet, Stoffe aufzukonzentrieren, zu reinigen und für Reaktionsschritte vorzubereiten?
- Inwiefern sind die Reaktionsbedingungen günstig für eine Synthese von Makromolekülen?
- Wieweit tragen dynamische Vorgänge, wie die Konzentrierung durch Ausbreitung des salzarmen Eiskörpers, Dichte- und Temperatur-bedingte Flüssigkeitsströme, Gasbildung und -lösung sowie Kristallwachstum zum Funktionieren des Eisreaktors bei?
- Gibt es energetische Effekte, die in der Lage sind, chemische Bindungen zu aktivieren bzw. chemische Reaktionen zu starten?
- Liefern Vorgänge im Meereis Argumente zur Entstehung biologisch-chemischer Asymmetrie (Chiralität)?
- Sind die Bedingungen im Meereis förderlich für Reaktionsabläufe bei der Synthese bzw. Replikation von z. B. RNA?

Das Modell von Trinks wird von Junker/Scherer zwar erwähnt, allerdings in extremer Kürze abgewickelt. Es heißt dazu lapidar, konkrete Ergebnisse, die eine Lebensentstehung plausibel machen würden, lägen „bisher allerdings nicht vor" (S. 112). Wir werden im Folgenden sehen, was von dieser Aussage zu halten ist. Dazu sollen die oben angeführten Fragen beantwortet werden, indem weitgehend der Argumentation der Autoren gefolgt wird (Trinks et al. 2003, 15 ff; mit freundlicher Zustimmung von Prof. Trinks).

1.4.1. Einflüsse dynamischer Abläufe im Meereis; Kompartimentierung bzw. Trennvorgänge ohne Lipidmembranen

> Produkte, die in geringer Ausbeute neben großen Mengen an Verunreinigungen in einem Experiment entstehen, wurden in Folgeexperimenten in gereinigter Form [...] eingesetzt. Dabei liegen keine plausiblen Erklärungen der oft unabdingbaren Reinigungsprozesse auf der frühen Erde vor (Junker/Scherer 2006, 113).

Abgesehen davon, dass in Simulationsversuchen schon aus *analytischen* Gründen hohe Reinheiten eingesetzt werden, können oft schon einzelne Komponenten eines Gemischs unerwünschte Nebenreaktionen unterdrücken und die Bildung bestimmter Produkte begünstigen (Powner et al. 2009). *Reinigungsprozesse sind daher häufig gar nicht erforderlich.* Zudem führt die Adsorption (Anlagerung) der Verbindungen an spezifische Oberflächen (z. B. Mineralien) *zwangsläufig* zu einer Segregation bzw. Entmischung, was eine lokale Aufkonzentrierung und Reinigung zur Folge hat. Auch im Eis sind Trennvorgänge zu beobachten. Schon beim Fließen eines Gemischs treten Chromatographie-Effekte auf, die eine Stofffraktionierung (Reinigung) bewirken (Dasgupta/Mo 1997; Trinks et al. 2003). Abhängig von der Temperaturverteilung im Eiskörper, der herrschenden Schwerkraft und der Chromatographiezeit reichern sich die Aminosäuren in verschiedenen Bereichen des Eiskörpers unterschiedlich stark an, so dass je nach Milieu die erforderlichen Ausgangsstoffe in hoher Konzentration und Reinheit vorliegen können, wodurch auch unerwünschte Kettenabbrüche vermindert werden.

Auch die Gegenwart von nahezu reinem, gasförmigem CO_2 im Eis hätte hinsichtlich der Synthese von Makromolekülen einen äußerst begünstigenden Effekt. Kettenabbrüche bei Proteinsynthesen treten unter CO_2 weniger auf. So wies Orgel schon 1989 (Orgel 1989) darauf hin, dass die Synthese von Proteinen in Gegenwart von CO_2 in höheren Ausbeuten gelingt, da die störende Aminosäure-Cyclisierung durch reversible Blockierung der Aminogruppe an einem Ende der Kette unterbunden wird. Betrachtet man die Zusammensetzung der Atmosphäre in präbiotischen Zeiten, muss grundsätzlich ein hoher Partialdruck an CO_2 angenommen werden (Kasting/Ackerman 1986). Dies führte zu eher sauren Meerwassereigenschaften und von vornherein zu einer mengenmäßigen Dominanz an Carbonaten im Gleichgewichtssystem Carbonat/Sulfat/Borat/Phosphat/CO_2 (Millero/Roy 1997).

1.4.2. Stabilitätsprobleme in der Ursuppe: Die Bildung und Stabilisierung längerkettiger Biomoleküle im Meereis

> Günstige äußere physikalische Bedingungen, wie passender Druck und Temperatur, denen enge Grenzen gesetzt sind, wenn die Reaktionsprodukte stabil bleiben sollen, werden bei solchen Versuchen als gegeben vorausgesetzt. Unter präbiotischen Ursuppenbedingungen ist dies jedoch sehr unwahrscheinlich. Im ‚Ursuppenmodell' muss daher postuliert werden, dass die an verschiedenen Stellen gebildeten Bestandteile später zusammengeführt worden sind, um miteinander reagieren zu können. Damit wird dieses Szenario sehr spekulativ (Junker/Scherer 2006, 103).

Offenbar wissen Junker/Scherer immer ganz genau, was ungünstig und unwahrscheinlich ist, warum etwas *nicht* sein kann oder warum – oft entgegen der Einschätzung der Fachwelt – etwas als „unplausibel" angenommen werden muss. In Wahrheit sind ihre pessimistischen Annahmen nicht plausibler als die allzu optimistischen Einschätzungen einiger Forscher, in deren Augen es nur eine Frage der Zeit sei, bis alle Fragen vollständig beantwortet werden können. Es ist, wie in einem anderen Kapitel bereits erörtert wurde, mit dem Geist der Wissenschaft nicht zu vereinbaren, wenn auf der Basis von Unwissen Spekulationen hinsichtlich der Unwahrscheinlichkeit der Entstehung von Leben angestellt werden. Modellbildung heißt die Devise!

Gerade die Eigenschaften des Meereises bieten in verschiedener Hinsicht äußerst günstige Bedingungen für die Stabilisierung und Weiterreaktion von Biomolekülen. Thermodynamische Überlegungen bezüglich Erstarrungs- und Auftauvorgängen und hinsichtlich der beobachtbaren Salzkristallisation ergeben das Bild eines permanent hohen Energietransfers. Im mikroskopischen Bereich können, insbesondere unter dem Aspekt der geringen Wärmeleitfähigkeit der Matrix, Energie-Inhomogenitäten mit stark exothermem Charakter vorherrschen. Diese sind prinzipiell in der Lage, chemische Reaktionen, wie etwa die Knüpfung von Peptidbindungen, zu fördern. Ferner kann das Eisgefüge chemische Reaktionen katalytisch begünstigen, da sich das Milieu durch vielfältige Grenzschichten, feste und flüssige Phasen, hochkonzentrierte Meersalzlösung sowie mineralische Staubpartikel auszeichnet.

Besonders vorteilhaft ist der günstige Entropie-Einfluss des Eises auf die Bildung längerer Molekülketten. Zwar wird zum Aufbau langkettiger Moleküle Energie verbraucht, die normalerweise aus der hitzebedingten Anregung der Moleküle bezogen wird (Macleod et al. 1994; Muller 1995; Holm/Andersson 1998). So begünstigt Hitze die Synthese energiereicher Moleküle, die als chemische Träger zur Aktivierung von Reaktionen fungieren können, wie z.B. Cyanate (Yamagata 1999), N-Carboxyanhydride (Brack 1993) oder Polyphosphate (Muller 1995) aus vulkanischen Prozessen (Schwartz/Hendersonsellers 1983). Nur die bevorzugte Reaktion zu Makromolekülen tritt in der Hitze anscheinend nicht bzw. nur unter katalytischen Bedingungen ein. Kalte Systeme wie das Meereis dagegen bieten, so Trinks et al. (2003), in unmittelbarer Nähe zum Syntheseort der Bausteine auch energetische Senken, in denen nach vollbrachter Reaktion die komplexen Produkte aus dem Energiefluss ausscheren können, um dort moderat weiterzureagieren oder angesammelt zu werden. Der Transport der Moleküle aus den heißen Syntheseorten zur Weitersynthese im Meereis der Polkappen ist dabei, mit Blick auf die globalen Meeresströmungen, innerhalb kurzer Zeit möglich. An Orten wie Island sind vulkanische Hitze und Eis räumlich sehr nahe beieinander.

Hinweise, dass im Eis für den Lebensursprung wichtige Reaktionen im Dunkeln bei Temperaturen unter –20 °C ablaufen können, liefern beispielsweise Publikationen zur Oligomerisierung von Cyanwasserstoff (HCN), einem schon lange bekannten, wichtigen Syntheseweg zum

Aufbau von Nukleinbasen wie Adenin (Sanchez et al. 1966; Follmann 1981; Miyakawa et al. 2002). Und tatsächlich bietet Meereis auch für Prozesse, die einen energetischen Anstoß brauchen, eine Fülle an Energiequellen. Viele Forschergruppen interessieren sich speziell für die Chemie im Eis unter UV-Licht im Weltraum, also unter Bedingungen, die typischerweise in Meteoriten auftreten (Meierhenrich 1999; Munoz et al. 2002). Es ist allgemein anerkannt, dass im Meteoriten-Eis unter dem Einfluss von UV-Strahlung aus einfachen Gasen wie CO_2, CH_4, NH_3 Aminosäuren, Carbonsäuren und andere polare Verbindungen entstehen (Clark et al. 1999; Blake/Jenniskens 2001). Diese Publikationen deuten alle auf einen sehr aktiven Chemismus im Eis hin, der – wie wir noch sehen werden – auch zur Bildung langkettiger Verbindungen wie Nukleinsäuren führen kann. Selbiges wird von Junker/Scherer (2006, 107) natürlich bestritten:

> Unter den bisher angewendeten Bedingungen führten sie [Template bzw. Matrizen zur gesteuerten Synthese] immerhin zu Produkten mit bescheidener Kettenlänge (weniger als 50 Nukleotide). Bei Template-Synthesen treten jedoch neue Schwierigkeiten auf. Eine der Schwierigkeiten besteht darin, dass die Stickstoffbasen auf zwei unterschiedliche Weisen mit Ribose verknüpft werden können [...] Bei der chemischen Synthese treten beide Verknüpfungsmöglichkeiten im Verhältnis 1:1 auf [...] Da jedoch völlig ungeklärt ist, woher die Matrizen überhaupt kommen sollen, sind Template-gesteuerte Synthesen für Lebensentstehungsmodelle derzeit ohnehin nicht von Bedeutung.

Diese Aussagen sind aber nicht nur aus Sicht des Modells von G. Wächtershäuser antiquiert. Auch Meereis besitzt als Matrix erstaunliche Eigenschaften; hierüber liegen zu einem großen Teil schon empirische Erkenntnisse vor, die in die neueren Modelle Eingang finden: Während der Bildung von Eis auf der obersten Wasserschicht werden zunächst regelmäßig geformte Eiskristalle beobachtet. Diese Kristalle breiten sich bei günstigen Bedingungen auf der Wasseroberfläche rasch aus, bilden Netzwerke, die beim Aneinanderstoßen zusammenwachsen, und es bildet sich eine zellenartige Struktur. Feste Eiselemente, kleine, mit konzentrierter Salzlösung gefüllte Kanälchen (Kaviolen) in einem kommunizierenden, kapillaren Flüssigkeitssystem, sowie eingelagerte Gasbläschen formen die für junges Eis charakteristische dreidimensionale Struktur (Wakatsuchi/Kawamura 1987). In den festen Eiselementen ist das Meersalz stark abgereichert, während die Flüssigkeit in den Kaviolen aus einer mit abnehmender Temperatur zunehmend konzentrierten Salzlösung besteht.

Rode et al. (1999) konnten Kondensationsreaktionen von Aminosäuren zu Ketten mit bis zu sieben Gliedern Länge allein durch die Gegenwart hochkonzentrierter Kochsalzlösungen (allerdings in der Wärme) nachweisen. Kupfer-Komplexe und Tonmineralien spielen dabei anscheinend ebenfalls eine zentrale Rolle (Rode et al. 1999; Bujdak/Rode 1999). Trinks et al. (2005) ist es inzwischen auch gelungen, in Meereis Nukleinsäuren mit bis zu 400 Kettengliedern Länge zu bilden. Da im Ergebnis bei weitem die gewünschten 3'-5'-Verknüpfungen dominierten, hat der obenstehende Einwand von Junker/Scherer kein Gewicht.[2]

1.4.3. Chiralität: Bevorzugung einer optisch aktiven Form

> Vor der Entstehung von Lebewesen muss irgendwann die Entscheidung zugunsten der einen Sorte von Enantiomeren gefallen sein. Auf der Ebene lebender Organismen führt die Konkurrenz von Individuen und Arten zu Selektionsprozessen. Bei Enantiomeren mit chemisch gleichem Energiegehalt existiert ein auf Konkurrenz basierender Selektionsprozess nicht. Daher ist prinzipiell unklar, wie es in einer hypothetischen präbiotischen Welt zu einer Selektion kommen kann. Beide Alternativen sind dort gleich wahrscheinlich und eine natürliche Ursache dieses Naturphänomens ist unbekannt [...] (Junker/Scherer 2006, 107).

Wie zu erwarten, wird von diesen Autoren die Möglichkeit der *natürlichen* Anreicherung und Verknüpfung einer Sorte von Enantiomeren als unplausibel dargestellt, wobei hier ebenfalls wieder ein ominöses „Knowhow" postuliert wird. Entgegen der Meinung der Evolutionsgegner sind aber auch in diesem Fall keine prinzipiellen Hürden physikalisch-chemischer Art in Sicht, im Gegenteil. Bevor die Argumentation vertieft wird, muss jedoch zunächst erläutert werden, was die Begriffe *Chiralität* und *Enantiomer* bedeuten und worin das Problem aus biochemischer Sicht besteht.

Der Begriff *Chiralität* („Händigkeit") betrifft die Struktur zweier Molekülsorten, die wie Bild und Spiegelbild gebaut sind und somit nicht durch Drehung zur Deckung gebracht werden können. Dies kann durch die atomare Anordnung im Molekül oder durch die dreidimensionale Gestalt der Moleküle selbst bedingt sein. So werden chirale Zentren im Molekül z. B. von Kohlenstoffatomen gebildet, die vier verschiedene Atomgruppen tragen (Abb. 30). Derart *asymmetrisch* gebaute Moleküle drehen die Ebene von polarisiertem Licht, das durch eine Lösung oder einen Kristall asymmetrischer Moleküle geschickt wird, nach rechts oder nach links (Abb. 29). Man sagt auch, dass solche Substanzen „optisch aktiv" seien.

[2] Um Nukleotide zu längeren Ketten zu kondensieren, sind allerdings aktivierende Effekte vonnöten, so dass als Ausgangsverbindung z. B. Imidazol-Derivate der Nukleotide eingesetzt werden. Dabei taucht regelmäßig die Frage auf, ob es sich dabei noch um eine präbiotische Synthese handeln kann. Tatsächlich gelang Oró et al. (1984) die Erzeugung von Imidazol aus einfachen, präbiotisch relevanten Verbindungen.

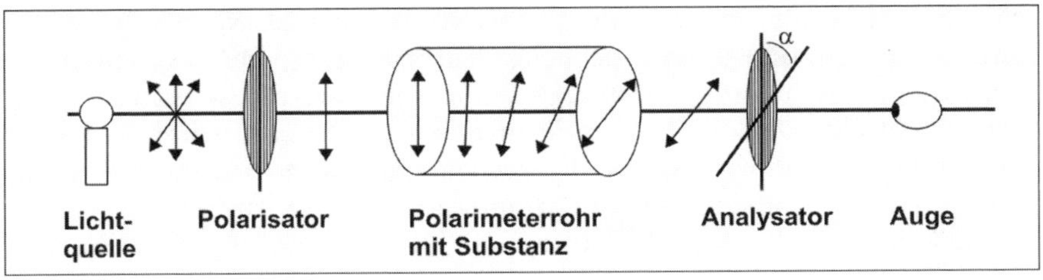

Abb. 29: Drehung der Ebene polarisierten Lichts, das durch einen Polarisator im Polarimeterrohr erzeugt wird, durch die jeweilige Substanz, die sich normalerweise in einer wässrigen Lösung befindet. Mit dem Analysator kann man den Drehwinkel *α* der Schwingungsebene des Lichts messen.

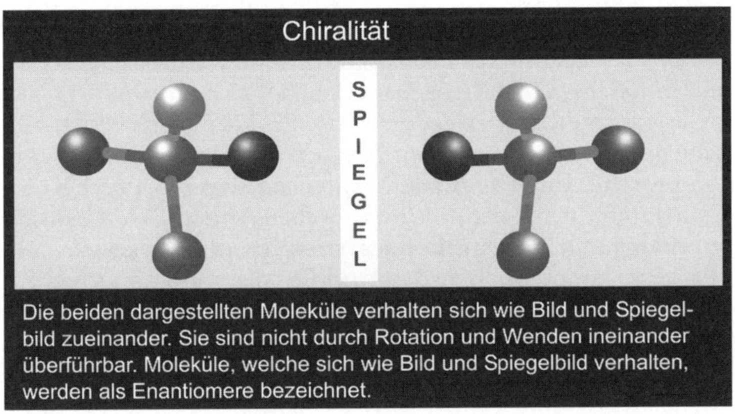

Abb. 30: Asymmetrie bzw. Chiralität aufgrund vierer verschiedener Atomgruppen an einem Kohlenstoffatom. Solche Konstellationen können in größeren Molekülen mehrfach vorkommen. Abdruck der Grafik mit freundlicher Genehmigung von Michael Rainer A. MÜLLER (chempage.de/lexi/chiral.htm).

Moleküle, die sich wie Bild und Spiegelbild verhalten, werden als *Enantiomere* bezeichnet; ihr chemisches und physikalisches Verhalten ist gegenüber nicht-chiralen Einflüssen, wie z.B. unpolarisiertem Licht oder Reaktionen mit nicht-chiralen Molekülen, tatsächlich gleich. In chiraler Umgebung hingegen, d.h. in polarisiertem Licht, bei Wechselwirkung mit Oberflächen chiraler Struktur oder in der Reaktion mit anderen chiralen Molekülen, sind Enantiomere physikalisch und chemisch deutlich voneinander unterscheidbar. Details zu dem Thema finden sich bei CHRISTEN (CHRISTEN/VÖGTLE 1989) und REIN (REIN 1993).

Die belebte Natur zeichnet sich vorwiegend durch aus Kohlenstoffeinheiten aufgebauten Strukturen aus. Bis auf wenige Ausnahmen sind diese Einheiten chiral, da *mindestens ein* Kohlenstoffatom des Moleküls mit vier unterschiedlichen Atomgruppen verbunden ist. Im Rahmen klassischer Synthesen treten stets Gemische unterschiedlicher Enantiomeren auf (so genannte *razemische* Gemische oder *Razemate*). Bemerkenswerterweise ist dies in der Natur nicht der Fall: Belebte Materie unseres Lebensraumes tritt in absoluter Enantiomeren-Reinheit des jeweils verwendeten Bausteines auf; z. B. kommen in der Natur ausschließlich L-Aminosäuren und D-Zucker vor.

Wie kam es im Lauf der Evolution zur Diskriminierung eines Enantiomers? Die Idee, dass durch Zufall ein bestimmtes Enantiomer in den ersten präbiotischen Synthesen lokal überwog und anschließend in einer Kettenreaktion andere Moleküle gleicher Chiralität koppelte, entspricht dem Prinzip eines sich selbst aufschaukelnden Automatismus (Fajszi/Czege 1981; Jenkins et al. 1994). Der kleine Vorsprung des „Überlebenden" würde sich zu Ungunsten des erfolgloseren Enantiomers stets vergrößern. Nur erweisen sich in allen Syntheseversuchen biotischer Moleküle „falsche" Enantiomere als ebenso reaktionsfreudig und werden ungeachtet ihrer Chiralität in gleichem Maße eingebaut (Bailey 2000; Bonner/Dean 2000).

Dies gilt jedoch nicht notwendigerweise für katalytisch gesteuerte Reaktionen, die in den sehr heterogenen Nischen der Ozeane ablaufen konnten. Es gibt empirische Hinweise, die dafür sprechen, dass z. B. durch Komplexierung (etwa durch Cu^{2+}-Ionen) aus razemischen Aminosäure-Gemischen bevorzugt homochirale Proteine kondensieren (Plankensteiner et al. 2004). Solche Prozesse könnten z. B. in den Kaviolen des von Trinks und Kollegen vorgeschlagenen Meereises oder nach Wächtershäuser in mineralischen Gefilden der Tiefsee abgelaufen sein. Wie wir wissen, können auch an reinen Calciten Enantiomeren-Spezies angereichert und damit Razemate mit hoher Selektivität aufgetrennt werden. Dabei kristallisiert bevorzugt immer nur ein bestimmtes optisches Isomer aus. Des Weiteren lassen sich aus übersättigten Lösungen unter dem Einfluss asymmetrischer Kristallisationskeime entweder D- oder L-Formen auskristallisieren, wobei die bereits auskristallisierte Form als Kristallisationskeim dienen kann (Harada 1970). Die Entstehung übersättigter Lösungen ist in räumlich getrennten Gewässern durch Austrocknung oder über erhitzten Gesteinen geologisch durchaus möglich. Schließlich wird durch polarisierte β-Strahlung aus dem natürlichen ^{90}Sr-Zerfall das D-Tyrosin stärker zerstört als L-Tyrosin (Follmann 1981).

Da es in der unbelebten Welt anorganische, chirale Stoffe gibt, liegt es nahe, den möglichen Impuls für eine Veränderung des Enantiomeren-Verhältnisses in der Auswirkung chiraler, mineralischer Oberflächen auf die Kristallisation zu suchen. Bekannt dafür sind Quarz, Tonmineralien oder Feldspat (Hazen 2001; Hazen et al. 2001), aber es gibt auch Kristalle, die erst durch Gitterfehler chiral werden (z. B. ist Eisensulfid, FeS, besonders erwähnenswert, da diesem Stoff wichtige Energietransfer-Funktionen in der von Günter Wächtershäuser vorgeschlagenen Theorie von Biofilmen zugeordnet werden). Auch Meereis hat, um auf das Modell von Hauke Trinks zurückzukommen, offenbar chirale Einflüsse. So stellt die Bildung von Kristallstrukturen in asymmetrischer, wendelförmiger Anordnung ein bei der Entstehung von Kristallen häufig anzutreffendes Phänomen dar, so auch im Eis (Hillig/Turnbull 1956; Hobbs/Ketcham 1969; Kirkpatrick 1975). Deshalb ist es auch plausibel, dass fädige Kristallisate, die sich entlang der Kaviolen gebildet haben, eine Helixstruktur annehmen (Trinks 2001).

Neuere Veröffentlichungen weisen auf eindrucksvolle Szenarien hin, in denen Aminosäuren-Gemische dazu bewogen werden können, chiral auszukristallisieren. Die Konglomerat-Bildung wird durch Zusätze in der Lösung, wie z.B. Glycin, verhindert (Weisbuch et al. 2002). Allein schon die Gegenwart von Sediment-Oberflächen kann die Entstehung von Konglomeraten verhindern, wobei ein möglicher Syntheseort der Strand der Urmeere ist (Viedma 2001). Asymmetrische Beeinflussung geschieht natürlich bei Zusatz enantiomerenreiner Impfkristalle (Asakura et al. 2000), aber auch, wie eine weitere Publikation beschreibt, asymmetrisch, spontan und ohne Außeneinwirkungen wie bei der Kristallisation eines Isomers aus einer wässrigen Aminosäurelösung (Shinitzky et al. 2002). Den Drang spezieller Systeme zu homochiralen Kompartimenten (allerdings ohne Asymmetrie) beschreiben auch Schalley/Weis (2002), denen Oligopeptide von Serin mit erstaunlicher chiraler Reinheit bei der Elektrospray-Ionisation im Massenspektrometer auffielen. Reiner et al. (2006) konnten sogar nachweisen, dass die Aminosäure L-Histidin die Bildung homochiraler Oligopeptide begünstigt (katalysiert) und dabei eine Präferenz für die L-Aminosäuren zeigt, so dass sie eine Schlüsselrolle bei der Entstehung homochiraler Proteine gespielt haben könnte.

Nun liest man bei Junker/Scherer (2006) über all diese interessanten Erkenntnisse praktisch nichts. Statt dessen wird bemerkt, dass *global* gesehen immer „beide chirale Formen gleichberechtigt" seien, wobei ein durch physikalisch-chemische Effekte hervorgerufener Symmetriebruch nicht zum Verschwinden einer der beiden Enantiomere aus der Lösung führt (ähnlich Imming 2007a, b). Tatsächlich gelangt man integral über alle existierenden Oberflächeneinflüsse immer wieder zu dem Enantiomeren-Verhältnis 50:50, also zum unbeeinflussten Razemat (Evgenii/Wolfram 2000), obwohl lokal eine Asymmetrie nachgewiesen werden kann, wenn D- bzw. L-Formen getrennt von den unterschiedlich ausgerichteten Kristallflächen abgesammelt werden (Hazen 2001). Der Einwand von Junker, Scherer und Imming geht aber an der Sache vorbei, denn erwartungsgemäß erfolgt eine Kompartimentierung *immer lokal* in kleinen, von der Umwelt abgeschotteten Bereichen. Zur Synthese eines homochiralen Kettenmoleküls muss das andere Enantiomer auch nicht vollständig „verschwinden" – es genügt, wenn sich durch eine mehr oder weniger stark ausgeprägte Asymmetrie die Wahrscheinlichkeit der Synthese homochiraler Moleküle *lokal erhöht*.

Findet sich in einem Molekül-Ensemble *ein* homochirales Molekül mit einer charakteristischen Funktion (z.B. als Katalysator oder Matrize für die

Synthese weiterer homochiraler Spezies), ist das Ergebnis ein Vorgang, der in eine Selektion hineintreibt. Dabei ist es völlig unerheblich, dass, wie IMMING (2007a, b) einwendet, dieselbe Argumentation auch für das *andere* Enantiomer bemüht werden kann. Ein solcher Einwand ist rein akademisch – von dem Zeitpunkt an, an dem *ein* homochirales Kompartiment (wo und aufgrund welcher Eigenschaften auch immer) „das Rennen machte", waren die Würfel für eine andauernde Diskriminierung des anderen Enantiomers gefallen. Ein selektionäres Szenario ist auch nicht besonders spekulativ, sondern unter den gegebenen Voraussetzungen *eine plausible theoretische Erwartung*.

Die eigentliche Sensationsmeldung kam aus dem Labor von Reza GHADIRI vom SCRIPPS RESEARCH INSTITUTE in La Jolla (Kalifornien), das – ähnlich den Experimenten mit Oligonukleotiden – ein selbstreplizierendes Polypeptid nachzuweisen in der Lage war (LEE et al. 1996). Das aus 32 Aminosäuren kondensierte Polypeptid dient als Matrize und unterstützt autokatalytisch seine eigene Erzeugung! Der zweite Bericht aus La Jolla brachte schließlich Licht ins Dunkel der Entstehung homochiraler Biomoleküle (SAGHATELIAN et al. 2001). Danach besitzt das Polypeptid die erstaunliche Eigenschaft, bei seiner Replikation in einem Ausleseprozess bevorzugt homochirale Produkte zu bilden. Die Produkte dienen wieder als Matrizen, die wiederum Produkte in noch höherer Enantiomeren-Reinheit hervorbringen usw. Dabei nimmt die Katalyseaktivität ab, wenn auch nur ein Baustein eine den übrigen Aminosäuren entgegengesetzte Händigkeit aufweist (Abb. 31).

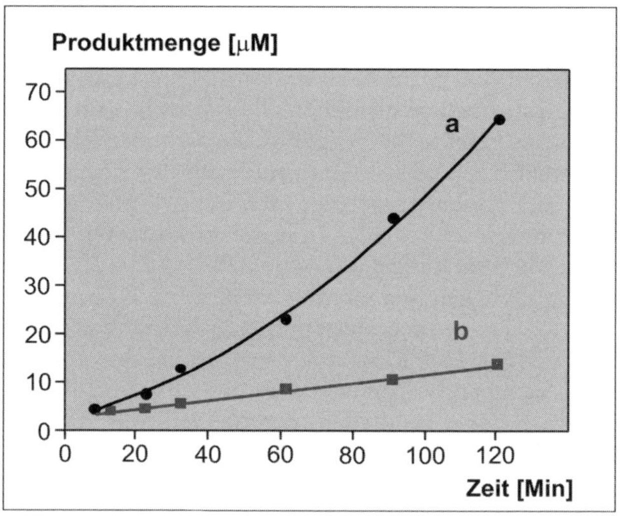

Abb. 31: Die Bildungsraten der Produkte in Abhängigkeit der Zeit. Die matrizenabhängige Bildung: a.) der homochiralen Produkte T^{LL} und T^{DD} b.) der heterochiralen Produkte T^{DL} und T^{LD}. Umgezeichnet nach SAGHATELIAN et al. (2001).

Somit lässt sich festhalten, dass die Anreicherung und Verknüpfung (Oligomerisierung) von Aminosäuren an vielen Kristalloberflächen chiroselektiv erfolgt, so dass das Wachstum von Sequenzen definierter Händigkeit möglich wird. Vor allem erzeugen Peptide, die ihre eigene Replikation katalysieren, bereits nach wenigen Vermehrungszyklen fast ausschließlich homochirale Sequenzen. Es liegt nahe, dass ein solcher Mechanismen die Entstehung der Homochiralität auf der Urerde beeinflusst hat (SAGHATELIAN et al. 2001). Die Behauptung der Autoren JUNKER/SCHERER, „eine natürliche Ursache dieses Naturphänomens“ sei „unbekannt“, ist falsch.

1.4.4. Chemische Evolution von Lipiden als Grundstoff für Membranen

OPARIN (OPARIN 1938; 1963) und MOROWITZ (MOROWITZ 1992) postulierten die Existenz von Zellen und Membranen (Coazervate, Vesikel) als notwendige Voraussetzung für den Ablauf weiterführender Schritte bei der Entstehung des Lebens. Heute geht man allgemein davon aus, dass Vesikel durch die spontane Bildung von Kleinkompartimenten aus unterschiedlichsten Arten von Lipidmolekülen unter wässrigen Bedingungen und somit matrixunabhängig entstanden sind (DEAMER/BARCHFELD 1982; BAEZA et al. 1987; BACHMANN et al. 1992; SEGRÉ et al. 2001). Es nimmt daher nicht wunder, dass die Evolutionsgegner die Spontanbildung bipolarer Phospholipide (so genannter *Amphiphile*) und ihrer Aggregate wie Doppelschichten, Mizellen oder Vesikel unter natürlichen Bedingungen für unplausibel halten:

> Plausible Synthesemöglichkeiten solcher Substanzen unter präbiotischen Bedingungen sind [...] unbekannt (JUNKER/SCHERER 2006, 110).

Amphiphile, die eine Doppelschicht ausbilden, wurden aber schon in Meteoriten entdeckt und im Labor unter einer großen Bandbreite von Randbedingungen erhalten – etwa durch UV-Bestrahlung interstellarer Eispartikel oder durch hydrothermale Prozessen, mit denen die Bedingungen der Urerde nachgestellt wurden (HANCZYC et al. 2003). HAZEN/DEAMER (2007) konnten zeigen, dass unter hydrothermalen Bedingungen aus Pyruvat (ein Biomolekül, das z.B. bei Simulationen zu WÄCHTERSHÄUSERS Modell nachgewiesen wurde) Verbindungen entstehen, von denen einige amphiphilen Charakter haben und die Bildung von Vesikeln aus unpolaren Verbindungen fördern.

Schon FOLLMANN hat 1981 vielfältige Synthesemöglichkeiten von Membrangrundbausteinen referiert. So können z.B. Paraffine, aber auch ungesättigte Kohlenwasserstoffe sowie längerkettige Alkohole in Reaktionen vom Typ der FISCHER-TROPSCH-Synthese aus CO und H_2 (technisch: so genanntes „Synthesegas“) unter präbiotischen, hydrothermalen Bedingungen gebildet worden sein (vgl. u.a. MCCOLLOM et al. 1999; RUSHDI/SIMONEIT 2001; HOLM/CHARLOU 2001):

$$nCO + (2n+1)H_2 \rightarrow H-(CH_2)_n-H + nH_2O \quad \text{(Alkane)}$$
$$nCO + (2n)H_2 \rightarrow C_nH_{2n} + nH_2O \quad \text{(Alkene)}$$
$$nCO + (2n)H_2 \rightarrow C_nH_{2n+1}OH + (n-1)H_2O \quad \text{(Alkohole)}$$

Wie man sieht, ist das Problem also weniger die *Synthese* als vielmehr die Bildung *stabiler* Doppelmembranen, die je nach Amphiphil stark konzentrations-, temperatur- und pH-Wert-abhängig ist und schon durch vergleichsweise geringe Milieuschwankungen rasch wieder zerstört werden können (THOMAS/RANA 2007). Hier besteht in der Tat noch Klärungsbedarf, doch sind auch hier keine grundsätzlichen Probleme in Sicht. Die Bildung und Stabilisierung der Doppelmembrane kann z.B. auf katalytisch wirkenden Oberflächen wie Pyrit, das als Eisen-Verbindung die FISCHER-TROPSCH-Synthese katalysiert, erfolgen. Erste Untersuchungen zeigen auch, dass Meereis im Unterschied zu Süßwassereis in Verbindung mit Phospholipiden die Entstehung von Vesikeln ermöglicht (TRINKS 2006). Detaillierte Beschreibungen solcher dynamischer Phänomene sind in weiteren Publikationen zu finden (CHELLAIAH/VISKANTA 1990; CHANG/YANG 1996; KAHRAMAN et al. 1998). Zusammenfassend für das Kapitel 1.4 dieser Arbeit mag Abb. 32 stehen, in der praktisch sämtliche Molekülklassen aufgeführt sind, die über weitere Stoffwechselwege zu den Molekülen synthetisiert werden, die für lebende Strukturen bzw. Organismen essenziell sind:

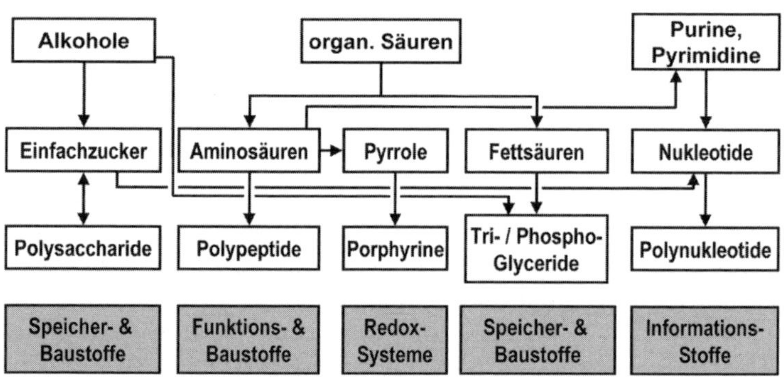

Abb. 32: Entstehung von Biomolekülen, deren Vorläufer (oberste Reihe) sich unter abiotischen Bedingungen gebildet und im Verlaufe der chemischen Evolution zu den Bausteinen geführt haben können, deren Funktionen in der untersten Reihe angegeben sind.

2. Weitere Schritte zum Leben: Entstehung der ersten Replikationssysteme

2.1. Anmerkungen zur RNA-Welt

> Obwohl die RNS-Welt-Hypothese als attraktives Modell zur Lebensentstehung dargestellt wird, fehlen bisher experimentelle Belege, die dieses Konzept schlüssig und plausibel erscheinen lassen (JUNKER/SCHERER 2006, 109f).

Bevor die Argumentation vertieft wird, muss zunächst erklärt werden, was RNA-Welt bedeutet. NELSON definiert sie wie folgt: „Die Vorstellung vom Leben ohne DNA und ohne Proteine entspricht der RNA-Welt“ (NELSON 2001; Übersetzung P. K.). 1982 stellte die Arbeitsgruppe um Tom CECH, Department of Chemistry an der Universität Boulder in Colorado, erstmals fest, dass ein Intron in der ribosomalen RNA des Mikroorganismus *Tetrahymena thermophila* seine eigene Spaltung und/oder Synthese katalysieren kann (KRUGER et al. 1982). Solche Moleküle werden *Ribozyme* genannt und haben eine Länge von ca. 80 bis 100 Nukleotiden. CECH und ALTMAN, der Leiter einer anderen Wissenschaftlergruppe, erhielten 1989 für diese Entdeckung den Nobelpreis. Die überraschenden Befunde hinsichtlich der sich selbst replizierenden RNA sowie die Tatsache, dass RNA enzymatische Aktivität entfalten kann, führten dazu, dass eine ganze RNA-Welt als primordial postuliert wurde (GILBERT 1986).

Als wesentliche Schwäche dieses Modells galt vor allem die Instabilität der Ribose sowie die Schwierigkeit, die glykosidischen Bindungen in den Nukleotiden zu bewerkstelligen. Wie oben erwähnt, gelingt jedoch inzwischen die Erzeugung von RNA-Bausteinen über einen einfachen Reaktionsweg aus Verbindungen wie Glycerinaldehyd, Cyanamid, Cyanoacetylen, Glykolaldehyd und Phosphat (POWNER et al. 2009). Davon abgesehen behauptet niemand, dass RNA *de novo* im Urmeer gebildet worden sein müsse; viel wahrscheinlicher ist die Entstehung einfacher Vorläufermoleküle.[3] So zeigt sich, dass die normale Ribose-Phosphat-Kette nativer RNA unter Beibehaltung der wesentlichen RNA-Funktionen durch zahlreiche einfachere Verbindungen ersetzt werden kann, wie etwa einem Rückgrat aus Polyamid-Polymeren („Peptidnukleinsauren“, PNA). Die Erzeugung gelingt über einfachere Reaktionswege als die natürliche RNA und in guter Ausbeute unter Einsatz plausibler, präbiotischer Verbindungen, wie Cyanacetaldehyd und Hydantoin (RAUCHFUSS 2005).

---

[3] Unabhängig davon gibt es weiterhin Bemühungen, Nukleinsäuren präbiotisch zu synthetisieren. Dabei spielen Mineralien wie Montmorillonite und Kaolin sowie zweiwertige Kationen wie Zn^{2+} eine wichtige Mittlerfunktion; sie begünstigen vor allem die benötigten 3'-5'-Verknüpfungen (FRANCHI 2003; RAUCHFUSS 2005). Interessanterweise enthalten heute noch diverse Nukleinsäure-Polymerasen Zn^{2+}-Ionen.

Entgegen JUNKER/SCHERER (2006, 111) ist hier auch die spätere „Wachablösung“ durch D-Ribose-Phosphat kein Problem; sie ist stufenlos ohne Funktionsverlust über die Bildung von Chimären möglich, d. h. von Polymeren, die *beide* Verbindungstypen enthalten. Denkbar ist ein Ausleseprozess – analog der Selektion homochiraler Produkte durch selbstreplizierende Polypeptide (s. o.). Dabei kann die PNA als Matrize genutzt und durch die übliche WATSON-CRICK-Basenpaarung repliziert worden sein. Auch leicht zu synthetisierende Zuckerderivate wie Tetrose sind anstelle der instabileren D-Ribose geeignet, die normale Basenpaarung zu gewährleisten (RAUCHFUSS 2005). Entgegen der Meinung der Evolutionsgegner gibt es somit genügend experimentelle Befunde, die das Szenario einer RNA-Welt möglich erscheinen lassen. Dass die RNA-Welt-Hypothese bei weitem mehr ist als eine Spekulation, dafür sprechen eine ganze Reihe *indirekter* Belege. Das wohl gewichtigste Indiz förderte Manfred EIGEN im Rahmen seines Modells vom *Hyperzyklus* zutage, das im Folgenden vorgestellt werden soll.

2.2. Das Modell vom Hyperzyklus

Der „Hyperzyklus“ wurde von EIGEN als erstes evolutionsfähiges Replikationssystem postuliert. Im einfachsten Hyperzyklus finden RNA-Moleküle zusammen, die sich in gegenseitiger Wechselwirkung aus einer Substratlösung hervorbringen und „vermehren“. Dabei koppeln sich entweder zwei oder mehrere selbstreproduzierende RNA-Stränge (Ribozyme) oder aber Ribozyme und Enzyme zu einem stabilen Autozyklus, der sich selbst unterhält und repliziert (EIGEN 1971; EIGEN/WINKLER 1973/74; EIGEN/SCHUSTER 1977; EIGEN/SCHUSTER 1979) (Abb. 33).

EIGEN hatte das Modell vom Hyperzyklus ersonnen, um zu berechnen, ab welcher Sequenzlänge die bei der Vermehrung selbstreproduzierender Polynukleotide (Ribozyme) auftretenden Kopierfehler die „Information“ auseinanderdriften lassen und wie groß die Fehlerquote mindestens sein muss, damit das System überhaupt evolviert. Die bei jedem Replikationsschritt auftretenden Fehler kommen durch Mutationen zustande, die bewirken, dass aus einer Ursequenz allmählich ein „Kometenschweif“ bestehend aus ähnlichen Ribozymen entsteht. Es handelt sich dabei also um ein Mutantenensemble, die so genannte *Quasispezies,* deren Mitglieder hinsichtlich Kopiergenauigkeit, Stabilität und Replikationsgeschwindigkeit miteinander in Konkurrenz stehen. Wenn keine Fehler auftreten würden, gäbe es keine Entwicklung und auch keine Evolution. Die Fehler dürfen aber auch nicht zu groß sein, sonst endet der Prozess in einer so genannten „Fehler-Katastrophe“ (EIGEN/SCHUSTER 1979; SWETINA/SCHUSTER 1982; SCHUSTER/STADLER 1999; LOEB et al. 1999).

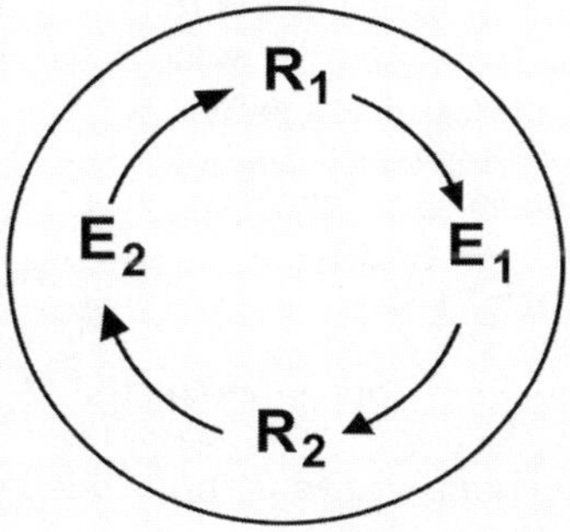

Abb. 33: Hyperzyklus nach EIGEN: Ein intermediäres Molekül R (1, 2, …, n–1), z. B. RNA, repliziert sich selbst; dann wird ein Produkt davon abgelesen und synthetisiert, in diesem Fall ein Enzym *E* (1, 2, …, n–1), welches die Synthese des nächsten Moleküls *R* (2 … n) katalysiert usw. Im Gegensatz zu einem einfachen katalytischen Zyklus kann sich der Hyperzyklus evolutionär weiter entwickeln; er wächst hyperbolisch. Experimentell sind bisher einige RNA Moleküle mit Hilfe der *Qβ-Replikase* auf eine solche Art in einem Flow-Reactor synthetisiert worden. Mit Hilfe chromatographischer Auftrennung kann man Moleküle mit vorher bestimmten Eigenschaften isolieren (SCHUSTER 2007; dort weitere Literatur).

Für Polynukleotide, die ausschließlich aus stabilen Guanin-Cytosin-(GC-) Basenpaarungen bestehen, beträgt die maximal erlaubte Fehlerquote nur etwa 1 %, die Kette dürfte maximal 100 Nukleotide (nt) lang sein. Für Polynukleotide, die ausschließlich aus Adenin-Uracil-Basenpaaren bestehen, beträgt die maximale Ablesefehlerquote bei der Replikation etwa das Zehnfache, die Kettenlänge könnte maximal nur 10 nt betragen.

Um eine stabile Reproduktion ohne „Informationsauflösung" über beliebig viele Generationen hinweg zu gewährleisten, ist es unmöglich, das „Ur-Genom" auf einem einzelnen Molekül unterzubringen. Bilden sich in einer Quasispezies jedoch zwei oder mehrere Mutanten heraus, die ihre Reproduktion *gegenseitig katalysieren* und stabilisieren, entstehen *kooperative Systeme*, die sich über lange Zeiten stabil reproduzieren und gegenüber allen anderen Konkurrenten im Mutantenensemble einen entscheidenden Vorteil besitzen. Als Bedingung muss jedoch gelten, dass jedes Ribozym aus 50–100 nt besteht. Für das „Ur-Gen" muss man also einen GC-Anteil von 50–100 % annehmen, da die RNA-Matrizen lediglich dann eine hinreichend kleine Fehlerquote besitzen.

Wie zu erwarten ist, wird von den Evolutionskritikern auch die Möglichkeit der hyperzyklischen Organisation der ersten Replikationssysteme infrage gestellt:

Durch Experimente, welche EIGEN und Mitarbeiter mit dem von Ihnen konzipierten Evolutionsreaktor durchgeführt haben, konnte jedoch die *Entstehung*

> eines Hyperzyklus nicht nachvollzogen werden. Vielmehr zeigen sie nur, dass *vorgegebene* gekoppelte Replikationssysteme unter entsprechenden Voraussetzungen [...] stabilisiert und optimiert werden können. Selbst wenn ein auf Ribozymen basierender Hyperzyklus auf völlig unbekannte Weise entstehen und in einer unbekannten präbiotischen Umgebung stabil wäre, wäre keine Evolution in Richtung einer Urzelle zu erwarten; lediglich eine Optimierung – und damit Spezialisierung – des Hyperzyklus wäre die Folge. Je besser ein solcher Hyperzyklus funktioniert, desto weniger geeignet ist er als Durchgangsstadium auf dem Weg zu einer primitiven Zelle (Junker/Scherer 2006, 109).

Man fragt sich immer wieder, woher Junker/Scherer eigentlich so genau wissen, was ungeeignet und nicht „zu erwarten" ist. Die Tatsache, dass ein System *funktioniert*, ist jedenfalls kein zureichender Grund, um anzunehmen, dass sich das System nicht grundlegend verändern und an Komplexität zunehmen kann. Systeme, die noch variabel sind, werden im Laufe der Zeit fast *zwangsläufig* komplexer oder verändern sich, wenn daraus hinsichtlich neuer funktioneller Aspekte ein *noch* effizienteres System entsteht, wie das von DNA, RNA und Enzymen.

Das eigentlich Spektakuläre ist, dass es tatsächlich gelang zu zeigen, dass die tRNA-Moleküle (Abb. 35) heutiger Organismen einer Quasispezies-Verteilung entsprungen sind, wie dies nach dem Modell des Hyperzyklus zu erwarten ist (Eigen/Winkler-Oswatitsch 1981a; 1981b). Zudem weisen die tRNAs exakt die angesprochenen Verhältnisse (hoher GC-Anteil von ca. 80 % und eine durchschnittliche Kettenlänge von 76 Nukleotiden) auf, wie es die Theorie mathematisch erwarten ließ. Überdies konnte anhand der variablen Sequenzen die Ursequenz mathematisch rekonstruiert werden, wodurch die Hypothese der RNA-Welt empirisch gestützt wird (Kämpfe 1992, 201). Bezeichnenderweise liest man über all dies bei Junker/Scherer (2006) nichts. Ausgehend vom Modell des Hyperzyklus entwarfen und bauten einige weitere Arbeitsgruppen Synthese- bzw. Evolutionsautomaten; sie werden als „Automaton" (mathematischer Modellautomat), „Chemoton" (Gánti 2003a; Gánti 2003b; Munteanu/Solé 2006; Solé et al. 2007) oder einfach als „Flow-Reactor" (Schuster 2007) bezeichnet, welche als Nachfolger des legendären Millerschen Versuchs gelten können. In seiner Dissertation beschreibt Schlingloff den Aufbau eines solchen Reaktors detailliert (Schlingloff 1999). Ein sehr interessantes Modell ist sicher das viel zitierte „Chemoton" des ungarischen Wissenschaftlers Gánti (Abb. 34). Es wird in der einschlägigen Literatur als Modell für das kleinste sich selbst replizierende System angesehen („minimal unit of life") und ist wesentlich unkomplizierter als das in Junker/Scherer (2006, 129, Abb. 8.15) übertrieben komplex dargestellte Schema eines minimalen Metabolismus. Eine wie auch immer geartete Protozelle kam sicherlich mit weitaus einfacheren und weniger metabolischen Zyklen und auch mit einfacher gebauten Katalysatoren bzw. Enzymen aus.

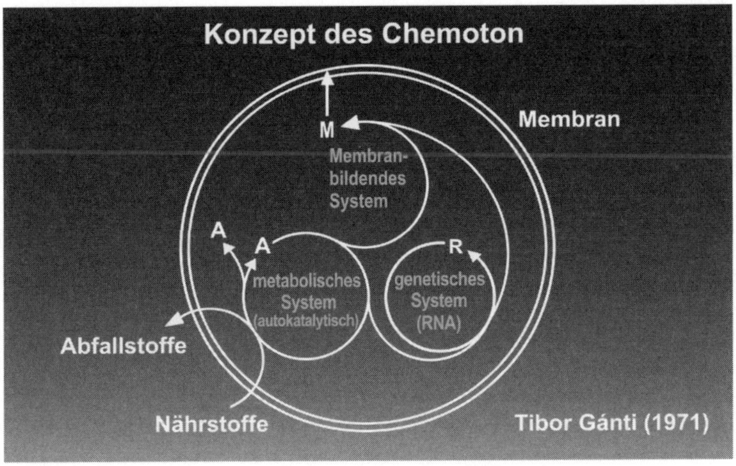

Abb. 34: Das Chemoton von GÁNTI: Drei selbst-produzierende Subsysteme sind aneinander gekoppelt. Diese Kopplung führt zur Proliferation und zum Programm-kontrollierten, „fließenden Automaton", dem Chemoton. Illustration nach Günther von KIEDROWSKI; mit freundlicher Genehmigung des Autors.

3. Anmerkungen zum genetischen „Code"

3.1. Was ist Information?

In der Einleitung zum Kapitel „IV.8 Entstehung biologischer Information unter präbiotischen Bedingungen" versichern uns JUNKER/SCHERER (2006) rückblickend:

> In IV.7 wurden die bisher vorgebrachten Hypothesen zur Entstehung des Lebens auf der frühen Erde besprochen. Dabei haben wir uns ausschließlich auf die chemische Ebene der Lebensentstehung beschränkt. Es wurde deutlich, dass alle bisherigen Hypothesen zur Lebensentstehung bereits auf dieser Ebene versagt haben […] Zusätzlich müsste die in IV.7 völlig ausgeblendete Frage beantwortet werden, unter welchen Bedingungen die hypothetischen Polymere aus Aminosäuren (Proteine) und Nukleotiden (RNS, DNS) *biologische Information* erwerben konnten (JUNKER/SCHERER 2006, 114).

Tatsächlich aber haben die Hypothesen nicht „versagt", sie erfüllen nur die naive Forderung nach Vollständigkeit, streng logischer Beweisbarkeit und durchgehender, experimenteller Simulierbarkeit der Evolutionsszenarien nicht. Dies ist – wie mehrfach schon betont wurde – der eigentümlichen Wissenschaftsauffassung der Evolutionsgegner geschuldet und nicht der naturalistischen Erklärungsstrategie anzulasten. Zudem sollte man präzise in der Wortwahl sein: biologische Information *erwerben* konnten die Nukleinsäuren gar nicht. Wer wollte denn „von außen" Information in einen materiellen Gegenstand hineinstecken? Bei JUNKER/SCHERER kommt sie natürlich vom großen „Designer". Wir würden hingegen antworten: Es gibt keine *über den Dingen frei schwebende* „Essenz" namens Information. Vielmehr organisieren sich die Moleküle aufgrund ihrer inhärenten, chemisch-physikalischen Eigenschaften in kleinen, aber niemals vollständig reproduzierbaren Schritten über Hunderte von Millionen Jahren zu immer komplexeren Systemen. Dabei entstanden auf einer bestimmten Komplexitätsebene Moleküle wie kürzere RNA-Stücke, deren Wechselwirkung miteinander schon als Information angesehen werden muss.

Aus solchen kleineren Modulen – JUNKER/SCHERER reden von „Produkten mit bescheidener Kettenlänge" (2006, 107) – können durch *modulare Evolution* sukzessive größere (> 100 nt) entstehen. Ausgangspunkt des Modells der modularen Evolution sind zwei funktionell unterschiedliche Quasispezies, bestehend aus Mutanten von 35 nt langen RNA-Molekülen. Ab einem bestimmten Zeitpunkt, so kann man annehmen, schließen sich zwei Moleküle zusammen und bilden eine größere Einheit von 70 nt langen RNAs (MANRUBIA/BRIONES 2007). Die beiden Wissenschaftler des Astrobiologischen Zentrums an der Universität Madrid haben diese Möglichkeit aufgrund entsprechender Annahmen durchgerechnet und festgestellt, dass der isolierte Selektionsprozess für 35 nt lange RNAs so erfolgreich verlaufen kann, dass sich beide Moleküle autokatalytisch miteinander verbinden. Auf diese Weise entstehen mehrere funktionelle Bereiche in ein und demselben Molekül. Die Ergebnisse dieser Berechnungen (MANRUBIA/BRIONES 2007) zeigen, dass die modulare Evolution als Modell helfen kann, den Punkt in der chemischen Evolution zu finden, an dem die ersten RNA-Moleküle in der Lage waren, sich selbst zu kopieren, sozusagen als selbst-replizierende RNA-Polymerase-Ribozyme (SZOSTAK/ELLINGTON 1993; ORGEL 2004; JOYCE/ORGEL 2006).

Der darauf folgende evolutionäre Schritt muss die katalytische Reduktion der Ribose zur 2'-Desoxyribose gewesen sein. Die zur RNA passende DNA zu konservieren war die logische und zwingende Folge; erst auf dieser Ebene entstand der genetische „Code" mit seiner Triplett-Korrelation (s. u.; Abb. 35). Auf einen Aspekt soll in diesem Zusammenhang noch hingewiesen werden: Über die tRNA heißt es bei der Erläuterung des Translationsprozesses, der Übersetzung der Triplettsequenz in eine Aminosäuresequenz (Polypeptidkette) am Ribosom (JUNKER/SCHERER 2006, 115):

> Diese räumlich gefalteten Nukleinsäuren tragen an einem Ende eine Aminosäure und am anderen Ende das dazu gehörende Triplett, welches komplementär zu den Tripletts auf der mRNS ist.

Dieser Satz impliziert, diese spezielle Struktur-Funktionsbeziehung gäbe es nur bei diesem Molekül und sei für einen funktionierenden Code unerlässlich. Tatsächlich weiß man aber, dass – um mit JUNKER/SCHERER zu sprechen – nur wenig „Information“ nötig ist, um eine ganz bestimmte Struktur-Funktionsbeziehung herzustellen. Genauer: Es gibt ungezählte Möglichkeiten, sinnvolle Struktur-Funktionsbeziehungen auszubilden, was gleichbedeutend ist mit der Aussage, dass die evolutive Entstehung von „Informationsmolekülen“ nicht gerade unwahrscheinlich war. Was wir *heute* im genetischen Code sehen, ist nur *eine* Möglichkeit – niemand weiß, wie viele alternative oder einfachere Möglichkeiten und Zwischenschritte, einen Code auszubilden, es wirklich gab und wie viele mehr es gegeben haben könnte.

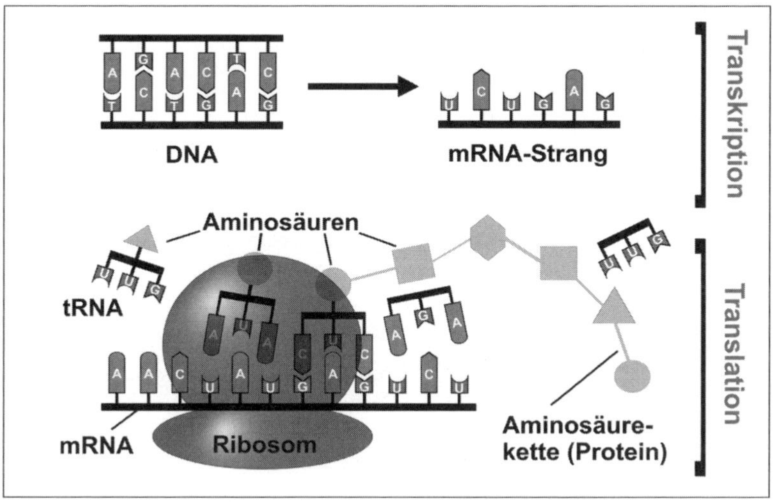

Abb. 35: Schema der Herstellung eines Proteins in der lebenden Zelle. Zunächst wird von dem Gen auf der DNA, welches für das Protein kodiert, eine Kopie in Form eines mRNA-Strangs angelegt (*Transkription*). Die Information wird dann im Verlauf der *Translation* genutzt, um das Protein herzustellen. Dabei kodieren jeweils drei benachbarte *Nukleinbasen* auf der mRNA (die so genannten *Codons* oder *Basentripletts*) eine bestimmte Aminosäure, aus denen das Protein schrittweise aufgebaut wird. Als „Transporter“ für die Aminosäuren fungiert die so genannte *tRNA* (Transfer-RNA). Diese ist mit einer Aminosäure beladen und kann mit einem Ende (dem so genannten *Anticodon*) an je genau einem der Basentripletts auf der mRNA andocken. Das Ribosom bringt die mRNA und eine beladene tRNA so zusammen, dass sich das Basentriplett auf der mRNA und das dazu passende (komplementäre) Anticodon der tRNA aneinander lagern. Die Aminosäuren zweier benachbarter tRNAs werden dann miteinander verknüpft, und die tRNA verlässt ohne Aminosäure das Ribosom. Dann lagert sich das nächste passende tRNA-Molekül an die mRNA an, wobei die entsprechende Aminosäure an die bereits bestehende Aminosäurekette geknüpft wird. Dieser Prozess setzt sich so lange fort, bis ein *Stopp-Codon* den Prozess unterbricht und signalisiert, dass die Aminosäurekette vollständig ist.

3.2. Die Evolution des genetischen Codes

Wie wir gesehen haben, regelt der „genetische Code", welchem Basentriplett auf der mRNA welche Aminosäure mittels tRNA zugeordnet wird. Dabei handelt es sich um keinen Code im eigentlichen, kryptografischen Sinne, sondern um eine *Gesetzmäßigkeit* zwischen dem Anticodon auf der tRNA und der an diese Sorte tRNA geknüpften Aminosäure. Wie kann man sich nun die Entstehung des genetischen Codes (respektive die Evolution eines ersten Translations-Apparats, der eine bestimmten Sorte tRNA mit einer bestimmten Sorte Aminosäure verknüpft) am Ende der RNA-Welt vorstellen?

Wie man heute weiß, können bestimmte RNA-Moleküle *unmittelbar* bestimmte Aminosäuren binden. Diese so genannten *Aptamere* kodieren also *direkt* (ohne Umweg über einen „Transporter") Aminosäuren. So ist es durchaus wahrscheinlich, dass am Ende der RNA-Welt in einem Komplex sich selbst replizierender Ribozyme diverse Moleküle auch einige Aminosäure-Aptamere enthielten. Gesellten sich in der Folge weitere Aptamere hinzu sowie ein Ribozym, welches die Verknüpfung der Aminosäuren zu Oligopeptiden katalysiert, wäre aus einem sich selbst replizierenden Hyperzyklus ein einfacher Translations-Apparat entstanden. Später könnten sich einige dieser Ribozyme auf die Herstellung von Peptiden, andere auf die „Beladung" von RNA-Molekülen mit Aminosäuren spezialisiert haben, während aus den so beladenen RNA-Molekülen wiederum die verschiedenen Sorten tRNA entstanden sind (vgl. KNIGHT/LANDWEBER 2000). Natürlich erheben die Evolutionsgegner auch gegen das „stereochemische Modell" prinzipielle Einwände:

> Wenn man annimmt, dass ein sehr primitives Protein mit einer für den ersten Code wichtigen Funktion aus nur 30 Aminosäuren bestehen musste (z.B. eine RNS-Replikase), so benötigt man ein erstes Gen aus 30 Aptameren [...] Obwohl es sicherlich sehr viele verschiedene Möglichkeiten gibt, eine solche Sequenz zu realisieren, ist die Wahrscheinlichkeit, dass irgendeine solche Reihenfolge zufällig am Stück synthetisiert wird, transastronomisch klein (JUNKER/SCHERER 2006, 122).

Doch niemand behauptet, dass eine solche Sequenz *zufällig* und *in einem Schritt* entsteht. Da Ribozyme durch Aminosäuren und Oligopeptide stabilisiert und in ihren katalytischen Eigenschaften beeinflusst werden können, ist es vielmehr wahrscheinlich, dass ein permanenter *Selektionsdruck* die allmähliche Anhäufung von Aminosäure-Aptameren und die Synthese von Peptiden begünstigt (ELLINGTON et al. 2000). Die Selektion brauchte ursprünglich also *nicht* darin bestanden zu haben, die Erzeugung von Proteinen aus 30 und mehr Aminosäuren zu „belohnen". Es genügte zunächst, Aminosäuren und Oligopeptide auf ihre Eignung als RNA-Cofaktoren zu testen, die entsprechenden Aptamere bereitzustellen und zu akkumulieren.

Eine solche Optimierung kann im Prinzip *stufenlos* erfolgen, womit sich das von JUNKER/SCHERER diskutierte Szenario als unrealistisch entpuppt.

Wir wollen auf weitere Einwände nicht mehr im Detail eingehen, wie z. B. auf die Problematisierung der Tatsache, dass für eine Verknüpfung der Aminosäuren zu Peptiden ein Biokatalysator (eine sog. *Ligase*) benötigt wird. Zum einen stellen die von den Evolutionsgegnern regelmäßig zu gravierenden Einwänden hochstilisierten Anmerkungen keine unlösbaren Probleme dar, wenn man z. B. an die potenzielle Vielfalt katalytischer Aktivitäten in den verschiedenen *Quasispezies* denkt (die Evolution von Ribozymen mit Ligase-Aktivität ist *in vitro* ebenfalls nachvollzogen worden). Zum anderen übergehen die Kreationisten geflissentlich, dass unabhängig von der Frage, *wie* der Translations-Apparat nun im Einzelnen evolvierte, zahlreiche Befunde dafür sprechen, *dass* dies (über eine RNA-Welt) geschah!

Erstens konnte, wie ausgeführt wurde, mathematisch gezeigt werden, dass die heutigen tRNA-Moleküle in ihrer Beschaffenheit einen Urzustand nahe legen, der genau einer Quasispezies-Verteilung aus sich individuell reproduzierenden Molekülen entsprach. Zweitens tragen die konservierten Bindungsstellen experimentell gefundener Aminosäure-Aptamere vielfach Anticodons heutiger tRNA-Moleküle (MAJERFELD et al. 2005). Drittens lassen sich aus kombinatorischen RNA-Bibliotheken mit Hilfe der in-vitro-Selektionstechnik Ribozyme isolieren, welche die „Beladung" kurzer Oligonukleotide mit Aminosäuren katalysieren; eine Reaktion, die heute noch bei der Proteinbiosynthese von Bedeutung ist (s. Abb. 35). Das gefundene Ribozym ist eine weitere Bestätigung der RNA-Welt-Theorie (vgl. RUPPERT 2001).

Es gibt noch eine Reihe weiterer Auffälligkeiten, die ohne die Annahme der Evolution des genetischen Apparats aus einer RNA-Welt einfach nicht schlüssig erklärt werden können. So ist z. B. die Transpeptidase der Ribosomen kein Protein, sondern ein Ribozym. Dies deutet darauf hin, dass die Translation in der RNA-Welt erfunden wurde. Auch die Art der Zuordnung der Codons (Basentripletts) zu den heutigen Aminosäuren spricht für einen evolutionären Zusammenhang. So lesen wir bei FOLLMANN:

> Die Zuordnung der 61 Codons im genetischen Code zu den heutigen Aminosäuren ist nicht statistisch, sondern blockweise; beispielsweise kodieren alle sechs Tripletts UCC, UCU, UCA und UCG sowie auch AGC und AGU für die wichtige Aminosäure Serin. J. T. WONG (1975) hat das komplexe Muster und die biosynthetischen ‚Familien' der 20 Aminosäuren scharfsinnig analysiert und erkannt, dass sich ein genetischer Apparat zuerst nur mit wenigen (6–8) Aminosäuren zum Aufbau primitiver Proteine etabliert hat, so dass sich Replikationsfehler in DNA bzw. RNA – die zu Anfang sicher sehr häufig waren – in dem weitgehend degenerierten Ur-Code wenig auswirkten. Später gingen einige Codons der Ur-Aminosäuren auf neue, von ihnen biosynthetisch abgeleitete über, wie z. B. im Fall von Glutaminsäure zu Glutamin, Prolin und anderen. Ein Vergleich der so identifizierten primären mit den abiotisch am meisten gefundenen und den häufigsten in durchschnittlichem Protein ist verblüffend (FOLLMANN 1999, 51).

Dies zeigt die folgende Tabelle:

Abiotische Experimente	**In steriler Vulkanlava**	**Urform des genet. Codes**	**Durchschnittliches, heutiges Protein**
Glycin	Glycin	Glutamin(säure)	Asparagin(säure)
Alanin	Alanin	Asparagin(säure)	Glutamin(säure)
Glutaminsäure	Glutaminsäure	Serin	Alanin
Asparaginsäure	Asparaginsäure	Valin/Leucin	Serin
Serin	Serin	Glycin	Glycin
Valin	Leucin, Valin	Alanin	Leucin

Tab. 2: Aminosäuren, die sich unter abiotischen Bedingungen im Labor bzw. bei Vulkanausbrüchen in größter Menge bilden, in durchschnittlichem Protein am häufigsten sind, und in einer Urform des genetischen Codes die meisten Codons innehatten. Glutamin(säure) bedeutet Glutaminsäure und ihr Amid Glutamin zusammengenommen, Asparagin(säure) = Asparaginsäure plus Asparagin.

Der genetische Code ist also so beschaffen, dass die häufigsten der abiotisch gebildeten Aminosäuren auch am meisten Codons innehatten. Dabei legt die Variabilität der dritten Base („wobble base") im Codon nahe, dass dem heutigen Triplettcode ein *Dublettcode voranging*, der für $4^2 = 16$ Aminosäuren kodieren konnte und somit für die 13 in Simulationsexperimenten in bedeutenden Mengen gewonnenen Aminosäuren ausreichend war, wobei bei 64 unterschiedlichen Tripletts jeder Aminosäure vier Codons zugeordnet gewesen wären. Interessanterweise besitzen noch heute drei der in Simulationsversuchen am häufigsten erhaltenen Aminosäuren (Glycin, Alanin und Valin) 4 Codons, und es spricht einiges dafür, dass ursprünglich auch Glutamin und Asparagin 4 Codons innehatten. In einem noch früheren Stadium könnte sogar nur die mittlere Codonbase über die Aminosäure entschieden haben, wobei die Aminosäuren gruppenweise einer einzigen Base zugeordnet wurden. Dafür spricht, dass im heutigen Code U als mittlere Base für die *hydrophoben Aminosäuren*, C für die *intermediären* und G sowie A für die *polaren und amidischen Aminosäuren* kodieren.

Dem Modell zufolge wurden also zu Anfang nicht alle Aminosäuren, sondern zunächst nur einige wenige und dann Schritt für Schritt mehr Aminosäuren von den Organismen genutzt und kodiert. Doch wie können sich solche Codes sukzessive verändern und immer mehr verschiedene Aminosäuren aufnehmen, ohne dass die Information der bereits kodierten Proteine zerstört wird? Wie dies funktioniert, können Computersimulationen plausibel machen (Weberndorfer et al. 2003). Zu Beginn einer Simulation sind lediglich zwei tRNAs definiert, die eine hydrophile und eine hydrophobe Aminosäure tragen. In der simulierten Evolution erweitert sich das Repertoire dann auf bis zu sieben Aminosäuren, für die (z.B. durch Duplikation und Mutation) jeweils eigene tRNAs entstanden sind. Die Triebkraft scheint hier ein besser angepasstes Replikase-Protein zu sein, das bei der Vermehrung der Organismen deren Genom vervielfältigt. Es arbeitet schneller und genauer, wenn es im Verlauf der Evolution aus einer immer größeren Vielfalt von Aminosäuren aufgebaut wird. Am Ende der RNA-Welt mag auf diese Weise der Translations-Apparat und damit der Code entstanden sein: Der Code sollte bereits zu diesem Zeitpunkt fehlertolerant bei Replikation, Transkription und Translation gewesen sein.

3.3. Die „Nichtuniversalität" des genetischen Codes

Dass es eine Evolution des genetischen Codes gab, belegen auch die heute bekannten Abweichungen vom kanonischen Code (die so genannte *Nichtuniversalität* des genetischen Codes *im strengen Sinne*). Schon seit 1979 weiß man (Barrell et al. 1979), dass die Abweichungen vom Standardcode vor allem die Mitochondrien der Säugetiere betreffen. So kodiert in den Mitochondrien das Basentriplett UGA für die Aminosäure Tryptophan, während es im Standardcode die Aufgabe des Stopp-Codons übernimmt. Andererseits sind die Tripletts AGA und AGG in den Mitochondrien Stopp-Signale, während sie im universellen Code für die Aminosäure Arginin stehen. Auch die *Ciliaten* zeigen Abweichungen vom Standard-Code: UAG, und häufig auch UAA, kodieren für Glutamin; diese Abweichung findet sich auch in einigen Grünalgen. Es gibt noch einige weitere Ausnahmen, die an dieser Stelle nicht weiter aufgezählt werden müssen.

All diese Varianten belegen nicht nur, dass der Code wandelbar ist, sondern geben gleichzeitig Aufschluss darüber, durch welche *Mechanismen* sich der Code gewandelt haben könnte (Santos et al. 2004). Ausgangspunkt der Abweichungen im Code sind die tRNA-Moleküle. Eine Mutation in einer tRNA könnte die Beladung der tRNA mit einer bestimmten Aminosäure verändern und damit zu einer (vorübergehend) mehrdeutigen Dekodierung führen. Die mutierte tRNA dekodiert dadurch ein eigentlich „fremdes" Codon und konkurriert mit der ursprünglichen tRNA. Auf diese Weise könnte auch ein ursprüngliches Stopp-Codon zu einer tRNA beziehungsweise einer zugeordneten Aminosäure kommen.

Man sollte nun meinen, dass solche mehrdeutigen Dekodierungen auf jeden Fall sehr nachteilig für die Organismen sind, weil der Aufbau der Proteine dann nicht mehr zuverlässig geschieht. Entsprechend behaupten Junker/Scherer (2006, 311), die „sich drastisch häufenden Ausnahmen stellen eine Deutung durch Evolution ernsthaft in Frage". Tatsächlich aber beobachtet man in *Candida zeylanoides* den Fall, dass das normalerweise für Leucin kodierende CUG von einer mutierten Serin-tRNA erkannt wird (Weitze 2006). Diese trägt in rund 95 % der Fälle Serin, ansonsten

Leucin. Für den Organismus bringt diese Zweideutigkeit anscheinend keinen wesentlichen Nachteil. Ein Grund dafür ist, dass die Codons von den meisten Lebewesen nicht gleichmäßig genutzt werden. So schwankt die „Nutzungsfrequenz" der sechs Codons für Leucin zwischen 1 % bis zu annähernd 50 %. Wenn also die tRNA für ein selten genutztes Codon mutiert, kann dies für einzelne Proteine einen Vorteil bringen, während es für die übrigen folgenlos bleibt.

Alles in allem scheint der Standardcode das Ergebnis einer partiellen Optimierung eines Zufallscodes zu sein, wonach er sich als robust gegenüber Fehlern bei der Translation erwies. Der Grund dafür, dass der Code nicht vollends optimiert wurde, scheint ein relativ einfacher zu sein: Der wachsende Konflikt zwischen dem vorteilhaften Effekt dieser zunehmenden Robustheit und dem schädlichen Effekt der reihenweisen Umprogrammierung der Codons, der mit der wachsenden Komplexität des evolvierenden Systems immer schwerwiegender wurde (Novozhilov et al. 2007). Die Evolution des Codes kann damit als eine Kombination von Anpassung und „frozen accident" angesehen werden, wobei letztere Idee auf Francis Crick zurückgeht (Crick 1968; vgl. auch Sella/Ardell 2006). Andere Autoren möchten den „frozen accident" allerdings lieber als „aufgetaut" ansehen (Söll/RajBandary 2006).

4. Zusammenfassung

Welche Rolle spielen Zufall und Notwendigkeit in der präbiotischen Evolution? Wir hatten betont, dass Zufall nicht „Willkür" heißt, sondern die Verwirklichung einer nicht-vorhersehbaren Möglichkeit in einem Möglichkeitsfeld von bekannten, gelegentlich aber auch noch unbekannten Reaktionswegen. Chemische Prozesse wie die der präbiotischen Evolution laufen nicht willkürlich ab, sondern werden durch Gesetze der Thermodynamik und der Reaktionskinetik kontrolliert. Auch die chemische Reaktivität ist nicht zufällig, sondern deterministisch-gesetzmäßig; den chemisch reaktiven Stellen eines Moleküls liegt eine ganz präzise Gesetzmäßigkeit zugrunde, die sie so und nicht anders miteinander reagieren lassen. Das ist schon länger bekannt und die gesamte anorganische wie organische Chemie, damit auch die Biochemie, basieren darauf: auf der „Natur der chemischen Bindung", wie der Lehrbuchtitel eines zweifachen Nobelpreisträgers lautet (Pauling 1964), und auf der Theorie der chemischen Reaktivität.

Allerdings ist die Zahl der möglichen Zustände und Reaktionswege in einer abiotischen Ausgangssituation derart „groß, dass sie innerhalb der räumlichen und zeitlichen Grenzen unseres Universums nicht ‚realisierbar' ist" (Eigen/Winkler 1975, 193). Das ist der Grund dafür, dass der reale Weg, den die Wechselwirkung der Moleküle eingenommen hat, nicht reproduzierbar, sondern individuell einmalig ist, obwohl er *gesetzmäßig* abgelaufen ist. Noch einmal EIGEN dazu: „Das Gesetz schreibt also lediglich vor, *dass* sich etwas in einer bestimmten Richtung vollzieht, nicht aber *wie* es im einzelnen geschieht" (Ibid.). Man kann in der Abiogeneseforschung grundsätzlich nicht die Realhistorie im Detail rekonstruieren, wohl aber immer mehr Einzelschritte, Reaktionsfolgen und Entwicklungen zu einem genetischen Apparat, zu Stoffwechsel und Zellkompartimenten chemisch und thermodynamisch schlüssig begründen (KUHN 1972; 1976).

Ersteres genügt aber schon dem Anspruch einer *naturwissenschaftlichen* Rekonstruktion. Immerhin haben die MILLERschen Versuche just diejenigen Aminosäuren reproduziert, die am häufigsten in der Natur vorkommen und die in einer Urform des genetischen Codes die meisten Codons innehatten (Tab. 2). Selbst relativ große Moleküle wie Porphyrine wurden in Simulationsversuchen hervorgebracht, welche wiederum die Voraussetzung für die Bildung von Chlorophyll und Hämoglobin darstellen. Und die rezenten tRNA-Moleküle weisen exakt die angesprochenen Verhältnisse (hoher GC-Anteil von ca. 80 % und eine durchschnittliche Kettenlänge von 76 Nukleotiden) auf, die Manfred EIGENS Erwartungen einer Quasispezies-Verteilung aus sich individuell reproduzierenden Molekülen entsprachen. Sind dies nicht alles sehr merkwürdige Koinzidenzen, wenn sich die Entstehung des Lebens *nicht* auf natürlichem Wege erklären und beschreiben ließe? Wer es vorzieht, ein auf solch starken Indizien beruhendes Szenario, das – würde es sich um die Rekonstruktion eines Kriminalfalles handeln – jeden unvoreingenommenen Richter zur Verurteilung des Angeklagten bewegen würde, als „wilde Spekulation" abzutun, weil noch nicht *im Detail* klar ist, wie und welche Wege beschritten wurden, der ist nicht beseelt vom Geist der Naturwissenschaft, sondern von Vorurteilen religiös-weltanschaulicher Provenienz.

Gewiss sind die meisten Fragen hinsichtlich der chemischen Evolution noch offen und viele Modelle noch mehr oder weniger umstritten. Trotzdem kann die Evolutionskritik dies nicht als Erfolg ihrer Position verbuchen. Einerseits kann es vollständige, streng logisch „bewiesene" und im Laborexperiment durchgehend simulierbare Szenarien in den Naturwissenschaften generell nicht geben. Andererseits ist die Zahl der in den abiogenetischen Modellen dargebotenen Erklärungsansätze und Mechanismen derart groß, die Indizien so nahe liegend, dass von einem „Versagen" der naturalistischen Erklärung nicht die Rede sein kann. Das *tatsächliche Versagen* der naturalistischen Erklärungsstrategie wäre gleichbedeutend mit einem völligen „Im-Dunkeln-Tappen" über Jahrhunderte hinweg – und zwar dergestalt, dass nicht einmal *ansatzweise* Erklärungswege in Aussicht stehen. *Partielle* Erklärungen, Erklärungsansätze und Modelle *sind* aber Erklärungen, und wir sind heute weit entfernt von einem wirklichen „Im-Dunkeln-Tappen".

In der einschlägigen antievolutionistischen Literatur (z. B. JUNKER/SCHERER 2006) erfährt der Leser nur wenig von der Fülle der in diesem Kapitel vorgestellten Erklärungsmodelle. Die meisten Argumente und Indizienketten kommen gar nicht erst zur Sprache, und die wenigen, die zur Sprache kommen, werden meist oberflächlich behandelt und ohne hinreichende Begründung als „wenig einleuchtend“, „unplausibel“ oder als „spekulativ“ beiseite geschoben. Dabei wird übersehen, dass jedes Postulat und jeder vorgeschlagene Mechanismus, wenn nicht plausibel oder empirisch nachgewiesen, so doch zumindest *prüfbar* ist und mit unserem gesamten Hintergrundwissen aus Physik, Chemie, Biologie und Geologie übereinstimmt. Dies kann von der vermeintlichen Schöpfungsalternative nicht behauptet werden – ihr fehlt völlig die empirisch-wissenschaftliche Verankerung, so dass sie auch nicht als ernstzunehmender Konkurrent zum Evolutionsmodell in Erscheinung treten kann.

5. Literatur

ASAKURA, K./KURIHARA, K./IKUMO, A. et al. (2000) Chirally autocatalytic reaction performed in highly supersaturated conditions. Macromolecular Symposia 160, 7–13.

BACHMANN, P./LUISI, P./LANG, J. (1992) Autocatalytic self-replicating micelles as models for prebiotic structures. Nature 357, 57–59.

BAEZA, I./IBANEZ, M./LAZCANO, A. et al. (1987) Liposomes with polyribonucleotides as model of precellular systems. Origins Life 17, 321–331.

BAILEY, J. (2000) Chirality and the origin of life. Acta Astronautica 46, 627–631.

BARRELL, G./BANKIER, A. T./DROUIN, J. (1979) A different genetic code in human mitochondria. Nature 282, 189–194.

BLAKE, D. F./JENNISKENS, P. (2001) The ice of life (extraterrestrial ice as source of life on earth). Scientific American 285, 44–47.

BONNER, W. A./DEAN, B. D. (2000) Asymmetric photolysis with elliptically polarized light. Origins of Life and Evolution of the Biosphere 30, 513–517.

BRACK, A. (1993) Early proteins. In: GREENBERG, J. M. et al. (Hg.) The chemistry of life's origins. Kluwer Academic Publishers, NATO, NATO ASI series/C., Dordrecht 416, 357–388.

BUJDAK, J./RODE, B. M. (1999) The effect of clay structure on peptide bond formation catalysis. Journal of Molecular Catalysis A: Chemical 144, 129–136.

CALVIN, M./PONNAMPERUMA, C./LEMMON, R. M. et al. (1963) Formation of adenine by electron irradiation of methane, ammonia and water. PNAS 49, 737–740.

CHANG, W.-J./YANG, D.-F. (1996) Natural convection for the melting of ice in porous media in a rectangular enclosure. International Journal of Heat and Mass Transfer 39, 2333–2348.

CHELLAIAH, S./VISKANTA, R. (1990) Natural convection melting of a frozen porous medium. International Journal of Heat and Mass Transfer 33, 887–899.

CHRISTEN, H. C./VÖGTLE, F. (1989) Grundlagen der Organischen Chemie. Kapitel „Spiegelbildisomerie". Aarau, 175–205.
CLARK, B. C./BAKER, A. L./CHENG, A. F. et al. (1999) Survival of life on asteroids, comets and other small bodies. Origins of Life and Evolution of the Biosphere 29, 521–545.
CLEAVES, H. J./CHALMERS, J. H./LAZCANO, A./MILLER, S. L./BADA, J. L. (2008) A reassessment of prebiotic organic synthesis in neutral planetary atmospheres. Origins of Life and Evolution of the Biosphere 38, 105–115.
CRICK, F. H. C. (1968) The origin of the genetic code. Journal of Molecular Biology 38, 367–379.
DASGUPTA, P. K./MO, Y. (1997) Chromatography on water-ice. Analytical Chemistry 69, 4079–4081.
DEAMER, D. W./BARCHFELD, G. L. (1982) Encapsulation of macromolecules by lipid vesicles under simulated prebiotic conditions. Journal of Molecular Biology 18, 203–206.
DÖRR, M./KÄSSBOHRER, J./GRUNERT, R. et al. (2003) Eine mögliche präbiotische Bildung von Ammoniak aus molekularem Stickstoff auf Eisensulfidoberflächen. Angewandte Chemie 115, 1579–1581.
EIGEN, M. (1971) Selforganization of matter and the evolution of biological macromolecules. Naturwissenschaften 58, 465–533.
EIGEN, M./WINKLER, R. (1973/74) Ludus Vitalis. Mannheim, 53–140.
EIGEN, M./WINKLER, R. (1975) Das Spiel. Naturgesetze steuern den Zufall. München.
EIGEN M./SCHUSTER, P. (1977) The hypercycle. A principle of natural self-organization. Naturwissenschaften 64, 541–566.
EIGEN, M./SCHUSTER, P. (1979) The hypercycle – a principle of natural self-Organization. Berlin.
EIGEN, M./WINKLER-OSWATITSCH, R. (1981a) Transfer RNA the early adapter. Naturwissenschaften 68, 217–228.
EIGEN, M./WINKLER-OSWATITSCH, R. (1981b) Transfer RNA an early gene? Naturwissenschaften 68, 282–292.
ELLINGTON, A. D./Khrapov, M./Shaw, C. A. (2000) The scene of a frozen accident. RNA 6, 485–498.
EVGENII, K./WOLFRAM, T. (2000) The role of quartz in the origin of optical activity on earth. Origins of Life and Evolution of the Biosphere 30, 431–434.
FAJSZI, C./CZEGE, J. (1981) Critical evaluation of mathematical models for the amplification of chirality. Origins of Life and Evolution of the Biosphere 11, 143–162.
FOLLMANN, H. (1981) Chemie und Biochemie der Evolution. Wie und Wo entstand das Leben? Heidelberg.
FOLLMANN, H. (1999) Chemische Evolution – Bildung und Selbstorganisation „lebensfähiger" Moleküle. In: FASTERDING, M. (Hg.) Auf den Spuren der Evolution. Gelsenkirchen, 41–54.
FOLLMANN, H. (2004) Desoxyribonucleotides: the unusual chemistry and biochemistry of DNA precursors. Chemical Society Reviews 33, 225–233.
FRANCHI, M./FERRIS, J./GALLORI, E. (2003) Cations as mediators of the adsorption of nucleic acids on clay surfaces in prebiotic environments. Origins of Life and Evolution of the Biosphere 33, 1–16.

Franck, B. (1959) Synthese von Aminosäuregemischen aus Methanol und aliphatischen Kohlenwasserstoffen. Chemische Berichte 93, 446–454.

Gánti, T. (2003a) The principles of life. Oxford.

Gánti, T. (2003b) The chemoton theory, vol. 1: Theoretical foundations of fluid machineries. New York.

Gilbert, W. (1986) The RNA world. Nature 319, 618.

Harada, K (1970) Origin and development of optical activity of organic compounds on the primordial earth. Naturwissenschaften 57, 114–119.

Hashimoto, G. L./Abe, Y./Sugita, S. (2007) The chemical composition of the early terrestrial atmosphere: formation of a reducing atmosphere from CI-like material. Journal of Geophysical Research 112(e5), E05010.

Hanczyk, M. M./Fujikawa, S. M./Szostak, J. W. (2003) Experimental models of primitive cellular compartments: encapsulation, growth, and division. Science 302, 618–622.

Hazen, R. M. (2001) Life's rocky start. Scientific American 284, 63–71.

Hazen, R. M./Filley, T. R./Goodfriend, G. A. (2001) Selective adsorption of L- and D-amino acids on calcite: implication for biochemical homochirality. PNAS 98, 5487–5490.

Hazen, R. M./Deamer, D. W. (2007) Hydrothermal reactions of pyruvic acid: synthesis, selection, and self-assembly of amphiphilic molecules. Origins of Life and Evolution of the Biosphere 37, 143–152.

Hillig, W. B./Turnbull, D. (1956) Theory of crystal growth in undercooled pure liquids. Journal of Chemical Physics 24, 914.

Hobbs, P. V./Ketcham, W. M. (1969) The planar growth of ice from pure melt. Physics of ice. Proceedings of the International Symposium on Physics of Ice, München, 95–112.

Hodgson, G. W./Ponnamperuma, C. (1968) Prebiotic porphyrin genesis: porphyrins from electric discharge in methane, ammonia and water vapor. PNAS 59, 22–28.

Holm, N. G./Andersson, E. M. (1998) Hydrothermal systems. In: Brack, A. (Hg.) The molecular origins of life. Cambridge, 86–99.

Holm, N. G./Charlou, J. L. (2001) Initial indications of abiotic formation of hydrocarbons in the rainbow ultramafic hydrothermal system, mid-atlantic ridge. Earth and Planetary Science Letters 191, 1–8.

Imming, P. (2007a) Die fehlenden Spiegelbilder. www.genesisnet.info/index.php?Artikel=42081&Sprache=de&l=1. Zugr. a. 19. 4. 2008.

Imming, P. (2007b) Artikel über Chiralität: Wurde wichtige neuere Literatur unterschlagen? www.genesisnet.info/index.php?News=80. Zugr. a. 19. 4. 2008.

Jenkins, J. K./Salam, A./Thirunamachandran, T. (1994) Discriminatory dispersion interactions between chiral molecules. Molecular Physics 82, 835–840.

Johnson, A. P./Cleaves, H. J./Dworkin, J. P. et al. (2008) The miller volcanic spark discharge experiment. Science 322, 404.

Joyce, G. F./Orgel, L. E. ([3]2006) Progress towards understanding the origin of the RNA world. In: Gesteland, R. F. et al. (Hg.) The RNA world. Cold Spring Harbor, NY, 23–56.

Junker, R./Scherer, S. ([6]2006) Evolution. Ein kritisches Lehrbuch. Gießen.

KASTING, J. F./ACKERMAN, T. P. (1986) Climatic consequences of very high carbon dioxide levels in the earth's early atmosphere. Science 234, 1383–1385.

KAHRAMAN, R./ZUGHBI, H. D./AL-NASSAR, Y. N. (1998) A simplified numerical model for melting of ice with natural convection. International Communications in Heat and Mass Transfer 25, 359–368.

KÄMPFE, L. (1992) Evolution und Stammesgeschichte der Organismen. Stuttgart.

KIRKPATRICK, R. J. (1975) Crystal growth from melt: a review. American Mineralogist 60, 798–814KNIGHT, R. D./LANDWEBER, L. F. (2000) Guilt by association: the arginine case revisited. RNA 6, 499–510.

KRUGER, K./GRABOWSKI, P. J./ZAUG, A. J./SANDS, J./GOTTSCHLING, D. E./CECH, T. R. (1982) Self-splicing RNA: autoexcision and autocyclization of the ribosomal RNA intervening sequence of *tetrahymena*. Cell 31, 147–157.

KUHN, H. (1972) Selbstorganisation molekularer Systeme und die Evolution des genetischen Apparates. Angewandte Chemie 84, 838–862.

KUHN, H. (1976) Evolution biologischer Information. Berichte der Bunsen-Gesellschaft für Physikalische Chemie 80, 1209–1223.

LEE, D. H./GRANJA, J. R./MARTINEZ, J. A./SEVERIN, K./GHADIRI, M. R. (1996) A self-replicating peptide. Nature 382, 525–528.

LOEB, L. A./ESSIGMANN, J. M./KAZAZI, F. et al. (1999) Lethal mutagenesis of HIV with mutagenic nucleoside analogs. PNAS 96, 1492–1497.

MACLEOD, G./MCKEOWN, C./HALL, A. J./RUSSELL, M. J. (1994) Hydrothermal and oceanic pH conditions of possible relevance to the origin of life. Origins of Life and Evolution of the Biosphere 24, 19–41.

MAJERFELD, I./PUTHENVEDU, D./YARUS, M. (2005) RNA affinity for molecular L-histidine/genetic code origins. Journal of Molecular Evolution 61, 226–235.

MANRUBIA, S. C./BRIONES, C. (2007) Modular evolution and increase of functional complexity in replicating RNA molecules, RNA 13, 97–107. www.rnajournal.org/cgi/doi/10.1261/rna.203006. Zugr. a. 20.7.2008.

MCCOLLOM, T. M./RITTER, G./SIMONEIT, B. R. T. (1999) Lipid synthesis under hydrothermal conditions by Fischer-Tropsch-type reactions. Origins of Life and Evolution of the Biosphere 29, 153–166.

MEIERHENRICH, U. (1999) Molecular parity violation via comets? Chirality 11, 575–582.

MILLER, S. L. (1953) Production of amino acids under possible primitive earth conditions. Science 117, 528–529.

MILLER, S. L. (1955) Production of some organic compounds under possible primitive earth conditions. Journal of the American Chemical Society 77, 2351–2361.

MILLERO, F. J./ROY, R. N. (1997) A chemical equilibrium model for the carbonate system in natural waters. Croatica Chemica Acta 70, 1–38.

MIYAKAWA, S./MURASAWA, K.-I./KOBAYASHI, K./SAWAOKA, A. B. (2000) Abiotic synthesis of guanine with high-temperature plasma. Origin of Life and Evolution of the Biosphere 30, 557–566.

MIYAKAWA, S./CLEAVES, H. J./MILLER, S. L. (2002) The cold origin of life: B. Implications based on pyrimidines and purines produced from frozen ammonium cyanide solutions. Origins of Life and Evolution of the Biosphere 32, 209–218.

Morowitz, H. (1992) Beginnings of cellular life. New Haven, CT.

Muller, A.W.J. (1995) Were the first organisms heat engines? A new model for biogenesis and the early evolution of biological energy conversion. Progress in Biophysics and Molecular Biology 63, 193–231.

Munoz, C.G.M./Meierhenrich, U.J./Schutte, W.A. et al. (2002) Amino acids from ultraviolet irradiation of interstellar ice analogues. Nature 416, 403–406.

Munteanu, A./Solé, R.V. (2006) Phenotypic diversity and chaos in a minimal cell model. Journal of Theoretical Biology 240, 434–442.

Nelson, D.R. (2001) Lecture of molecular evolution I. drnelson.utmem.edu/evolution.html. Zugr. a. 30.3.2008.

Nelson, K.E./Robertson, M.P./Levy, M./Miller, S.L. (2001) Concentration by evaporation and the prebiotic synthesis of cytosine. Origins of Life and Evolution of the Biosphere 31, 221–229.

Novozhilov, A.S./Wolf, Y.I./Koonin, E.V. (2007) Evolution of the genetic code: partial optimization of a random code for robustness to translation error in a rugged fitness landscape. Biology Direct 2, 24. www.biology-direct.com/content/2/1/24. Zugr. a. 22.4.2008.

Oparin, A.I. (1938) The origin of life. New York.

Oparin, A.I. (1963) Das Leben. Seine Natur, Herkunft und Entwicklung. Jena.

Orgel, L.E. (1989) The origin of polynucleotide-directed protein synthesis. Journal of Molecular Evolution 29, 465–474.

Orgel, L.E. (2004) Prebiotic chemistry and the origin of the RNA world. Critical Reviews in Biochemistry and Molecular Biology 39, 99–123.

Oró, J./Basile, B./Cortes, S./Shen, C./Yamrom, T. (1984) The prebiotic synthesis and catalytic role of imidazole and other condensing agents. Origins of Life and Evolution of the Biosphere 14, 237–242.

Pauling, L. (1964) Die Natur der chemischen Bindung. Weinheim.

Plankensteiner, K./Reiner, H./Rode, B.M. (2004) From earth's primitive atmosphere to chiral peptides – the origin of precursors for life. Chemistry and Biodiversity 1, 1308–1315.

Ponnamperuma, C./Mariner, R. (1963) Formation of ribose and desoxyribose by ultraviolet irradiation of formaldehyde in water. Radiation Research 19, 183.

Ponnamperuma, C./Young, R.S./Munoz, E. (1963) The formation of guanine during the thermal polymerization of amino acids. Federation Proceedings 22, 479.

Powner, M.W./Gerland, B./Sutherland, J.D. (2009) Synthesis of activated pyrimidine ribonucleotides in prebiotically plausible conditions. Nature 459, 239–242.

Rauchfuss, H. (2005) Chemische Evolution und der Ursprung des Lebens. Berlin.

Rein, D. (1993) Die wunderbare Händigkeit der Moleküle. Basel.

REINER, H./PLANKENSTEINER, K./FITZ, D./RODE, B. M. (2006) The possible influence of L-histidine on the origin of the first peptides on the primordial earth. Chemistry & Biodiversity 3, 611–621.

RICARDO, A./CARRIGAN, M. A./OLCOTT, A. N./BENNER, S. A. (2004) Borate minerals stabilize ribose. Science 303, 196.

RODE, B. M./SON, H. L./SUWANNACHOT, Y. (1999) The combination of salt induced peptide formation reaction and clay catalysis: a way to higher peptides under primitive earth conditions. Origins of Life and Evolution of the Biosphere 29, 273–286.

RUPPERT, T. L. (2001) Ribonukleinsäuren als Katalysatoren. Katalyse von Aminoacylierungsreaktionen durch Ribozyme. Berlin.

RUSHDI, A. I./SIMONEIT, B. R. T. (2001) Lipid formation by aqueous Fischer-Tropsch-type synthesis over a temperature range of 100 to 400 °C. Origins of Life and Evolution of the Biosphere 31, 103–118.

SAGHATELIAN, A./YOKOBAYASHI, Y./SOLTANI, K./GHADIRI, M. R. (2001) A chiroselective peptide replicator. Nature 409, 797–801.

SANCHEZ, R./FERRIS, J./ORGEL, L. E. (1966) Conditions for purine synthesis: did prebiotic synthesis occur at low temperatures? Science 153, 72–73.

SANTOS, M. A. S./MOURA, G./MASSEY, S. E./TUITE, M. F. (2004) Driving change: the evolution of alternative genetic codes. Trends in Genetics 20, 95–102.

SCHALLEY, C. A./WEIS, P. (2002) Unusually stable magic number clusters of serine with a surprising preference for homochirality. International Journal of Mass Spectrometry 221, 9–19.

SCHLESINGER, G./MILLER, S. L. (1983) Prebiotic synthesis in atmospheres containing CH_4, CO and CO_2. I. Amino acids. Journal of Molecular Evolution 19, 376–382.

SCHLINGLOFF, G. (1999) Aufbau eines Meßplatzes mit miniaturisierter Evolutions- und Synthesemaschine. Dissertation am Institut für Theoretische Chemie, Universität Wien.

SCHUSTER, P. (2007) Molekulare Grundlagen der Evolution. Kann man die Wahrscheinlichkeit der Lebensentstehung abschätzen? Abendkolloquium: Frontiers of Science, Düsseldorf, 1.02.2007, 51. www.tbi.univie.ac.at/~pks. Zugr. a. 25. 12. 2007.

SCHUSTER, P./STADLER, P. F. (1999) Nature and evolution of early replicons. In: DOMINGO, E./WEBSTER, R. G./HOLLAND, J. J. (Hg.) Origin and evolution of viruses. San Diego, 1–24.

SCHWARTZ, A. W./HENDERSONSELLERS, A. (1983) Glaciers, volcanic islands and the origin of life. Precambrian Research 22, 167–174.

SEGRÉ, D./BEN-ELI, D./DEAMER, D./LANCET, D. (2001) The lipid world. Origins of Life and Evolution of the Biosphere 31, 119–145.

SELLA, G./ARDELL, D. H. (2006) The coevolution of genes and genetic codes: Crick's frozen accident revisited. Journal of Molecular Evolution 63, 297–313.

SENANAYAKE, S. D./IDRISS, H. (2006) Photocatalysis and the origin of life: Synthesis of nucleoside bases from formamide on $TiO_2(001)$ single surfaces. PNAS 103, 1194–1198.

SEPHTON, M. A. (2001) Life's sweet beginnings? Nature 414, 857–858.

SHINITZKY, M./Nudelman, F./Carda, Y. et al. (2002) Unexpected differences between D- and L-Tyrosine lead to chiral enhancement in racemic mixtures. Origins of Life and Evolution of the Biosphere 32, 285–297.

SOLÉ, R. V./MUNTEANU, A./RODRIGUEZ-CASO, C./MACÍA, J. (2007) Synthetic protocell Biology: from reproduction to computation. Philosophical Transactions of the Royal Society B 362, 1727–1739.

SÖLL, D./RAJBANDARY, U. L. R. (2006) The genetic code – thawing the „frozen accident". Journal of Biosciences 31, 459–463.

SWEENEY, M. A./TOSTE, A. P./PONNAMPERUMA, C. (1976) Formation of amino acids by cobalt-60 irradiation of hydrogen cyanide solutions. Origins of Life 7, 187–189.

SWETINA, J./SCHUSTER, P. (1982) Self-replication with errors. A model for polynucleotide replication. Biophysical Chemistry 16, 329–345.

SZOSTAK, J. W./ELLINGTON, A. D. ([1]1993) In vitro selection of functional RNA sequences. In: GESTELAND, R. F./ATKINS, J. F. (Hg.) The RNA world. Cold Spring Harbor, NY, 511–533.

THOMAS, J. A./RANA, F. R. (2007) The influence of environmental conditions, lipid composition, and phase behavior on the origin of cell membranes. Origins of Life and Evolution of the Biosphere 37, 267–285.

TRINKS, H. (2001) Auf den Spuren des Lebens. Bericht zur Expedition in das Eis von Spitzbergen vom 17. Mai 1999 bis 14. September 2000. Aachen.

TRINKS, H./SCHRÖDER, W./BIEBRICHER, C. (2003) Eis und die Entstehung des Lebens. Aachen.

TRINKS, H./SCHRÖDER, W./BIEBRICHER, C. (2005) Ice and the origin of life. Origins of Life and Evolution of the Biosphere 35, 429–445.

TRINKS, H. (2006) Entstehung, Struktur und Verhalten von Phospholipid-Vesikeln in Meereis. www.et1.tu-harburg.de/downloads_et1/ep/publika-tionen/Vesikel_in_Meereis.pdf. Zugr. a. 24. 4. 2008.

VIEDMA, C. (2001) Enantiomeric crystallization from DL-aspartic and DL-glutamic acids: implications for biomolecular chirality in the origin of life. Origins of Life and Evolution of the Biosphere 31, 501–509.

WÄCHTERSHÄUSER, G. (1988a) Before enzymes and templates: theory of surface metabolism. Microbiological Reviews 52, 452–484.

WÄCHTERSHÄUSER, G. (1988b) Pyrite formation, the first energy source for life: a hypothesis. Systematic and Applied Microbiology 10, 207–210.

WÄCHTERSHÄUSER, G. (1990) Evolution of the first metabolic cycles. PNAS 87, 200–204.

WÄCHTERSHÄUSER, G. (1992) Ground works for an evolutionary biochemistry: the iron-sulfur world. Progress in Biophysics and Molecular Biology 58, 85–201.

WÄCHTERSHÄUSER, G. (1994) Life in a ligand sphere, PNAS 91, 4283–4287.

WÄCHTERSHÄUSER, G. (2000) Origin of life. Life as we don't know it. Science 289, 1307–1308.

WAKATSUCHI, M./KAWAMURA, T. (1987) Formation processes of brine drainage channels in sea ice. Journal of Geophysical Research – Oceans 92, 7195–7197.

WEBERNDORFER, G./HOFACKER, I. L./STADLER, P. F. (2003) On the evolution of primitive genetic codes. Origins of Life and Evolution of the Biosphere 33, 491–514.

WEISBUCH, I./LEISEROWITZ, L./LAHAV, M. (2002) Spontaneous generation of chirality via chemistry in two dimensions. In: HICKS, J. M. (Hg.) Chirality: Physical chemistry. Proceedings of the Symposium on the Physical Chemistry of Chirality 1 (San Francisco, CA 2000) ACS Symposium Series 810, 242–252.

WEITZE, M.-D. (2006) Zwischen Evolution und Engineering – Der genetische Code im Wandel. Biologie in unserer Zeit 1, 18–24.

WONG, J.T-F. (1975) A co-evolution theory of the genetic code. PNAS **72,** 1909–1912.

YAMAGATA, Y. (1999) Prebiotic formation of ADP and ATP from AMP, calcium phosphates and cyanate in aqueous solution. Origins of Life and Evolution of the Biosphere 29, 511–520.

ZAHNLE, K./ARNDT, N./COCKELL, C. et al. (2007) Emergence of a habitable planet. Space Science Reviews 129, 35–78.

VIII. Kritik an der „Makroevolution“

Das Argument der nicht reduzierbaren Komplexität

Martin Neukamm

Wie in den vorangegangenen Kapiteln bereits angeschnitten wurde, zählt das Argument der nicht reduzierbaren (irreduziblen) Komplexität zu den zentralen Einwänden gegen die Evolutionstheorie. Wiewohl punktuell bereits kritisiert, wollen wir das Argument in diesem Abschnitt systematisch untersuchen. Was verstehen die Evolutionsgegner überhaupt unter *irreduzibler Komplexität*? Dieser Begriff wurde von dem amerikanischen Biochemiker Michael BEHE in die Diskussion eingeführt. Ein (Bio-)System sei *per definitionem* genau dann irreduzibel komplex, wenn es „[…] aus verschiedenen, genau aufeinander abgestimmten Teilen besteht, die gemeinsam eine Funktion herstellen, so dass die Wegnahme einer beliebigen Komponente zum Ausfall der Funktion führt“ (BEHE 1996, 39; Übersetzung M. N.). In solch einem Fall sei es kaum möglich, dass das System *graduell* in vielen selektionspositiven Einzelschritten entstanden sei, da potenzielle Vorstufen keinen Beitrag zur Endfunktion leisteten und daher auch nicht von der Selektion begünstigt würden. Folglich müsse das betreffende System *in einem Schritt* „zusammengewürfelt“ worden sein, was aus evolutionärer Perspektive sehr unwahrscheinlich sei. Ein gezielt intelligentes Arrangement aller für die Funktion erforderlichen Komponenten sei plausibler. Was ist von dem Argument zu halten?

1. Definition und Argument der irreduziblen Komplexität

Bevor wir das Argument untersuchen, müssen wir zunächst ein Missverständnis aus dem Weg räumen, das in der Diskussion oft zutage tritt. Es besteht darin, dass Evolutionsgegner und Evolutionsbiologen oft Verschiedenes mit dem Begriff *irreduzible Komplexität* (IC) verbinden. Während die Evolutionsgegner im Hinblick auf BEHES *Definition* die Existenz irreduzibel komplexer Systeme für eine Tatsache halten, bestreiten die Evolutionsbiologen häufig deren Existenz. Ein Grund für dieses Missverständnis liegt möglicherweise darin, dass die Verwendung dieses Begriffs *a priori* nahe zu legen scheint, die Entstehung der betreffenden Systeme erfordere *zwangsläufig* ein Element der Planung. Obwohl unausgesprochen, legt Michael BEHE genau dies mit der folgenden Aussage nahe:

> Ein irreduzibel komplexes System kann nicht auf direktem Weg, also durch kontinuierliche Optimierung einer ursprünglichen Funktion infolge vieler kleine aufeinander folgender Veränderungsschritte aus einem Vorläufersystem entstehen. Der Grund liegt darin, dass jede evolutionäre Vorstufe, der naturgemäß noch eines oder mehrere Teile des irreduzibel komplexen Systems fehlt, definitionsgemäß funktionslos ist. Die Existenz irreduzibel komplexer Biosysteme wäre somit eine echte Herausforderung an die Darwinsche Evolution (BEHE 1996, 39; Übersetzung M. N.).

Kein Wunder also, dass die Vertreter der Evolutionstheorie eine „irreduzible Komplexität“ für imaginär halten. In der Diskussion muss jedoch sorgfältig unterschieden werden zwischen (a) BEHES *Definition* irreduzibel komplexer Systeme (*IC-Definition*), (b) dem daraus abgeleiteten *Argument* hinsichtlich der Unmöglichkeit einer schrittweisen (kumulativen) Evolution (im Folgenden als *IC-Argument* bezeichnet) sowie (c) dem Schluss auf ein wie auch immer geartetes Design. Irreduzibel komplexe Systeme gemäß BEHES Definition gibt es tatsächlich![1] Was aber sagt dies über deren Evolvierbarkeit aus?

2. Warum das IC-Argument nicht stichhaltig ist

> Die irreduzible Komplexität muss [...] in einer einzigen Generation entstehen, sie kann nicht kumulativ (schrittweise) aufgebaut werden, da Zwischenstadien der Selektion zum Opfer fielen [...] Die Tatsache, dass Lebewesen (im Gegensatz zu technischen Systemen) sich selbst fortpflanzen können und daher über mehrere Generationen Komplexität schrittweise aufbauen könnten, wird hier ausdrucklich berucksichtigt. Denn Vorstufen irreduzibel komplexer Systeme sind wertlos und werden daher ausgelesen (JUNKER/SCHERER 2006, 306f).

Das Problem an dieser Argumentation ist, dass sich der Begriff *irreduzible Komplexität* nur auf die *gegenwärtigen* Zustände und Funktionen eines Systems bezieht. Er sagt somit nichts darüber aus, welche *früheren* Zustände das System durchlaufen hat oder durchlaufen haben kann. Da alle natürlichen Systeme in ihrer Entwicklung vielschichtige strukturelle und funktionelle Veränderungen erfahren, man ihnen aber nicht ohne weiteres ansieht, auf welch verschlungenen Wegen sie sich entwickelt haben, ist das Argument der irreduziblen Komplexität zur Bewertung evolutionärer Entwicklungsprozesse ungeeignet.

[1] Im Grunde entspricht BEHES Definition einem elementaren Axiom der Systemtheorie, wonach jedes System, dem man eine essenzielle Komponente entfernt, notwendigerweise seine essenziellen Eigenschaften verliert. Ist daraus aber zu folgern, dass die Emergenz qualitativ neuer Eigenschaften nicht auf Selbstorganisation (natürliche Evolution) rückführbar sei?

Wie wir in Kapitel IV gesehen haben, ist die Flagelle ein gutes Beispiel, um den Sachverhalt zu verdeutlichen: Das Flagellensystem des Bakteriums *Escherichia coli* funktioniert nicht mehr als Rotationsmotor, sobald man aus dem System ein Protein entfernt. Daraus folgt aber *nicht*, dass einfacher strukturierte Systeme (bzw. Vorstufen) *wertlos* sind und *ausgelesen* werden, wie JUNKER/SCHERER fälschlicherweise behaupten. Ein „halb fertiges" System kann durchaus andere Aufgaben erfüllen bzw. erfüllt haben. Ein Beispiel für einen „halben Flagellenapparat" haben wir bereits kennen gelernt, nämlich das Typ3-Sekretionssystem. Es ist weit einfacher strukturiert als der Flagellenapparat von *E. coli*, doch ist es alles andere als *wertlos*. Das Bakterium kann das System dafür nutzen, Effektor-Proteine oder Verdauungsenzyme nach draußen zu schleusen, um extern vorhandene Nährstoffe in eine für den Organismus aufnehmbare Form zu überführen. Verallgemeinert man diese Tatsache, kann man festhalten: Biologische Strukturen können im Laufe der Evolution ihre Funktionen ändern (Prinzip des *Funktionswechsels*).

Mit dieser Feststellung sind wir aber noch nicht am Ziel, denn es handelt sich noch um eine sehr allgemeine Beschreibung. Viele Evolutionsgegner behaupten außerdem, sie berücksichtigten den Aspekt des Funktionswechsels in ihrer Argumentation ausdrücklich. Schon der Wissenschaftsphilosoph G. VOLLMER (1986) wies darauf hin, dass es zur *Erklärung* eines evolutionären Vorgangs nicht damit getan ist, allein auf die Möglichkeit zu verweisen, dass organische Strukturen ihre Funktion ändern können. Denn im ungünstigen Fall erfordere der funktionelle Wandel noch immer eine so große Zahl gleichzeitig auftretender, zueinander passender Mutationen, dass er auf evolutionärem Wege nicht zu bewerkstelligen ist. Um zur *Erklärung* des „makroevolutionären" Geschehens vorzudringen, muss der Biologe folglich einen Modellweg entwickeln, der sozusagen einen „nahtlosen" Übergang von einem System mit der Funktion A in ein anderes mit der neuen Funktion B ermöglicht.

Worauf gründet sich ein solcher Modellweg? Damit ein Funktionswechsel koordiniert über eine lange Folge geeigneter Mutationsschritte verlaufenden kann, muss zumindest kurzfristig eine *zeitliche Überlappung* der früheren und der späteren Funktion auftreten. Das heißt, der Biologe muss zur Erklärung des evolutionären Geschehens eine entsprechende *Doppelfunktion* ausfindig machen, die einen geordneten, von der Selektion belohnten Funktionswechsel ermöglicht (VOLLMER 1986, 25; Abb. 36). Dass Merkmale im Dienste mehrerer Funktionen gleichzeitig stehen (können), ist nun keine besonders gewagte Zusatzannahme. Vielmehr handelt es sich um eine Grundtatsache der Evolutionsbiologie:

> Ein Insektenbein kann Laufbein, Grabschaufel, Kiefer, Saugrüssel, Lauterzeugungsorgan, Ruder, Teil des Begattungsorgans oder der Legeröhre werden. Die Zunge der Wirbeltiere, primär wohl Organ der Leitung der Nahrung im Mund, wird vorschnellbares Fangorgan […], Leimrute […], Saugröhre für Honigauf-

nahme […], Pollenbürste […], Trinkbecher […], Hilfsorgan beim Sprechen […], Spürorgan […], Putzorgan usw. Unter den Pflanzen zeigt die Abwandelbarkeit des Blattes vom Nährblatt zu Speicherblatt, Ranke, Dorn, Schwimmblatt, Kelchblatt, Blütenblatt, Fangblatt usw. den weiten Bereich der erworbenen Funktionen […] (Remane et al. 1975, 122 ff).

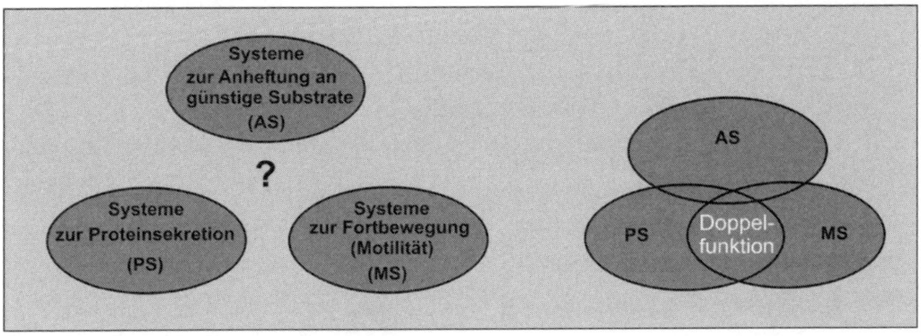

Abb. 36: Links: Wie sich Evolutionsgegner Evolution vorstellen. Die Ellipsen repräsentieren drei Mengen von Bakterien-Systemen, die jeweils eine ganz bestimmte Funktion erfüllen. Der Bereich zwischen den drei Mengen („Basisfunktionszuständen“), ist leer, das heißt, er kann mutmaßlich „[…] nicht mehr in weitere selektionspositive Zwischenstufen unterteilt werden“ (Junker/Scherer 2006, 158). Folglich bedürfe es einer großen Anhäufung passender Mutationen, um von einem Funktionszustand zum nächsten zu gelangen, was sehr unwahrscheinlich sei („Konstruktionsproblem“). Innerhalb der Ellipsen wird jedoch eine Mikroevolution unter Wahrung der Funktionalität zugestanden („Optimierungsproblem“). Rechts: Wie sich die moderne Biologie Evolution vorstellt: Merkmale können, je nach Zustand, nicht nur eine, sondern *mehrere* Funktionen *gleichzeitig* ausüben (Multifunktionalität). Es kommt zur funktionellen Überlappung, wodurch sich ein durch die Selektion gangbarer Evolutionsweg ausbildet.

Die entsprechende Doppelfunktion muss nicht von Beginn an vorhanden sein; sie kann auch erst im Laufe eines Optimierungsvorganges entstehen (s. Abb. 37). Ihr Nachweis erfordert häufig keine neuen empirischen Fakten, sondern nur eine Änderung der Blickrichtung. Doppelfunktionen werden oft nicht erkannt, weil man nicht gezielt danach sucht! Tatsächlich sind sie noch nicht in allen fraglichen Fällen nachgewiesen worden. Häufig muss es genügen zu zeigen, welche Doppelfunktionen für die Ausbildung eines Merkmals in mehreren Schritten verantwortlich gewesen sein *könnten*. Die Suche nach den entsprechenden Brückenfunktionen ist ein wesentlicher heuristischer Aspekt bei der Auflegung neuer Forschungsprogramme.

In zahlreichen Fällen von Funktionswechsel lassen sich die erforderlichen Doppelfunktionen freilich schon nachweisen. Ein Beispiel sind die Lungensäcke des Quastenflossers, die sich aus einer gut durchbluteten Ausstülpung der Speiseröhre gebildet haben. Durch Verschlucken von Luft konnten die Fische die saisonal auftretende Sauerstoff-Knappheit der Devon-Sümpfe ausgleichen. Dabei übernahm die gut durchblutete Wandung der Speiseröhre offenbar eine Doppelfunktion. Ihre Zweitfunktion bestand darin, den verschluckten Sauerstoff ins Blut zu überführen. In der Folge konnten die atmungsaktiven Bereiche immer mehr vergrößert werden, bis schließlich eine Art „Lungensack“ entstanden war. Die entsprechenden Mutanten hatten bei der nächsten Sauerstoffknappheit klare Überlebensvorteile. Eine Multifunktionalität kommt auch den verschiedenen „Bakterienmotoren“ zu. Wie Abb. 36 zeigt, können diese Systeme z.B. der Proteinsekretion, der Anheftung an Substrate oder aber der Fortbewegung (Motilität) dienlich sein.

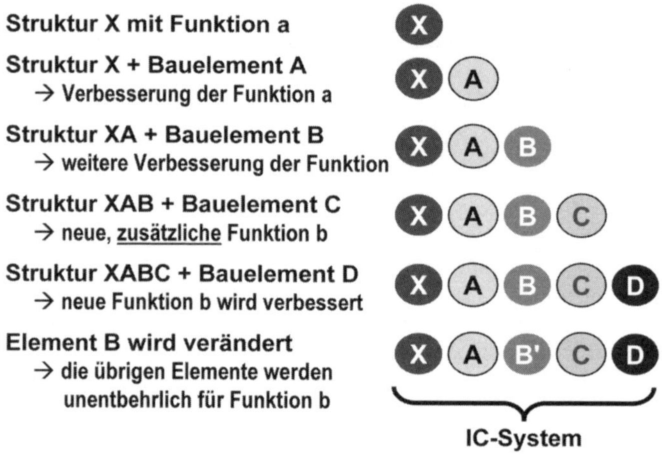

Abb. 37: Allmähliche Entstehung eines irreduzibel komplexen Systems (kurz: IC-System) durch Optimierung eines Nebenwegs: Die Funktion a einer Struktur X wird zunächst durch Hinzufügen der Bauelemente A, B und C schrittweise optimiert. Die neu entstandene Struktur XABC erfüllt nun ganz unvermittelt eine neue (zusätzliche) Funktion b. Infolge weiterer Optimierungsschritte (Addition eines Bauelements D und die Veränderung bereits bestehender Elemente) etabliert sich die Funktion b nach und nach im System: *redundante* Teile werden entfernt oder verändert. So werden letztlich alle Elemente für die Funktion unentbehrlich. Gezeichnet in Anlehnung an Orr (1996).

Wohin unsere bisherigen Überlegungen geführt haben, lässt sich in zwei Sätzen zusammenfassen: Die Evolution kann und muss nicht auf *direktem Weg* einen irreduzibel komplexen Merkmalszustand „ansteuern“ und dabei alle (hypothetischen) Zwischenformen auf einen noch in der Zukunft liegenden Funktionszustand A hin selektieren. Vielmehr kann ein Funktionszustand A durch Optimierung eines Funktionszustandes B entstehen, wenn dadurch der Zustand A *ganz nebenbei* zur Funktionsreife gelangt. Diesen Sachverhalt hat der Wiener Evolutionsbiologe G. MÜLLER mit seiner „side-effect-Hypothese“ umschrieben (MÜLLER 1990). Danach sind evolutionäre Neuheiten generell „Nebenprodukte“ von Optimierungsvorgängen, die entstehen, wenn bei der Modifikation des Systems bestimmte „Schwellenwerte“ überschritten werden (Abb. 37).

An diesen Sachverhalt anknüpfend ergibt sich noch eine weitere Möglichkeit der Entstehung irreduzibel komplexer Systeme: Aus systemtheoretischer Perspektive ist es häufig gar nicht notwendig, dass das betreffende IC-System *schrittweise* über eine lange Serie von Zwischenformen entsteht. Denn in Abhängigkeit der jeweils im Biosystem vorherrschenden Bedingungen können mitunter schon kleine mutative Ursachen große Veränderungen der Gestalt hervorrufen. KITCHER (2007, 89) verdeutlicht diesen Aspekt am Beispiel des Flagellensystems: Man kann sich durchaus vorstellen, dass die erforderlichen Proteine zunächst voneinander *unabhängige* Aufgaben in der Zelle erfüllt haben und nur durch eine „biochemische Barriere“ daran gehindert wurden, sich von selbst zu etwas Neuem zu organisieren. In diesem Fall würde es eventuell schon genügen, die Barriere durch *eine einzige* Mutation zu beseitigen, um den im Gensystem „potenziell“ angelegten Flagellenapparat, das Typ3-Sekretionssystem oder auch etwas gänzlich anderes spontan entstehen zu lassen.

Wie viele Einzelmutationen werden also für den kooperativen Auf- und Umbau komplexer Systeme *tatsächlich* benötigt? Die Antwort auf diese Frage ist von Fall zu Fall verschieden und hängt wie betont von den individuellen Bedingungen im Organismus ab. Man müsste die *Gesamtheit* der genetischen Wechselwirkungen und die Bandbreite an Variationsmöglichkeiten kennen, um noch sinnvoll über die Frage zu diskutieren, wie unwahrscheinlich ein bestimmter evolutionärer Vorgang ist. Die evolutionären Systembedingungen sind heute aber erst ansatzweise bei wenigen Modellorganismen erforscht worden. Damit erhärtet sich der Verdacht, es liege es nur an unserem mangelnden Hintergrundwissen, dass die ID-Anhänger die Evolution komplexer Systeme für unerklärbar halten. Und so ist es tatsächlich bei all den von ihnen ins Feld geführten Beispielen (s. Kap. IX).

Wie viele genetische Veränderungen, so fragt KUMMER (2006, 37), will man etwa veranschlagen,

> um die Entwicklung eines Kröten-Monsters zu beschreiben, dessen Augen im Gaumendach gebildet sind und uns aus dem Krötenmaul heraus anblicken? In Wirklichkeit hat diese (funktionale!) Fehlbildung ihre Ursache wohl in einer einzigen Mutation, weil Gene nicht einfach für einzelne Eigenschaften (‚Phäne‘) stehen, sondern häufig ganze Prozesse (hier von embryonalen Wachstumsbewegungen) steuern.

Ob die Mechanismen, die ein sinnvolles Neuarrangement des genetischen Materials bewerkstelligen, für eine intellektuell befriedigende Erklärung ausreichen, ist die Frage. Erwartungsgemäß wird dies von den ID-Anhängern bestritten. Hier tritt indes eine methodologische Kluft zwischen Biowissenschaftlern und Evolutionsgegnern zutage, die sich darüber uneins sind, was eine kausale Erklärung leisten *kann* und leisten *muss* (s. Kap. III).

Aus *naturwissenschaftlicher* Sicht kann eine Erklärung nie etwas anderes sein als die modellhafte Beschreibung eines Prozesses, eine wohlbegründete „Geschichte" darüber, was die Welt zusammenhält, wie sie sich entwickelt hat und nach welchen Mechanismen die betreffenden Vorgänge ablaufen. Die Herangehensweise gleicht der eines Kriminologen, dessen Phantasie gefordert ist, Modelle zu erstellen, die im Einklang mit den empirischen Daten sowie mit dem Hintergrundwissen stehen und ein kausales Verständnis des betreffenden Vorgangs ermöglichen, wonach sich sagen lässt: „Nach allem, was wir wissen, ist es wahrscheinlich, dass es sich so zugetragen hat". Dabei wird nicht der Anspruch erhoben, tatsächlich *bewiesen* zu haben, dass die Erklärung die Realität in allen Punkten korrekt und *vollständig* repräsentiert. Daraus zu folgern, dass Erklärungen hinsichtlich der Entstehung irreduzibel komplexer Systeme fehlten oder dass sie unwissenschaftlich seien, wäre nicht statthaft. Denn letztlich stellt sich immer die Frage, was überzeugender ist: eine unzureichende, aber im Grundsatz stimmige, inhaltlich-kausale Erklärung, oder eine immer zureichende, jedoch völlig unspezifische, nichts sagende, die eine numinose Intelligenz als Platzhalter der Ignoranz im Kartenspiel kausaler Erklärungen einsetzt.

Wie lässt sich nun konkret die Entstehung mehrstufiger biochemischer Signalkaskaden erklären, die in den Körperzellen bestimmte physiologische Reaktionen auslösen? Diese Frage soll am Beispiel des Blutgerinnungssystems erörtert werden.

3. Modelle zur Evolution komplexer Signalkaskaden

Physiologische Vorgänge, die durch intrazelluläre oder externe Reize ausgelöst werden, bezeichnet man als Signalübermittlung oder *Signaltransduktion*. Bei Organismen ist die zelluläre Signaltransduktion ein wichtiger Bestandteil der Verarbeitung von Reizen, wie etwa beim Sehen und Hören, bei der Blutzuckerregulation, der Signalübermittlung im Gehirn usw. Meist sind an der Signalübermittlung eine Vielzahl von Komponenten wie Rezeptoren (membranständige oder lösliche Rezeptorproteine), deren Liganden[2] sowie sekundäre Botenstoffe (z. B. cAMP, Calcium usw.) beteiligt,

[2] *Liganden* sind Moleküle (z. B. Hormone), die an spezifische Bindestellen spezialisierter Rezeptormoleküle andocken. Die Besetzung des Rezeptors mit dem (Boten-) Stoff verändert die Struktur des Rezeptors und löst in der Folge eine Reaktionskaskade aus, die innerhalb der Zelle die Produktion sekundärer Botenstoffe beeinflusst.

die zusammen eine Signalkette oder *Signalkaskade* bilden. Zu Beginn der Kette steht ein primärer Botenstoff (z.B. ein Hormon, Neurotransmitter etc.) oder ein äußerer Reiz, am Ende der Kette ein Zielprotein (Target), das eine bestimmte Reaktion im Organismus auslöst. Die an der Signalkaskade beteiligten Substanzen werden auch als *Signalmoleküle* bezeichnet.

3.1. Beispiel Blutgerinnung

Eines der von Evolutionsgegnern am häufigsten diskutierten Beispiele ist die Kaskade, die bei der Blutgerinnung ausgelöst wird (Behe 1996, 74–97). Bei den Säugetieren ist an der Blutgerinnung eine Vielzahl von Gerinnungsfaktoren beteiligt (die meisten von ihnen sind so genannte *Proteasen*, genauer: *Serinproteasen* – das sind Enzyme, die Proteine in kleinere Bruchstücke spalten). Wird ein Blutgefäß verletzt, wird eine entsprechende Enzymkaskade aktiviert. Diese Kaskade besteht aus zwei Ästen, wobei man heute weiß, dass der über die Faktoren XII und XI laufende Teil nur eine Verstärkerschleife für den Gesamtprozess darstellt. Die Kaskade verursacht schließlich die eigentliche Blutgerinnung. Der dafür wesentliche Vorgang besteht in der Überführung Proteins *Fibrinogen* in *Fibrin*, eine Art „Klebstoff", der ein Blutgerinnsel bildet und die Wunde verschließt (Abb. 38).

Entfernt man nur ein Protein in der Reaktionskette, fällt einer der beiden Zweige komplett aus; im schlimmsten Fall kann das Blut nicht mehr gerinnen. Wie also soll sich das Blutgerinnungssystem *schrittweise* gebildet haben? Wie lässt sich auf der Grundlage unseres biologischen Wissens ein plausibler Modellweg (und um mehr geht es hier nicht) erstellen? Was manche als unmöglich deklarieren, erweist sich bei näherer Betrachtung als gar nicht so schwierig. Man muss sich zunächst anschauen, worin der für die Blutgerinnung *eigentliche* Vorgang besteht. Dieser besteht – wie betont – in der Umwandlung des Glykoproteins Fibrinogen in Fibrin. Um diesen Vorgang einzuleiten, genügt eine Serinprotease beliebiger Herkunft (A), die im Verletzungsfall durch Gewebeproteasen, die in der Wunde präsent sind, aktiviert wird. Die aktivierte Form (A*) aktiviert nun ihrerseits weitere A-Moleküle im Blut und überführt zugleich Fibrinogen in Fibrin (Abb. 39).[3]

Da dieser Teil der Kaskade für alle Blutgerinnungssysteme essenziell ist, liegt die Vermutung nahe, dass er in der Evolution als erstes entstand. Diese Vermutung wird auch durch die Tatsache gestützt, dass viele Krebstiere über eine derart simple Form der Blutgerinnung verfügen.

[3] Die meisten Proteasen können sich selbst oder gegenseitig in eine aktive Form überführen. In vielen Fällen genügt dazu die Abspaltung einiger Aminosäuren, die das „aktive Zentrum" der Enzyme blockieren oder einen notwendigen Faltungsschritt verhindern.

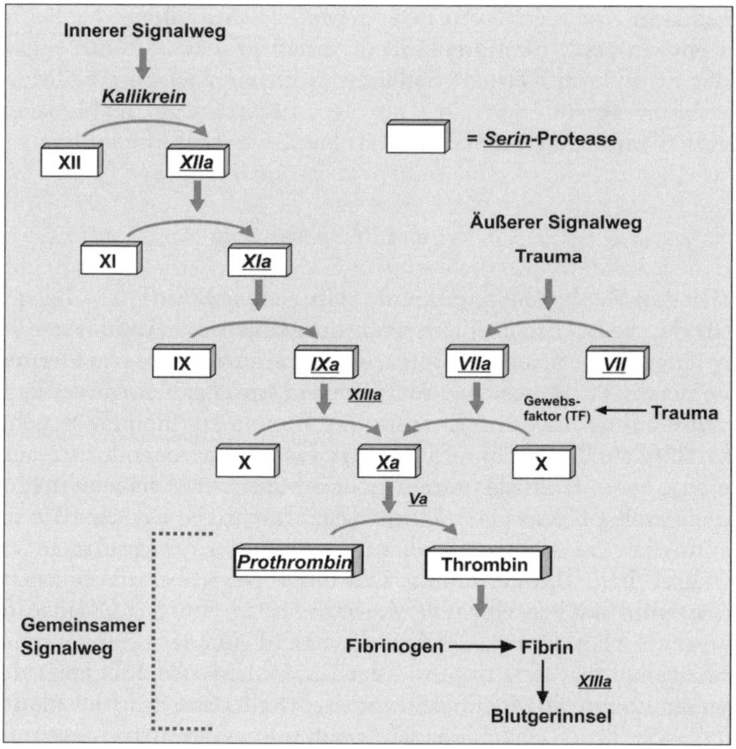

Abb. 38: Schema der Blutgerinnung. Eine Verletzung führt zur Aktivierung von Gerinnungsfaktoren (meist Serinproteasen). Im aktivierten Zustand überführen diese eine Reihe weiterer Gerinnungsfaktoren vom inaktiven in den aktivierten Zustand, wie es die Pfeile andeuten. Auf diese Weise pflanzt sich die Kaskade fort. Am Ende der Kaskade erfolgt die Aktivierung des Faktors *Prothrombin* zu *Thrombin,* welches *Fibrinogen* in *Fibrin* überführt. Dieses bildet ein Blutgerinnsel und verschließt die Wunde. Gezeichnet nach Miller (1999).

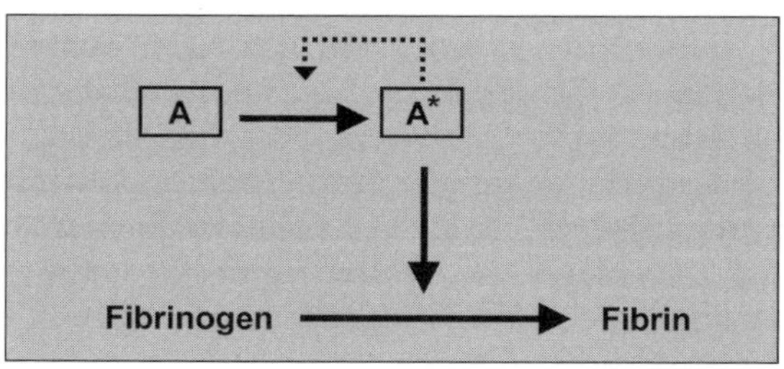

Abb. 39: Die Serinprotease (A) wird durch verschiedene Gewebeproteasen aktiviert. Die aktivierte Protease (A*) überführt dann das Glykoprotein Fibrinogen in den „Wundklebstoff" Fibrin und aktiviert außerdem viele weitere A-Moleküle.

Wie kann nun diese einfache Art der Blutgerinnung entstanden sein? Der Schlüssel zur Beantwortung dieser Frage liegt wie so oft in der Tatsache verborgen, dass sich die Evolution – opportunistisch, wie sie ist – jener Ressourcen bedient, die in anderen Funktionszusammenhängen *bereits existieren*. Auch die Suche nach *multiplen Funktionen* erweist sich als hilfreich: Proteasen sind im Organismus an einer Reihe von Funktionen beteiligt. Neben ihrer Bedeutung für die Blutgerinnung fungieren sie u.a. als Verdauungsenzyme, die als Ausgangspunkt der Evolution des Blutgerinnungssystems in Betracht kommen. Dabei kommt es relativ häufig vor, dass Gene oder DNA-Sequenzen aufgrund von Fehlern bei der Replikation der DNA oder DNA-Reparatur *dupliziert* (verdoppelt) werden und dann mehrfach auf den Chromosomen vorhanden sind. Nimmt man an, dass im Laufe der Zeit auch eine Kopie desjenigen Gens hergestellt wurde, das für ein Verdauungsenzym kodiert, konnte es für die Blutgerinnung rekrutiert werden. Die weitere Evolution war allem Anschein nach einfach: Das betreffende Verdauungsenzym (z.B. Trypsin) wird infolge einer Genduplikation und/oder Mutation einer Promotor-Region nicht nur in der Bauchspeicheldrüse, sondern auch in der Leber gebildet und gelangt von dort in inaktiver Form in den Blutstrom. Im Falle einer Verletzung kommt es wie oben beschrieben in Kontakt mit verschiedenen im Gewebe enthaltenen Proteasen, wird durch diese aktiviert und begünstigt das „Verkleben“ von Glykoproteinen, die „von Haus aus“ in zahlreicher Form und Funktion im Organismus vorkommen, so dass sich die Wunde allmählich verschließt.

Sequenzanalysen zeigen nun, dass in einem weiteren evolutionären Schritt zufällig ein Teilbereich des so genannten EGF-Proteins (die *EGF-Domäne*) in die Serinprotease (A) eingeschaltet wurde. Bei dieser Art der genetischen Rekombination, dem sog. *Exon-shuffling* (s. Glossar), handelt es sich um einen wohl bekannten und sehr gut untersuchten Variations-Mechanismus (vgl. Strachan/Read 2003, 353f). Worin aber bestand der Selektionsvorteil dieses evolutionären Schritts? Dazu muss man wissen, dass normalerweise das EGF-Protein (ein Wachstumsfaktor) mit dieser Domäne an bestimmte Rezeptoren andockt, die in der Membran der meisten Körperzellen verankert sind. Wenn nun auch die Serinprotease (A) die EGF-Domäne besitzt, kann diese ebenfalls an die EGF-Rezeptoren der verschiedensten Körperzellen, insbesondere an den sog. *Gewebefaktor* (TF) binden, sobald sie mit diesem in Kontakt kommt. Dies ist immer dann der Fall, wenn sich Blut aufgrund einer Verletzung mit der darin zirkulierenden Serinprotease (A) ins Gewebe ergießt. Die Serinprotease bindet jetzt schnell und effizient an die Rezeptoren des umliegenden Gewebes, reichert sich an der Wundoberfläche an und wird dort noch rascher und zielgenauer durch Gewebeproteasen aktiviert.

Bei kleinen Tieren mit geringen Blut-Volumina ist diese Form der Blutgerinnung schon sehr effektiv. Bei größeren Tieren aber, die über ein leistungsfähiges Herz-Kreislaufsystem mit höherem Blutdruck und größerer Blutflussrate verfügen, wäre die Gerinnung nicht mehr ausreichend: Eine *Signalverstärkung* mittels einer Enzymkaskade wird notwendig. Auch zur Erklärung dieses Schritts braucht man keine radikalen Neuerungen anzunehmen. Es würde zunächst schon genügen, wenn durch Duplikation zwei identische Proteine (A) und (B) entstehen, die an den Gewebefaktor binden (Abb. 40).

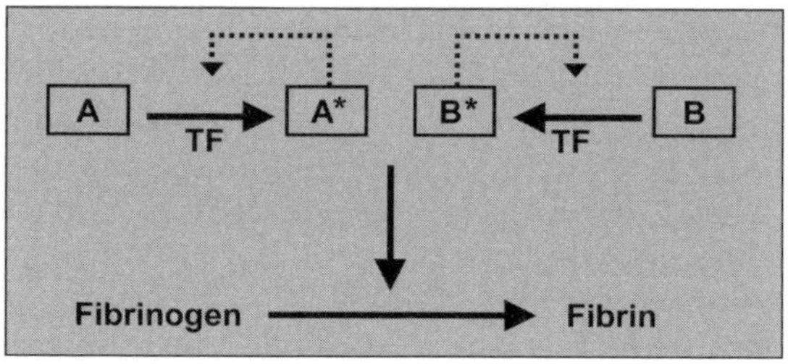

Abb. 40: Durch Genduplikation entsteht eine Kopie der Protease A (hier als B bezeichnet), die gleichermaßen an den Gewebefaktor TF bindet und die Effizienz der Fibrinerzeugung steigert. Gezeichnet nach MILLER (1999).

In einem weiteren Schritt kann durch eine Genmutation oder Rekombination das Protein B so verändert werden, dass es Fibrinogen langsamer spaltet, (A) dagegen rascher aktiviert (Abb. 41).

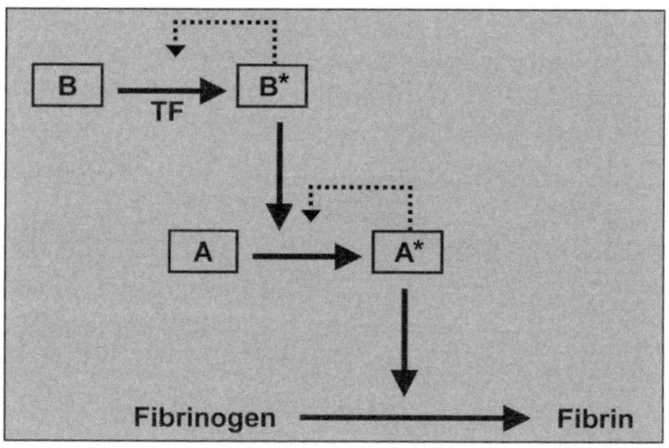

Abb. 41: Durch eine Mutation verändert sich die Spezifität der Serinprotease (B) so, dass diese stärker an den Gewebefaktor (TF) bindet und die Protease (A) rascher aktiviert, wodurch sich die Effizienz der Blutgerinnung weiter steigert. Eine einfache Zweischrittkaskade ist entstanden. Nach MILLER (1999).

Wie man sieht, ist als theoretisches Rüstzeug zur Erklärung der Entstehung einer Zweischritt-Kaskade zur Blutgerinnung nicht mehr erforderlich als die bekannten Mechanismen Genduplikation, Genmutation und Exonshuffling sowie zusätzliches Wissen über die *bereits vorhandenen* Ressourcen, derer sich die Evolution bedienen kann. Dazu gehören zum einen die *Serinproteasen*, die u.a. als Verdauungsenzyme fungieren, zum anderen verschiedene *Gewebeproteasen*, welche die Aktivierung der Serinproteasen im Verletzungsfall initiieren können. Eine weitere Ressource ist der *Gewebefaktor* (TF), der als Protein in der Membran verschiedensten Körperzellen bestimmte Proteine binden kann, sowie die *Glykoproteine*, die unter der Einwirkung aktivierter Serinproteasen verkleben können (z.B. Fibrinogen). Dabei deutet sich an, dass durch wiederholte Duplikation und Mutation des für die Bildung der (A)- oder (B)-Protease verantwortlichen Gens weitere Gerinnungsfaktoren (C, D, E ...) in die Kaskade eingeschaltet werden können. Solch eine verwickelte Kaskade lässt sich also schrittweise (kumulativ) aufbauen.

Um dem beliebten Einwand zu begegnen, man erfinde eine willkürliche „DARWINsche Geschichte“, muss der hier vorgestellte Modellweg natürlich einer Plausibilitätsprüfung unterzogen werden. Wie wahrscheinlich ist das Szenario? Lässt es sich überprüfen? Diese Fragen lassen sich beantworten, indem man aus dem Modell *Folgerungen* ableitet und diese dann mit den empirischen Daten vergleicht. Eine der Folgerungen dieses Modells lautet, dass die Blutgerinnungsfaktoren einander *homolog* (und daher signifikant sequenzähnlich) sein müssen, wenn sie durch wiederholte Genduplikations-Schritte aus einem Verdauungsenzym hervorgegangen sein sollen. Und tatsächlich: Thrombin ist nicht nur dem *Verdauungsenzym* Trypsin homolog, noch viele weitere Proteasen zeigen ausgedehnte Übereinstimmungen bezüglich ihrer Aminosäuresequenz, wodurch das Modell eine empirische Bestätigung erfährt. Zudem lässt das Modell erwarten, dass sich die postulierte Ereignisabfolge in der Enzymevolution auch in vergleichenden Studien widerspiegelt. Und auch hier ist das Ergebnis eindeutig: Die empirischen Daten fügen sich nahtlos in das mechanismische Modell ein (JIANG/DOOLITTLE 2003). Damit haben wir ein belastbares, empirisch plausibles Modell gewonnen, das mehr ist als nur eine willkürliche Geschichte.

In allgemeiner Form lässt sich der hier beschriebene Entstehungsweg von Signalkaskaden wie folgt zusammenfassen: Zu Beginn existiert ein einfaches Zweikomponentensystem, bestehend aus einem Rezeptor, der ein Signalmolekül bindet und ein Enzym aktiviert, das eine bestimmte physiologische Reaktion hervorruft. Eine *Genduplikation* hat zur Folge, dass das Gen, welches für den Rezeptor kodiert, doppelt im Genom vorliegt, was eine Signalverstärkung zur Folge hat. Anschließend wird der Rezeptor durch eine *Genmutation* so verändert, dass er den anderen Rezeptor aktiviert. Einige der Signalwege sind nun *redundant* (überflüssig) und können durch Mutationen zerstört werden, ohne die Funktion der Signalkette zu beeinträchtigen. Dabei werden die zusätzlich eingeführten Signalmoleküle bzw. Rezeptoren für die Funktion unentbehrlich. Im Laufe der Stammesgeschichte können weitere solcher Duplikations- und Genmutationsereignisse auftreten, die Kaskade verlängern und zu einer Differenzierung der Signalwege führen.

3.2. Systembiologische Aspekte zur Evolution neuer Signalwege

Interessanterweise verfügen Signalkaskaden häufig über mehr *redundante* (überzählige) Wege, als man zunächst erwarten würde. So belegen Untersuchungen des Hefe-Metabolismus, dass der Ausfall einzelner Botenstoffe bzw. Signalmoleküle durch eine Vielzahl alternativer Signalwege „kompensiert" werden kann. Mit anderen Worten: Komplexe Stoffwechsel-Netzwerke sind weitgehend robust gegenüber Ausfallmutationen. Daher zeigen Botenstoffe, die in verschiedenen Kaskaden aktiv sind, eine höhere molekulare Evolutionsrate als *monofunktionale* Signalmoleküle. In diesem Zusammenhang sind die Studien von Wagner/Wright (2007) besonders aufschlussreich. Am Beispiel von 15 verschiedenen Signalkaskaden konnten die Autoren zeigen, dass redundante Signalwege zwischen dem primären Botenstoff und dem Zielprotein nicht die Ausnahme, sondern die Regel sind (Abb. 42). Es stellt sich daher mehr und mehr die Frage, ob Signalkaskaden überhaupt Behes Definition der irreduziblen Komplexität entsprechen.

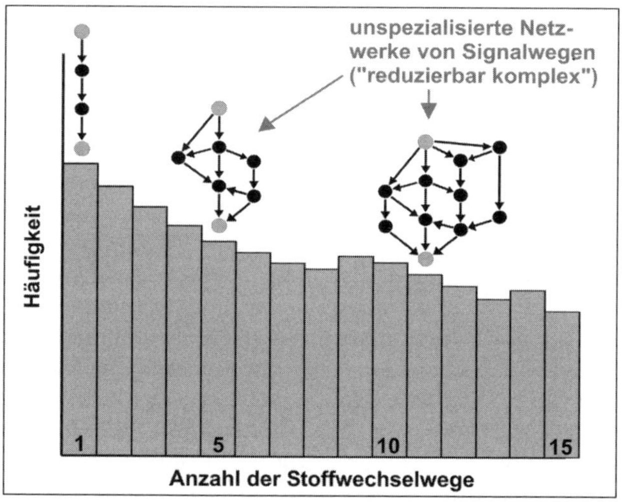

Abb. 42: Links im Bild: Eine irreduzibel komplexe Signalkette, bestehend aus vier Gliedern. In der Mitte und Rechts: Wenig spezialisierte Signalnetzwerke, die denselben physiologischen Vorgang durch 4 bzw. 11 *alternative* Stoffwechselwege ermöglichen. Umgezeichnet nach Wagner/Wright (2007).

Redundanz kann auf mehreren Wegen entstehen. Ein viel versprechendes Modell ist das so genannte *Patchwork-Modell* (RISON/THORNTON 2002). Es wurde insbesondere zur Erklärung der Entstehung metabolischer Stoffwechselwege entwickelt, ist aber grundsätzlich auch anwendbar auf die Evolution regulativer Netze. Ausgangspunkt der Entwicklung sind Proteine mit geringer Spezifität, die sowohl verschiedene Substrate (bzw. Botenstoffe) binden als auch unterschiedliche biochemische Reaktionen katalysieren können. Derartige Proteine stellen *de facto* ein simples Netzwerk dar, welches eine Reihe verschiedener Metaboliten erzeugt. Erst später kommt es mittels Genduplikation zu einer Verstärkung derjenigen Signalwege, die wichtige Aufgaben übernommen haben, sowie zu einer *Spezialisierung* der Proteine. Andere (weniger wichtige) Signalwege fallen dagegen im Lauf der Zeit weg. Auch die Rekrutierung von Proteinen aus bereits existierenden Stoffwechselwegen erfolgt durch Gen-Duplikation, wobei diese ihre katalytische Funktion beibehalten, jedoch verschiedene Substratspezifität entwickeln. Diese Genduplikation, gefolgt von Spezialisierung des Enzyms, wäre das kausaltheoretische Fundament und verantwortlich für die heute existierenden Stoffwechselwege: Zum einen können durch Wegfall redundanter Wege aus noch wenig spezialisierten Vorläufer-Netzwerken (Abb. 42) Schritt für Schritt irreduzibel komplexe Signalketten aufgebaut werden. Wie die Evolution der Blutgerinnung zeigt, kann auch der umgekehrte Weg beschritten werden, also die retrograde Entwicklung irreduzibel komplexer Signalketten aus einfacheren Vorläufern.

Alles in allem lässt sich somit festhalten, dass entgegen der Behauptung vieler Evolutionsgegner systembiologische Analysen keineswegs das Design-Argument stärken. Vielmehr kann mit ihrer Hilfe die Entstehung komplexer Stoffwechselwege mit evolutionsbiologischem Methodenarsenal kausalanalytisch rekonstruiert werden.

4. Evolutionskritische Einwände

Es liegt in der Natur der Sache, dass die Evolutionsgegner versuchen, die Kritik am IC-Argument abzuwehren. Dazu folgen sie einer Reihe von Argumentationslinien, die im Folgenden nach systematischen Gesichtspunkten besprochen werden. (Die nun folgende Liste erhebt keinen Anspruch auf Vollständigkeit. Der zahlreichen Behauptungen wegen können nur die wichtigsten Einwände untersucht werden.)

4.1. Biologische Einwände

Evolutionsgegner bedienen sie sich zum Teil *biologischer* Gegenargumente. So möchte z.B. BEHE (2000) zeigen, dass die in MILLERS Modellweg enthaltenen Zusatzannahmen zur Evolution des Blutgerinnungssystems falsch bzw. unbrauchbar sind. Die im Modell postulierten Etappen könnten, so Behe, keinen positiven Selektionswert haben, denn:

> Miller postuliert, dass eine unspezifische Protease-Vorstufe […] in den Blutstrom einiger bedauernswerter Organismen gelangt […] Wenn das Enzym dort versehentlich aktiviert würde, würde es großen Schaden anrichten, wenn nicht zugleich ein Regulationsmechanismus [ein spezieller Hemmstoff (Inhibitor)] diesen Vorgang unterbindet. Millers Szenario hat kein Problem damit, die Entstehung eines Blutgerinnsels zu erklären, lässt aber das Problem der Regulation außer Acht.

Behes Kritik beruht jedoch auf einer Reihe von Missverständnissen, denen Miller teilweise bereits vorgebeugt hatte: Erstens gelangt dem Modell zufolge die *inaktive* Serin-Protease in den Blutstrom, die erst bei Verletzungen durch bestimmte Faktoren aktiviert wird. Daher dürfte das Szenario auch nicht annähernd den katastrophalen Verlauf nehmen, den Behe postuliert. Ein Gegenbeispiel ist das Antigefrier-Protein arktischer Fische, welches offensichtlich aus der in den Blutstrom „fehlgeleiteten" *inaktiven* Protease *Trypsinogen* entstand (Chen et al. 1997). Zweitens folgt aus der Tatsache, dass die *rezenten* Arten über entsprechende Regulationsmechanismen verfügen, nicht, dass Organismen, die noch über kein hinreichend effizientes Gerinnungssystem verfügen oder verfügt haben, diese ebenfalls besessen haben müssen. Miller (1999) wich dem Regulationsproblem auch nicht aus, sondern stellt explizit klar: „[…] [erst] als die Effizienz des Blutgerinnungssystems einen bestimmten Grad erreichte, begünstigte die Selektion die Entstehung eines Protease-Inhibitors" (Übersetzung M. N.). Drittens wird die Gerinnungsaktivität auch durch andere Mechanismen reguliert, die schon vor der Entstehung der Blutgerinnung vorhanden waren. Z. B. werden erhöhte Konzentrationen aktivierter Gerinnungsfaktoren kontinuierlich durch den Blutstrom „ausgewaschen" und in Leber und Milz rasch aus der Zirkulation entfernt (Delvos/Müller-Berghaus 1985, 466). Und viertens kann die Evolution der Inhibitoren nicht allzu schwierig gewesen sein, da ja auch sie bei der Verdauung eine Rolle spielen; das heißt, deren Gene waren ebenfalls präadaptiert.

Behe (2000) torpediert Millers Modell noch mit einer Reihe weiterer Einwände. Sie erweisen sich jedoch allesamt als unbegründet und beruhen z. T. auf grundlegenden Missverständnissen. So hält er Miller beispielsweise entgegen, die Protease könne nicht mehr ihre ursprüngliche Aufgabe erledigen, wenn diese in den Blutstrom gelange, statt als Verdauungsenzym zur Verfügung zu stehen. Miller geht doch aber von einem *duplizierten Gen* aus, das selbstverständlich für *neue Aufgaben* zur Verfügung steht. Daher gelingt es Behe nicht, plausibel zu begründen, weshalb das Blutgerinnungssystem nicht in der von K. Miller vorgeschlagenen Weise entstanden sein kann.

4.2. Das Argument der Begründungslast

Am einfachsten entledigt man sich der Argumente der Evolutionsbiologen, indem man grundsätzlich alles infrage stellt, was nicht buchstäblich vor Augen geführt werden kann. JUNKER (2008) verschließt sich kurzerhand sämtlichen Szenarien, die das Problem der irreduziblen Komplexität lösen, indem er sie zu „reine[n] Gedankenexperimente[n]“ degradiert (z. B. S. 27), um sie anschließend für irrelevant zu erklären. So seien die meisten Szenarien „im Wesentlichen nicht experimentell belegt“, sondern würden „aufgrund vergleichend-biologischer Argumente theoretisch erschlossen“ (S. 12). Man könne sie „[...] im Grunde genommen beiseite lassen, denn wenn es darum geht, einen Mechanismus zur Entstehung einer IC-Struktur aufzuzeigen, müssen biologische Befunde vorgelegt werden“ (S. 7) usw.

Hier machen es sich die Kritiker zu einfach, denn naturwissenschaftliche Rekonstruktionen beruhen ebenso wie Argumente *generell* auf theoretischen Schlussfolgerungen. Die übliche wissenschaftliche Vorgehensweise besteht darin, aus Theorien Folgesätze abzuleiten (zu deduzieren), die sich auf Beobachtbares beziehen. Durch Vergleich von Folgesatz und Beobachtung lässt sich dann ein Argument für oder gegen die Theorie konstruieren. Auch vergleichend-biologische Argumente beruhen auf dieser Methode: Lassen sich die aus dem betreffenden Evolutionsmodell abgeleiteten Erwartungen bestätigen, gelten das Modell und die darin postulierten *Mechanismen* als empirisch belegt – wenn nicht, wird es geschwächt oder gar widerlegt.[4] Es wäre also JUNKERS Aufgabe, die Modelle zu *falsifizieren*, anstatt sie auf rhetorischem Wege beiseite zu schieben.

Im Übrigen beruhen auch die vermeintlichen Argumente *gegen* Evolution auf theoretischen *Annahmen* – auf „Gedankenexperimenten“, wenn man so will –, die sich keineswegs von selbst erschließen. Vielmehr liegt ihnen eine „Darwinsche Geschichte“ der besonderen Art zugrunde. Es ist die nicht weiter begründbare Annahme, dass die Evolution auf *„direktem* Weg“ einen irreduzibel komplexen Merkmalszustand ansteuern müsse, ohne dass die Möglichkeit als plausibel erachtet wird, dass dieser Zustand auch „beiläufig“ auf einem *Nebenweg* bzw. unter Ausnutzung geeigneter Doppelfunktionen entstehen könne. Wer also trägt die Begründungslast?

---

[4] Daher ist auch JUNKERS Behauptung falsch, vergleichend-biologische Betrachtungen lieferten „keinen Schlüssel für [evolutionäre] Mechanismen“ und tangierten daher das IC-Argument nicht (JUNKER 2008, 19). Wenn sich aus einem Modell – *unter Berücksichtigung bestimmter Evolutionsmechanismen* – die *Folgerung* ergibt, dass die Enzyme einer Kaskade einander sequenzähnlich sind, dann erlaubt die Bestätigung dieser Prognose selbstverständlich auch den Rückschluss auf die Mechanismen (Prinzip „Vaterschaftstest“; s. Kap. III). Es ist nicht damit getan, damit zu kontern, auch der „Designer“ könne für die Sequenzähnlichkeit verantwortlich sein. Da es sich bei diesem Designer und seiner Wirkungsweise um völlig unbekannte Faktoren handelt, ist diese Hypothese beliebig und unprüfbar.

Der Evolutionsbiologe, der einen Sachverhalt behauptet, ist natürlich begründungspflichtig. Sobald aber ein *prüfbares* Modell vorliegt, obliegt es wiederum dem Evolutionsgegner, es zu falsifizieren oder zu beweisen, dass die im Modell enthaltenen Annahmen falsch sind oder aber nicht realisierbar waren.

4.3. Einwände logischer Art

Um der Kritik am IC-Argument in allgemeiner Form zu begegnen, wird gelegentlich zu zeigen versucht, dass bestimmte Einwände das Argument gar nicht beträfen. Der Versuch ist aber nicht selten höchst widersprüchlich. Zwei Beispiele aus der Feder des Evolutionsgegners R. JUNKER (2008) mögen dies belegen:

a) Funktionswechsel und Kooptimierung
Auf Seite 7 geht JUNKER zunächst auf das oben bereits erwähnte Szenario des Biologen H. A. ORR ein. Wenn, so ORR (1996) sinngemäß, ein Merkmal [X] durch Addition eines Merkmals [A] eine neue Funktion erwirbt und die spätere Addition des Merkmals [B] diese neue Funktion unterstützt, dann kann durch weitere Optimierungsschritte zu einem späteren Zeitpunkt Merkmal [B] unentbehrlich für die Funktion werden. Mit anderen Worten: IC-Systeme können Schritt für Schritt, in mehreren von der Selektion belohnten Etappen, entstehen (Abb. 43). Um dieses Argument abzuwehren, behauptet nun JUNKER, ORRS Szenario träfe das IC-Argument gar nicht, da

> in diesem Gedankenexperiment eine neue Funktion bereits durch *ein einziges* neues Element erworben und durch später hinzukommende Teile nur noch verstärkt bzw. verbessert wird. Das entspricht gerade nicht der Konstellation von IC-Strukturen (JUNKER 2008, a. a. O.).

Mit dieser Einschätzung aber irrt JUNKER, denn in diesem Beispiel sind die Systemkomponenten [X], [A'] und [B] gleichermaßen *unentbehrlich* für die Funktion des Systems. Das heißt, gemäß BEHES *Definition* ist die Struktur [XA'B] ohne Zweifel „irreduzibel komplex". Dass *die Entstehung* dieses Systems nicht etwa mehrere Neuerwerbungen (oder Umbaumaßnahmen) *gleichzeitig* erfordert, ändert an der irreduzibel komplexen Konstellation des Systems gar nichts – vielmehr handelt es sich doch gerade um den Haupteinwand gegen das IC-Argument!

Während es *vom heutigen Standpunkt aus* betrachtet nämlich so aussieht, als sei die *simultane* Zusammenlagerung von *drei verschiedenen Bauelementen* (X, A' und B) zwingend erforderlich, um die Funktion des irreduzibel komplexen Systems zu konstituieren, konnte ORR anhand seines Beispiels zeigen, dass auch eine *graduelle* Evolution ans Ziel führen kann. Und selbstverständlich lässt sich das von JUNKER kritisierte Schema problemlos derart modifizieren, dass es auch seiner Bedingung (die Konstitution einer neuen Funktion durch den Erwerb *mehrerer* Elemente) Rechnung trägt; s. Abb. 37.

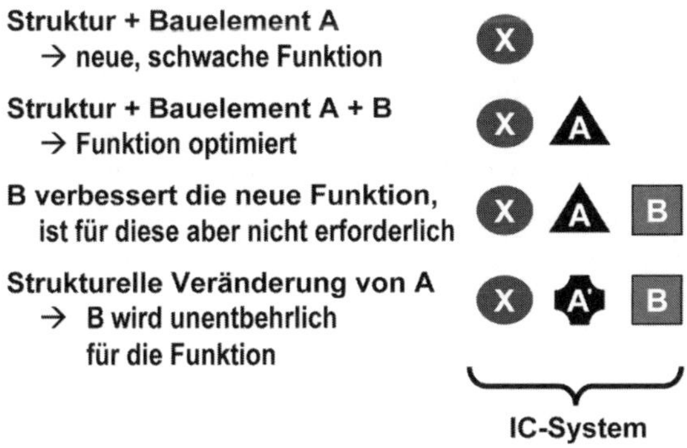

Abb. 43: Schema der sukzessiven Entstehung eines irreduzibel komplexen Systems nach ORR. Umgezeichnet nach JUNKER (2008, 7).

b) Multifunktionalität und vereinfachte Darstellungen der Evolution
Ein weiterer Einwand nimmt auf die „Multifunktionalität“ von Organen Bezug: Wir hatten eingangs erörtert, dass *multiple* Funktionen (bzw. Doppelfunktionen) von Merkmalen die Evolution irreduzibel komplexer Systeme erleichtern bzw. überhaupt erst ermöglichen (s. Abb. 36). Interessanterweise behauptet JUNKER (2008, 10) das *glatte Gegenteil*:

> Multifunktionalität *erschwert* eine evolutive Entstehung, da Änderungen gleichzeitig mehrere Auswirkungen haben können und somit höhere Anforderungen an selektionspositive Mutationen gestellt werden.

Die dahinter stehende Überlegung ist, dass durch *Pleiotropie* (die Abhängigkeit mehrerer Merkmale von einem Gen) ein hoher Grad an funktioneller Vernetzung sichtbar wird, was nach JUNKERS Meinung das evolutionäre Problem *verschärfe* statt löse. Das „Ausmaß an Veränderungen und Erfindungen, die von Stufe zu Stufe erforderlich sind“ werde „in vereinfachten Darstellungen überspielt“ (S. 10). So verlaufe z. B. die Evolution des Auges oder der Lunge auf elementarer genetischer Ebene wesentlich komplexer, als dies vereinfachte Entstehungsmodelle suggerierten. Jeder evolutionäre Schritt erfordere die simultane Veränderung mehrerer Merkmale, um die „Folgelasten“ auszugleichen, die eine Mutation mit pleiotropem Effekt mit sich bringt.

Dieses Argument ist aus verschiedenen Gründen ungültig. Erstens: *Multifunktionalität* hat zur Folge, dass sich der Selektion mehrere Möglichkeiten anbieten, Variationen des betreffenden Systems zu begünstigen. Das heißt, je breiter das Spektrum möglicher Funktionen, je mehr Funktionen sich überlappen, desto leichter lässt sich ein funktioneller Wechsel graduell bewerkstelligen (Abb. 36). Eine für die Plausibilität des IC-Arguments wichtige Bedingung lautet ja gerade, dass potenzielle Vorstufen von IC-Systemen *funktionslos* sein müssen bzw. dass sich die so genannten „Basisfunktionszustände" nicht evolutionär überbrücken lassen. Aufgrund von Multifunktionalität überlappen sich die „Basisfunktionszustände" aber teilweise, wodurch das Argument wertlos wird. Wenn Junker nun das *glatte Gegenteil* behauptet, wird sein ganzer Argumentationsansatz widersprüchlich.

Zweitens zeigt bei weitem nicht *jede* Mutation eines pleiotrop wirkenden Gens auch pleiotrope Wirkung; *viele* Mutationen verändern nur *eine* von mehreren Funktionen des Gens.

Drittens verringern sich aufgrund der Vernetzung von Merkmalen zu funktionell „integrierten Einheiten" (Systemen) die Evolutionschancen keineswegs. Systemtheoretisch lässt sich zeigen, dass das *Gegenteil* zutrifft (s. Riedl 2002, 202ff; Kap. VI). Zwar steigt aufgrund der funktionellen Kopplung mehrerer Merkmale der „selektive Ausschuss", weil Mutationen oft Folgelasten für viele Merkmale mit sich bringen. Auf der anderen Seite aber können ganze Module durch einfache Mutationen gleichsam kooptimiert werden, wodurch die Trefferchance für eine günstige Mutation erheblich zunimmt (vgl. Kap. VI). Anders verhielte es sich, wären alle Merkmale funktionell und genetisch voneinander *ent*koppelt. Dann müssten bei jedem evolutionären Schritt tatsächlich zahllose *voneinander unabhängige* Mutationen *gleichzeitig* eintreten.

Fazit: Es ist eine gänzlich unbewiesene und mit systemtheoretischen Überlegungen unvereinbare Annahme, dass es eine Evolution dramatisch erschwere, wenn man unter dem Mikroskop der Molekulargenetik das ganze Ausmaß des nichtlinearen Systemgeschehens betrachtet. Auch den komplexesten Interaktionen können einfache Prinzipien zugrunde liegen, und die *Nichtlinearität* des Vorgangs bringt weitere Vorteile. Junker hat nur insofern Recht, als dass evolutionäre Modellwege tatsächlich oft didaktisch vereinfachte Darstellungen des Systemgeschehens sind. Dass wir die Möglichkeiten und Grenzen eines Prozesses wegen seiner Komplexität nicht durchschauen, impliziert aber keinesfalls dessen Unplausibilität.

4.4. Der Rückzug auf das Argument vom Nichtwissen

Interessanterweise räumen einige Evolutionsgegner selber ein, dass irreduzibel komplexe Strukturen auf *indirekten* evolutionären Wegen wie den oben vorgeschlagenen entstehen *könnten* (z.B. Behe 1996; Junker 2008, 19). Nur, und das ist häufig das einzig verbleibende Gegenargument, seien diese „indirekten Wege" eben bisher noch nicht hinreichend belegt oder bis ins Detail ausformuliert worden. Wie oben betont konzentriert sich ein großer Teil des Textes von JUNKER (2008) darauf, dem Leser die Botschaft zu vermitteln, die Szenarien, die gegen das IC-Argument ins Feld geführt werden, seien „spekulativ" oder „spekulative Annahmen" (S. 9, 13, 19), „vage gehaltene Formulierungen" (S. 13), „phantasievolle Geschichten" (S. 19, 25), mehr oder weniger nutzlose „Gedankenexperimente" (S. 7f, 25) usw.

Abgesehen davon, dass JUNKER hier asymmetrisch argumentiert, da Intelligent Design hinsichtlich der Vagheit der vermeintlichen Schöpfungsakte bei weitem schlechter dasteht als jede evolutionäre Theorie, stellt dieser Versuch einer Argumentation offensichtlich eine *Immunisierungsstrategie* dar. Denn wenn ich einräume, eine Evolution der betreffenden Systeme sei *grundsätzlich möglich*, nur eben nicht in einem Ausmaß belegt, dass ich es *persönlich* als plausibel erachte, dann kürzt sich das IC-Argument sofort wieder aus dem Argumentationsweg heraus und spielt bei der Rechtfertigung von Intelligent Design keine Rolle mehr!

Der Schluss auf ein intelligentes Design steht und fällt mit dem Versuch, dem Diskussionspartner glaubhaft zu vermitteln, es sei aus *selektionstheoretischen* Gründen unvorstellbar oder höchst unwahrscheinlich, ein IC-System (kumulativ) evolutionär aufzubauen. Wenn nun aber ein Modellweg präsentiert wird, der das Problem umschifft, und es wird daran nur die Vagheit des Szenarios bemängelt, dann läuft die Argumentation schlussendlich doch wieder nur auf das sattsam bekannte *argumentum ad ignorantiam* hinaus – das Aufzeigen von Wissenslücken, wonach man sagt: „Wir wissen noch nicht genau, wie die Evolution im Detail verlief, und wir können auch nicht schlüssig belegen, dass sie so funktioniert. Und darum liefert Intelligent Design einstweilen die plausiblere Hypothese" (s. Kap. XI).[5] Niemand ist sich dessen mehr bewusst als BEHE, weswegen er auch versucht, seinen Lesern weis zu machen, dass die Unmöglichkeit einer *direkten*, linearen Entstehung irreduzibel komplexer Systeme zugleich auch das Scheitern aller „indirekten" Evolutions-Szenarien zur Folge habe:

> Je größer die Zahl der für eine Funktion benötigten Teile, desto gewaltiger sind die Schwierigkeiten *gradueller* Evolution und desto mehr stürzt die Plausibilität *indirekter* Evolutions-Szenarien in den Keller [...] Die überwältigende Komplexität [...] drängt uns zu der Überzeugung, dass es nie eine Erklärung geben wird (BEHE 1996, 73; Übersetzung M. N.).

[5] Genau genommen enthält der „Schluss" auf Intelligent Design noch eine weitere Komponente, nämlich die Analogie mit *menschlichem* Design (s. Kap. X). Allerdings verweisen ID-Befürworter im Rahmen dieser Analogie wiederum auf Eigenschaften wie Funktionalität und nichtreduzierbare Komplexität, um den Vergleich von zwei so fundamental verschiedenen Systemklassen (biologischen Systemen und menschlichen Artefakten) plausibel erscheinen zu lassen. Der Analogieschluss lässt sich demnach gar nicht strikt vom IC-Argument trennen.

Selbst wenn BEHES Schlussfolgerung korrekt wäre (was nicht der Fall ist) und nicht einmal in Ansätzen eine Erklärung für die Entstehung nicht reduzierbar komplexer Strukturen in Sicht wäre, wäre die These, ein „intelligentes Design“ liefere eine überzeugendere Antwort, einfach nicht schlüssig. Die ID-Vertreter argumentieren nicht besser als jemand, der aus einem perfekt arrangierten Zaubertrick schließt, das Phänomen sei paranormal, weil eine natürliche Erklärung vordergründig noch nicht zur Hand ist. Der Geist wissenschaftlicher Rationalität besagt etwas anderes: Ich bin nur zu phantasielos und zu naiv, deshalb komme ich nicht darauf.

Letzten Endes lehrt uns ID, damit zufrieden zu sein, dass wir die Mechanismen der Entstehung der belebten Welt scheinbar oder tatsächlich (noch) nicht durchschauen. So hat sich BEHE ganz offensichtlich mit der Position arrangiert, dass es für das, wofür die Evolutionswissenschaften Erklärungen suchen, „nie eine Erklärung geben wird“. Dass sich in dieser fatalistischen Einschätzung genau das widerspiegelt, was aufgrund BEHES religiöser Weltanschauung nicht sein *kann* und nicht sein *darf*, liegt auf der Hand. Kein empirischer Befund, kein Folgesatz und kein objektiv nachvollziehbares Argument sprechen gegen eine natürliche Evolution, allenfalls die emotional nur schwer verkraftbare Vorstellung, die Evolution treibe „wie ein steuerloses Schiff unter wechselndem Wind immer weiter zu irgendeinem Irgendwo“, wie es Carsten BRESCH so plastisch umschrieb (BRESCH 1977, 293). Auch deshalb ist die Geisteshaltung des Intelligent Design eine defätistische und keine wissenschaftliche: Die teleologische Betrachtungsweise, welche die vorhandenen Erklärungslücken ohne erkenntnistheoretischen Mehraufwand schließt, liefert, das wusste schon Francis BACON,

> der Tendenz nach einen abgeschlossenen und damit die Forschung wenig stimulierenden Entwurf des Gegenstands. So führt die teleologische Beurteilung der Organismen in der Biologie zu den immer gleichen ‚ultimaten Zwecken‘ der Selbsterhaltung und Fortpflanzung; diese können jedoch in einer Vielzahl von kausalen Wegen verwirklicht werden. Die teleologische Betrachtung führt daher das Fragen eher an ein Ende, während die kausale zu immer weiteren Fragen animiert (TOEPFER 2005, 38).

4.5. Die „Hase-und-Igel-Taktik“: Ist ID widerlegbar?

Wie detailliert, so darf man fragen, müssen die Befunde der Evolutionsbiologen eigentlich sein, damit die Vertreter des Intelligent Designs von ihrem Standpunkt abrücken? Präsentiert man für ein komplexes System eine funktionale Vorstufe, wird einfach behauptet, der evolutionäre Graben zwischen der Vorstufe und dem Merkmal sei immer noch unüberbrückbar groß. Und legt man evolutionäre Modellwege vor, wird darauf verwiesen, es handele sich um irrelevante Spekulationen. Lässt sich das IC-Argument überhaupt noch argumentativ angreifen? Die Antwort liefert wiederum Junker:

> Das IC-Argument könnte durch den Nachweis einer evolutiven Entstehung einer IC-Struktur widerlegt werden. Es würde genügen, diesen Nachweis *in nur einem einzigen Fall* zu führen, um die Plausibilität des IC-Arguments für *vergleichbar komplexe* Beispiele entscheidend zu schwächen (Junker 2008, 14).

Angesichts der Tatsache, dass es unmöglich ist, in empirisch überschaubaren Zeiträumen die Bildung komplexer Merkmale, für welche die Natur Jahrmillionen benötigte, im Züchtungs- oder Selektionsexperiment „nachzustellen“, gehen solche Zugeständnisse freilich leicht über die Lippen. Der Evolutionsgegner braucht nie zu befürchten, dass ein solcher Fall tatsächlich eintritt, weil die Zeiträume menschlichen Wirkens, gemessen an erdgeschichtlichen Zeiträumen, geradezu lächerlich kurz sind. Auch die Forderung seitens Behe, zur Untersuchung der Entstehung irreduzibel komplexer Systeme seien „Experimente erforderlich“ (Behe 1997), ist entweder besonders naiv oder eine besonders kluge Immunisierungsstrategie.[6]

Was sich *direkt* beobachten lässt, sind bestenfalls *einzelne Schritte* auf dem Weg zu einer neuen Funktionsstruktur, aber niemals der *Gesamtprozess*. So erörtert beispielsweise Copley (2000) anhand der Industriechemikalie Pentachlorphenol, dass der Abbau solch neuer Stoffe durch Evolution ermöglicht werden kann. Der neu entstandene Stoffwechselweg ist irreduzibel komplex, weil daran mehrere Enyzme beteiligt sind, und dennoch ist er evolviert (vgl. auch Dunkelberg 2003). Gemäß dem „Opportunitäts-Prinzip“ der Evolution wird dabei auf bereits existierende Elemente (z.B. Enzyme) zurückgegriffen, die durch entsprechende Mutationen verändert, ausgebaut und in andere Funktionszusammenhänge eingebettet werden. Bildlich gesprochen hat die Evolution ja nie vor der Aufgabe gestanden, durch blindes Würfeln aus einem „Buchstabensalat“ einen sinnvollen Roman *de novo* entstehen zu lassen. Vielmehr operiert sie mit einem Baukasten bereits vorhandener, konservierter „Wörter“ und ganzer „Sätze“ (s. Kap. VI).

Hier haken sofort wieder die Evolutionsgegner ein und weisen darauf hin, dass „[…] ein Stoffwechselweg bereits vorhanden war, der ein ähnliches Molekül abbauen konnte“ (Junker 2008, 15). Man stößt sich also allein schon daran, dass bereits *vorangepasste* Module die Entstehung nichtreduzierbar

[6] Allerdings wurde in Kap. IV.3.1 bereits über die Evolution des T-urf13-Proteins in der Maiszüchtung berichtet, das einen (wenn auch noch einfachen) *irreduzibel komplexen* Mechanismus steuert. Streng genommen wäre dies eigentlich schon die experimentelle Widerlegung der These von der Nicht-Evolvierbarkeit irreduzibel komplexer Systeme. Doch es lässt sich vorhersagen, dass die Evolutionsgegner auch dieses Beispiel nicht anerkennen, sondern auf ihr gesamtes Arsenal an Immunisierungsstrategien zurückgreifen werden, um entweder die Bedeutung dieser evolutionären Rekombination herunterzuspielen, oder sie schlicht als „nicht bewiesen“, weil nicht reproduzierbar, nicht direkt beobachtbar o.ä. hinzustellen.

komplexer Systeme erleichtern! BEHE (2000) erhebt gegen das oben dargestellte Modell zur Entstehung des Blutgerinnungssystems sogar den Einwand, das Modell überzeuge nicht, da es *bereits einen funktionsfähigen Organismus voraussetze* und daher nicht die Entstehung der für die Evolution des Blutgerinnungssystem notwendigen genetischen Rahmenbedingungen erkläre[7]. Solche Aussagen wirken auf den Evolutionsbiologen höchst seltsam. Denn was sollte der Evolution denn anderes als „Startpunkt" dienen als ein funktionierender, mehr oder weniger gut an seine Umwelt angepasster Organismus? Ist es schon zu viel verlangt, von den Evolutionsgegnern so viel Verständnis in der Sache zu erwarten, damit sie erkennen, dass die Evolution zumindest etwas voraussetzt, das evolvieren *kann*?[8]

Es ist offensichtlich, worin das Ziel dieser Argumentation besteht: Immunisierung gegen jedwede Kritik. Präsentiert man für die Entstehung eines irreduzibel komplexen Systems eine Erklärung, wird sofort darauf hinweisen, dass die Entstehung des Systems auf bestimmten *genetischen Voraussetzungen* gründe – auf einer genetischen morphologischen „Grundausstattung", deren Entstehung wiederum einer Erklärung bedürfe und so fort. Dieses Spiel lässt sich im historischen Regress beliebig lange weiter treiben, so lange bis man vor der Frage steht, wie die ersten Lebensformen entstanden sind. Selbst dann, wenn im Experiment die Entstehung eines *nicht*-biologischen, gleichwohl aber auf chemische Selbstorganisation zurück gehenden, irreduzibel komplexen Reaktionssystems nachgewiesen werden kann[9], wird darauf einfach entgegnet, „[...] der agierende Chemiker, der im Labor die Bedingungen für die Aufrechterhaltung [...] des Reaktionssystems technisch herbeiführt", habe das Reaktionssystem designt (JUNKER 2008, 18).[10] Offensichtlich wird hier ein „Hase-und-Igel-Spiel" betrieben, dessen Regeln so angelegt sind, dass die Evolutionsbiologen nur verlieren können. Egal, was man auch immer herausfinden wird, der Evolutionsgegner ist schon mit dem passenden Einwand zur Stelle. Intelligent Design ist, wie es scheint, eine argumentativ uneinnehmbare Wagenburg und damit weit davon entfernt, eine rational begründete Position zu sein. Denn eine Hypo-

---

[7] „[...] the starting point is a living organism, which must already be quite well adjusted to its environment".

[8] Wie in Kap. VII besprochen wurde, war die Entstehung der ersten lebenden Systeme ein Prozess der *chemischen* Evolution, nicht der Bioevolution.

[9] Es gibt z. B. „chemische Uhren", deren Moleküle sich von selbst zu hoch geordneten Verbänden zusammenschließen, die in bestimmten zeitlichen Intervallen synchron in mehreren Stufen miteinander reagieren und in Folge dessen periodisch die Farbe wechseln („oszillieren") (s. SHANKS/JOPLIN 1999).

[10] Was sollte JUNKER nun eigentlich daran hindern, dieses Argument auch im Falle des experimentellen Nachweises der Evolution eines *biologischen* IC-Systems anzuführen? Er könnte ja dann ebenso willkürlich behaupten, so wie der Züchtungsforscher im Experiment die Voraussetzungen für die Evolution des IC-Systems bereitgestellt habe, so habe auch der göttliche „Designer" die Randbedingungen für die Evolution geschaffen.

these, die durch kein wie auch immer geartetes Szenario zu Fall gebracht werden kann, kann auch keine Evidenz für sich beanspruchen.

JUNKERS Zugeständnis, der experimentelle Nachweis der Evolution einer IC-Struktur würde genügen, um das IC-Argument zu widerlegen, ist vor dem Hintergrund des oben Gesagten also nicht überzeugend. Hellhörig machen insbesondere diverse Relativierungen, mit denen sich JUNKER selbst für diesen Fall noch ein Hintertürchen offen lässt:

> Es würde genügen, diesen Nachweis *in nur einem einzigen Fall* zu führen, um die Plausibilität des IC-Arguments für *vergleichbar komplexe* Beispiele entscheidend zu schwächen (a. a. O.).

Mit einem Wort, man würde einfach auf ein *komplexeres* System ausweichen, abermals eine Erklärung einfordern und das IC-Argument günstigstenfalls als *geschwächt* (nicht aber als widerlegt!) betrachten. Dies kann auch nicht weiter verwundern, denn Intelligent Design ist von Haus aus eine „Hybrid-Theorie", wonach jeder Organismus ein buntes Mosaik aus evolutionär entstandenen und „intelligent erschaffenen" Merkmalen verkörpern soll. Lässt sich nachweisen, dass ein Merkmal entgegen bisheriger Erwartung durch Evolution entstanden ist, verändert sich an der jeweiligen Verteilung nur wenig. Selbst wenn die Entstehung *aller* irreduzibel komplexen Systeme evolutionär erklärt werden könnte, folgte daraus noch lange nicht, dass nicht irgendein Planer bzw. Schöpfer seine Finger im Spiel gehabt haben könnte. Im Gegenteil, für Christen wie Francis S. COLLINS oder Martin RHONHEIMER ist die evolutionäre Erklärbarkeit des Artenwandels das *eigentliche* „Design-Signal", die *Sprache Gottes*. ID ist damit weder logisch noch praktisch zu Fall zu bringen und somit weit davon entfernt, ein wissenschaftliches, intellektuell vertretbares Fundament zu besitzen.[11]

5. Zusammenfassung

Wir haben gesehen, dass sich aus dem Vorkommen *irreduzibel komplexer* Systeme kein Argument für ein intelligentes Design ableiten lässt. Erstens gibt es zahlreiche Modelle, die erklären, wie irreduzibel komplexe Systeme im Lauf der Evolution entstanden sein können. Dabei zeichnet sich ab, dass IC-Systeme als *Nebenprodukte* bei der Optimierung einer anderen Funk-

[11] Die wiederum an die Adresse der *Evolutionsbiologen* gerichtete Frage, wie denn die These widerlegt werden könne, dass „*natürliche* Mechanismen [...] eine bestimmte Struktur hervorgebracht" haben (JUNKER 2008, 20), lässt sich dagegen klar beantworten: Wäre *keine Modularität* feststellbar, gäbe es *keine* Mechanismen wie Genduplikation und Gen-Tinkering, *keinen* Funktionswechsel und *keine* Doppelfunktionen, dann würde sich die Frage nach einer Evolution von IC-Systemen gar nicht erst stellen. Da es diese Sachverhalte aber gibt, verwandelt sich das Wissen darüber in eines der stärksten Indizien für eine natürliche Evolution.

tion entstehen können. Die implizite Annahme der Evolutionsgegner, die Vorstufen irreduzibel komplexer Systeme müssten auf die aktuelle Endfunktion hin selektiert werden, die erst im „fertigen" Zustand des Systems vorliegt, ist falsch. Zweitens ist die irreduzible Komplexität biologischer Systeme kein Erkennungsmerkmal für ein „intelligentes Design". Bereits vor über 90 Jahren veröffentlichte der Genetiker und Nobelpreisträger Hermann MULLER eine Arbeit, in der *vorhergesagt* wurde, dass *graduelle Evolution* und Kooperation zu irreduzibel komplexen Systemen führen (MULLER 1918, 463 f).[12]

Drittens ist die Existenz *irreduzibel komplexer* Systeme völlig trivial. Wir hatten bereits erwähnt, dass *jedes* beliebige System Eigenschaften aufweist, die seine Einzelbestandteile *nicht* besitzen. Erst durch das Arrangement und die Interaktion der einzelnen Komponenten entstehen neue Eigenschaften, die vorher noch nicht da waren. Und bei praktisch allen Naturerscheinungen ist diese Form des Strukturaufbaus *nicht* das Ergebnis direkter, intendierter Steuerung, sondern die Folge inhärenter Gesetzmäßigkeiten der Einzelkomponenten. Selbst die Ökonomen begreifen die Entstehung der komplexen Ordnung in der Finanzwelt längst nicht mehr als Folge intelligenter menschlicher Handlungen (obwohl diese Erklärung beim Menschen noch am ehesten plausibel wäre), sondern als Ergebnis *nicht intendierter* Gesetze der Marktstruktur (vgl. KANITSCHEIDER 2007, 138–144). Wie es scheint, ist nicht reduzierbare Komplexität nicht einmal in den Ökonomie- und Sozialwissenschaften ein Schlüsselindikator für intendierte Steuerungsprozesse.

Viertens wäre selbst dann, wenn wir *in keinem einzigen Fall* wüssten, wie IC-Systeme zustande kommen, der Schluss auf ein „intelligentes Design" einfach nicht nachvollziehbar. Denn an den Grenzen unseres Wissens beginnt nicht „Design", sondern schlicht das *Nichtwissen*. Das IC-Argument wäre nur dann schlüssig begründbar, wenn es gelänge, die Evolution bestimmter Merkmale auf empirischem Wege *auszuschließen*. Dazu müsste man aber alle denkbaren „Pfade" der organismischen Entwicklung kennen und zeigen können, dass bestimmte Merkmale unter den einst herrschenden Randbedingungen nicht entstehen konnten. Dies ist aus praktischen Gründen so gut wie unmöglich. Daher ist das IC-Argument am Ende.

---

[12] Im Original lesen wir: „Each new mutant in turn must have derived its survival value from the effect which it produced upon the ‚reaction system' that had been brought into being by the many previously formed factors in cooperation; thus a complicated machine was gradually built up whose effective working was dependent upon the interlocking action of very numerous different elementary parts or factors, and many of *the characters and factors which, when new, were originally merely an asset finally became necessary* because other necessary characters and factors had subsequently become *changed so as to be dependant on the former*. It must result, in consequence, that a dropping out of, or even a slight change in any one of these parts is very likely to disturb fatally the whole machinery".

6. Literatur

BEHE, M. (1996) Darwin's black box. The biochemical challenge to evolution. New York.
BEHE, M. (1997) The sterility of Darwinism. www.arn.org/docs/behe/mb_brresp.htm. Zugr. a. 1.9.2008.
BEHE, M. (2000) In defense of the irreducibility of the blood clotting cascade: response to Russell Doolittle, Ken Miller and Keith Robison. www.arn.org/docs/behe/mb_indefenseofbloodclottingcascade.htm. Zugr. a. 2.9.2008.
BRESCH, C. (1977) Zwischenstufe Leben. Evolution ohne Ziel? München.
CHEN, L./DE VRIES, A.L./CHENG, C.-H.C. (1997) Evolution of antifreeze glycoprotein gene from a trypsinogen gene in Antarctic notothenioid fish. PNAS 94, 3811–3816.
COPLEY, S.D. (2000) Evolution of a metabolic pathway for degradation of a toxic xenobiotic: the patchwork approach. Trends in Biochemical Sciences 25, 261–265.
DELVOS, U./MÜLLER-BERGHAUS, G. (1985) Regulation of blood coagulation. Naturwissenschaften 72, 461–469.
DUNKELBERG, P. (2003) Irreducible complexity demystified. www.talkdesign.org/faqs/icdmyst/ICDmyst.html. Zugr. a. 17.1.2009.
JIANG, Y./DOOLITTLE, R.F. (2003) The evolution of vertebrate blood coagulation as viewed from a comparison of puffer fish and sea squirt genomes. PNAS 100, 7527–7532.
JUNKER, R. (2008) Nichtreduzierbare Komplexität. www.genesisnet.info/pdfs/Irreduzible_Komplexitaet.pdf. Zugr. a. 1.9.2008.
JUNKER, R./SCHERER, S. (62006) Evolution. Ein kritisches Lehrbuch. Gießen.
KANITSCHEIDER, B. (2007) Die Materie und ihre Schatten. Naturalistische Wissenschaftsphilosophie. Aschaffenburg.
KITCHER, P. (2007) Living with Darwin. Evolution, design, and the future of faith. Oxford.
KUMMER, C. (2006) Evolution und Schöpfung. Zur Auseinandersetzung mit der neokreationistischen Kritik an Darwins Theorie. Stimmen der Zeit 1, 31–42.
MILLER, K. (1999) The Evolution of vertebrate blood clotting. www.millerandlevine.com/km/evol/DI/clot/Clotting.html. Zugr. a. 9.9.2008.
MULLER, H.J. (1918) Genetic variability, twin hybrids and constant hybrids, in a case of balanced lethal factors. Genetics 3, 422–499.
MÜLLER, G.B. (1990) Developmental mechanisms at the origin of morphological novelty: a side-effect hypothesis. In: NITECKI, M.H. (Hg.) Evolutionary Innovations. Chicago, 99–130.
ORR, H.A. (1996) Darwin v. Intelligent Design. Boston Review 21, 28–31.
REMANE, A./STORCH, V./WELSCH, U. (21975) Evolution. Tatsachen und Probleme der Abstammungslehre. München.
RIEDL, R. (2002) Riedls Kulturgeschichte der Evolutionstheorie. Die Helden, ihre Irrungen und Einsichten. Berlin.
RISON, S.C.G./THORNTON, J.M. (2002) Pathway evolution, structurally speaking. Current Opinion in Structural Biology 12, 374–382.

SHANKS, N./JOPLIN, K. (1999) Redundant complexity: a critical analysis of intelligent design in biochemistry. Philosophy of Science 66, 268–282.
STRACHAN, T./Read, A. (³2003) Human molecular genetics 3. New York.
TOEPFER, G. (2005) Teleologie. In: KROHS, U./TOEPFER, G. (Hg.) Philosophie der Biologie. Eine Einführung. Frankfurt a. M., 36–52.
VOLLMER, G. (1986) Was können wir wissen? Bd. 2: Die Erkenntnis der Natur. Stuttgart.
WAGNER, A./WRIGHT, J. (2007) Alternative routes and mutational robustness in complex regulatory networks. BioSystems 88, 163–172.

IX. Was die Selektion angeblich nicht leisten kann

Diskussion von drei Paradebeispielen

Martin Neukamm/Stefan Schneckenburger/Johannes Sikorski

Seit DARWIN wird die Entstehung der Arten durch das Wechselspiel von zufälliger Variation und natürlicher Selektion erklärt. Dieses Schema bildet den allgemeinen Rahmen, in den die verschiedenen Evolutionsmodelle eingepasst werden. Seit einigen Jahrzehnten mehren sich in der Wissenschaft jedoch die mahnenden Stimmen: Sie warnen davor, den Eindruck zu erwecken, als sei mit den Begriffen „Mutation“ und „Selektion“ schon alles Wissenswerte über die Evolution gesagt. Vielmehr sei zur Erklärung von Evolution verstärkt eine Rückbesinnung auf die *Organisationsstruktur des Organismus* sowie auf die bei seiner Entwicklung vorherrschenden Gesetzmäßigkeiten und Mechanismen notwendig – auf die Mechanismen jenes „Entwicklungsprogramms“ also, das aus einer befruchteten Eizelle einen „fertigen“ Organismus werden lässt. Nur in Kenntnis dieser Faktoren ließe sich wirklich etwas über die Möglichkeiten und Grenzen des evolutionären Gestaltwandels in Erfahrung bringen sowie über die Art und Weise, wie die im Gensystem schlummernden Entwicklungspotenzen realisiert werden können.

Dieser Einsicht sind inzwischen viele fruchtbare Erklärungskonzepte und Forschungsprogramme entwachsen (s. Kap. VI). Doch wird die (berechtigte) Kritik an der *Unvollständigkeit* der Selektionstheorie auch von ihren weltanschaulichen Gegnern aufgegriffen und geschickt dazu benutzt, den falschen Eindruck zu erwecken, als sei die Selektion (im Wechselspiel mit entwicklungsgenetischen Mechanismen) *generell* nicht in der Lage, in mehreren Etappen die Neubildung komplexer Merkmale zu begünstigen; vielmehr werde eine *teleologische* Komponente in der Erklärung benötigt. Im vorigen Kapitel wurde anhand allgemeiner Überlegungen erörtert, warum diese Form der Argumentation mehr als nur fragwürdig ist. Da jedoch selbst Biologielehrer den Paradebeispielen der Evolutionsgegner oft hilflos gegenüberstehen, sollen im Folgenden drei populäre Beispiele etwas ausführlicher diskutiert werden. Dabei soll keineswegs der Eindruck vermittelt werden, als seien die Fragen hinsichtlich des „Wie“ und „Warum“ der Entstehung der betreffenden Merkmale bereits *hinreichend* beantwortet. Aufgrund der praktischen Unmöglichkeit, ein Erklärungsprogramm *völlig* abzuschließen, gelingt es dem Evolutionsgegner stets mühelos, eine Menge bislang ungelöster *Detail*probleme vorzulegen. Doch gerät er zusehends in Schwierigkeiten, will er entgegen des wachsenden Detailwissens seine These rechtfertigen, die Evolution bestimmter Merkmale sei aus funktionellen oder morphologischen Gründen unplausibel oder gar unmöglich.

1. Die Saugfalle des Wasserschlauchs *Utricularia*

Martin Neukamm

Einige Beachtung haben in Deutschland die Wasserschläuche der Gattung *Utricularia* gefunden (Lentibulariaceae, Wasserschlauchgewächse). Der Mythos von der grundsätzlichen Nicht-Erklärbarkeit ihrer Evolution hält sich bis heute hartnäckig und wird von Evolutionsgegnern auch eifrig propagiert. Selbst in der Biologie hat die Frage nach der Evolution der Pflanze mancherorts beträchtlich Verwirrung gestiftet. Bereits der Bremer Zoologe Richard NACHTWEY glaubte an ihr ein analyseresistentes Merkmal entdeckt zu haben, welches „die Ohnmacht der Darwinschen Theorie“ beispielhaft demonstriere (NACHTWEY 1959). JUNIPER et al. (1989) diskutieren die Evolution der fleischfressenden (karnivoren) Pflanzen zwar schon recht detailliert, doch die Entstehung von *Utricularia* bezeichnen sie mangels vergleichbarer Formen noch immer als „widerspenstiges Problem“. Was hat es mit dieser unscheinbaren Pflanze auf sich, die nach Meinung einiger Kritiker die Potenz dazu habe, die Biologie zu revolutionieren?

Die karnivore Pflanze mit lateinischem Namen *Utricularia vulgaris* wächst in Moorgräben und hat, wie WILLMANN plastisch darlegt, ein trickreiches Fallensystem zum Beutefang aufgebaut (Abb. 44):

> Unter der Wasseroberfläche erbeutet das Grünzeug kleinste Wassertiere, und zwar mithilfe Tausender kleiner Bläschen. Paddelt ein Zweighornkrebschen daher [...] und streift dabei eines der feinen Sinneshaare des Wasserschlauchs, ist es bereits verloren. Mitsamt dem Umgebungswasser wird das Beutetier in die Falle geschlürft. Zwei Millisekunden nachdem der Winzling das Sinneshärchen berührt hat, ist die Klappe wieder zu. Das Grünzeug pumpt das Wasser ab, spritzt über Drüsenschläuche Verdauungssäfte auf die Beute und verdaut sie wie ein tierischer Magen (WILLMANN 2003).

Doch wo nahm die Evolution dieser erstaunlichen Falle ihren Ursprung? Soll, so NACHTWEYS rhetorische Frage, „die Bildung mit dem Entstehen der Kastenfalle beginnen oder mit der Produktion der Verdauungssäfte? [...] Selbst eine vollkommene Kastenfalle mit der erstaunlichsten Fähigkeit, blitzschnell Tiere zu erbeuten, hätte ohne Verdauungssäfte nicht den geringsten Wert […], weil die Beute nicht verdaut würde. Was aber soll es andererseits einem gewöhnlichen Blattzipfel nützen, wenn er noch so wirksame Verdauungssäfte ausscheidet, er kann ja die Beute nicht festhalten, was unbedingt nötig ist. Aber selbst wenn Kastenfalle und Verdauungssäfte zusammenwirken, so ist für den Daseinskampf noch nichts gewonnen […] Die gelösten Eiweißstoffe müssen ja auch aufgesogen und in arteigenes Pflanzeneiweiß verwandelt werden […] Die Bildung des Wasserschlauchbläschens erfordert also das vollendet harmonische Zusammenspiel vieler verschiedenartiger Gene und Entwicklungsfaktoren. Erst mit dem Endeffekt wird der Nutzen […] erreicht, nicht aber mit irgendeiner Entwicklungsstufe“ (Nachtwey 1959, zit. nach Lönnig 2007).

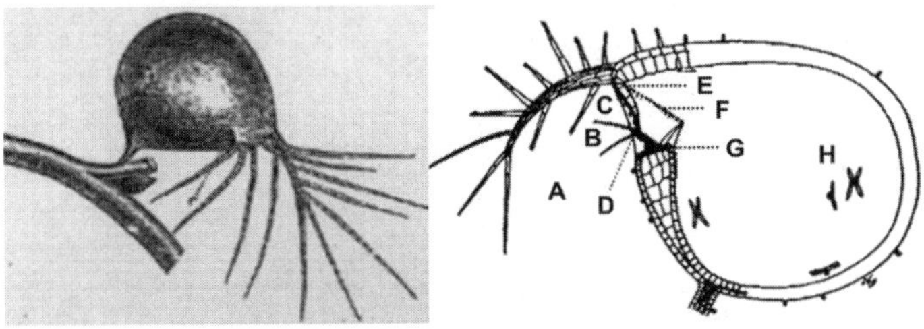

Abb. 44: Links: Eine von mehreren tausend Fangblasen von *Utricularia* (Zeichnung von Darwin). Abdruck mit freundlicher Genehmigung von John van Wyhe ed., The Complete Work of Charles Darwin Online (darwin-online.org.uk). Rechts: Querschnitt durch die Fangblase. A: Bereich des Falleneingangs. B: Sinneshaare (nicht bei allen Spezies vorhanden). Bei Berührung der Härchen springt die Tür auf und saugt das umgebende Wasser samt Inhalt in die Falle. C: Geschlossene Fallentür. D: Unteres Scharnier. E: Oberes Scharnier. F: Position der geöffneten Fallentür. Nachdem das Wasser eingesaugt wurde, schließt sich die elastische Klappe wieder. G: Widerstand. Er hindert die Tür daran, ohne Berührung der Tasthaare aufzuspringen. H: Zwei- und vierarmige Saugdrüsen. Sie pumpen das Wasser ab und schütten Verdauungsenzyme in das Falleninnere. Nach der Verdauung der Beute werden die Nährstoffe aufgesogen. Von Nick Matzke, verändert nach Lloyd (1942).

In Anlehnung an Nachtwey lesen wir bei Lönnig:

> Diese Fangapparate bestehen aus vielen Teilen und Strukturen, die bereits vorhanden als auch genau aufeinander abgestimmt sein müssen. Erst dann ist eine biologische Funktion gegeben. Ihre Entstehung kann nicht mit zufälliger Mutation und Selektion über tausende kleine Entwicklungsstufen erklärt werden, da erst mit dem Endeffekt ein Nutzen gegeben ist (Lönnig 2006).

Diese Einschätzung überrascht, liegen doch seit vielen Jahren Erkenntnisse vor, die entgegen Lönnigs Einschätzung das *Utricularia*-Problem evolutionär handhabbar erscheinen lassen. So muss der Fachmann gar nicht lange suchen, um ein Wasserschlauchgewächs ausfindig zu machen, dessen Falle *weniger komplex* strukturiert ist als diejenige von *Utricularia vulgaris*, gleichwohl aber einen Nutzen hat: Die Gattung *Genlisea* bildet keine Fangblasen, sondern eine Art Mund mit gegabelten, spiralig gedrehten, mit inneren Reusen versehenen Ausläufern (Abb. 45). Auch sie ist in der Lage, ihre Beute leidlich festzuhalten und in die Verdauungskammer zu dirigieren.

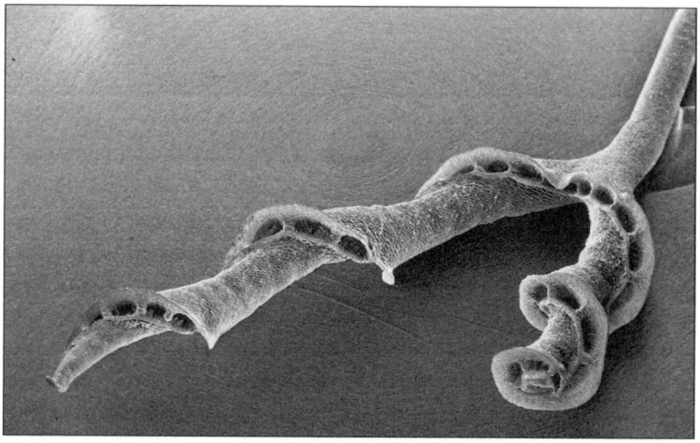

Abb. 45: Reusenfalle von *Genlisea*. Die unterirdischen Fallen (Reusenblätter oder Rhizophylle) haben die Form eines Ypsilons; die beiden Ausläufer sind korkenzieherartig verzwirbelt. Sie weisen zahlreiche Öffnungen auf, eine Art „Fallenmund mit Lippen", durch den auf den saisonal feuchten Böden Fadenwürmer und andere kleine Bodenbewohner ins Falleninnere gelangen. Im Innern hindern zahlreiche Sperrhaare die Beute am Entkommen und dirigieren sie in eine birnenförmig verdickte Verdauungskammer (nicht im Bild). Elektronenmikroskopische Aufnahme des Rhizophylls von *G. margaretae.* Bild von W. Barthlott (Universität Bonn); Abdruck mit freundlicher Genehmigung des Autors.

Es ist einsichtig, dass ein Selektionsdruck die Ausbildung eines Saugmechanismus begünstigt, um den Verlust an Nahrung zu verringern. So gibt es Indizien, die darauf hindeuten, dass der gemeinsame Vorfahr von *Utricularia* und *Genlisea* keine geschlossene Kammer, gleichwohl aber einen Saugmechanismus besaß, der später in der Linie zu *Genlisea* (zumindest teilweise) wieder zurückgebildet wurde (Jobson et al. 2004).

Wie die oben stehenden Abbildungen zeigen, ist die Struktur und Funktion der Fallen von *Genlisea* und *Utricularia* zwar deutlich verschieden, aber nicht so verschieden, dass sich keine realgenetische Verwandtschaft rekonstruieren ließe. Immerhin bemerken Juniper et. al. (1989, 72), dass die Entwicklung beider Gattungen ungemein ähnlich verläuft („closely resemble each other") und dass die „Lippen" des Fallenmunds von *Genlisea* der Fallentür von *Utricularia* homolog sind. Phylogenetische Untersuchungen zeigen, dass *Genlisea* und *Utricularia* nächstverwandte Arten (Schwestergruppen) sind (Müller et al. 2004). Demzufolge besaß der gemeinsame Vorfahre von *Genlisea* und *Utricularia* wohl eine einfache Reusenfalle.[1]

Wie aber könnte ein funktioneller Übergang von einer Reusenfalle zu einer Saugfalle stattgefunden haben? Interessanterweise variieren die Fallen auch innerhalb der Gattung *Utricularia* deutlich. Etliche Arten, wie z. B. *Utricularia globulariaefolia*, verfügen noch über eine Reihe zur Fallentür einwärts gerichteter Haare. Diese Haare erzeugen einen den Reusenfallen ähnlichen Effekt, indem sie die Beute an der Flucht hindern und dabei helfen, sie zur Fallentür zu dirigieren. Dies deutet darauf hin, dass durch Einfaltung der Lippe des Fallenmunds eines Vorfahren von *Genlisea* zunächst die Reusenfallen-Technik optimiert wurde. War auf diese Weise erst einmal eine Art Klappe entstanden, waren weitere Optimierungen stufenlos möglich. Sinneshaare wurden anfangs offenbar nicht benötigt (einigen rezenten Arten fehlen sie völlig), und auch die Fallentür musste u. a. aufgrund des Saugmechanismus nicht von Beginn an geschlossen gewesen sein, um ihrem Besitzer einen selektiven Vorteil zu bescheren. Elektronenmikroskopische Untersuchungen deuten darauf hin, dass *Utricularia multifida* lediglich eine Art Tunnel mit permanent geöffneter Tür besitzen könnte, der in den Verdauungstrakt führt (Reifenrath et al. 2006). Wie es derzeit scheint, sind sich die Fallentechniken von *U. multifida* und *Genlisea* am ähnlichsten.

Aus welchem Fallentyp sich die Reusenfalle der Gattung *Genlisea* ableiten lässt, darüber kann die stammesgeschichtlich weiter entfernte Schlauchpflanze *Sarracenia psittacina* Aufschluss geben. Sie lebt vorwiegend in Überschwemmungsgebieten und besitzt schlauchartige, bedeckelte Blätter. Die Pflanze ist dort auch zeitweise komplett unter Wasser und kann sowohl Wassertiere als auch fliegende und kriechende Insekten erbeuten. Dazu kombiniert sie die Reusenfallen- mit der Gleitfallentechnik. Die Insekten gleiten auf dem glatten Trichtereingang ab und bleiben im engen Schlauch gefangen. Auf der Schlauchinnenseite sitzen in Richtung Schlauchende gebogene Härchen, was dem Opfer auch im Wasser eine Flucht nahezu unmöglich macht. Dieser Schlauch wird bei vorhandenen Insekten mit Verdauungssekreten gefüllt. Eine Ausnahme ist *S. purpurea*, die keine Verdauungssäfte herstellt. Dort übernehmen *Bakterien* (!) die Verdauung.

Innerhalb der Gruppe der Sarraceniaceae lassen sich die Schlauchfallen konstruktiv wiederum aus passiven Fallgruben (Gleitfallen) herleiten. Rezente Vertreter dieses Typs sind beispielsweise die Sumpfkrüge (*Heliamphora*). Bei diesen Vertretern kann man noch genau erkennen, wie sich

[1] Diese Reusenfalle besaß sicher noch keine spiralförmigen Ausläufer („Arme"), wie wir sie bei *Genlisea* beobachten (Abb. 45). Letztere lassen sich wahrscheinlich von Anhängen ableiten, die der „Kobrazunge" der Schlauchpflanze *Darlingtonia* ähneln (Matzke, pers. comm.).

ein normales Laubblatt zu einem Schlauchblatt umformte (Abb. 46). Doch auch innerhalb der Gruppe der Wasserschlauchgewächse (Lentibulariaceae) ist die Ableitung der Reusenfalle aus einem Schlauchblatt wahrscheinlich. Schlauchartige Blätter sind im Pflanzenreich sehr weit verbreitet und können durch einfachste Mutationsschritte entstehen (Barthlott et al. 2004). Es gibt z. B. Mutanten des Wegerichs (*Plantago*), die Schlauchblätter mit verblüffender Ähnlichkeit mit den Blättern des Sumpfkrugs *Heliamphora* ausbilden. *Plantago* ist mit den Lentibulariaceae relativ nahe verwandt.

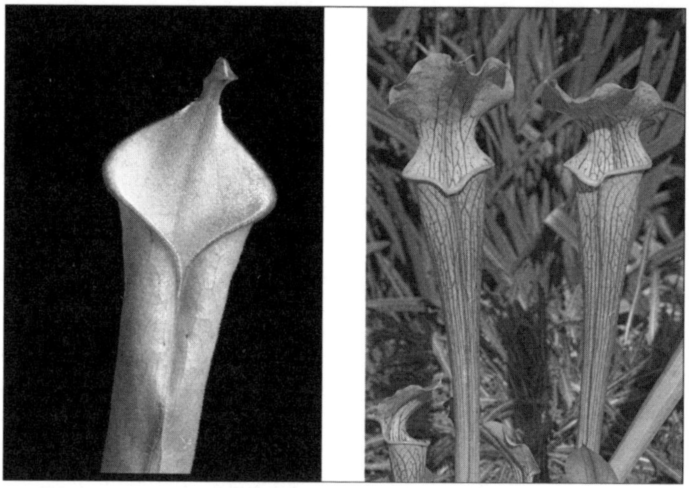

Abb. 46: Links: *Heliamphora tatei.* Rechts: *Sarracenia alabamensis.* © www.sarracenia.com. Abdruck mit freundlicher Genehmigung von Barry Rice.

Neben *Utricularia* und *Genlisea* zählen auch die Fettkräuter (*Pinguicula*) zur Gruppe der Wasserschlauchgewächse. Pflanzen dieser Gattung gelten heute als die ursprünglichsten unter den Wasserschlauchgewächsen; sie besitzen lediglich Drüsen mit Klebesekreten und Verdauungsenzymen auf ihren Blättern (Abb. 47). Auch *Pinguicula* kann gelegentlich tütenförmige Blätter ausbilden, die als Vorstufen zu den Reusenfallen angesehen werden können (Barthlott et al. 2004, 61). Nachtweys Frage, ob die Evolution zuerst mit den Verdauungsdrüsen oder mit einer Kastenfalle begann, ist demnach längst beantwortet.

Ohne hier weiter auf die Details eingehen zu können, zeichnet sich mehr und mehr ein gangbarer Evolutionsweg zur Saugfalle von *Utricularia* ab. Den Pflanzen bieten sich einfach zu viele Möglichkeiten und Techniken, Beute zu fangen und die Nährstoffe für sich nutzbar zu machen. Die verschiedenen Fallentypen treten in mannigfacher Variation in Erscheinung und kombinieren teilweise sogar verschiedene Techniken, was zeigt, dass funktionierende Zwischenformen problemlos möglich sind. Die Evolution der Saugfalle lässt sich von der Klebfalle (z. B. *Pinguicula*) über eine Art Klebreuse (durch seitliches Einrollen der Blattfläche), eine Schlauchfalle mit Reusenhaaren (ähnlich *Sarracenia psittacina*), eine Reusenfalle (*Genlisea*) und eine Reusenfalle mit kombinierter Saugfallen-Technik (*U. multifida, U. globulariaefolia*) konstruktiv nachvollziehen (Matzke 2005; Abb. 49; G. Heilmann, pers. comm.).

Abb. 47: Pinguicula besitzt Drüsen mit Klebe- und Verdauungssekreten auf ihren Fangblättern. © www.sarracenia.com. Abdruck mit freundlicher Genehmigung von Barry Rice.

Waren für die evolutionären Umwandlungsschritte aber nicht gewaltige genetische Innovationen erforderlich? Dies scheint nicht der Fall zu sein. Praktisch alle Strukturen der karnivoren Pflanzen wie Kannen, Sinneshärchen, Reusenhaare, Tentakeln, Drüsenhaare, Schleimdrüsen, Transportsysteme usw. lassen sich durch Funktionswechsel bereits vorangepasster Strukturen wie Blättern, Blatthaaren, Hydathoden, Spaltöffnungen, ATP-abhängige Ionenpumpen usw. ableiten. Selbst Duftstoffe und klebrige Polysaccharide sind vielfach präadaptiert. Klebrige Drüsenhaare zur Abwehr von Schadinsekten finden sich schon bei *nicht-karnivoren* Pflanzen, etwa bei *Roridula.* Diese Pflanze hält die Insekten mittels eines klebrigen Sekrets fest. Doch sie kann die Insekten nicht verwerten, da Verdauungssäfte fehlen (Ellis/Midgley 1996; Abb. 48).[2] An deren Stelle scheinen sich Blindwanzen der willkommenen Nahrung zu bedienen. Und siehe da – die

[2] Neuere molekularphylogenetische Untersuchungen legen ein Schwestergruppenverhältnis zwischen *Roridula* und der Gruppe der *Sarraceniaceae* nahe (Ellison/Gotelli 2001). Nach Ansicht der Autoren scheint die Evolution aller komplexeren Fallentypen mit einer Blattfalle

Formen existieren trotzdem, was nach Lönnig und Nachtwey gar nicht der Fall sein dürfte!

Abb. 48: Präkarnivore Pflanze *Roridula gorgonias* mit Drüsenhaaren. © www.sarra cenia.com. Abdruck mit freundlicher Genehmigung von Barry Rice.

Der daran anknüpfende Evolutionsschritt bestand ganz offensichtlich in der Differenzierung der Drüsenhaare, wobei einige Drüsenhaare zusätzlich Verdauungssekrete absondern, um die festsitzenden Insekten zu zersetzen (Heubl et al. 2006, 827, Fig. 6). So ist die Gattung *Byblis* (Regenbogenpflanze) *Roridula* strukturell ähnlich. Sie ist ein nächster Verwandter von *Pinguicula* und kann auch funktionell als Vorstufe der Blattfalle von *Pinguicula* aufgefasst werden. *Byblis* produziert wie *Roridula* ein klebriges Sekret, besitzt aber auch Verdauungsdrüsen, deren Sekret die Chitinpanzer der Insekten zerstören kann. Allerdings fand man in dem Sekret weder Enzyme noch Bakterien, die einen Verdauungsprozess ermöglichen. Vielmehr scheint hier ein symbiotischer Pilz (!) für die Verdauung der Nährstoffe zuständig zu sein.

An diesen Fallentyp können sich sukzessive weitere Differenzierungsschritte anschließen, z. B. solche, die eine Ausschüttung von Enzymen sowie die Nutzbarmachung der Nährstoffe mittels Aufnahme durch die Haarspitzen zur Folge haben. Ein späteres Einrollen der Blätter markierte dann vermutlich den Übergang zu einer Art Grubenfalle usw. usf.

---

ihren Anfang genommen zu haben, wenngleich verschiedene Karnivoren-Gruppen unabhängig voneinander entstanden sind (s. Barthlott et al. 2004, 57).

Lebensraum	Kleb- und Klappfallen	funktionelle Übergangsformen	Gleitfallen und ihre Abkömmlinge
Terrestrisch, Falle in der Luft	**Dünne Fangblätter** *Triphyophyllum, Drosophyllum, Drosera regia, Byblis*	**Röhrenförmige Kannen mit klebrigen Innenwänden** *N. infundibuliformis*	**Aufgerichtete, schlauchblättrige Grubenfallen** *Heliamphora tatei, Nepenthes mirabilis, S. alabamensis*
Terrestrisch, Falle in Bodennähe	**Breite Fangblätter** *Pinguicula vulgaris, Drosera schizandra*	**Stark eingerollte Fangblätter** *Pinguicula lutea u. a.*	**Kurz-gedrungene Kannenfallen** *Nepenthes ampullaria, Sarracenia purpurea*
Amphibisch	**Fallen mit schneller Verschlussmechanik** *Drosera burmannii*		**Kombinierte Gleit- und Reusenfalle** *Sarracenia psittacina*
Überschwemmungsgebiete	**Aquat. Klappfallen** *Aldrovandra*		**Aquat. Reusen- und Saugfallen** *Genlisea, Utricularia*

Abb. 49: Schema der verschiedenen Fallentypen. Umgezeichnet nach MATZKE (2005). Weitere Informationen zur Phylogenie der karnivoren Pflanzen finden sich in BARTHLOTT et al. 2004; MÜLLER et al. (2006); HEUBL et al. (2006).

Fazit

Die aktuell vorliegenden Erkenntnisse sprechen dafür, dass eine kumulative Evolution der karnivoren Pflanzen, einschließlich *Utricularia*, möglich ist. Kein heute bekannter Befund scheint einer sich in mehreren Schritten vollziehenden Evolution – bei voller Gewährleistung von Funktionalität und Adaptivität – im Wege zu stehen. Arten wie *Roridula gorgonias, Byblis gigantea, Heliamphora tatei, Sarracenia purpurea* und *Utricularia multifida* belegen auf eindrucksvolle Weise, dass auch komplex gebaute Organe keineswegs durch eine spontane (Syn-)Organisation *aller* für die Funktion wesentlichen Komponenten entstehen müssen. „Halb fertige" oder suboptimale Strukturen haben vielfach schon ihren Nutzen oder werden von der Selektion zumindest nicht *per se* wegrationalisiert. Dass die heutigen Erkenntnisse erst einen kleinen Teil der für eine *zureichende* Erklärung erforderlichen Randbedingungen liefern, ist freilich unbestritten. Worauf die Abweichungen in Form und Funktion der verschiedenen Fallen im Einzelnen zurückzuführen sind, ist heute noch weitgehend unklar. Doch spricht vieles dafür, dass die Evolution von *Utricularia* im Wesentlichen auf Änderungen der *Genregulation* und *nicht* auf radikale genetische Neuerungen zurückzuführen ist.

Eine Reihe von Konzepten liefert neue Impulse für das Verständnis der Evolution von *Utricularia*, wie etwa der Kontinuumsansatz der „Fuzzy Arberian Morphology". Diesem Konzept zufolge sind die Grundorgane der Sprosspflanzen wie „Blatt", „Sprossachse", „Wurzel" usw. nicht scharf gegeneinander abgegrenzt, sondern bilden oft ein Mosaik verschiedener Strukturkategorien (RUTISHAUSER/ISLER 2001; RUTISHAUSER 2005). Die Ursache ist eine Verlagerung von Organen an untypische Stellen im Organismus (*Heterotopie*), was aufgrund der geringen Komplexität und des modularen Baus der Pflanzen *allgemein* recht häufig auftritt. So beobachtet man Wurzeln an Sprossen und Sprosse an Wurzeln, Blütenbildung auf Blättern, vegetative Knospen auf Blättern, Blütenorgane, die sich vollständig in Blätter umwandeln etc. Homöotische Mutationen, z.B. solche, die den Transport von Wachstumsregulatoren verändern, könnten dies bewirken. Auch *Utricularia* scheint ein Beispiel für Heterotopie bzw. Homöose zu sein (RUTISHAUSER/ISLER 2001; RUTISHAUSER/MOLINE 2005; THEISSEN/MELZER 2007). Da die Ausläufer von *Genlisea* und *Utricularia* sowie die „Wurzeln" von *Pinguicula* durch recht ähnliche Entwicklungsprozesse gebildet werden, scheint die Hypothese nahe liegend, dass infolge (funktionaler!) homöotischer Fehlbildungen „[...] die so genannten ‚Wurzeln' eines *Pinguicula*-ähnlichen Vorfahrens ‚lernten', exogene ‚Blätter' auszubilden" (RUTISHAUSER/ISLER 2001, 1197; Übersetzung M. N.).

Inwieweit dies zutrifft, muss die weitere Forschung erst noch zeigen. LÖNNIGS These jedoch, dass *alle Einzelkomponenten der Saugfalle* haben *simultan in einem gigantischen Schritt* evolvieren müssen, hat mit der Realität nicht das Geringste zu tun. Und während die ID-Vertreter in der allenfalls palliativ wirksamen Vorstellung Zuflucht suchen, ein göttlicher Designer habe alles auf wundersame Weise ins Leben gerufen, forscht ein Heer von Wissenschaftlern an den kausalen Fragestellungen, die zu immer neuen Forschungsprogrammen inspirieren. Um zu prüfbaren, kausalen Entstehungsmodellen zu gelangen, muss man die Daten lediglich suchen und kann mit etwas Scharfsinn die relevante Information daraus extrahieren.[3] Aber wer nichts sucht, der findet bekanntlich auch nichts.

---

[3] Das hier vorgestellte Evolutionsmodell ist auch testbar (bzw. prinzipiell widerlegbar), denn es ergeben sich daraus eine Reihe nachprüfbarer Konsequenzen. So lautet eine Prognose, dass *terrestrische* Arten den aquatischen Spezies vorausgehen bzw. an basaler Position im Stammbaum stehen. Wie es scheint, wurde diese Vorhersage anhand molekularer Daten für *Utricularia* bereits wiederholt unabhängig bestätigt (JOBSON et al. 2003; MÜLLER/BORSCH 2005). Des Weiteren sind Homologien in Bezug auf die Mechanismen der Verdauung, der Individualentwicklung und weiterer Charakterzüge zu erwarten. Grundsätzlich lässt sich das Szenario auch hinsichtlich fossiler Funde überprüfen. Weitere (z.B. biogeographische und evolutionsökologische) Daten müssen sich zu einem kohärenten Bild vereinigen.

Literatur

BARTHLOTT, W./POREMBSKI, S./SEINE, R./THEISEN, I. (2004) Karnivoren. Biologie und Kultur Fleischfressender Pflanzen. Stuttgart.

ELLIS, A. G./MIDGLEY, J. J. (1996) A new plant-animal mutualism involving a plant with sticky leaves and a resident hemipteran insect. Oecologia 106, 478–481.

ELLISON, A. M./GOTELLI, N. J. (2001) Evolutionary ecology of carnivorous plants. Trends in Ecology & Evolution 16, 623–629.

HEUBL, G./BRINGMANN, G./MEIMBERG, H. (2006) Molecular phylogeny and character evolution of carnivorous plant families in Caryophyllales – Revisited. Plant Biology 8, 821–830.

JOBSON, R. W./PLAYFORD, J./CAMERON, K. M./ALBERT, V. A. (2003) Molecular phylogenetics of Lentibulariaceae inferred from plastid rps16 intron and trnL-F sequences: implications for character evolution and biogeography. Systematic Botany 28, 157–171.

JOBSON, R. W./NIELSEN, R./LAAKKONEN, L./WIKSTRÖM, M./ALBERT, V. A. (2004) Adaptive evolution of cytochrome c oxidase: infrastructure for a carnivorous plant radiation. PNAS 101, 18064–18068.

JUNIPER, B. E./ROBINS, R. J./JOEL, D. M. (1989) The carnivorous plants. San Diego.

LLOYD, F. E. (1942) The carnivorous plants. Chronica Botanica. Waltham, Mass.

LÖNNIG, W.-E. (2006) „Keine Bedrohung der Wissenschaft“. Hessische Allgemeine Zeitung vom 24. 6. 2006. www.weloennig.de/Hessische_Allgemeine.pdf. Zugr. a. 29. 8. 2008.

LÖNNIG, W.-E. (2007) Gregor Mendel, der Wasserschlauch (*Utricularia*) und die Evolution. www.weloennig.de/Utricularia.html. Zugr. a. 29. 8. 2008.

MATZKE, N. (2005) Evolution of the *Utricularia* bladder trap: a short summary. BACPS Newsletter. www.bacps.org/2005Spring.html. Zugr. a. 21. 8. 2008.

MÜLLER, K./BORSCH, T./LEGENDRE, L./POREMBSKI, S./THEISEN, I./BARTHLOTT, W. (2004) Evolution of carnivory in Lentibulariaceae and the Lamiales. Plant Biology 6, 477–490.

MÜLLER, K./BORSCH, T. (2005) Phylogenetics of *Utricularia* (Lentibulariaceae) and molecular evolution of the *trn*K intron in a lineage with high substitutional rates. Plant Systematics and Evolution 250, 39–67.

MÜLLER K./BORSCH, T./LEGENDRE, L./POREMBSKI, S./BARTHLOTT, W. (2006) Recent progress in understanding the evolution of carnivorous Lentibulariaceae (Lamiales). Plant Biology 8, 748–757

NACHTWEY, R. (1959) Der Irrweg des Darwinismus. Berlin.

REIFENRATH, K./THEISEN, I./SCHNITZLER, J./POREMBSKI, S./BARTHLOTT, W. (2006) Trap architecture in carnivorous *Utricularia* (Lentibulariaceae). Flora 201, 597–605.

RUTISHAUSER, R./ISLER, B. (2001) Developmental genetics and morphological evolution of flowering plants, especially bladderworts *(Utricularia)*: fuzzy Arberian morphology complements classical morphology. Annals of Botany 88, 1173–1202.

RUTISHAUSER, R. (2005) Der Bauplan abweichend gebauter Blütenpflanzen (Misfits). Kontinuumsmodell ergänzt klassische Pflanzenmorphologie. In:

Harlan, V. (Hg.) Wert und Grenzen des Typus in der botantischen Morphologie. Nümbrecht, 127–148.
Rutishauser, R./Moline, P. (2005) Evo-devo and the search for homology („sameness“) in biological systems. Theory in Biosciences 124, 213–241.
Theissen, G./Melzer, R. (2007) Molecular mechanisms underlying origin and diversification of the angiosperm flower. Annals of Botany 100, 603–619.
Willmann, U. (2003) Entwürfe in Gottes Namen. Zeit Online 19/03, 29. www.zeit.de/2003/19/Kreationisten. Zugr. a. 29.8.2008.

2. Die Argumentation der Evolutionsgegner am Beispiel des Aronstabs

Stefan Schneckenburger

Die Argumentationsweise der Evolutionsgegner soll im Folgenden an einem dem „Kritischen Lehrbuch“ (Junker/Scherer 2006, 79ff) entnommenen, botanischen Beispiel näher dargestellt werden. Es geht auch hier um komplexe biologische Strukturen, deren Zustandekommen auf dem „gewöhnlichen“ Weg der Evolution durch Mutation und Selektion angeblich nicht erklärt werden könne.

2.1. Der Fall Aronstab

Bei dem gewählten Beispiel handelt es sich um den heimischen Aronstab (*Arum maculatum*), einen Vertreter der nach dieser Gattung (*Arum*; ca. 25 Arten; vgl. Boyce 1993) benannten Familie der Araceae (Aronstabgewächse; etwa 105 Gattungen mit insgesamt um die 3000 Arten; vgl. Mayo et al. 1997; Engler 1889). Bau und Funktion sollen hier kurz geschildert werden (Abb. 50).

Die zahlreichen kleinen, unscheinbaren Blüten stehen in einem kolbigen Blütenstand (Infloreszenz), der in diesem Fall deutlich und streng zoniert ist: basal befinden sich hüllenlose Fruchtblattblüten (weibliche Blüten) mit direkt den Fruchtknoten aufsitzenden Narben, darüber sterile weibliche Blüten mit langen Griffeln. Darüber wiederum stehen zahlreiche, ebenfalls blütenblattlose Staubblattblüten (männliche Blüten) mit im unreifen Zustand jeweils drei bis vier roten Staubbeuteln (Antheren; vgl. Bild). Darüber folgen wieder sterile Blüten mit langen Fortsätzen. Diese werden als sterile männliche Blüten gedeutet. Der Rest des Kolbens wird von einem lang gestielten braunen, keuligen Gebilde gestellt. Dieses dient vor allem der Duft- und Wärmeerzeugung. Es handelt sich um einen sog. Osmophor („Duftträger"). Eingehüllt wird die mit den Blüten besetzte, untere Hälfte des Kolbens von einem tütenförmigen, in der Mitte stark taillierten Hüllblatt, der sog. Spatha (in den Abbildungen als S bezeichnet).

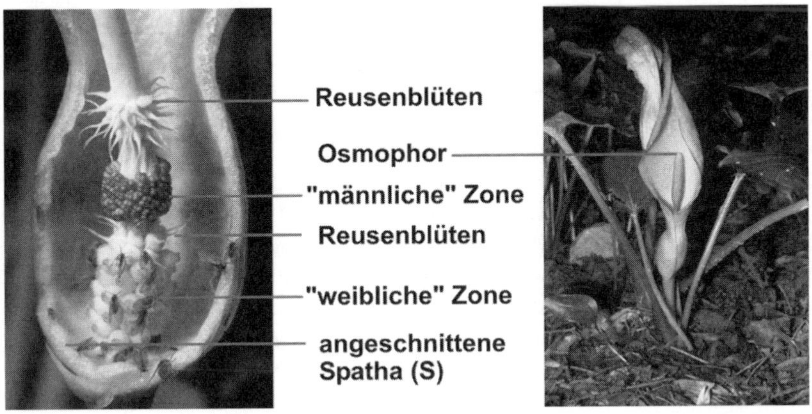

Abb. 50: Der Blütenstand des Aronstabs. Abbildungen aus dem „kritischen Lehrbuch"; ergänzt. Mit freundlicher Genehmigung der Autoren JUNKER/SCHERER

Der Blütenstand fungiert als Kesselfalle: Mit Pollen beladene, kleine fliegende Insekten gelangen, angelockt durch den erzeugten Duft auf die Spatha oder auf den Osmophor. Dort gleiten sie auf der papillösen Oberfläche aus und gelangen in den Innenraum des Kessels. In der Anfangsphase sind die weiblichen Blüten empfängnisfähig. Ihre Narben werden mit dem „mitgebrachten" Pollen belegt. In dieser Phase entstand das linke Bild. Die Tiere bleiben dann für einige Zeit (meist bis zum kommenden Morgen) im Kessel gefangen. Zu diesem Zeitpunkt verlieren die Narben der weiblichen Blüten die Fähigkeit, Pollen anzunehmen. Es öffnen sich die Staubblattblüten, und die welkenden Reusenblüten geben den Ausgang aus dem Kessel frei. Dazu kommt noch, dass die Oberflächenpapillen erschlaffen und dadurch Spatha und Spadix „ersteigbar" werden. Die Duft- und Wärmeproduktion kommt auch zum Erliegen. Die Insekten beladen sich beim Entweichen mit Blütenstaub und der Zyklus kann an einem anderen Blütenstand neu beginnen. Bei den Insekten handelt es sich häufig um Schmetterlingsmücken (Gattung *Psychoda*), die lange Haare aufweisen.

Es soll hervorgehoben werden, dass der Blütenstand des Aronstabs eine Täuschblume ist: Die Insekten werden durch den Duft angelockt, der ihnen wohl einen Brutplatz vortäuscht. Eventuell abgelegte Eier – wie dies bei anderen Brutplatztäuschblumen häufig vorkommt – entwickeln sich zu frühen Larvenstadien, sterben aber dann ab. Eine (bescheidene) Verköstigung bietet bestenfalls das Narbensekret der weiblichen Blüten, dessen eigentliche Funktion im Festhalten der Pollenkörner besteht. Dies betrifft aber nicht etwa die Schmetterlingsmücken selbst: hier nehmen Adulttiere keinerlei Nahrung mehr auf (vgl. PROCTOR et al. 1996). Bei derartigen Brutplatz-Mimesen sind die Insekten die Getäuschten und letztlich die Geschädigten: abgelegte Brut stirbt früher oder später unweigerlich ab. Weiterhin geht der Ausflug in den Kessel für viele Insekten „nicht gut aus“: regelmäßig findet man verendete Tiere in den Kesseln. Dieses Schicksal können u. U. auch zu große oder anderweitig nicht zu diesem Blütenstand „passende“ Insekten (sog. illegitime Besucher) erleiden, die sich z. B. in den Reusenblüten verhaken und dann nicht mehr befreien können. Bei Araceen gibt es sogar Arten, bei denen der Tod der Bestäuber „programmiert“ ist: es handelt sich um Vertreter der Gattung *Arisaema* (Aroideae[4]), bei denen es Sippen mit eingeschlechtigen Blütenständen gibt: Beim Besuch der männlichen Infloreszenzen entkommen die Tiere (Pilzmücken) mit Pollen beladen. Aus den weiblichen Blütenständen aber gibt es kein Entkommen; nach vollzogener Bestäubung sterben die gefangenen Tiere (VOGEL/MARTENS 2000). Derartige Kesselfallen gibt es nun sowohl auf der Basis von Blütenständen (Araceae) als auch auf der Basis von Einzelblüten (Aristolochiaceae, Apocynaceae bzw. Asclepiadaceae: Gattung *Cecropia*). Nebenbei bemerkt: solche Kesselfallen sind – soweit man bisher weiß – stets proterogyn[5]. Das bedeutet, dass zunächst die weiblichen Teile mit Pollen belegbar sind und erst in einer zweiten Phase die männlichen Blüten bzw. die Staubblätter reifen und den Pollen exponieren und freigeben. Diese Proterogynie gibt es sowohl auf der Ebene von Einzelblüten als auch auf der von Blütenständen.

Der Blütenstand der Araceen allgemein und die Argumentation im „evolutionskritischen Lehrbuch“[6]

Bei der Ableitung dieses Blütenstands (Abb. 51) wird nun von JUNKER/SCHERER – ohne dass näher auf den Bau des blütenbesetzten Kolbens eingegangen wird – sehr suggestiv die Frage gestellt, welche Selektionsfaktoren wohl zur Entstehung dieser komplexen Spatha aus einem „normalen“ Laubblatt geführt haben sollen. Mit anderen Worten: Es wird unterstellt, dass dieses Laubblatt (das, nebenbei bemerkt, in der Darstellung des Buches wenig Ähnlichkeit mit dem tatsächlichen Laubblatt des Aronstabs hat) der *unmittelbare* Ausgangspunkt für die Entwicklung der Spatha sei. Das scheint in dieser Form natürlich unmöglich und passt demzufolge

---

[4] Die Endung -oideae bezeichnet Unterfamilien.

[5] Dies gilt auch – in einem erweiterten Sinn – für die Fallenblüten der Orchideengattung *Coryanthes*.

[6] Vgl. ENGLER (1920); BOYCE (1993); MAYO et al. (1997).

in das Argumentationsschema des Buches und des „Intelligent Designs". Auch wenn das an dieser Stelle nicht explizit gesagt wird (die Überschrift beschränkt sich auf die Verwendung des Begriffs „komplexe biologische Strukturen"), wird der Merkmalskomplex offensichtlich als Kandidat für ein „irreduzibel komplexes" System in Betracht gezogen.

Die Argumentation der Autoren JUNKER/SCHERER auf den Seiten 79ff ist allerdings völlig unzureichend. Um die Frage der Evolvierbarkeit zu klären, muss man sich zum einen etwas näher mit der Morphologie der Araceen-Blütenstände beschäftigen und außerdem die Entwicklungsprogressionen des in Rede stehenden Hochblatts analysieren.

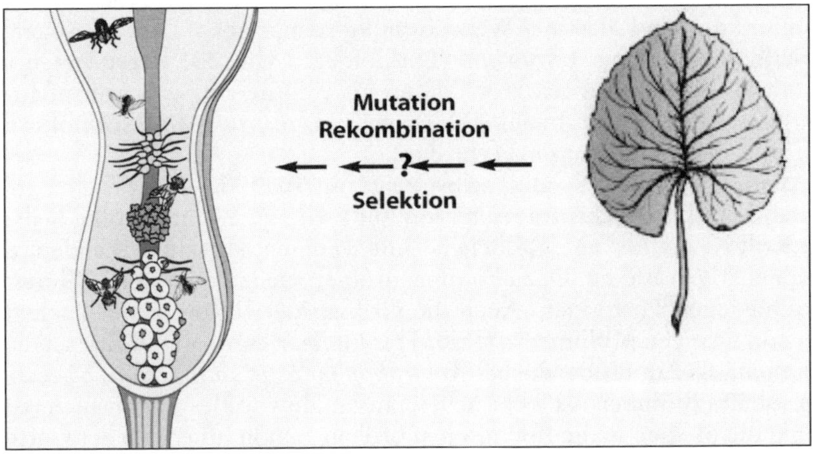

Abb. 51: Schematische „Ableitung". Abbildung aus dem „kritischen Lehrbuch"

Der Grundtypus der Araceeninfloreszenz ist ein dicht und gleichmäßig mit zwittrigen Blüten besetzter Kolben. In den meisten Fällen befindet sich unter der Blühzone ein Hochblatt, das sich in der Regel deutlich von den Laubblättern unterscheidet. Dieses Hochblatt wird als Spatha (S) bezeichnet (vgl. ENGLER 1920). Eine solche Spatha kommt nicht nur bei den Araceae, sondern auch einer Reihe anderer Familien wie den Palmen (Arecaceae[7]) oder den Cyclanthaceae vor. Auch bei manchen Orchideen findet sich eine vergleichbare Struktur (*Cattleya*). Mit anderen Worten: Der Besitz einer Spatha ist im weiteren Verwandtschaftskreis nichts Besonderes. Häufig ist diese Spatha – wie bei einigen (bei weitem nicht allen!) *Anthurium*-Arten (Abb. 53, rechts) – lebhaft gefärbt und dient der Anlockung der Bestäuber. In vielen Fällen ist ihre Basis sehr breit und umschließt die Infloreszenzach-

[7] Bei diesen mag es dem Einen oder Anderen als großes kahnförmiges Blatt schon aufgefallen sein. Auch als Objekt der Blumenbinderei findet man sie gelegentlich in (Grab-)Gestecken.

se scheidig. Auch das ist nichts Besonderes: Scheidig entwickelte Blattbasen mit tütenähnlichen Bildungen sind in diesem Verwandtschaftskreis häufig. Man denke an andere Monocotyledonen wie Gräser oder Orchideen oder auch an die Laubblätter vieler Araceen selbst; scheidige Blattbasen sind in diesem gesamten Verwandtschaftskreis geradezu ein konstitutives Merkmal (vgl. Holttum 1955; Dahlgren et al. 1985). Im vegetativen Bereich sind sie unverzichtbares Element bei der Stabilisierung, im Infloreszenzbereich erlauben sie z.B. eine sehr plastische Gestaltung der Spathen. Deren verschiedene Ausgestaltung betrifft aber nicht nur die Färbung, sondern auch ihre Gestalt: hierbei sind weit- oder engglockige Bildungen recht häufig. In diesem Zusammenhang ist allerdings wichtig, dass diese Spathen oft klein, früh hinfällig und in keiner Weise auffällig sein können. Dies gilt sogar innerhalb der Gattung *Anthurium* (Pothioideae; Abb. 53), deren Arten wegen ihrer leuchtend roten Hochblätter als Zimmer- bzw. Schnittpflanzen sehr geschätzt sind („Flamingoblumen“: *Anthurium-andraeanum-* und *Anthurium-scherzerianum*-Hybriden).

Auch der Kolben (Spadix) selbst zeigt innerhalb der Familie eine große Variabilität: Das Spektrum reicht von mit zwittrigen Blüten völlig bedeckten Kolben bis hin zu „Kölbchen“ mit wenigen, einzeln stehenden, eingeschlechtigen Blüten. Dazu kommen immer wieder auch sterile Blüten an verschiedenen Positionen. Auch die Größen der Infloreszenzen schwanken von wenigen Millimetern (*Pistia*) bis hin zu riesenhaften Blütenständen von mehr als 2m Höhe wie bei *Amorphophallus titanum* (Abb. 55 rechts). Ein solches Blühereignis lockt neben tausenden von Besuchern auch regelmäßig die Medien in die Botanischen Gärten. Schon innerhalb der Gattung *Arum* ist die Variabilität recht groß (vgl. Boyce 1993): Es gibt Arten ganz ohne Reusenblüten (*Arum creticum;* Abb. 55 links) mit weit offener Spatha und süßem Duft, bei der Insekten sicherlich nicht gefangen bleiben, Arten mit Reusenblüten nur oberhalb der männlichen Blüten (*Arum pictum*) und Arten wie den geschilderten *Arum maculatum* mit zwei Ringen von Reusenblüten – und viele von ihnen „funktionieren“ als Kesselfallenblüten (ausgenommen wahrscheinlich *Arum creticum* und das nah verwandte *Arum idaeum*). Es ist nicht bekannt, ob die verschiedenen Formen unterschiedliche Effektivität hinsichtlich des Bestäubungserfolgs zeigen.

Das heißt mit anderen Worten: Die verschiedenen Bauelemente des ausgefallenen Blütenstandes von *Arum maculatum* standen innerhalb der Familie in mannigfacher Variation schon zur Verfügung. Dies betrifft insbesondere die Spatha, die sich zusammen mit dem Feinbau des Kolbens innerhalb der Familie als überaus plastisches Organ erwiesen hat. Insofern ist nicht der geforderte „Riesenschritt“ vom Laubblatt zur komplizierten Spatha nötig, sondern ein viel kleinerer Schritt von einer Spatha mit einer breiten, stängelumfassenden Basis und einer sich deshalb fast zwanglos zu einer Tüte zusammenlegenden Spreite zu der etwas stärker ausgearbeiteten des Aronstabs. Nichts Empirisches spricht für einen unüberbrückbaren evolutionären Graben oder für ein plötzliches Auftauchen neuer Strukturen.

Die Evolution der Spatha von einer ursprünglichen Ausgangsform, wie wir sie in etwa bei *Gymnostachys* (Gymnostachyoideae) oder *Lysichiton* (Orontioideae) vorfinden, bis zur Situation bei *Arum* (Aroideae-Areae) wird man freilich nicht exakt nachvollziehen können – dazu ist die fossile Dokumentation innerhalb der Familie, die bereits ab der Kreidezeit belegt ist, zu lückenhaft[8]. Am laubblattähnlichsten sind die Spathen bei *Spathiphyllum*-Arten (Pothoideae-Monstereae) – hier zeigen sie eine den Laubblättern teilweise völlig identische Form und Aderung (Nervatur). Dies gilt z. B. für *Spathiphyllum cochlearispathum*, bei denen die Spatha schon zur Blütezeit und nicht erst bei der Fruchtreife grün(lich) gefärbt ist[9]. Nur bei stärker abgeleiteten Sippen der Unterfamilie der Aroideae kommt es bei zahlreichen Gattungen zur Entwicklung von Spathen, die in einen basalen, geschlossenen, röhrigen Tubus und einen apikalen, offenen (Fahnen-)Teil gegliedert sind. Derart differenziert ist *Arum* noch nicht; die Spatha ist hier offenscheidig mit basal nur überlappenden Rändern.

Wie nicht anders zu erwarten, kommen die heute in ihrer Organisation altertümlicheren Formen als *unmittelbare* Vorfahren der hoch abgeleiteten Sippen nicht in Frage. Aber die verschiedenen Beispiele zeigen, dass (über die gesamte Familie verteilt) die zu erwartenden Zwischenstufen im Sinne einer Merkmalsphylogenie nahezu lückenlos zu finden sind und ganz offensichtlich auch funktionieren. Es wird deutlich, dass die fehlerhafte Argumentation im „Kritischen Lehrbuch“ vor allem einer mangelnden Kenntnis der gestaltlichen Potenzen der Araceeninfloreszenz geschuldet ist.

Folgendes merkmalsphylogenetisches Szenario ist denkbar (in Klammern sind heutige Vertreter genannt, die besagte Organisationsform aufweisen; jede einzelne Zwischenstufe ist funktionsfähig und wird somit von der Selektion positiv bewertet):

→ Kolben mit zwittrigen Blüten mit Blütenhülle (*Orontium*) und ohne Spatha (Abb. 52, links)
→ Kolben mit zwittrigen Blüten und laubblattartiger Spatha (*Spathiphyllum*; Abb. 52, rechts)
→ Spatha hüllt Kolben zunehmend ein, Blüten zwittrig ohne Blütenhülle (*Monstera*)
→ Spatha hüllt Kolben ein, Blüten eingeschlechtig, basal weiblich an der Spitze männlich (*Philodendron* p. p.).

---

[8] Es ist naiv zu glauben, die Natur habe uns freundlicherweise eine phylogenetische Entwicklungsreihe *komplett* überliefert – so etwas gibt es nur in außerordentlich seltenen Ausnahmefällen.

[9] In verschiedener Hinsicht ist *Gymnostachys* innerhalb der Familie singulär. Auch hier unterscheiden sich die Spathen kaum von den übrigen Blättern.

→ Spatha hüllt Kolben ein, Blüten eingeschlechtig, basal weiblich, darüber männlich und im Spitzenbereich sterile Zone mit Duft und Wärmeerzeugung (Osmophor; *Amorphophallus*; Abb. 55 rechts) oder auch basal weiblich, apikal männlich, dazwischen ausgedehnte sterile Zone (*Caladium*)
→ Spatha einhüllend, basal geschlossene Röhre, mit Einschnürung im mittleren bzw. oberen Bereich, basal weibliche Blüten, darüber sterile weibliche Blüten, darüber ausgedehnte blütenlose sterile Zone, darüber männliche Blüten, apikal Osmophor (*Sauromatum*)
→ Spatha umhüllend mit Einschnürung, basal weibliche Blüten, darüber sterile weibliche Blüten, dann männliche Blüten, dann sterile männliche Blüten, dann Osmophor (*Arum maculatum*)

Andere Wege führen wiederum zu Formen wie:

- Spathen umschließen gekammerte Räume mit vielblütigen Kolben (*Lagenandra*)
- gekammerte Spathen mit nur je einer weiblichen und männlichen Blüte (*Pistia*)
- eingeschlechtige Kolben von Spatha umschlossen; letztere lang geschwänzt, ebenso der Osmophor stark verlängert und geschwänzt (*Arisaema*)
- Kolben in unterschiedlichem Ausmaß mit flächiger Spatha verwachsen (*Callopsis* – Abb. 54 links, *Spathicarpa*)
- weibliche Zone einseitig mit der Spatha verwachsen und fest von ihr bis zur Fruchtreife eingeschlossen, männliche Zone sich frei erhebend und nur locker umhüllt (*Bognera*).

Die Reihe ließe sich angesichts der großen Vielfalt innerhalb der Familie noch um ein Gutes verlängern (vgl. MAYO et al. 1997).

Kesselfallen und Komplexität bei Araceen
Insgesamt hat die Evolution den Funktionstypus der Kesselfallenblume bei den Araceen mehrfach durchgespielt und „ausgereizt". Unter diesen sind die der Gattung *Arum* bei weitem nicht die kompliziertesten. Bei verschiedenen Gattungen der innerhalb der Familie am höchsten entwickelten Unterfamilie der Aroideae gibt es sowohl strukturell als auch im Hinblick auf den Bestäubungsvorgang und das Zusammenwirken mit den Bestäubern wesentlich komplexere Formen. Sehr kompliziert sind zum Beispiel die Kesselfallen und die Spathen bei submers (unter Wasser) blühenden Araceen wie *Lagenandra* (Abb. 54, rechts) oder *Cryptocoryne* (Aroideae). Hier ragen die Öffnungen über die Wasseroberfläche hinaus und gewähren als „Schnorchel" den Blütenbesuchern Zutritt zu der unter

der Wasseroberfläche im geschlossenen Kessel liegenden Blühzone. Die Größe der Spathen kann mit dem Wasserstand variieren: so hat BOGNER bei *Cryptocoryne cordata* bei Pflanzen auf Schlammboden eine Spathalänge von 10 cm, bei unter Wasser lebenden Exemplaren Längen von bis zu 49 cm beobachtet (BOGNER, pers. comm.)!

Betrachtet man dieses Spektrum der Möglichkeiten, so ist die Gesamtsituation bei *Arum* gar nicht einmal so außergewöhnlich und aufregend. Insofern muss man der Argumentation im „Kritischen Lehrbuch" entgegen halten, dass ein hypothetisches Ausgangsstadium schon vorangepasst war und nur kleiner Abwandlungen bedurfte. Darüber hinaus hätte man wesentlich eindrucksvollere Beispiele wählen können.

Abb. 52: Links: Goldkeule *Orontium aquaticum*, Kolben ohne benachbarte Spatha, Blüten zwittrig mit Blütenhülle. Rechts im Bild: *Spathiphyllum wallisii*. Laubblattähnliche Spatha mit Mittelnerv, später vergrünend, zwittrige Blüten mit Blütenhülle.

Die Reusenhaare stellen ein weiteres Detail dar, das die Wirkungsweise von Evolution zeigt und von den Autoren nicht im Zusammenhang bewertet wurde. Die Reusenhaare, die als „Sonderstrukturen" einen Teil der hohen Komplexität ausmachen, sind steril gewordene (weibliche und männliche) Blüten; die eigentlichen Haare werden von den Griffeln bzw. den Staubfäden (Filamenten) dieser Blüten gebildet.

Insgesamt wird hier an allen Stellen das „Heimwerker(Bricolage-)prinzip" der Evolution deutlich: vorhandene Strukturen (Hochblatt, Blüten, Achse des Blütenstands) werden modifiziert und gelangen dadurch in einen neuen Funktionszusammenhang – ein Muster, welches man im Kontext des Evolutionsprozesses, aber mitnichten im Kontext eines wie auch immer gearteten „intelligenten Designs“ spezifisch erwartet. Voranpassungen finden sich – wie gezeigt wurde – also nicht nur in der Spatha, sondern auch im Grundbauplan des kolbigen Blütenstandes, der auf aufregende Weise innerhalb der Familie variiert wird. So hat bei anderen Gattungen die Spatha noch eine weitere, ganz unterschiedliche Funktion: u. a. bei *Alocasia* oder *Remusatia* (beide Aroideae) umschließt sie die weibliche Zone des Kolbens nach der Bestäubung fest. Zur Zeit der Fruchtreife platzt sie auf und gibt die Beerenfrüchte frei.

Abb. 53: Links: *Anthurium waroqueanum*. Unauffällige Spatha, Blüten zwittrig mit (unauffälliger) Blütenhülle. Rechts im Bild: *Anthurium-andreanum*-Hybride. Spatha auffällig, Blüten zwittrig, mit (unauffälliger) Blütenhülle.

Der Überblick über die Familie lässt erkennen, dass es viele Blütenstände gibt, die einerseits bei weitem nicht so „ausgefeilt“ wie der des Aronstabs gebaut sind und dennoch „funktionieren“ (z. B. *Orontium* mit einem funktionell spathalosen Kolben[10], *Spathicarpa* mit kleinen eingeschlechtlichen Blüten, die längs der Mittelrippe der unauffälligen, lanzettlichen Spatha angeordnet sind[11]) und andererseits auch Infloreszenzen, die noch wesentlich

[10] Eine Spatha ist vorhanden, sitzt aber ganz basal dem Rhizom an. Auf den Blühaspekt hat sie keinen Einfluss.

[11] Die Gattungen *Spathicarpa* und *Spathanthemum* (Aroideae) haben einen ganz anderen Evolutionsweg eingeschlagen: Blütenkolben und Spathen sind miteinander verwachsen (vgl.

elaborierter sind – und ebenfalls „funktionieren" (winzige Infloreszenzen mit nur je einer einzigen staminaten und karpellaten Blüte und einer hoch komplexen Spatha bei *Pistia* oder die bereits erwähnten Infloreszenzen mit „Schnorchelfunktion" bei *Lagenandra* und *Cryptocoryne*).

Unter dem Aspekt einer Merkmalsphylogenie wird man viele dieser Formen als „Zwischenformen" einstufen (so wahrscheinlich auch den Aronstab), die es nach Junker/Scherer (2006) gar nicht geben dürfte:

> Ein Selektionsvorteil ist nur im fertig ausgebildeten Zustand gegeben; ‚unfertige' Zwischenstufen sind biologisch wertlos und werden durch stabilisierende Selektion ausgemerzt.

Ähnlich argumentiert auch vom Stein (2005). Die grundsätzliche Feststellung, dass Anpassungen (fast) immer *unvollständig* sind, wird hier völlig ignoriert. Mit gutem Recht kann man aus der Sicht einer Infloreszenz von *Lagenandra* (Abb. 54, rechts), *Cryptocoryne* oder – im Hinblick auf die Fruchtbildung – von *Alocasia* einen Großteil der Familie als eine Ansammlung „unfertiger", weniger komplex gebauter Zwischenstufen ansehen – die sich aber augenscheinlich gut bewähren, wie das Bild des höchst einfachen Kolbens von *Orontium aquaticum* mit dem zugehörigen Bestäuber zeigt (Abb. 52).

Abb. 54: Links: *Callopsis volkensii*, Kolben zoniert, weiblicher Teil mit Spatha. Rechts: *Lagenandra lancifolia*, hochkomplexe Kesselfalle mit Schnorchelfunktion.

Uhlarz 1982). Diese Tendenz wird auch bei zahlreichen anderen Gattungen in verschiedenen Gruppen sichtbar: u.a. bei *Spathiphyllum* (Monsteroideae) oder *Callopsis* (Aroideae).

Abb. 55: Links: *Arum creticum* ohne Reusenblüten, mit weit offener Spatha. © by Mrkvicka ALEXANDER (flora.nhm-wien.ac.at). Rechts: *Amorphophallus titania.* Abbildung mit freundlicher Genehmigung von Dr. Hilke STEINECKE, Palmengarten der Stadt Frankfurt am Main.

2.2. *Nachbemerkungen*

Was wir am Beispiel des Aronstabs besprochen haben, gilt auch für die Fangblätter von *Nepenthes*, die tatsächlich ähnlich komplex gebaut sind und darüber hinaus im Hinblick auf die Systematik nicht ganz so unmittelbar an andere Formen angeschlossen werden können. Die Familie der Nepenthaceae umfasst nur die einzige Gattung *Nepenthes*, deren etwa 90 Arten alle die spezialisierten Fangblätter besitzen. Insofern hätten sich die Kannenpflanzen wahrscheinlich wesentlich besser für eine pro-ID-Argumentation als der Aronstab geeignet.[12] Sie waren auch in früheren Auflagen des Buches erwähnt worden. Aber wahrscheinlich wurden sie herausgenommen und durch den „harmlosen" Aronstab ersetzt, da in diesen Kesselfallen ja Tiere gefangen und zu Tode gebracht werden (HEMMINGER 2007). Und der Tod ist ja nach Meinung der überzeugten (Kurzzeit-) Kreationisten erst mit dem Menschen auf die Erde gekommen (vgl. VOM STEIN 2005); insofern kann

[12] Es ist zwar schwieriger, die Entstehung des Kannenpflanzenblattes evolutionär zu erklären, aber nicht unmöglich; von irreduzibler Komplexität in diesem Fall zu sprechen, wäre ebenfalls überzogen. Gegenargumente sind z. B. die Rolle symbiontischer Mikroorganismen bei der „Verdauung" sowie einige „Präkarnivoren", die nur Teile des „Karnivorenprogramms" „beherrschen" und sich z. T. mit Symbionten/Kommensalen (*Roridula* und Wanzen) behelfen (vgl. Kap. IX.1). Auch hier klingt wieder das „Bricolage-Prinzip" der Evolution an.

die Kannenpflanze erst *nach* der Schöpfung des Menschen entstanden sein, was wiederum im krassen Widerspruch zu kreationistischen Vorstellungen steht: Das Schöpfungshandeln Gottes sei mit dem Menschen abgeschlossen gewesen. Wenn der Tod erst danach (mit dem Sündenfall) in die Welt gekommen sei – woher stammen also all die ausgepichten Tötungsapparate aus dem Tier- und Pflanzenreich? Erschaffen worden seien sie nicht, evolviert seien sie aufgrund ihrer „irreduziblen Komplexität" aber auch nicht. Das ist der Grund, warum solche Beispiele (wie auch die Saugfalle von *Utricularia*; Kap. IX.1) von Kurzzeit-Kreationisten allzu gerne übergangen werden. Dass allerdings auch aus dem Aronstab-Kessel Bestäuber und illegitime Besucher ab und an nicht mehr hinausgelangen und im Kessel verenden, wird ignoriert – von der ganz auf den Tod der Bestäuber ausgerichteten Fallenblumen einiger *Arisaema*-Arten ganz zu schweigen.

Man könnte nun angesichts der Geschlossenheit des Typs der Infloreszenz der Araceae annehmen, dass diese Familie einen Grundtyp im Sinne der „Baraminologie" bildet (vgl. S. 34 im „Kritischen Lehrbuch"; Wood 2006). Dies ist aber bei weitem nicht der Fall – die weltweit verbreiteten Vertreter bilden kein durch Kreuzbarkeit verbundenes Netz. Dies gilt auch – soweit man es bisher weiß – auf der Ebene der Unterfamilien. Im Übrigen darf dieser einheitliche Grundbauplan nicht über die großen vegetativen und ökologischen Unterschiede hinwegtäuschen.

2.3. Literatur

Boyce, P. (1993) The genus *Arum*. London.

Dahlgren, R.M. T/Clifford, H.T./Yeo, P.F. (1985) The families of the Monocotyledons – structure, evolution, and taxonomy. Berlin.

Engler, A. (1889) Araceae. In: Engler, A./Prantl, K. (Hg.) Die natürlichen Pflanzenfamilien, II. Teil, 3. Leipzig.

Engler, A. (1920) Araceae – Pars generalis et index familiae generalis. In: Engler, A. (Hg.) Das Pflanzenreich, Heft 74 (VI.23A). Leipzig.

Hemminger, H. (2007) Mit der Bibel gegen die Evolution. Kreationismus und „intelligentes Design" – kritisch betrachtet. EZW-Texte 195, Stuttgart.

Holttum, E. (1955) Growth habits of monocotyledons – variations on a theme. Phytomorphology 5, 399–413.

Junker, R./Scherer, S. ([6]2006) Evolution. Ein kritisches Lehrbuch. Gießen.

Mayo, S.J./Bogner, J./Boyce, P.C. (1997) The genera of Araceae. Kew.

Proctor, M./Yeo, P./Lack, A. (1996) Natural history of pollination. London.

Uhlarz, H. (1982) Typologische und ontogenetische Untersuchungen an *Spathicarpa sagittifolia* Schott (Araceae); Wuchsform und Infloreszenz. Beiträge zur Biologie der Pflanzen 57, 389–429.

Vogel, S./Martens, J. (2000) A survey of the function of the lethal kettle traps of *Arisaema* (Araceae), with records of pollination gnats from Nepal. Botanical Journal of the Linnean Society 133, 61–100.

vom Stein, A. (2005) Creatio. Lychen.
Wood, T. C. (2006) The current status of baraminology. CRS Quarterly Journal 43, 149–158.

3. Die bakterielle Flagelle – Stand der Forschung zu molekularem Aufbau, Diversität und Evolution

Johannes Sikorski

> Wissenschaft ist eine endlose Suche nach Wahrheit. Jede Darstellung der Realität kann nur unvollständig sein. Es gibt keine endgültige Einsicht, manchmal nicht einmal ein ideale Darstellung. Es gibt nur ein immer tieferes Verständnis, immer aufschlussreichere Darstellungen (Woese 2004; Übersetzung J. S.).[13]

Die bakterielle Flagelle ist eine hochkomplexe, molekulare „Maschine", mittels derer sich Bakterien wie mit einem Schiffspropeller fortbewegen können. Kritiker zweifeln an ihrer Evolution, nach ihrer Meinung kann die Herkunft der Flagelle nur mittels eines Schöpfers oder eines so genannten „Intelligenten Designers" erklärt werden. Um dem Leser die Bildung einer eigenen, fundierten Meinung zu ermöglichen, soll in diesem Kapitel der aktuelle Wissensstand über den molekularen Aufbau, die Evolution und die Vielfalt der bakteriellen Flagellensysteme vermittelt werden. Der Leser erhält die Möglichkeit, anhand der meist frei im Internet verfügbaren Originalpublikationen den gegenwärtigen Stand nachzuvollziehen. Abschließend werden einige Einwände erörtert, mit denen versucht wird, die Evolution der bakteriellen Flagelle in Frage zu stellen.

3.1. Kurzeinführung und Positionen

Die bakterielle Flagelle besteht aus einem langen, dünnen Filament, das aus dem Zellkörper herausragt (Abb. 56). Die Flagelle ist aus drei Grundelementen aufgebaut: einem Motor, einem Propeller und einem Verbindungsstück, dem Haken. Der Motor besteht aus einem Rotor sowie aus einer Rotor-Halterung (Stator), die sich beide in der Zell-Membran befinden, einem Stab, welcher als Hauptantriebswelle fungiert und bis in die äußere Membran hineinreicht sowie aus einem Proteinkomplex, der um den äußeren Teil der Antriebswelle herum eine Pore in der äußeren Membran bildet.

---

[13] www.life.uiuc.edu/micro/faculty/faculty_woese.htm. (Auf alle in diesem Kapitel erwähnten Internet-Adressen wurde am 23. Januar 2009 zugegriffen.)

Der Propeller ist ein langes, helikales Filament, welches aus bis zu 20 000 Untereinheiten von ein und demselben Filament-Protein bestehen kann. Der Haken verbindet die Hauptantriebswelle des Motors mit dem Propeller (dem Filament). Über die Hauptantriebswelle versetzt der Motor somit den Haken in Rotation, so dass das Filament als Schraube fungieren kann.

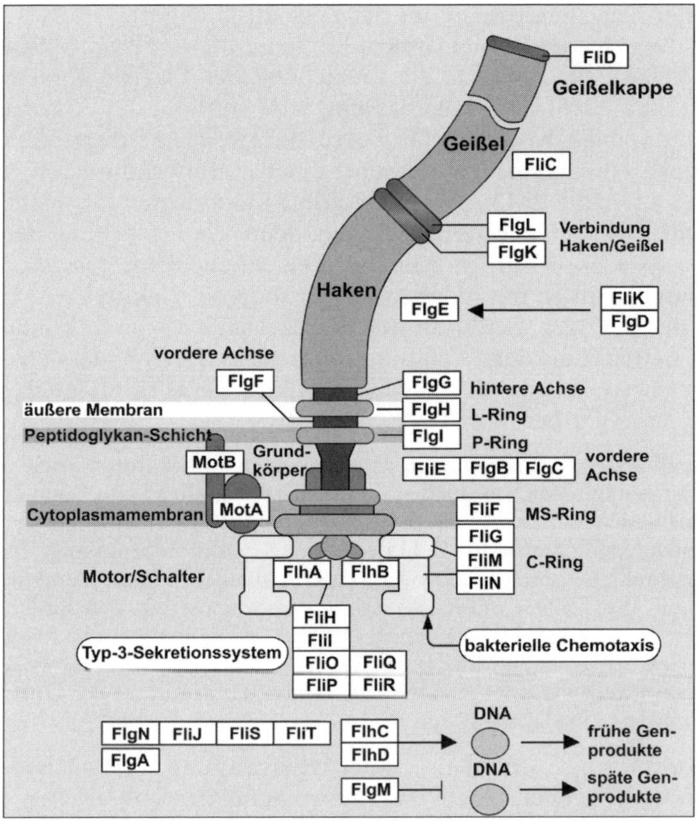

Abb. 56: Diese Grafik wurde der KEGG-Datenbank[14] entnommen und verändert (vornehmlich wurden die Begriffe ins Deutsche übersetzt).[15] Sie bildet auch die Grundlage für Abb. 9.28 in Junker/Scherer (2006). Die Bezeichnungen in den Rechtecken stellen die Namen der an der Flagelle beteiligten Proteine dar.

---

[14] Die KEGG (Kyoto Encyclopedia of Genes and Genomes) ist eine frei zugängliche Datenbank mit Informationen über Strukturen von Biomolekülen, Medikamenten, Reaktionsgleichungen, Stoffwechselwegen, Genen und der funktionalen Hierarchie biologischer Systeme in verschiedenen Organismen (www.genome.ad.jp/kegg/).

[15] www.genome.jp/dbget-bin/get_pathway?org_name=stm&mapno=02040.

Bei dem am besten untersuchten Flagellensystem, dem von *Salmonella typhimurium*, ist eine präzise Koordination von mehr als 60 Genen notwendig, um eine funktionierende Flagelle auszubilden (Chevance/Hughes 2008). Der Grundaufbau der Flagelle ist in Abb. 56 am Beispiel von *S. typhimurium* gezeigt. Dem gesamten System liegt ein Protein-Exportsystem (ein sog. Typ-3-Sekretions-System, T3SS)[16] zugrunde, welches für den Export der Flagellenproteine aus der Zelle zuständig ist.

Nach Ansicht der Evolutionskritiker kann die Evolutionswissenschaft zurzeit keine Erklärung für die Entstehung der Flagelle anbieten (Junker/Scherer 2006). Diese Auffassung wird mithilfe des Arguments der sog. „irreduziblen Komplexität" begründet, welches besagt, dass alle an der Flagelle beteiligten Proteine unabdingbar notwendig seien, um ihre Funktion zu erfüllen. Da aber nicht alle Komponenten der Flagelle „auf einen Schlag" haben evolvieren können, deute die Entstehung der Flagelle auf einen schöpferischen Akt hin. Die Möglichkeit, dass die Flagelle über Zwischenstufen mit möglicherweise anderen selektierbaren Funktionen als der heutigen Funktion der Flagelle hat evolvieren können, wird nicht in Betracht gezogen – zumindest nicht in der Art, dass eine graduelle, schrittweise Entstehung des Flagellenkomplexes für möglich gehalten wird. So lesen wir bei Behe (1996, 73):

> Als die Biologen damit begannen, scheinbar einfache Strukturen, wie Cilium und Flagellum zu untersuchen, stießen sie auf eine erstaunlich hohe Komplexität, auf Systeme bestehend aus dutzenden bis hunderten präzise aufeinander abgestimmten Teilen [...] Je größer die Zahl der für eine Funktion benötigten Teile, desto unüberwindlicher sind die Schwierigkeiten gradueller Evolution und desto mehr stürzt die Plausibilität indirekter Evolutions-Szenarien in den Keller. Darwin steht mehr und mehr auf verlorenem Posten [...] Die Darwinsche Evolution lieferte keine Erklärung für die Entstehung des Ciliums bzw. der Flagelle. Die enorme Komplexität der schwimmenden Systeme drängt uns zu der Überzeugung, dass es nie eine Erklärung geben wird.

Evolutionsbiologen sind dagegen der Überzeugung, dass nach aktuellem Kenntnisstand nichts gegen eine Entstehung der bakteriellen Flagelle mittels der bekannten molekularen Evolutionsmechanismen spricht und dass keinesfalls der Beitrag eines göttlichen oder Intelligenten Designers als notwendig erachtet werden muss. Im Gegenteil, je mehr Daten gewonnen werden, desto mehr erhärtet sich die Auffassung der Evolutionsbiologen.

---

[16] Es gibt sechs grundlegend verschiedene Typen des Proteinexports bei Bakterien. Diese Klassifikation beruht auf der molekularen Struktur des Exportsystems und der Art des durchgeführten Transportvorganges. Vier dieser Systeme werden als Typ I, II, III und IV bezeichnet. Eine ausgezeichnete Übersicht über die sechs Systeme findet sich bei Lee/Schneewind (2001), mit Verweis auf weiterführende Literatur.

3.2. Molekulare Evolutionsmechanismen: Ein paar Grundlagen

Es ist weitgehend Konsens, dass „Makroevolution" keine grundlegend anderen Mechanismen erfordert als „Mikroevolution". Nach heutiger Erkenntnis sind die genetischen Wechselwirkungen, spezifisch für jeden Organismus (bzw. seine Population) so weit abwandelbar, dass ein breites Spektrum von Möglichkeiten entsteht, so dass auch eine scharfe Abgrenzung weder sinnvoll noch möglich erscheint. Selbstverständlich sind längst nicht alle Details bekannt, und es wird wahrscheinlich niemals bis in alle Einzelheiten geklärt werden, welche kleinen oder mittelgroßen Evolutionsschritte aufeinander folgten, um eine so komplexe Struktur wie die Flagelle hervorzubringen. Der oft gezogene Umkehrschluss, Makroevolution sei nicht auf kumulative Ereignisse rückführbar, ist jedoch in keiner Weise belegt und daher unzulässig.

Um Makroevolution zu verstehen, muss also klar sein, wie Mikroevolution vonstatten geht. Und alle Vorgänge der Mikroevolution sind letztlich auf die Prinzipien der Populationsgenetik rückführbar (Hartl/Clark 2007)[17]. Genauer: Jegliche Daten-Interpretation unter evolutiven Gesichtspunkten muss mit den Grundlagen der Populationsgenetik vereinbar sein (Lynch/Conery 2003; Ayala 2007; Lynch 2007b). Wie wir wissen, ist Evolution die zeitliche Veränderung von Populationen mittels Vererbung, Variation und Selektion (englisch: descent with modification) (Futuyma 2005). Weitere treibende Kräfte der Evolution sind Rekombination, genetische Drift und Migration. Natürliche Selektion ist ein Ausleseprozess, bezogen auf den differenziellen Reproduktionserfolg von Individuen, der von der „Fitness" der Individuen in ihrer jeweiligen Umwelt abhängt (Bock 2003). Es ist das große Verdienst von Charles Darwin, natürliche Selektion als eine Triebfeder der Evolution erkannt zu haben. Natürliche Selektion kann aber nur dann wirken, wenn in Populationen Vielfalt herrscht, wenn also qualitativ neue Strukturen entstehen, die der Auslese „angeboten" werden können. Daher sind Mutation und Rekombination als Variabilität erzeugende Mechanismen nicht weniger wichtig als die natürliche Selektion.

Mittels Punktmutationen sowie durch das Einfügen kleinerer DNA-Sequenzen (Insertion), dem Entfernen von DNA (Deletion) oder infolge des umgekehrten Einbaus einer DNA-Sequenz (Inversion) können sich die Eigenschaften der Genprodukte verändern. Dies kann natürlich zum Verlust der Eigenschaften des ursprünglichen Genproduktes führen, welches zum Nachteil des Organismus sein kann. Hat sich das Gen jedoch vorher verdoppelt (die genetischen Mechanismen zur Genduplikation sind sehr gut bekannt; s. Hurles 2004) und finden die mutativen Genveränderungen nur in einer der beiden Kopien statt, so werden zwei Fliegen mit einer

[17] www.sinauer.com/detail.php?id=3082.

Klappe geschlagen: Der Organismus erfährt dadurch keinen Nachteil, da das originäre Gen weiterhin seine ursprüngliche Funktion erfüllt, wohingegen die Kopie durch Mutationen gefahrlos neue Eigenschaften entwickeln kann. Die Evolution kann auf diese Weise „ausprobieren", ob sich eine der Eigenschaften unter bestimmten Umweltbedingungen bewährt.

Aber ist ein solches Genduplikations-Szenario überhaupt Erfolg versprechend? Junker/Scherer (2006) (kurz: J/S) bezweifeln dies in ihrem „kritischen Lehrbuch" (Seite 154/155). Die wissenschaftliche Fachwelt sieht dies anders und skizziert drei verschiedene Szenarien: Entweder teilen sich beide Genkopien die originäre Aufgabe (*subfunctionalization*) oder die Kopie übernimmt eine neue Funktion (*neofunctionalization*). Die dritte Möglichkeit ist, dass die Kopie später wieder verloren geht (*nonfunctionalization* oder *pseudogenization*).

Die Wahrscheinlichkeiten für den Erhalt der Genkopien sind ebenso wie die funktionellen Zusammenhänge von „neofunctionalization" und „subfunctionalization" in theoretischen Arbeiten gut untersucht worden (Lynch et al. 2001; Karev et al. 2004; Rastogi/Liberles 2005; Shakhnovich/Koonin 2006), wenn sie zum Teil auch kontrovers diskutiert werden (Gibson/Goldberg 2009). Für „neofunctionalization" und „subfunctionalization" ist es nicht notwendig, zuerst den Weg der Pseudogenisierung zu beschreiten (der einzige Weg, den J/S potenziell für gangbar halten; vgl. S. 155). Unter Berücksichtigung populationsgenetischer Erkenntnisse ist gerade bei Bakterien die Wahrscheinlichkeit für „neofunctionalization" größer als in Eukaryonten wie Tieren und Pflanzen (Lynch/Conery 2004). Unabhängig von theoretischen Studien ist die Bedeutung der Genduplikation in der Evolution aber auch vielfach *empirisch* belegt (Wollenberg/Swaffield 2001; True/Carroll 2002; Bridgham et al. 2006; Hittinger/Carroll 2007; Wagner 2008). Beispiele für „neofunctionalization" bei Bakterien liegen ebenfalls reichlich vor (Leipe et al. 2000; Ponomarev et al. 2003), ebenso sind viele Genduplikationen im menschlichen Genom belegt (Lander et al. 2001; Levy et al. 2007). Die öffentlich verfügbare Literaturdatenbank PubMed[18] verweist auf eine Vielzahl originärer Forschungsarbeiten, in denen durch positive Selektion duplizierte Gene zu neuen Funktionen führten (Hittinger/Carroll 2007; Watanabe et al. 2007; Fan et al. 2008; Norris/Whan 2008; Scannell/Wolfe 2008). Neue Funktionen können aber auch ohne Genduplikation evolvieren (Meier et al. 2007; McLoughlin/Copley 2008).

Aber wozu sollte sich die Evolution die Mühe machen und unablässig Funktionen *de novo* entwickeln, wenn das Gute, vielleicht sogar das viel Bessere, bereits in anderen Organismen existiert? Im Prinzip steht den

[18] www.ncbi.nlm.nih.gov/sites/entrez. Der Leser kann sich durch Eingabe des Stichworts „gene duplication" in die Suchzeile einen Eindruck über die gesamte Literatur verschaffen.

Bakterien durch sog. *horizontalen Gentransfer* (HGT, „bakterieller Sex") der gesamte, weltweite Gen-Pool zur Verfügung (LERAT et al. 2005), und das schon seit Milliarden von Jahren (WOESE 2004). Bakterien sind „hemmungslos", was die Wahl ihrer „Sexualpartner" betrifft (LEVIN/BERGSTROM 2000). Die dafür benötigten genetischen Mechanismen sind ebenfalls wohldokumentiert und im Labor experimentell sehr detailliert untersucht worden (THOMAS/NIELSEN 2005). Insofern stellen die heutigen Genome von Bakterien eine mosaikartige Zusammenstellung an Genen dar. Die Evolution vieler zentraler und komplexer physiologischer Merkmale (z.B. Photosynthese, aerobe Atmung, Stickstoff-Fixierung, Sulfat-Reduktion etc.) zeichnet sich durch massiven Gentransfer aus (DOOLITTLE 1999; GOGARTEN et al. 2002; BOUCHER et al. 2003; DOOLITTLE/BAPTESTE 2007).

Was geschieht nun mit den neuen Strukturen, die durch „neofunctionalization" oder horizontalen Gentransfer entstanden sind? Der Nobelpreisträger Francois JACOB hat dafür das Wort „bricolage" verwendet, um den flickschusterartigen Charakter vieler biologischer Strukturen zu beschreiben (JACOB 1977). Damit ist gemeint, dass biologische Substrukturen häufig in den unterschiedlichsten Systemen und Funktionszusammenhängen verwendet werden. So sind im Laufe der Evolution z.B. die Knöchelchen des Mittelohres aus Kieferknochen entstanden (LUO et al. 2007). Auf molekularer Ebene wurde beispielsweise das Funktionsprinzip von ATPasen zu verschiedenen Zwecken sowohl in der Zellmembran als auch z.B. in dem Transkriptionsterminator Rho verwirklicht (CIAMPI 2006; MULKIDJANIAN et al. 2007). Weitere Beispiele von „bricolage" und der mehrfachen Verwertung und Weiterentwicklung von bestehenden Modulen finden sich unter anderem im DNA-Metabolismus bei Bakterien. So sind funktionell verschiedene Proteine häufig in ihrer Aminosäure-Sequenz sehr ähnlich und damit auf einen gemeinsamen Ursprung zurückzuführen (KELMAN/O'DONNELL 1995; KOONIN 1997; VISWANATHAN/LOVETT 1999; ARAVIND et al. 2000; THOMS et al. 2008).[19]

Die bisher diskutierten Mechanismen der Evolution (Diversifizierung durch Mutation und Rekombination mit anschließender Selektion der vorteilhaften Varianten) sind einigermaßen verständlich, doch spätestens damit endet das Wissen des Laien und damit auch der Horizont der öffentlichen Diskussion. Die vierte Kraft, nämlich die genetische Drift, wird meist übergangen oder völlig falsch gewichtet. Genetische Drift ist, wie natürliche Selektion, eine bedeutende evolutive Triebfeder, die ebenfalls darüber befindet, welche Individuen in einer Population ihre Eigenschaften

[19] Die Fülle der heute bekannten Beispiele für Genduplikation und „molecular bricolage" anzuführen würde den Rahmen dieser Arbeit um ein Vielfaches sprengen. Die Bahn brechenden Arbeiten von Eugene KOONIN und Mitarbeitern zu diesem Thema sind auf seiner Webseite aufgelistet (www.ncbi.nlm.nih.gov/CBBresearch/Koonin/index.html).

an die nächste Generation weitervererben. Allerdings ist genetische Drift, im Gegensatz zur natürlichen Selektion, keine Funktion der Fitness der Individuen. Genetische Drift ist die Wirkung des puren Zufalls, sie kann also dazu führen, dass eigentlich positiv selektierbare Eigenschaften verloren gehen (Hartl/Clark 2007). Ebenso kann Drift dazu führen, dass nachteilige Eigenschaften sich in einer Population verbreiten (man beachte, dass nachteilige Eigenschaften nicht zwangsläufig auch letal sein müssen) (Hartl/Clark 2007).

Wir sehen also, dass das *Zusammenspiel* von Selektion und Drift darüber entscheidet, welche Eigenschaften sich letztendlich in einer Population etablieren (im Fachjargon: fixiert werden) (Ayala 2007); wer meint, die natürliche Selektion sei die allmächtige, alles erklärende Kraft, liegt falsch (Gould/Lewontin 1979; Barton/Partridge 2000). Tatsächlich lässt sich die Entstehung etlicher Merkmale weitaus besser unter dem Einfluss genetischer Drift als durch Selektion erklären (Lynch 2007b). Wer allerdings glaubt, die heutige Artenvielfalt sei *ausschließlich* das Produkt des Zufalls, ohne den Mechanismus der Selektion zu berücksichtigen, der hat die grundlegenden Prinzipien der Evolution nicht weniger missverstanden. Deswegen laufen auch alle Versuche der Evolutionskritiker, mittels obskurer statistischer Ansätze auf der Basis des Zufalls die Evolution von etwas Neuem für unwahrscheinlich zu erklären, fachlich völlig ins Leere (s. Kap. IV).

Wie groß ist nun der Einfluss der Gendrift auf die Evolution? Die Antwort hängt von der Größe der betreffenden Populationen ab. In Abhängigkeit davon entfalten Selektion und genetische Drift eine sehr unterschiedliche Wirkung. Die entsprechenden mathematischen Zusammenhänge sind seit langem sehr detailliert ausgearbeitet (Kimura 1983; Bürger 2000). Im Prinzip gilt: Je kleiner die (effektive) Größe der Population, desto größer ist der Einfluss von genetischer Drift (Hartl/Clark 2007). So lassen sich Unterschiede in den Strukturen der Genome von Bakterien, einzelligen Eukaryonten und komplexeren Mehrzellern (wie uns Menschen) in größerem Umfang besser mittels Drift als mit natürlicher Selektion erklären (Lynch/Conery 2003; Tautz/Lassig 2004; Lynch 2007a)[20]. Dass ein unbedingt durchgehender positiver Selektionsdruck auf allen Zwischenstufen in der Evolution von einfachen zur komplexen Eigenschaften nicht notwendig ist, ja dass einzelne Zwischenschritte auch nachteilig sein und trotzdem als essenzielle Zwischenschritte („stepping stones“) fungieren können, zeigte sich in Experimenten zur Evolution digitaler Organismen, wie kürzlich von Lenski und Kollegen in dem angesehenen Wissenschaftsjournal „Nature“ publiziert (Lenski et al. 2003).

---

[20] Eine ausgezeichnete Zusammenfassung der historischen Entwicklung unseres Verständnisses hinsichtlich der komplexen Zusammenhänge in der Evolution ist von Arlin Stoltzfus erstellt worden (Stoltzfus 2006; www.molevol.org/camel/publications).

3.3. Die bakterielle Flagelle: Stand der Wissenschaft

In beiden bedeutenden Domänen der Prokaryonten (dem Reich der *Bacteria* und der *Archaea*) gibt es Flagellen. Oberflächlich gesehen ähneln sich die Flagellen beider Domänen, molekular betrachtet sind sie jedoch grundverschieden (Jarrell/McBride 2008). Auch ist der molekulare Aufbau der Flagellen von Archaeen längst noch nicht so gut erforscht wie bei den Bakterien. In diesem Kapitel wird nur die *bakterielle* Flagelle besprochen, da sich die Evolutionskritik interessanterweise nur gegen die *bakterielle* Flagelle richtet (möglicherweise wird man die kritische Argumentation später auch auf die Flagelle der *Archaea* ausdehnen, wenn die Forschung zeigen kann, wie komplex diese sind).

Seit 35 Jahren weiß die Forschung um die Bedeutung der Flagelle für die Fortbewegung im flüssigen Milieu (Berg/Anderson 1973). Zumeist wird die Flagelle auch nur im Rahmen *genau dieser* Funktion betrachtet – tatsächlich aber muss das Thema viel weiter gefasst werden. Mechanistisch wird die Flagelle unter dem Stichwort *Proteinsekretion* eingeordnet: Bakterien müssen aus verschiedensten Gründen (z.B. Entgiftung, Kommunikation, Aufnahme wichtiger Stoffe wie z.B. Eisen) Proteine durch Kanäle in ihrer Zellmembran in das Außenmedium transportieren (mittels so genannter Sekretionssysteme). Unter den verschiedenen Transportsystemen, die den Prokaryonten zur Verfügung stehen (Christie/Cascales 2005; Holland et al. 2005; Journet et al. 2005; Stephenson 2005; Thanassi et al. 2005), ist hier besonders das Typ-3-Sekretionssystem (T3SS) (Journet et al. 2005) von Bedeutung (die Proteine FliH, FliI, FliO, FliP, FliQ, FliR, FlhA, FlhB; Abb. 56). Eine charakteristische Aufgabe des T3SS besteht darin, die Filamentproteine der Flagelle nach außen zu transportieren, um sie dort an die Zelle „anzubauen". Eine weitere charakteristische Aufgabe des T3SS besteht im Export der Proteine des so genannten bakteriellen Injektisoms[21] (Cornelis 2006). Das Injektisom ist im Prinzip eine Art Nadel, mit der ein pathogenes Bakterium in eine Pflanzen- oder Tierzelle einstechen und sog. Effektorproteine (u.a. Toxine) in die Zielzelle einspritzen kann. Mit Blick auf diese beiden Funktionen unterscheidet man flagellierte (f-) und nicht-flagellierte (nf-) T3SS (Pallen et al. 2005c).

Die Flagelle muss aber auch im Kontext der Vielfalt von Bewegungs-(Motilitäts-)Systemen gesehen werden. Für Bakterien bieten sich überraschend viele Möglichkeiten, sich sowohl in Flüssigkeiten als auch auf festen Oberflächen fortzubewegen (Bardy et al. 2003; Jarrell/McBride 2008). Mitunter verfügen Bakterien über mehrere Motilitätssysteme gleichzeitig, so kann sich z.B. *Pseudomonas aeruginosa* sowohl mittels einer Flagelle als

---

[21] www.genome.jp/dbget-bin/get_pathway?org_name=ko&mapno=03070.

auch durch „twitching motility"[22] mithilfe von Typ-IV-Pili[23] fortbewegen. Die Flagelle ermöglicht aber nicht nur verschiedene Formen der Motilität wie Schwimmen und Schwärmen, sie ist oft auch essenziell für Virulenz und Adhäsion (Anheftung des Bakteriums an eine Oberfläche) (McCarter 2006; Inglis et al. 2003; Rabaan et al. 2001; Lanois et al. 2008). Es gibt sogar Hinweise, die dafür sprechen, dass die Flagelle völlig unabhängig von der Funktion als Fortbewegungsorgan das Einschleusen von Virulenz-Proteinen in Wirtszellen bewerkstelligen kann (Young et al. 1999) – eine Aufgabe, die eigentlich charakteristisch für nf-T3SS ist. Es herrscht somit *Multifunktionalität*; unterschiedliche Selektionsdrücke wirken auf die Entstehung und den Erhalt der Flagelle ein.

Nachdem wir besprochen haben, in welchen funktionellen Kontext die Flagellen einzuordnen sind, widmen wir uns nun der Darstellung des molekularen Aufbaus. Dazu muss noch einmal klargestellt werden, dass sehr verschiedene Bakterienarten über Flagellen verfügen. Bisher ist nur von einigen wenigen Modellorganismen der molekulare Aufbau der Flagelle annähernd gut erforscht worden, über die Flagellen vieler anderer[24] Bakterien wissen wir derzeit noch sehr wenig. Selbst von den wenigen der besser untersuchten Modellorganismen wie *Salmonella typhimurium* und *Escherichia coli* ist das Wissen über die mechanistischen Details noch unvollständig. So musste erst kürzlich unser Wissen über die Aufgabe der ATPase, die sie in dem Komplex T3SS erfüllt, grundlegend revidiert werden (ATPasen sind in der Lage, den molekularen Energieträger ATP zu spalten und damit Energie für bestimmte Zwecke bereitzustellen). Während man bis vor kurzem der Auffassung war, dass ATPasen die Energie für den Export der Flagellenproteine bereitstellen, weiß man heute, das die Energie aus dem Protonengradienten entlang der Zellmembranen gewonnen wird. Die durch die ATPase gewonnene Energie dient lediglich dazu, die für den Export vorgesehenen Proteine zu entfalten, so dass sie in den Exportkanal hineingefädelt werden können (Minamino/Namba 2008; Paul et al. 2008).

Erst ansatzweise beginnt die Wissenschaft, die mechanistischen Details der Flagellen anderer Bakterien zu untersuchen. Dieser zeitliche Verzug beruht darauf, dass sich viele molekularbiologische Untersuchungsmethoden erst in den letzten 20 Jahren etabliert haben und der Forschungsfokus sich zuerst auf die etablierten Modellorganismen *Salmonella* und *E. coli* konzentriert hat. Dabei förderten die bisher durchgeführten Untersuchungen eine erstaunliche Vielfalt hinsichtlich Form und Struktur der Flagellen zutage.

---

[22] „Twitching motility" ist eine flagellen-unabhängige Fortbewegungsart, in der Bakterien sich mit Hilfe von Pili über eine Oberfläche ziehen (www.youtube.com/watch?v=m1vJKz_bV7U).

[23] de.wikipedia.org/wiki/Pilus.

[24] In diesem Kapitel werden mehrere Bakterienarten erwähnt. Zurzeit sind ca. 12000 prokaryontische Arten taxonomisch beschrieben. Ein Überblick über die verwandtschaftlichen Beziehungen der Arten kann unter www.arb-silva.de/living-tree/ heruntergeladen werden.

So zeigte sich, dass insgesamt nur ein Satz von ca. 24 Genen den absolut notwendigen Kern einer funktionierenden Flagelle kodiert (Liu/Ochman 2007). Ein erheblicher Anteil der Flagellen-Gene ist jeweils nur in bestimmten Bakterienarten vorhanden. So fehlen z. B. die Gene *flgH* und *flgI*, die für die L- und P-Ring-Proteine kodieren (Abb. 56), bei den als *Firmicutes* bezeichneten Bakterien völlig. Der Grund ist einfach: diese Bakterien besitzen keine äußere Zellmembran. In der KEGG Datenbank kann sich der Leser selber ein Bild machen, welches Bakterium über welche Flagellen-Gene verfügt[25] und somit einen Eindruck der molekularen Vielfalt gewinnen.

Die Vielfalt an unterschiedlichen Genausstattungen für die Flagelle führt auch zu unterschiedlichen biochemischen und morphologischen Strukturen. So gibt es Flagellen, die sich am Ende der Zelle befinden (polare Position), andere gehen von der Zellmitte aus (lateral). Für beide Flagellensysteme gibt es unterschiedliche Sätze von Genen, z. T. sogar innerhalb des gleichen Organismus (*Vibrio parahaemolyticus*) (McCarter 2004). Interessanterweise kann auch die zur Rotation benötigte Art der Energiegewinnung der beiden Flagellensysteme variieren: mal ist es der Gradient von Wasserstoffionen (Protonen), mal kommen Natriumionen zum Einsatz (McCarter 2004). Eine ganz faszinierende (und auch im Prinzip recht „unintelligente") Variante stellt z. B. die Flagelle von Spirochäten dar. Hier ragt die Flagelle nicht einmal in die Zellumgebung; stattdessen ist sie zwischen der inneren und äußeren Zellmembran lokalisiert. Insofern ist die Flagelle in ihrer Funktion als Propeller sehr ineffizient, gleichwohl bewirkt die korkenzieherartige Rotation der Flagellen um den Zellkörper herum eine gewisse Beweglichkeit[26].

Fazit: Im Rahmen der Diskussion über die Evolution der Flagelle muss unbedingt bedacht werden, dass das „Grundmuster" aller bisher bekannten bakteriellen Flagellen im Prinzip zwar gleich ist (dabei aber anders als die deutlich unterschiedlich gestalteten Flagellen der *Archaea* und der *Eukaryonten*), jedoch auf verblüffend vielfältige Art und Weise variiert. Wie viele Variationsmöglichkeiten es gibt, lässt sich heute noch kaum abschätzen. Heute kennt man über 85 Hauptgruppen[27] von Bakterien, von denen der größte Teil nicht kultivierbar ist, also molekular bisher nicht im Detail untersucht werden kann. Bisher wurden die Genomsequenzen von über 900 Bakterien entschlüsselt, die Genomsequenzen von ca. 2 200 weiteren Bakterien werden zurzeit ermittelt[28]. Doch 82 % der bearbeiteten Genomsequenzen erstrecken sich auf ganze drei der 85 Hauptgruppen (*Proteobacteria*, *Firmicutes*, *Actinobacteria*)[29]. Die molekular am besten

[25] www.genome.ad.jp/kegg/pathway/eco/eco02040.html.

[26] www.youtube.com/watch?v=O0y7X5acK8M.

[27] www.arb-silva.de/fileadmin/silva_databases/living_tree/LTP_tree_s93.svg.

[28] www.genomesonline.org.

[29] www.genomesonline.org/gold_statistics.htm; Abb. 4: Phylogenetic Distribution of Bacterial Genome Projects; Abb. 8: Bacteria Phyla with Genome Projects.

untersuchten Flagellensysteme (*E. coli*, *S. typhimurium* und *Vibrio alginolyticus*) gehören sämtlich zur Untergruppe „γ" der Proteobakterien. Dies ist alles andere als repräsentativ für die Vielfalt der Bakterien. Insofern ist die aktuelle Datenbasis zur Flagelle extrem gering, so dass es bisher noch nicht möglich ist, detailliert die Evolution der Flagellen und T3SS nachzuzeichnen. Aber gerade aufgrund der geringen Datenbasis sind Behauptungen, dass die Flagellen und T3SS kaum das Ergebnis von Evolution sein könnten, nicht nachvollziehbar. In anderen Worten: Die oft vorgenommene Fokussierung auf den Flagellentyp von *S. typhimurium* ist kaum angemessen, wenn es um die Frage der Evoluierbarkeit der Flagelle im Allgemeinen geht.

Sind Flagellensysteme irreduzibel komplex?
Es ist sicher so, dass die Flagellensysteme individueller Zellen meist irreduzibel komplex sind in dem Sinne, dass die Entfernung nur eines an der Flagellenausbildung beteiligten Proteins dazu führt, dass keine funktionelle Flagelle ausgebildet werden kann. Allerdings gibt es vereinzelt Ausnahmen. Das Flagellen-Protein FliL beispielsweise ist in den Flagellensystemen vieler Bakterien vorhanden und oftmals auch essenziell für die Motilität (Belas/Suvanasuthi 2005). Bei *Salmonella enterica* jedoch führt eine komplette Entfernung von FliL nur zu einem Verlust der Fähigkeit zum Schwärmen, während die Schwimmfunktion nahezu vollständig aufrechterhalten wird (Attmannspacher et al. 2008). Dies legt den Schluss nahe, dass das System „Flagelle" in seiner Funktion in den unterschiedlichsten Bakterien durchaus flexibel ist. So können sich essenzielle Komponenten im Bakterium der Art X als entbehrlich im Bakterium der Art Y erweisen. Ein weiteres Beispiel sind die Motorproteine von *V. alginolyticus*. Zusätzlich zu den bekannten Motorproteinen MotA und MotB (bei *V. alginolyticus* werden diese als PomA und PomB bezeichnet) benötigt dieser Organismus unbedingt noch die Proteine MotX und MotY für eine funktionierende Flagellenrotation (Okabe et al. 2005). Interessanterweise werden diese Proteine bei den molekular detailliert untersuchten flagellaren Modellsystemen aber nicht benötigt. Abgesehen von einem Kern an essenziellen Flagellenproteinen sind also je nach Bakterienart verschiedene Flagellenkomponenten entbehrlich[30] (Pallen et al. 2005b; Pallen/Matzke 2006; Liu/Ochman 2007; Pallen/Gophna 2007).

Wie flexibel/robust sind Flagellensysteme? Könnten mutative Störungen durch andere Mutationen ausgeglichen werden?
Bei *E. coli* treiben die Proteine MotA und MotB die Hauptantriebswelle („vordere Achse", Abb. 56) an und versetzten somit die Flagelle in Ro-

[30] www.genome.ad.jp/kegg/ortholog/tab02040.html.

tation. Entfernt man MotB vollständig, so wird zwar eine komplette Flagelle ausgebildet. Diese kann sich aber wegen des Fehlens eines zentralen Motor-Proteins (MotB) nicht drehen (Berg 2003). Entfernt man MotB nicht vollständig, sondern erzeugt nur Mutationen im Gen, welches für MotB kodiert, führt dies in ebenfalls fast allen Fällen zu einem vollständigen Verlust der Beweglichkeit (Blair et al. 1991). Einige Forscher fragten sich nun, ob Mutationen in MotA oder anderen Motor-assoziierten Proteinen (FliG, FliM and FliN) die MotB- Mutationen „supprimieren" könnten (der Fachausdruck für ein funktionelles Ausgleichen oder „Abfangen" der MotB- Mutationen durch eine neue zusätzliche Mutationen in anderen Genen). In der Tat: Etliche der im Labor mutierten MotA-Proteine (aber auch FliG und FliM, Komponenten der Hauptantriebswelle) konnten in Kombination mit verschiedenen mutierten MotB-Varianten die Beweglichkeit vollständig wiederherstellen (Garza et al. 1995; Garza et al. 1996). Ein Beispiel für eine weitere Suppressions-Reparatur findet sich bei *Campylobacter jejuni*. Die erste „zerstörerische" Mutation im Gen *flgS* führte dazu, dass eine Flagelle gar nicht erst aufgebaut werden konnte. Verschiedene zusätzliche Mutationen (entweder in *flgS*, oder auch in einem zweiten Gen, *flgR*) führten jedoch wieder zu flagellierten und beweglichen Zellen (Hendrixson 2008). Dies sind klare Hinweise darauf, dass die mutative Zerstörung essenzieller Flagellen-Gene durch anschließende Mutationen in anderen Flagellen-Genen aufgefangen werden kann.

Das wiederum bedeutet zweierlei: Erstens scheint das „System Flagelle" nicht so leicht durch Mutationen *irreversibel* zerstörbar zu sein. Was für die heutige Flagelle gilt, trifft wohl auch auf die jeweiligen Zwischenstufen in der Evolution der Flagelle zu. Zweitens tragen Suppressor-Mutanten, die ohne einen vorherigen Funktionsverlust nicht hätten positiv selektiert werden können, auf diesem *indirekten* Weg zur Vielfalt der Flagellensysteme bei und könnten dadurch möglicherweise der Flagelle neue evolutionäre Entwicklungswege eröffnen.

Evolution von T3SS: Was war zuerst da, Flagelle oder Injektisom?

Die Flagelle (f-T3SS) und das Injektisom (nf-T3SS) erfüllen sehr verschiedene Aufgaben, werden aber beide mittels eines Typ-3-Sekretionssystems (T3SS) in das Zelläußere exportiert. f-T3SS kommen sowohl in grampositiven als auch in gramnegativen Bakterien vor, nf-T3SS existieren vornehmlich in gramnegativen Bakterien und werden dort hauptsächlich mit tier- oder pflanzenpathogenen Bakterien in Verbindung gebracht. Damit stellt sich die Frage, ob zuerst die nf-T3SS evolviert sind, so dass aus diesen dann die f-T3SS entstanden sind (Szenario 1, Abb. 57)? Oder war die Reihenfolge umgekehrt (Szenario 2, Abb. 57)? Oder evolvierten f-T3SS und nf-T3SS unabhängig voneinander aus einem bisher nicht näher spezifizierten T3SS-Export-System (Szenario 3, Abb. 57)? Interessanterweise ist diese Frage noch nicht geklärt. Die Argumente für die einzelnen Positionen werden hier schlaglichtartig dargestellt.

Szenario 1, wonach zuerst die nf-T3SS (Injektisomen) und aus diesen dann die f-T3SS (Flagellen) entstanden sind, wird in der wissenschaftlichen Literatur so gut wie nicht vertreten. Interessanterweise ist es aber das einzige Modell, das J/S diskutieren, und es entsteht in dem Kapitel (S. 160) der falsche Eindruck, dass hauptsächlich dieses Modell von den Wissenschaftern in Erwägung gezogen würde (nähere Erläuterungen weiter unten). Tatsächlich aber werden nur die Szenarien 2 und 3 ernsthaft diskutiert.

Galán/Collmer (1999); Macnab (1999); Nguyen et al. (2000); Saier (2004) vertreten Szenario 2. Für dieses spricht, dass die f-T3SS sehr verbreitet sind (sowohl bei grampositiven als auch bei gramnegativen Bakterien), während die nf-T3SS nur bei gramnegativen Bakterien zu finden sind. Zudem findet man nf-T3SS vornehmlich in tier- und pflanzenpathogenen Bakterien. Die Wirtsorganismen (Tiere und Pflanzen) sind evolutiv allerdings erst viel später entstanden als die Bakterien. Somit sei gegenwärtig kein Selektionsdruck erkennbar, wonach sich erst die nf-T3SS entwickelt haben und daraus dann die f-T3SS entstanden sein sollten.

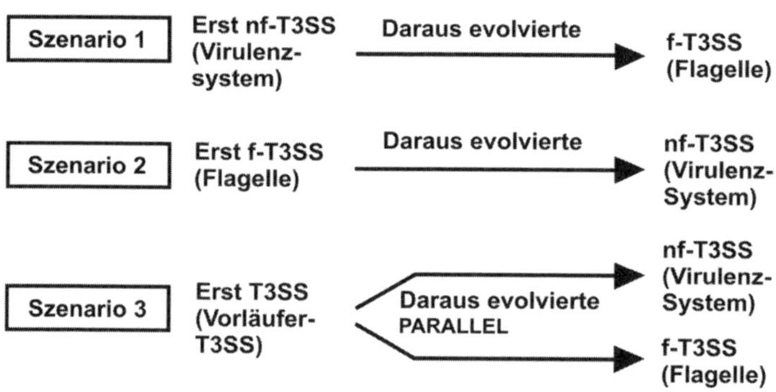

Abb. 57: Szenarien der evolutionären Abfolge von f-T3SS und nf-T3SS.

Diese Hypothese wird von Vertretern von Szenario 3 kritisiert (Aizawa 2001; Gophna et al. 2003; Pallen et al. 2005c; Pallen/Gophna 2007). Diese berufen sich unter anderem darauf, dass die evolutionäre Ableitung eines nf-T3SS aus einem flagellierten T3SS erheblich aufwändiger wäre als eine unabhängige Evolution beider Systeme von einem gemeinsamen Vorfahren. So würde Szenario 2 sieben Schritte erfordern: Erst hätte sich der Motor, dann der Chemotaxis-Apparat und dann die Expressionsregulation entwickeln müssen. Anschließend aber hätten in der Entwicklungslinie, die zum letzten gemeinsame Vorfahren aller nf-T3SS-Systeme führte, all diese Merkmale wieder verloren gehen müssen (Pallen et al. 2005c). Es ist einsichtig, dass ein solches Szenario aus Parsimonie-Gründen[31] nicht den Top-Favoriten darstellt, denn eine parallele Evolution von f-T3SS und nf-T3SS würde nur vier Schritte erfordern: Die Entwicklung des Motors, des Chemotaxis-Apparats und dann jeweils parallel dazu die Entwicklung der f-T3SS-spezifischen Expressionsregulation sowie des nf-T3SS-spezifischen Translokations-Apparats (Pallen et al. 2005c). Es bleibt somit festzuhalten, dass wissenschaftlich noch nicht völlig klar ist, in welcher Reihenfolge f-T3SS und nf-T3SS evolvierten. Es muss aber auch betont werden, dass – unabhängig von der Frage, ob Szenario 2 oder 3 zutrifft – ein ganzes Bündel von Belegen für die evolutionäre Verwandtschaft beider Systeme spricht, was in der Fachwelt auch niemand bezweifelt.

Welche Elemente innerhalb von f- und nf-T3SS spiegeln die Einwirkung bekannter Evolutionsmechanismen wieder?
Wie oben erläutert, sind horizontaler Gentransfer, Genduplikation und „molekulare Flickschusterei“ (molecular bricolage) zentrale molekulare Mechanismen der Evolution. Diese Mechanismen, die häufig auch im Verbund wirken, wurden weiter oben anhand mehrer Beispiele erörtert, die nicht im Zusammenhang mit der Flagelle stehen. Lässt sich der Einfluss dieser Mechanismen auch in der Flagellenevolution nachweisen? Dies ist, wie im Folgenden anhand einiger Beispiele besprochen werden soll, tatsächlich der Fall.

• Horizontaler Gentransfer
Das Bakterium *Rhodospirillum centenum* besitzt zwei Flagellensysteme, eines für polare, das andere für seitlich (lateral) ausgebildete Flagellen. Jedes dieser Flagellensysteme besitzt einen eigenen Satz der Rotorproteine FliG, FliM und FliN (Abb. 56). Mittels Sequenzvergleich konnte gezeigt werden, dass diese Proteine sehr eng miteinander verwandt und daher offenbar durch Genduplikation entstanden sind (McClain et al. 2002). Zum Rotieren der Flagellen sind aber nicht nur Rotorproteine, sondern auch sog. Stator-Proteine nötig, welche den eigentlichen Motor (den molekularen Ursprung der Antriebskraft) darstellen (MotA und MotB). Hier konnte bei *Rhodospirillum centenum* gezeigt werden, dass die Proteinsätze MotA und MotB für die beiden Flagellensysteme desselben Organismus nicht durch eine Genduplikation entstanden sind, sondern dass MotAB für die polare Flagelle ganz offensichtlich durch horizontalen Gentransfer von verwandtschaftlich relativ weit entfernten Bakterien rekrutiert wurde (McClain et al. 2002). Auch das Bakterium *Rhodobacter sphaeroides* besitzt zwei Flagellensysteme – hier wurde das

[31] Dieses Sparsamkeitsprinzip besagt, dass von mehreren Hypothesen, die den gleichen Sachverhalt erklären, die einfachste zu bevorzugen ist (de.wikipedia.org/wiki/Parsimonie).

zweite Flagellensystem gar *als Ganzes* durch horizontalen Gentransfer erworben (Poggio et al. 2007).

- „Molecular bricolage"

(I) Die Proteine des L- and P- Rings werden nicht durch das T3SS exportiert, sondern durch den Sec-abhängigen Protein-Transportweg (Chevance/Hughes 2008). Das heißt, es werden verschiedene Protein-Exportsysteme verwendet, um eine einzige biologische Struktur, nämlich die funktionierende Flagelle, zu exportieren.

(II) Zum Motor: die Verwendung von Protonengradienten entlang der Zellmembran ist das zentrale Prinzip bakterieller Energiegewinnung (Saier 2000; Postle/Kadner 2003).[32] Die membranständigen Proteine ExbBD und TolQR, welche der Nährstoffaufnahme dienen, sind eng mit MotA und MotB, den Motorproteinen der Flagelle, verwandt (Cascales et al. 2001; Zhai et al. 2003); die entsprechenden Gensequenzen weisen einen derart hohen Grad an Übereinstimmung auf, dass von einem gemeinsamen Ursprung auszugehen ist (Saier 2003). Im gleichen Maß wie ExbBD und TolQR nutzen auch MotA und MotB den Protonengradienten aus, aber eben nicht zum Transport von Nährstoffen, sondern um die Rotation der Flagelle zu bewerkstelligen! Es ist daher offensichtlich, dass sich in der Evolution der bakteriellen Flagelle kein eigenständiges Motorsystem zu entwickeln brauchte. Stattdessen könnte sehr wohl die für die ExbBD- und TolQR-Systeme charakteristische Eigenschaft (strukturelle Änderung der Proteine infolge des Protonentransports durch die Zellmembran) einfach für die Rotation der Flagelle rekrutiert worden sein. Das Protein MotA ist dem ExbB sehr ähnlich, besitzt dieselbe 3D-Struktur und besitzt auch die gleichen zentralen Aminosäuren zur Protonenübertragung (Braun et al. 1996; Kojima/Blair 2001). Es interagiert direkt mit FliG, einem Protein der Hauptantriebswelle (Kojima/Blair 2004).

Am einfachsten kann man sich das Funktionsprinzip mithilfe eines plakativen Vergleichs vorstellen: Man denke an den legendären Tritt von Jürgen Klinsmann in eine Werbetonne[33], als er bei einem Spiel von Bayern München von seinem Trainer Giovanni Trappatoni ausgewechselt wurde. Hätte er die Tonne seitlich gestreift, wäre sie ins Rotieren geraten. Nun stelle man sich vor, die Tonne repräsentiere die Hauptantriebswelle (rod) der Flagelle und Klinsmann das Protein MotA. Jedes Mal, wenn Klinsmann ein Proton aufnimmt, prallt sein Fuß aufgrund einer strukturellen Veränderung gegen die Tonne: die Tonne dreht sich. Gibt er das Proton wieder ab, zieht sich der Fuß wieder zurück. Kurz darauf nimmt er ein neues Proton auf usw. Auf diese Weise gerät die Tonne dauerhaft ins Rotieren. Die

[32] www.genome.jp/dbget-bin/get_pathway?org_name=ko&mapno=00190.
[33] video.google.com/videoplay?docid=-8289766033896071017.

Rotation wird vermutlich jedoch nicht durch eine direkte, mechanische Interaktion von MotA mit FliG in Gang gesetzt wird, sondern eher durch Anziehung/Abstoßung mittels elektrostatischer Wechselwirkung aufgrund des Protonen-Flusses. Die entsprechenden Modelle werden zurzeit in der Fachliteratur diskutiert (Kojima/Blair 2004).

(III) Bei alledem gibt es nicht nur Hinweise auf *molekulare* Flickschusterei, auch *funktionelle* Flickschusterei scheint möglich zu sein. Wie oben betont wurde, fungiert die Flagelle des Bakteriums *Yersinia enterocolitica* nicht nur als Antriebseinheit, sondern kann unabhängig davon auch dazu genutzt werden, Proteine in Wirtszellen zu injizieren („Doppelfunktion") (Young et al. 1999) – eine Aufgabe, die eigentlich charakteristisch für nf-T3SS ist.

- Genduplikation

Die Proteine des f-T3SS (FlgB, FlgC, FlgE, FlgF, FlgG und Hap1/FlgK) sind so sequenzähnlich, dass die Abstammung von einem gemeinsamen „Urgen" evident ist (Homma et al. 1990; Pallen et al. 2005b). Auch in nf-T3SS gibt es Hinweise für Genduplikation mit anschließender Diversifikation: Die Proteine PrgI bzw. MxiH und PrgH bzw. MxiI, welche allesamt am Aufbau des Nadelkomplexes beteiligt sind, entstammen jeweils einer Genduplikation (Pallen et al. 2005a). Die Genduplikation, die zu den Rotorproteinen jeweils für polare und laterale Flagelle bei *Rhodospirillum centenum* führte (McClain et al. 2002), wurde oben schon erläutert.

Welche Modelle zur Evolution der f-/nf-T3SS stehen heute zur Verfügung?
Es verbleibt die zentrale Frage: Wie genau evolvierte die bakterielle Flagelle (und ihr kongenialer Partner, das bakterielle Injektisom)? Obwohl die heutigen Erkenntnisse die enge Verwandtschaft der Flagelle mit dem Injektisom belegen, lässt sich aufgrund mangelnder Datenbasis der *detail lierte* Verlauf der Evolution noch nicht mit Sicherheit rekonstruieren. Es ist nicht einmal klar, ob dies jemals möglich sein wird. Dies ist aber auch nicht der Punkt, um den es hier geht. Die Frage, die sich der Biowissenschaftler stellen muss, lautet: Kann die Wissenschaft plausible und belastbare *Modelle* aufstellen, die eine Evolution der Flagelle (bzw. einen möglichen Evolutionsweg) *erklären* können? Diese Frage ist eindeutig mit „ja" zu beantworten. Ein solcher Evolutionsweg soll im Folgenden vorgestellt werden. Dabei wird sich zeigen, dass heute ausreichend Kenntnisse vorliegen, um den Schluss zu rechtfertigen, dass die Evolution der Flagelle *möglich* ist, auch wenn wir die letzten Details ganz sicher niemals rekonstruieren werden.

Die Erstellung eines Evolutionsmodells muss zwangsläufig erst einmal spekulativ sein. Spekulationen (Hypothesen) sind der Stoff, aus dem Ideen für weitere wissenschaftliche Forschungen gewonnen werden. Jeder Wissenschaftler erstellt Hypothesen und Modelle in seiner täglichen Arbeit, denen er dann experimentell nachgeht. Nicholas MATZKE[34] hat mit profundem Fachwissen ein beeindruckendes und belastbares Modell zur Evolution des bakteriellen Flagellensystems erarbeitet und im Internet veröffentlicht[35].

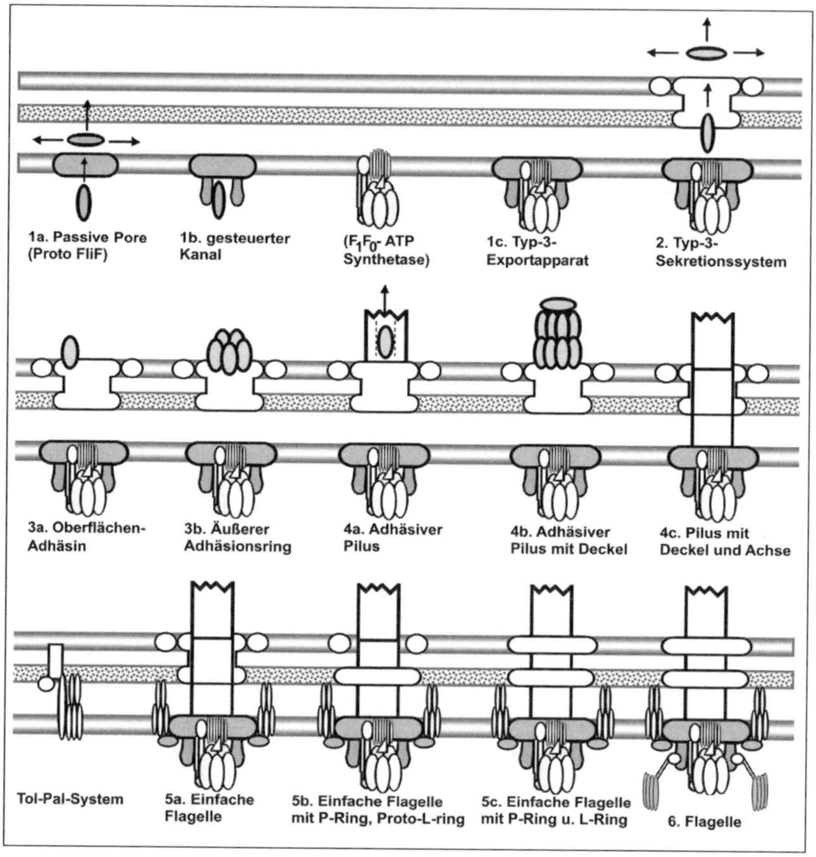

Abb. 58: Hypothetisches Szenario der Evolution der bakteriellen Flagelle (Abb. 7 aus dem Essay von Nicholas MATZKE „Evolution in Brownian Space", verändert).

MATZKE postuliert folgenden Evolutionsweg (Abb. 58): Die Evolution der Flagelle beginnt mit der Entwicklung einer passiven Pore in der inneren Zellmembran, die durch das Hinzufügen einer (*im Genbestand bereits vorhandenen!*) Energiepumpe (ATPase) zu einem aktiven Transporter wurde – einem sehr primitiven Typ-3-Exportapparat. Dieser Apparat kann Stoffe

[34] en.wikipedia.org/wiki/Nick_Matzke.
[35] www.talkreason.org/articles/flag.pdf.

in den periplasmatischen Raum (der zwischen der inneren und der äußeren Zellmembran liegt) ausschleusen. Damit ist ein Selektionsdruck denkbar, der diesen ersten Schritt belohnen konnte. Entsteht zu einem späteren Zeitpunkt durch Hinzufügen eines Sekretins zusätzlich eine Pore in der *äußeren* Zellmembran, können die Stoffe aktiv in die Zellumgebung transportiert werden. Über Adhäsions-Proteine („Adhäsine"), welche sich dann an dem äußeren Ring anlagern, kann sich die Zelle auch an andere Oberflächen anlagern und z.B. so die Biofilmbildung bewirken (Biofilme repräsentieren eine Art Sozialleben von Bakterien, das ihnen verschiedene Vorteile verschafft, z.B. Schutz vor Antibiotika und vor Fressfeinden).

Der selektierbare Vorteil von Adhäsinen – die Anheftung an andere Oberflächen – würde natürlich noch dadurch verstärkt, wenn das Adhäsin mittels fadenförmiger Zellfortsätze noch weiter in die Umgebung des Bakteriums herausragen könnte, z.B. indem die Adhäsine die Fähigkeit entwickeln, aneinander zu kleben, also Fortsätze zu bilden. Diese Zellfortsätze nennt man „Pilus"[36], und es ist in der Tat Konsens, dass „Pili" zur verbesserten Adhäsion evolvierten (Telford et al. 2006). Durch Anlagerung weiterer (Adhäsin-)Proteine könnte dieser Pilus stufenlos in seiner Struktur optimiert worden sein[37]. So ist seit langem bekannt, dass sich Adhäsine an der Spitze von Pili befinden können (Lindberg et al. 1987). Adhäsion kann aber auch durch den Basisbaustein von Flagellenfilamenten, das Protein FliC, vermittelt werden (Lillehoj et al. 2002)

Wird zu einem späteren Zeitpunkt die „Ankerfunktion" des Pilus nicht genutzt, bringt die Rekrutierung bestimmter Proteine aus dem oben erwähnten Tol/Pal-System (ExbBD und TolQR) weitere entscheidende Selektionsvorteile, da sie aufgrund ihrer Fähigkeit, ihre Struktur abwechselnd in einer bestimmten Weise zu verändern, einen Pilus in Rotation versetzen können: ein einfaches Flagellensystem ist entstanden. Um die Rotation effizienter zu gestalten, verloren die Sekretine später ihre feste Bindung zu dem axialen Filament des Pilus und bildeten sich zu P- und L-Ring um. In den letzten Schritten verband sich dieses System mit dem Signal-Transduktionsweg der Chemotaxis. Damit ist eine schrittweise Evolution der Flagelle möglich, wobei praktisch jeder Zwischenschritt durch die Selektion belohnt wird.

Doch wie wahrscheinlich ist das dargelegte Szenario? William A. Dembski, einer der überzeugtesten Verfechter des Intelligent Design, lehnt das Szenario ab und bezeichnet es recht despektierlich als „another exercise in Darwinian storytelling"[38] – eine weitere Darwinsche Geschichte. Hat Dembski recht mit dieser Behauptung? Ja und nein. Es ist in der Tat richtig,

[36] de.wikipedia.org/wiki/Pilus.
[37] www.youtube.com/watch?v=SdwTwNPyR9w.
[38] www.arn.org/docs/dembski/wd_biologusubjunctive.htm.

dass das hier dargelegte Modell *eine* Möglichkeit, *eine* der möglichen „Geschichten“ darüber ist, wie es sich einst zugetragen haben könnte. (Und natürlich beruht auch das lineare Szenario der Evolutionsgegner auf „story-telling“!) In der Tat ist noch nicht klar, ob dieses hypothetische Evolutionsszenario von MATZKE historisch tatsächlich im Detail korrekt ist – es ist eben ein Modell. Dies aber ist, und das hat DEMBSKI offensichtlich nicht verstanden, gar nicht unbedingt der Punkt! Ein sehr wichtiges Ziel naturwissenschaftlicher Forschung ist die Modellbildung. Worauf es hierbei ankommt, ist, dass jedes Modell, jede Geschichte über die möglichen Wege der Evolution molekularbiologisch *begründbar* sein muss, während ein detailgetreues Nachzeichnen der tatsächlich erfolgten molekularbiologischen Schritte für die Plausibilität eines Modells zwar wünschenswert, aber nicht zwingend notwendig ist. MATZKES Modell *ist* molekularbiologisch begründet, da alle notwendigen molekularbiologischen Mechanismen bekannt und die im Modell enthaltenen Randbedingungen entsprechen, wie das vorliegende Kapitel zu zeigen beabsichtigt, biologischem Hintergrundwissen.

Nachdem eine Reihe von Modellen über den Verlauf der Evolution erstellt wurde, müssen die verschiedenen Szenarien („Darwinian stories“) gegeneinander abgewogen bzw. anhand der Daten überprüft werden (PENNOCK 2004)[39]. Bezüglich des Modells von MATZKE stellt sich folgende Frage: Lassen sich die einzelnen (hypothetisch postulierten) Abfolgen mit den heute bekannten und empirisch belegten Evolutionsmechanismen erklären und mit den empirischen Daten in Einklang bringen? Wenn dies gelingt, dann hat sich das Modell bewährt. Die Kritiker des Modells müssten dann versuchen, es zu falsifizieren, also anhand entsprechender Daten zeigen, dass sich die Evolution doch nicht auf diese Weise vollzogen haben kann.

MATZKE begründet sein Szenario hauptsächlich damit, dass viele der von ihm postulierten Zwischenstufen so oder in einer ähnlichen Weise noch in den heutigen Bakterien existieren. Beispielsweise sind biologische Strukturen, welche (energiegetrieben oder passiv) den Export von Substanzen aus der Zelle heraus ermöglichen, in heutigen Bakterien in einer Vielzahl von Ausformungen (von ganz einfach bis schon recht komplex) realisiert (MATZKE, Abb. 7, Schritte 1–2; SAIER 2000). Die Vielfalt der bakteriellen Export-Systeme ist seit langem bekannt (FATH/KOLTER 1993) und wurde in einer Datenbank katalogisiert[40]. Ebenso wurden Transporter-Systeme beschrieben, die mal mit einem Protonengradienten (PMF), mal aber auch mit einer ATPase betrieben werden (SAIER 2000). Weiterhin sind zahlreiche Mechanismen bekannt, mit denen sich

[39] www.msu.edu/~pennock5/research/papers/Pennock_TeachingEvoNatureSci.pdf.
[40] www.biology.ucsd.edu/~msaier/transport/.

Bakterien an Oberflächen anheften können (MATZKE, Abb. 7, Schritt 3; O'TOOLE et al. 2000).

Natürlich gibt es auch diverse real existierende Beispiele für die Adhäsion von Bakterien an Oberflächen mittels verschiedener Pilin-Systeme (MATZKE, Abb. 7, Schritt 4; SAUER et al. 2000; KOEBNIK 2001; MATTICK 2002). Ebenso ist bekannt, dass Flagellen-Systeme selber an Adhäsionen beteiligt sind (RABAAN et al. 2001; INGLIS et al. 2003; KIROV et al. 2004).[41] Die molekulare Grundlage der adhäsiven Wirkung von Flagellen ist bisher unbekannt (ERDEM et al. 2007), allerdings wurde erst kürzlich gezeigt, dass die Adhäsion von *E. coli*-Flagellen an eukaryontische Wirtszellen nur mittels eines nach außen sekretierten adhäsiven „Vermittler-Proteins" (ROY et al. 2008 a,b) erfolgt. Möglicherweise war somit gar keine separate Entstehung einer adhäsiven Protein-Domäne in Flagellen- (oder Pilin-) Proteinen notwendig. Stattdessen wurde einfach ein schon vorhandenes adhäsives Element (das „Vermittler-Protein") wiederverwendet („molecular bricolage").

Der Übergang von einer Pilus-artigen Struktur zu einer sich drehenden Flagelle ist zwar noch weitestgehend ungeklärt, die verblüffende Ähnlichkeit zwischen der Flagelle der Archaea und den Typ-IV-Pili der Bakterien zeigt aber auf, dass grundsätzlich eine Rekrutierung von Pili-Systemen für Flagellen-Systeme möglich ist (PEABODY et al. 2003; TRACHTENBERG et al. 2006). Wenn also DEMBSKI auf seiner Webseite (s. Fußnote) schreibt, dass keiner der postulierten Zwischenschritte anhand rezenter Systeme nachvollzogen werden könne, geschweige denn positiv von der Selektion bewertet würde, so zeugt dies im besten Falle von erschreckendem, fachlichem Unwissen.

Wie lassen sich nun die evolutionären Übergänge mithilfe molekularer Mechanismen erklären? Die Evolution von Transporter-Systemen ist beschrieben worden (SAIER 2003), inklusive der Einbindung von wahlweise PMF oder ATPase als Energiesystem (SAIER 2000). Das Prinzip der „molecular bricolage" ist seit langem bekannt (JACOB 1977) und wird individuenübergreifend auch durch horizontalen Gentransfer ermöglicht. Die Evolution strukturell neuer bzw. mit neuen Funktionen ausgestatteter Proteine ist auch bekannt, wie weiter unten noch detaillierter erläutert wird (CORDES et al. 2000; MEIER et al. 2007; YEATES 2007). Genduplikation ermöglicht, dass neue Protein-Varianten ohne Risiko erprobt werden können (das Risiko besteht nur für das Individuum, welches eine nach-

[41] Adhäsion an Oberflächen ist eine unter Bakterien sehr weit verbreitete Eigenschaft. Tatsächlich gibt es so gut wie keine Bakterienarten, von denen bekannt ist, dass sie sich nicht mithilfe von Adhäsinen an Oberflächen anheften können (AN/FRIEDMAN 2000; DUNNE 2002). Während für eine einfache Erst-Adhäsion simple elektrostatische Wechselwirkungen ausreichen (RAZATOS et al. 1998) gibt es für eine feste Adhäsion ein immens großes Spektrum an Adhäsions-Molekülen (PIZARRO-CERDÁ/COSSART 2006).

teilige Modifikation der duplizierten Genkopie nicht überleben wird, aber nicht für die Art).

Dass manche Bakterien in Teilen augenscheinlich unsinnige Genkombinationen zeigen, verdeutlicht einmal mehr das Prinzip „Spielwiese der Evolution". So hat das Bakterium *Leptospira interrogans* eine periplasmatische Flagelle (das heißt sie befindet sich zwischen innerer und äußerer Zellmembran) (Charon/Goldstein 2002), besitzt aber ebenfalls die Gene für die L- und P-Ringe[42] in der äußeren Zellmembran (Pallen et al. 2005b). Dies ergibt aus der Sicht eines Ingenieurs bzw. Designers keinen Sinn, denn wozu bräuchte *L. interrogans* Flagellen-Löcher in der äußeren Membran, wo sich die Flagelle doch im Periplasma[43] befindet? Was dem auf maximale Effektivität und rationelles Design bedachten Menschen als unsinnig erscheinen mag, ist aus naturwissenschaftlicher Sicht nur eine Momentaufnahme evolutiver Spielerei, die aktuell nicht vorteilhaft zu sein scheint, aber auch nicht so nachteilig ist, dass sie durch Selektion ausgemerzt wird.[44]

Die Logik, nach der Matzke sein Gedankenmodell zur Evolution der Flagelle aufbaut, folgt einem ganz zentralen und wichtigen wissenschaftlichen Prinzip, nämlich dem Parsimonie-Prinzip. Nach diesem Prinzip wird mit Blick auf die Datenlage immer die sparsamste und schlüssigste Erklärung bevorzugt. Insofern konstruiert Matzke ein Modell, welches sehr geradlinig, vom einfachen zum komplexen, die Bestandteile der Flagelle (bei voller Gewährleistung der Funktionalität aller Zwischenstufen) aneinander fügt.

Gibt es nun, außer den oben geschilderten Daten, noch weitere Belege für Matzkes Modell? Ja, und die Daten liefert die Flagelle selbst: Der Aufbau der Flagelle und der molekulare Zusammenbau aller Komponenten vollziehen sich natürlich nicht in einem einzigen Schritt. Vielmehr muss der Aufbau zeitlich und räumlich sehr präzise koordiniert werden. Es ist experimentell ermittelt worden, in welcher Reihenfolge die Komponenten des Flagellenapparats zusammen gebaut werden. Es ist bemerkenswert, dass die Abfolge der einzelnen Schritte in ihrer zeitlichen und räumlichen Ausprägung dem Matzke-Modell zur Evolution der Flagelle grundsätzlich sehr ähnelt. Zuerst wird ein Loch in die innere Cytoplasmamembran getrieben, welches dann zu einem T3SS ausgebaut wird. Dann wird die Hauptantriebswelle erstellt, anschließend die Flagelle mit ihrem Haken exportiert, und zum Schluss werden die Motorproteine angebaut (Kojima/Blair 2004).

---

[42] www.genome.jp/dbget-bin/get_pathway?org_name=lil&mapno=02040.

[43] gsbs.utmb.edu/microbook/images/fig35_2.JPG.

[44] Es ist auch nicht auszuschließen, dass die vormaligen „Flagellen-Löcher" in der Außenmembran andere Aufgaben erfüllten, z. B. den Durchtritt von Metaboliten ermöglichten.

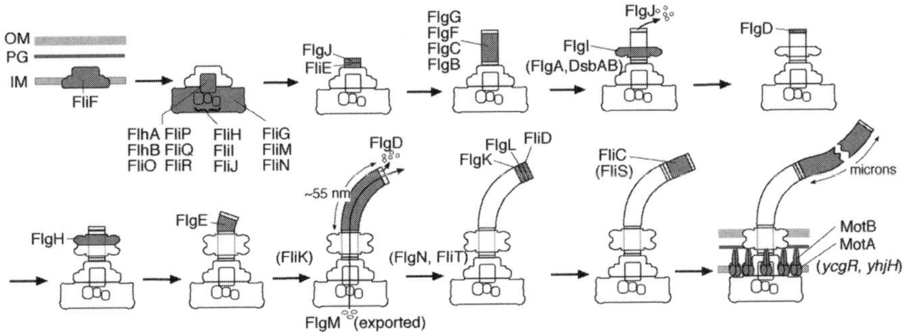

Abb. 59: Zeitlicher Ablauf des zellulären Aufbaus einer Flagelle. Die Reihenfolge spiegelt nach heutigem Wissensstand ungefähr das gegenwärtig postulierte evolutionäre Szenario wieder. Reproduktion aus Kojima/Blair (2004), mit freundlicher Genehmigung von David Blair. OM bedeutet „äußere Membran"; IM ist „innere Membran"; PG ist die Peptidoglykan-Schicht im Periplasma, dem Raum zwischen innerer und äußerer Membran.

Die experimentelle Prüfung eines postulierten Szenarios der Flagellenevolution

Die bisherigen experimentellen Erkenntnisse geben keinerlei Anlass, Matzkes Szenario zur Evolution der Flagelle zu verwerfen. Gleichwohl ist das Szenario nur ein vereinfachtes Modell, das keinen Anspruch auf *Vollständigkeit* oder gar „sichere Beweisbarkeit" erhebt – letzteres existiert in der empirischen Wissenschaft gar nicht. Eine solche wird jedoch oft von Evolutionskritikern eingefordert – wohl wissend, dass man Jahrmillionen der Evolution selbstverständlich nicht im Labor nachvollziehen kann. Allerdings scheinen sich in absehbarer Zeit revolutionär neue Verfahren anzukündigen, um sich experimentell einer Rekonstruktion der Flagellenevolution zu nähern. Man müsste dazu in der Lage sein, die postulierten Zwischenstufen im Labor gezielt „nachzubauen" und auf ihre Funktionalität zu testen. Die technischen Fortschritte legen nahe, dass dies in Zukunft möglich sein wird. So hat die Bioinformatik mittlerweile eine Reihe von Algorithmen entwickelt (Hall 2006), um aus den rezenten DNA-Sequenzen recht zuverlässige Rückschlüsse auf die Sequenzen der entsprechenden Vorfahren zu ziehen. Solche Vorfahren-Proteine sind im Labor schon nachgebaut und erfolgreich auf ihre Wirkungsweise und weitere funktionelle Evolution hin untersucht worden (Chang et al. 2002; Cai et al. 2004; Ugalde et al. 2004; Chang et al. 2005; Yokoyama et al. 2008). Erst kürzlich ist es gelungen, die gesamte Erbinformation in einer Zelle auszutauschen (Lartigue et al. 2007). Es gelang sogar, ein komplettes Genom im Labor künstlich herzustellen (Gibson et al. 2008). So erschreckend es für manche klingen mag, aber der Schritt zur Erzeugung eines künstlichen

Bakteriums, mit einer Genausstattung nach Wahl des Forschers, ist nicht mehr allzu weit[45]. Das Potenzial ist vorhanden, um jeden einzelnen postulierten Zwischenschritt in der Evolution der Flagelle im Labor gezielt nachzubauen und auf seine Funktionsfähigkeit sowie Evolvierbarkeit hin zum nächsten postulierten Schritt zu testen. Ein erfolgreicher Test wäre zwar kein unumstößlicher Beweis für ein spezifisches historisches Evolutionsszenario. Er würde allerdings der meist unsachgemäßen Kritik an der Flagellenevolution noch weiter den Boden entziehen.

3.4. Evolutionskritik an der „bakteriellen Flagelle“

Wie schon erwähnt, wird im Buch „Evolution – ein kritisches Lehrbuch“ (Junker/Scherer 2006) die „hypothetische“ Evolution einer bakteriellen Flagelle kritisch diskutiert. Diese wird mittels der bekannten molekularen Evolutionsmechanismen als gegenwärtig nicht erklärbar dargestellt. Allerdings trägt die Argumentation von J/S nicht dem aktuellen Wissensstand Rechnung, auch nicht dem Stand der Forschung zum Zeitpunkt der Drucklegung (2005/2006). In welchen Bereichen es J/S versäumen, das heutige Fachwissen korrekt darzustellen, soll auf den kommenden Seiten vor dem Hintergrund der oben dargelegten Fakten und Belege erörtert werden.

J/S schreiben:

> Falls ein T3-Sekretionsapparat evolutionär gesehen vor dem Motor vorhanden war (was aus verschiedenen Gründen eher unwahrscheinlich ist), dann könnten die Proteine des T3SS als präadaptiert für Motorproteine aufgefasst werden […] (S. 160).

Vom Textverlauf her, insbesondere unter Einbeziehung von Abb. 9.32 (Seite 159) verstehen J/S unter „T3-Sekretionsapparat“ ein nf-T3SS heutiger Prägung, nämlich ein bakterielles Injektisom (Cornelis 2006), welches Toxine in Tier- oder Pflanzenzellen einspritzen kann. Somit beziehen sich J/S auf das Szenario 1 (Abb. 57). Zu Recht bezeichnen J/S dieses Szenario als „unwahrscheinlich“. Doch übergehen sie, dass ein solches Szenario auch so gut wie kein Flagellenforscher postuliert. Wie oben dargelegt wurde, werden in der Fachliteratur ganz andere Szenarien diskutiert (nämlich Szenarien 2 und 3, Abb. 57) – diese werden von J/S jedoch nicht erwähnt. J/S präsentieren also ein Evolutionsmodell, welches unter Flagellen-Evolutionsforschern keinen Rückhalt findet, kritisieren dieses als unwahrscheinlich und bauen dadurch ein sachlich unkorrektes Argument gegen die Flagellenevolution auf.

---

[45] DER SPIEGEL 49/2002, „Zauberer der Gene“, 204–206.

Des Weiteren diskutieren J/S die molekularen Mechanismen, explizit Genduplikationen, die für den Aufbau neuer Protein-Funktionen in Frage kommen (Abb. 9.26, S. 154). J/S lehnen einen „langsamen Umbau“ (S. 154) des kopierten Gens als unwahrscheinlich ab, da „die Übergangsformen schädlich für den Organismus wären“. Diese Aussage wird von J/S jedoch ohne Begründung in den Raum gestellt. Das einzige Schicksal des kopierten Genes sei es, als Pseudogen stillgelegt zu werden. Nur so könne es, befreit von negativer Selektion, durch Mutation eine andere Funktion erwerben. Allerdings dürfte es bis dahin so viele schädliche Mutationen angesammelt haben, dass es zweifelhaft erscheine,

> [...] ob in duplizierten, stillgelegten Genen wirklich neuartige Proteine entstehen können (S. 155).

Damit lehnen J/S eine „subfunctionalization“ oder „neofunctionalization“ als unwahrscheinlich ab. Obwohl vielfach in der wissenschaftlichen Fachliteratur diskutiert (Lynch/Conery 2000; Long et al. 2001; Rastogi/Liberles 2005), versäumen sie es, darauf hinzuweisen, dass es genügend Beispiele gibt (wie weiter oben auch detailliert ausgeführt), die zeigen, dass der „langsame Umbau“ keineswegs schädlich sein muss, sondern neue funktionelle Varianten tatsächlich hervorbringen kann. Da die Autoren dies aber nicht akzeptieren, müsse nach deren Ansicht schon das ursprüngliche Gen selbst verändert werden, damit eine neue Funktion entstehen könne, und sie erläutern die statistischen Zusammenhänge, unter denen ein Protein eine neue Funktion übernehmen könnte. Hierzu zitieren J/S zwei Forschungsarbeiten[46] (Dwyer et al. 2004; Park et al. 2006), in denen die Funktion eines Proteins durch verschiedene Formen der Mutagenese verändert wurde (S. 160f). In diesen Arbeiten waren eine Vielzahl gleichzeitiger Veränderungen notwendig, woraus J/S folgern, dass für eine Veränderung der Funktion eines Proteins eine Mindestanzahl von 10 Mutationen notwendig sei. Unter Einbezug einer Mutationsrate von 10^{-6} errechnen sie damit eine Gesamtwahrscheinlichkeit von 10^{-60}, dass die 10 notwendigen Mutationen während einer Generationszeit in einer Zelle auftreten (S. 162).

In die Alltagssprache übersetzt bedeutet dies so viel wie: Ein solcher Evolutionsschritt ist praktisch unmöglich. Jeder Evolutionsbiologe wird dem zustimmen. Allerdings begehen J/S hier gleich zwei Fehler, nämlich einen konzeptionellen und einen inhaltlichen. Der konzeptionelle Fehler besteht darin, dass die zitierten Forschungsarbeiten gar nicht in den diskutierten Kontext passen. Wie J/S selbst schreiben, haben die Autoren beider Artikel nämlich *zielgerichtet* gearbeitet, denn sie *wollten* Proteine mit einer

[46] Dwyer et al. haben ihre Forschungsarbeit mittlerweile zurückgezogen, siehe auch www.sciencemag.org/cgi/content/full/sci;319/5863/569b sowie die zugehörigen Kommentare, www.sciencemag.org/cgi/eletters/319/5863/569b#10627.

bestimmten Zielfunktion erschaffen. Aus diesem Grund war die hohe Anzahl an bestimmten und gleichzeitig einzuführenden Veränderungen notwendig. Evolution als natürlicher Prozess arbeitet aber grundlegend anders. Evolution ist *nicht zielgerichtet*. Sie *muss* keine *bestimmte* Funktion „anvisieren", sondern kann in der „Fitnesslandschaft" *irgendeinen* benachbarten Hügel erklimmen, also *irgendeinen* Vorteil erbringen. Insofern ist der Verweis auf diese beiden Artikel aus dem Bereich von „directed evolution" im Zusammenhang mit natürlichen Evolutionsprozessen gänzlich deplatziert.

Der *inhaltliche* Fehler, den J/S begehen, besteht in der Annahme der Notwendigkeit einer gleichzeitig zu erfolgenden 10-fach-Mutation. Kein Evolutionsforscher geht davon aus, dass die von J/S als notwendig erachteten 10 Mutationen *in einem Schritt* zu erfolgen haben, ganz zu schweigen davon, dass tatsächlich 10 Mutationen für einen Funktionswechsel anzunehmen wären. Nicht einmal die Notwendigkeit einer Doppelmutation wird in den theoretischen Modellen der Populationsgenetiker ernsthaft diskutiert (ORR 2005a; 2005b). Evolutionsforscher gehen davon aus, dass die Mutationen *nacheinander* in *verschiedenen* Generationen erfolgen. Es ist experimentell gezeigt worden, dass adaptive Mutationen sukzessive nacheinander auftreten können, wobei sich mit jeder weiteren Mutation der adaptive Vorteil bis zum Maximum erhöhte. Es ist sogar möglich, dass diese Mutationen in unterschiedlicher Reihenfolge auftreten können (WEINREICH et al. 2006). Zudem muss die jeweilige Einzelmutation gar nicht in der Population *fixiert* werden (also bei *allen* Mitgliedern einer Population vorhanden sein). Es genügt, wenn der Träger der Mutation, den Prinzipien der Populationsgenetik folgend (HARTL/CLARK 2007), eine so hohe Häufigkeit in der Population erreicht, dass die nächste Mutation erfolgen kann. Unter Berücksichtigung der hohen effektiven und absoluten Populationsgrößen der Bakterien (LYNCH/CONERY 2003; KOEPPEL et al. 2008) ist dieses Szenario viel wahrscheinlicher.

Wie zutreffend ist nun die Aussage von J/S, dass *mindestens* 10 simultane Veränderungen in einem Protein für einen Funktionswechsel benötigt werden (S. 161 f)? J/S schreiben hierzu:

> Leider gibt es dazu keine experimentellen Studien [...] (S. 161).

Diese Aussage ist nicht korrekt, denn schon länger hat die Struktur-Biologie Szenarien beschrieben, in denen mittels einzelner Mutationen Proteine über so genannte „evolutionary bridges" (evolutive Brücken) von einer Struktur zu einer anderen gelangen und sich somit auch funktionell verändern können (CORDES et al. 2000). Dass der Austausch einzelner Aminosäuren grundlegende Struktur- und Funktionsänderungen mit enormen evolutiven Konsequenzen bewirken kann, ist vor kurzem im Experiment gezeigt worden (MEIER et al. 2007; YEATES 2007). Die Autoren konnten die Evolution eines Minikollagen-Proteins, welches maßgeblich an der Härtung von Nesselkapseln von Süßwasserpolypen beteiligt ist, nachvollziehen. Während die ursprüngliche Variante nur die Bildung einer giftgefüllten Kugel bewirkt, die beim Kontakt zerplatzt, trug die neue Variante zu einer kontrollierten Verhärtung der Nesselkapsel bei, welches dann wohl die Evolution komplexerer und so hocheffizienter Stilett-Waffen wie die heutigen Nesselkapseln ermöglichte.

Interessant ist, dass nur zwei Aminosäureaustausche notwendig waren, um von der alten (ineffizienteren) Minikollagen-Variante zu der neuen, adaptiven und somit positiv selektierbaren Variante zu gelangen. Die beiden Mutationen mussten auch nicht simultan auftreten, wie J/S in ihrem Szenario postulieren. Nur eine einzige Veränderung führte schon dazu, dass das entstehende Protein *beide* Strukturformen (alt und neu) annehmen konnte („Doppelfunktion" eines Proteins). Dieses stellt eine ebenfalls schon evolutiv selektierbare Übergangsform dar. Eine weitere Mutation genügte, um endgültig den Übergang zur effizienteren Form zu vollziehen, die dann einen Durchbruch in der Evolution eines solch komplexen Konstrukts wie der Nesselkapsel erlaubte.

Kurzum: Schon einzelne Punktmutationen können signifikante Funktionsänderungen von Proteinen bewirken (siehe auch Meier et al. 2007[47]; Yaetes 2007; Saravanan et al. 2008). Ebenso scheint es so zu sein, dass die entsprechenden Mutationen nicht *in einem Schritt* „zusammen gewürfelt" werden müssen, da sich entlang „neutraler Pfade" *zusätzliche* Funktionsstrukturen ausbilden können, ohne dass die Funktionen der bereits vorhandenen Strukturen gestört werden (Schultes/Bartel 2000; Aharoni et al. 2005). Erneut präsentieren J/S hier also ein unzutreffendes Evolutionsszenario, nämlich die Notwendigkeit von mindestens 10 simultanen Mutationen, und bauen so ein weiteres sachlich unkorrektes Argument gegen die Evolution einer bakteriellen Flagelle auf.

Basierend auf der Annahme, dass die Flagelle durch Mutation und Selektion nicht habe evolvieren können, fragen J/S nun, ob die Flagelle stattdessen durch *neutrale* Evolution hätte entstehen können (S. 162f). Nach ihrer Ansicht entstehen gemäß der Neutralen Theorie der Evolution hauptsächlich neutrale oder nachteilige Mutationen. Die nachteiligen Mutationen werden durch negative Selektion aus der Population entfernt. Die neutralen Mutationen sollen dagegen (wenn überhaupt) rein durch genetische Drift fixiert werden. Gemäß J/S muss man zu der Auffassung kommen, dass es der Neutralen Theorie zufolge keine positive Selektion gibt, oder dass sie letztendlich ohne Auswirkung ist (S. 162); dies ist jedoch nicht zutreffend. Die Neutrale Theorie der Evolution[48] wurde durch den Japaner Motoo Kimura[49] begründet (Kimura 1968; Kimura 1983, 1991) und be-

---

[47] Siehe auch www.spektrum.de/artikel/947198.
[48] de.wikipedia.org/wiki/Neutrale_Theorie_der_molekularen_Evolution.
[49] en.wikipedia.org/wiki/Motoo_Kimura.

sagt, dass ein Großteil der in Populationen zu beobachtenden, genetischen Diversität selektiv neutral sei. Dies war ein Schock für den bis dato vorherrschenden Selektionismus, der die Auffassung vertrat, dass der größte Teil der genetischen Diversität die Folge von positiver Selektion sei. Im Kapitel zur Neutralen Evolution (S. 139–142) schreiben J/S:

> Die positive Darwinsche Selektion wird damit nicht als wesentliche Ursache für den (makro-)evolutiven Wandel angesehen, denn Allele breiten sich auch durch Drift in einer Population aus, ohne dass sie ihrem Träger einen Selektionsvorteil verschaffen. Für die Fixierung eines Allels (d. h.: die vollständige Ersetzung eines Allels im Genpool durch ein anderes = Gensubstitution) ist nach der Neutralen Theorie normalerweise die *Gendrift* verantwortlich.

Laut J/S würde sich Selektion gemäß der Neutralen Theorie vornehmlich in der Eliminierung negativer Mutationen auswirken. Weiter schreiben J/S: „Positive Mutationen mit einem hinreichend großen Selektionsvorteil werden dagegen als sehr selten angesehen". Damit räumen J/S auf den Seiten 139–142 und insbesondere 162 f der positiven Selektion in der Neutralen Theorie *de facto* keinen Handlungsspielraum ein.

Die Neutrale Theorie behauptet aber gar nicht, dass der Einfluss positiver Selektion vernachlässigbar oder bedeutungslos wäre, wie J/S auf S. 162 f implizieren. So baut Kimura *explizit* die positive Selektion vorteilhafter Mutationen als essenziellen Faktor in sein Evolutionsmodell der Neutralen Theorie ein (Kimura 1991), auch wenn er ihnen insgesamt deutlich weniger Gewicht beimisst, als es die Selektionisten tun. Dies ist kongruent mit der Grundaussage der Neutralen Theorie, dass der Großteil der molekularen Diversität selektionsneutral sei.[50] Die Schlussfolgerung von J/S, dass die Neutrale Theorie der Evolution „keine Lösung für die Entstehung des Bakterienmotors" bieten könne, beruht somit auf einem fundamentalen Missverständnis der Neutralen Theorie der Evolution, so wie ihr Gründer, Motoo Kimura, sie verstanden hat und wie sie auch noch heute verstanden wird. Außerdem gibt es keine Aussagen in der Fachliteratur, wonach die Flagelle *allein* durch „neutrale Evolution" entstanden sein soll. Auch hier kritisieren J/S wieder ein evolutives Szenario, welches so gar nicht in der Fachliteratur vertreten wird.

J/S bezeichnen zu Recht heutige Flagellensysteme individueller Organismen als irreduzibel komplex, von Ausnahmen abgesehen (Attmannspacher et al. 2008). Für den Fall des Verlusts der Funktionsfähigkeit schreiben J/S:

> Ein solches Bakterium wird im Selektionsprozess nicht bestehen können, sondern aussterben und so für weitere Evolutionsexperimente nicht mehr zur Verfügung stehen (S. 157).

---

[50] www.pnas.org/content/88/14/5969.full.pdf+html.

Dies gilt aber nur dann, wenn der negative Selektionsdruck durch den Flagellenverlust *unverzüglich tödlich* für das Bakterium ist. Dies ist aber nicht notwendigerweise der Fall, da man aus Umweltproben durchaus unbewegliche Formen (die weder schwimmen noch schwärmen können) von prinzipiell flagellierten Arten isolieren kann (Römling et al. 2005). Die Daten zeigen außerdem, dass nach dem Verlust der Funktionsfähigkeit sekundäre Mutationen („Suppressor-Mutationen") die Funktionsfähigkeit wieder herstellen können, interessanterweise in einer zum Teil substantiell anderen molekularen Zusammenstellung als ursprünglich (Garza et al. 1995; Garza et al. 1996; Hendrixson 2008). Das aber ist *das genaue Gegenteil* dessen, was J/S behaupten: Bakterien ohne funktionierenden Motor sterben nicht nur nicht aus, sondern ermöglichen unter Umständen den Start eines weiteren Evolutionsexperiments. Die neue, ungewöhnliche Flagellen-Variante hätte ohne einen vorherigen Funktionsverlust also gar nicht entstehen und positiv selektiert werden können.

J/S diskutieren ebenfalls nicht die Möglichkeit, dass der Selektionsdruck auf den Erhalt der Flagelle auch hinfällig werden kann. Warum sollte eine bakterielle Art, die keine funktionsfähige Flagelle mehr hat, aussterben, wenn der Selektionsdruck auf den Erhalt gar nicht mehr vorhanden ist? Es gibt zahlreiche Beispiele für funktionsunfähig gewordene Injektisomen, die ja ähnlich komplex sind wie Flagellen, ohne dass sie auf ein „Aussterben" des entsprechenden Bakteriums hinweisen (Pallen et al. 2005c). Ein entsprechendes Beispiel für die Flagelle ist *Buchnera aphidicola*. Dieses Bakterium ist ein obligat intrazellulärer Insekten-Symbiont. Es ist seit langem bekannt, dass *Buchnera* keine funktionsfähige Flagelle (Shigenobu et al. 2000), jedoch noch viele, wenn auch nicht alle der Flagellen-Gene besitzt. Viele der nächsten Verwandten von *Buchnera aphidicola* (z.B. *E. coli*, *S. typhimurium*, *Enterobacter*, *Yersinia*) haben funktionsfähige Flagellen. Dies legt nahe, dass *Buchnera* einst eine funktionsfähige Flagelle besaß, aber durch die enge, symbiotische Lebensweise mit den Insekten existiert kein Selektionsdruck mehr, der eine funktionsfähige Flagelle bewahren würde – *Buchnera* besitzt nur noch ein Siebentel der Genomgröße eines seiner nächsten, frei lebenden Verwandten, *Escherichia coli* (Shigenobu et al. 2000). Laut Aussage von J/S (S. 157) wäre *Buchnera* durch den Verlust der Flagelle doch eigentlich zum Aussterben verurteilt.

Nun ist *Buchnera* beileibe kein Einzelfall. Mittlerweile sind durch Gesamtgenom-Analysen 23 bakterielle Arten bekannt, die unvollständige Flagellen-Gensätze besitzen (Snyder et al. 2009). Und es ist doch sehr bemerkenswert, dass *Buchnera* ausgerechnet die wenigen Gene, die für die Motorproteine und das Flagellenfilament kodieren, verloren hat, während alle anderen Gene, insbesondere diejenigen, die für den Protein-Export zuständig sind, nicht nur erhalten geblieben sind, sondern auch abgelesen und in Proteine umgewandelt werden! So ist die Zell-Oberfläche von *Buchnera* mit hunderten von membranständigen Flagellen-Grundkörpern übersäht (Maezawa et al. 2006), denen jedoch die Flagelle selbst fehlt. Aber welche Funktion kann denn eine solche „halbe“ Flagelle haben? Nun, die Wissenschaftler gehen davon aus, dass die „halbe“ Flagelle den Protein-Austausch zwischen den endosymbiontisch lebenden Bakterien und ihren eukaryotischen Wirten bewerkstelligt (Maezawa et al. 2006; Toft/Fares 2008). Der Selektionsdruck auf die Flagellen-Gene hat sich also ganz offensichtlich gewandelt. Während es früher die (induzierbare) Motilität war, so ist es heute der konstitutive Proteinaustausch in der obligat symbiontischen Beziehung zu einem Wirt. Eine derartige Nutzbarmachung einer Eigenschaft für eine Funktion, für die sie ursprünglich nicht entstanden war, wird als „Exaption“ bezeichnet (Gould/Vrba 1982).

Auch wenn das *Buchnera*-System ein Abkömmling des komplexeren Flagellenapparates ist, bringt es doch Licht ins Dunkel der Flagellen-Evolution, da es anschaulich zeigt, wie ein einfacherer Vorfahre der heutigen Flagellen ausgesehen haben mag – ein Vorfahre, dessen einzige Aufgabe der Proteinexport und nicht die Motilität darstellt (siehe Schema von Matzke, Abb. 58). Und was sich in mehreren Schritten, *unter voller Gewährleistung von biologischer Funktionalität*, abbauen lässt (die Flagelle von *Buchnera*), das lässt sich umgekehrt auf demselben Wege auch schrittweise aufbauen, womit die obige Aussage von J/S (S. 157) sowie die gesamte darauf aufbauende Argumentation klar widerlegt wäre.

J/S fassen ihre Ansichten zur Evolution der bakteriellen Flagelle wie folgt zusammen (S. 163):

> Trotz aller Kenntnislücken zeichnet sich immer deutlicher ab, dass die bekannten molekularen Evolutionsmechanismen den Ursprung einer komplexen Struktur wie des Bakterienmotors nicht erklären können.

Allerdings gelangen J/S nur deshalb zu diesem Schluss, da sie erstens die bekannten molekularen Evolutionsmechanismen unvollständig und auch oft unzutreffend erläutern und zweitens, indem sie sehr unwahrscheinliche, von der wissenschaftlichen Fachliteratur nicht gedeckte Szenarien entwickeln, um mit ihnen dann die angebliche Unwahrscheinlichkeit der Evolution der bakteriellen Flagelle zu belegen. Das Modell von N. Matzke, das einen möglichen Evolutionsweg nachzeichnet, wird gar nicht erst erwähnt – gemessen am Anspruch einer kompetenten Darstellung der Thematik ist dieses Vorgehen, vorsichtig ausgedrückt, doch sehr fragwürdig. So wie der Beitrag von Matzke so ist ein Großteil der in diesem Kapitel zitierten und essentiell themenrelevanten Fachliteratur vor 2005 publiziert worden, also deutlich vor der Drucklegung der 6. Auflage des „kritischen Lehrbuchs“ und hätte somit J/S bekannt sein müssen. Sie fehlt im „evolutionskritischen Lehrbuch“ ebenfalls.

3.5. Schlussbemerkung

Dieses Kapitel sollte einen Kurzüberblick über die aktuellen Erkenntnisse zur Vielfalt und zu den Mechanismen der Evolution der bakteriellen Flagelle geben. Der Leser wird erkennen, dass trotz der bisher noch lange nicht vollständigen Kenntnisse doch schon recht robuste Einsichten erarbeitet wurden. Wo steht die Forschung heute? Es gibt vier mögliche Antworten.

- Die Evolution der Flagelle konnte vollständig aufgeklärt werden.
- Die Evolution der Flagelle ist nach heutigem Kenntnisstand erklärbar, aber nicht vollständig aufgeklärt.
- Die Evolution der Flagelle ist nach heutigem Kenntnisstand nicht erklärbar, möglicherweise jedoch dann, wenn neue Evolutionsmechanismen bekannt werden.
- Die Evolution der Flagelle ist unmöglich und muss daher das Produkt eines göttlichen oder Intelligenten Designers sein.

Position 4 wird nicht im Geringsten durch wissenschaftliche Erkenntnisse unterstützt. Auch Position 3, die JUNKER/SCHERER vertreten, ist nicht haltbar, da die zurzeit bekannten Evolutionsmechanismen sehr wohl die grundlegenden Schritte in der Evolution der Flagelle erklären können, wenn auch eine detaillierte Rekonstruktion bei weitem nicht erreicht ist. Daher ist Position 2 zutreffend. Sir Austin HILL (1965) hat sehr treffend bemerkt: „Alle wissenschaftliche Arbeit ist unvollständig – sei sie experimentell oder aus der Beobachtung abgeleitet. Jegliche wissenschaftliche Erkenntnis muss damit rechnen, durch weiteren Wissenszuwachs entweder modifiziert oder gar umgestoßen zu werden. Dies darf uns aber nicht zu der Freiheit verleiten, bestehende Kenntnis zu ignorieren oder entsprechend notwendige Handlungen zu verschieben.“[51] Mit jeder Woche steigt die Anzahl wissenschaftlicher Publikationen, welche einen Beitrag zu Position 2 leisten. Es ist unklar, ob jemals Position 1 erreicht werden kann.

3.6. Literatur

AHARONI, A./GAIDUKOV, L. et al. (2005) The ‚evolvability' of promiscuous protein functions. Nature Genetics 37, 73–76. nature.com/ng/journal/v37/n1/abs/ng1482.html

AIZAWA, S.I. (2001) Bacterial flagella and type III secretion systems. FEMS Microbiol Lett 202, 157–164. dx.doi.org/10.1111/j.1574-6968.2001.tb10797.x

[51] „All scientific work is incomplete – whether it be observational or experimental. All scientific work is liable to be upset or modified by advancing knowledge. That does not confer upon us a freedom to ignore the knowledge we already have, or to postpone the action that it appears to demand at a given time.“

An, Y. H./Friedman, R. J. (2000) Handbook of bacterial adhesion: principles, methods, and applications. London.

Aravind, L./Makarova, K. S. et al. (2000) Holliday junction resolvases and related nucleases: identification of new families, phyletic distribution and evolutionary trajectories. Nucleic Acids Res 28, 3417–3432. nar.oxfordjournals.org/cgi/reprint/28/18/3417

Attmannspacher, U./Scharf, B. E. et al. (2008) FliL is essential for swarming: motor rotation in absence of FliL fractures the flagellar rod in swarmer cells of *Salmonella enterica*. Mol Microbiol 68, 328–341. dx.doi.org/10.1111/j.1365-2958.2008.06170.x

Ayala, F. J. (2007) Darwin's greatest discovery: design without designer. PNAS 104, 8567–8573. dx.doi.org/10.1073/pnas.0701072104

Bardy, S. L./Ng, S. Y. M. et al. (2003) Prokaryotic motility structures. Microbiology 149, 295–304. dx.doi.org/10.1099/mic.0.25948-0

Barton, N./Partridge, L. (2000) Limits to natural selection. Bioessays 22, 1075–1084. www3.interscience.wiley.com/journal/75501491/abstract

Behe, M. (1996) Darwin's black box. New York.

Belas, R./Suvanasuthi, R. (2005) The ability of *Proteus mirabilis* to sense surfaces and regulate virulence gene expression involves FliL, a flagellar basal body protein. J Bacteriol 187, 6789–6803. dx.doi.org/10.1128/JB.187.19.6789-6803.2005

Berg, H. C. (2003) The rotary motor of bacterial flagella. Annu Rev Biochem 72, 19–54. dx.doi.org/10.1146/annurev.biochem.72.121801.161737

Berg, H. C./Anderson, R. A. (1973) Bacteria swim by rotating their flagellar filaments. Nature 245, 380–382. dx.doi.org/10.1038/245380a0

Blair, D. F./Kim, D. Y. et al. (1991) Mutant MotB proteins in *Escherichia coli*. J Bacteriol 173, 4049–4055. jb.asm.org/cgi/content/abstract/173/13/4049

Bock, W. J. (2003) Ecological aspects of the evolutionary processes. Zool Sci 20, 279–289. www.jstage.jst.go.jp/article/zsj/20/3/20_279/_article/-char/en

Boucher, Y./Douady, C. J. et al. (2003) Lateral gene transfer and the origins of prokaryotic groups. Ann Rev Genetics 37, 283–328. dx.doi.org/10.1146/annurev.genet.37.050503.084247

Braun, V./Gaisser, S. et al. (1996) Energy-coupled transport across the outer membrane of *Escherichia coli*: ExbB binds ExbD and TonB in vitro, and leucine 132 in the periplasmic region and aspartate 25 in the transmembrane region are important for ExbD activity. J Bacteriol 178, 2836–2845. jb.asm.org/cgi/content/abstract/178/10/2836

Bridgham, J. T./Carroll, S. M. et al. (2006) Evolution of hormone-receptor complexity by molecular exploitation. Science 312, 97–101. sciencemag.org/cgi/content/abstract/312/5770/97

Bürger, R. (2000) The mathematical theory of selection, mutation, and recombination. New York. eu.wiley.com/WileyCDA/WileyTitle/productCd-0471986534.html

Cai, W./Pei, J. et al. (2004) Reconstruction of ancestral protein sequences and its applications. BMC Evolutionary Biology 4, 33. biomedcentral.com/1471-2148/4/33

Cascales, E./Lloubes, R. et al. (2001) The TolQ-TolR proteins energize TolA and share homologies with the flagellar motor proteins MotA-MotB. Mol Microbiol 42, 795–807. www3.interscience.wiley.com/journal/120709669/abstract

Chang, B.S.W./Jonsson, K. et al. (2002) Recreating a functional ancestral archosaur visual pigment. Mol Biol Evol 19, 1483–1489. mbe.oxfordjournals.org/cgi/content/abstract/19/9/1483

Chang, B.S.W./Ugalde, J.A. et al. (2005) Applications of ancestral protein reconstruction in understanding protein function: GFP-Like Proteins. Methods in Enzymology 395, 652–670. dx.doi.org/10.1016/S0076-6879(05)95034-9

Charon, N.W./Goldstein, S.F. (2002) Genetics of motility and chemotaxis of a fascinating group of bacteria: the Spirochetes. Ann Rev Genetics 36, 47–73. dx.doi.org/10.1146/annurev.genet.36.041602.134359

Chevance, F.F.V./Hughes, K.T. (2008) Coordinating assembly of a bacterial macromolecular machine. Nat Rev Micro 6, 455–465. dx.doi.org/10.1038/nrmicro1887

Christie, P.J./Cascales, E. (2005) Structural and dynamic properties of bacterial Type IV secretion systems (Review). Mol Membrane Biol 22, 51–61. www.informaworld.com/10.1080/09687860500063316

Ciampi, M.S. (2006) Rho-dependent terminators and transcription termination. Microbiology 152, 2515–2528. dx.doi.org/10.1099/mic.0.28982-0

Cordes, M.H.J./Burton, R.E. et al. (2000) An evolutionary bridge to a new protein fold. Nat Struct Mol Biol 7, 1129–1132. dx.doi.org/10.1038/81985

Cornelis, G.R. (2006) The type III secretion injectisome. Nat Rev Micro 4, 811–825. dx.doi.org/10.1038/nrmicro1526

Doolittle, W. (1999) Phylogenetic classification and the universal tree. Science 284, 2124–2129. sciencemag.org/cgi/content/abstract/284/5423/2124

Doolittle, W./Bapteste, E. (2007) Pattern pluralism and the tree of life hypothesis. PNAS 104, 2043–2049. www.pnas.org/content/104/7/2043

Dunne, W.M. Jr. (2002) Bacterial adhesion: seen any good biofilms lately? Clin Microbiol Rev 15, 155–166. cmr.asm.org/cgi/content/abstract/15/2/155

Dwyer, M.A./Looger, L.L. et al. (2004) Computational design of a biologically active enzyme. Science 304, 1967–1971. dx.doi.org/10.1126/science.1098432

Erdem, A.L./Avelino, F. et al. (2007) Host protein binding and adhesive properties of H6 and H7 flagella of attaching and effacing *Escherichia coli*. J. Bacteriol. 189, 7426–7435. jb.asm.org/cgi/content/abstract/189/20/7426

Fan, C./Chen, Y. et al. (2008) Recurrent tandem gene duplication gave rise to functionally divergent genes in *Drosophila*. Mol Biol Evol 25, 1451–1458. dx.doi.org/10.1093/molbev/msn089

Fath, M.J./Kolter, R. (1993) ABC transporters: bacterial exporters. Microbiol Mol Biol Rev 57, 995–1017. mmbr.asm.org/cgi/content/abstract/57/4/995

Futuyma, D.J. (2005) Evolution. Sunderland, Mass. www.sinauer.com/detail.php?id=1872

Galán, J.E./Collmer, A. (1999) Type III secretion machines: bacterial devices for protein delivery into host cells. Science 284, 1322–1328. sciencemag.org/cgi/content/abstract/284/5418/1322

GARZA, A. G./HARRIS-HALLER, L.W. et al. (1995) Motility protein interactions in the bacterial flagellar motor. PNAS 92, 1970–1974. pnas.org/content/92/6/1970

GARZA, A. G./BIRAN, R. et al. (1996) Mutations in motB suppressible by changes in stator or rotor components of the bacterial flagellar motor. J Mol Biol 258, 270–285. dx.doi.org/10.1006/jmbi.1996.0249

GIBSON, D. G./BENDERS, G. A. et al. (2008) Complete chemical synthesis, assembly, and cloning of a *Mycoplasma genitalium* genome. Science 319, 1215–1220. sciencemag.org/cgi/content/abstract/319/5867/1215

GIBSON, T. A./GOLDBERG, D.S. (2009) Questioning the ubiquity of neofunctionalization. PLoS Computational Biology 5, e1000252. dx.doi.org/10.1371%2Fjournal.pcbi.1000252

GOGARTEN, J. P./DOOLITTLE, W. F. et al. (2002) Prokaryotic evolution in light of gene transfer. Mol Biol Evol 19, 2226–2238. mbe.oxfordjournals.org/cgi/content/full/19/12/2226

GOPHNA, U./RON, E. Z. et al. (2003) Bacterial type III secretion systems are ancient and evolved by multiple horizontal-transfer events. Gene 312, 151–163. dx.doi.org/10.1016/S0378-1119(03)00612-7

GOULD, S. J./LEWONTIN, R. (1979) The spandrels of San Marco and the Panglossian paradigm: a critique of the adaptationist programme. Proc R Soc Lond B Biol Sci 205, 581–598. www.life.uiuc.edu/ib/443/Gould%20&%20Lewontin.pdf

GOULD, S. J./VRBA, E. S. (1982) Exaptation: a missing term in the science of form. Paleobiology 8, 4–15. www.jstor.org/pss/2400563

HALL, B. G. (2006) Simple and accurate estimation of ancestral protein sequences. PNAS 103, 5431–5436. pnas.org/content/103/14/5431

HARTL, D. L./CLARK, A. G. (2007) Principles of population genetics. Sunderland, Mass. sinauer.com/detail.php?id=3082

HENDRIXSON, D. R. (2008) Restoration of flagellar biosynthesis by varied mutational events in *Campylobacter jejuni*. Mol Microbiol 70, 519–536. dx.doi.org/10.1111/j.1365-2958.2008.06428.x

HILL, B. A. (1965) The environment and disease: association or causation? Proc Royal Society of Medicine 28, 295–300. pubmedcentral.nih.gov/picrender.fcgi?artid=1898525&blobtype=pdf

HITTINGER, C. T./CARROLL, S. B. (2007) Gene duplication and the adaptive evolution of a classic genetic switch. Nature 449, 677–681. nature.com/nature/journal/v449/n7163/abs/nature06151.html

HOLLAND, I. B./SCHMITT, L. et al. (2005) Type 1 protein secretion in bacteria, the ABC-transporter dependent pathway (Review). Mol Membrane Biol 22, 29–39. informaworld.com/10.1080/09687860500042013

HOMMA, M./KUTSUKAKE, K. et al. (1990) FlgB, FlgC, FlgF and FlgG. A family of structurally related proteins in the flagellar basal body of *Salmonella typhimurium*. J Mol Biol 211, 465–477. dx.doi.org/10.1016/0022-2836(90)90365-S

HURLES, M. (2004) Gene duplication: the genomic trade in spare parts. PLoS Biology 2, e206. dx.doi.org/10.1371%2Fjournal.pbio.0020206

INGLIS, T. J./ROBERTSON, T. et al. (2003) Flagellum-mediated adhesion by *Burkholderia pseudomallei* precedes invasion of *Acanthamoeba astronyxis*. Infect Immun 71, 2280–2282. iai.asm.org/cgi/content/abstract/71/4/2280

JACOB, F. (1977) Evolution and tinkering. Science 196, 1161–1166. dx.doi.org/10.1126/science.860134

JARRELL, K.F./MCBRIDE, M.J. (2008) The surprisingly diverse ways that prokaryotes move. Nat Rev Micro 6, 466–476. dx.doi.org/10.1038/nrmicro1900

JOURNET, L./HUGHES, K.T. et al. (2005) Type III secretion: a secretory pathway serving both motility and virulence (Review). Mol Membrane Biol 22, 41–50. informaworld.com/10.1080/09687860500041858

JUNKER, R./SCHERER, S. ([6]2006) Evolution. Ein kritisches Lehrbuch. Gießen. evolutionslehrbuch.wort-und-wissen.de

KAREV, G.P./WOLF, Y.I. et al. (2004) Gene family evolution: an in-depth theoretical and simulation analysis of non-linear birth-death-innovation models. BMC Evol Biol 4, 32. biomedcentral.com/1471-2148/4/32

KELMAN, Z./O'DONNELL, M. (1995) DNA polymerase III holoenzyme: structure and function of a chromosomal replicating machine. Annu Rev Biochem 64, 171–200. dx.doi.org/10.1146/annurev.bi.64.070195.001131

KIMURA, M. (1968) Evolutionary rate at the molecular level. Nature 217, 624–626. nature.com/nature/journal/v217/n5129/abs/217624a0.html

KIMURA, M. (1983) The neutral theory of molecular evolution. Cambridge. assets.cambridge.org/97805213/17931/toc/9780521317931_toc.pdf

KIMURA, M. (1991) Recent development of the neutral theory viewed from the Wrightian tradition of theoretical population genetics. PNAS 88, 5969–5973. pnas.org/cgi/content/abstract/88/14/5969

KIROV, S.M./CASTRISIOS, M. et al. (2004) *Aeromonas flagella* (polar and lateral) are enterocyte adhesins that contribute to biofilm formation on surfaces. Infect Immun 72, 1939–1945. iai.asm.org/cgi/content/abstract/72/4/1939

KOEBNIK, R. (2001) The role of bacterial pili in protein and DNA translocation. Trends Microbiol 9, 586–590. dx.doi.org/10.1016/S0966-842X(01)02255-7

KOEPPEL, A./PERRY, E.B. et al. (2008) Identifying the fundamental units of bacterial diversity: a paradigm shift to incorporate ecology into bacterial systematics. PNAS 105, 2504–2509. pnas.org/content/105/7/2504

KOJIMA, S./BLAIR, D.F. (2001) Conformational change in the stator of the bacterial flagellar motor. Biochemistry 40, 13041–13050. dx.doi.org/10.1021/bi011263o

KOJIMA, S./BLAIR, D.F. (2004) The bacterial flagellar motor: structure and function of a complex molecular machine. Int Rev Cytol 233, 93–134. dx.doi.org/10.1016/S0074-7696(04)33003-2

KOONIN, E.V. (1997) A conserved ancient domain joins the growing superfamily of 3'-5' exonucleases. Curr Biol 7, R604–606. ncbi.nlm.nih.gov/pubmed/9368736?dopt=Citation

LANDER, E.S./LINTON, L.M. et al. (2001) Initial sequencing and analysis of the human genome. Nature 409, 860–921. nature.com/nature/journal/v409/n6822/pdf/409860a0.pdf

LANOIS, A./JUBELIN, G. et al. (2008) FliZ, a flagellar regulator, is at the crossroads between motility, haemolysin expression and virulence in the insect pathogenic bacterium *Xenorhabdus*. Mol Microbiol 68, 516–533. www3.interscience.wiley.com/journal/119409042/abstract

Lartigue, C./Glass, J. I. et al. (2007) Genome transplantation in bacteria: changing one species to another. Science 317, 632–638. sciencemag.org/cgi/content/abstract/317/5838/632

Lee, V. T./Schneewind, O. (2001) Protein secretion and the pathogenesis of bacterial infections. Genes Dev. 15, 1725–1752. genesdev.cshlp.org/cgi/content/full/15/14/1725

Leipe, D. D./Aravind, L. et al. (2000) The bacterial replicative helicase DnaB evolved from a RecA duplication. Genome Res 10, 5–16. genome.cshlp.org/cgi/content/full/10/1/5

Lenski, R. E./Ofria, C. et al. (2003) The evolutionary origin of complex features. Nature 423, 139–144. dx.doi.org/10.1038/nature01568

Lerat, E./Daubin, V. et al. (2005) Evolutionary origins of genomic repertoires in bacteria. PLoS Biology 3, e130. dx.doi.org/10.1371/journal.pbio.0030130

Levin, B. R./Bergstrom, C. T. (2000) Bacteria are different: observations, interpretations, speculations, and opinions about the mechanisms of adaptive evolution in prokaryotes. PNAS 97, 6981–6985. pnas.org/content/97/13/6981

Levy, S./Sutton, G. et al. (2007) The diploid genome sequence of an individual human. PLoS Biology 5, e254. dx.doi.org/10.1371%2Fjournal.pbio.0050254

Lillehoj, E. P./Kim, B. T. et al. (2002) Identification of *Pseudomonas aeruginosa* flagellin as an adhesin for Muc1 mucin. Am J Physiol Lung Cell Mol Physiol 282, L751–756. ajplung.physiology.org/cgi/content/full/282/4/L751

Lindberg, F./Lund, B. et al. (1987) Localization of the receptor-binding protein adhesin at the tip of the bacterial pilus. Nature 328, 84–87. nature.com/nature/journal/v328/n6125/abs/328084a0.html

Liu, R./Ochman, H. (2007) Stepwise formation of the bacterial flagellar system. PNAS 104, 7116–7121. pnas.org/content/104/17/7116

Long, M./Thornton, K. et al. (2001) Gene duplication and evolution. Science 293, 1551. sciencemag.org/cgi/content/full/293/5535/1551a

Luo, Z.-X./Chen, P. et al. (2007) A new eutriconodont mammal and evolutionary development in early mammals. Nature 446, 288–293. dx.doi.org/10.1038/nature05627

Lynch, M. (2007a) The evolution of genetic networks by non-adaptive processes. Nat Rev Genet 8, 803–813. dx.doi.org/10.1038/nrg2192

Lynch, M. (2007b) The frailty of adaptive hypotheses for the origins of organismal complexity. PNAS 104, 8597–8604. pnas.org/content/104/suppl.1/8597.abstract

Lynch, M./Conery, J. S. (2000) The evolutionary fate and consequences of duplicate genes. Science 290, 1151–1155. sciencemag.org/cgi/content/abstract/290/5494/1151

Lynch, M./Conery, J. S. (2003) The origins of genome complexity. Science 302, 1401–1404. sciencemag.org/cgi/content/abstract/302/5649/1401

Lynch, M./Conery, J. S. (2004) Response to comment on „the origins of genome complexity". Science 306, 978. dx.doi.org/10.1126/science.1100559

Lynch, M./O'Hely, M. et al. (2001) The probability of preservation of a newly arisen gene duplicate. Genetics 159, 1789–1804. genetics.org/cgi/content/abstract/159/4/1789

Macnab, R. M. (1999) The bacterial flagellum: reversible rotary propellor and type III export apparatus. J Bacteriol 181, 7149–7153. jb.asm.org/cgi/content/full/181/23/7149

Maezawa, K./Shigenobu, S. et al. (2006) Hundreds of flagellar basal bodies cover the cell surface of the endosymbiotic bacterium *Buchnera aphidicola* sp. strain APS. J Bacteriol 188, 6539–6543. jb.asm.org/cgi/reprint/188/18/6539

Mattick, J. S. (2002) Type IV pili and twitching motility. Annu Rev Microbiol 56, 289–314. dx.doi.org/10.1146/annurev.micro.56.012302.160938

McCarter, L. L. (2004) Dual flagellar systems enable motility under different circumstances. J Mol Microbiol Biotechnol 7, 18–29. dx.doi.org/10.1159/000077866

McCarter, L. L. (2006) Regulation of flagella. Curr Opin Microbiol 9, 180–186. dx.doi.org/10.1016/j.mib.2006.02.001

McClain, J./Rollo, D. R. et al. (2002) *Rhodospirillum centenum* utilizes separate motor and switch components to control lateral and polar flagellum rotation. J Bacteriol 184, 2429–2438. jb.asm.org/cgi/content/full/184/9/2429

McLoughlin, S. Y./Copley, S. D. (2008) A compromise required by gene sharing enables survival: implications for evolution of new enzyme activities. PNAS 105, 13497–13502. dx.doi.org/10.1073/pnas.0804804105

Meier, S./Jensen, P. R. et al. (2007) Continuous molecular evolution of protein-domain structures by single amino acid changes. Curr Biol 17, 173–178. dx.doi.org/10.1016/j.cub.2006.10.063

Minamino, T./Namba, K. (2008) Distinct roles of the FliI ATPase and proton motive force in bacterial flagellar protein export. Nature 451, 485–488. dx.doi.org/10.1038/nature06449

Mulkidjanian, A. Y./Makarova, K. S. et al. (2007) Inventing the dynamo machine: the evolution of the F-type and V-type ATPases. Nat Rev Micro 5, 892–899. dx.doi.org/10.1038/nrmicro1767

Nguyen, L./Paulsen, I. T. et al. (2000) Phylogenetic analyses of the constituents of Type III protein secretion systems. J Mol Microbiol Biotechnol 2, 125–144. horizonpress.com/jmmb/v2/v2n2/02.pdf

Norris, B. J./Whan, V. A. (2008) A gene duplication affecting expression of the ovine ASIP gene is responsible for white and black sheep. Genome Res. 18, 1282–1293. genome.cshlp.org/content/18/8/1282

Okabe, M./Yakushi, T. et al. (2005) Interactions of MotX with MotY and with the PomA/PomB sodium ion channel complex of the *Vibrio alginolyticus* polar flagellum. J Biol Chem 280, 25659–25664. dx.doi.org/10.1074/jbc.M500263200

Orr, H. A. (2005a) Theories of adaptation: what they do and don't say. Genetica 123, 3–13. springerlink.com/content/u8664u817ukx5h37

Orr, H. A. (2005b) The genetic theory of adaptation: a brief history. Nat Rev Genet 6, 119–127. dx.doi.org/10.1038/nrg1523

O'Toole, G./Kaplan, H. B. et al. (2000) Biofilm formation as microbial development. Annu Rev Microbiol 54, 49–79. dx.doi.org/10.1146/annurev.micro.54.1.49

Pallen, M./Beatson, S. et al. (2005a) Bioinformatics analysis of the locus for enterocyte effacement provides novel insights into type-III secretion. BMC Microbiology 5, 9. biomedcentral.com/1471-2180/5/9

Pallen, M.J./Penn, C.W. et al. (2005b) Bacterial flagellar diversity in the post-genomic era. Trends Microbiol 13, 143–149. dx.doi.org/10.1016/j.tim.2005.02.008

Pallen, M.J./Beatson, S.A. et al. (2005c) Bioinformatics, genomics and evolution of non-flagellar type-III secretion systems: a Darwinian perspective. FEMS Microbiol Rev 29, 201–229. dx.doi.org/10.1016/j.femsre.2005.01.001

Pallen, M.J./Matzke, N.J. (2006) From the origin of species to the origin of bacterial flagella. Nat Rev Microbiol 4, 784–790. dx.doi.org/10.1038/nrmicro1493

Pallen, M.J./Gophna, U. (2007) Bacterial flagella and type III secretion: case studies in the evolution of complexity. In: Volff, J.N. (ed) Gene and Protein Evolution. Genome Dynamics. Basel.

Park, H.S./Nam, S.H. et al. (2006) Design and evolution of new catalytic activity with an existing protein scaffold. Science 311, 535–538. sciencemag.org/cgi/content/abstract/311/5760/535

Paul, K./Erhardt, M. et al. (2008) Energy source of flagellar type III secretion. Nature 451, 489–492. dx.doi.org/10.1038/nature06497

Peabody, C.R./Chung, Y.J. et al. (2003) Type II protein secretion and its relationship to bacterial type IV pili and archaeal flagella. Microbiology 149, 3051–3072. mic.sgmjournals.org/cgi/content/full/149/11/3051

Pennock, R.T. (2004) Evolutionary science and society: educating a new generation. Part I: introduction in evolutionary thinking. Chicago, IL. msu.edu/~pennock5/research/papers/Pennock_TeachingEvoNatureSci.pdf

Pizarro-Cerdá, J./Cossart, P. (2006) Bacterial adhesion and entry into host cells. Cell 124, 715–727. www.cell.com/retrieve/pii/S0092867406001875

Poggio, S./Abreu-Goodger, C. et al. (2007) A complete set of flagellar genes acquired by horizontal transfer coexists with the endogenous flagellar system in *Rhodobacter sphaeroides*. J Bacteriol 189, 3208–3216. jb.asm.org/cgi/content/full/189/8/3208

Ponomarev, V.A./Makarova, K.S. et al. (2003) Gene duplication with displacement and rearrangement: origin of the bacterial replication protein PriB from the single-stranded DNA-binding protein Ssb. J Mol Microbiol Biotechnol 5, 225–229. dx.doi.org/10.1159/000071074

Postle, K./Kadner, R.J. (2003) Touch and go: tying TonB to transport. Mol Microbiol 49, 869–882. dx.doi.org/10.1046/j.1365-2958.2003.03629.x

Rabaan, A.A./Gryllos, I. et al. (2001) Motility and the polar flagellum are required for *Aeromonas caviae* adherence to HEp-2 cells. Infect Immun 69, 4257–4267. iai.asm.org/cgi/content/full/69/7/4257

Rastogi, S./Liberles, D. (2005) Subfunctionalization of duplicated genes as a transition state to neofunctionalization. BMC Evolutionary Biology 5, 28. biomedcentral.com/1471-2148/5/28

Razatos, A./Ong, Y.-L. et al. (1998) Molecular determinants of bacterial adhesion monitored by atomic force microscopy. PNAS 95, 11059–11064. pnas.org/content/95/19/11059.abstract

Römling, U./Kader, A. et al. (2005) Worldwide distribution of *Pseudomonas aeruginosa* clone C strains in the aquatic environment and cystic fibrosis patients. Environ Microbiol 7, 1029–1038. dx.doi.org/10.1111/j.1462-2920.2005.00780.x

Roy, K./Hilliard, G. M. et al. (2008a) Enterotoxigenic *Escherichia coli* EtpA mediates adhesion between flagella and host cells. Nature, advance online publication. dx.doi.org/10.1038/nature07568

Roy, K./Hamilton, D. et al. (2008b) The EtpA exoprotein of enterotoxigenic *Escherichia coli* promotes intestinal colonization and is a protective antigen in an experimental model of murine infection. Infect. Immun. 76, 2106–2112. iai.asm.org/cgi/content/abstract/76/5/2106

Saier, M. H. (2000) A functional-phylogenetic classification system for transmembrane solute transporters. Microbiol Mol Biol Rev 64, 354–411. mmbr.asm.org/cgi/content/abstract/64/2/354

Saier, M. H. (2003) Tracing pathways of transport protein evolution. Molecular Microbiology 48, 1145–1156. dx.doi.org/10.1046/j.1365-2958.2003.03499.x

Saier, M. H. (2004) Evolution of bacterial type III protein secretion systems. Trends Microbiol 12, 113–115. dx.doi.org/10.1016/j.tim.2004.01.003

Saravanan, M./Vasu, K. et al. (2008) Evolution of sequence specificity in a restriction endonuclease by a point mutation. PNAS 105, 10344–10347. pnas.org/content/105/30/10344.abstract

Sauer, F. G./Barnhart, M. et al. (2000) Chaperone-assisted pilus assembly and bacterial attachment. Curr Opinion Struct Biology 10, 548–556. dx.doi.org/10.1016/S0959-440X(00)00129-9

Scannell, D. R./Wolfe, K. H. (2008) A burst of protein sequence evolution and a prolonged period of asymmetric evolution follow gene duplication in yeast. Genome Res. 18, 137–147. genome.cshlp.org/cgi/content/full/18/1/137

Schultes, E. A./Bartel, D. P. (2000) One sequence, two ribozymes: implications for the emergence of new ribozyme folds. Science 289, 448–452. dx.doi.org/10.1126/science.289.5478.448

Shakhnovich, B. E./Koonin, E. V. (2006) Origins and impact of constraints in evolution of gene families. Genome Res 16, 1529–1536. genome.cshlp.org/cgi/content/full/16/12/1529

Shigenobu, S./Watanabe, H. et al. (2000) Genome sequence of the endocellular bacterial symbiont of aphids *Buchnera* sp. APS. Nature 407, 81–86. dx.doi.org/10.1038/35024074

Snyder, L. A. S./Loman, N. J. et al. (2009) Bacterial flagellar diversity and evolution: seek simplicity and distrust it? Trends in Microbiology 17, 1–5. dx.doi.org/10.1016/j.tim.2008.10.002

Stephenson, K. (2005) Sec-dependent protein translocation across biological membranes: evolutionary conservation of an essential protein transport pathway (Review). Mol Membrane Biol 22, 17–28. www.informaworld.com/10.1080/09687860500063308

Stoltzfus, A. (2006) Mutationism and the dual causation of evolutionary change. Evolution & Development 8, 304–317. dx.doi.org/10.1111/j.1525-142X.2006.00101.x

Tautz, D./Lassig, M. (2004) Of statistics and genomes. Trends Genet 20, 344–346. dx.doi.org/10.1016/j.tig.2004.06.002

Telford, J. L./Barocchi, M. A. et al. (2006) Pili in gram-positive pathogens. Nat Rev Microbiol 4, 509v–v519. dx.doi.org/10.1038/nrmicro1443

Thanassi, D. G./Stathopoulos, C. et al. (2005) Protein secretion in the absence of ATP: the autotransporter, two-partner secretion and chaperone/usher pathways of Gram-negative bacteria (Review). Mol Membrane Biol 22, 63–72. informaworld.com/10.1080/09687860500063290

Thomas, C. M./Nielsen, K. M. (2005) Mechanisms of, and barrierers to, Horizontal Gene Transfer between bacteria. Nat Rev Micro 3, 711–721. dx.doi.org/10.1038/nrmicro1234

Thoms, B./Borchers, I. et al. (2008) Effects of single-strand DNases ExoI, RecJ, ExoVII, and SbcCD on homologous recombination of recBCD+ strains of *Escherichia coli* and roles of SbcB15 and XonA2 ExoI mutant enzymes. J Bacteriol 190, 179–192. jb.asm.org/cgi/content/abstract/190/1/179

Toft, C./Fares, M. A. (2008) The evolution of the flagellar assembly pathway in endosymbiotic bacterial genomes. Mol Biol Evol 25, 2069–2076. mbe.oxfordjournals.org/cgi/content/abstract/25/9/2069

Trachtenberg, S./Cohen-Krausz, S. (2006) The archaeabacterial flagellar filament: a bacterial propeller with a pilus-like structure. J Mol Microbiol Biotechnol 11, 208–220. dx.doi.org/10.1159/000094055

True, J. R./Carroll, S. B. (2002) Gene co-option in physiological and morphological evolution. Ann Rev Cell Develop Biol 18, 53–80. dx.doi.org/10.1146/annurev.cellbio.18.020402.140619

Ugalde, J. A./Chang, B. S. W. et al. (2004) Evolution of coral pigments recreated. Science 305, 1433. dx.doi.org/10.1126/science.1099597

Viswanathan, M./Lovett, S. T. (1999) Exonuclease X of *Escherichia coli*. A novel 3'-5' DNase and Dnaq superfamily member involved in DNA repair. J Biol Chem 274, 30094–30100. jbc.org/cgi/content/full/274/42/30094

Wagner, A. (2008) Gene duplications, robustness and evolutionary innovations. BioEssays 30, 367–373. dx.doi.org/10.1002/bies.20728

Watanabe, M./Hiraide, K. et al. (2007) Functional diversification of kir7.1 in cichlids accelerated by gene duplication. Gene 399, 46–52. dx.doi.org/10.1016/j.gene.2007.04.024

Weinreich, D. M./Delaney, N. F. et al. (2006) Darwinian evolution can follow only very few mutational paths to fitter proteins. Science 312, 111–114. dx.doi.org/10.1126/science.1123539

Woese, C. R. (2004) A new biology for a new century. Microbiol Mol Biol Rev 68, 173–186. mmbr.asm.org/cgi/content/full/68/2/173

Wollenberg, K./Swaffield, J. C. (2001) Evolution of proteasomal ATPases. Mol Biol Evol 18, 962–974. mbe.oxfordjournals.org/cgi/content/abstract/18/6/962

Yeates, T. O. (2007) Protein structure: evolutionary bridges to new folds. Curr Biol 17, R48–50. dx.doi.org/10.1016/j.cub.2006.12.003

Yokoyama, S./Tada, T. et al. (2008) Elucidation of phenotypic adaptations: Molecular analyses of dim-light vision proteins in vertebrates. PNAS 105, 13480–13485. pnas.org/content/105/36/13480.abstract

Young, G.M./Schmiel, D.H. et al. (1999) A new pathway for the secretion of virulence factors by bacteria: the flagellar export apparatus functions as a protein-secretion system. PNAS 96, 6456–6461. pnas.org/content/96/11/6456

Zhai, Y.F./Heijne, W. et al. (2003) Molecular modelling of the bacterial outer membrane receptor energizer, ExbBD/TonB, based on homology with the flagellar motor, MotAB. Biochim Biophys Acta 1614, 201–210. dx.doi.org/10.1016/S0005-2736(03)00176-7

Teil 3

Die Struktur evolutionskritischer Argumentation

X. Populäre Fehlschlüsse und rhetorische Stilmittel

Martin Neukamm

Nachdem wir in den vorangegangenen Kapiteln die gängigen Argumente der Evolutionskritik aus biologisch-inhaltlicher Sicht besprochen haben, wollen wir uns abschließend der *Struktur* evolutionskritischer Argumentation zuwenden und sie hinsichtlich ihrer logischen Mängel beschreiben. Dazu seien im Folgenden einige der bekanntesten informellen Fehlschlüsse angeführt, die den Anschein eines Arguments erwecken und aus rhetorischen Gründen Verwendung finden. (Zur Systematik der Fehlschlüsse siehe Curtis 2008.)

1. Der Fehlschluss des *argumentum ad ignorantiam*

Ein Argument *gegen* (oder für) eine bestimmte Theorie, das auf mangelndem Wissen *zugunsten* dieser Theorie (oder gegen sie) beruht, wird gemeinhin als *argumentum ad ignorantiam* (lat. für: Argument, das an das Nichtwissen appelliert) bezeichnet (Walton 1999). Aus diesem Argument bezieht die Evolutionskritik ihre eigentliche Legitimation: Mangels Belegen für die eigene (kreationistische) Weltsicht setzen die Evolutionsgegner alles daran, zu demonstrieren, wie wenig wir derzeit noch über die Evolution wissen. Es soll dadurch der Eindruck entstehen, die Evolutionstheorie verliere so an Plausibilität, woran die Hoffnung geknüpft wird, Intelligent Design werde im Gegenzug der Rücken gestärkt. Um mit Junker zu sprechen:

> Je häufiger sich Fehlschläge bei den Bemühungen um ausschließlich natürliche Erklärungen einstellen, desto unplausibler wird ein solcher Weg (Junker 2005a, 30).

Dieses Argument beruht jedoch auf einem Fehlschluss. Erstens folgt aus dem Mangel an Belegen *zugunsten* einer Theorie kein Argument *gegen* sie. Zwar wird der Naturwissenschaftler Forschungsprogramme, die über einen langen Zeitraum hinweg *keinerlei* Erkenntnisfortschritte hervorbringen, irgendwann einstellen und die ihm zugrunde liegende Theorie verwerfen. Dabei kann es sich allerdings um kein systematisches Argument handeln. Aus der Tatsache etwa, dass über Jahrhunderte vergeblich versucht wurde, der Natur eines Gewitters oder den Prinzipien chemischer Reaktionen mit naturalistischen Beschreibungsmitteln auf die Spur zu kommen, folgte zunächst einmal nur, dass der Wissenshintergrund noch viel zu lückenhaft war. Eine natürliche Erklärung wäre nur dann unplausibel, wenn *positive Befunde dagegen* sprächen (s. dazu beispielsweise Sukopp 2006, 92 ff). Und genauso verhält es sich auch mit der Evolutionstheorie.

Zweitens könnten die Evolutionsgegner noch so viele Evolutionsmodelle widerlegen ohne dass ihre Theorie vom intelligenten Design davon profitieren würde. Bereits der Wissenschaftstheoretiker Karl Popper wies darauf hin, dass es keine Möglichkeit gibt, durch schrittweises Eliminieren von Theorien auch nur die „*wahrscheinlich* richtige" zu bestimmen (Popper 1984, 434). Der Grund liegt darin, dass zur Erklärung eines Sachverhalts in der Regel nicht nur zwei oder drei Alternativtheorien denkbar sind, wonach durch Widerlegung einer Theorie die übrig gebliebenen Theorien an Plausibilität gewönnen. Vielmehr lassen sich in der Regel *sehr viele verschiedene* Theorien und von jeder Theorie wiederum unendlich viele beliebig voneinander abweichende *Versionen* zur Erklärung eines Sachverhalts erstellen – zumindest im Prinzip. Wird nun eine Theorie-Version widerlegt, rücken unzählig viele denkbare Alternativ-Versionen als potenziell „wahre" Kandidaten nach, so dass der Plausibilitätsgewinn für jede der verbliebenen Theorien praktisch Null ist.

Auf die Evolutionskritik gemünzt bedeutet das: Die Widerlegung der Darwinschen Vererbungstheorie schwächt nicht den Weismannschen Neodarwinismus, und die (in Teilen berechtigte) Kritik an der Einfachheit der Synthetischen Theorie der Evolution trifft nicht die modernen Theorien der Evolution. Und selbst wenn sich *alle* Evolutionstheorien als falsch erwiesen hätten, wäre Intelligent Design längst noch nicht die erste Wahl; es wären immer noch mehrere Alternativen denkbar. Eine Alternative wäre z.B. die „Ewigkeitshypothese", wonach das Leben schon immer existiert hat. Eine andere Möglichkeit wäre, dass es die Arten aus einem Paralleluniversum durch quantentheoretische Tunneleffekte in unsere Welt verschlug (eine These, die sicher nicht spekulativer ist als Intelligent Design) usw. – der Phantasie sind hier keine Grenzen gesetzt. Kurzum: An den Grenzen unseres evolutionären Verständnisses beginnt nicht Intelligent Design, sondern das *Nichtwissen*.

Im Übrigen folgt aus der Tatsache, dass es offene Fragen in der Evolutionsbiologie gibt, keinesfalls, dass die Bemühungen um ausschließlich natürliche Erklärungen *fehlgeschlagen* sind. Im Gegenteil, unser Wissen über die Ursachen der transspezifischen Evolution wächst seit Darwin kontinuierlich. Folglich sind die offenen Fragen keine Fehlschläge, sondern einfach Fragen auf der jeweils nächsten Ebene der Erkenntnis (s. Kap. VI). Die grobe Vereinfachung der Evolutionsgegner wird, wie so oft, dem Status evolutionärer Forschungsprogramme nicht gerecht.

2. Fehlschluss der Doppeldeutigkeit (Äquivokation)

Dieser Fehlschluss kommt dadurch zustande, dass ein Begriff verschiedene Bedeutungen hat, die Mehrdeutigkeit des Begriffs aber nicht erkannt wird. Wird ein Satz, in dem das Wort in der *einen* Bedeutung vorkommt, zur Begründung eines Satzes verwendet, in dem das Wort *eine andere* Bedeutung hat, ist das Ergebnis eine Äquivokation (VOS SAVANT 1996, 76). Ein simples Beispiel ist die Aussage, bei der Eheschließung handele es sich um eine *gewichtige* Entscheidung im Leben der Partner, woraus gefolgert wird, die Eheleute nähmen an Gewicht zu. Der Begriff „Gewicht" hat im einen Fall eine metaphorische, im anderen Fall eine physikalische Bedeutung, so dass die Folgerung unsinnig ist.

Ein weniger offensichtliches Beispiel ist der Schluss von der *zweckmäßigen* Ordnung der belebten Natur auf einen Zweck*setzer*, einen Schöpfer. So meint z. B. der Evolutionskritiker M. RAMMERSTORFER:

> Der Schluss von Planmäßigkeit, Zielgerichtetheit, wie sie in der Natur überall zu finden ist, auf einen Planer, ist ganz einfach der naheliegendste Schluss (zit. nach JUNKER 2004, 9).

Etliche Biologen sprechen tatsächlich von einer zweckgerichteten Ordnung in der Natur. Die Rede von „Zwecken" und „Zielen" ist in der Biologie jedoch zunächst nur eine *metaphorische* Sprechweise, die deshalb verführerisch ist, weil wir aufgrund unserer anthropomorphen Denkweise mit intentionalen Begriffen vertraut sind. Wenn z. B. gesagt wird, dass eine Blüte einer Biene Nektar *anbiete*, handelt es sich um ein rhetorisches Stilmittel und nicht etwa um die Beschreibung einer *echten* zweckgerichteten Handlung, weil Blumen mangels kognitiver Fähigkeiten weder Ziele verfolgen noch in der Zukunft liegende Entwicklungen antizipieren können. Folglich ist der Schluss auf eine echte Planmäßigkeit ebenso unzulässig wie der Schluss auf einen Planer.[1]

Dieses für die Teleologie typische Problem wird seit der Antike als Stolperstein teleologischer Erklärungen gesehen. Aus Sicht des Naturwissenschaftlers kommt es zur Bestäubung der Blüte, eben *weil* eine günstige Prädisposition (die Absonderung zuckerhaltiger Substanzen) zufällig Insekten anlockt. Die Annahme, dass die Blüte Nektar absondert, *damit* Insekten die Blüte bestäuben, ist dagegen empirisch unbegründet. Anders ausgedrückt: Dass biologische Funktionen und Selektionsvorteile tatsächlich *echte* Zwecke sind, die auf einen Plan zurückgehen, müsste unabhängig von rhetorischen Sprachspielen belegt werden.

---

[1] Aus diesem Grund wird in der Biologie häufig der Begriff „Teleo*nomie*" verwendet, um dem Fehlschluss der Äquivokation (hier: dem Schluss auf eine echte Planmäßigkeit) begrifflich vorzubeugen.

3. Falsche Kausalbeziehung (*Non causa pro causa*)

Dieser Fehlschluss tritt dann auf, wenn ein Sachverhalt irrtümlicherweise als Ursache eines anderen Sachverhaltes angegeben wird. Dieser Kategorie lassen sich unter anderem die folgenden Fehlschlüsse unterordnen:

3.1. Fehler im Analogieschluss

Um die Plausibilität von Intelligent Design zu unterstreichen, wird in aller Regel mit *Analogieschlüssen* gearbeitet. Im allgemeinen haben Analogieschlüsse folgende Struktur: „Aus der Beobachtung, dass ein Objekt A eine Eigenschaft P hat und dass ein anderes Objekt B ‚irgendwie' dem Objekt A ähnelt, wird geschlossen, dass B ebenfalls die – in diesem Falle nicht direkt feststellbare – Eigenschaft P aufweist" (Mahner 2007). Das Design-Argument der Evolutionsgegner beruht zum Teil auf einem solchen Analogieschluss, wonach festgestellt wird, dass sich biologische Merkmale und die Erzeugnisse menschlicher Ingenieurskunst z. B. hinsichtlich Funktionalität, Komplexität oder „Genialität" ungemein ähneln. Im Hinblick auf die Planmäßigkeit von Artefakten wird daher auf eine ebenso planmäßige Konstruktion von Biosystemen (einen Schöpfungsakt) geschlossen:

> Wenn schon vergleichsweise einfache synorganisierte technische Systeme *bekanntermaßen* nur durch Designer entstehen, dann gilt dies erst recht für die viel komplizierteren Lebensstrukturen. So gesehen erscheint es fast paradox, dass bei den Lebewesen überhaupt der Ansatz verfolgt wird, ihre Entstehung unter Ausschluss von Design erklären zu wollen (Junker 2004, 4).

Nun sind Analogieschlüsse allerdings nur dann zulässig, wenn der *analoge* Sachverhalt *in den für den Vergleich relevanten Eigenschaften* tatsächlich mit dem zu erklärenden Sachverhalt übereinstimmt. Dies ist bei den hier miteinander verglichenen Objekten jedoch keinesfalls zutreffend. Die Bausteine von Artefakten wie Computern, Uhren, Automobilen und dergleichen können weder abiotisch entstehen, noch besitzen sie elementare auto-katalytische Eigenschaften, die es ihnen ermöglichen könnten, sich zu evolutionsfähigen Systemen zu organisieren. Insbesondere kommen die emergenten Eigenschaften lebendiger Systeme, wie die Fähigkeit zur Fortpflanzung, Mutabilität und natürliche Selektion Werkzeugen, Maschinen und Sprachen *eben nicht* zu, wodurch jede Analogie, die sich auf diese Eigenschaften zu beziehen hat, entwertet wird (Mahner 1986, 75). Die Fähigkeit zur Vermehrung und Mutabilität sind nun einmal elementare Voraussetzungen für den Evolutionsprozess!

Um diesen Einwand zu entkräften, nützt es dem Evolutionsgegner zunächst einmal nichts, darauf hinzuweisen, dass eine zur Selbstreproduktion befähigte Maschine erst recht als planerischer Geniestreich angesehen würde. Man könnte ja allenfalls eine Maschine mit der Fähigkeit ausstatten, eine neue Maschine *zu konstruieren*, nicht aber, einen *natürlichen Wachstumsprozess* (eine Keimesentwicklung) zu durchlaufen. Genau hier liegt das Problem, die Sprache zeigt es auf: „Kunstdinge, Artefakte, werden von einem anderen *gemacht;* Naturdinge, Lebewesen *wachsen* dagegen sie entwickeln ihre Form aus sich selbst" (KUMMER 2009, 163). Gäbe es eine „Biologie der Maschinen", ginge die Entwicklung von Maschinen durch Wachstum und *ohne erkennbaren planerischen Eingriff* vonstatten, dann wäre das Design-Argument natürlich auch in der Technik wertlos. Auch die Feststellung, dass sich Biosysteme und Artefakte hinsichtlich *anderer* Eigenschaften wie Funktionalität und „irreduzibler Komplexität" ähneln, ist wenig hilfreich. Sie enthielte nur dann ein Argument, wenn der Evolutionsgegner nachweisen könnte, dass Funktionalität und eine in irgendeiner Weise spezifizierte Komplexität *tatsächlich* die relevanten Schlüsselindikatoren bei der Identifikation von Artefakten sind. Aber inwieweit ist dies der Fall?

Wir hatten es in Kap. II bereits besprochen: All jene Beispiele, die Evolutionsgegner aus der Technik anführen, sind trivial. Es handelt sich um *menschliches* oder menschen*ähnliches* Design, von dem wir bereits *aus Erfahrung* wissen, dass es auf Planung beruht. Eine Gesundheitsbehörde, die es z. B. mit einer Milzbrand-Epidemie zu tun bekäme, wird, so lesen wir bei RAMMERSTORFER (2006, 112), hinter diesem Ereignis mit einiger Wahrscheinlichkeit einen intelligent geplanten terroristischen Anschlag vermuten. Aber basiert diese Erkenntnis nun in irgendeiner Weise auf der Suche nach „Designsignalen" im Sinne von M. BEHE oder W. DEMBSKI? Keineswegs. Sie gründet vielmehr in dem *Wissen*, dass Milzbrand-Erreger in den Laboratorien der Militärs bereits gezielt zu diesem Zweck proliferiert wurden. Dort, wo dieses Wissen *fehlt* – z. B. beim Vogelgrippe-Virus –, käme niemand auf die Idee, einen Planungsakt hinter einer Epidemie zu vermuten. Wir sehen: Spezifizierte oder irreduzible Komplexität ist, wie es scheint, gar nicht die relevante Analogie, die den Schluss auf Design rechtfertigt, sondern *Erfahrungswissen*. Dieses für den Schluss auf eine Planung erforderliche Wissen ist in der Biologie nirgendwo vorhanden – Lebewesen sind weit mehr *der Natur* (einem sich selbst organisierenden System) als einem Artefakt analog:

> Eine Holzfigur ist kein leibhaftiger Mensch, ein Artefakt kein Lebewesen! Wenn du dennoch den Analogieschluss ziehst, übergehst du diesen Unterschied und stülpst dem Naturding ein Artefakt-Gewand über. In dieser Verkleidung taugt es natürlich für den Schluss, aber eben nur dem Schein nach, und damit ist nichts gewonnen. Du erklärst das Naturding zum hergestellten Gegenstand und holst dann, welch Wunder, den Hersteller, sprich intelligenten Designer, aus der Natur hervor wie der Zauberer das Kaninchen aus dem Zylinder. Das beweist aber gar

nichts, weil du nur hervorholst, was du vorher schon hineingesteckt hast (Kummer 2009, 163).

3.2. *Die klassischen Evolutionsbelege – eine* petitio principii?

Die Tatsache der transspezifischen Evolution wird durch eine ungeheure Fülle an Daten belegt. Beispielsweise gibt es zahlreiche Fossilien, die vor dem Hintergrund einer begründeten Evolutionslinie genau so gebaut sind, wie es das evolutionäre Modell erwarten lässt. Das Auftreten bestimmter „Primitivstadien" in der Keimesentwicklung deutet ebenfalls auf die stammesgeschichtliche Verbundenheit der Arten hin; es handelt sich dabei um „Reste" ursprünglicher Entwicklungsprogramme, die historisch geworden und in der Ontogenese daher noch ablesbar sind. Die verblüffenden Koinzidenzen zwischen Stammbäumen und dem Fossilienbefund sind ein weiteres gewichtiges Indiz zugunsten der Evolutionstheorie; sie sind anders als durch gemeinsame Abstammung nicht sinnvoll erklärbar. Unser Wissen über die ontogenetische „Plastizität" und die Mechanismen genetischer Variation vervollständigt dieses Bild.

All diese (und noch viel mehr) Befunde lassen an der Evolution keine begründeten Zweifel mehr zu. Da sie sich in jedem Evolutionslehrbuch nachlesen lassen, sollen sie hier nicht weiter thematisiert werden. Worum es uns hier geht, ist die Art und Weise, wie Evolutionsgegner auf die Vorführung solcher Belege reagieren:

> Ist es vernünftig zu sagen, es müsse eine Evolution gegeben haben, weil sich die Lebensformen fein säuberlich nach ihrer Ähnlichkeit aufreihen lassen? Fragt man nach den Beweisen, wird einem wiederum die Ähnlichkeit vor Augen geführt (oft in beeindruckenden Skelettreihen in Museen oder Sachbüchern). Nur wenigen fällt der Zirkelschluss auf: die Hypothese stützt sich auf eine Beobachtung und dieselbe Beobachtung soll die Hypothese beweisen. In jedem Gerichtsverfahren würde der eine solche Beweisführung in der Luft zerrissen (Isau 2008; Fehler im Original).

Es geht also im Kern um die keineswegs originelle Behauptung, der Evolutionsbiologe begründe die abgestufte Ähnlichkeit der Arten mit Evolution und die Evolution wiederum mit der abgestuften Ähnlichkeit der Arten. Eine solche Argumentation, wonach die zu beweisende Folgerung stillschweigend bereits in den Prämissen voraussetzt wird, bezeichnet man als fatalen *Zirkelschluss* (*circulus vitiosus*) oder als *petitio principii.*

Nun liegt im Falle der Begründung der Evolutionstheorie ein solcher Zirkelschluss aber gar nicht vor. Das Missverständnis der Evolutionstheorie durch ihre Gegner beruht vielmehr auf einer Verwechslung von *Erkenntnis-* und *Erklärungsgrund* (Mahner 1986, 72 ff). Wenn z. B. gefragt wird, warum das Wetter schlecht wird und es wird geantwortet: „weil das Barometer fällt", dann handelt es sich beim Fallen des Barometers bzw. des Luftdrucks um eine spezifische Symptomkonstellation (*Erkenntnisgrund*), anhand der wir auf eine Wetterverschlechterung schließen. Die Wetterverschlechterung ist dagegen der *Erklärungsgrund* für das Fallen des Barometers. Durch Verwechslung der beiden Kategorien lässt sich *jede* empirisch überprüfbare These in eine scheinbar zirkelschlüssige Form gießen. Beispiel:

> Warum wird das Wetter schlecht? Weil das Barometer fällt. Warum fällt das Barometer? Weil das Wetter schlecht wird.

Diese Form der Aussage ist nicht zirkelschlüssig, weil eben auf die erste Frage unter Nennung des *Erkenntnisgrunds* und auf die zweite unter Nennung des *Erklärungsgrunds* geantwortet wird. Analog verhält es sich mit der Evolutionstheorie: Die abgestufte Ähnlichkeit der Arten ist der *Erkenntnisgrund*, die Symptomkonstellation, die auf eine Evolution schließen lässt, weil sich die Konstellation aus der Evolutionstheorie schlussfolgern lässt. Demnach ist Evolution der *Erklärungsgrund*.

3.3. Die Verwechslung ultimater und proximater Ursachen

Wie oben betont zählt das Auftreten ontogenetischer „Entwicklungsprogramme", die in Auszügen archaische Organisationsmuster rekapitulieren, oder Missbildungen, die in struktur- und lageähnlicher Weise schon bei entsprechenden Ahnenformen in Erscheinung getreten sind (so genannte *Atavismen*), zu den wichtigsten Belegen der DARWINschen Abstammungstheorie. Wie alles, was eine Geschichte durchlaufen hat, so können auch Lebewesen auf „historische Reste" hin untersucht werden, die sich häufig noch aufgrund ihrer Form, Lage und Primärfunktion erschließen lassen. Die Evolutionsgegner (z.B. JUNKER/SCHERER 2006, Kap. V) halten dagegen, solche Phänomene könnten aus den *ontogenetischen* Ursachen vollständig erklärt werden, ohne dass dazu eine Reaktivierung evolutionär erworbener Muster als Ursache angenommen werden müsse. Letztlich zeigten „Versuche, die [...] Ontogenese bzw. einzelne embryonale sowie fetale Organanlagen oder nachgeburtliche Reaktionen unter Rückgriff auf die Abstammungslehre besser zu verstehen, [...] keinen Erfolg" (JUNKER/SCHERER 2006, 211).

Diese Argumentation zeugt jedoch von einer Verwechslung zweier Ursachenebenen, die bei der Erklärung strikt auseinander gehalten werden müssen. Es ist unbestritten richtig, dass sich die Bildung bestimmter Muster aus funktionellen und ontogenetischen Prinzipien ableiten lässt: Das „ontogenetische Programm" steuert *unmittelbar* die Embryonalentwicklung der Lebewesen (*proximate Ursache*). Die Frage aber, weshalb das ontogenetische Programm gerade so und nicht anders beschaffen ist, lässt sich nicht durch entwicklungsbiologische oder funktionelle Betrachtungen, sondern nur vor dem Hintergrund *seiner Geschichte* (*ultimate Ursache*) beantworten.

Betrachten wir beispielsweise die Zahnanlagen, die in der Embryonalentwicklung der Wale kurzzeitig auftauchen und wieder verschwinden: Wenn gefragt wird, weshalb diese Strukturen entstehen, lässt sich argumentieren, dass sie zur Formbildung des Kiefers benötigt werden und daher funktionell notwendig sind (*proximate* Ursache). Daraus erklärt sich aber nicht, weshalb bei den Walen ausgerechnet Zahnanlagen bei der Ausformung des Kiefers eine Rolle spielen (obwohl sie doch nur wieder verschwinden und sich nicht zu Kauwerkzeugen entwickeln), warum nicht andere, weniger umständliche Wege zur Formbildung des Kiefers angelegt sind. Die Evolutionsgegner geraten denn auch in erhebliche Argumentationsprobleme, was die Interpretation derartiger Befunde anbelangt. Die Merkmalskonstellationen ergibt eben nur dann einen Sinn, wenn man davon ausgeht, dass die landlebenden Vorfahren der Wale einst über Zähne verfügten, deren Anlagen zu einem späteren Zeitpunkt der phylogenetischen Entwicklung ihre „prospektive Bedeutung" (*Primär*funktion) abhanden kam. Wird dagegen die historische Entwicklung geleugnet, bleibt die Existenz der Zahnanlagen unverständlich.[2]

Die bequeme Allzweck-Antwort, der Schöpfer habe mit seinem Handeln eben bestimmten ontogenetischen Erfordernissen Rechnung getragen, erklärt also nichts, sondern verlagert die Erklärung lediglich einen Schritt nach hinten. Auf die Frage, warum der Schöpfer ontogenetischen Zwängen in einer Weise unterworfen sein soll, dass er diesen Entwicklungswegen auf dieselbe Art folgt (folgen *muss*?), wie man es vom Evolutionsprozess her erwartet, hat der Kreationist keine Antwort.

4. Schluss vom bedingt Gesagten zum schlechthin Gesagten

Bei diesem Fehlschluss (lat. *fallacia a dicto secundum quid ad dictum simpliciter*) wird eine unter *bestimmten* Bedingungen oder zu einer *bestimmten* Zeit gültige Hypothese verwendet, um nahe zu legen, dass sie *unter allen* Bedingungen bzw. zu allen Zeiten gültig ist (Mahner 1986, 79). Dieser Schluss verletzt den Satz vom zureichenden Grund und ist daher unzulässig. So behauptet beispielsweise Rammerstorfer:

[2] Ein besonders schönes Beispiel diskutiert Hemminger (1988, 23 ff). Es handelt sich um den für Affenbabys charakteristischen Klammerreflex, mit dem sich die Neugeborenen im Fell der Mutter festhalten. Dieser Reflex, bei dem nacheinander alle Finger in die charakteristische Greifposition einlaufen, findet sich in *exakt derselben Ausprägung* auch bei menschlichen Neugeborenen, obwohl er dort keine Primärfunktion mehr hat. Leugnet man die gemeinsame Stammesgeschichte von Mensch und Affe, bleibt auch diese Tatsache unerklärbar.

> Intelligent-Design-Theoretiker wollen […] auch eine Theorie aufstellen, die sich mit der Realität verträgt. Und Realität ist heute, dass Pasteurs Satz ‚omne vivum ex vivo' [Alles Leben kommt aus dem Leben; M. N.] bestens gefestigt ist nachdem Gegner dieses Satzes selbigen jahrzehntelang gefestigt haben […] (Rammerstorfer 2003).

Die Tatsache, dass unter den *heutigen* Bedingungen Leben nur noch auf biologischem Weg entstehen kann, sagt nichts über die Möglichkeit einer spontanen Lebensentstehung unter den Bedingungen aus, die vor 4 Milliarden Jahren auf der Erde herrschten. Nach allem, was wir wissen, waren die irdischen Bedingungen vor 4 Milliarden Jahren grundlegend anders als heute und prädestinierten geradezu eine *generatio spontanea*.

5. Der Fehlschluss des „red herring"

Der Begriff *red herring* (roter Hering) geht auf das Auslegen geräucherter Heringe zurück, um Spürhunde durch deren Geruch auf eine falsche Fährte zu bringen. Nicht nur bei flüchtigen Delinquenten, auch in der Diskussion war und ist das (bewusste oder unbewusste) Legen falscher Fährten ein beliebtes Mittel. Hierzu zählt jedes Argument, in dem die Prämissen in keiner logischen Beziehung zur Konklusion (Folgerung) stehen. Dies ist ein sehr allgemeines Kriterium, und natürlich gibt es die unterschiedlichsten Methoden, um von etwas abzulenken. Einige davon sollen nun vorgestellt werden.

5.1. Das Beeindrucken durch Fachsprache

Eine Strategie besteht darin, Menschen, die den Wahrheitsgehalt fachspezifischer Aussagen nicht beurteilen können, durch Verwendung komplizierter Fachsprache zu beeindrucken, um sie dazu zu bringen, eine bestimmte Schlussfolgerung zu akzeptieren. Auf dieses Stilmittel wird z. B. in Junker/Scherer (2006) zurückgegriffen. Zur Frage, ob das Steißbein als Schwanzrudiment zu interpretieren sei, finden wir folgende Passage (Beispiel aus Austermann 2008, 86 f):

> In der 4. Entwicklungswoche wird beim ca. 2,5–4,5 mm großen menschlichen Embryo die Schwanzknospe sichtbar. Ein stabartiger Auswuchs (Chorda neuralis) des Neuralrohres beginnt ab Höhe des Neuroporus caudalis in Richtung der zunächst allein aus mesodermalen Zellen bestehenden kaudalen Eminenz auszuwachsen. Dabei überwächst die Chorda neuralis das untere Ende der Chorda dorsalis […] sowie das Ende des Enddarms. Die kaudale Eminenz stellt bis zu der 8. Entwicklungswoche […] das untere Ende des embryonalen Körpers dar.
>
> Anders als in den übrigen (kopfwärts gelegenen) Abschnitten entstehen innerhalb der Chorda neuralis durch sekundäre Neurulation die unteren Anteile

des Neuralrohres, das nach oben (proximal) Anschluss an den durch die primäre Neurulation gebildeten oberen Anteil des Neuralrohres gewinnt. Damit wird die Chorda neuralis zum Ende des gesamten Neuralrohrs und ist in dieser Phase Hauptbestandteil der Schwanzknospe. *Ähnlichkeiten mit einem adulten Wirbeltierschwanz bestehen weder morphologisch noch funktionell* (JUNKER/SCHERER 2006, 207).

Man kann sich ausmalen, welchen Eindruck dieser Text bei Schülern hinterlassen muss, an die sich das *kritische Lehrbuch* in erster Linie richtet: Die durch Fachtermini durchsetzten Aussagen sollen wissenschaftliche Kompetenz signalisieren. Gleichzeitig erschwert die Diktion dieser Passage das Verständnis des beschriebenen Sachverhalts, so dass sich schlussendlich nur die kursiv hervorgehobene Schlussfolgerung einprägt. Dadurch wird ebenfalls geschickt davon abgelenkt, „dass zur Entkräftung des evolutionstheoretischen Arguments nicht gezeigt werden muss, dass keine Ähnlichkeit mit einem *adulten* Wirbeltierschwanz besteht, sondern dass keine Ähnlichkeiten zu den *embryonalen* Anlagen bei Wirbeltieren vorhanden sind, die noch einen Schwanz ausgebildet haben" (AUSTERMANN 2008, 87).

5.2. Der Appell an Emotionen

Dazu werden mit einer Aussage Emotionen verknüpft, um den Adressaten dazu zu bringen, eine bestimmte Position zu akzeptieren oder abzulehnen. Eine Variante ist der allseits bekannte „Nazi-Vergleich" (*argumentum ad nazium*). Man rückt eine Theorie oder deren Anhänger in die geistige Nähe der nationalsozialistischen Ideologie, um zu suggerieren, man leiste dem Bösen Vorschub, wenn man diese Theorie akzeptieren würde. Gerade im Zusammenhang mit der Evolutionstheorie bekommt man es immer wieder mit dieser Strategie zu tun, wie das folgende Zitat belegt:

> Wenn auch immer wieder bestritten worden ist, dass Darwin und seine Nachfolger den ‚Kampf ums Dasein' in dieser Weise verstanden [...] so kann uns doch ein Blick ins 3. Kapitel der ORIGIN-Arbeit und in Haeckels Werke von der Richtigkeit des Clarkschen Ansatzes überzeugen [...] Und in ihrer Übertragung auf den Menschen wird diese Auffassung zudem zu einer mörderischen Philosophie. Sie ist unter anderem der direkte Weg zu Hitlers ‚Mein Kampf' mit allen Folgeerscheinungen (LÖNNIG 2001).

Solche Aussagen sind nicht nur *inhaltlich* falsch[3], sondern implizieren einen Fehlschluss. Denn die Richtigkeit einer Theorie hängt nicht davon ab, was

---

[3] Wie sich aus der Akzeptanz der Evolutionstheorie eine Lizenz zum Töten oder gar der Weg zu HITLER ableiten lassen soll, bleibt unverständlich. Der Begriff vom „Kampf ums Dasein", den nicht einmal DARWIN wörtlich nahm, wurde längst durch den Begriff der differenziellen Tauglichkeit ersetzt. Dieser „Kampf" vollzieht sich in aller Regel unblutig, da er nicht

deren Vertreter denken oder glauben, ob sie moralisch integer sind oder nicht, und auch nicht davon, welche Verbrechen im Namen jener Regime begangen wurden, die sich (missbräuchlich) auf diese Theorie berufen haben. Appelle an Emotionen sind, wo eigentlich Sachargumente angebracht wären, klar ein Merkmal pseudowissenschaftlicher Agitation.

5.3. Der genetische Fehlschluss

Der so genannte *genetische Fehlschluss* ist eine falsche Schlussfolgerung von den historischen Begleitumständen hinsichtlich der Entstehung einer Auffassung auf deren aktuelle Geltung. So beschreibt beispielsweise JUNKER das Verhältnis zwischen dem rigoristischen Schöpfungsverständnis und der neuzeitlichen Naturwissenschaft wie folgt:

> Dass fruchtbare Forschung im Rahmen des Schöpfungsparadigmas überhaupt möglich ist, wird oft bestritten, was insofern paradox ist, als im Rahmen des biblischen Schöpfungsverständnisses die neuzeitliche Naturwissenschaft überhaupt erst entstanden ist (JUNKER 2005b).

Dass bestimmte Aspekte des Christentums, wie z.B. die rationale Diskurstradition, die Entstehung der Naturwissenschaften gefördert haben, ist sicher richtig, zumal es im Abendland Jahrhunderte lang keinen anderen Deutungsrahmen gab. Daraus folgt aber *nicht*, dass das Schöpfungsparadigma in irgendeiner Weise relevant für die Naturwissenschaft der Neuzeit sei. Im Gegenteil: Die Etablierung der modernen Naturwissenschaften war und ist ein fortwährender *Ablöseprozess* von religiösen Dogmen und Denkstrukturen, die der kausalen Erklärungsstrategie der Naturwissenschaften entgegenstehen. Die Folge dieser Emanzipation war ein mehrere Jahrhunderte dauernder Streit zwischen der Kirche und den Naturwissenschaften, wie die Fälle Giordano BRUNO und Galileo GALILEI in besonderem Maße beweisen. Ein „biblisches Schöpfungsverständnis“, wie es JUNKER vertritt, steht zum heutigen wissenschaftsorientierten Weltbild im krassen Gegensatz und ist daher ein „wissenschaftshistorischer Atavismus“ (MAHNER 1986, 84).

*5.4. Autoritätsbeweis (*argumentum ad verecundiam*)*

Um eine ungewöhnliche Meinung zu unterstreichen, ist es in der pseudowissenschaftlichen Literatur sehr beliebt, auf angesehene Persönlichkeiten zu verweisen, welche diese Ansicht teilen. Die Reputation der Personen

zwischen Jäger und Beute, sondern zwischen Artgenossen „ausgetragen“ wird, die von ihren verschiedenen Überlebenschancen nichts ahnen.

wird dazu genutzt, den Stellenwert der These auf unzulässige Weise zu steigern. Dieses rhetorische Stilmittel wird als Autoritätsbeweis oder *argumentum ad verecundiam* bezeichnet. So heißt es beispielsweise bei LÖNNIG:

> Diese Zitate beweisen, dass auch unter den besten und erfolgreichsten Naturwissenschaftlern der Welt die Fragen nach einem intelligenten Ursprung des Universums und des Lebens nicht nur niemals verstummt sind, sondern dass eine nicht unbeträchtliche Anzahl dieser Forscher diese Fragen sogar deutlich und unmissverständlich positiv beantwortet! [...] Hier wird gezeigt, dass zur Weltspitze gehörende Naturwissenschaftler die Intelligent-Design-Frage samt positiven Antworten für völlig legitim einstufen und damit ID auch gemäß den besten, erfolgreichsten und genialsten Forschern unseres Zeitalters eindeutig in den Bereich der Naturwissenschaft gehört (LÖNNIG 2005).

Nun ist es in wissenschaftlichen Abhandlungen zwar üblich, Behauptungen durch wissenschaftliche Zitate und Querverweise abzusichern. Der Verweis auf Wissenschaftler kann jedoch nicht *als Ersatz* für eine Begründung dienen oder dazu, die Glaubwürdigkeit ungewöhnlicher Ansichten durch die Verdienste bestimmter Personen zu erhöhen, die derselben Auffassung sind. Wenn sich LÖNNIG mit Blick auf seine „Beweisführung" etwa darauf beruft, dass die „besten" und „erfolgreichsten Naturwissenschafter der Welt" seine Auffassung teilen, dass ID zur Naturwissenschaft gehöre, besagt dies nicht viel, denn „[...] die Folgerichtigkeit eines Arguments ist nicht von der oder den Personen abhängig, die es vertritt oder vertreten" (MAHNER 1986, 80f).

Zudem hat ein Naturwissenschaftler, der auf seinem Gebiet Großes leistet, in anderen naturwissenschaftlichen Bereichen nicht unbedingt etwas Originäres zu sagen. Wenn beispielsweise ein Mediziner oder Physiker über die chemische oder biologische Evolution urteilt, dann verhält es sich so, wie wenn sich ein Mutationsgenetiker über die „Kambrische Explosion" oder über die neuesten Erkenntnisse auf dem Gebiet der Quantenkosmologie auslässt: Ihre Urteile müssen nicht falsch sein, aber sie urteilen als *interessierte Laien* und keineswegs als Experten, die Informationen aus erster Hand liefern. Und so ist es tatsächlich auch bei dem von LÖNNIG erwähnten Personenkreis: Unter den rund 40 „genialsten" Naturwissenschaftlern, die LÖNNIG zu Wort kommen lässt, sind Biologen nur in verschwindend geringer Zahl darunter. Mehr als die Hälfte sind Physiker und ein weiteres Viertel Mediziner, rund 13 Prozent sind Chemiker. Das heißt, *mehr als 90 Prozent* der von LÖNNIG zitierten Autoritäten haben zur biologischen Evolution oder zur naturwissenschaftlichen Bedeutung von Intelligent Design nie etwas Originäres publiziert! Schlimmer noch: Ausgenommen einer Handvoll Mediziner und Physiker, einem Chemiker sowie *einem* Biologen vertritt keine der von ihm zitierten Personen eine dezidiert evolutionskritische Position! Die meisten vertreten nur allgemein gehaltene religiöse Ansichten (z.B. im Sinne eines Idealismus oder Pantheismus) oder sie glauben an die Erschaffung des Universums durch ein höheres Wesen – Ansichten, die mit dem Anspruch des intelligenten Designs auf eine wissenschaftliche Welterklärung und dessen scharfer Kontrastierung zur Evolutionstheorie *nicht das Geringste zu tun haben* und die sie auch strikt aus ihren *wissenschaftlichen* Publikationen heraushalten. Wenn also LÖNNIG jedwede religiöse Position für seinen Standpunkt des *Intelligent Designs* vereinnahmt, so ist dies purer Etikettenschwindel. Um ein Argument zu formulieren, bedarf es *einer Begründung* und keiner Anbiederung an Autoritäten! Gerade „der üppige Verweis auf Titel und Meriten ist ein beliebtes Mittel in der pseudowissenschaftliche Literatur, sich Begründungen zu ersparen“ (MAHNER 1986, a. a. O.).

*5.5. Der auf den Menschen gerichtete Beweis (*argumentum ad hominem*)*

Hierbei handelt es sich um eine Stilfigur, die mit dem *argumentum ad verecundiam* verwandt ist. Während der Autoritätsbeweis die *positiven* Eigenschaften von Personen hervorhebt, um deren Ansicht zu stärken, wird beim *argumentum ad hominem* der Gegner in ein ungünstiges Licht gerückt, um ihn und dessen Auffassung zu diskreditieren. Man unterstellt der Person beispielsweise, sie sei ideologisch verblendet oder ihr fehlten in einem bestimmten Bereich das entsprechende Fachwissen und die wissenschaftlichen Referenzen, um auf diese Weise ihre Schlüsse allgemein zu entwerten. Doch wie ein Mensch denkt oder handelt und welche Ausbildung er genoss, entwertet nicht *per se* sein Argument oder die Weltanschauung, die er vertritt. Und auch wenn ein Mensch schon zehn Mal Unsinn behauptet hat, entwertet dies nicht seine 11. Aussage, die ja auch einmal richtig sein könnte (MAHNER 1986). Auch der Hinweis darauf, dass jemand Kreationist sei und keine wissenschaftlichen Veröffentlichungen in renommierten Fachzeitschriften vorzuweisen habe, entwertet nicht *automatisch* seine Argumentation.

In Deutschland zeichnen sich vor allem die Schriften des Antievolutionisten W.-E. LÖNNIG durch ein bemerkenswert hohes Maß an Aggressivität gegenüber Menschen aus, die seine kreationistische Weltanschauung auf naturwissenschaftlicher Ebene kritisieren und die seiner jahrelangen Methode, Intelligent Design über wissenschaftliche Einrichtungen, wie das Max-PLANCK-Institut, zu propagieren, auf gesellschaftlicher Ebene entgegen wirkten. In zahlreichen Pamphleten untergräbt LÖNNIG die moralische Integrität seiner Gegner und stellt diese in wechselnder Abfolge als böswillig, dogmatisch, in ihrem intellektuellen Vermögen beschränkt, intolerant oder unwissend dar (s. NEUKAMM/BEYER 2007). Diese Strategie zielt darauf ab, einerseits von der Inkonsistenz seiner eigenen Standpunkte abzulenken und andererseits fälschlicherweise zu suggerieren, es gäbe zu seiner Kritik an der Evolutionstheorie keine Gegenargumente (Austermann 2008, 88 ff). Gleichzeitig wird nichts unversucht gelassen, sich selbst als Opfer einer Diffamierungs- und Hetzkampagne zu stilisieren. Es ist sicher völlig zutreffend, wenn Hansjörg Hemminger, der Weltanschauungsbeauftragte der Evangelischen Landeskirche Württemberg, zu dem Ergebnis gelangt: „Seine [Lönnigs] Schriften erreichen nirgends ein Niveau, das eine wissenschaftliche Diskussion möglich machen würde und zeichnen sich durch besondere Häme gegen andere Wissenschaftler aus" (Hemminger 2007, 25).

5.6. Argumente vom Typ „Tu quoque"

Argumente vom Typ *„tu quoque"* (lat.: *Du auch*) lassen sich logisch dem *argumentum ad hominem* unterordnen. Darunter versteht man ein rhetorisches Stilmittel, wonach jemand einen berechtigten Einwand gegen seine Position dadurch abwehrt, indem er entgegnet, derselbe Einwand treffe auch die Position seines Kontrahenten. Wird z. B. gegen den Wissenschaftsanspruch von Schöpfungslehren der Einwand vorgebracht, die Schöpfungsthese sei nicht überprüfbar (oder eingeschränkter: nicht widerlegbar), ist es in kreationistischen Kreisen sehr beliebt, zu entgegnen, dies gelte „ebenso für die Evolutionslehre". Doch selbst wenn die Entgegnung richtig wäre (was nicht zutrifft)[4], änderte sie nichts am Vorwurf, die Schöpfungsthese sei grundsätzlich unwiderlegbar und daher wissenschaftlich wertlos.

5.7. Der „Gish-Galopp"

Darunter versteht man eine kreationistische Diskussionstechnik, die darin besteht, ständig von einem Punkt zum nächsten zu wechseln und den Evolutionsbiologen mit einer Flut von Fragen und (fragwürdigen) Behauptungen einzudecken, um ihn ständig unter Erklärungszwang zu halten. Wann immer es dem Evolutionswissenschafter gelingt, ein gegnerisches Argument zu entkräften oder eine an ihn gerichtete Frage zu beantworten, wird einfach die Diskussionsebene gewechselt oder gesagt „das ist nicht wahr". Es obliegt dann dem Wissenschaftler, eine Menge Zeit darauf zu verschwenden, zu erklären, warum das Gesagte doch wahr ist. Dabei wird

[4] Gäbe es beispielsweise keine Fossilien oder nur Lebewesen, die von der molekularen bis zur morphologischen Ebene völlig verschieden wären – wäre der Mensch gar *das einzige Lebewesen auf diesem Planeten* und weit und breit kein Indiz dafür in Sicht, dass jemals eine Entwicklung vom Einfachen zum Komplexen stattgefunden habe, dann wäre der Entwicklungsgedanke widerlegt, ja, er wäre aller Wahrscheinlichkeit nach gar nicht erst entstanden.

nicht die Aussage des Naturwissenschaftlers hängen bleiben, sondern die des Kreationisten. Benannt wurde diese Technik nach dem amerikanischen Kreationisten Duane T. GISH (* 1921), der dafür bekannt war, seine Gegner auf diese Weise rhetorisch zu entwaffnen. Doch er war, und das ist das Problem an dieser Taktik, noch weit weniger (bzw. gar nicht) imstande, die Fragen im Rahmen *seiner eigenen* Theorie auch nur halbwegs zureichend zu beantworten.

5.8. Der Gebrauch so genannter Besserwisser-Killerphrasen

Darunter versteht man Scheinargumente, die dazu dienen, Konzepte mit dem Gestus intellektueller Überlegenheit als ungeeignet darzustellen, ohne sie angemessen zu diskutieren (MÜLLER 2003). So ist es in der Evolutionskritik gang und gäbe, evolutionäre Modelle damit zu kontern, es handele sich dabei lediglich um phantasievolle Geschichten („*storytelling*"), um sie als wissenschaftliche Erklärung zu entwerten (z. B. RAMMERSTORFER 2006, 61). Solche Einwände sind inhaltlich leer und werden meist angebracht, wenn Sachargumente fehlen. Modelle lassen sich nicht *rhetorisch*, sondern nur durch *Widerlegung* entwerten – vorausgesetzt, sie sind ordentlich begründet und überprüfbar. Es müsste also nachgewiesen werden, dass das in Frage stehende Modell nicht im Einklang mit dem Hintergrundwissen steht oder dass die in ihm enthaltenen Hypothesen beliebig sind.

6. Literatur

AUSTERMANN, C. (2008) Die Evolutionstheorie im Spannungsfeld zwischen modernen Naturwissenschaften und religiösen Weltanschauungen. Marburger Schriften zur Lehrerbildung, Bd. 1. Marburg.

CURTIS, G. N. (2008) Logical fallacies: the fallacy files. www.fallacyfiles.org. Stand: September 2008.

HEMMINGER, H. (1988) Kreationismus zwischen Schöpfungsglaube und Naturwissenschaft. EZW Orientierungen und Berichte Nr. 16, Stuttgart.

HEMMINGER, H. (2007) Mit der Bibel gegen die Evolution. Kreationismus und „intelligentes Design" – kritisch betrachtet. EZW-Text Nr. 195, Stuttgart.

ISAU, R. (2008) Sieben Irreführungen, um Kritiker zum Schweigen zu bringen. www.isau.de/id/irrefuehrungen.html. Zugr. a. 20. 9. 2008.

JUNKER, R. (2004) Intelligent Design. www.genesisnet.info/pdfs/Intelligent_Design.pdf. Zugr. a. 20. 9. 2008.

JUNKER, R. (2005a) Die Frage nach dem Urheber. Factum 7, 28–37.

JUNKER, R. (2005b) Wissenschaft im Rahmen des Schöpfungsparadigmas. www.wort-und-wissen.de/artikel/a02/a02.pdf. Zugr. a. 20. 9. 2008.

KUMMER, C. (2009) Der Fall Darwin. München.

Lönnig, W.-E. (2001) Die Wirkung des Darwinismus auf die biologische Forschung. www.weloennig.de/mendel05.htm. Zugr. a. 20.9.2008.

Lönnig, W.-E. (2005) Nobelpreisträger *pro Intelligent Design* (ID) des Universums und des Lebens und/oder für einen „religious impulse" in den Naturwissenschaften. www.weloennig.de/Nobelpreistraeger1a.html. Zugr. a. 20.9.2008.

Mahner, M. (1986) Kreationismus. Inhalt und Struktur antievolutionistischer Argumentation. Berlin.

Mahner, M. (2007) Intelligent Design und der teleologische Gottesbeweis. In: Kutschera, U. (Hg.) Kreationismus in Deutschland. Münster, 340–351.

Müller, M. (2003) Killerphrasen ... und wie Sie gekonnt kontern. Frankfurt a.M.

Neukamm, M./Beyer, A. (2007) Die Affäre Max Planck. Über die fragwürdigen Diskursmethoden eines Evolutionsgegners. In: Kutschera, U. (Hg.) Kreationismus in Deutschland. Münster, 232–276.

Popper, K.R. ([8]1984) Logik der Forschung. Tübingen.

Rammerstorfer, M. (2003) Eine Theorie zur Signalerkennung und ihre (möglichen) Folgen. members.liwest.at/rammerstorfer/IDTkonseq.htm. Zugr. a. 20.2.2009.

Rammerstorfer, M. (2006) Nur eine Illusion? Biologie und Design. Marburg.

Sukopp, T. (2006) Naturalismus. Kritik und Verteidigung erkenntnistheoretischer Positionen. Frankfurt a.M.

vos Savant, M. (1996) The power of logical thinking. New York.

Walton, D. (1999) The appeal to ignorance, or *argumentum ad ignorantiam*. Argumentation 13, 367–377.

XI. Kreationisten erklären die Evolution

Das „kritische Lehrbuch" von R. JUNKER und S. SCHERER

Thomas Junker

Wie schreibt man ein Lehrbuch einer Wissenschaft, die man für eine Pseudo-Wissenschaft und ein ideologisches Konglomerat aus Irrtümern und Lügen hält? Wohl gemerkt, nicht ein Lehrbuch, das zeigt, wie man die unrichtigen Vorstellungen erkennt, kritisiert und widerlegt – nein, ein Lehrbuch der als falsch eingeschätzten Sache selbst. Und *warum* sollte man das tun? Warum sollte sich jemand die Mühe machen, ein Lehrbuch der Astrologie zu verfassen, wenn er die Idee, dass die Konstellation der Sterne bei der Geburt eines Menschen sein Schicksal bestimmt, für Humbug hält? Warum würde jemand ein Lehrbuch der Evolution verfassen, der glaubt, dass es die Evolution der Organismen, die allmähliche Veränderung und Aufspaltung der biologischen Arten über lange Zeiträume, gar nicht gibt?

1. Eine Lobeshymne auf die Evolutionsforschung

Reinhard JUNKER und Siegfried SCHERER haben sich dieser auf den ersten Blick rätselhaften Aufgabe verschrieben und ein Lehrbuch über ein Naturphänomen (die Evolution der Organismen) verfasst, das ihrer Meinung nach überhaupt nicht existiert. Ihr im Jahr 2006 in sechster Auflage erschienenes Werk – *Evolution: Ein kritisches Lehrbuch [EkL]* – soll zwar „kritisch", aber zugleich ein *Lehrbuch* der Evolution sein. Dies machen die Autoren auch durch den Namen der von ihren als Ergänzung zum Buch eingerichteten Website unmissverständlich klar (www.evolutionslehrbuch.info).

Wenn R. JUNKER und S. SCHERER die Evolutionstheorie aber ablehnen, wie erklären sie dann die Entstehung und Eigenschaften der Lebewesen? Bezeichnenderweise werden die Leser des „kritischen Lehrbuchs" über den Standpunkt seiner Autoren nicht direkt informiert; dieser lässt sich nur umständlich aus ihren anderen Publikationen und Aktivitäten erschließen. Beide Autoren engagieren sich maßgeblich in der christlich-fundamentalistischen Studiengemeinschaft WORT UND WISSEN; Siegfried SCHERER war von 1997 bis 2006 ihr erster Vorsitzender und Reinhard JUNKER ist dienstältester hauptamtlicher Mitarbeiter (seit 1985). WORT UND WISSEN vertritt eine „biblische Schöpfungslehre", was ihrer Selbstdarstellung zufolge bedeutet:

> Die biblischen Schilderungen der Urgeschichte im Buch Genesis werden als historisch zuverlässig betrachtet [...] Auf der Grundlage eines theologisch-heilsgeschichtlichen Verständnisses der gesamten Bibel wird versucht, naturwissenschaftliche Daten, welche die Herkunft der Welt und des Lebens betreffen, im Kurzzeitrahmen der biblischen Urgeschichte zu deuten (www.wort-und-wissen.de).[1]

In einem kürzlich erschienen Statement hat sich Siegfried SCHERER in dieser Frage teilweise von WORT UND WISSEN distanziert (www.siegfriedscherer.de; siehe vor allem: „Evolution – Schöpfung: Unsere Erkenntnis ist bruchstückhaft", vom 24. März 2008). Bevor ich im Weiteren auf S. SCHERERS „derzeitige Ansichten" zu sprechen komme, ist es notwendig, zunächst die Weltsicht von WORT UND WISSEN etwas genauer zu betrachten. Reinhard JUNKER ist bis heute von deren Gültigkeit überzeugt und auch für Siegfried SCHERER ist sie ein wichtiger Orientierungspunkt, von dem er sich, wie wir sehen werden, nur oberflächlich gelöst hat.

1.1. Reinhard JUNKER und die Kurzzeit-Schöpfungslehre

R. JUNKER hält die von WORT UND WISSEN präferierte „Kurzzeit-Schöpfungslehre" für ein tragfähiges Konzept und entsprechend glaubt er, dass die Welt vor vielleicht 10 000 Jahren vom biblischen Gott erschaffen wurde, mit Organismen, die sich nur wenig von den heute lebenden unterscheiden. Die biblischen Legenden werden als „reale Menschheitsgeschichte verstanden und für das Verständnis der Geschichte des Lebens vorausgesetzt. Demzufolge werden Adam und Eva nicht nur als historische Personen, sondern auch als die Stammeltern der Menschheit aufgefasst. Ebenso werden Sündenfall und Sintflut als geschichtliche Ereignisse angesehen". Daraus wird u. a. weiter gefolgert, dass der „physische Tod [...] eine Konsequenz der Sünde des Menschen, d. h. seiner Abkehr vom Schöpfer" sei. Bis dahin hätten sich auch die Raubtiere von rein pflanzlicher Kost ernährt. Da es aber „erdgeschichtlich gesehen" „zahlreiche unbestreitbare Zeugnisse des (gewaltsamen) Todes" (d. h. die Fossilien) gibt, müssen diese „aus theologischen Gründen nach Adam und Eva datiert werden, da deren Sünde den Tod verursachte" (EKL 2006, 291).

Nicht nur der Tod einzelner Tiere, sondern auch das Aussterben ganzer Tiergruppen, beispielsweise der Dinosaurier, kann also erst nach dem Sün-

[1] Die in meinem Beitrag zitierten Texte und Aussagen aus dem Internet sind den jeweiligen offiziellen Homepages von WORT UND WISSEN bzw. von Siegfried SCHERER mit Stand vom 29. Oktober 2008 entnommen.

denfall erfolgt sein. Ihren Anspruch auf Wahrheit bezieht diese Sicht der Dinge einzig und allein daraus, dass die biblischen Legenden als eine wörtlich zu verstehende und über alle Zweifel erhabene Botschaft des alttestamentlichen Gottes aufgefasst wird. Ansonsten spricht nichts, aber wirklich nichts dafür, dass es sich um mehr handelt als um religiöse Legenden, um Theo-Fantasy.

Dieses märchenhafte Szenario widerspricht allen Erkenntnissen der modernen Evolutionsbiologie und Geologie, die – um das oben genannte Beispiel aufzugreifen – zeigen, dass die Dinosaurier bereits vor rund 65 Millionen Jahren ausstarben (und nur die Vögel als ihre Nachkommen überlebten). Das Aussterben der Dinosaurier wiederum war mit großer Wahrscheinlichkeit eine Voraussetzung für den evolutionären Erfolg der Säugetiere. Aus einer Gruppe von Säugetieren, den Primaten, die im Deutschen umgangssprachlich als „Affen" bezeichnet werden, entstanden dann vor rund 2 Millionen Jahren die ersten Menschen (*Homo erectus*). Da die Menschen schlecht für etwas verantwortlich gemacht werden können, das sich 63 Millionen Jahre vor ihrer Entstehung ereignete, sind R. JUNKER und WORT UND WISSEN gezwungen, die gesamte evolutionsbiologische Rekonstruktion der Stammesgeschichte der Organismen abzulehnen.

1.2. Siegfried SCHERER und die Grundideen der modernen Evolutionsbiologie

Inwiefern hat sich S. SCHERER von dieser Position von WORT UND WISSEN entfernt? Im Gegensatz zur großen „Mehrheit der Mitglieder der Studiengemeinschaft Wort und Wissen" glaubt er nicht länger an ein kurzes Alter der Erde. Wie er weiter ausführt, „schreckt" ihn „persönlich der Gedanke nicht" mehr, dass „Gott den Kosmos vor langer Zeit durch einen ‚Urknall' ins Dasein gerufen haben könnte". Diesen Sinneswandel beim Alter der Erde nahm S. SCHERER aber offensichtlich nicht zum Anlass, seine Ablehnung der Evolutionstheorie zu überdenken. Nennenswerte Unterschiede zur Position von WORT UND WISSEN sind an diesem Punkt jedenfalls nicht auszumachen: „Für mich persönlich ergeben sich aufgrund der von mir so wahrgenommenen Faktenlage erhebliche Spannungen zwischen naturwissenschaftlichen Daten einerseits und traditionellen Glaubensüberzeugungen andererseits. Diese beziehen sich zwar auch auf das Verständnis der Schöpfungstexte der Bibel, insbesondere aber geht es um die Theodizee-Frage, um die Ursache und die Rolle des Todes in der heutigen Ökologie, in der Evolution und in der Heiligen Schrift". All dies soll zu „Widersprüchen zwischen einer Makroevolutionslehre nach DARWINschem Mechanismus und Grundaussagen des Neuen Testamentes" führen.

Und schließlich betont S. SCHERER ausdrücklich, wie sehr ihm die „grundlegende naturwissenschaftliche Kritik an der Evolutionstheorie" am

Herzen liegt. Im Text „Naturwissenschaft, Evolutionstheorie und Evolutionismus“ auf seiner Homepage wiederholt er innerhalb weniger Sätze dieses Anliegen nicht weniger als viermal. Und er bekräftigt, dass dieser Ansatz auch dann legitim sei, wenn kein tragfähiges alternatives Konzept existiere: „Grundlegende sachliche Kritik muss auch dann gestattet sein, wenn keine gleichwertige naturwissenschaftliche Alternative vorliegt.“ S. Scherer hat sich ganz offensichtlich nur beim Alter der Erde von der Position von Wort und Wissen entfernt; bei anderen Fragen ist dies aber nicht der Fall und sein Sinneswandel betrifft vor allem nicht den hier wichtigsten Punkt, die Evolution der Organismen. Bis heute steht er zum „Hauptanliegen“ des „kritischen Lehrbuchs“, der biologischen „Kritik von Evolutionstheorien und des Gesamtwelterklärungsanspruchs ‚Evolution‘“. Und er bestreitet, dass die „Makroevolution beim derzeitigen Kenntnisstand auf natürliche Ursachen zurückgeführt werden kann“ (www.siegfriedscherer.de).

Und so lässt sich zusammenfassend sagen, dass sowohl der „Kurzzeitrahmen der biblischen Urgeschichte“ von R. Junker als auch die „heilsgeschichtliche Schöpfungslehre“ von S. Scherer nach ihrer eigenen Einschätzung den allgemeinen Grundideen der modernen Evolutionsbiologie widersprechen. Diese besagen: 1. Es gab eine *allmähliche Veränderung* und *Aufspaltung* von Arten über lange Zeiträume. 2. Die großen Tier- und Pflanzengruppen und letztlich alle Organismen stammen von *gemeinsamen Vorfahren* ab. Menschen sind also nicht nur mit Affen verwandt, sondern auch mit Fischen, Regenwürmern und Fruchtfliegen. 3. Diese Veränderungen werden durch einen *ungeplanten Naturprozess* bewirkt. Als wichtigster Evolutionsmechanismus gilt die natürliche Auslese (Variation und Selektion), da nur diese eine überzeugende Erklärung für die Entstehung zweckmäßiger Eigenschaften (der Anpassungen) geben kann. Die Indizien für diese Aussagen sind so überwältigend, dass die Evolution heute als Tatsache bezeichnet werden muss, so wie es eine Tatsache ist, dass sich die Erde um die Sonne dreht oder dass die ägyptischen Pyramiden vor mehr als 4000 Jahren erbaut wurden. Seit Mitte des 20. Jahrhunderts ist auch Darwins Evolutionsmechanismus aus Variation und Selektion, seine berühmte Theorie der natürlichen Auslese, in ihrer modernisierten Form konkurrenzlos. Es gibt keine andere, auch nur am Rande plausible, *natürliche* Erklärung für die Existenz, die Eigenschaften und die Verbreitung der Lebewesen auf der Erde (vgl. U. Kutschera 2008; 2009; E. Mayr 2001).

Wendet man sich nach diesen Vorinformationen dem „kritischen Lehrbuch“ zu, so stellt man verwundert fest, dass das „programmatische Vorwort“ nicht, wie zu erwarten, mit einer Darstellung der evolutionskritischen Position *beider* Autoren beginnt, sondern mit dem Gegenteil – einer Lobeshymne auf die Evolutionsforschung. Sie wird als „Königsdisziplin der Biologie“ bezeichnet, die Autoren bekräftigen, dass „‚Evolvierbarkeit‘ […] eine fundamentale Eigenschaft des Lebens“ sei und sie sehen es gar als ihr „erstes Anliegen“, die „Forschungsergebnisse und die wissenschaftlichen Leistungen der daran beteiligten Evolutionsbiologen zu würdigen“ (EkL 2006, 5). Dies ist nun in der Tat seltsam und erklärungsdürftig.

Sollte ich die Autoren in ihrem Anliegen missverstanden haben? Dies erscheint kaum möglich, denn die oben dargestellten Positionen von Reinhard Junker und Siegfried Scherer lassen an Deutlichkeit nichts zu wünschen übrig. Was also soll die Lobeshymne auf die Evolutionsforschung? Die Antwort ist ebenso einfach wie beschämend. Schon die ersten Zeilen des Buches verfolgen offensichtlich den Zweck, die Leser über die wahren Intentionen seiner Autoren zu täuschen. Der eigentliche Sinn des Vorwortes und des Buches lässt sich nur verstehen, wenn man andere Publikationen der beiden Autoren kennt, über die Bedeutung von Begriffen wie „Mikro-“ und „Makroevolution“ informiert ist und sowohl die Geschichte als auch die Theorien der Evolutionsbiologie bereits kennt. Alle anderen Leser – und dabei dürfte es sich um die große Mehrheit handeln, denn das Buch richtet sich ja nicht an Fachleute, sondern an Schüler und interessierte Laien – werden bereits durch die ersten Sätze des Vorwortes in die Irre geleitet.

2. Ein vor-evolutionäres Weltbild

Als wichtiges Mittel, um ihr antievolutionäres Weltbild zu verschleiern, dient R. Junker und S. Scherer die Unterscheidung zwischen „Mikro-“ und „Makroevolution“. Um zu verstehen, was sie mit diesen Worten meinen, ist es notwendig, einen Blick auf die Geschichte der Evolutionsbiologie zu werfen. Die Begriffe „Mikro-“ und „Makroevolution“ wurden im Jahr 1927 durch den russischen Zoologen und Genetiker Jurij Philiptschenko eingeführt. Er glaubte, dass die Evolution innerhalb einer biologischen Art (die Entstehung von Rassen oder Varietäten) auf anderen Ursachen beruhe als die Entstehung höherer Einheiten wie Gattungen oder Familien. Obwohl sich Philiptschenko mit seinen konkreten Theorien nicht durchsetzen konnte, wurde seine Begriffsbildung von einigen Biologen übernommen.

Unter „Mikroevolution“ verstand man meist die Evolution innerhalb einer Art (z.B. die Bildung von Varietäten) und bis zu einer neuen Art; unter Makroevolution die Evolution jenseits dieser Grenze, die Entwicklung von neuen Gattungen, Familien usw. In den letzten Jahrzehnten gab es ausgedehnte Diskussionen innerhalb der Evolutionsbiologie, ob es sinnvoll ist, diese Unterscheidung vorzunehmen und welche theoretischen Konsequenzen sich daraus ergeben (T. Junker 2004b, 352–375). Diese Diskussionen können hier nicht im Detail besprochen werden und es ist auch nicht notwendig, denn im „kritischen Lehrbuch“ geht es nur am Rande um diese evolutionsbiologischen Fragen. Die Worte „Mikro-“

und „Makroevolution" sollen lediglich den Eindruck vermitteln, als gehe es hier um Evolution; tatsächlich aber dienen sie dazu, das *vor-evolutionäre* Weltbild von R. JUNKER und S. SCHERER als eine Art Evolutionstheorie zu präsentieren.

2.1. Konstanz der Arten, Degeneration und vorgegebene Anlagen

Die Naturforscher des 18. Jahrhunderts waren davon überzeugt, dass die Vielfalt der „Sorten" von Lebewesen durch ihre jeweils getrennte Entstehung zu erklären ist (vgl. E. MAYR 1982; T. JUNKER/U. HOSSFELD 2009). Meist wurde angenommen, dass nur die zu einer Art gehörigen Individuen einen gemeinsamen Ursprung haben: „Wir zählen so viele Arten, wie verschiedene Formen im Anfang [in principio] geschaffen worden sind" (C. LINNAEUS 1751, These 157). Ob zwei Individuen zur selben Ursprungseinheit gehören, sollte an ihrer Ähnlichkeit und an ihrer gemeinsamen Fortpflanzung erkennbar sein: „Die Art ist nichts anderes als eine konstante Aufeinanderfolge ähnlicher Individuen, die sich miteinander fortpflanzen" (G. BUFFON 1753, 386). Da sich teilweise Individuen kreuzen ließen – Pferde und Esel beispielsweise –, die man aufgrund ihrer Unterschiedlichkeit verschiedenen Arten zugeordnet hatte, gab es auch Überlegungen, ob nicht höhere Einheiten wie Gattungen oder Familien auf einen einheitlichen Ursprung zurückführbar sein könnten.

Auf der anderen Seite unterscheiden sich die Populationen einer Art oft recht deutlich. Da man beispielsweise alle Menschen, so verschieden sie auch aussehen, meist einer einzigen Art zuordnete, musste man zeigen, wie die Unterschiede entstehen können. Als wichtigste Ursache galten Umwelteinflüsse und man bezeichnete die Veränderungen als „Degeneration". In der modernen Biologie wird die Bildung unterschiedlicher Populationen als Vorstufe zur Aufspaltung von Arten gesehen; insofern sind die als Degeneration bezeichneten Phänomene ein Teilaspekt der Evolution. Dies bedeutet aber nicht, dass die Naturforscher des 18. Jahrhunderts eine Evolutionstheorie im heutigen Sinne vertreten hätten, sondern die getrennte Entstehung der biologischen Einheiten steht bei ihnen eindeutig im Vordergrund: Man glaubte sicher zu wissen, dass die Veränderungen streng begrenzt sind und dass auf diese Weise niemals neue Einheiten (z. B. Arten) entstehen können.

Andere Autoren des 18. Jahrhunderts verneinten auch diese geringfügigen Neuentstehungen von Merkmalen und postulierten, dass die Veränderungen ausschließlich darauf beruhen, dass die bei der Schöpfung der ersten Individuen einer Art bereits vorhandenen Anlagen unterschiedlich aktiviert werden: Die Veränderungen werden möglich durch die „Fürsorge der Natur, ihr Geschöpf durch versteckte innere Vorkehrungen auf allerlei künftige Umstände auszurüsten". Die Unterschiede zwischen den Populationen sollen also gerade *nicht* durch Evolution im heutigen Sinne entstehen: „Denn in die Zeugungskraft muß nichts dem Tiere Fremdes hinein kommen können, was vermögend wäre, das Geschöpf nach und nach von seiner ursprünglichen und wesentlichen Bestimmung zu entfernen, und wahre Ausartungen hervorzubringen, die sich perpetuierten" (I. Kant 1775, 19).

Da die Naturforscher des 18. Jahrhunderts die unabhängige Entstehung der „Sorten" (der Arten oder höherer Einheiten) als den mit Abstand wichtigsten Vorgang der Biologie bestimmten und den „Degenerationen" – wenn überhaupt – nur eine geringfügige, modifizierende Rolle zusprachen, handelt es gerade *nicht* um Evolutionstheorien, sondern um das klassische Gegenmodell: die „Konstanz der Arten". Aus demselben Grund werden Reinhard Junker und Siegfried Scherer nicht zu Vertretern der Evolutionstheorie, selbst wenn sie evolutionäre Veränderungen innerhalb begrenzter biologischer Einheiten für möglich halten würden („Mikroevolution"). Da sie aber nicht einmal diese geringfügigen evolutionären Effekte wirklich akzeptieren, sondern, wie wir im weiteren sehen werden, in der Tradition des Kantschen Modells vorgegebener Anlagen argumentieren, gibt es nicht einmal partielle Übereinstimmungen mit den Grundideen der Evolutionsbiologie.

2.2. Grundtypen als Schöpfungseinheiten

Wie die Naturforscher des 18. Jahrhunderts gehen R. Junker und S. Scherer von getrennten und nur begrenzt veränderlichen Ursprungseinheiten aus, die sie „Grundtypen" nennen. Zu einem „Grundtyp" gehören alle Individuen, die „direkt oder indirekt durch Kreuzungen" verbunden sind. Je nach Tier- oder Pflanzengruppe kann es sich dabei um eine Art, eine Gattung oder eine Familie handeln. Innerhalb von Grundtypen sind Variationen (z. B. die Bildung von Populationen oder Arten) möglich, zwischen den Grundtypen aber sollen klare Grenzen bestehen. Die „Umwandlung eines [...] Grundtyps in einen anderen" halten sie für unmöglich, woraus sie folgern, dass es sich bei der Makroevolution, der Entstehung aller Lebewesen „aus Einzellern in einem historischen, natürlich verursachten Evolutionsprozess", um ein irriges Konzept handelt. Der wörtlichen Auslegung der Bibel zufolge sollen die Grundtypen stattdessen durch „Schöpfungsakte Gottes" und „geologisch gesehen ‚gleichzeitig' entstanden sein" (EkL 2006, 34, 53, 5, 19, 292).

Das von R. Junker und S. Scherer entwickelte Modell entspricht also bis ins Detail der historischen Idee der Konstanz der Arten; selbst die Ausweitung der Ursprungseinheiten auf Gattungen und Familien wurde im

18. Jahrhundert bereits vorgedacht. Warum betonen sie in ihrem Buch aber mehrfach, dass sie „mikroevolutive Prozesse", d. h. Veränderungen innerhalb der Arten (bzw. innerhalb der „Grundtypen") für eine „fundamentale Eigenschaft des Lebens" halten und sprechen in diesem Zusammenhang von gesichertem Wissen (EKL 2006, 5)?

Bei den Grundtypen soll es sich um die „Nachkommen ursprünglich polyvalent erschaffener Stammformen" handeln. Die „Variabilitätsbreite" der ersten Exemplare eines Grundtyps soll am größten gewesen sein und sich mit jeder Aufspaltung in unterschiedliche Arten verringert haben (Abb. 60), da die Tochterarten jeweils nur einen Teil der „genetischen Polyvalenz" enthalten: „Die Variabilität von Grundtypen, also ihre mikroevolutive Aufspaltung in Arten und Gattungen, würde nach der Hypothese der polyvalenten Stammformen nicht in erster Linie auf der evolutionären Entstehung neuer Allele, sondern auf einem genetischen *Variations-Programm* beruhen". Wenige Seiten zuvor hatten sie die Neuentstehung genetischer Variabilität sogar völlig verneint: Es sei „empirisch nicht zu beobachten, wie durch Evolutionsprozesse die verlorengegangenen Allele durch neuartige ersetzt werden können, und theoretische Modelle dazu liegen auch nicht vor" (EKL 2006, 46, 285, 303, 297).

Dies ist nun zum einen biologisch gesehen grober Unfug, denn bei einem Allel handelt es sich um nichts anderes als um die Variante eines Gens, und für ein neuartiges Allel genügt schon die geringfügige Variation der Basensequenz durch eine Punktmutation. Zum anderen macht das Zitat aber deutlich, dass R. JUNKER und S. SCHERER auch *innerhalb* der Grundtypen *keine* evolutionären Neuentstehungen zulassen, sondern nur die Verringerung der ursprünglich erschaffenen Variationsmöglichkeit. „Mikroevolution" umfasst aber auch die *Neuentstehung* genetischer Variabilität (bzw. die Neubildung von Genen innerhalb der Art), und so ist das Grundtypmodell gerade *keine* Variante der Evolutionstheorie, sondern ein anachronistischer Abkömmling der *vor*-evolutionären Idee der Konstanz der Arten.

Da R. JUNKER und S. SCHERER davon ausgehen, dass die Menschen ursprünglich als ein einzelnes Paar erschaffen wurden, müssten Adam und Eva die gesamte genetische „Variabilitätsbreite" und alle jemals existierenden Allele aller jemals existierenden Menschen, von *Homo erectus* angefangen über die Neandertaler bis zu den heutigen Populationen und bis zu den in der Zukunft noch entstehenden Menschen aufgewiesen haben. Da jedes Individuum nur zwei Allele für jedes Gen tragen kann, fragt sich zudem, wo bei Adam und Eva die Vielzahl der historischen, aktuellen und zukünftigen Allele physisch gespeichert war. Auch für dieses bizarre Modell gibt es übrigens einen historischen Vorläufer: Die als „Einschachtelung" bezeichnete embryologische Theorie des 18. Jahrhunderts, der zufolge Adam und Eva die vorgefertigten „Keime" aller zukünftigen Menschen in sich getragen haben sollen (T. JUNKER 2004a, 58–63).

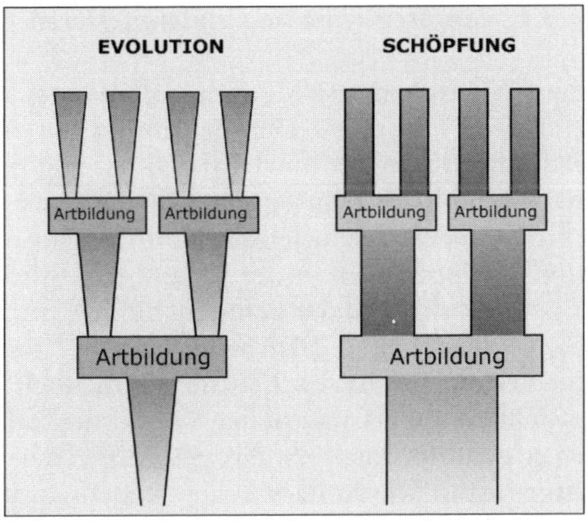

Abb. 60: Wie das Diagramm zeigt, soll die genetische Variabilität der Schöpfungslehre zufolge ursprünglich am höchsten gewesen sein und Veränderungen sollen nur als Verringerung dieser Variabilität möglich sein: „Die genetische Polyvalenz der Populationen ist durch die Breite der Stammbaumäste angedeutet. Der Evolutionstheoretiker nimmt an, dass der Verlust genetischer Polyvalenz bei der Artbildung durch im Einzelnen unbekannte Prozesse wieder ausgeglichen wird, während der Anhänger der Schöpfungslehre von genetisch polyvalenten Vorfahren der Grundtypen ausgeht" (EKL 2006, 297). Grafik leicht modifiziert.

Was also bleibt von der „Königsdisziplin der Biologie", nachdem Reinhard JUNKER und Siegfried SCHERER die „Forschungsergebnisse und die wissenschaftlichen Leistungen" der Evolutionsbiologen gewürdigt haben? Auf magische Weise hat sich die Evolutionstheorie in einen Aufguss ihres historischen Gegenpols, der Konstanz der Arten, verwandelt und als einziger Gegenstand ist ihr die seit Adam und Eva eingetretene genetische Verarmung der von Gott geschaffenen „polyvalenten Stammformen" verblieben. Mit den Grundideen der modernen Evolutionsbiologie (ja, mit der Bedeutung des Begriffs „Evolution" im Allgemeinen) hat all dies nichts gemeinsam und so ist die Lobeshymne auf die Evolutionsforschung reiner Etikettenschwindel.

3. Die Entstehung der Menschen

Die Ähnlichkeit von Menschen und Menschenaffen, die Abstammung der Menschen von anderen Primaten („Affen") und das Alter der Menschheit waren traditionell die größten Streitpunkte zwischen der Evolutionstheorie und religiösen Weltanschauungen (T. JUNKER 2008; T. JUNKER/S. PAUL 2009). Wie werden diese Punkte im „kritischen Lehrbuch" behandelt?

3.1. Von Menschen und anderen Tieren

Die Ähnlichkeit von Menschen und Menschenaffen hatte schon die Naturforscher früherer Zeiten fasziniert. Der Begründer der modernen Systematik, der schwedische Botaniker Carl LINNAEUS, zog daraus bereits im Jahr 1735 die unausweichliche Konsequenz: Die Menschen wurden ganz selbstverständlich dem Reich der belebten Natur zugeordnet und zusammen mit Affen und Fledermäusen in der Ordnung Anthropomorpha (die Menschengestaltigen) vereint. Ab der zehnten Auflage des *Systems der Natur* (1758) ersetzte er den Namen „Anthropomorpha" durch „Primaten", von lateinisch die Ersten. LINNAEUS hat die Ähnlichkeit zwischen Menschen und Affen nicht als Folge materieller Verwandtschaft und Evolution gedeutet, sondern er glaubte, dass jede Art getrennt erschaffen worden sei. Einige seiner Zeitgenossen waren da weniger zögerlich, und bald begann man über Menschen als abgewandelte Affen und umgekehrt zu spekulieren. Durchgesetzt hat sich die evolutionäre Sichtweise aber erst ein Jahrhundert später mit Charles DARWIN, der zeigen konnte, dass sich Tierarten in der Regel umso ähnlicher sind, je näher verwandt sie sind. Dieser Schluss von Ähnlichkeit auf gemeinsame Abstammung ist nicht in allen Fällen zutreffend, bei Wahl geeigneter Merkmale und Methoden aber sehr wohl geeignet, zuverlässige Stammbäume zu erstellen (s. Kap. V).

R. JUNKER und S. SCHERER können die Affenabstammung der Menschen erwartungsgemäß nicht akzeptieren, sondern Menschen und Schimpansen sollen zu unterschiedlichen Grundtypen gehören, d.h. unabhängig voneinander erschaffen worden sein. Warum sind sie sich dann aber so ähnlich? Ihre Antwort ist: Eine „abgestufte Ähnlichkeit" zwischen den Grundtypen sei „durchaus zu erwarten", da „alle Lebewesen letztlich aus der ‚Werkstatt' ein und desselben Konstrukteurs" entstammen (EKL 2006, 304). Damit ist aber das Rätsel nicht gelöst, warum Menschen ausgerechnet den Affen besonders ähnlich sehen und nicht beispielsweise Bären, Fröschen oder Seegurken, denn auch diese sollen ja vom selben Konstrukteur stammen. Die Antwort von R. JUNKER und S. SCHERER auf die Frage, warum Menschen und Affen sich so ähnlich sind, ist also – keine Antwort.

3.2. Fossilien und die Suche nach den „missing links"

An anatomischen, physiologischen und anderen biologischen Ähnlichkeiten kann man erkennen, dass Menschen zu den Primaten und innerhalb der Primaten zu den Menschenaffen gehören. Es muss also Übergangsformen zwischen früheren Affenarten und heutigen Menschen gegeben haben. Gibt es hierfür auch fossile Funde? 1871, als DARWINS *Descent of Man* erschien, fehlten fossile Beweisstücke für die Evolution der Menschen noch fast völlig. Seither wurde eine Vielzahl von Fossilien entdeckt; vor allem die letzten Jahrzehnte brachten eine ganze Reihe spektakulärer Funde. Trotzdem bleibt die detaillierte Rekonstruktion von Stammbäumen anhand von Fossilien schwierig. Dies liegt zum einen an der schon von Darwin beklagten Lückenhaftigkeit der fossilen Überlieferung. Reste von Lebewesen bleiben ja nur erhalten, wenn sie von Sediment überlagert und so vor der weiteren Verwitterung geschützt werden. Dann finden sich meist nur die härtesten Körperteile – Zähne und Knochen –, während die Haut, innere Organe oder Muskeln kaum Spuren hinterlassen. Und schließlich sind Paläontologen darauf angewiesen, dass die fossilienführenden Schichten zugänglich sind, d.h. in der Regel, dass sie sich nah an der Oberfläche befinden müssen.

Zum anderen ist es oft unklar, welche genaue Position ein Fossilfund im Stammbaum einnimmt. Gerade weil in den letzten Jahrzehnten so viele Fossilien gefunden wurden, die als Kandidaten für die Übergangsformen zwischen den schimpansenartigen Vorfahren und heutigen Menschen in Frage kommen, sind unterschiedliche Szenarien denkbar, und es wurden unterschiedliche Hypothesen vorgeschlagen. Die Vielzahl neuer Daten, die lebhaften Diskussionen und die konkurrierenden Modelle sind ein Beleg dafür, dass es sich bei der Paläoanthropologie um ein aufstrebendes, sich rasant weiterentwickelndes Forschungsfeld handelt, und eben kein Zeichen der Krise, wie das im „kritischen Lehrbuch" behauptet wird. Zudem sind nicht alle Thesen gleichermaßen strittig, und einige der ältesten Kontroversen konnten durch neue Methoden beigelegt werden. So war bis vor wenigen Jahrzehnten noch weitgehend unklar, mit welchen Menschenaffen (Orang Utans, Gorillas, Schimpansen) die Menschen am nächsten verwandt sind und wann sich die zu den Menschen führende Linie abgespaltet hat. Durch molekularbiologische Untersuchungen konnte mittlerweile gezeigt werden, dass Menschen afrikanische Menschenaffen sind und dass unsere nächsten Verwandten unter den Tieren die Schimpansen sind. Auch eine grobe zeitliche Einschätzung wurde möglich: Die letzten gemeinsamen Vorfahren von Menschen und Schimpansen lebten vor rund 5 bis 8 Millionen Jahren. Auch wenn diese Angabe noch nicht sehr präzise ist, bedeutet sie doch einen großen Fortschritt, denn in der Vergangenheit hatten viele Paläoanthropologen eine unabhängige Evolution der menschlichen Stammlinie von 15 bis zu mehr als 30 Millionen Jahren für durchaus plausibel gehalten.

Wie werden diese Themen nun im „kritischen Lehrbuch" behandelt? R. Junker und S. Scherer sind erkennbar bemüht, ein konfuses Bild der Anthropologie zu zeichnen (Abb. 61), indem sie eine Unzahl wichtiger und unwichtiger Details, aktueller und historischer Theorien ungeordnet und ohne nähere Erläuterung aneinanderreihen. Typisch für diese Vorgehensweise ist die Darstellung der angeblich „wichtigsten Hypothesen, die im

Laufe der letzten Jahrzehnte diskutiert wurden“ (EKL 2006, 273–276). Die Leser werden hier mit einer Karikatur von Wissenschaft als einer Art Zettelkasten konfrontiert: Ansichten, die nur noch von historischem Interesse sind, werden mit Außenseiterpositionen und anerkannten Theorien durchmischt, in vielen Fällen fehlen die Angaben zu den Urhebern der Thesen völlig und schließlich werden Aussagen in ihr Gegenteil verkehrt. Ein Beispiel mag dies verdeutlichen.

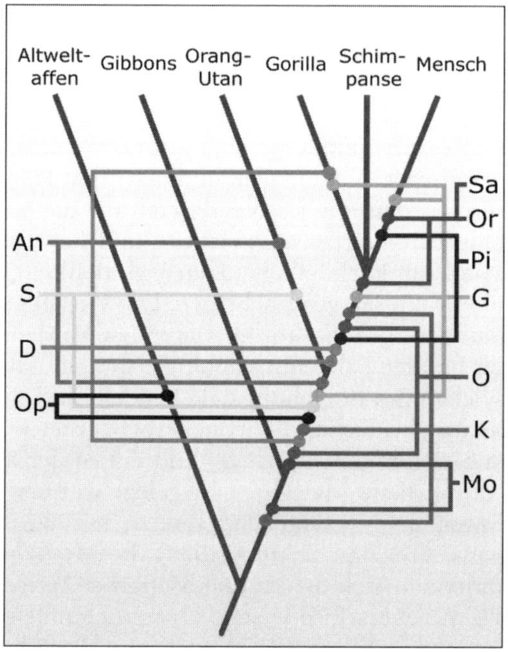

Abb. 61: Die Stammbäume im „kritischen Lehrbuch“ sollen den Eindruck völliger Konfusion und Beliebigkeit in der phylogenetischen Rekonstruktion erwecken (EKL 2006, 266).

Zu den „wichtigsten Hypothesen der letzten Jahrzehnte“ zählt dem „kritischen Lehrbuch“ zufolge auch Hypothese 10: „Es gab keine missing links und wir brauchen sie auch nicht.“ In Anbetracht der Tatsache, dass die Evolutionsbiologen generell und die Paläoanthropologen im speziellen seit DARWIN große Anstrengungen unternommen haben, Fossilien zu finden, die zeigen, wie die gemeinsamen Vorfahren der heutigen Tier- und Pflanzengruppen, die „missing links“, aussahen, wäre dies in der Tat eine erstaunliche Aussage. Dies erklärt, warum R. JUNKER und S. SCHERER die Vorstellung einer „Evolution ohne Zwischenglieder“ für wichtig erachten und mehrfach auf sie zurückkommen (EkL 2006, 276 [Fazit], 287). Hier nun ungekürzt die Erläuterung zur „Hypothese 10“:

> Diese Vorstellung entstammt einer 2003 erschienenen Veröffentlichung in *Spektrum der Wissenschaft*. „Das Konzept der ‚missing links‘ war schon immer fragwürdig“, meinte Friedemann Schrenk, ein führender deutscher Paläanthropologe. Er plädiert für eine ‚Evolution ohne Zwischenglieder‘. Mehrere Linien sollen den Menschen gemeinsam hervorgebracht haben, indem deren unterschiedliche menschliche Merkmale miteinander durch Hybridisierung kombiniert worden sein sollen. Genetisch ist jedoch nicht nachvollziehbar, wie dieser Evolutionsweg aussehen könnte (EkL 2006, 276).

Der Gedankengang ist in der Tat schwer „nachvollziehbar“, ziehen wir also die Originalpublikation zu Rate. Im Literaturverzeichnis des „kritischen Lehrbuchs“ ist die genannte Publikation aus Spektrum der Wissenschaft aber nicht aufgeführt, sondern unter dem Namen Schrenk findet sich lediglich ein Eintrag aus *Bild der Wissenschaft*. Autor des Artikels mit dem Titel „*Den* Urahn gab es nicht“ ist auch nicht Friedemann Schrenk, sondern der Journalist Thorwald Ewe; zudem ist der Titel mit „*Den* Urahn gibt es nicht“ fehlerhaft wiedergegeben (EkL 2006, 330). Dass R. Junker und S. Scherer sich tatsächlich auf den Artikel von T. Ewe beziehen, wird durch seinen Inhalt deutlich, zumal sich im fraglichen Zeitraum in Spektrum der Wissenschaft nichts Passendes findet. Um was geht es in „*Den* Urahn gab es nicht“?

Es handelt sich um einen reißerisch aufgemachten Artikel in einem populären Wissenschaftsmagazin, der u. a. einige Zitate aus einem Telefon(?)-Interview mit F. Schrenk bringt. Anlass war der spektakuläre Fund eines ca. 7 Millionen Jahre alten Schädels (*Sahelanthropus tchadensis*) durch Michel Brunet et al. im Tschad (d. h. nicht in Ostafrika). Sowohl die Art des Artikels als auch der Interview-Charakter machen die Aussagen als Quelle für eine wissenschaftliche Theorie unbrauchbar; dies sollte R. Junker und S. Scherer eigentlich bekannt sein. Wenden wir uns trotz allem den im „kritischen Lehrbuch“ als wörtliche Zitate gekennzeichneten Aussagen von F. Schrenk zu: „‚Das Konzept der ‚missing links‘ war schon immer fragwürdig‘ […] Er plädiert für eine ‚Evolution ohne Zwischenglieder‘“. Die Suche verläuft indes ergebnislos, die wörtlichen Zitate kommen in dem Artikel nicht vor, sondern sie wurden frei erfunden.[2] Nun, auch über diese Unkorrektheit mag man vielleicht hinwegsehen, wenn wenigstens der Sinn des Artikels korrekt wiedergegeben ist. Worin also besteht dieser?

> Jahrzehntelang waren Paläoanthropologen auf der Suche nach ‚dem‘ gemeinsamen Vorfahren von Menschenaffe und Mensch. Heute müssen sie erkennen: Sie

---

[2] Im Jahr 2004 erschien ein weiteres Interview mit Friedemann Schrenk, diesmal in Der Zeit, in der er seine Überlegungen mit etwas anderen Worten umschreibt. Aber auch hier sucht man die angeblichen Zitate vergebens (A. Sentker/U. Willmann 2004).

> haben ein Phantom gejagt. Der Stammbaum der Hominiden ist in Wahrheit ein verfilztes Gestrüpp [...]
>
> Die Entwicklung der Hominiden war ein ‚pan-afrikanisches Phänomen', sie hat in vielen Regionen des Schwarzen Kontinents gleichzeitig stattgefunden [...]
>
> Andererseits, räumt der Frankfurter Forscher freimütig ein, hätte man sich's auch vorher schon denken können, dass die ostafrikanische Missing-Link-Hypothese falsch sein müsse. ‚In den vielen Hundert Millionen Jahren der biologischen Evolution gab es nie nur eine einzige Wurzel für eine neue Entwicklungslinie, sondern stets mehrere geographische Varianten. Warum hätte das bei der Evolution des Menschen anders sein sollen?' (T. Ewe 2003, 40, 43).

Um auch dem flüchten Leser eine erste Orientierung zu ermöglichen, werden die wichtigsten Aussagen des Artikels in einem Kasten noch folgendermaßen zusammengefasst: „Die Suche nach dem ‚Missing Link', dem letzten gemeinsamen Vorfahren von Mensch und Schimpanse, ist zu Ende. An ihre Stelle tritt, angesichts neuer Fossilfunde, die Erkenntnis: Die Evolution zum Menschen fand in vielen Regionen Afrikas gleichzeitig statt" (T. Ewe 2003, 40). Der Artikel behauptet also, dass es nicht *ein einzelnes* ostafrikanisches „missing link" zwischen Schimpansen und Menschen gab, sondern *eine ganze Reihe* von Übergangsformen! R. Junker und S. Scherer haben den Sinn des Artikels also in sein Gegenteil verkehrt. Statt: „Es gab *keine* missing links und wir brauchen sie auch nicht" müsste es heißen: „Es gab *viele* missing links und man findet sie in verschiedenen geographischen Regionen Afrikas." Eine der im „kritischen Lehrbuch" präsentierten, angeblich wichtigsten Hypothesen der Paläoanthropologie der letzten Jahrzehnte entpuppt sich so als freie Erfindung: Durch eine schlampige Quellenangabe und falsche Zitate soll ein völlig entstellter Sinn belegt werden.

3.3. Das Alter der Menschheit

Wie unsicher die genauen stammesgeschichtlichen Zusammenhänge zwischen den einzelnen Fossilien auch sein mögen, eines ist durch davon unabhängige geologische und physikalische Daten sicher – ihr Alter. So lebte *Australopithecus afarensis* („Lucy") vor 4 bis 3 Millionen Jahren, die ersten echten Menschen (*Homo erectus*) entstanden vor fast 2 Millionen Jahren und unsere eigene Art *Homo sapiens* gibt es seit rund 200 000 Jahren. Wie aber soll dies mit den von Wort und Wissen zugrunde gelegten 10 000 Jahren für das Alter der Erde zusammen passen? Auch hier ist ihre Antwort – keine Antwort: Der Kurzzeit-Kreationismus „stößt bislang auf eine Reihe ungelöster Probleme, die auch mit radiometrischen Altersbestimmungen zusammenhängen. Die damit verbundenen geologischen und geophysikalischen Probleme können im Rahmen eines Biologielehrbuchs jedoch nicht angemessen besprochen werden. Ihre Behandlung muss einem kritischen Lehrbuch zur Erdgeschichte vorbehalten bleiben" (EkL 2006, 223). Hier bleibt eigentlich nur eine Frage offen: Wird das kreationistische Lehrbuch der Geologie seinen evolutionsbiologischen Vorgänger in Sachen Desinformation noch übertreffen oder ist bereits der absolute Tiefpunkt erreicht?

4. Die Grenzüberschreitungen

Im „programmatischen Vorwort" legen R. Junker und S. Scherer großen Wert darauf hinzuweisen, dass ihnen die Unterscheidung zwischen „empirischen Daten, theoriegeleiteten Interpretationen und weltanschaulichen Vorentscheidungen" wichtig sei. Entsprechend sollen „weltanschauliche Grenzüberschreitungen [...] ausdrücklich durch einheitliche Textkästen gekennzeichnet" werden (EkL 2006, 5). Das Gegenteil ist der Fall. Auch die angeblich rein wissenschaftlichen Passagen sind durchsetzt von kreationistischen Thesen. Zwei Beispiele mögen genügen, um zu zeigen, dass die Autoren ihre religiösen Überzeugungen eben nicht sauber von den Daten und Interpretationen trennen. So wird auf den Seiten 283–286 die geographische Entstehung der verschiedenen Menschenarten diskutiert. In dem Zusammenhang wird auch die Entstehung der ersten Menschen (*Homo erectus*) vor 2 Millionen Jahren und die Entstehung unserer Art *Homo sapiens* in Afrika genannt („Out of Africa"). Die zugehörige Abbildung zeigt dann auch drei Auswanderungswellen, aber gerade nicht aus Afrika, sondern aus Palästina. Statt der wissenschaftlich akzeptierten „Out-of-Africa"-Theorie wird den unkundigen Lesern also die von den Autoren gewünschte „Out-of-Palestine"-Theorie untergeschoben (Abb. 62), weil diese besser mit der biblisch-urgeschichtlichen Schöpfungslehre zusammenpasst.

Ein zweites Beispiel. Im Kapitel über die Entstehung der Menschheit findet sich folgender nicht als „Grenzüberschreitung" gekennzeichneter Satz: „Durch programmierte Variabilität kann anscheinend eine enorme Variationsbreite erreicht werden" (EkL 2006, 287). Bei der „programmierten Variabilität" handelt es sich aber um eine Idee, die nur im kreationistischen Weltbild Sinn ergibt. Es geht hier um die oben beschriebene, bizarre Vorstellung, dass die ersten Individuen eines Grundtyps (z. B. Adam und Eva) die gesamte jemals mögliche genetische Variabilität latent in sich getragen haben. Wenn dies keine „Grenzüberschreitung" ist, was dann?

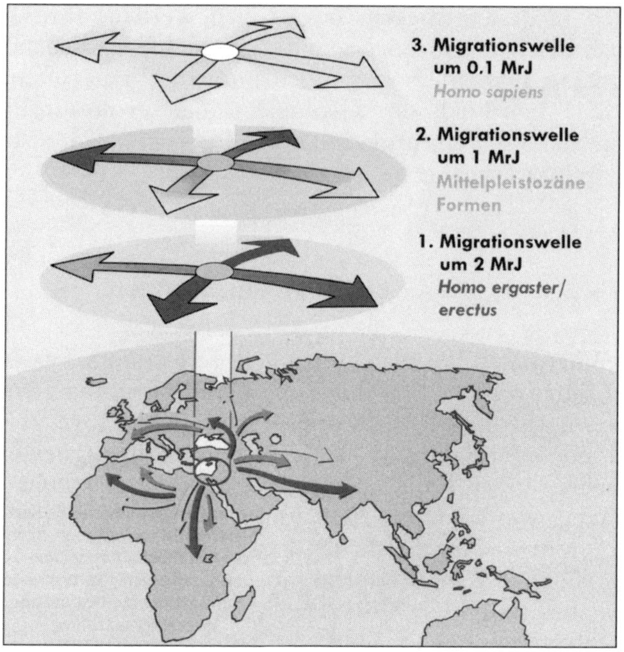

Abb. 62: Die biblisch-urgeschichtliche „Out-of-Palestine"-Theorie (EkL 2006, 285). Die Autoren diskutieren auf den Seiten 283–286 verschiedene paläanthropologische Hypothesen zur Ausbreitung der Menschheit.

5. Der Baum der Desinformation

Und so kommen wir zur Eingangsfrage zurück: *Wie* schreibt man ein Lehrbuch einer Wissenschaft, die man für grundlegend falsch hält? Die Antwort ist, dass R. JUNKER und S. SCHERER gar kein Lehrbuch der Evolution geschrieben haben, sondern ein Pseudo-Lehrbuch. Durch tendenziöse Auswahl, systematische Verzerrungen, Fehlinformationen und Sinnentstellungen wird ein völlig falscher Eindruck des Gegenstandes, der wissenschaftlichen Evolutionstheorie, vermittelt. *Warum* haben sie das Buch geschrieben? Wenn es stimmt, dass man den Baum an seinen Früchten erkennt, dann kann ihre Motivation nur darin bestanden haben, die Evolutionsbiologie zu diskreditieren, indem sie eine Karikatur ihrer Methoden und Ergebnisse zeichnen. Zum einen sollen so Schüler oder Laien, die sich für die Argumente beider Seiten interessieren, missioniert werden. Zum anderen werden die eigenen Glaubensbrüder mit rhetorischen Tricks versorgt, mit denen sie dann in der Schule, bei öffentlichen Veranstaltungen, in der Presse oder bei persönlichen Gesprächen die korrekte Vermittlung der wissenschaftlichen Inhalte stören und verhindern sollen. Die Tatsache, dass das Buch mittlerweile in der sechsten Auflage vorliegt, zeigt, dass die Bekämpfung der modernen Naturwissenschaft in christlich-fundamentalistischen Kreisen als ein wichtiges Ziel erachtet wird. In dieser Hinsicht muss es von Evolutionsbiologen und jedem wissenschaftlich Interessierten sehr ernst genommen werden.

R. JUNKER und S. SCHERER beklagen sich darüber, dass ihre Kritik an der Evolutionstheorie unterdrückt wird, und sie verwahren sich dagegen, dass ihre Kritik als ein „Symptom für Wissenschaftsfeindlichkeit" bezeichnet wird (EKL 2006, 5). Und sie fordern sachliche Diskussionen und Respekt für ihre Ideen ein. Warum auch nicht, könnte man spontan sagen, wenn, ja wenn sie dies nicht selbst sabotieren würden: Sachliche Diskussionen sind nicht möglich, wenn eine Seite mit falschen Karten spielt, irreführt und die Fakten verdreht; dass R. JUNKER und S. SCHERER genau dies systematisch tun, haben wir gesehen. Und seit wann ist jede Idee, so abwegig sie auch sein mag, zu respektieren? Die „biblisch-urgeschichtliche Schöpfungslehre" ist reine Theo-Fantasy und sie führt zu absurden Konsequenzen; warum also sollte sie von der Wissenschaft erst genommen werden? Apropos Wissenschaftsfeindlichkeit. Wie muss man es eigentlich nennen, wenn R. JUNKER und S. SCHERER von einem Forschungsverbot fabulieren: Es sei zu beachten, „dass der Schöpfungsakt an sich nicht naturwissenschaftlich beschrieben werden soll und kann" (EKL 2006, 296).

Es ist die durchgängige Unwahrhaftigkeit – und nicht die märchenhafte Schöpfungslehre –, die das „kritische Lehrbuch" zu einer höchst unerfreulichen Lektüre macht. Um nicht missverstanden zu werden: Es geht hier nicht um unvermeidliche Irrtümer, auch nicht um pointierte Zuspitzungen oder um bei komplexen Themen manchmal schwer zu vermeidende Vereinfachungen, sondern um systematische Desinformation. Reinhard JUNKER und Siegfried SCHERER haben sich alle Mühe gegeben, diesen Kern ihres „kritischen Lehrbuchs" durch die Verleugnung der eigenen Standpunkte, durch pseudowissenschaftliche Redewendungen und ein aufwändig gestaltetes, buntes Äußeres unkenntlich zu machen. Wie erfolgreich diese Strategie der Irreführung außerhalb christlich-fundamentalistischer Kreise war und ist, lässt sich schwer abschätzen. Vielleicht glauben sie auch, dass bei religiösen Fragen der höhere Zweck die unfeinen Mittel rechtfertigt. Man muss sich davon aber weder blenden lassen, noch gibt es einen Grund, Reinhard JUNKER und Siegfried SCHERER die von ihnen angemahnte Achtung zukommen zu lassen, solange sie ihre religiösen Ziele durch systematische Irreführung zu erreichen suchen.

6. Zusammenfassung

Im Jahr 2006 erschien die sechste Auflage von *Evolution: Ein kritisches Lehrbuch*. Verfasst wurde das Buch von Reinhard JUNKER und Siegfried SCHERER, zwei Vertretern des Kreationismus. Obwohl sie die moderne Evolutionstheorie ablehnen, da sie das zugrunde liegende Naturphänomen, die Evolution der Organismen, für nicht existent halten, erheben sie doch den Anspruch, ein Lehrbuch der Evolution verfasst zu haben. Was ist davon zu halten? Anhand der Themen – Was ist Evolution? Was wissen wir über die Entstehung der Menschen? – wird gezeigt, dass und wie im „kritischen Lehrbuch" versucht wird, die wissenschaftliche Evolutionsbiologie durch systematische Falschinformation und Irreführung der Leser zu diskreditieren.

7. Literatur

BUFFON, G. (1753) Histoire naturelle, générale et particulière, Bd. 4. Paris.

DARWIN, C. (1859) On the origin of species by means of natural selection, or the preservation of favoured races in the struggle for life. London.

DARWIN, C. (1871) The descent of man, and selection in relation to sex. 2 Bd. London.

EWE, T. (2003) *Den* Urahn gab es nicht. Bild der Wissenschaft 7, 40–43.

JUNKER, R./SCHERER, S. ([6]2006) Evolution. Ein kritisches Lehrbuch. Gießen.

JUNKER, T. (2004a) Geschichte der Biologie: Die Wissenschaft vom Leben. München.

JUNKER, T. (2004b) Die zweite Darwinsche Revolution. Geschichte des Synthetischen Darwinismus in Deutschland 1924 bis 1950. Marburg.

JUNKER, T. ([2]2008) Die Evolution des Menschen. München.

JUNKER, T./HOSSFELD, U. ([2]2009) Die Entdeckung der Evolution – Eine revolutionäre Theorie und ihre Geschichte. Darmstadt.

JUNKER, T./PAUL, S. (2009) Der Darwin-Code: Die Evolution erklärt unser Leben. München.

KANT, I. (1775) Von den verschiedenen Racen der Menschen. In: ders. (1977) Schriften zur Anthropologie, Geschichtsphilosophie, Politik und Pädagogik 1. Frankfurt a. M., 7–30.

KUTSCHERA, U. ([3]2008) Evolutionsbiologie. Stuttgart.

KUTSCHERA, U. (2009) Tatsache Evolution: Was Darwin nicht wissen konnte. München.

LINNAEUS, C. (1751) Philosophia botanica. Stockholm.

LINNAEUS, C. ([10]1758–1759) Systema naturae … 2 Bde. Stockholm.

MAYR, E. (1982) The growth of biological thought. Cambridge, Mass.

MAYR, E. (2001) What evolution is. New York.

SENTKER, A./WILLMANN, U. (2004) Der Affenahn aus Spanien. Die Zeit Nr. 49, 43.

Teil 4

Schlussbetrachtung

XII. Wie Orgel und Staubsauger

Das Verhältnis von Evolutionstheorie und Schöpfungsgeschichte aus theologischer Sicht

Christina Aus der Au

„I see no good reason why the views given in this volume should shock the religious feelings of anyone."[1] So schreibt DARWIN in den „Conclusions" zu seinem Buch über den Ursprung der Arten. Heute, zweihundert Jahre später, können wir dies mit einem Schmunzeln in die Kategorie der „berühmten letzten Worte" einordnen – derjenigen abschließenden Urteile also, die sich in der Wirkungsgeschichte gerade nicht bewahrheiten sollten. Seit ihrer ersten Formulierung hat die Theorie der Entwicklung der Arten durch natürliche Selektion immer wieder Widerspruch aus kirchlichen und christlichen Kreisen erfahren. Dieser richtet sich allerdings oft auf unterschiedlichen Ebenen gegen die Evolutionstheorie. Zwar versuchen viele – wie schon in Teil 2 und 3 dieses Buches dargelegt – die Evolution aus wissenschaftlichen Gründen zu kritisieren, aber die großen Kirchen lassen sich meist ebenso wenig wie akademische Theologinnen und Theologen auf eine solche Argumentationslinie ein. Auch wenn Vertreter eines „aufgeklärten" Christentums[2] nicht die Schöpfungsgeschichte als wissenschaftliche Alternative zur Evolutionstheorie ins Feld führen, heißt dies aber nicht, dass sie sich deswegen wissenschaftsgläubig von den Naturwissenschaften vorschreiben ließen, was sie zu wissen und zu glauben hätten.

Eine rein wissenschaftliche Auseinandersetzung?

Zu einer der ersten Auseinandersetzungen zwischen Kirche und Vertretern einer Evolutionstheorie kam es schon 1860, als der engagierte Verteidiger DARWINS, Thomas HUXLEY, und der ebenso engagierte Bischof von Oxford und Gegner der Evolutionstheorie, Samuel WILBERFORCE, im naturwissenschaftlichen Museum von Oxford ihre Klingen kreuzten. Berühmt gewor-

---

[1] „Ich sehe keinen Grund, warum die in diesem Band vertretenen Ansichten die religiösen Gefühle von irgendjemandem verletzen sollten." In: Ch. DARWIN: The origin of species. London 1958, 452.

[2] Was das heißt, wird noch genauer dargelegt werden müssen.

den ist die Begebenheit vor allem durch die herausfordernde Frage von Wilberforce an Huxley, ob er denn seine Abstammung von den Affen über die Linie seines Großvaters oder seiner Großmutter behaupte. Huxleys ebenso bekannte Antwort: Er sei nicht beschämt darüber, einen Affen zum Vorfahren zu haben, aber er wäre beschämt, mit einem Manne in Verbindung gebracht zu werden, der seine großen Talente einsetzt, um die Wahrheit zu vertuschen.[3] Weniger bekannt ist allerdings, dass Bischof Wilberforce zwar tatsächlich Darwin vehement kritisiert hat, diese Kritik aber in einer umfassenden Rezension in der renommierten politisch-literarischen „Quarterly Review“ mit rein wissenschaftlichen Argumenten begründete:

> Unsere Leser werden natürlich bemerkt haben, dass wir uns auf rein wissenschaftlicher Basis gegen diese Positionen gewandt haben. Wir haben dies aus unserer festen Überzeugung heraus getan, dass die Wahrheit oder Falschheit solcher Argumente auf dieser Art überprüft werden soll. Wir haben kein Verständnis für diejenigen, welche sich gegen Tatsachen oder angebliche Tatsachen in der Natur oder eine logische Folgerung daraus wenden, weil sie glauben, dass diese dem zu widersprechen scheine, was sie die Offenbarung gelehrt hat. Wir denken, dass solche Einwände nach einer Furchtsamkeit schmecken, die wahrhaft unvereinbar ist mit einem festen und vertrauensvollen Glauben.[4]

Bischof Wilberforce argumentiert also nicht mit der Bibel – im Gegenteil! Wenn uns, schreibt Wilberforce, Darwin mit derselben geduldigen und induktiven Argumentation wie sie damals Newton betrieben hatte, unsere Abstammung von den Pilzen („our fungular descent“) demonstrieren könnte, dann „werden wir unseren Stolz verabschieden und mit der typischen Demut der Philosophie unsere unvermutete Verwandtschaft mit den Pilzen eingestehen.“[5] Für Wilberforce handelte es sich also nicht um einen ideologischen Konflikt zwischen Darwins Lehre und der biblischen Schöpfungsgeschichte, sondern um eine rein wissenschaftliche Kontroverse für oder gegen die Lehre Darwins.[6]

---

[3] Vgl. Sidgwick, I., A grandmother's tales, Macmillan's Magazine, LXXVIII, no. 468, Oct. 1898, 433f, zitiert in: Lucas/Wilberforce/Huxley: A legendary encounter, im Internet unter: users.ox.ac.uk/~jrlucas/legend.html [5.1.2009].

[4] Im Original: „Our readers will not have failed to notice that we have objected to the views with which we are dealing solely on scientific grounds. We have done so from our fixed conviction that it is thus that the truth or falsehood of such arguments should be tried. We have no sympathy with those who object to any facts or alleged facts in nature, or to any inference logically deduced from them, because they believe them to contradict what it appears to them is taught by Revelation. We think that all such objections savour of a timidity which is really inconsistent with a firm and well-intrusted faith“, Wilberforce, S., On the origin of species, Quarterly Review 1860, 225–264, hier 256 (Übersetzung C. A.).

[5] „we shall dismiss our pride, and avow, with the characteristic humility of philosophy, our unsuspected cousinship with the mushrooms“, Wilberforce, a. a. O., 231 (Übersetzung C. A.).

[6] Dennoch ist auch für Wilberforce diese Auseinandersetzung offenbar nicht ganz frei von einer weltanschaulichen Komponente: Er müsste seinen Stolz verabschieden.

Kreationismus im Biologieunterricht?

Derselben Meinung sind die evolutionskritischen Nachfolger von WILBERFORCE. DARWINS Lehre wird nicht nur deswegen abgelehnt, weil sie inakzeptable Konsequenzen für unser Menschenbild oder den Glauben an einen Schöpfergott hätte, sondern weil sie wissenschaftlich nicht haltbar sei – oder zumindest nicht als einzig mögliche wissenschaftliche Theorie gelten könne.

Es sind nicht nur die Kreationisten, welche die Schöpfungslehre als eine ernst zu nehmende Alternative zur Evolutionstheorie betrachten. Letzten Herbst musste Michael REISS, Bildungsdirektor der renommierten ROYAL SOCIETY in England, nach wütenden Protesten seiner Kollegen seinen Hut nehmen. Er hatte in einem Vortrag am BRITISH ASSOCIATION FESTIVAL OF SCIENCE in Liverpool verlauten lassen, es sei kontraproduktiv, alternative Erklärungen für den Ursprung des Lebens aus dem Biologieunterricht auszuschließen. Das würde nur vielen Schülerinnen und Schülern den Weg zum Verständnis von Wissenschaft verbauen. Und vor zwei Jahren erntete die hessische Bildungsministerin Karin WOLFF ebenso wütende Kritik, als sie öffentlich äußerte, sie „halte es für sinnvoll, fächerübergreifende und -verbindende Fragestellungen aufzuwerfen, dass man nicht einfach Schüler in Biologie mit der Evolutionslehre konfrontiert und Schüler im Religionsunterricht mit der Schöpfungslehre der Bibel. Sondern dass man gelegentlich auch schaut, ob es Gegensätze oder Konvergenzen gibt."[7] Sie hatte dafür plädiert, im Biologieunterricht auch die christliche Schöpfungslehre zu behandeln, was dann die heftigen Reaktionen auslöste.

Die Meinung von REISS und WOLFF scheinen viele zu teilen. So wurde im Juli 2007 im Auftrag der kreationistischen Vereinigung PRO GENESIS 1100 Schweizerinnen und Schweizer im Alter von 15 bis 74 Jahren folgende Frage gestellt: Was soll Ihrer Meinung nach im Biologie-Unterricht betreffend Herkunft des Lebens in den Schulen gelehrt werden? Das Ergebnis: Nur knapp 20 % waren der Meinung, im Unterricht solle nur die Evolutionstheorie gelehrt werden, während knapp 5 % nur die Schöpfung auf dem Lehrplan sehen wollten. Die überwältigende Mehrheit, nämlich 75 % wünscht, dass die Biologielehrerin bzw. der Biologielehrer beides gleichberechtigt darstellt.[8]

Es sei, so argumentieren Kreationisten, Intelligent-Design-Theoretiker und viele dieser überwältigenden Mehrheit in der Schweiz, nichts weiter als die vorurteilslose, wissenschaftliche Offenheit, die gebiete, nicht nur die Evolutionstheorie, sondern auch konkurrierende Theorien auf den Lehr-

[7] DIE WELT: *Kreationisten im hessischen Biologie-Unterricht*, 1. November 2006. welt.de/wissenschaft/article91539/Kreationisten_im_hessischen_Biologie_Unterricht.html [7.1.2009].

[8] www.progenesis.ch/ [5.1.2009].

plan des Biologieunterrichts zu setzen. Aber die Frage ist: Gehört die biblische Schöpfungsgeschichte (oder Intelligent Design) zu diesen konkurrierenden Theorien?

Die großen Kirchen sowohl in Deutschland als auch in der Schweiz sprechen sich explizit dagegen aus, die biblischen Schöpfungsgeschichten (einschließlich Intelligent Design) als eine wissenschaftliche Alternative zur Evolutionstheorie zu sehen. Die EVANGELISCHE ZENTRALSTELLE FÜR WELTANSCHAUUNGSFRAGEN (EZW) schreibt:

> Falsch am Kreationismus ist natürlich nicht, dass er an der Autorität der Bibel festhalten und einer atheistischen Weltanschauung etwas entgegen setzen möchte. Problematisch an ihm ist jedoch, dass er den Charakter des biblischen Zeugnisses verkennt. [...] Der biblische Schöpfungsglaube zielt auf ein Orientierungswissen, nicht primär auf ein naturwissenschaftliches Informationswissen.[9]

Eine rein *inner*wissenschaftliche Auseinandersetzung!

Dies bringt die theologische Argumentation auf den Punkt. Es handelt sich bei Schöpfungsgeschichte und Evolutionslehre nicht um zwei konkurrierende Theorien über den Ursprung der Artenvielfalt, sondern um zwei literarisch und wissenschaftstheoretisch vollständig unterschiedliche Gattungen mit entsprechend unterschiedlichen Ansprüchen.

Auf der einen Seite, derjenigen der Evolutionstheorie, haben wir wissenschaftliche Argumente, deren Gültigkeit[10] – wie es damals schon Bischof WILBERFORCE verlangt hatte – ohne Furcht vor den Konsequenzen geprüft werden sollen. Dies führt zu wissenschaftlichen Hypothesen, also der vorläufigen und im Lichte neuer Erkenntnisse immer revidierbaren Formulierung dessen, was wir zum gegenwärtigen Zeitpunkt wissen können. Es gibt gute Gründe dafür, weshalb sich die Naturwissenschaften dabei an einen methodischen Atheismus halten. Wenn dies ein Unternehmen des menschlichen Verstehens der Natur bleiben soll, dann ist es nicht nur kontraproduktiv, von irgendeinem Grad von Komplexität an eine wie auch immer geartete Intelligenz *ex machina* anzunehmen, sondern solches würde dem Sinn dieses Unternehmens Wissenschaft überhaupt widersprechen. Nicht nur ist es willkürlich, *wann* man einen intelligenten Designer/einen Schöpfergott einführt,[11] sondern *dass* man überhaupt einen Eingriff einer

---

[9] www.ekd.de/aktuell_presse/pm67_2007_ezw_schoepfungsglaube.html [5.1.2009].

[10] Von deren „Wahrheit" und „Falschheit" zu sprechen, ist nach POPPER (und erst recht nach den allerdings umstrittenen Thesen von Thomas KUHN und Paul FEYERABEND) etwas schwieriger geworden.

[11] Der Wissenschaftsphilosoph KANITSCHEIDER vergleicht den Rückgriff auf einen planenden Ordner mit der Benutzung eines Taxis: „Man bemüht es eine Zeitlang, dann aber an einer

planenden Macht feststellen zu können behauptet, ist ein Kategorienfehler: Naturwissenschaftliches Beobachten kann sich immer nur auf von außen beschreibbare Vorgänge beziehen. Ob dahinter ein planendes Subjekt steckt oder nicht, ist nicht beschreibbar und somit einem Beobachter nicht zugänglich.

Wenn ich auf der anderen Straßenseite einen Menschen sehe, der wild mit dem Fuß auf dem Boden stampft, kann ich als Beobachterin nur sagen: „Er stampft mit dem Fuß auf den Boden." Ob dieser Mensch aber unter einem nervösen Tic leidet und periodisch mit dem Fuß auf dem Boden stampfen muss (sein Tun also eine neuronale Ursache hat) oder ob er die Absicht hatte, ein Insekt zu zerstampfen, kann ich aufgrund empirischer Untersuchungen nicht beurteilen. Seine Absichten, wenn es denn solche gibt, kann mir nur das handelnde Subjekt selber eröffnen. Die Grundlage für den Schluss auf eine planende Intelligenz wäre also nicht die Naturwissenschaft, sondern müsste Offenbarung sein. Damit ist die Intelligent Design Theorie keine Wissenschaft, sondern Religion – und somit keine rivalisierende Theorie über den Ursprung der Arten.

Auf der anderen Seite, derjenigen der biblischen Schöpfungsgeschichte, haben wir ein jüdisch-christliches Bekenntnis zu Gott dem Schöpfer und der entsprechenden Interpretation des Kosmos. Ein solches setzt geradezu einen methodischen Theismus voraus! Die Schöpfungsgeschichten wollen nicht Ungläubige davon überzeugen, dass es hinter der ganzen Vielfalt und Schönheit einen Schöpfergott geben müsse, sondern sie sind immer schon Ausdruck des Glaubens an diesen Schöpfergott.

Eine aufgeklärte Theologie[12] ist sich bewusst, dass die biblischen Texte eine Geschichte haben, dass sie von ihren Autoren in einer bestimmten Absicht formuliert, redigiert und zusammengestellt wurden und dass sie deswegen nicht als unmittelbar in die Gegenwart redende Stimme Gottes gelesen werden dürfen. Der „Sitz im Leben"[13] dieser Texte und ihre literarkritische Analyse ist unabdingbar um zu verstehen, um welche Gattung es sich dabei handelt. Ein liturgischer Text, der im Gottesdienst seinen Ort hat, ist etwas anderes als ein Bericht über Kriegsgeschehnisse, welche die Gottgefälligkeit des Königs David illustrieren sollen. Die Schöpfungsgeschichte am Anfang der Bibel hat ihren Ort nicht in einem wissenschaftlichen Lehrbuch, sondern stellt ein Kompendium biblischer Schöpfungstraditionen

---

bestimmten Stelle, wo es einem gefällt, verlässt man es." (Kanitscheider, B., Auf der Suche nach dem Sinn, Frankfurt a.M. 1995, 110).

[12] Damit ist nicht eine Theologie in der Tradition der Aufklärung gemeint, die in der Tradition Kants die praktische Vernunft zur Richterin über die Religion zu setzen meint, sondern eine über ihre eigenen Voraussetzungen aufgeklärte Theologie.

[13] „Sitz im Leben" ist ein exegetischer *terminus technicus*, der angibt, in welchem sozialen oder individuellen Kontext ein Text (oder die mündliche Vorform davon) entstanden ist und/oder bei welchen Gelegenheiten er weitergegeben wurde.

dar,[14] an die im Kontext von Freude und Not, aber auch im Zusammenhang mit Selbstvergewisserung in kritischen Situationen erinnert wurde. Die Besinnung auf Gott, den Schöpfer und Erhalter der Welt, ist gerade *kein* Element einer philosophischen Theorie wie ARISTOTELES' Gedanke von Gott als dem unbewegten Beweger, sondern Grund für den Gläubigen für hymnischen Jubel, für Trost und Vertrauen in die Überlegenheit Jahwes über widrige Umstände, feindliche Völker und andere Gottheiten.

Anders situierte Schöpfungsgeschichten

Wer also die Schöpfungsgeschichte als Darstellung wissenschaftlicher Fakten verstehen will, hat missverstanden, vor welchem Hintergrund biblische Texte gelesen werden wollen. Sie dürfen gerade nicht in Ausblendung des Glaubens verstanden werden, sondern sind ihrem Wesen nach Ausdruck des Versuchs, den Menschen und die Welt vor dem Hintergrund des vielfältigen Bekenntnisses zum Gott Abrahams, Israels und Jakobs (und im christlichen Fall: zu Jesus Christus als Gott und Mensch) zu verstehen. Dieser hat sich offenbart als JHWH,[15] was im Bibeltext selber hergeleitet wird vom hebräischen Verb HJH/HWH, „sein“: „Da sprach JHWH zu Mose: Ich bin, der ich bin. Und er sprach: Also sollst du zu den Kindern Israel sagen: „Ich bin“ hat mich zu euch gesandt.“ Die biblische Rede vom Schöpfergott kann nicht von diesem Gottesverständnis losgelöst verstanden werden. Gott der Schöpfer ist der souveräne Gott, der sich selber offenbart und nicht vom Menschen objektiviert werden kann. Mit seinem Namen entzieht er sich jeglichem Definitionsversuch; er ist nicht die Ur*sache*, sondern der Ur*heber* der Schöpfung.

Es ist zudem auch eine Verkürzung des biblischen Schöpfungsverständnisses, wenn dabei immer nur auf die erste Schöpfungsgeschichte in Genesis 1 verwiesen wird. Eine zweite, ältere Schöpfungsgeschichte folgt gleich im nächsten Kapitel, und hier wird nachvollziehbar, dass es bei der Rede von Gott als dem Schöpfer und dem Menschen als Geschöpf um ein Beziehungsverhältnis geht. Es ist kein Bericht aus der Perspektive des unbeteiligten Beobachters, wie es wissenschaftliche Berichte zu sein haben, sondern die Nacherzählung der Geschichte des Menschen, der von Gott zur Gemeinschaft mit ihm erschaffen wurde und doch davon abfiel – und

---

[14] „Diese zentrale Stellung verdankt sie [sc. die Schöpfungsgeschichte der Priesterschrift in Gen 1,1–2,4a, C. A.] […] der Tatsache, dass sei eine kleine *summa* biblischer Schöpfungstraditionen darstellt.“, KEEL/SCHROER, a. a. O., 173. Vgl. zum Folgenden auch ebd., 188 ff.

[15] Vgl. Exodus 3,14. Die hebräische Schrift besteht nur aus Konsonanten, die Vokale müssen jeweils ergänzt werden. Um die Vokalisierung des so genannten Tetragramms wurde lange gestritten, heute wird von den meisten Alttestamentlern die Form „Jahwe“ als richtig angesehen.

dies aus der Perspektive derjenigen, die davon betroffen sind. Eine weitere Schöpfungsgeschichte findet sich bei Hiob, wo auch die bedrohliche Welt als Werk Gottes zur Sprache kommt.[16] Dies wäre eine näher liegende Referenz für die Erklärung der Geschöpflichkeit einer Natur „red in tooth and claw“[17], in der es nicht immer harmonisch und friedlich zu geht. Aber auch hier liegt der Clou darin, dass sich Gott in seiner Rede als der Souveräne, der Nicht-Objektivierbare offenbart, der als solcher gerade nicht ein Element naturwissenschaftlicher Erklärung sein kann.

Alle biblischen Schöpfungsgeschichten leben von ihrer Situiertheit in der Perspektive des Gläubigen. Historisch gesehen sind sie Zeugnisse des israelitischen Glaubens an den einen Schöpfergott angesichts alternativer, altorientalischer Schöpfungsmythen (und damit angesichts einer anderen Religion[18]); theologisch gesehen sind sie gläubiger Lobpreis, Vergegenwärtigung der Gottbezogenheit des Menschen und/oder Ätiologie, d.h. der Versuch zu verstehen, wie die Entstehung des Menschen, die Realität des Bösen oder das Leiden des Gerechten mit dem Glauben an den einen, guten Gott zusammenhängt. Die Texte beschreiben nicht Fakten, sondern sie bezeugen die Wahrnehmung der Welt im Lichte des Glaubens. Nur so sind diese Texte sinnvoll; mehr noch: Nur so sind sie verstehbar.

Der Versuch, die biblischen Schöpfungsgeschichten in die Zwangsjacke wissenschaftlicher Denkweise zu spannen, tut ihnen Gewalt an. Der Bezug auf den darin bezeugten Schöpfergott gehört nicht in eine wissenschaftliche Argumentation, denn dieser ist weder unter dem Mikroskop oder im Fernglas erkennbar noch aus fehlenden Daten extrapolierbar. Kreationismus und Intelligent Design-Theorie sind also weder reflektierte Theologie noch reflektierte Naturwissenschaft. Als Theologie wollen sie zu wenig (nur beschreiben statt bezeugen), als Naturwissenschaft wollen sie zuviel (bezeugen statt nur beschreiben).

---

[16] Vgl. KEEL, O./SCHROER, S.: Schöpfung. Biblische Theologien im Kontext altorientalischer Religionen. Göttingen 2002, 198ff.

[17] So die berühmte Formulierung aus TENNYSONS Gedicht „In Memoriam A.H.H.“, in dem er um seinen Freund Arthur Henry HALLAM trauert. Der gesamte Vers 56 (nur ein Teil des sehr langen Gedichts) lautet: „Who trusted God was love indeed, And love Creation's final law, Tho' Nature, red in tooth and claw, With ravine, shriek'd against his creed?“ („Wer würde darauf vertrauen, dass Gott wirklich Liebe sei, und Liebe das grundlegende Gesetz der Schöpfung, wenn doch die Natur, (blut-)rot in Zähnen und Klauen, klaffend gegen diesen Glauben anschreit?“

[18] Man kann hier natürlich einwenden, dass zu dieser Zeit Religion und Wissenschaft gerade nicht getrennt werden können und insofern die Schöpfungsmythen auch wissenschaftlichen Anspruch erheben. Aber heute gehen die Naturwissenschaften ja gerade von einem methodischen Atheismus aus, und insofern sind sie von ganz anderem Charakter als die Religion/ Wissenschaft des Alten Orient. Dieses Argument leistet also gerade nicht die Vergleichbarkeit damaliger „wissenschaftlicher“ Texte mit moderner Wissenschaft, sondern deckt im Gegenteil ihre Unterschiedlichkeit auf.

Grenzübertretungen einer unaufgeklärten Naturwissenschaft

Umgekehrt sind es aber von der anderen Seite her auch einige Evolutionsbiologen und -philosophen, welche ebenso die Grenzen ihrer eigenen Wissenschaft überschreiten, wenn sie nämlich den methodischen in einen ontologischen Atheismus verkehren. Wenn Richard DAWKINS,[19] Daniel DENNETT[20] und andere aus naturwissenschaftlicher Theorie und Forschung strukturell identische Folgerungen über die Existenz (bzw. in diesem Fall die Nicht-Existenz) Gottes ableiten wie es die Vertreter des Intelligent-Design tun, dann begehen sie denselben wissenschaftstheoretischen Fehlschluss wie jene: Wie uns KANT gelehrt hat, kann aus dem, was erkannt wird, nicht abgeleitet werden, was in der außerbewussten Realität ist. Und wenn Gott, wie es Paul TILLICH formuliert, Grund allen Seins ist, dann kann aus der Erkenntnis von Phänomenen nicht auf deren Sein – und schon gar nicht auf den Grund ihres Seins zurückgefolgert werden, weder im positiven noch im negativen Sinne.

Insofern ist es nicht die Evolutionstheorie, der die Vertreterinnen und Vertreter von Kirche und Theologie kritisch entgegentreten, sondern es sind deren übereifrige Exponenten, die den Naturalismus unreflektiert zu einer Weltanschauung erhoben haben.[21] Wenn also die Evangelische Zentralstelle für Weltanschauungsfragen, wie oben zitiert, schreibt: „Der biblische Schöpfungsglaube zielt auf ein Orientierungswissen, nicht primär auf ein naturwissenschaftliches Informationswissen",[22] so ist damit auch das Umgekehrte gemeint: Die Naturwissenschaften zielen auf ein Informationswissen, nicht aber auf Orientierungswissen. Ersteres besteht in empirisch überprüfbaren Hypothesen, die – theoretisch – ohne Gefahr für Seelenheil und Lebensglück prüfbar bzw. falsifizierbar sind. Letzteres um-

---

[19] Vgl. DAWKINS, R.: Der Gotteswahn. Berlin 2007.

[20] Vgl. DENNETT, D.: Den Bann brechen. Religion als natürliches Phänomen. Frankfurt a. M. 2008.

[21] Deswegen muss zwischen einem ontologischen Naturalismus, der sich als Philosophie versteht und einer naturalistischen Weltanschauung, die sich als Naturwissenschaft *miss*versteht, differenziert werden. Dann wird es einem Naturwissenschaftler und Christen möglich, im Gespräch mit einem ontologischen Naturalisten einerseits eine weitgehende Einigkeit festzustellen, was naturwissenschaftliche Erkenntnisse angeht, und andererseits unterschiedliche philosophische bzw. theologische (in diesem Fall meist erkenntnistheoretische) Ansichten zu konstatieren. Damit ist das Gespräch nicht automatisch zu Ende, denn solange Christ und Naturalist auf einer Ebene argumentieren, kann man voneinander lernen. Für den Christen ist die Deutung der Natur als Schöpfung Gottes unabdingbar, während dies für den Naturalisten nicht so ist; und beide Seiten haben die jeweiligen Argumente dafür. So lange beide Seiten wissen, dass es in dieser Frage nicht um naturwissenschaftliche Forschung geht, sondern um die Interpretation ihrer Methoden und Ergebnisse, bleiben sachliche Argumente möglich, und sie bleiben sachlich. Wie aber will sich der Kreationismus an diesem Dialog – sei es auch ein Disput – sachlich beteiligen?

[22] www.ekd.de/aktuell_presse /pm67_2007_ezw_schoepfungsglaube.html [5. 1. 2009].

fasst die Deutung des Lebens im Licht weltanschaulicher Überzeugungen und ist Teil des eigenen Selbstverständnisses.

Wie Orgel und Staubsauger

„Hat euch im Seminar niemand darüber aufgeklärt, dass man die biblische Schöpfungsgeschichte und eine naturwissenschaftliche Theorie wie die Abstammungslehre so wenig miteinander vergleichen kann wie, sagen wir: eine Orgel mit einem Staubsauger! – dass also von ‚Einklang' ebenso wenig die Rede sein kann wie von Widerspruch?", fragt Karl Barth seine Großnichte Christine in einem Brief.[23] Er führt diesen Vergleich nicht weiter aus; aber mir scheint er eine sehr plastische Illustration dessen zu sein, was den Unterschied ausmacht. Die Evolutionslehre ist der Staubsauger, der irdische Dinge aufsaugt und sie in seinem Bauch, seinem Staubsack, vereinigt. Diese irdischen Dinge sind Beobachtungen, Veränderungen, Anpassungen, Unterschiede zwischen den Arten, die zusammengenommen und erklärbar werden im Lichte der Evolutionstheorie. Das Staubsaugerrohr reckt sich denn auch nicht in die Luft, es bleibt auf dem Boden der empirischen Beobachtungen.

Umgekehrt ist die Schöpfungsgeschichte aber nicht vergleichbar mit einem himmlischen Staubsauger, der sein Material „aus der Luft" greifen oder durch Offenbarung erhalten würde. Sie will etwas ganz anderes, sie gehört wie die Orgel in den Kontext des Glaubens, des Gottesdienstes, des Gotteslobs und der Interpretation von eigener Freude und eigenem Leid im Lichte des Glaubens an Gott den Schöpfer.

Und ebenso wenig wie es sinnvoll wäre zu fordern, Orgeln im säkularen Hausputz einzusetzen, ist es sinnvoll vorzuschlagen, die Schöpfungsgeschichte im Biologieunterricht zu behandeln. Umgekehrt, die Evolutionstheorie im Kontext christlichen Glaubens, ließe sich darüber schon eher diskutieren. Zwei sehr unterschiedliche Theologen, der Befreiungstheologe Ernesto Cardenal und der niederländische Religionsphilosoph William Drees haben eine Schöpfungsgeschichte in physikalischem und evolutionstheoretischem Vokabular formuliert, so wie es die Verfasser der biblischen Schöpfungsgeschichten in der Sprache ihrer Zeit getan haben.[24]

Im Bewusstsein, dass wir damit den Vergleich Barths vielleicht etwas überstrapazieren, könnte man vielleicht sagen, so wie zeitgenössische Musik sehr wohl Staubsauger und Orgel kombinieren und damit neue Klangerlebnisse kreieren kann, so kann zeitgenössische Theologie die Sprache

---

[23] Karl Barth im Brief an seine Großnichte Christine Barth vom 18.2.1965.

[24] Ernesto Cardenal: Wir sind Sternenstaub. Wuppertal 1993 und Willem Drees: Vom Nichts zum Jetzt. Eine etwas andere Schöpfungsgeschichte. Hannover, 1998.

der Evolutionstheorie und Schöpfungsgeschichte kombinieren und damit neue Wahrnehmungserlebnisse auslösen. Aber beides kann nur dann funktionieren, wenn die Musik nicht vergisst, dass sie Musik ist und nicht Raumpflege, und wenn die Theologie nicht vergisst, dass sie Theologie ist, und nicht Naturwissenschaft.

XIII. Das Begriffspaar „Mikro-/Makroevolution"

Über die Problematik einer widerspruchsfreien Definition

Martin Neukamm[1]

Das Gemenge von Licht und Schatten, mit dem die Evolutionswissenschaft die Begriffe „Mikro-" und „Makroevolution" überzieht, dürfte in der Biologie einmalig sein. Seit sie J. PHILIPTSCHENKO vor über 80 Jahren einführte, wird über den Sinn der Unterscheidung zweier kategorisch verschiedener Bereiche der Evolution gestritten, ohne dass es zu einer Einigung gekommen wäre. Und die Definitionen sind mindestens so vielschichtig, wie die Meinungen darüber, ob sie in irgendeiner Weise der Realität entsprechen. Nur unter den Evolutionsgegnern besteht einhellig Konsens darüber, dass kategorisch zwischen einer „Mikro-" und „Makroevolution" zu unterscheiden sei. Der Grund liegt auf der Hand: Die Worte „Mikro-" und „Makroevolution" erlauben es, unter Anerkennung jener Evolutionsbelege, die partout nicht mehr zu leugnen sind, die großen Transformationen im Tier- und Pflanzenreich weiterhin als Spekulation abzutun. Doch ist die Art und Weise, wie Evolutionsgegner die Begriffe verwenden, überhaupt konsistent?

1. „Makroevolution" aus evolutionskritischer Sicht

Wir können an dieser Stelle nicht im Detail auf die *innerwissenschaftliche* Diskussion und den Bedeutungsumfang des Begriffs „Makroevolution" eingehen (eine ausführliche Diskussion hierzu findet sich in WASCHKE 2006). Aber dies ist auch nicht notwendig, da uns lediglich die Verwendung des Begriffs seitens *der Evolutionsgegner* interessiert. Da in Europa die Studiengemeinschaft WORT UND WISSEN tonangebend ist, was Evolutionskritik anbelangt, ist es am zweckmäßigsten, auf deren Definition zurück zu greifen. Der Evolutionskritiker C. HEILIG (2008) definiert die Begriffe wie folgt:

[1] Einige Textabschnitte dieses Kapitels gehen zurück auf Christian SCHRÖDER (Stuttgart). Christian schrieb sie ursprünglich unter seinem Alias-Namen „dreisam" für eine Online-Diskussion. Seine Textabschnitte werden hier ohne besondere Kennzeichnung verwendet. Dies geschieht mit ausdrücklicher, freundlicher Genehmigung durch Christian SCHRÖDER.

Makroevolution: Entstehung neuartiger Organe, Strukturen, Bauplantypen und qualitativ neuer Gene mit neuartiger Funktion (Neu-Konstruktion, Innovationen). *Mikroevolution*: Evolution innerhalb vorgegebener Organisationsmerkmale; quantitative Veränderung bereits vorhandener Strukturen (Anpassungen, Optimierungen, Spezialisierungen) oder Ausprägung bereits bestehender Anlagen.

Es wird also allgemein bei der (erstmaligen) *Entstehung* qualitativ neuer Konstruktionen von *Makro*evolution und nicht mehr von *Mikro*evolution gesprochen. Eine *qualitative Neuerung* liegt im Gegensatz zu einer rein *quantitativen* immer dann vor, wenn das betreffende (Bio-) System nicht nur den *numerischen Wert* einer Eigenschaft variiert, sondern eine *gänzlich neue* Eigenschaft entwickelt. So wäre nach Ansicht von JUNKER (2006) z. B. die Verlängerung, Verkürzung oder Verdickung des Hornschnabels der Vögel ein Vorgang von *Mikroevolution*, die erstmalige Entstehung des Hornschnabels aus dem bezahnten Kiefer eines Vorläuferreptils dagegen *Makroevolution*:

> Ein Vogelschnabel kann kurz und dick sein [...], er kann aber auch fein und lang sein [...] Makroevolution dagegen ist die erstmalige Entstehung des Hornschnabels von Vögeln aus dem bezahnten Kiefer eines Vorläuferreptils (wobei das genetische Potential für die Ausbildung des Schnabels zuvor auch nicht latent vorhanden war). Dabei wären in mehrfacher Hinsicht Umbauten erforderlich, die mit bloßen Variationen (dicker, dünner, [...]) nicht zu erreichen sind.

Das Problem an solchen „makroevolutiven Veränderungen“ bestünde nun darin, dass für sie die „experimentellen Belege“ fehlten. So seien „die dafür vorgeschlagene[n] Mechanismen wie Evolution neuer funktionaler Gene durch Genduplikation, durch Exon shuffling, durch Mutation von Hox-Genen oder Evolution durch Gen-Tinkering [...] entweder hypothetisch oder bewirken – soweit experimentell belegt – nur mikroevolutive Veränderungen. Viele Befunde der kausalen Evolutionsforschung sprechen eher gegen als für die Möglichkeit von Makroevolution. Makroevolutive Veränderungen können durch ein latentes genetisches oder entwicklungsbiologisches Potential vorgetäuscht werden (Polyvalenz)“ (JUNKER 2006, a. a. O.).

Das Wissenschaftsverständnis R. JUNKERS, wonach nur naturwissenschaftlich belegt sei, was *direkt* beobachtbar und experimentell reproduzierbar sei, wurde bereits in Kap. III zurückgewiesen und braucht daher nicht weiter kommentiert zu werden. Was aber ist von der Definition zu halten, Mikroevolution beschränke sich auf die Variation einer bereits bestehenden Struktur, wohingegen Makroevolution mehr oder weniger komplexer *Umbauten* bedürfe, die sich mit bloßer *Variation* nicht erklären ließen und die in der Forschung auch noch nie beobachtet worden seien?

2. Funktioniert Makroevolution anders als Mikroevolution?

Um die Frage zu klären, ob es auf der Ebene der Mechanismen einen grundsätzlichen Bruch zwischen mikro- und makroevolutionären Vorgängen gibt, wollen wir im Folgenden zwei Beispiele betrachten.

Beispiel 1: Die Schnäbel der Darwin-Finken besitzen verschiedene Dicken und Längen. Dabei handelt es sich um Anpassungen an verschiedene Ernährungsgewohnheiten. Das Merkmal „Schnabel“ wurde modifiziert (verlängert, verkleinert, verdickt, verjüngt); es handele sich nach Aussage der Evolutionsgegner daher um ein Beispiel von Mikroevolution. Der morphogenetische Mechanismus, der zu den unterschiedlichen Schnabelformen führte, ist bekannt. Es handelt sich um ein Wechselspiel der morphogenetisch wirksamen Peptide *Calmodulin* (CaM) und *Bone Morphogenetic Protein 4* (BMP4). Je mehr CaM in den schnabelbildenden Zellen vorhanden ist, desto länger wird der Schnabel. Je mehr BMP4 in den schnabelbildenden Zellen vorhanden ist, desto höher wird der Schnabel.

Beispiel 2: Die Entstehung der Vorderhand der Fledermaus („Fledermausflügel“) erfordere aus Sicht der Evolutionsgegner viele synchrone Änderungen im Bauplan; es handelte sich somit um ein Beispiel für *Makroevolution*. Wie in Kap. 6 erörtert wurde, sind die morphogenetischen Mechanismen, welche die Verlängerung der Phalangen sowie die Bildung der Flughäute verursachen, ebenfalls bekannt. So führt eine Erhöhung der Konzentration von BMP2 in den Fingerknochen zur Verlängerung der Phalangen, und die Erhöhung der Konzentration des Wachstumsfaktors FGF sowie die Verminderung der Konzentration eines anderen Signalproteins unterdrücken den „programmierten Zelltod“ des sich in der Embryonalentwicklung zwischen den Fingern ausbildenden Hautgewebes, welches in Gestalt der Flugmembran erhalten bleibt (SEARS et al. 2006; SEARS 2008).

Vergleicht man die beiden Beispiele miteinander, fällt Folgendes auf: Der molekulare Mechanismus, der die *„makroevolutive“* Entstehung der Fledermaushand bewirkte (Fledermaushand/BMP2/FGF), ist nicht komplexer als der molekulare Mechanismus, der eine *„mikroevolutive“* Modifikation bewirkt (Schnäbel/CaM/BMP4). Beide Fälle erfordern lediglich *quantitative* Veränderungen hinsichtlich der Konzentration bestimmter Signalproteine. Und da sich die *molekularen Mechanismen für beide Prozesse grundsätzlich ähneln*, kann die *Komplexität* eines (molekularen) Mechanismus kein Kriterium für Mikro- und Makroevolution sein. Eine vermeintliche Mikroevolution („Optimierung“) kann sogar auf *komplexeren* Morphogenesen beruhen als eine vermeintliche Makroevolution. Somit handelt es sich bei makroevolutiven *Neuerungen* in den meisten Fällen ebenfalls um *bloße Variationen bereits vorhandener Strukturen*, da das vielfältige „Recycling“ konservierter Strukturen dem opportunistischen Wesen der Evolution entspricht.

Fazit: Nach allem, was wir heute wissen, sind die genetischen Wechselwirkungen, spezifisch für jeden Organismus bzw. seine Spezies, so weit abwandelbar, dass ein breites Spektrum von Möglichkeiten entsteht. Aber man kann nicht sagen, dass die Makroevolution grundsätzlich andere oder komplexere Mechanismen erfordere, als das, was die Evolutionsgegner als gewöhnliche Artanpassungen bezeichnen würden. Selbiges gilt, wie in Kap. 8 und 9 gezeigt, auch für die *irreduzibel komplexen* Systeme.

3. Was ist ein „wirklich neues" Gen?

Um das zuvor erörterte Argument abzuwehren, könnte man nach obenstehender Definition von C. Heilig fordern, dass Makroevolution nicht nur die Entstehung *morphologischer* Neuerungen, sondern auch zwingend die Bildung *qualitativ neuer Gene* voraussetze. Was aber ist ein qualitativ neues Gen? Ist nicht jedes Gen, das durch eine Punktmutation eine biologisch oder morphogenetisch neue Eigenschaft erlangt, bereits etwas *qualitativ Neues*? Der Evolutionsgegner W.-E. Lönnig (2002) beantwortet die Frage wie folgt:

> Dabei verstehe ich insbesondere im Zusammenhang mit dem Begriff Makroevolution unter „neuen" Genen und Enzymen nicht solche, die zu 99 % (und mehr) noch mit den „alten" Sequenzen identisch sind, sondern solche, die „wirklich neue" Sequenzen aufweisen.

Interessanterweise wird hier nicht gesagt, warum lediglich dann Makroevolution vorliegen soll, wenn sich die Gene in ihrer Sequenz signifikant voneinander unterscheiden. Warum sind zwei *sequenzähnliche* Gene, die *völlig verschiedene* Funktionen erfüllen, wie z. B. die Gene für die Neurohypophysen-Hormone Mesotocin und Vasopression, keine „wirklich" (d. h. qualitativ) voneinander verschiedenen Gene? Die Antwort auf die Frage, was es mit einer „wirklich neuen" Sequenz auf sich hat, bleibt Lönnig seinen Lesern ebenfalls schuldig. Wo soll denn die Grenze zwischen einer „noch alten" und einer „wirklich neuen" Sequenz gezogen werden – bei einer Sequenzähnlichkeit von 80, 50 oder 10 %? Es ist klar, dass jede dieser Grenzziehungen auf Konvention beruhte und daher keine ontologische Bedeutung haben kann. Vielmehr scheint es so, als sei Lönnigs „Definition" darauf angelegt, die Entstehung neuer, den Ursprungsgenen mehr oder weniger ähnlicher Gene *per definitionem* in den Bereich der „Mikroevolution" zu verschieben.

Mit anderen Worten: Auch das Maß an *genetischer* Übereinstimmung kann kein Kriterium für Mikro- und Makroevolution sein. Organismen scheren sich nicht darum, was irgendwer für Makroevolution *hält*. Sie evolvieren einfach Neuerungen mit Hilfe ihres genetisch-epigenetischen

„Werkzeugkastens", der das Repertoire für vielschichtige Aus-, Um- und Abbaumöglichkeiten enthält. Es gibt sehr viele Einflussgrößen, die bei der Bildung einer morphologischen Struktur *mitwirken*. Wenn sich z.B. nur das Expressionsmuster alter Gene (im Zuge eines epigenetischen Prozesses) ändert, dann ändert sich das Gen selbst überhaupt nicht. Trotzdem kann dies durchaus dramatische Effekte auf den Phänotypus haben.

4. Ist Makroevolution unbeobachtbar?

Noch vor zwei Jahren galt Makroevolution, die Entstehung qualitativ neuer Strukturen, auf *morphologisch-anatomischer* Ebene gemeinhin als nicht direkt beobachtbarer Prozess. Eine bequeme Situation, wenn man Makroevolution als „nicht belegbare" Hypothese abtun möchte. Einige Publikationen aus dem Jahr 2008 haben jedoch die Karten neu gemischt und die Grenze der empirischen Zugänglichkeit verschoben: Drei Jahrzehnte reichen offenbar häufig schon aus, um qualitative Neuerungen direkt beobachtbar hervor zu bringen!

So berichteten z.B. Herrel et al. (2008) über eine Eidechsenart von Pod Mrcaru, die im Laufe von 36 Jahren erhebliche morphologische Veränderungen im Bau der Gliedmaßen und des Schädels vollzogen hat. Darüber hinaus konnten die Forscher auch ein *gänzlich neues* Merkmal im Verdauungstrakt identifizieren. Dabei handelt es sich um sog. *Blinddarmklappen,* die den Verdauungsvorgang verlangsamen und so den Aufschluss schwerverdaulicher pflanzlicher Nahrung ermöglichen. Diese Strukturen sind anscheinend innerhalb von 30 Generationen *de novo* entstanden. Nehmen wir nun an, diese Eidechsen würden in einem sehr feinkörnigen Tonstein oder Kalkstein fossilisieren. Dann könnten sie von einem Paläontologen eines fernen Tages gut erhalten gefunden werden. In diesem Fall würden möglicherweise auch Weichteilstrukturen und vielleicht Abdrücke der Darmklappen gefunden werden. Der Paläontologe erkennt in den erhaltenen Darmklappen zweifelsfrei eine *qualitative Neuerung*. Er sieht darin ein paläontologisches Beispiel für Makroevolution, ähnlich wie die Federn der Coelurosaurier – und dieser Prozess wurde im Rahmen evolutionärer Studien *beobachtet*!

Es überrascht nicht, dass Wort und Wissen diesen Befund ganz anders interpretiert. So bemerkt Heilig (2008), es sei noch nicht bewiesen, dass die Struktur auf *genetische Innovationen* zurückgehe – die Klappenstruktur könne auch auf eine „mikroevolutive (mutative) Veränderung bereits bestehender Strukturen" zurückgehen. Und selbst, wenn die Forscher Recht behalten sollten

> [...] und die *erstmalige* Entstehung der notwendigen genetischen Information tatsächlich Makroevolution *wäre*, kann dennoch eine alternative Deutung der Daten vertreten werden: Die betreffende Struktur könnte eine mikroevolutive

> Ausprägung eines von Anfang an bestehenden Potentials einer polyvalenten Stammform der untersuchten Population von *P. sicula* sein.

Das Problem an dieser Argumentation besteht darin, dass der Evolutionsgegner im Prinzip jede noch so krasse Neuerung als „mikroevolutive Ausprägung eines von Anfang an bestehenden Potentials einer polyvalenten Stammform" deuten kann. Denn *alles* Neue muss schließlich *als Möglichkeit* im Alten in irgendeiner Form bereits angelegt sein, sonst wäre seine Entstehung ja *unmöglich*. So konnten z.B. Fischflossen nur deshalb zu Extremitäten von Vierfüßern werden, weil *das Potential* dafür in den genetischen Anlagen bestimmter Fische von Anfang an vorhanden war. Auch größere evolutionäre Umbaumaßnahmen, wie z.B. die Entstehung des Fledermausflügels, beruhen auf *epi*genetischen Veränderungen, also auf der Realisierung der im Gensystem latent vorhandenen Entwicklungspotenzen (Kap. VI).

Angenommen, die Darmklappen kommen dadurch zustande, dass in den Zellen der Submucosa des Eidechsen-Darmtrakts die Wirkung irgendeines morphogenetischen Proteins, sagen wir BMP2, verlängert wird. Wann würde hier Makroevolution im Sinne von Wort und Wissen vorliegen? Wenn das Morphogen so mutiert, dass es stärker an seine Zielproteine bindet? Wenn durch Duplikation des Gens für BMP2 mehr BMP2 synthetisiert wird? Wenn durch Duplikation des Gens für BMP2 eine Genkopie entsteht, die weiter mutiert und auf diese Weise eine Art Super-BMP exprimiert? Wenn ein Inhibitor von BMP2 durch einen anderen Stoff in seiner Wirkung gehemmt wird? Wenn ein Gen, für das eines der Zielproteine für BMP2 als Transkriptionsfaktor wirkt, epigenetisch aktiver wird? Oder wenn ein anderes Signalprotein die Aufgabe von BMP2 übernimmt? Meines Erachtens könnte jeder der erwähnten Prozesse (oder noch andere oder eine Kombination von diesen) die morphologische Neuerung bewirkt haben. Doch es bleibt das ungute Gefühl, es wurde noch kein Prozess erwähnt, der auch nach Auffassung von Wort und Wissen als Makroevolution infrage käme, weil es diesen Prozess zu ihren Bedingungen offensichtlich nicht geben *kann*.

Akzeptieren wir dennoch *pro forma* Christoph Heiligs Definition von Makroevolution (und nehmen wir weiter an, es gäbe einen Prozess, der den Anforderungen von Wort und Wissen an eine Makroevolution genügen würde), dann ergeben sich Konsequenzen, die für die Evolutionsgegner unerfreulich sind: Wenn eine notwendige Bedingung für das Vorliegen von *Makroevolution*, die Entstehung „qualitativ neuer Gene mit neuartiger Funktion" ist, dann wäre der Begriff *Makroevolution* auf Fossilien gar nicht anwendbar, da es diesen bekanntermaßen eklatant an DNA mangelt. Anhand der Definition von Wort und Wissen könnte also niemals festgestellt werden, ob die fossilisierten Darmklappen oder die Federn der Vögel *tatsächlich* durch „makroevolutive Ereignisse" (sprich: genetische Neuerungen) aufgekommen sind, oder ob es sich nicht einfach um Beispiele für

„mikroevolutionäre Optimierungen“ handelt. Ihre Definition der Makroevolution ist schlichtweg inoperabel! Vor diesem Hintergrund drängt sich der Verdacht der Selbstimmunisierung auf, denn WORT UND WISSEN kann hier letztlich immer sagen: „Nichts ist Makroevolution, solange nicht unsere Makroevolutionsdefinition erfüllt ist, die nicht erfüllt werden kann!“ Allerdings, und das ist das Überraschende, entziehen sich die Evolutionsgegner selbst ihrer eigenen (inoperablen) Definition, wenn sie anhand des Fossilienbefunds, der die sukzessive Entstehung morphologischer Neuheiten belegt, eben doch auf die Notwendigkeit einer *makroevolutionären* Erklärung schließen. Also zählen letztlich doch nur *morphologische und anatomische* Neuerungen, wenn es darum geht, zu beurteilen, ob eine Makroevolution vorliegt. Und da es sich bei den Darmklappen zweifelsohne um eine qualitative anatomische Neuerung handelt, handelt es sich um ein Beispiel für „macroevolution in action“.

5. Ist der Begriff Makroevolution verzichtbar?

Es ist nun also belegt, dass morphologisch-anatomische Merkmals*neuerungen* innerhalb einiger Jahrzehnte auftreten können. Auf *genetischer* Ebene wurde derartiges ja schon lange beobachtet. Man denke nur an Bakterien, die mittels neuer Enzyme Substrate abbauen können, die es in der Natur nicht gibt. Im Prinzip ist das schon etwas *qualitativ* Neues. Oder man denke an das Gen „T-urf13“, über dessen Evolution in Kap. IV berichtet wurde. Dieses Gen entstand *de novo* durch Fusion zweier DNA-Fragmente auf der 26S rRNA, die dort keine erkennbare Funktion ausüben. Es ist damit ohne Frage etwas qualitativ Neues entstanden; das evolvierte Gen steuert darüber hinaus einen irreduzibel komplexen Mechanismus.

Müsste aus all dem nun nicht eine Neubewertung des Unterschieds zwischen Mikroevolution und Makroevolution erwachsen? Existiert dieser Unterschied tatsächlich, oder wird er nur von uns konstruiert? Auf der einen Seite ist die Unterscheidung sicher nützlich, wenn es darum geht, *quantitative* Modifikationen, in denen sich nur die Größenverhältnisse bereits bestehender Merkmale verändern, von der Entstehung *qualitativ* neuer Merkmale mit neuen Eigenschaften (z. B. die Transformation von Fischflossen in die Extremitäten der ersten Vierbeiner) zu unterscheiden. Auf der anderen Seite aber möchten Evolutionsgegner gerne zwischen „kleinen“ Neuerungen (z. B. Punktmutationen) und den (vermeintlich oder tatsächlich) „großen Innovationen“ trennen, was kategorisch aber unmöglich ist. Auch die komplexeste Innovation ist letztlich die Summe mehrerer Einzelschritte, und auf der Ebene der *Mechanismen* gibt es nach heutigem Wissen keinen grundsätzlichen Bruch zwischen mikro- und makroevolutionären Vorgängen (vgl. Kap. IX).

6. Fazit

Wie die Diskussion über Sinn und Unsinn des Begriffspaares „Mikro-/Makroevolution" in der Fachwelt auch immer weiter gehen mag – sie ist für unsere Betrachtungen nicht entscheidend. Denn wir haben gesehen, dass das Begriffspaar „Mikro-/Makroevolution", so wie es *die Evolutionsgegner* definieren, in jedem Fall zu unauflösbaren Widersprüchen führt: *Wenn* Makroevolution als die Entstehung qualitativer Neuerungen definiert wird, dann ist sie heute experimentell so einwandfrei belegt, dass die Behauptung, Makroevolution sei nicht beobachtbar, als widerlegt gelten muss. Jeder Versuch, Makroevolution dennoch definitorisch in den Bereich des empirisch (noch) nicht Nachgewiesenen zu verbannen, ist entweder von vorn herein inoperabel, oder er ist widersprüchlich in dem Sinne, dass selbst unter Evolutionsgegnern unstrittige Fälle von Makroevolution unter Anwendung ihrer Kriterien bequem als „Mikroevolution" umdeklariert werden könnte. Dies könnte man als einen Fall von Selbstimmunisierung interpretieren.

7. Literatur

Heilig, C. (2008) Ruineneidechsen: Makroevolution oder Polyvalenz? Studium Integrale Journal 15, 76–88.

Herrel, A./Huyghe, K./Vanhooydonck, B. et al. (2008) Rapid large-scale evolutionary divergence in morphology and performance associated with exploitation of a different dietary resource. PNAS 105, 4792–4795.

Junker, R. (2006) Zur Abgrenzung von Mikro- und Makroevolution. Studium Integrale Journal 13, 59–67.

Lönnig, W.-E. (2002) Diskussion von Einwänden zum Beitrag „Hoimar von Ditfurth und der Lederbergsche Stempelversuch: Sind Antibiotikaresistenzen Beweise für Makroevolution im Labor. www.weloennig.de/Bakterienresistenzen.html. Zugr. a. 2.3.2009.

Sears, K. E./Behringer, R. R./Rasweiler, J. J./Niswander, L. (2006) Development of bat flight: morphologic and molecular evolution of bat wing digits. PNAS 103, 6581–6586.

Sears, K. E. (2008) Molecular determinants of bat wing development. Cells Tissues Organs 187, 6–12.

Waschke, T. (2006) Bedeutungsumfang des Begriffs „Makroevolution". www.waschke.de/twaschke/gedank/makroevolution.htm. Zugr. a. 15.2.2009.

XIV. Resümee

Mit einem Kommentar zum „evolutionskritischen Lehrbuch“

Im vorliegenden Buch wurden Inhalt und Struktur evolutionskritischer Argumentation aus unterschiedlichen Blickwinkeln betrachtet. Wir erhielten Einblicke in die Geschichte des Kreationismus und seiner „akademisierten“ Variante des Intelligent Design. Wir haben begründet, warum die meisten Argumente, die gegen die Evolutionstheorie vorgetragen werden, inhaltlich und logisch nicht haltbar sind. Obwohl einige Evolutionsgegner durchaus kompetente Biologen sind, die auf ihren Forschungsgebieten Herausragendes leisten, werden gerade in der Evolutionsbiologie Fakten einseitig und unvollständig präsentiert, überholte Konzepte kritisiert und empirisches Datenmaterial, das eine Evolution belegt, bedenkenlos schöpfungstheoretisch umgedeutet. Ein Großteil der Einwände ist entweder veraltet oder beruht auf einem fragwürdigen Verständnis dessen, was Wissenschaft bedeutet. Dazu gesellen sich altbekannte Fehlschlüsse – sei es in Gestalt obskurer Berechnungen zur Unwahrscheinlichkeit der Evolution, zur Begründung von Intelligent Design oder als rhetorisches Stilmittel, um den Eindruck eines Arguments zu erwecken. Schlimmstenfalls handelt es sich um bewusste Verdrehungen in obskurantistischer Absicht.[1]

Wie ist vor diesem Hintergrund das „evolutionskritische Lehrbuch“ von R. Junker und S. Scherer einzuordnen? Positiv ist zunächst anzumerken, dass die Kritik an der Evolutionstheorie vergleichsweise sachlich dargestellt wird, was in der evolutionskritischen Literatur ohne Frage ungewöhnlich ist. Die Verfasser sind sich wohl darüber im Klaren, dass unsachliche Äußerungen ihrem Anliegen, ein Lehrbuch auf Grundlage einer Minderheitenposition in der akademischen Landschaft zu etablieren, enorm schaden würden. Und ohne Zweifel liefert das Buch auch manch interessante Einblicke in die Evolution. Allerdings bedienen sich die Autoren zur Problematisierung derselben unzähliger Aussagen und Argumente, die wissenschaftlich und wissenschaftstheoretisch betrachtet unhaltbar sind.

Selbst dort, wo keine Fehler vorliegen, ist der Grundton des Textes immer der eines auf die Spitze getriebenen Skeptizismus. Die Autoren machen sich ganz offensichtlich zunutze, dass Kritik – neben Beobachtung

[1] Wer sich ein Meisterwerk der Demagogie zu Gemüte führen möchte, dem sei z. B. eines der Werke von W.-E. Lönnig empfohlen (vgl. dazu M. Neukamm/A. Beyer 2007: Die Affäre Max Planck. In: Kutschera, U. (Hg.) Kreationismus in Deutschland. Münster, 232–276).

und Theorienbildung – zum zentralen Kern der Wissenschaft gehört. Sie überziehen dieses Prinzip aber ganz erheblich, indem sie ein Bild maximalen Zweifels und der Ungewissheit erzeugen und die „Makroevolution“ schon aufgrund der erkenntnistheoretisch inhärenten Fehlbarkeit des Wissens, gepaart mit offenen Fragen der Evolutionsforschung, anzweifeln – eine pädagogisch und wissenschaftlich unannehmbare Position. Die vermeintliche Schöpfungsalternative wird dagegen weitgehend unkritisch präsentiert bzw. als dem „Evolutionsparadigma“ methodologisch gleichwertig behandelt, obwohl sie in allen wissenschaftlich relevanten Punkten weitaus schlechter abschneidet als die Evolutionstheorie (vgl. Kap. II). Besonders aber fällt auf: Alle fachlichen Irrtümer des Lehrbuchs gehen *zu Lasten* der Evolutionstheorie, keiner (soweit ich weiß) zu ihren Gunsten. Daraus darf man schließen, dass die Fehler sowie die oft einseitige Auswahl an Literatur *interessengeleitet* zustande kamen. Kein Zweifel – das Buch ist ein Paradebeispiel kreationistischer Desinformation und daher nicht als *Lehrbuch* geeignet. Warum möchten die Autoren überhaupt einen Sachverhalt *lehren*, den sie erklärtermaßen für falsch halten? Ein solches Projekt leidet auch an einem inneren Widerspruch, denn authentisch lehren kann man nur, was man selber vertritt. Man kann sich zwar in die Position eines Andersdenkenden, z.B. eines Esoterikers, hinein versetzen, um dagegen Position zu beziehen. Aber was man schreibt, ist eben die kritische Position der Esoterik gegenüber, kein esoterisches *Lehrbuch*.

Thomas Junker hat diesen Widerspruch mit wissenschaftlicher Akribie herausgearbeitet und den Vorwurf der kreationistischen Desinformation meines Erachtens schlüssig argumentativ untermauert. Er zieht daraus aber auch den viel weitgehenderen Schluss, die Autoren beabsichtigten, ihre Leser systematisch in die Irre zu führen und über ihre wahren Absichten zu täuschen. Als Herausgeber dieser Monographie möchte ich jedoch betonen, dass das moralische Urteil Thomas Junkers persönliche Ansicht ist und nicht zum naturwissenschaftlichen Inhalt dieses Bands gehört. Zum einen lässt sich der Nachweis einer vorsätzlichen Täuschung schwer führen. Zum anderen glaube ich auch nicht an eine Täuschungsabsicht. Ich habe mit dem Hauptautor Siegfried Scherer mehrere Gespräche geführt, und ich zweifle nicht an seiner moralischen Integrität. Ich glaube ihm, dass er meint, was er sagt, und dass er sich um eine Versachlichung der Auseinandersetzung bemüht. Siegfried Scherer ist gewiss kein Fanatiker, und seine wissenschaftlichen Verdienste als Mikrobiologe und Lehrstuhlinhaber werden durch seine Weltanschauung nicht geschmälert.

Wie aber erklären sich dann, um mit Thomas Junker zu sprechen, die „tendenziöse Auswahl, systematische Verzerrungen, Fehlinformationen und Sinnentstellungen“, mit denen ein falscher Eindruck von der Evolutionstheorie vermittelt wird? Meines Erachtens liegt die Antwort auf der Hand: Die Autoren des „evolutionskritischen Lehrbuchs“ wollen zeigen, dass die Evolutionstheorie *naturwissenschaftlich* in einer Weise kritisierbar sei, die es ihnen gestattet, ihren speziellen Schöpfungsglauben mit der Wissenschaft zu vereinbaren. Und da ihr Glaube für sie den Rang einer „geoffenbarten Wahrheit“ genießt, erscheint ihnen dieser Versuch nicht annähernd so absurd wie einem Außenstehenden. Schließlich *kann* die Evolutionsbiologie aus der Warte derer, die göttliche Gewissheit haben, nur irren – allen wissenschaftlichen Belegen zum Trotz. Und weil dieser Versuch einer *wissenschaftlichen* Begründung eben nicht tragfähig ist, da er die meisten wissenschaftlichen Prinzipien geradezu auf den Kopf stellt, kommt es zu all den argumentativen Schwächen und Fehlern, die in unserer Monographie behandelt wurden.

Seit Jahren verstärkt sich in Deutschland und Europa der Einfluss rechtskonservativer, fundamental-christlicher Kräfte. Die weit fortgeschrittenen Pläne der schweizer Firma Genesis-Land AG, geleitet von Gian Luca CARIGIET, dem Vorsitzenden des kreationistischen Vereins PRO GENESIS, im Großraum Berlin einen kreationistischen Freizeitpark („Genesis-Land“) zu bauen, in dem nach US-amerikanischem Vorbild gegen naturwissenschaftliche Erkenntnisse Propaganda betrieben wird, verleihen dem Bedrohungspotenzial des christlichen Fundamentalismus eine zusätzliche Dimension. (Der Plan wurde vor etwa einem Jahr aufgrund einer Machbarkeitsstudie für das Rhein-Main-Gebiet ernsthaft angegangen, scheiterte aber daran, dass sich keine Kommune und kein Kommunalverband im Ballungsgebiet Rhein-Main bereit fand, 50 Hektar Gewerbefläche zur Verfügung zu stellen; HEMMINGER, pers. komm.) Offenbar wurden die für den Bau erforderlichen 100 Millionen Euro von potenten Geldgebern bereits zur Verfügung gestellt. Es droht ein Kulturkampf, der die Gesellschaft spalten und unser wissenschaftsorientiertes Weltbild von Grund auf in Frage stellen könnte – mit allen negativen Auswirkungen auf Forschung, Bildung und Wissenschaft. Diesem Umstand kann man einzig durch verstärkte (möglichst sachliche) Aufklärung entgegenwirken. Möge das Buch seinen bescheidenen Beitrag dazu leisten und dabei helfen, den Leser gegen die kreationistische Argumentation zu wappnen.

Teil 5

Anhang

XV. Glossar

Abiogenese: Entstehung der ersten Lebensformen aus unbelebter Materie.

abiotisch: unbelebt.

Adaptation: Eine durch die Selektion begünstigte Anpassung.

adaptiv: An die Umwelt angepasst.

Adhäsin-Proteine: Faktoren, die es Bakterien erlauben, an Oberflächen (z. B. die Zellen eines Wirts) anzuhaften und auf diese Weise z. B. eine Infektion erleichtern.

Adhäsion: Anbinden, Anhaften. Physikalisch versteht man darunter die zwischen *verschiedenen* Stoffen auftretende Anziehung, die entsteht, wenn sich ihre Oberflächenmoleküle sehr nahe kommen. Die den Zusammenhalt bewirkenden Bindungskräfte beruhen auf molekularen Wechselwirkungen in der Grenzfläche der miteinander in Kontakt tretenden Phasen.

adult: erwachsen. Lebensphase nach Eintritt der Geschlechtsreife.

aerob: Stoffwechselvorgang zur Energiegewinnung, der nur unter Beteiligung von Sauerstoff abläuft, z. B. die Zellatmung.

Akkommodation (Auge): Fokussierung des Auges auf unterschiedlich weit entfernte Objekte, so dass auf der Netzhautebene ein scharfes Abbild entsteht. Dies wird meist durch eine Veränderung der Krümmung der Augenlinse erreicht.

Allel: Variante eines Gens, die ein Merkmal in bestimmter Weise ausprägt. Z. B. gibt es bei der Erbsenpflanze ein Gen für die Farbe der Erbse. Dieses Gen tritt in den Formen (Allelen) „gelb" und „grün" auf.

Alleldrift: s. Gendrift.

Aminosäuren, α-Aminosäuren: Grundbausteine der Proteine, die sich kettenförmig miteinander verbinden. In den Proteinen kommen einige Dutzend verschiedene A. vor. Zum „Grundbestand" (der durch die Gene kodiert wird) gehören 20 Stück, darunter die in diesem Buch genannten Aminosäuren Glycin, Alanin, Serin, Leucin und Valin. Chemisch gesehen handelt es sich um organische Verbindungen mit einer endständigen Carboxylgruppe (Säurefunktion), die in direkter Nachbarschaft eine Aminogruppe haben.

Amnioten, Amniota: Gruppe von Landwirbeltieren, die sich als Embryo in einer mit Fruchtwasser gefüllten Fruchtblase entwickeln und von einer gefäßlosen Eihaut (Amnion) umschlossen werden. Schwestergruppe der Amphibien. Dazu gehören alle Reptilien, Vögel und Säugetiere.

Amphiphil: Substanz, die sowohl eine wasserlosliche (hydrophile) als auch eine fettlösliche (lipophile) Komponente besitzt. Wichtige amphiphile Stoffe sind Seifen und Phospholipide als Hauptbestandteil der Zellmembranen.

anaerob: Stoffwechselvorgang zur Energiegewinnung, der (nur) unter Ausschluss von Sauerstoff abläuft, wie z. B. Gärung.

Anagenese: Allmähliche evolutionäre Umwandlung einer Population oder Art zwischen zwei Artaufspaltungsereignissen.

Anticodon: Das zu einem Basentriplett (Codon) auf der Nukleinsäure komplementäre Triplett auf der tRNA. Durch das Zusammenspiel von Codon und Anticodon, das durch den „genetischen Code“ beschrieben wird, erfolgt in den Ribosomen die Herstellung der Proteine.

Apomorphie: Abgeleitetes Merkmal, das in Populationen auf der Stammlinie eines Monophylums neu entstanden ist (evolutive Neuheit). Im Gegensatz zu einem ursprünglichen (plesiomorphen) Merkmal ist das apomorphe Merkmal also durch eine Neuerung gegenüber einem Vorfahren charakterisiert. Nur Apomorphien können zur Bestimmung von Verwandtschaftsverhältnissen herangezogen werden.

a priori: von vornherein.

Aptamer: kurze DNA- oder RNA-Stränge, die aufgrund ihrer räumlichen Struktur ganz bestimmte Moleküle (z. B. Aminosäuren) binden können.

Archaeen, Archaebakterien: Einzellige Organismen, die neben den (Eu-) Bakterien und Eukaryonten in eine eigenständige Domäne eingeordnet werden. Sie besitzen interessante Merkmalskombinationen, die sie zwischen die Eukaryonten und die Eubakterien stellen.

ATP: Abkürzung für Adenosintriphosphat, eine energiereiche chemische Verbindung, die als universeller Energieträger in allen Organismen vorkommt.

ATPase: Enzym, das ATP spalten und dabei Energie freisetzen kann, die vom Enzym genutzt wird, um eine andere Reaktion anzutreiben. Verschiedene ATPasen bedingen z. B. die Kontraktion von Muskelfasern, den Transport von Ionen („ATP-abhängige Ionenpumpen“) und diverse Reaktionen des Energiestoffwechsels.

ATP-Synthase: Protein in der Zellmembran, das entweder als ATP-verbrauchende Protonenpumpe fungieren oder durch Protonen in Rotation versetzt werden und die Erzeugung von ATP katalysieren kann.

Archosaurier: Gruppe, in der die Vögel und Krokodile sowie eine Reihe ausgestorbener Arten zusammengefasst werden. Zu Deutsch: *Herrscherreptilien*.

Artspaltung: Aufspaltung einer Elternart (Stammart) in zwei Tochterarten, meist bedingt durch die Abtrennung bzw. geographische Isolation einer Teilpopulation von der ursprünglichen Fortpflanzungsgemeinschaft, wodurch sich die Populationen stetig auseinander entwickeln, bis keine genetische Vermischung mehr stattfindet bzw. stattfinden kann.

Australosphenida: Untergruppe der Säugetiere. Der Name setzt sich zusammen aus *Austral* (Süden) und *Sphenida*, womit Säugetiere gemeint sind, die eine tribosphenische Zahnstruktur besitzen. Nach neueren Erkenntnissen handelt es sich jedoch um keine einheitliche Abstammungsgemeinschaft.

Autapomorphie: Evolutionäre Neuheit, die für eine bestimmte Gruppe von Organismen charakteristisch ist bzw. über die ein Taxon definiert wird.

Außengruppe: Taxon, das außerhalb des Monophylums der untersuchten Gruppen angeordnet ist und einen Vergleich mit den Merkmalszuständen der Innengruppen ermöglicht, um so ursprüngliche und abgeleitete Merkmale zu unterscheiden.

Axialskelett: Schädel und Wirbelsäule.

Baldwin-Effekt: Nach dem Psychologen James Baldwin benannter Effekt, wonach durch bestimmte Umwelteinflüsse hervorgerufene Veränderungen in einem Organismus aufgrund *genetischer* Veränderungen bei den Nachkommen erblich werden und dann unabhängig von den Umwelteinflüssen in Erscheinung treten können.

Basentriplett: s. Triplett.

Bauplan: Begriff aus der Morphologie und Systematik zur Charakterisierung (höherer) taxonomischer Einheiten. In einem Bauplan werden sowohl die ursprünglichen als auch die abgeleiteten Merkmale, welche die verschiedenen Arten des betreffenden Taxons gemeinsam haben, vereinigt. Merkmale, die nur bei einzelnen Arten oder Untergruppen des Taxons auftreten, werden im Bauplan dagegen nicht aufgeführt.

Bilateria, Bilateralia: Gruppe von Organismen, deren linke und rechte Körperhälften (zumindest im Larvenstadium) spiegelbildlich gebaut sind. Dazu zählen alle Wirbeltiere und ein Großteil der Wirbellosen. Im Erwachsenenstadium können einzelne Organe asymmetrisch sein.

bipolar: zwei Pole besitzend (z.B. Moleküle, die eine wasserlösliche und eine wasserabweisende Gruppe enthalten).

Blütenstand: s. Infloreszenz.

Chemotaxis: Gerichtete Bewegung von Organismen entlang oder entgegen eines Konzentrationsgefälles chemischer Signalstoffe.

Chemoton: Modell für die einfachste sich selbstreplizierende Zelle.

Chiralität: „Händigkeit". Das Vorliegen zweier Molekülsorten, die wie Bild und Spiegelbild aufgebaut sind (Enantiomere), so wie die rechte und die linke Hand.

chiroselektiv: ein bestimmtes Enantiomer bevorzugend.

Chromatographie: Physikalisches Verfahren zur Aufreinigung bzw. Auftrennung eines Stoffgemischs in seine Einzelkomponenten (Reinstoffe). Dabei wird der Effekt ausgenutzt, dass unterschiedliche Substanzen in einem mobilen Lösemittel unterschiedlich schnell transportiert werden, wenn es an einem festen Trägermaterial („stationäre Phase") vorbei fließt.

Ciliaten: Wimpertierchen. Große eukaryotische Einzeller, deren Zelloberfläche mit Wimpern bedeckt ist, die der Fortbewegung dienen.

Cnidaria: Nesseltiere. Bekannte Vertreter sind z.B. die Quallen, Korallen und Seeanemonen.

Code: s. Triplettcode

Codon: Kombination aus drei Nukleotiden in der DNA, die für eine Aminosäure kodieren.

Constraints: s. Developmental constraints.

Cyclisierung: Verknüpfung mehrerer Moleküle zu einem ringförmig aufgebauten (zyklischen) Molekül.

Deduktion: Logische Ableitung einer Folgerung aus einer Theorie. Schluss vom Allgemeinen auf das Spezielle.

deduktiv-nomologische Erklärung: Ein von C.G. Hempel und P. Oppenheim entwickeltes Modell der wissenschaftlichen Erklärung. Diesem Modell zufolge wird ein beobachtbarer Sachverhalt genau dann erklärt, wenn er aus einer Menge allgemeingültiger Gesetze und Randbedingungen gefolgert (deduziert) werden kann.

deduktiv-nomologisches Modell: s. Deduktiv-nomologische Erklärung.

Deletion: Mutation, bei der DNA-Abschnitte (ggf. ganze Gene) aus dem Erbgut eines Organismus verloren gehen.

de novo: von neuem, erneut.

Dentale: Unterkieferknochen. Das *sekundäre* Kiefergelenk der Säugetiere wird gebildet durch die beiden Kieferknochen Dentale und Squamosum, wohingegen das *primäre* Kiefergelenk zu Gehörknöchelchen im Mittelohr umgewandelt wird.

Derivat: Ein von einer bestimmten chemischen Verbindung abgeleiteter Stoff.

Deszendenz: Abstammung.

Deszendenztheorie: DARWINS Theorie der Abstammung aller Arten von einem oder einigen gemeinsamen Vorfahrenarten.

Deuterostomier: „Neumünder". Primär zweiseitig symmetrisch gebaute Tiere, in deren Entwicklung der Urmund zum After wird und der Mund aus dem Urdarm neu entsteht. Im Gegensatz zu den *Protostomiern* ist das Nervensystem auf der Rückenseite konzentriert. Hierzu zählen u. a. die oft sekundär radiärsymmetrischen Stachelhäuter (Seesterne, Seeigel etc.), sowie die Wirbeltiere. (Im Gegensatz zu den *Protostomiern* ist die Gruppe der Deuterostomier *monophyletisch*.)

Developmental constraints: engl.: Entwicklungszwänge. Darunter versteht man jene Faktoren, die den Gestaltungsspielraum der Evolution einschränken, wie z. B. die funktionellen Abhängigkeiten verschiedener Strukturen in der Embryonalentwicklung, die aus konstruktiven Gründen nur begrenzt wandelbar sind.

Diapsiden: Untergruppe der Sauropsiden, welche die Thecodontia und ihre Nachkommen, die Dinosaurier, Flugsaurier und Krokodile, aber auch einige der primitiven Echsen (Sphenodontia), umfasst. Charakteristisch für diese sind zwei Schädelöffnungen in der Wangenregion (Temporalfenster). Aus kladistischer Sicht werden auch Eidechsen, Schlangen und die Vögel zu den Diapsiden gezählt.

Dichotomie, dichotome Verzweigung: Gabelartige Verzweigungen im Kladogramm oder Stammbaum, von griech. *dīchōtŏmos: entzweigeschnitten*. Die Verzweigungen sind so zu verstehen, dass die Aufspaltung einer Elternart (Stammart) in zwei Tochterarten geschieht. Auf der Ebene von Populationen bzw. Arten kann es auch Polytomien (mehrfache Verzweigungen) geben, die im Kladogramm meist nicht aufgelöst werden.

Diversifizierung, Diversifikation: Vergrößerung der Artenvielfalt.

DNA/DNS: Abkürzung für *Desoxyribonukleinsäure*, Träger der Erbinformation. Dabei handelt es sich um ein langes, wendeltreppenförmiges, doppelsträngiges Molekül im Zellkern, welches die vier verschiedenen Nukleinbasen trägt. Die charakteristische Abfolge dieser Basen kodiert die „Bauanleitung" jeden Lebewesens.

DN-Erklärung: s. deduktiv-nomologische Erklärung.

Domäne: Funktionell eigenständiger Teilbereich innerhalb eines Proteins, der sich autonom faltet. In der Taxonomie: Höchste Kategorie, in welche die Lebewesen eingeteilt werden. Nach C. WOESE unterscheidet man drei Domänen: die Gruppe der (Eu-) Bakterien, Achaebakterien und Eukaryoten.

Drift: s. Gendrift.

EGF-Domäne: s. Exon-Shuffling.

Embryogenese, Embryonalentwicklung: Keimesentwicklung, erste Phase in der Individualentwicklung eines Lebewesens. Im *weiteren* Sinne versteht man darunter die Entwicklung eines mehrzelligen Organismus von der befruchteten Eizelle bis zur selbstständigen Nahrungsaufnahme. Bei den Säugetieren ist dieser Zeitraum unterteilt in die Embryogenese *im engeren* Sinne, in deren Verlauf die Organe angelegt werden, und die darauf folgende Fetalentwicklung (Fetogenese).

Emergenz: Entstehung neuer Eigenschaften eines Systems durch das

Zusammenspiel seiner Komponenten. Beispiel: Atome und Atomkerne haben einen messbaren Durchmesser; ihre elementarsten Bestandteile (Quarks und Elektronen) besitzen jedoch keine Ausdehnung. Erst durch die *Wechselwirkung* der Elementarteilchen im Atom bzw. Atomkern entstehen Raum und Zeit. Ein weiteres Beispiel: 100 Milliarden Neurone, die auf bestimmte Weise miteinander verschaltet sind, erzeugen Gedanken, ein einzelnes Neuron kann nicht denken.

empirisch: auf experimentell gewonnenen Daten und Beobachtungsdaten beruhend.

Empirismus: Veraltete, wissenschaftstheoretische Denkrichtung, die einzig die Sinneswahrnehmung bzw. das direkt Beobachtbare und jederzeit auf das Experiment Rückführbare als Quelle naturwissenschaftlicher Erkenntnis akzeptiert. Erklärungen mithilfe von Dingen oder Prozessen, die *jenseits* des sinnlich Erfahrbaren liegen, werden abgelehnt.

Enantiomere: Zwei Moleküle, die wie Bild und Spiegelbild gebaut sind. Die Moleküle lassen sich nicht durch Drehung zur Deckung bringen. Enantiomere sind chiral; sie drehen die Schwingungsebene polarisierten Lichts.

Endosymbiose: Das Einverleiben einer Zelle in eine andere zu gegenseitigem Nutzen.

Endosymbionten-Theorie: Theorie, wonach in einer frühen Phase der Evolution eubakterielle Symbionten von einer den Archaebakterien nahestehenden Zelle aufgenommen wurden, die dann zu Organellen wurden. Auf diese Weise entstanden die Eukaryoten inklusive aller höheren Lebewesen.

Enhancer: Bereich auf der DNA, der das „Ablesen" (die Transkription) eines Gens ermöglicht oder verstärkt, indem er einen Transkriptionsfaktor (ein Signalprotein) bindet. Enhancer gehören damit zu den regulatorischen Sequenzen auf der DNA.

Entwicklungszwänge: s. Developmental constraints.

Enzym: Ein Protein, welches die Eigenschaft besitzt, spezifisch ganz bestimmte chemische Reaktionen in der Zelle zu beschleunigen oder zu ermöglichen, ohne dabei verbraucht zu werden. Auch: Biokatalysator.

Enzymkaskade: Verstärkung und Umwandlung innerer und äußerer Reize/Signale in einer Zelle als Folge einer Kette biochemischer Reaktionen, die durch Enzyme vermittelt werden.

Epigenetik: Zweig der Biologie, der die wechselseitige Beeinflussung von Embryonalzustand und Genaktivierung sowie die Auswirkung einer veränderten Genregulation auf die Embryonalentwicklung untersucht. Im engeren Sinne sind für die Epigenetik alle Merkmale interessant, die *nicht* auf die Veränderung der DNA-Sequenz zurückgehen (Mutation), sondern über andere Systeme „vererbt" werden. Ein Beispiel ist die Methylierung der DNA – ein chemischer Vorgang, der die Umsetzung der Erbinformation beeinflusst, ohne die DNA-Sequenz zu verändern.

epigenetische Landschaft: Summe aller Mechanismen, welche die Individualentwicklung steuern. Diese Mechanismen übersetzen sozusagen das in der befruchteten Eizelle enthaltene „genetische Programm" in einen „fertigen" Organismus.

Erklärung: Methodisch-erkenntnistheoretisches Verfahren, welches das „Warum" und „Wie" eines Phänomens angibt, also die Ursachen bzw. Mechanismen aufdeckt, die zu dem beobachtbaren Sachverhalt führen.

Eukaryo(n)ten: Lebewesen mit Zellkern. Dazu gehören alle mehrzelligen Lebewesen sowie die „großen" Einzeller wie Amöben, Ciliaten etc.

Eumetazoen: (Vielzellige) Tiere mit differenzierten Geweben.

Evo-Devo: s. Evolutionäre Entwicklungsbiologie

Evolutionäre Entwicklungsbiologie: Zweig der Evolutionsforschung, der die Prozesse in der Embryonalentwicklung sowie den Einfluss der daran beteiligten Gene untersucht, um zu verstehen, wie neue Merkmale und Baupläne in der Evolution entstehen. Die Disziplin ist das Resultat des Zusammenschlusses einer Vielzahl von Forschungsrichtungen, insbesondere der experimentellen Embryologie, Molekularbiologie und Entwicklungsgenetik.

Exaptation: „Zweckentfremdung" eines biologischen Merkmals im Laufe der Evolution.

Exon (Mz. Exone): Abschnitt auf der DNA, der in ein Peptid oder Protein übersetzt wird.

Exon-Shuffling: Das Verschmelzen oder Umlagern verschiedener Gen-Bereiche zu einem neuen Gen oder Gen-Abschnitt. So kann durch einfache Rekombination von Exons wie in einem „Baukastensystem" eine große Proteinvielfalt mit unterschiedlichsten Funktionen und Eigenschaften entstehen. Dieser Evolutionsfaktor ist empirisch wohldokumentiert und mechanismisch sehr gut verstanden. Studien belegen, dass etwa 20 % aller Gene schon ein „shuffling" durchgemacht haben. Ein klassisches Beispiel ist das Gen des *epidermalen Wachstumsfaktors* (EGF); ein Protein, das u.a. bei der Zelldifferenzierung eine Rolle spielt. Dieses Protein enthält eine charakteristische Domäne, bestehend aus ca. 30 Aminosäuren, die unter anderem auch in Zelladhäsionsmolekülen (Selektinen), Oberflächenrezeptoren, Plasminogen-Aktivatoren, in Proteinen der Blutgerinnung und der extrazellulären Matrix gefunden wurde (vgl. Kap. VIII.3.1).

exotherm: chemische Reaktion, bei der Energie freigesetzt wird.

Expression: s. Genexpression.

Expressionsregulation: s. Genregulation.

extern: sich außen befindend.

externe Konsistenz: Wichtiges Merkmal wissenschaftlicher Theorien. Danach müssen Theorien mit dem gesamten verfügbaren Hintergrundwissen kompatibel sein.

Extrapolation: Anwendung einer Regel über den gesicherten Bereich hinaus.

Falsifikation: Widerlegung.

Flagelle, Flagellum: Geißel, die Einzellern zur Fortbewegung dient.

Gen: Erbfaktor. Abschnitt auf der DNA, der für ein bestimmtes Protein oder eine funktionelle RNA kodiert.

Gendrift: Zufällige, nicht durch Selektion begünstigte Veränderung der Genhäufigkeiten in einer Population.

Gen-Duplikation: Verdopplung eines Gens bzw. DNA-Abschnitts. Es können auch größere Chromosomenbereiche dupliziert werden. Wichtiger Mechanismus der Entstehung neuer genetischer Information. Zu 25 % aller menschlichen Gene gibt es mindestens ein solches dupliziertes (man sagt dazu auch „paraloges") Gen.

Genexpression: Ausprägung von Genen; das „Ablesen" genetischer Information in den Zellen und die damit einhergehende Erzeugung von RNA und Proteinen, die einen bestimmten physiologischen (Entwicklungs-) Prozess in Gang setzen.

Genlocus (Mz. Genloci): Stelle auf dem Chromosom, wo sich das Gen befindet.

Genom: Erbgut, Gesamtheit der Gene in einem Organismus.

Genotyp: Genetische Ausstattung eines Organismus.

Genpool: Gesamtheit der in einer Art bzw. Population vorhandenen Erbanlagen.

Genregulation: Steuerung der Aktivität bzw. Ausprägung (Expression) von Genen. Die Mechanismen der Genregulation legen fest, in welcher Konzentration das von dem Gen kodierte Protein in der Zelle vorliegen soll. So können z.B. bestimmte Proteine (so genannte *Transkriptionsfaktoren*) Gene an- oder abschalten, deren Produkte wiederum andere Gene in ihrer Aktivität beeinflussen können.

Gen-Tinkering: Das sukzessive Einschalten von Strukturgenen unter einen gemeinsamen Regulator. Beginnt die Evolution mit einem Regulator-Gen und einem Struktur-Gen, können so schrittweise weitere Gene unter die Kontrolle dieses Regulatorgens gebracht und „ausprobiert" werden, ob sich die Funktion dieser Einheit verbessert. Auf diese Weise können in der Evolution Schritt für Schritt komplexe Entwicklungswege aufgebaut werden. So sind z.B. an der Entwicklung des Komplexauges der Fruchtfliege *Drosophila* über 2000 Gene beteiligt, die unter der Kontrolle des Pax6-Regulatorgens (ein für die Augenausbildung wichtiges „Hauptschalter-Gen") ausgeprägt werden.

Glykosid, glykosidische Bindung: Chemische Verbindungen, bei denen ein Alkohol an einen Zucker gebunden ist. Die Verknüpfungsstelle wird als „glykosidische Bindung" bezeichnet. So werden die Nukleinbasen in der DNA über eine N-glykosidische Bindung mit dem „Rückgrat" der DNA verbunden, einer langen Kette aus Zucker- und Phosphatmolekülen.

Gradient: Änderung des Werts einer physikalischen Größe (z.B. der Stoffkonzentration) im Raum.

gradualistisch: sukzessive, Schritt für Schritt, gradweise abgestuft. Nicht zu verwechseln mit *kontinuierlich* (im Sinne eines Formenkontinuums).

gram-positiv, gram-negativ: Bakterien, die sich mit dem Farbstoff Kristallviolett einfärben lassen, werden als grampositiv bezeichnet; sie besitzen eine besonders dicke (mehrschichtige) Zellwand. Gramnegative Bakterien verlieren dagegen die blaue Färbung nach dem Waschen mit Alkohol wieder.

Grundtyp: Hypothetische Stammart, die durch Gott bzw. einen intelligenten Schöpfer erzeugt worden sein soll (Schöpfungsart). Dem kreationistischen Grundtyp-Modell zufolge sollen alle heutigen Arten durch Mikroevolution aus einigen Tausend solcher Schöpfungsarten hervorgegangen sein.

Hadaikum: Erdgeschichtliches Äon (bezeichnet nach HADES, dem griech. Gott der Unterwelt), in dem noch keine Lebensformen existierten. Es begann vor ca. 4,55 Milliarden Jahren und endete vor etwa 3,8 Milliarden Jahren. Zu Beginn des H. war die Erde noch glutflüssig, kühlte aber innerhalb rund 400 Mio. Jahren bis auf unter 0 °C ab, so dass die Festländer und Meere teilweise vereist waren. In dieser Zeit schlugen besonders viele Meteoriten auf der Erde ein und führten zu einem vergleichsweise raschen Wechsel von Kälte- und extremen Hitzeperioden. Die ältesten Mineralien stammen aus dieser Zeit.

Halbwertszeit: Zeitraum, in dem statistisch gesehen genau die Hälfte einer bestimmten Sorte von instabilen Atomkernen oder Molekülen zerfallen ist.

helikal: gewunden wie eine Helix.

Helix: Eine spiralartig verdrillte Struktur. Ein solches Motiv findet sich häufig bei Proteinen (Sekundärstruktur) sowie bei der DNA (Doppelhelix).

Heterobathmie: Das gleichzeitige, mosaikartige Auftreten von ursprünglichen und abgeleiteten Merkmalen infolge unterschiedlicher Evolutionsgeschwindigkeit der einzelnen Merkmale.

Heterochronie: Wichtiger Mechanismus der Evolution. Änderung der Entwicklungsgeschwindigkeit einiger Zell-Linien im Körper relativ zu anderen, hervorgerufen z. B. durch Mutationen an Genen, die das Ausschütten von Wachstumshormonen regulieren oder die auf andere Weise die zeitliche Entwicklung des Organismus beeinflussen. Die Folge ist eine zeitliche Verschiebung in der Reihenfolge von Entwicklungsereignissen in der Keimesentwicklung. Durch das „Ineinanderschieben" von Strukturen während der Organentwicklung können qualitativ neue Merkmale entstehen.

heterodont: verschiedenartig ausgebildete Zahngruppen bei Säugetieren, wie Schneidezähne, Eckzähne, Backenzähne (Molaren) und Prämolaren.

Heterometrie: Mengenmäßige Störung der Gewebsentwicklung in der Ontogenese.

Heterosis-Effekt: Begriff aus der Genetik, der die gesteigerte Leistungsfähigkeit eines Hybriden (Mischlings) gegenüber den reinrassigen Formen zum Ausdruck bringt.

Heterotopie: Verlagerung organischer Strukturen an andere Orte im Organismus, meist bedingt durch Mutationen an homöotischen Genen.

Hilfshypothese: Die für eine *Detail-Erklärung* erforderlichen Zusatzannahmen (Randbedingungen), welche die Eigenschaften der von der Theorie behandelten Objekte konkretisieren. Da Theorien ihren Gegenstandsbereich nur allgemein beschreiben und erklären, müssen sie mit den Hilfshypothesen angereichert werden, um etwas Spezielles auszusagen. H. werden gelegentlich auch ersonnen, um eine Theorie vor Widerlegung zu schützen (ad-hoc-H.). Diese müssen in der Wissenschaft wohlbegründet sowie unabhängig von der zu rettenden Theorie prüfbar sein, ansonsten sind sie illegitim.

Hom/Hox-Komplex: Gene, die eine Homöobox enthalten und in Gruppen angeordnet vorliegen, werden bei Wirbeltieren wie dem Menschen Hox-Gene, bei Gliedertieren wie den Insekten Hom-Gene oder Homöogene genannt. Sie bilden die Hox-Gen-Familie bzw. den HOM-/HOX-Komplex. S. *homöotische Gene*.

Homochiralität: Aus derselben Sorte von *Enantiomeren* bestehend („enantiomerenreine Moleküle"). So bestehen die Proteine der Lebewesen aus homochiralen Aminosäuren (L-Aminosäuren).

Homoiothermie: Selbstregulation der Körpertemperatur bei gleichwarmen Tieren.

Homologie, homologe Merkmale: Bei verschiedenen Arten bzw. Taxa auftretende Merkmale, die auf einen gemeinsamen Vorfahren zurückgehen.

Homöobox: DNA-Bereich, der aus ca. 180 Basenpaaren besteht und für einen bestimmten Proteinabschnitt (bestehend aus 60 Aminosäuren) kodiert. Dieser Proteinbereich ist in der Lage, an einen bestimmten DNA-Abschnitt zu binden und durch Interaktion mit bestimmten Zellbestandteilen des Embryos nachgelagerte Gene spezifisch an- oder abzuschalten.

Homöobox-Gene: Gene, die mittels einer *Homöobox* die Aktivität zahlreicher anderer, funktionell zusammenhängender Gene während der Embryonalentwicklung beeinflussen und somit die Entwicklung der verschiedenen Organe maßgeblich koordinieren. Schon in frühen Entwicklungsperioden werden Embryonen durch die Homöobox-Gene in verschiedene Segmente aufgeteilt. Sie entscheiden darüber, wann welche nachgeordneten Gene aktiviert oder deaktiviert werden bzw. welches Organ wo im Organismus ausgeprägt wird.

homöotische Gene: Untergruppe der Homöobox-Gene. Die homöotischen Gene werden bei den Wirbeltieren Hox-Gene, bei den Insekten Hom-Gene oder Homöogene genannt.

homöotische Mutation: Veränderung (Mutation) eines homöotischen Gens, die gravierende Änderungen in der Entwicklung des Bauplans nach sich zieht. Häufig werden dabei komplette Organe am falschen Ort ausgebildet.

Homoplasie: Oberbegriff für Merkmale, die bei verschiedenen Organismen-Gruppen *unabhängig* voneinander entstanden sind (Parallelentwicklung).

horizontaler Gentransfer: Die Übertragung von Genen bzw. DNA-Abschnitten in das Erbgut eines anderen Organismus. Bei Bakterien findet ein solcher Gen-Austausch („Bakterien-Sex") in exzessivem Maße statt. Den Bakterien steht so praktisch der gesamte weltweite prokaryotische Genpool zur Verfügung.

Hydrolyse: Spaltung einer chemischen Verbindung durch Reaktion mit Wasser.

hydrophil: wasserliebend, im wässrigen Milieu löslich.

hydrophob: wasserabweisend.

Hyperzyklus: Von M. Eigen postulierter Molekülkomplex, der aus mindestens zwei RNA-Molekülen sowie aus zwei Replikasen besteht, die sich in einem Rückkopplungskreis wechselseitig reproduzieren.

Hypothese: Eine einzelne Aussage bezeichnet man in der Wissenschaft als Hypothese. In der Regel stehen viele Hypothesen logisch miteinander in Beziehung und formen somit eine Theorie.

hypothetisch-deduktive Methode: Wissenschaftliche Vorgehensweise, wonach zunächst eine Theorie oder Hypothese konstruiert wird, um eine bislang unbegreifliche Erscheinung zu erklären. Die Hypothesenbildung ist ein kreativer Prozess, der nur durch das umgebende Paradigma eingeschränkt bzw. kanalisiert wird (Mahner, pers. comm.). Um diese Theorie zu überprüfen, werden dann *Folgerungen* aus ihr abgeleitet (deduziert), die sich auf Beobachtbares beziehen. Stehen die Folgerungen mit den Beobachtungen im Einklang, hat sich die Theorie (einschließlich der von ihr postulierten, *nicht*-beobachtbaren Sachverhalte) bewährt.

Infloreszenz: Blütenstand. Teil des Sprossachsensystems bei Samenpflanzen, welcher der Blütenbildung dient.

Injektisom: Exportapparat, mit dessen Hilfe bestimmte Bakterien Virulenz-Proteine in Wirtszellen einschleusen.

Inkongruenz: Auftreten widersprüchlicher Merkmalshierarchien bei der Klassifikation.

Innengruppe: Gesamtheit der in der kladistischen Merkmalsanalyse zu untersuchenden Taxa.

Insertion: Mutation, bei der an einer bestimmten Stelle im Erbgut eines Organismus zusätzliche DNA-Abschnitte (ggf. ganze Gene) eingefügt werden.

Intelligent Design: Weltanschauliche Strömung, die aus religiösen Gründen eine natürliche „Makroevolution" ablehnt. Vielmehr soll die Evolution durch einen „intelligenten Designer" beeinflusst worden sein. Obwohl Gott nicht beim Namen genannt wird, kommt für deren Vertreter aus theoretischen und weltanschaulichen Gründen nur ein personaler Gott infrage. Als Gründungsvater der Bewegung gilt der US-amerikanische Rechtsanwalt Phillip E. JOHNSON, der in seinem Buch *Darwin on Trial* die Evolutionstheorie scharf attackiert und „Intelligent Design" als neue, mit dem Christentum konforme, angeblich wissenschaftliche Stoßrichtung propagiert. Intelligent Design ist daher als eine Variante des Kreationismus zu betrachten.

intermediär: dazwischen liegend, eine Zwischenstellung einnehmend.

interspezifisch: s. transspezifisch

intrazellulär: sich in einer lebenden Zelle befindend; in einer Zelle auftretend.

Intron: Nicht-Protein-kodierende Bereiche eines Gens, die beim Überschreiben der DNA in die reife „Boten-RNA" (mRNA) herausgeschnitten und abgebaut werden.

Inversion: Mutation, bei der ein DNA-Abschnitt durch Drehung eines Chromosomenstücks um 180° gedreht bzw. verkehrt herum in die DNA eines Organismus eingebaut wird.

in vitro: (lat.: im Glas). Biochemische Vorgänge, die außerhalb des lebenden Organismus, in künstlicher Umgebung, z.B. im Reagenzglas ablaufen.

Ion: Elektrisch geladenes Atom oder Molekül. Positiv geladene Teilchen werden als *Kationen*, negativ geladene als *Anionen* bezeichnet.

Isomere: Molekülsorten mit gleicher Summenformel jedoch räumlich unterschiedlichem Bau. So bezeichnet man die *Enantiomere* auch als „optische Isomere", weil sie sich wie Bild und Spiegelbild verhalten und die Schwingungsebene von polarisiertem Licht drehen.

Karpellat: Botanischer Ausdruck für eingeschlechtige, weibliche Blüten.

Katalysator: Ein Stoff, der spezifisch bestimmte Reaktionen beschleunigt oder ermöglicht, ohne dabei selbst verbraucht zu werden.

Katalyse: Die Beschleunigung einer chemischen Reaktion mithilfe eines Stoffs (Katalysators), der sich mit den Ausgangsstoffen vorübergehend verbindet und dadurch die Reaktion ermöglicht, die ansonsten nicht oder nur sehr langsam ablaufen würde.

katalytisch: Die *Katalyse* betreffend.

Kategorien, hierarchische: Begriff zur Bezeichnung all jener Gruppen, in welche die Organismen nach der traditionellen Systematik eingeordnet wurden (Gattungen, Familien, Ordnungen, Klassen usw.). Diese dürfen keinesfalls mit den *Taxa* der phylogenetischen Systematik verwechselt werden, da es sich bei den hierarchischen Kategorien nicht notwendigerweise um monophyletische, sondern oft um mehr oder weniger willkürlich erstellte Schubladen handelt, die keine Verwandtschaftsverhältnisse widerspiegeln.

Kation: s. Ion.

kausal: ursächlich.

Kausalerklärung: Erklärung eines Sachverhalts unter Bezugnahme auf die für den Sachverhalt verantwortlichen Mechanismen.

Keimesentwicklung: s. Embryogenese

Kladogenese: Prozess der Entstehung neuer Abstammungslinien infolge der Aufspaltung einer Elternart in zwei (oder mehrere) Tochterarten.

Kladogramm: Grafisches Schema, das die verwandtschaftlichen Beziehungen zwischen den Arten in Form dichotomer Verzweigungen darstellt.

Klassifikation: Gruppierung von Objekten nach logischen Gesichtspunkten.

Kloakentiere: Untergruppe der Säugetiere (auch: Monotremen oder Monotremata). Sie unterscheiden sich von allen anderen Säugetieren darin, dass sie keinen lebenden Nachwuchs zur Welt bringen, sondern Eier legen. Sie stehen damit den *Sauropsiden* stammesgeschichtlich am nächsten. Eines der bekanntesten Kloakentiere ist das australische Schnabeltier.

kognitiv: das Mentale (z.B. Denken, Erkennen, Lernen) betreffend.

Kognitives Feld: s. Erkenntnisbereich.

Kohäsion: Wechselwirkungen zwischen den Molekülen des gleichen Materials, die für den inneren Zusammenhalt sorgen. Beim Zerteilen eines Stoffs müssen diese Kräfte überwunden werden.

Kompartiment: Ein von der Umwelt abgegrenzter (Reaktions-) Raum.

Komplexierung: Zusammenschluss von mehreren sich in Lösung befindenden Molekülen zu einem Molekül-Komplex.

Kondensation: Eine Reaktion, bei der sich zwei oder mehrere Moleküle unter Abspaltung kleinerer Moleküle miteinander verbinden. Verbinden sich viele Moleküle zu langen Kettenmolekülen, spricht man von einer *Polykondensation*. So entstehen beispielsweise Proteine durch Polykondensation von Aminosäuren und Nukleinsäuren durch Polykondensation von Nukleotiden.

Konvergenz, konvergente Merkmale: Bei verschiedenen Arten bzw. Taxa auftretende Körpermerkmale mit gleicher Funktion und ähnlichem Aufbau, die nicht von einem gemeinsamen Vorfahren ererbt wurden (Homologie), sondern unabhängig voneinander entstanden sind.

Kreationismus: Religiöse Weltanschauung, wonach die Bibel wortwörtlich verstanden wird. Dem *Kurzzeit*-Kreationismus (KK) zufolge soll die Welt und die Artenvielfalt vor 6–10000 Jahren durch Gottes Wort erschaffen worden sein. Der *Langzeit*-Kreationismus akzeptiert dagegen die Zeiträume der Geologie, vertritt ansonsten aber dieselben Schöpfungsideen wie der KK. Ein Urknall wird ebenso abgelehnt wie eine Selbstorganisation des Kosmos und eine artübergreifende Evolution.

Kronengruppe: Artenreiche Abstammungsgemeinschaft am Ende einer Stammlinie, die auf einen gemeinsamen Vorfahren zurückgeht und sämtliche Nachfahren dieser Art enthält. Beispiel: Das Taxon der Vierbeiner gehört zur Kronengruppe des Taxons Wirbeltiere.

Lesrichtung: Hier: die durch Unterscheidung von ursprünglichen und abgeleiteten Merkmalen erkennbare Richtung einer evolutionären Entwicklung.

Lipid: (griech. *Lipos*: Fett). Substanzklasse wasserunlöslicher biologischer Grundstoffe. Dazu zählen u.a. die Fette, Fettsäuren, Öle, Wachse und Isoprenoide (z.B. Steroide). Am Aufbau der Biomembrane sind insbesondere die *Phospholipide* beteiligt, die in ihrem Aufbau den Fetten ähneln, neben Fettsäuren jedoch auch eine Phosphat-Gruppe enthalten.

Makro-/Mikroevolution. Häufig wird unter Makroevolution eine Evolution über die Artgrenzen hinaus verstanden („transspezifische Evolution"), während Mikroevolution als Evolution *innerhalb* einer Art definiert wird. Makroevolution wird oft auch mit dem Auftreten *qualitativer* Innovationen gleichgesetzt, während sich rein *quantitative* Veränderungen eines Systems als Mikroevolution bezeichnen lassen. Da die Unterscheidung in der Biologie umstritten und unter Evolutionsgegnern dazu missbraucht wird, Evolution *sensu stricto* als nicht direkt belegbare Hypothese abzutun, wird die Verwendung des Begriffspaars in Kap. XIII ausführlicher erörtert und in diesem Buch in Anführungszeichen gesetzt.

Master-Gene: Regulatorgene, die die Ausprägung vieler weiterer Gene steuern.

Metabolismus: Gesamtheit der Stoffwechselwege in einem Organismus.

Metabolit: Stoffwechselprodukt.

Methodologie: Lehre von den wissenschaftlichen Methoden, die für den *Erkenntnisgewinn* benötigt werden. Der Begriff „Methodologie" darf nicht mit „Methodik" verwechselt werden. Die Methodik beinhaltet das Wissen über konkrete Vorgehensweisen des Praktikers zur Lösung eines wissenschaftlichen Problems. Die Methodologie fragt dagegen nach dem Wie, dem Warum und der Tauglichkeit allgemeiner Erkenntnismethoden. Methodologie ist eine „Metawissenschaft".

Migration: Ortswechsel, bei dem einzelne Individuen oder Gruppen von Individuen ihren angestammten Siedlungsraum verlassen.

Mimese: Nachahmung von leblosen oder lebenden Objekten zur Überlistung von Fressfeinden oder aber zum Anlocken von Nutztieren durch Vortäuschung eines Brutplatzes (bei Pflanzen).

Missing link: s. Zwischenform.

Mitochondrium: Ein von einer Doppelmembran umschlossenes Organell, das in eukaryoten Zellen der Energiegewinnung („Zellatmung") dient. Zellen, die viel Energie verbrauchen, besitzen besonders viele Mitochondrien. Sie sind die Abkömmlinge einstiger Bakterien, die via Endosymbiose von den Vorfahren der Eukaryonten aufgenommen wurden.

Mizellen: Molekül-Aggregate, bestehend aus einer amphiphilen Substanz (z. B. Seife), die sich spontan im wässrigen Milieu bilden.

Modell: Eine Theorie, die zur Erklärung konkreter Details speziell mit zusätzlichem Wissen (Zusatzannahmen, Randbedingungen) angereichert („spezifiziert") wird, das man zur Erklärung der Details benötigt, bezeichnet man als Modell.

Modularität: Baukastenprinzip, wonach auch die komplexesten und unterschiedlichsten Merkmale (artübergreifend) aus einer begrenzten Anzahl „standardisierter" Komponenten (Module) aufgebaut sind.

Monomer: Bausteine langer Molekülketten, die sich durch *Kondensation* miteinander verbinden.

Monophylum, monophyletische Gruppe: Abstammungsgemeinschaft, die auf einen gemeinsamen Vorfahren zurückgeht und in der sämtliche Nachfahren dieser Art enthalten sind. Beispiel: Alle Säugetiere stammen von einem gemeinsamen Vorfahren ab, der seine Jungen säugte, ein Fell aus typischen Säugetierhaaren besaß und ein Gebiss mit verschieden differenzierten Zähnen hatte.

Monotremata: s. Kloakentiere.

Morphe (Mz.: Morphen): Individuen oder (Sub-) Populationen, die sich in ihrer Gestalt voneinander unterscheiden.

Morphogene: Signalmoleküle, die sich wellenartig im Organismus ausbreiten und die Formbildung (Morphogenese) steuern. Je nach Konzentration, die von der Position im Organismus abhängig ist, werden in bestimmten Zellen die dafür vorhergesehenen Gene aktiviert oder ausgeschaltet. Das Morphogen beeinflusst somit die Entwicklung ganzer Zellgruppen, je nachdem, wie weit sie von der Quelle des Morphogens entfernt sind.

Morphogenese: Entstehung der Form. Bildung der Gestalt von Individuen.

Morphologie: Lehre von der Gestalt der Organismen.

Mosaikform: Organismus, der sowohl ursprüngliche als auch abgeleitete Merkmale in sich vereinigt (Heterobathmie). Jedes Individuum ist automatisch eine Mosaikform, ansonsten wäre eine kladistische Einordnung unmöglich. Ursache ist die unterschiedliche Evolutionsgeschwindigkeit der Merkmale.

Mutation: Veränderung des Erbguts.

mRNA: engl.: Messenger-RNA, Boten-RNA. Enthält eine Kopie der „genetischen Information" bestimmter Bereiche der DNA; Produkt der Transkription.

Narration, narrative Erklärung: Erzählung, Beschreibung eines Sachverhalts.

Nukleinbase: Bausteine der *Nukleinsäuren DNA* und RNA. In der DNA existieren vier verschiedene Basen: Adenin (A), Thymin (T), Guanin (G) und Cytosin (C). In der RNA ist anstelle des Thymins die Nukleinbase Uracil (U) eingebaut. Jeweils drei Nukleinbasen (abgekürzt z.B. als AGT) kodieren auf der DNA für eine Aminosäure (Triplettcode).

Nukleinsäure: Makromoleküle, die aus einzelnen Bausteinen, den *Nukleotiden* aufgebaut sind. Einfachzucker und Phosphorsäureester bilden abwechselnd eine Kette, wobei an jedem Zucker eine *Nukleinbase* hängt. Die Nukleinsäuren bilden neben Proteinen, Kohlenhydraten und Fetten die vierte große Gruppe der Biomoleküle. Ihr bekanntester Vertreter ist die Desoxyribonukleinsäure (*DNA*), der Speicher der Erbinformation.

Nukleotid: Baustein der *Nukleinsäure*. Eine von vier *Nukleinbasen*, die mit einem Zuckermolekül und einer Phosphatgruppe verbunden ist.

Oligomerisation: Eine Reaktion, bei der sich maximal etwa 10 Moleküle unter Abspaltung kleinerer Moleküle miteinander verbinden. Im Gegensatz zur Polykondensation sind die dabei entstehenden Kettenmoleküle vergleichsweise kurz.

Oligopeptid: Kettenmolekül, das aus bis zu etwa 10 Aminosäuren besteht.

Oligonukleotid: Kettenmolekül, das aus bis zu etwa 10 Nukleotiden besteht.

Ontogenese, Ontogenie: Entwicklung eines Individuums von der befruchteten Eizelle bis zum erwachsenen Lebewesen; s. Embryogenese.

Ontologie: Lehre vom Sein und Werden der Welt. Ontologie beschäftigt sich mit so grundlegenden Begriffen wie Ding, Materie, System, Ereignis, Prozess, Kausalität, Gesetz, Realität usw. Somit sind alle Aussagen über die Welt, die nicht Gegenstand der *Einzelwissenschaften* selbst sind, ontologischer Natur.

Organellen: Abgrenzbare Teile innerhalb lebender Zellen, die (ähnlich den Organen mehrzelliger Organismen) für bestimmte Aufgaben zuständig sind.

Osmophor (Botanik): geruchsintensives Organ, das Insekten anlockt.

Pan-Taxon, Pan-Monophylum: Im Gegensatz zu den Taxa, die per Konvention nur die *heute* lebenden Arten umfassen, enthält das Pan-Taxon auch die (ausgestorbenen) Vertreter der Stammlinie des betreffenden Monophylums. Beispiel: Das Taxon der Säugetiere enthält die Kloaken-, Beutel- und Plazentatiere, das Pan-Taxon der Säugetiere auch die ausgestorbenen „säugetierähnlichen Reptilien“, die zur Stammlinie der Säugetiere gehören.

Paralogie, paraloge Gene: Sequenzähnliche Gene, die das Ereignis einer Genduplikation oder eines horizontalen Gentransfers sind. Von den paralogen Genen unterscheidet man die so genannten *orthologen* Gene, die in *verschiedenen* Arten vorliegen und auf gemeinsame Abstammung zurückgehen.

Paraphylum, paraphyletische Gruppe: Abstammungsgemeinschaft, die zwar auf einen gemeinsamen Vorfahren zurückgeht, jedoch nicht alle Nachfahren dieser Stammart enthält. Beispiel: Der Begriff „Fisch“ wird für eine Gruppe von im Wasser lebenden, durch Kiemen atmende Wirbeltiere verwendet, in der aber die Vierbeiner nicht enthalten sind, obwohl diese auf denselben Vorfahren zurückgehen, wie die so bezeichneten „Fische“. Im Gegensatz dazu ist die Gruppe der *Fleischflosser* (*Sarcopterygier*) eine monophyletische Gruppe, da sie aus kladistischer Sicht auch die Vierbeiner umfasst.

Parawissenschaft: (Unwissenschaftliche) Disziplin, die keine fundierten Erkenntnisse, sondern illusionäres Wissen hervorbringt. Dazu zählen Glaubensbereiche wie politische Ideologien, spirituelle Mythen, Esoterik, Astrologie usw.

Parsimonie-Prinzip (Kladistik): Sparsamkeitsprinzip. Kriterium zur Bestimmung der plausibelsten Verwandtschaftshypothesen. Danach ist dasjenige Kladogramm am wahrscheinlichsten, das die geringste Zahl an Merkmalsänderungen erfordert.

Peptidoglykane: Aus Zuckern und Aminosäuren aufgebaute Biomoleküle, die in der Zellwand der Bakterien vorkommen.

Periplasma: Raum zwischen der inneren und der äußeren Zellmembran bei gramnegativen Bakterien.

pH-Wert: Maß für den sauren oder basischen Charakter wässriger Lösungen. Lösungen mit einem pH-Wert zwischen 0 und 7 werden als „sauer“, Lösungen mit einem pH-Wert > 7 als „alkalisch“ oder „basisch“ bezeichnet. Reines Wasser ist neutral und hat einen pH-Wert von 7.

Phänotyp: Gesamtheit der äußerlich feststellbaren Merkmale bzw. physiologischen Eigenschaften eines Individuums.

Phospholipid: s. Lipid

Phylogenese, Phylogenie: Stammesgeschichte der Lebewesen.

Phylogenetische Systematik: Verfahren zur Klassifikation der Lebewesen, das von W. HENNIG begründet wurde und vor allem der Rekonstruktion verwandtschaftlicher Beziehungen (Phylogenien) dient. Zu diesem Zweck hat sich nur die phylogenetische Systematik bewährt, auch wenn dies heute noch nicht allgemein so gesehen wird. Ihre Überlegenheit gegenüber anderen Verfahren besteht vor allem in der logischen Vorgehensweise und der *konsequenten* Berücksichtigung evolutiver Neuheiten bei der Klassifikation, wohingegen andere Verfahren noch eher intuitive Elemente enthalten. Die *phylogenetische* Systematik darf nicht mit der so genannten *„evolutionären“* Systematik nach E. MAYR verwechselt werden!

Pilus (Mz. Pili): Fadenförmige Zellanhänge bei gramnegativen Bakterien, die nicht der Fortbewegung dienen. Sie dienen z. B. der Anheftung an bestimmte Oberflächen.

Plesiomorphie: Ein ursprüngliches Merkmal, das sich gegenüber dem Merkmalszustand des Vorfahren nicht verändert hat. Solche Merkmale sind für die Klärung von Verwandtschaftsverhältnissen unbrauchbar. Beispiel: Anhand des Besitzes von Federn kann man keine Verwandtschaftsverhältnisse innerhalb der Gruppe der Vögel rekonstruieren.

pluripotent: Eigenschaft von Stammzellen, sich zu vielen verschiedenen Zelltypen eines adulten Organismus zu entwickeln.

Polykondensation: s. Kondensation.

Polypeptid: Kettenmolekül, das der Konvention entsprechend aus mehr als 10 aber weniger als 100 Aminosäuren besteht. Längere Kettenmoleküle werden *Proteine*, kürzere *Oligopeptide* genannt. Oft werden die Begriffe „Protein" und „Polypeptid" aber synonym verwendet.

Polymer: Langes Kettenmolekül, das aus vielen kleineren Molekülen aufgebaut ist.

Population: Fortpflanzungsgemeinschaft, Kollektiv von Organismen derselben Art.

Populationsgenetik: Teildisziplin der Evolutionsbiologie, welche die Gesetze der Verbreitung von Genen in einer Fortpflanzungsgemeinschaft untersucht.

Positivismus: s. Empirismus.

postdentale Knochen: Zusätzlich zum Dentale vorhandene Unterkieferknochen bei den „Reptilien".

Präadaptation, Prädisposition: Evolutionäre Voranpassung. Das Vorhandensein biologischer Merkmale, die zufällig an noch nicht wirksame Umweltanforderungen oder Funktionen des Organismus angepasst sind.

primordial: „erster Ordnung" im Sinne von als Erstes vorhanden, ursprünglich.

Prokaryo(n)ten: Einzeller, denen ein Zellkern fehlt (Bakterien und Archaeen).

Proliferation: Vermehrung der Zellenanzahl (in der Zellbiologie).

Promotor: Für Gene essenzieller DNA-Bereich, der durch Wechselwirkung mit DNA-bindenden Proteinen das regulierte „Ablesen" eines Gens ermöglicht.

Propulsion: Antrieb, Vorschub.

Protease: Enzym, das ein Protein in kleinere Bruchstücke zerlegen oder einige Aminosäuren davon abspalten kann. Solche Enzyme spielen z. B. bei der Verdauung oder bei der Blutgerinnung eine Rolle.

Protein: Eiweiß. Gehört mit den Fetten und Kohlenhydraten zu den wichtigsten Grundbausteinen der Lebewesen. Der Konvention entsprechend bestehen Proteine aus mindestens 100 Aminosäuren, die sich miteinander zu langen Ketten verbinden (Kondensation). Diese Kette faltet sich von selbst in charakteristischer Weise zu einem 3-dimensionalen Gebilde.

Proteindomäne: s. Domäne.

Proterozoikum: griech. für: frühes Leben. Erdgeschichtliches Äon, das vor ca. 2,5 Milliarden Jahren begann und zu Beginn des Kambriums vor rund 540 Millionen Jahren mit dem Einsetzen der reichhaltigen Ediacara-Fauna endete.

proteinogen: Proteine erzeugend; am Aufbau der Proteine beteiligt.

Protisten: Ein- bis wenigzellige Lebewesen, die im Gegensatz zu den Bakterien einen Zellkern besitzen (z. B. Amöben, Pantoffeltierchen). Diese Gruppe bildet neben den Tieren, Pflanzen und Pilzen ein eigenständiges Reich nicht näher miteinander verwandter Arten.

Proton: Wasserstoff-Ion, Säurebildner.

Protonengradient: Konzentrationsgefälle von Säuren in wässriger Lösung.

Protostomier: Urmünder. Gruppe wirbelloser Tiere (u. a. Ringelwürmer,

Insekten, Krebstiere, Weichtiere), in deren Entwicklung der Urmund zum endgültigen Mund wird und der After sich neu bildet. Das Nervensystem liegt im Gegensatz zu den Deuterostomiern auf der Bauchseite.

Pseudogen: DNA-Abschnitt, der wie ein Gen aufgebaut ist, infolge der Ansammlung schädlicher Mutationen aber nicht „abgelesen" wird oder nicht funktional ist.

Pseudogenisierung: Umwandlung eines Gens in ein Pseudogen.

Pseudowissenschaft: Parawissenschaft, die Wissenschaftlichkeit vorgibt.

Pygostyl: Bei Vögeln vorhandenes Verschmelzungsprodukt der letzten Schwanzwirbel. Es dient der Befestigung der Schwanzfedern.

Punktualismus: Theorie von N. Eldredge und S. Gould, wonach die Stammesgeschichte über lange Zeiten hinweg durch Stagnation gekennzeichnet ist, punktuell aber durch rapide Phasen der Entwicklung unterbrochen wird.

Quasispezies: Molekül-Ensemble aus unterschiedlichen Varianten eines ursprünglichen RNA-Moleküls, das sich selbst repliziert. Die bei dem Kopiervorgang auftretenden Replikationsfehler (Mutationen) führen zu einem „Schweif" ähnlicher RNA-Moleküle, aus denen ein Hyperzyklus entstehen kann. (Der Begriff wird auch in der Virologie verwendet.)

Radionuklid: Sorte radioaktiver Atomkerne.

Randbedingungen: s. Hilfshypothesen.

Razemat, razemisches Gemisch: Ein 1:1-Gemisch aus zwei Molekülsorten, die sich zueinander wie Bild und Spiegelbild verhalten (Enantiomere).

Realwissenschaft: Empirische Wissenschaft, die sich mit dem Konkreten, dem Dinghaften, den Prozessen und Mechanismen in der Natur und in sozialen Systemen beschäftigt.

redundant: überflüssig, überzählig.

Regulator, Regulator-Gen: Gen, welches die Ausprägung anderer Gene steuert bzw. reguliert (s. auch: *Genregulation* sowie *homöotische Gene*).

Rekombination: Neuanordnung bzw. Durchmischung des Erbguts.

Repeats: DNA-Bereiche im Erbgut, die zum Teil identisch, zum Teil mehr oder weniger ähnlich in mehreren bis zahlreichen Kopien im Erbgut eines Organismus vorkommen. So kommen bei Säugetieren die so genannten Alu-Repeats über eine Million Mal im Genom vor.

repetitive Gene: Mehrfach vorkommende Gene (und damit „Repeats"), die funktional sind. Typisches Beispiel sind die Gene für die rRNAs, die in vielfachen Wiederholungen vorkommen. Auch Gene, deren Sequenz aus immer denselben sich vielfach wiederholenden (meist leicht abgewandelten) Abschnitten bestehen, bezeichnet man als repetitiv.

Replikase: Molekül, welches sich selbst oder ein anderes Molekül replizieren (kopieren, verdoppeln) kann.

Replikation: Herstellung einer identischen Kopie (einer Nukleinsäure).

Reversion: Rückentwicklung von Merkmalen im Laufe der Evolution.

rezent: heute lebend.

Ribonukleinsäure: s. RNA.

Ribosom: Organellen, in denen die lebenden Zellen Proteine synthetisieren.

ribosomale RNA: In den Ribosomen vorkommende RNA. Sie ist wie die tRNA nicht proteinkodierend, das heißt sie trägt keine genetische Information für Aminosäuren, sondern ist an der Protein-Synthese beteiligt.

Ribozym: Eine bestimmte Sorte RNA, die ähnlich den *Enzymen* bestimmte Reaktionen ermöglicht oder beschleunigt. Einige Ribozyme sind auch in der Lage, sich selbst zu replizieren. Auf dieser Erkenntnis basiert das Modell der RNA-Welt.

RNA/RNS: Abkürzung für *Ribonukleinsäure*. Ein aus Ribosezucker, Phosphat und vier Nukleinbasen aufgebautes Kettenmolekül, das beim Ablesen der Gene in den Zellen eine entscheidende Rolle spielt. Je nach Funktion unterscheidet man mRNA, miRNA, rRNA, tRNA etc.

RNA-Welt: In diesem Modell wird davon ausgegangen, dass zu Beginn des Lebens selbst-replizierende RNA-Moleküle existiert haben, aus denen durch Evolution komplexere Molekülsysteme entstanden sind, aus denen sich später wiederum der genetische Apparat gebildet hat. In Experimenten konnten tatsächlich RNA-Stränge gebildet werden, welche die Fähigkeit zur Selbstreplikation besitzen.

rRNA: s. ribosomale RNA.

Saltation: (Evolutionärer) Sprung.

saltatorisch: sprunghaft.

Sauropsiden, Sauropsida: Systematische Untergruppe der Vierbeiner (Tetrapoden), welche die Vögel und „Reptilien" samt ausgestorbenen Vertretern (Saurier etc.) vereint. Die „Reptilien" bilden in der Kladistik jedoch kein Taxon, sondern eine paraphyletische Gruppe, so dass der Begriff *Sauropsiden* dem der *Reptilien* vorzuziehen ist. Schwestergruppe der Säugetiere.

Schwestergruppe(n): Taxa, die nach erfolgter Artspaltung unmittelbare Nachkommen einer Stammart sind.

Sequenz: Abfolge bestimmter Elemente (z.B. von Aminosäuren in einem Protein oder von Nukleotiden in einem Gen).

Sequenzierung: Bestimmung der Nukleinbasen-Abfolge in der DNA oder der Aminosäuren-Abfolge in Proteinen.

Sekretionssystem: Bakterienapparat, der Proteine aus dem Zellinnern in das umgebende Medium oder in eine Wirtszelle hinein schleust. Es existieren verschiedene solcher Systeme, beispielsweise das Typ-3-Sekretionssystem (T3SS), das einige Bakterien verwenden, um die Barrieren unseres Immunsystems zu überwinden.

Signaltransduktion: Signalübertragung. Prozesse, mittels derer Zellen z.B. auf Reize reagieren oder diese umwandeln.

Spadix: kolbenartiger Blütenstand (s. Infloreszenz).

Sparsamkeitsprinzip: Grundprinzip der Naturwissenschaften, wonach man bei der Erklärung von Phänomenen keine zusätzlichen oder unbekannten Einflüsse heranziehen soll, solange die bekannten Ursachen für die Erklärung ausreichen.

Spatha: In der Botanik: die scheidenartige Blatthülle eines Blütenstandes.

Stammart: Vorfahrenart.

Staminat: botanischer Ausdruck für eine männliche Blüte (Ggs.: Karpellat).

Stammlinie: Nach dem so genannten „Kronengruppen-Konzept" umfasst die *Stammlinie* eines Monophylums sowohl alle direkten Vorfahrenarten auf der *Ahnenlinie* als auch die ausgestorbenen *Seitenäste*, die dem betreffenden Monophylum (Kronengruppe) gegenüberstehen. So gehören beispielsweise die ausgestorbenen „säugetierähnlichen Reptilien" zur Stammlinie der Säugetiere.

Stratigraphie: Methode zur relativen Datierung u. Zuordnung von Sedimentgesteinen bzw. geol. Schichten.

Substrat: Ausgangsstoff für eine enzymatische Reaktion im Stoffwechsel von Organismen; in der Biotechnologie oft auch mit Nährmedium gleichgesetzt.

Symbiont: Organismus, der gemeinsam mit einem anderen (artverschiedenen) Organismus eine Symbiose eingeht.

Symbiose: Kooperation verschiedener Organismen zu gegenseitigem Vorteil.

Synapomorphie: Gemeinsam abgeleitetes bzw. von einem gemeinsamen Vorfahren ererbtes Merkmal zweier Schwesterarten. Auch: Autapomorphie eines gemeinsamen Vorfahren. Beispiel: Wenn man die Verwandtschaft zwischen einer Taube, einem Hund und einer Katze klären möchte, so dient das Merkmal *Fell* als eine Synapomorphie zwischen Hund und Katze.

Synorganisation: Gleichzeitige, kooperative Veränderung mehrerer Merkmale.

Synthese: Erzeugung neuer chemischer Verbindungen aus meist einfacher gebauten Ausgangssubstanzen (Edukten).

Synthetische Evolutionstheorie: Revidierte und erweiterte Evolutionstheorie Charles DARWINS unter Einbeziehung der Erkenntnisse eines ganzen Bündels zusätzlicher Disziplinen, wie der Genetik, Molekularbiologie, Populationsgenetik, Verhaltensbiologie, Zellbiologie etc. Die Synthetische Theorie wurde zwischen 1937 und 1950 ausgearbeitet. Bedeutende Architekten waren T. DOBZHANSKY mit Beiträgen zur Populationsgenetik, E. MAYR (Biogeographie und Artbildung), G.G. SIMPSON (Paläontologie), J. HUXLEY (Genetik), B. RENSCH (Verhaltensbiologie) und G.L. STEBBINS (Botanik). Seit den 1980er Jahren wird auch verstärkt die Entwicklungsbiologie mit berücksichtigt.

Systematik: Die *klassische* Systematik beschäftigt sich hauptsächlich mit der Identifizierung, Benennung und Klassifikation der Lebewesen, während das Ziel der *modernen* Systematik vor allem in der Rekonstruktion evolutionärer Verwandtschaftsbeziehungen besteht.

T3SS: s. Sekretionssystem.

Taxon (Mz. Taxa): Konkrete systematische Einheit der Organismen, also eine Art oder monophyletische Gruppe.

Taxonomie: (1) Regeln zur Klassifikation von Objekten. (2) Teilbereich der Biologie, der Individuen nach bestimmten Regeln in ein hierarchisches System einordnet.

Teleologie: Lehre, wonach Naturprozesse eine innere Zielgerichtetheit und Zweckhaftigkeit aufweisen.

Templat: Matrize oder Schablone, die durch ihre Struktur die Form eines neu zu bildenden Moleküls vorgibt.

Tetrapoden: Gruppe der Vierbeiner.

Theorie: *System* logisch miteinander in Beziehung stehender Aussagen (Hypothesen), das einen bestimmten Sachverhalt beschreibt und erklärt. Entgegen einer populären Meinung sind Theorien keine vagen Vermutungen, sondern das Beste, was es in den Naturwissenschaften gibt.

Totipotenz: Bei Säugetieren die innerhalb der ersten ca. 4 Zellteilungen vorhandene Eigenschaft embryonaler Stammzellen, sich zu kompletten Individuen zu entwickeln.

Transkription: Abschrift der DNA und deren Übersetzung in mRNA.

Transkriptionsfaktor: Protein, welches das „Ablesen" von Genen, die Transkription, aktiviert (Aktivator) oder hemmt (Repressor) und somit steuernde/regelnde Aufgaben in den Zellen übernimmt. Dazu bindet es an die regulatorische Sequenz (z.B. Enhancer-Element) des entsprechenden Zielgens, welches daraufhin an- oder abgeschaltet wird.

Translation: Übersetzung der auf der mRNA gespeicherten, genetischen Information in eine Aminosäurekette (Protein/Polypeptid). Die Translation ist der Transkription (Kopie der DNA-Information auf einzelne mRNA-Stränge) nachgelagert und erfolgt an besonderen Strukturen, den Ribosomen. Dort wird jedem Basentriplett auf der mRNA eine Aminosäure zugeordnet, die zu einer Kette verknüpft werden (Proteinbiosynthese).

Transposon: Mobiles Gen, das auf den Chromosomen hin- und herspringen kann. Gelegentlich können diese Gene dabei andere Genabschnitte „mitnehmen", die dann irgendwo im Genom zufällig eingebaut werden. Auf diese Weise können neue Gene entstehen oder neue Gene in einen bereits bestehenden Signalweg eingefügt werden (s. Gen-Tinkering).

transspezifisch: über die Art hinausgehend, die Gesamtevolution betreffend.

transzendent: übernatürlich.

Tribosphenische Zähne: Backenzähne (Molaren) mit charakteristischer Form, die sowohl zum Zerschneiden als auch zum Zermahlen der Nahrung dienen können. Treten nur bei höheren Säugetieren auf.

Triplett, Triplettcode: Kombination aus drei Nukleinbasen, die für eine bestimmte Aminosäure kodieren. Die Zuordnung der 64 möglichen Tripletts zu den 20 verschiedenen Aminosäuren der Proteine ist der genetische Code (Triplettcode).

tRNA: Transfer-RNA. Kodiert keine genetische Information, sondern dient als Hilfsmolekül bei der Proteinerzeugung in der Zelle, indem sie mit einer Aminosäure beladen wird und im Ribosom an die mRNA andockt. So bewerkstelligt sie die Übersetzung der auf der mRNA gespeicherten genetischen Information in ein Protein.

Typ-3-Sekretionssystem: s. Sekretionssystem

Übergangsform: Zwischenform.

Übergangsmetalle: Metalle, die im Periodensystem der Elemente zwischen den besonders unedlen Metallen und den Nichtmetallen stehen. Diese Metalle zeichnen sich durch besondere Eigenschaften aus, wie z.B. durch verschiedene Wertigkeiten, ein den Nichtmetallen analoges chemisches Verhalten, Tendenz zur Komplexbildung und die Eignung als Katalysatoren. Sie spielen auch in der Protein-Chemie eine große Rolle.

Zirkelschluss: Fehlschluss, wonach das, was logisch aus einer Theorie abgeleitet werden soll, bereits in den Voraussetzungen der Theorie enthalten ist.

Zusatzannahmen: s. Hilfshypothesen.

Zwischenform: (Fossile) Spezies, die ein *Mosaik* aus ursprünglichen und abgeleiteten Merkmalen aufweist und noch nicht alle der für die *rezente* Organismen-Gruppe typischen Merkmale besitzt. Beispiel: Der Urvogel *Archaeopteryx* zeigt ein Mosaik aus ursprünglichen Dinosaurier-Merkmalen und modernen Vogelmerkmalen. Er besitzt jedoch noch nicht alle Merkmale der *heutigen* Vögel, dafür aber Merkmale, die den rezenten Vögeln fehlen. Zwischenformen gehören zu den klassischen Evolutionsbelegen, die zeigen, in welcher Reihenfolge sich die Merkmale der Organismen entwickelt haben.

XVI. Die Autoren
(mit ausgewählten Publikationen)

PD Dr. Christina aus der Au: Jg. 1966. Studierte Philosophie und Rhetorik an der Universität Tübingen. 1995 erstes theologisches Examen in Theologie (Zürich). 1996 bis 1998 Assistenz am Institut für Umweltwissenschaften an der Universität Zürich. 1998 bis 2002 Assistenz am Institut für Sozialethik des Ethikzentrums der Universität Zürich. 2002 Promotion über Umweltethik. Seit 2002 Assistenz bei Prof. Reinhold Bernhardt (Dogmatik), Universität Basel. 2006 bis 2007 Förderstipendiatin der Universität Basel. Sommer 2006 Visiting Research Associate am Ian Ramsey Centre, Oxford. 2008 Habilitation zum Thema Menschenbild in Neurowissenschaft und Theologie. Internet:
theolrel.unibas.ch/kopfzeile/personen/profil/profil/person/aus-der-au

2008: Evolution oder Intelligent Design – Wer hat die bessere Erklärung? In: Helmut A. Müller (Hg.). Evolution: Woher und Wohin – Antworten aus Religion, Natur- und Geisteswissenschaften. Göttingen, 61–81.

2008: Körper – Seele – Leib – Geist. Schlüsselbegriffe einer aktuellen Debatte. Zürich.

Prof. Dr. Andreas Beyer: Jg. 1962. Studierte Biologie an der Ruhr-Universität in Bochum mit den Schwerpunkten Biochemie, Physiologie, Cytologie und Mikrobiologie. 1994 Promotion zum Thema „Molekularbiologische Charakterisierung der AAA-Genfamilie, einer neuen Gruppe putativer ATPasen“. 1994 bis 1997 Forschungen über die Phosphorylierung von Phosphorylase Kinase am Institut für physiologische Chemie an der Ruhr-Universität. 1997 bis 2004 Leitung der cDNA-Sequenzierungsgruppe am Biologisch-Medizinischen Forschungszentrum an der Heinrich-Heine-Universität in Düsseldorf. Seit 2006 Dozent an der FH Gelsenkirchen, Fachbereich angewandte Naturwissenschaften (Recklinghausen). Internet: beyera.memories-web.de

2007: Was ist Wahrheit? Oder: Wie Kreationisten Fakten wahrnehmen. In: Kutschera, U. (Hg.) Kreationismus in Deutschland. Fakten und Analysen. Münster, 163–231.

2003: Comparative sequence and expression analyses of four mammalian VPS4 genes. Gene 305, 47–59.

Dr. habil. Hansjörg Hemminger: Jg. 1948. Studierte Biologie und Psychologie in Tübingen und in Freiburg, wo er zur „Datenverarbeitung beim Farbensehen des Menschen" promoviert und zum Thema „Verhaltensbiologie des Menschen" habilitiert wurde. Zwischen 1984 und 1996 wissenschaftlicher Referent bei der Evangelischen Zentralstelle für Weltanschauungsfragen (EZW). Von 1996 bis 1998 gehörte er als Sachverständiger der Enquete-Kommission „So genannte Sekten und Psychogruppen" des Deutschen Bundestages an. Seit 1997 ist er Beauftragter für Weltanschauungsfragen der Evangelischen Landeskirche in Württemberg. Internet: www.ekd.de/ezw

2007: Mit der Bibel gegen die Evolution – Kreationismus und „intelligentes Design" kritisch betrachtet. Ev. Zentralstelle für Weltanschauungsfragen (Hg.), EZW-Text 195, Berlin.
1994: Soziobiologie des Menschen – Wissenschaft oder Ideologie? Spektrum der Wissenschaft 6, 72–80.

Prof. Dr. Thomas Junker: Jg. 1957. Studium der Pharmazie an der Universität Freiburg im Breisgau. 1984 bis 1985 Promotionsstudium „Geschichte der Naturwissenschaften" an der Universität Marburg. 1989 Promotion zum Dr. rer. nat. an der Universität Marburg. 1992 bis 1995 Assistant Editor, dann Associate Editor an der Correspondence of Charles Darwin in Cambridge. 1993 bis 1995 Feodor-Lynen-Stipendiat der Alexander-von-Humboldt-Stiftung am Department of the History of Science der Harvard University bei Ernst Mayr. 2001 Habilitation. Seit 2002 stellvertretender Vorsitzender der AG Evolutionsbiologie im Verband Biologie, Biowissenschaften & Biomedizin (VBIO). Seit 2003 Privatdozent an der Fakultät für Biologie der Univ. Tübingen. Seit 2006 apl. Prof. an der Fakultät für Biologie der Universität Tübingen. Internet: www.thomas-junker-geschichtederbiologie.de

2006: Die Evolution des Menschen. München.
2004: Geschichte der Biologie: Die Wissenschaft vom Leben. München.

Dr. Peter Michael Kaiser: Jg. 1944. Studierte Chemie von 1963 bis 1972 an der Universität Marburg (Promotion im Fach Biochemie). Von 1972 bis 1981 Wissenschaftlicher Assistent im Institut für Biochemie an der Universität Münster (Prof. Dr. Dr. H. WITZEL). Danach von 1982 bis Anfang 1993 in der klinischen Forschung in der pharmazeutischen Industrie (zuletzt Leiter Forschung und Entwicklung). Seit 1993 selbstständig als Berater und Auditor zahlreicher pharmazeutischer Firmen sowie Qualitätsbeauftragter einer Reihe von deutschen und osteuropäischen Contract Research Organizations. Internet: www.auditpmk.de

2002: Qualität und Qualitätssicherung. Einige grundlegende Gedanken. Pharmazeutische Industrie 64, 297–302.
1979: Zufall, Gesetz, Kausalität. Universitas 34, 419–422.
1978: Chemie, Biologie, Vitalismus. Eine bemerkenswerte Polemik in den Annalen der Pharmacie. Bremer Briefe zur Chemie II, 34–42.

DIPL.-ING. (FH) MARTIN NEUKAMM: Jg. 1972. Studium der Chemie an der Fachhochschule Aalen. Seit 1998 als Chemie-Ingenieur an der TU München tätig. Seit 2004 Geschäftsführer der AG Evolutionsbiologie im Verband Biologie, Biowissenschaften & Biomedizin in Deutschland. Zu seinen Interessengebieten gehören u. a. die Themen: chemische Evolution, Evolutionsbiologie, Kosmologie, Wissenschaftsphilosophie und Kreationismus im weiteren Sinne.
Internet: www.martin-neukamm.de, www.evolutionsbiologen.de

2007: Wissenschaft und ontologischer Naturalismus. Eine Kritik antievolutionistischer Argumentation. In: KUTSCHERA, U. (Hg.) Kreationismus in Deutschland. Fakten und Analysen. Münster, 163–231.
2005: Die kreationistische Grundtypenbiologie in der Kritik. Warum es keine empirisch-wissenschaftliche Schöpfungsforschung geben kann. Skeptiker 18, 144–150.

PD DR. STEFAN SCHNECKENBURGER: Jg. 1954. Studium der Biologie, Mathematik und Theologie an den Universitäten Kaiserslautern und Mainz, Tätigkeit als Assistent am Botanischen Institut. Nach einer Zeit als Referent bei der für den int. Artenschutz zuständigen Bundesbehörde 6-jährige Tätigkeit als Kustos beim Palmengarten Frankfurt a. M. Seit 1994 Leiter des Botanischen Gartens der TU Darmstadt. Habilitation für das Fach Botanik 2008. Internet: www.bio.tu-darmstadt.de/boga-web/BoGa.html

2005: Orchideen – Juwelen der Pflanzenwelt. Palmengarten Sonderheft 40, Frankfurt a. M.
1999: Blütenökologie – faszinierendes Miteinander von Pflanzen und Tieren. Kleine Senckenbergreihe 33, Frankfurt a. M.

Dr. Johannes Sikorski: Jg. 1967. Studium der Biologie in Frankfurt a. M. sowie in Oldenburg. 2003 bis 2005 Postdoc am Institute of Evolution der Universität Haifa, Israel. Mitglied der Vereinigung für Allgemeine und Angewandte Mikrobiologie (VAAM) und Gutachter für verschiedene internationale Fachzeitschriften und Forschungsförderungs-Organisationen. Mitglied der Evangelisch-Freikirchlichen Gemeinde Braunschweig (Stephanusgemeinde) (Baptisten). Internet: www.johannes-sikorski.net.

2008: Identifying the fundamental units of bacterial diversity: a paradigm shift to incorporate ecology into bacterial systematics. PNAS 105, 2504–2509.

2005: Adaptation and incipient sympatric speciation of *Bacillus simplex* under microclimatic contrast at „Evolution Canyons“ I and II, Israel. PNAS 102, 15924–15929.

XVII. Bildnachweis

Bilder zur Überleitung

Teil 1: Darwin-Portrait aus dem Jahre 1859/60. Quelle: de.wikipedia.org/wiki/Charles_Darwin.

Teil 2: *Sinohydrosaurus lingyuanensis* (chinesische Wassereidechse) der frühen Kreidezeit, Yixian-Formation. Aus der Sammlung des Herausgebers.

Teil 3: Albert Einstein an der Tafel. Bildmontage nach www.hetemeel.com/einsteinform.php

Teil 4: Charles Darwin auf einem Aquarell von George Richmond (1809–1896) aus dem Jahr 1840. Quelle: de.wikipedia.org/wiki/Charles_Darwin.

Quellen der übrigen Abbildungen wie in den Legenden angegeben

XVIII. Stichwort- und Namensverzeichnis